FROM VICTORY
STALEMATE

从胜利
到僵局

【英】C.J. 迪克 著 郭伟猛 译

1944年夏季**西线**的
决定性与
非决定性战役

THE WESTERN FRONT,

SUMMER 1944

DECISIVE AND INDECISIVE MILITARY

OPERATIONS, VOLUME 1

———

台海出版社

From Victory to Stalemate: The Western Front, Summer 1944
Decisive and Indecisive Military Operations, Volume 1 By C.J.DICK
(CHARLES J. DICK), FOREWORD BY DAVID M. GLANTZ
Copyright: © 2016 by the University Press of Kansas
This edition arranged with UNIVERSITY PRESS OF KANSAS
through BIG APPLE AGENCY, INC., LABUAN, MALAYSIA.
Simplified Chinese edition copyright:
2019 ChongQing Zven Culture communication Co., Ltd
All rights reserved.

图书在版编目（ＣＩＰ）数据

从胜利到僵局：1944 年夏季西线的决定性与非决定
性战役／（英）C.J. 迪克著；郭伟猛译. -- 北京：台
海出版社，2019.8
书名原文：From Victory to Stalemate: The
Western Front, Summer 1944 Decisive and Indecisive
Military Operations, Volume 1
    ISBN 978-7-5168-2427-6

Ⅰ．①从… Ⅱ．① C… ②郭… Ⅲ．①第二次世界大战
战役－研究－ 1944 Ⅳ．① E195.2

中国版本图书馆 CIP 数据核字（2019）第 209491 号

从胜利到僵局：1944 年夏季西线的决定性与非决定性战役

著　　者：［英］C. J. 迪克　　　　　　译　者：郭伟猛

责任编辑：俞滟荣　　　　　　　　　　策划制作：指文文化
视觉设计：周　杰　　　　　　　　　　责任印制：蔡　旭

出版发行：台海出版社
地　　址：北京市东城区景山东街 20 号　　邮政编码：100009
电　　话：010 - 64041652（发行，邮购）
传　　真：010 - 84045799（总编室）
网　　址：www.taimeng.org.cn/thcbs/default.htm
E－mail：thcbs@126.com

经　　销：全国各地新华书店
印　　刷：重庆长虹印务有限公司
本书如有破损、缺页、装订错误，请与本社联系调换

开　　本：787mm×1092mm　　　　　　1/16
字　　数：435 千　　　　　　　　　　印　张：26
版　　次：2019 年 10 月第 1 版　　　　印　次：2019 年 10 月第 1 次印刷
书　　号：ISBN 978-7-5168-2427-6

定　　价：109.80 元

序言

C. J. 迪克这部分两卷的著作，对同盟国在 1944 年夏季期间，在东欧和西欧与纳粹德国国防军进行作战时所采用的不同作战方法进行了比较和批判。本书的独到之处在于它采用对比的方式。它没有像之前很多书籍一样详细介绍军事行动的过程，重点关注战斗和领导人，迪克更多的是从战略上，更重要的是从战役上，分析和对比同盟国进行作战的方式。正如他在引言中所说的，"我的目的在于提出在战役层级进行作战的广泛论点，即西方盟军和苏联红军在同时期进行的战争中是如何运用集团军和集团军群的。"迪克以一个职业陆军军官，一个优秀的军事历史学者的"珠宝商之眼"，和一个很有建树的军事理论家的分析工具，很客观地达成了这一目的，虽然偶尔刻薄，但是一直很深刻。

迪克的背景给予了他非同寻常的帮助，使他能从事其他军事历史学家从未踏足的研究。他曾在英国陆军先后担任空降兵和情报军官，又成了很有建树的军事历史教师，并在英国陆军和北约快速反应部队时，组织过数不胜数的前往欧洲旧战场的参谋骑乘作业。这些经历使他获得了新的角度看待二战最后两年盟军在法国的作战行动。同样地，在冷战期间及之后，他担任声誉卓著的苏联（之后更名为"冲突"）学说研究中心主任的经历，使他能深入洞察苏联红军历史上是如何进行作战的以及其中的缘由。因此这部著作采用的独特的对比方法，得到了他以往这些经历的支持。

本书的第一卷命名为《从胜利到僵局》，关注点在于西线盟军——具体来说是美军、英军和加拿大军队——在 1944 年 7 月到 9 月间，是为何及如何进行作战的。尽管迪克涉及了形成和管理一个战略联盟所要面对的困难任务的话题，他在本卷中的重点还是在于同盟作战是如何必然影响到后续战役，或者更具体的是，如何阻碍所谓的"战役法"——为及时达成战略目的而相继执行必要的作战任务的能力——的发展。因此，正如本卷指出的，1944 年 8 月盟军突破诺曼底的"胜利"却以 1944 年秋季的"僵局"而告终。

第一卷各章节是按时间顺序展开的，以戏剧性而又代价极大地建立诺曼底滩头阵地作为序曲，贯穿在圣·洛周边的树篱地带中经历的艰苦战斗，到"眼镜蛇"行动中实现向东的令人振奋的突破，再到冲向巴黎的希望落空，以及最终在9月底于前往莱茵河的路上迅速陷入僵局。最后，迪克深入思考了这一切的影响，尤其是同盟作战的形态（以及不同国家的军事传统），对于所采用的战略和战役思想的影响，以及它们对于盟军能否高效地开展作战达成战略目标产生的积极或消极影响。他领悟到了下面这句话中的真理："战术为战役的跃进提供了阶梯，战略则指明了跃进的方向。"未来考虑进行同盟战争的国家的领导人可以将本卷当作警示和管理预期的指南。

戴维·M.格兰茨
宾夕法尼亚州卡莱尔

鸣谢

贸然开始写作本书后，却发现比自己预想的困难得多。许多次，我闷闷不乐地盯着电脑，脑中毫无想法，或凝望园篱上勤劳筑巢的小鸟，希望自己也能沐浴在阳光下。其实去哪儿都行，只要别待在书桌前。这个项目之所以得以实现，在很大程度上归功于我的爱妻希瑟。她容忍了我的烦躁或心不在焉并对自己受到周期性忽视表现出非凡的忍耐。在我意志消沉、不愿工作时，她鼓励我并提出有益的建议，使某些段落读起来更加流畅。但她提供的最大帮助是校对。她的耐心、对细节的注重和建设性想法使本书更加准确，也更具可读性，若由我来从事这项工作，肯定事倍功半。

拙著中的观点和见解，很大程度上基于我的阅读，但更多归功于对"参谋旅行"和"战场之旅"的无数次讨论，建立在各种讲座或一杯红酒、啤酒的基础上。我无法逐一列出三十余年研究过程中为我提供帮助的所有人，但必须特别感谢五个人，他们阅读我的草稿，提出建议并赋予我新的见解。我在苏联研究中心（后改为冲突研究中心）和他们一同工作并彼此结识。他们在军事历史方面造诣非凡，对我的研究——战役法——至关重要。其中四位军人深刻思考他们的专业，他们的职业生涯的大部分时间都致力于此，无论是服役期间、在参谋学院任教员期间，还是在我的整个写作过程中都是如此。它们是在英国的芒戈·梅尔文少将和约翰·萨瑟埃尔少将，在美国的戴维·格兰茨上校和莱斯·格劳上校——这两位军人已成为学者。唯一的平民是杰克·基普教授，他在学术界度过了杰出的职业生涯，大部分时间与戴维和莱斯一同研究相同的主题并撰写相关领域的论著。我还欠戴维另一份情，他从自己无与伦比的苏联文章和总参文件收集中为我提供了不可或缺的资料。

当然，写作仅仅是一部著作诞生过程中的一个阶段，它必须出版发行。我非常感谢堪萨斯大学出版社总编迈克尔·布里格斯，他的鼓励和建议加快了这一进程。我在苏联研究中心时的同事和朋友安妮·奥尔迪斯也做出了宝贵的贡献。编辑本书时，她对内容和结构提出了不错的建议，以独到的目光审阅标点和语法细节并提议修改不恰当的措辞。她操作电脑的能力远甚于我，因而由她将草稿组织成出版社需要的格式并对尾注和参考书目加以整理。我还要感谢拉塞尔·沙吕伊桑，原先的彩色地图虽说漂亮，但难以辨认，是这位制图员将其改为易于阅读和理解的黑白地图。

　　谢谢你们！

C.J. 迪克

CONTENTS

目 录

引　言

　　本书分为两卷。写这本书的目的在于研究在最为激烈的战场上，即1944年盟军与德国陆军的战斗中军事理论得到的实际应用。换句话说，这不是本通俗易懂的军事历史，没有对军事行动的生动描述。现今有关二战的叙事历史和令人感到恐惧怜悯的战争史研究已经数不胜数。我的目的在于提出有关战争在战役层面如何进行的宽泛论点——在同一时代的战争中，西线盟军和东线苏联红军是如何指挥集团军和集团军群作战的。

　　最初我是在游历旧战场，以及支持或组织英国陆军和北约盟军快速反应部队[1]进行参谋乘骑作业时想到要写这本书的。这些活动不是军事旅游或者去缅怀过去的荣光，而是严肃的说教式的练习，旨在提升参加活动的军官的职业教育水平。在这些活动结束时，高级军官常常提到要我讲解下他们之前不曾了解的二战历史和从中得出的教训。他们也发现将二战西欧战场的战斗与同时代的苏德战场进行比较，会十分具有启发性。其中一些人建议我将有关叙述和其中得出的教训写成书，以便使其更广为人知。这便是我这本书的起源和主要初衷：与这一领域中的严谨学者一起，通过军事历史的眼光，拓展军官们在进行传统作战时的视野。实际上按照我的设想，这本书本质上是一次在纸上进行的大范围参谋乘骑作业。我沿用了与参谋乘骑作业相同的方法：设定作战的战略背景，研究受命执行每一次作战的指挥官在作战开始时感知到的态势，描述他们的计划，讨论在战局演变过程的关键点时战斗是如何发展的以及先后做出的决策，并且对作战结果进行评估，对表现出的指挥才能进行评价。[2]

　　因此本书是对高级指挥官做出的选择、妥协和判断进行分析研究。我希望，并且也认为这本书在进行大胆评论时是严谨而不吹毛求疵的。绝大多数观点来自在参谋乘骑作业期间发生过的讨论，其中的多数代表了参与讨论者的一致意见，少部分是我个人的观点。我的一些观点，特别是涉及蒙哥马利、布莱德利和艾森豪威尔等将领的部分，一开始就引起了英美军官的兴趣甚至让他们感到震惊。这就是参谋乘骑作业的功能之一：虽然只是模拟，但经过讨论和辩论对公认的常识进行质疑，鼓励当年的学员在未来战争中碰到看起来无解的问题时，以原创性思维代替偏颇的成见。

虽然这本书的主要读者来自军事领域，我确信政府中那些制定政策的人也可从中获益。在一个政策制定者极少拥有军事经验的时代，特别是在高层决策者中，对于军队预期可以完成和完成不了的任务存在着肤浅的认识，尤其是在仓促进入不熟悉的作战环境，并且面对没有充分了解的敌人时。类似的还有，很多人对于军事情报部门可以提供的支持估计过高，并低估了困难、挫折，并因此高估了联盟和同盟令人失望的战斗力。这些问题和当代的及过去作战中的其他问题将在本书中进行阐述，这些问题一起让战争变成一种不可靠和不可预测的政治工具，并可能导致不可预见和令人失望的结果。这卷书强调了在使用军事力量的同时，也要重视军事力量使用中的不确定性，如果能引起那些掌握军事力量的决策者一定程度上的警觉，我将十分欣慰。

我确信本书是第一本对二战中同时在东西线发生的战争进行比较分析的出版物，因此在军事教育领域具有很高的价值。与我一同参加参谋乘骑作业的人发现，苏联人对于解决战役问题具有不同的手段，这不仅令他们感到有趣，而且在某些情况下对于解决他们本身面临的问题也有潜在的应用价值，尽管双方是十分不同的军队。本书列举了众多战例，其中包含了诸如先遣队和遭遇战等概念，以及如何获胜的方法。[3] 在应用方法论时，我尽最大努力避免被指责将毫不相关的东西进行比较。为此，我精心挑选了我深入研究过的战斗，并且将指出东西线战斗的不同和相似之处。我的研究主要集中在 1944 年盛夏的战斗，此时西线的盟军和东线的苏军都已获得战略主动权，并握有可发动战略攻势的力量，他们面对的又是同一个正在变弱的对手。在这一时期，我将研究方向主要集中在那些具有高度机动性特点的战斗，因为只有在进行战役层面的机动时才能体现指挥层领导力的创造性，而间或无法避免的消耗战，体现的是完全相反的另一面。

我的研究分为两卷。第一卷较为详细，因为本书主要针对的是西方的读者，涉及美国、英国和加拿大军队在法国和低地国家参加过的战斗。书名《从胜利到僵局》，反映了盟军在诺曼底取得的是伟大但仍有缺憾的成就，因为德国集团军群受到的打击严重但不致命，并且盟军之后未能将战役层面的成功转化为战略上决定性的胜利。（有人或许不赞同，认为不管是不是当时夸大了希望或者预期，盟军都不足以在 1944 年夏对纳粹政权发动致命一击。但我主张，在因为后勤原因使得进攻到达顶点之前，盟军本可以对故军造成更多损失，并在莱茵河上夺取主要的桥头堡，为发动最后的攻击获取一条有利的出发线。）系列第二卷探讨了同时期发生的苏军攻势，书名为《从失败到胜利：1944 年夏季东线的决定性与非决定性战役》，作为必要的背景介绍简要讲述了苏联红军如何扭转 1941—1942 年的灾难性失败，并挺过了争夺战略主动权的 1943 年，之后第二卷集中展示了从 1944 年 6 月底到 9 月，苏联红军连续发动的三次战略攻势行动，有效地摧毁了德军三大集团军群。每次行动都以红军获得有利位置而告终——例如，攻占主要河流上的桥头堡，为在克服战役疲劳后继续发动攻势提供了便利。第二卷的倒数第二章，审视了西线和东线的相互影响，对比了西线和东线的战斗如何开展，以及对盟军和苏军在对抗同一强大对手时，为解决战斗问题而采取的不同方法进行总结。在第二卷简短的终章中，我对近年和当代美国人、英国人如何解决发动战争时遇到的困难进行了一些反思。

　　我撰写本书的目的在于对战争进行分析，因此会限制有关作战行动总结的篇幅，提供的信息仅仅足以支持进行讨论和评估。因此，这些信息会显得枯燥，但是我希望大多数枯燥的信息还算简短；然而某些信息，并不会像我想要的那么简短，因为关键信息往往在细节之中。正如本作之中编年体事件只是较小的一部分，战略决策的结构乃至对战术行动的方法及结果的分析也是一小部分。军事活动战术和战略这两个方面必然要有一定程度的展现，但是仅限于我主要思考的领域之内——战役法与领导能力，在战区、集团军群、集团军层级上作战行动如何实施。为了判断指挥官的决策与行动正确与否，有必要建立起一个可以对所有指挥官进行评价的标准。因此在第一卷第一章中，我确立了一个讨论的概念基础。这一章概述了相关领域的理论和战略问题、作战技巧、战术和它们之间的相互影响，以及被普遍接受的战争法则和高级指挥官广泛认可的获胜前提条件的特点。然而，这些信息军队不一定都能提供，虽然理论上是可行的。1944 年夏季西线战场上的盟军七位顶层指挥官，从有关他们的教育、培训和职业生涯的简历中可以看出，他们面对诺曼底战场及之外的挑战时所做的准备是如何各不相同。另外，他们各自所领导的军队，都是历史沿革的理念与实践的产物——所有的军队都囿于他们自己的经验，这些经验被证明并不完全适用于他们参加的战斗。本作也将简短阐述这些事实，在所有对指挥才能做出的评判中，都必须考虑到将领们在指挥作战时所运用的经验和理念的长处与不足。

在第一卷余下的篇幅里，我将阐明在关键的 1944 年夏季战斗中，美国、英国和加拿大将领是如何展现自己的指挥艺术的。[4] 这一计划一开始就碰上了理论上的障碍。即使指挥艺术这一概念诞生于 20 世纪 20 年代的红军之中，并且（在几度变迁后）到 1944 年时已经牢固树立起来，但英美军队直到 40 年后才熟识这种思想。[5] 因此苛责将军们未做到他们不曾被教过的东西是没道理的。然而他们的确认同在第一章中讨论的作战原则。这些原则已经在英军 1935 年的《野战勤务条例》，1942 年第 23 号《军事训练手册》（作战）的某些部分，以及美军 1941 年和 1944 年的《战地手册 100–5》中得到体现。他们构成了盟军将领所接受的军事条令教育的基础，而他们很可能也将在 1944 年将其付诸实施。实际上，这些条令如果更精确地说可被称为作战艺术的原则，没有与政治有关的内容，单纯考虑如何作战，包括在更高编队层级上的战斗。不可否认，由于第一章所阐述的历史原因，这些原则在英美军队的发展远不如在红军中那样严谨和详细（第二卷阐述了这些原则在红军中是如何发展的）。盟军拥有 4 年的时间去观察——而且英国人是直接领教到——德国国防军的进攻方法。这些方法和苏军的相似，建立在对战役层级的战争的理解之上。最终英国人，以及在较小程度上也包括美国人各自拥有了如何开展那个时代的机械化战争的经验。然而正如在第一章描述的，盟军所面临的困难，远不只是将他们的军事理论现代化，超越小型战争思想和第一次世界大战中那种过时的线性消耗战战法。盟军需要将自己原本小规模的军队扩大，随之而来的是在组建、教育和培训一支急剧扩张的军官队伍，其中还包括高级指挥官时遇上的困难。正如在第一卷第三章到第七章中我所详述的，盟军将领的学习过程是各种各样的。他们中多数人花了一定时间才不再依靠优势的作战实力来压垮敌军，并开始学会利用自己的潜在优势进行战役机动；而其中一到两位将领则一直没能完成这个转变。

本作的研究范围仅限于 1944 年欧洲西北部战场战斗中的一小部分。对于登陆之后的 7 个星期内，盟军为积聚力量并形成决定性实力优势而陷入的消耗战，我将不会赘述。不过第二章将主要介绍在 7 月底"眼镜蛇"行动前夕美军实现突破时，欧洲西线战场敌对双方军队的状况。为了理解在盟军实现突破之后的作战行动是如何快速演变的，有必要理解为决定性作战创造了可能性的军队，与其指挥官的能力和缺陷之间的相互关系。这一点将被仔细研究，不仅体现在物质与人员的数量和质量上，还包括同样十分重要的后勤的灵活性和持续性，指挥与控制，情报搜集等方面。在此我的目的是破除那些被误解甚至杜撰的东西，它们已经扭曲了人们对盟军和德军双方相对实力的认识，并因此歪曲了人们对历史事件的解读。

我在第三章将以"眼镜蛇"行动分析盟军战役法和指挥的开始。这次行动得到了英军辅助性进攻的支援，迅速并且不停顿地将战斗推进到了运动战的形态。第三章详细研究了"眼镜蛇"行动是如何打破当时的准僵局状态。当然，在"眼镜蛇"行动发起，德军受到重创并被撕开防线之时，德军防御作战到达顶点的原因，主要是其后勤已难以为继。这一情形当然不是某一事件，而是一系列过程的结果，在这过程当中防御一方的伤亡数字逐步上升，因此实力不断变弱，并且盟军的空中遮断作战使得德军甚至无法获得最低限度的弹药和燃料。与此同时，盟军由于补充和增援部队不断涌入诺曼底而愈发变强。然而在7月份的最后一周内某个顶点到来之前，盟军尚无法实现突破。毫无疑问，美军和英军都需要占领一条有利的进攻出发线（前者位于科唐坦半岛南部的湿地，后者位于奥恩河和卡昂以南），以便开展一次带有决定性目标的攻势。不过盟军是否本可以更早完成这一目标，例如在实力对比还在变化时？对于能更充分发挥美军实力并提升他们战斗效率的理念和方法，我对它们的演变进行了研究。而英军，仍然执着于线性的消耗战战术，无法取得可以与美军媲美的作战效果，虽然他们的辅助冲击的确在削弱德军实力方面发挥了重要作用。

到8月初时，盟军已经准备好了进攻手段，并为进行战役机动以达成决定性目标创造了可能性。第四章描述了盟军是如何利用这一机遇的。得益于初期取得的成功以及德军所犯下的灾难性错误，盟军处于一个非常有利的位置，能够实现消灭诺曼底的敌军的既定目标，另外在此之前盟军自身的后勤问题还不明显，还未到难以解决的地步。盟军未能彻底实现目标，是由于连续两次包围战本质上是顺势而为的，而非按照计划实现的，因此实施得不是很完美。部分问题出现在集团军层面。四位集团军首领中的三位，按照教育背景和服役经历来说，更偏向在战术而非战役层面思考问题；他们乐于指挥按部就班的战斗并且依赖优势火力，而碰到变数更大的战斗时，由于更强调机动优势，并以机动将敌军置于难逃覆灭的境地，这类指挥官就会无所适从。巴顿中将在同僚中显得比较另类，他能发现德军已经陷入危险境地，并能抓住通过掌握主动权而获得的战机，而且与此同时还能极大降低决策中的明显风险。而盟军集团军群和战区指挥官则没有巴顿将军的胆识。除了本身谨慎之外，他们还受到源自战斗随机性所导致的不确定性指令的影响，这种影响因为同盟内部的竞争与误解而被放大。这导致的结果是，在瞬息万变的战场形势下他们本应表现出坚决果断，却选择了动摇和妥协。德国人的确遭受了重大失利，但是不出一个月，他们从灾难中逃出生天的部队又能建立起勉强稳定的防御。第四章将以认可盟军指挥术和领导才能取得的成就，并解构其存在的弱点作为总结。

德国国防军在 1944 年 8 月遭遇的致命失败本可能（也许应该）成为另一场决定性作战的前奏，促使西线的战斗在 1944 年结束——德国高级将领对这一结果也有类似的看法。盟军本应获得有利的位置来继续进行接下来的作战，并且早于 1945 年春以更小的代价对德军发动致命一击，结果却没能做到。第五章介绍了盟军冲出诺曼底后向东北和东面的挺进过程。这一章研究了同盟国远征军最高统帅部在登陆之前对于战斗的预估，以及由此产生的作战理念，并且将其与英美军队在 9 月初所面临的预料之外的情形进行对比。同盟国远征军最高统帅部对原先计划迅速进行了调整，最高统帅向各集团军群下达命令做全面推进，要求它们差不多以同一时间越过前线向莱茵河迫近。各集团军群指挥官立马就对这一命令表示了厌恶，并开始试图动摇艾森豪威尔的意图。我将介绍英军和美军的作战是如何推进的，以及由于英美军队都在争夺对各自有利但大相径庭的进攻方向，盟军高层为了维护表面的团结而做出的妥协和敷衍。为此，各集团军群和各集团军在争夺后勤资源时都倾向于采取以邻为壑的手段，并且他们以及最高统帅部都不愿为了避免进攻顶点提前到来，而做出一些艰难的抉择和决定。在 9 月底，盟军的攻势不出意外地到达了顶点，但是未能给予德军致命的一击，他们要么在莱茵河上夺取一个桥头堡，要么甚至都没能抵达莱茵河。本作将以 1944 年秋季的进攻作为终章，因为到了那个时候，西线战场前线已经明显陷于僵持。不管盟军乐意与否，他们又一次回到了消耗战之中。

一位前英国战地指挥官曾写道：

　　我经历过的战争越多，我就越发意识到战争完全依靠于管理和运输（……后勤）。想要你的部队在何时到何处去并不需要太多的技巧和想象力，而要了解你能把部队布置在何处并维持对其的支持却需要丰富的知识和努力的工作。每个军队将领的计划，都应建立在对于运输和补给情况的掌握之上；只有这样他才知道如何及何时承担这些因素的风险；因为战争都是靠冒险赢来的。[6]

　　盟军进攻顶点在实现战略目标之前提前到来的最重要原因，在于他们让意愿超越了他们对补给和运输情况的了解，这导致了巨大的后勤问题。盟军原本对应当以何种补给为主做了仔细计算，但这一切因为诺曼底战斗意料之外的，几乎彻底的胜利而作废，而且按照命令盟军还将继续作战行动，没有执行计划中的作战暂停来储备物资和改善基础设施。盟军虽然只遭遇了很小的抵抗，并快速向德军纵深挺进，但是很明显从突破之初开始很短的时间内，盟军能够保障作战的部队数量快速下降，其中美军减少了一半。盟军后勤人员竭尽所能努力工作，但是由于盟军最高统帅部没有优先考虑后勤工作并下达清晰和一致的指示，使他们的努力打了折扣。而盟军高级将领不愿意接受无法同时进军所有目标的现实，使得这一缺陷变得更加严重。同盟国内部、军队内部之间的竞争使得本已超负荷运作的补给线变得更加不堪重负。第六章论证了西线盟军在做出战役层级的决策时，对于关系作战成败的后勤问题考虑不足。

　　第五章和第六章概述了1944年夏末战斗中，盟军的战役发展以及同时期不断恶化的后勤情况。第七章深入探讨了盟军为何未能取得更令人满意的战果：与战役层面指挥官的决策有关。在9月初的时候，盟军几乎得到了想要的一切支持。德军已被沉重打击并丧失机动能力，只能摆出被迫招架的架势，而且由于实力大损无法有效应对。盟军已经完全掌握了制空权，在地面上还有巨大的火力和机动性优势。盟军的弱点在于作战力量的持续性不足，而这一开始是可预见的。只要盟军指挥官在制定目标和作战计划时，能充分考虑到后勤的瓶颈，盟军还是很有可能达成目标的。盟军的敌人的确曾经完全处于被动之中，但这种情况很快就会过去。

　　各种与指挥和控制有关的因素交织在一起，夺走了盟军本可获得的决定性战果。其一是盟军指挥的实际组织形式以及与之有关的权威问题，尤其是在战区层面，当然集团军群层面同样存在。另一个则是忽略既定目标的倾向，从摧毁敌人的军队，变成攻城略地，并且因为攻占哪些地区更有助于赢得战争导致了很多分歧。在争夺各自不同的战役目标时，盟军集团军群一级的指挥官相互竞争，对于执行最高统帅部的意图打起折扣来毫不犹豫，甚至直接忽略。蒙哥马利和布莱德利对于上级表现出的忠诚与责任，都远不如他们对自己下属提出的同样要求。当然，这种龃龉的部分原因是性格上的不合——正如巴顿所言："所有非常成功的指挥官都是戏剧的主角，而且要求得到主角的待遇。"[7]高级指挥官一项更重要的责任是，管理并指导胜任的但是难以相处的下属，艾森豪威尔、蒙哥马利和布莱德利不一定能够胜任这一要求。

然而另外一个同样重要的因素，在于英美军队在作战原则与理念上存在明显差异。双方之间缺乏了解，又因为如何按照作战任务分配资源的分歧而加深误解。这一问题进而又因为同盟国之间，以及各国国内的政治因素而被放大。各方都设定了不同的目标，妨碍了盟军内部的团结，分散力量去争夺多个目标导致了进攻的顶点在每一方向实现目标之前提前到来。假使关键的指挥层级能更有远见、更为客观，能更一致有效地执行指挥艺术，而且更重要的是，艾森豪威尔能够坚持作战的大方向并且他的下属能够以配合来增强他的指挥，盟军本可以获得更大的胜利。我指出盟军本可以做出一些较为合理的可选决策，启发更为新颖的作战思想，并因此取得有益的成果。然而我意识到盟军最高统帅所面临的指挥问题是十分棘手的，可能没有人能比艾森豪威尔做得更好。人们理应褒扬他的成就，这对同盟国意义重大，而不是苛责他的未能尽善之处。

第二卷《从失败到胜利》主要介绍的是1944年夏季东线战场的战斗，有单独的引言。需要指出的只是我采取的研究手段有点不同。东线的战斗在范围和规模上要大很多，因此在复盘每一次作战行动时，我采取了比较粗线条的方法。我进行的分析在某种程度上也变得更加精确，这是因为多数来自苏联的材料比较独特，在重要的方面与英美的资料大为不同。两卷书的共同点在于都着眼于指挥的艺术。在第二卷的最后两章，我将总结东西线战场的战争是如何进行的，并就此提供一些对于未来战争的参考的反思。

第二卷第四章的重点在于比较和对比东西线战场的战斗。不过这一章一开始先讨论两者的相互关系。当然，德军不得不两线作战（这里笼统地把盟军的欧洲和地中海战场当作一条战线）的事实注定了其失败的命运。如果盟军与苏军的配合能够更紧密达到协同的效果，德军注定的结局或许会提早降临。然而实际上他们，尤其是苏联方面，视对方为无法信任的对手而不是合作伙伴，而且务实的团队精神基本不存在。不幸的是西方盟国内部的关系也变得不融洽，既对战争的目的也对赢得战争的手段产生越来越多的分歧。战略和战役的决策带来了无尽的不合、推诿和妥协，弱化了同盟的效率。而苏联方面则没有受到同盟的掣肘，在决策上面更有效率。

这一章探讨的问题还包括作战行动的开展。虽然盟军在选择诺曼底作为登陆地点及主要进攻方向时达成了战略上的突然性，苏联红军同样以更巨大的努力来实施效果显著的战役层面的欺骗，并因此达成了突然性，然而可以说盟军未能对已经掌握的制空权，以及更重要的"超密"提供的更佳的战役情报善加利用。其中部分的原因是在英国人看来，指挥艺术本质上不过是战术放大版——大型的战术而已。西方陆军，尤其是英加军队都倾向于关注与攻占具有战术意义的地面目标有关的战术问题，同时将伤亡水平控制在最小，并控制战役节奏以避免混乱。这种先天的观念使得指挥官思考的范围很小；他们严格按照时间表来行动，慎重地并因此缓慢地发起进攻，结果获得的战果有限。苏联的作战思想倾向于进行更大规模的战斗，并考虑如何达到理想的最终状态。对于苏军来说，摧毁敌军是总体上的主要目标，而占领土地则是一项附带的重要战果。苏联红军将速度视为取胜的关键，它认为速度是力量的倍增器，能逼迫敌军处于下风并维持这种状态，同时能对敌军进行分割使其陷入混乱。深思熟虑与谨慎小心是速度的对立面，为了获得进攻的势头，苏军准备承受进攻初期出现的严重伤亡和风险，以及一定程度上的混乱。

双方的这些差异解释了为何东西线战场的作战行动表现出明显的差异。在突破德军既设的固定防线时，盟军和苏军都发展出了相似方法。重要的差异体现在如何对突破加以利用。盟军习惯只保留小部分预备队用于扩大战果，另外在向敌军后方推进时保持谨慎；只有巴顿真正热衷并善于快速地向战场深处推进。盟军尤其是在战区和集团军群一级，往往很少持续集中力量。盟军很少指定主攻方向，坚持主攻方向则更少，因此部队就太分散而无法发挥决定性的作用。苏联红军刚好相反，往往以强大的重装"机动集群"发起行动并做好在敌军纵深持续进行战役机动的准备。在帮助消灭大量敌军集群后，这些机动群将会集中在一个进攻方向上，在敌军试图恢复防线之前发起进攻。不过东西线战场也面临着一个同样的问题，就是比起德军的抵抗，不断加重的后勤问题往往更容易导致作战行动的结束。

　　第二卷的终章里，从过去的角度思考了未来会从二战的战斗中吸取何种教训。很明显，二战不会为未来如何进行作战提供秘诀。军事和其他领域的技术，以及政治和社会氛围给军事领域带来的变化远大于 20 世纪 30、40 年代的军事革命。任何有价值的教训都必须集中于"如何"去思考，而非思考"什么"。这一章探讨并质疑了一些有关情报、突然性和欺骗，以及联盟（尤其是北约）的效用的常见理论，这些理论都是在近 20 年内发展出来的。历史记录显示相关理论的发展曾出现过停滞，军事学说也出现了相同状况。在 1944 年夏与德军交战的军队，都没有打过一场他们预想中的并为之准备的战争。在完善理论基础，并在此之上构建合适的作战理念及部队结构方面，苏联红军做得最好。到 1944 年时，苏军正按照自己擅长的方式来打击德军。而为小型战斗而进行训练的美军和英军，为了对付当时世界上最为经验丰富的地面部队，不得不进行调整去应付战区级别的战争。这一调整颇费时间，甚至可以说在 1944 年时都还未顺利完成。在技术和理念都进行着深刻变革之时，英美军队的参谋人员和指挥官多大程度上已经适应了日益动荡的 21 世纪？更重要的是，他们的政治领袖能否洞察面临的挑战，并为他们提供合适的指令、武装力量和任务？如果做不到这一切，则可能把自己的国家带入危险的境地。

注释：

1. 对于所有不熟悉参谋骑乘作业的读者，有必要做一个简要说明。从 1858 年开始，普鲁士总参谋长老毛奇每年会带领他的主要下属，主要是总参谋部人员，对在战争中具有重要军事意义的地区进行游历。这一军事研究方式用于训练军事学员在各种假设情况下进行军事评估和决策的能力。之后在越来越多的军队中，参谋骑乘作业被用于考察过去的军事行动，通过扩展参与活动的军官对于军事理论的理解以及实践来提升他们的职业素养。具体来说，参谋骑乘提供了战例学习的机会，内容包括：战争原则是如何得到应用；指挥的艺术和战术；军事理论与军事技术的关系；领导能力；心理因素的影响，包括部队的团结；后勤因素是如何影响军事行动的开展的。

2. 乔治·S. 巴顿将军曾写过："一个人想成为伟大的军人的话，就必须在任何出现机会的时候，毫不费力清楚地知道自己手中掌握的所有军事手段。为了达到这一要求，我认为一个人有必要学习（军事历史），让思维随着他的专业知识的增长而提升，直到他因为参透了所有的要素而能毫不费力地弄懂战争科学中最为抽象的问题。"援引自卡洛·德·埃斯特的《巴顿：一个战争天才》。

3. 这些想法的定义，参见第二卷的"苏军术语和组织的基本指南"一章。

4. 由于本书的重点在欧洲战区，故不对第 6 集团军群的作战表现进行研究。德弗斯将军直到 1944 年 9 月 15 日之前都不在艾森豪威尔的指挥序列之中，此后的时间不在本书的研究范围之内。

5. 西蒙·纳威准将在一本名为《战役理论的发展》（The Evolution of Operational Theory，伦敦：Frank Cass 出版社，1997 年）的书中追溯了美国和英国作战理论的发展。在第 273—274 页他写道："C.唐纳利、P. 维戈尔、C.J. 迪克和约翰·埃里克森等天才研究员组成的英国研究团队，在皇家军事学院和桑赫斯特集中研究苏联军事理论的核心（原文如此），对美国军事改革派对于苏联战役理论的认识产生了重要影响。在研究苏联的纵深作战方面，英国分析家远远领先于美国同行。他们设法阐明了诸如梯队、战役突破、同步纵深打击、攻击势头、欺骗和突然性等基本问题。此外，他们在认识到决定了欧洲中部战场的特点的因素之后，设法将纵深作战的抽象原则转化为军事谋划人员能够理解的作战方案。英国团队建立的组织形式和工作模式后来成为美国同行在莱文沃思堡成立苏联陆军研究办公室（SASO），并培养一代能顺利研究苏联战役理论的分析人才时所参照的样板。"当然在赞美桑德赫斯特的苏联学说研究中心时纳威应当提到，作为苏联陆军研究办公室在 1986 年成立时的创建者之一，戴维·M. 格兰茨上校同时也是苏联红军研究工作的另一领军人物。纳威也展示了对于苏联指挥艺术理论的阐述是如何影响美国和英国军事学说写作的发展。实际上，那些在 20 世纪 80 年代从军的人都会记得部队的部署模式和机动方案及方法发生了多大的变化。

6. 阿奇博尔德·P. 韦弗尔，《整体而言》（Speaking Generally，伦敦：Macmillan 出版社，1946 年）。

7. 乔治·S. 巴顿，《我所知道的战争》，第 355 页。凡事总有例外，例如当时担任英国第 2 集团军指挥官的米尔斯·邓普西。

第一章
稚嫩之师

作战的概念

一点理论：战略、战役法、战术和军事思想

当今已知战争有三种相互联系但又相互独立的层级：战略、战役和战术。[1] 战役是军事战略目标和军队在战场上的战术部署之间的关键连接。战役法的范围，是有意识地构思、计划和实施重要作战行动和会战，通过连续的步骤来摧毁敌人的作战重心。换句话说，战役法明确了部队在何地、何时，为何目的投入战斗。20 世纪 20 年代苏联理论家亚历山大·安德烈耶维奇·斯韦钦，对三者的关系也许做出了最为简明的描述 "战术为战役的发起提供了阶梯，而战略则为之指明了方向。"[2]

"战略"为军事行动在战场上设定了目标。在重大国际冲突时代，战略通常是消灭主要的敌军集群或者攻占具有重要经济或者政治意义的特定地面目标。具体的目标在于如何理解敌军的作战重心——即敌人的政治、经济或者军事实力的哪一方面被消灭后，能摧毁敌军继续进行战争的意愿或者实力。直到拿破仑时代，仍有可能通过一场战役消灭敌军的主力或者攻占敌军不可或缺的关键地区。打赢这种能够决定战争结果的决定性战役，是当时多数军事统帅梦寐以求的。然而在工业化时代，由于各国可以动员和武装大规模军队，这些军队的规模和恢复能力导致战略目标极少能够在单次作战中实现（尽管只是对付一个主要对手）。相反地，需要多支主力部队在一场会战（甚至是连续多场会战）中发起一系列作战行动，

来逐渐实现战略目的。当然，攻击敌军作战重心不一定要对敌军最强大的部队发起直接的、硬碰硬的战斗。很多时候利用间接的方式，通过利用突然性来调动敌军以及利用敌军的相对弱点，能更省力、更高效并最终更快地消灭敌军。

"战役法"指的是由战区、集团军群和集团军对其之下的部队发起的一系列作战和战役进行排序和协调。这些作战行动和战役的整体效果，必须大于各个部分之和，推动会战取得积极进展并随之取得战略胜利。战略对战役指挥官的要求，是消灭敌军，攻占（或者保卫）领土，以及争取实现这些目标的时间。反过来，战略构思必须从战役现实情况出发。设定超过现有部队能力范围之外的战略目标，既没有意义又相当有害——希特勒经常如此，导致了他的第三帝国最终覆灭。即便如此，盟军的战略家有时也忽略了与正确认识战略目的几乎同样重要的是选择不该做什么；实际上，盟军在次要甚至不重要的任务上耗费了过多的精力。战役层级指挥官的指挥技巧在于通过使用欺骗、保密、战役机动等手段，依靠后勤资源，精心策划战役来构建一场成功的会战。在这之前，多个战役要素决定了是否应该发起战役；这些要素决定了因何目的、在何时、于何地以及如何与敌军交战。打没必要的仗，不管胜败与否，都将不可避免地消耗宝贵的，通常还是紧缺的资源，而这些资源用在别处时本可以带来更大收获，在被无谓消耗后还会妨碍未来的军事行动。

"战术"是军、师以及它们的下属单位在夺取战役目标时，克服无法回避的问题时的手段。战术，换句话说就是有关构思、计划和执行当前的及即将到来的战役。然而战术执行者并非可以随心所欲，其上级根据需求会下达作战目标并指派部队，规定作战的形式，以及发起行动的顺序和时机。与战役法一样，制定战术计划必须充分认识主要参战部队的实际能力与弱点；缺乏稳固的阶梯，战役就无从发起。战术层面与战役层面一样，想要实现协同效果有赖于出色的指挥才能和其他因素。战役，以及其中包含的多项军事行动，必须通过目标、时机和地理位置连接起来，只有这样它们达成的总体效果才会大于各部分之和。

战役法一直以来都与兵力、火力和机动三者之间的关系有关。它的演变一直受到技术发展、兵力火力和机动的规模，以及创造性的概念思维（这一因素常常因为缺少而造成影响）的很大影响。到第一次世界大战时，参战方通过征兵积攒了庞大的预备队，导致各国陆军有了史无前例的规模和恢复能力。与一百年前的军队相比，当时的火力在射程和破坏力方面提升了数个量级。然而，当时的军队虽然可以借助铁路系统，在战略行动（以及因此引起对手的战略应对）时可以快速地进行长距离移动，但一旦踏上战场他们只能徒步（往往还过度负载）或者骑马，而且被炮弹炸烂的或者变成泥海的地表常常极大地限制了军队的行动。另外，由于当时的军队规模已经大到敌人难以实施侧翼迂回，这一系列因素导致了战争陷入静态的（或者在俄国前线的半静态）、堑壕战为主的战争形态，并且军队将领将残酷的消耗战视作消灭敌军的唯一现实手段。

间战岁月见证了已在1914到1918年间初露锋芒的武器装备的快速发展。坦克、作战飞机、机械化运输工具和更高效便携的无线电，使得火力与机动性之间的平衡开始部分向后者倾斜。这一"军事革命"（借用苏联创造的一个术语）反过来，使机动成为毫无价值的消耗战的解决方案。与重创敌人直到将其消灭并在这个过程中遭遇敌人拼死还击不同的是，新战争形态目的在于让敌人无法按照自己的方式作战，并通过快速将战斗焦点转移到敌人的后方，摧毁敌人的指挥和控制系统、后勤系统，并用骇人的奇袭打击敌军官兵的士气来使敌军瘫痪。这一作战方式强调的不是实力对比而是突然性、欺骗性，是意想不到的策略和战术，以及推进的速度。[3] 从分散的多个地方快速集结起一支部队并投入到一个该部队被认为显然不可能出现的地方，能够集中足够的力量打击敌军的软肋。这种突然出现的地面部队带来的优势，还可通过在选定的地段集中投入空中力量来进一步扩大。以前突破坚固防线所必需的漫长炮火准备就可以因此省去。因此，不用再煞费苦心而又显眼地为进攻堆集人员物资，这样做还容易引起敌人在防御中针对性地集中部队。突然性几乎是打乱敌人部署的必要前提条件；突然性也为战斗初期获得进攻势头提供了条件，有利于实施战役机动。作为重要原则，获得突然性是机动作战的中心。德国国防军和苏联红军都毫无保留地接受了这场军事革命的思想，并改变了自己的作战方法，从而走上了与英美军队不同的道路。

运动战与消耗战通常被描述为作战中两种孑然相反的方式。这是一种过于简单化的辩证法。在诺曼底战役时，初期消耗德军实力是后来实现突破、发动战役机动的必由之路；而牵制并消灭了德军主力的苏联红军也是如法炮制。[4] 认为两者是对立的也是种错误的二分法：运动战并非是消耗战的对立面。消耗战的反面是歼灭战，后者可以通过合理地结合使用火力和机动性，战斗和运动来达到最佳效果。[5]

在德军和苏军看来，攻势作战只有在能够为战役机动创造条件的情况下才值得发起。反过来，战役机动的目的在于通过消灭敌军来帮助实现战略上的胜利。要实现这一目的，可以通过快速突入敌军纵深，致使敌军逐渐无法组织起有效的防御，尤其是通过分割敌军，心理震慑和打击士气等方式，在大范围内打乱敌军的部署、指挥控制以及后勤保障。让相当数目的敌军士兵认为已经战败，并因此以撤退或者投降的方式来集体撤出战斗，比起贴身绞杀会更容易消灭敌军部队。

战役法的字面意思"作战艺术"表述十分形象，因为这不是一门科学。战役层面存在很大的创造性空间，指挥官所处的层级越高，他拥有的创造性发挥空间越大。许多非常胜任军一级指挥的战术家，在晋升到集团军一级时就只会集结优势兵力打消耗仗了。他们缺乏必要的想象力和天赋——实际上，还有魄力——来使自己从谨慎的工匠转变为充满灵感的艺术家。本质上，战术很大程度上就是综合利用多种武器装备来最大化消耗敌军实力。至少在突破敌军防线之前，多数进攻是从正面发起的。而当战场形势变得动态起来时，就会出现大量的机会进行机动并且从侧翼发起攻击，甚至可以绕过敌军防线。不过，策划这类战术作战的战役指挥官，为了打开可供突破部队和其后的整支部队突入敌军纵深的突破口，通常至少在战斗初期必须消灭他的当面之敌。因此战术与战役法之间的关键联系是为了将战术胜利向战役胜利转化，事先提供作战部队与作战计划。一个师或军或许可以消灭当面之敌，攻占事关敌军防线完整性的地区，并因此在敌军的部署中打开一个缺口。然而，如果没有额外的部队利用这个突破口连续突入敌军纵深，并向敌军后方前进，这个突破口就没有任何意义。另外，德国国防军这类善战的军队以快速应对危机而闻名，在突破其防线后更应当立即投入后续梯队或者预备队。稍有延迟，对方就能获得时间做出反应，并在遭受无法挽回的损失之前恢复防线的完整性。

时间是战争中的关键因素，特别是在动态的、以机动为特征的军事行动中。因此这类军事行动会为了获得宝贵的时间进行激烈战斗。一旦赢得时间，就可以借此获得主动权并迫使敌军完全只能被动应对，击败敌人就会变得更加容易。利用突然性快速地推进，以及速度本身，都会令敌人意外——实际上是令其震撼。一支高速前进的部队一般能打乱和分割敌军的防线，令敌军指挥官手足无措，敌军士气受到打击；敌军指挥官个人能力会越发不起作用，其指挥的越来越不受控制的部队会将自保当作主要任务。

扩大战果是一次战役或者军事行动的关键阶段，此时是收割通过苦战取得的胜利果实的时候。担忧在进行侧翼攻击或者包围作战时会暴露大部队侧翼的军队，一般都不会积极地扩大战果，或者在行动时过于小心，从而让敌军获得时间恢复实力或者后撤并恢复完整防线。这种情况下，战术攻击在大多数地方会继续从正面发起，可供战术机动的空间非常有限。相应地，原本可以造成敌军混乱并削弱其防线，利用快速进攻使敌人无法及时反应直到防线彻底崩溃的作战部队，却被迫要打一场消耗仗。

"军事思想"包含了一整套受过验证的原则和方法，为一支军队提供了共同的见解和统一的行动理论基础；简而言之，它决定了一支军队如何作战。一支军队如何组织构建和如何装备也是根据它执行的军事思想，军事思想也为军事训练和指挥控制提供了理论基础。但是它的重要性不可过于拔高。如果一种理论不够完善或者自相矛盾，或者未被正确解读并深入理解，信奉它的军队会带着病根走向战场。在战役层面，军事思想包含原则和指导，因其鼓励创新称之为一门艺术也没错。而在战术层面，军事条令表现得更条条框框。它无法驱散克劳塞维茨所说的"战争迷雾"，但是能在战斗的高压下，在与具体情况有关的有限选择中，简化决策的过程。通过确保所有指挥官和参谋人员能以大体一致的角度看待类似的情况，保证他们在面临战术问题时能以大体可以预测的方式进行应对。这对于战役及更高层级的战术指挥官来说十分重要，因为他们无法了解战场最新的情况，也无法从微观上直接指挥他的下级或者解决下级的问题。有效的通用军事思想是高级指挥官即使通过间接方式也可以干预战术作战的少数工具之一。军事思想有助于让战争机器的活动部件能以大体可以预测的方式正常运作，而不会因为克劳塞维茨所称的"摩擦"而陷入突然停顿。

由于提供了知识框架，军事思想对于指导军事行动十分有用。但是如果它被当成模板，反而会束缚一些指挥官的手脚。指挥官中的平庸之辈，特别是那些担心控制欲过强、不能容忍任何失误的上级会发火的人，当教科书中找不到明确的行动指南时，普遍会在决策中手足无措。这种情况下，他们会选择最稳妥的办法，而不是大胆地抓住稍纵即逝的机会来争取可能的丰厚回报；更糟糕的是，他们会坐等上级的指示。而从他的上级得到报告、做出决策、通过指挥链向下传达命令到他收到命令时，往往已经太迟。放任（或者导致）主动权丧失的军事思想可能不会阻碍取得胜利，但是可能会导致付出更多的代价和取得的胜利缺乏决定性。

以上阐述的理论原则已广为今天的高级军官所知，至少对于传统的国际战争而言确实如此。[6]但事实并非一直如此。所有军队都深受经验的影响。例如由于社会的、政治的或历史的原因，一些国家军队的任务可能不会超出镇压本国人民的范畴，另外一些除非在陌生环境里经受过足够的磨炼，否则只会打某一种类型的战争。在普遍实行征兵制的时代，欧洲大陆上的主要军队以及他们所保卫的国家已经习惯了大规模的、血腥的，而且有时很漫长的战争。这种战争形态在第一次世界大战时达到顶峰，导致法国深信以后与宿敌德国的战争一定还会是线性的消耗战。接下来的20年里，法国兢兢业业、深入细致地为重演1918年的战争而准备，而没有意识到当时正在发生的军事变革。这一步走错使法国在1940年遭遇了灾难性的战败。

而德国人和俄国人在广阔平坦的俄国战场则经历了不同的战争，在这里很难形成堑壕对峙。甚至在俄国内战时期，刚刚诞生的苏联红军在最终获胜之前也是纵横整个俄国。如果要发挥创造性，机动性的作用显然是决定性的。另外作为一战的战败国，德俄双方都更有动力去探索未来的战争。两军总参谋部的脑子里唯一思考的就是如何避开上一次大战的陷阱，并且在下次大战时做得更好。这样自然而然双方以各自的方式创造出了作战艺术的概念。而获胜的英美却缺乏相应的动力去发展军事理论。出于不同原因，英美两国都对于灾难性的世界大战可能再次发生的说法十分排斥，而且都不鼓励和支持各自的军队去打这么一场战争。因此一点也不奇怪，英军在军事理论方面的发展（例如英军的《野战勤务准则》1935年版）被证明完全不足以经受另一场世界大战的考验。

战争的原则

尽管技术上、人数上以及其他各方面的优势能起到很大作用，要取得战争的胜利最终还是要依靠健全的指挥体系。有效的指挥需要遵循一些特定的原则。英国陆军在第一次世界大战后总结的、在下文详细阐述的原则，在美国军事条令出版物的参考文献中十分常见（尽管表述略微有所不同）。这些原则在本质上十分宽泛——实际上，宽泛到了通用的程度；正因为如此，它们远不能为胜利提供解决方案。相反的，它们只是为支撑作战决策和计划提供指导。它们的实用性和重要性在不同情形下差异很大，而且应用这些原则需要判断力和较强的理解能力。[7]

选择和坚持目标。任何军事行动的目标都需要精心挑选，以便击中敌军已经被证实的要害。目标必须明确清晰。军队的指挥官必须对自己想要实现的目标毫无疑虑，他的下属同样也要清楚，这样才能上下一心去争取理想的结果。另外，在现有实力和时间允许的范围内，目标必须具有现实性和可行性。相反地，坚持目标并不一定要顽固地坚持一个明显不是最优的计划，目标需要坚定，但是实现目标的手段可以——实际上，是应当——根据环境进行调整。

保持士气。拿破仑有言，一支军队实力的四分之三来自于士气。高昂的士气可能是战争中最重要的因素。士气能催生一种进攻精神和求胜意志。作为对比，一支人数众多装备精良，却垂头丧气还对领导层缺乏信心的军队，是几乎不可能获胜的。高昂的士气来自于各层级优秀的领导能力以及由此产生的信任和自信；帮助士兵克服恐惧，既需要优秀的领导能力还要有严明的纪律；部队的团结，可以通过培养袍泽之情（领导力的另一方面）来实现，而且某种程度上来说也来自部队的传统；使命感，可以通过宣传（虽然诸如意识形态、宗教和爱国主义等有效的激励因素，在不同时间和不同军队中起到的作用不同）来增强；获得战斗的胜利（最直接提高士气的方式）；以及在战时条件下，尽可能给予士兵物质上的福利——让士兵感觉到军队上层在当时环境下，已尽力为其提供最好的待遇。

进攻行动。进攻能带来主动性，主动性能赋予行动的自由。掌握控制战斗进程和节奏的能力是获胜的另一前提条件：如果敌军只能被动应对攻击，将缺乏时机、资源或者时间来进行有效的反击。一方推进的速度越快，另一方的反应就会越发迟缓和无力。在时间争夺战中获胜，明显就能更容易地从物理上击败敌军。另外，拥有主动权的一方也将获得压倒敌人的士气优势；一支持续处于防御的军队会难以维持士气。不过遵循这一原则并不是要求一支军队要不分青红皂白地发动攻击。少数几次挫败，或者一些局部的惨胜都会令士兵产生怀疑情绪，令他们觉得冷漠的上级因为一些无关紧要的目标而使他们身处险境，士气将因此大受打击。

集中力量。在关键的地点和时机集中一支拥有足够优势的部队十分必要，这样在向具体目标发起进攻后，不会出现战役或者战术停顿而让敌军获得时间恢复完整的防线。理想情况下，通常通过达成突然性，可以集中力量打击敌军弱点。

同样可以利用突然性来调动或者包围防守方，这类策略比正面攻击更能扰乱敌军部署和打击敌军士气。集中兵力是获胜的必要但非充分条件。显眼而又不紧不慢地集中兵力，只会刺激敌军同样集中兵力并且增强抵抗力。整场战斗将因此不可避免地变成一场消耗仗，攻击的一方只能以高昂的人员、装备和时间代价来硬啃守军的防线。因此集中兵力要么需要隐蔽，要么从分散的地点进行集结时需要迅速，在行动时刻快要临近时才将部队部署在选好的攻击区域。第一种方式很难奏效（集结的规模越大，就越难以保持隐蔽）。后一种方式需要精准的判断和对时机的把握，以及良好的通讯及交通管制；克劳塞维茨定义为"摩擦"的各种因素很容易就能对其造成混乱。

合理分配兵力。这一原则是集中兵力的必然要求。在战场每一处都保持强大实力是不可能的。因此，无论是进攻还是防守，要在某处集结更多兵力，只能让其他地方的部队负责更长战线，或者交出部分兵力，有的二者皆有之。这会在本方造成一个软肋（虽然可以通过欺骗来消除这个风险）。按照克劳塞维茨的说法，在主力这一点上也可能过于集中。为了发动进攻而试图集结过度兵力可能会吸引敌军的注意力，导致敌军同样集结兵力进行应对。另外这还会让战场变得拥挤，妨碍机动性导致无法提升进攻节奏。在防御方面，某一过度削弱的防区可能招致敌军的突袭，这种情形下将难以进行反击。无论哪种情况，过度集中兵力会把本来在别处更有用处的部队调走。次要方向的部队虽然起辅助作用，但并非无关紧要。

突然性。通过艰苦的工作和非凡的想象力，在进攻中总是能达成突然性，至少在战术和战役层面会这样。如果能在越高的层级上达成突然性，其所产生的影响就越深刻。这需要精心细致地进行伪装、隐藏，秘密地集结力量，而且通常也要进行欺骗，以便把敌人的注意力和部队吸引到别处去。突然性具有多种形式，包括攻击发起的地点和推进的轴线、时机，以及新技术（可能会创造新的战斗能力）。一旦达成了突然性，就可使敌人的指挥链陷入混乱，甚至瘫痪并且引起"大格局致盲"，从而导致敌人高级指挥官无法正确做出决策。突然性还能打击敌军士气以及部队的凝聚力，常常引发恐慌。一些分析人士认为突然性对于获胜来说是最大单一贡献因素，其所起的作用是数量优势的影响的 10 倍。[8] 实际上，只要进攻者有信心在某个地方达到了突然性，他就可以接受减少获胜所需的兵力优势，并且可以避免在突破之前集结规模过大而丧失了突然性。不过突然性是件难以保存的资产，对付老练的军队时它的效果持续不会很长。因此在获得突然性后要充分进行利用，在敌我均势还未恢复时掌握主动权，并大胆地加以利用；快速向敌人后方推进能够延长突然性的效果，而且这种做法本身也是一种突然性。

安全。安全的意思是在实现目标所必需的地点和时间段，创造和维持能够提供行动自由的作战环境。只有安全——包含最广泛意义上的安全——得到保障后，才可以挫败敌人阻止我方达成目的的企图。作战（包括通讯）安全必须牢靠。通讯基站和线路必须不受非军事手段的严重干扰或者不受物理攻击。有利的空中态势必须建立："自从……1939 年以来，还未有国家能在敌军的空中优势下赢下一场战争，没有一场重要攻势能击败控制天空的对手，以及没有一条防线能挡住享有空中优势的敌人。"[9] 兵力需要一定的富余，这样不用从别处，甚至更严重地从主攻方向调动兵力就可击退敌军的反击，因此需要保护好己方的侧翼以及留有预备队。当己方攻势开始加速并牢牢掌握主动权时，对于保护侧翼和保留预备队以应对敌军反击的需求就会降低，因为敌军的行动自由将变得愈发有限。

灵活性。掌握主动权是获胜的基础。不过，把将自己的意志强加于敌人等同于将自己的计划强加于对方是个错误的观点。老毛奇的名言"没有任何一个战争计划在与敌军接触后仍能完好"是一条深刻的真理。作战目标必须保持坚定，而实现它的计划则应根据环境的变化进行修正——并且指挥官的思维必须足够灵敏以察觉战场环境出现的变化，然后快速做出决策和相应地调整他的计划。对于灵活性的要求意味着一个计划必须简单，一份复杂的计划很难适应战役中的压力和阻碍，而且不容易或者很难快速根据意料外的进展进行调整。灵活性还强调兵力配置得当，包括首要的是留有预备队，以便能够改变行动方向，而不用消耗时间重组队伍。投入预备队通常是一名指挥官最能够干预战役进程的方式，要么是把握出现的战机要么是及时处理意料外的威胁。[10] 一次作战的结局，往往取决于哪一方的预备队首先枯竭。对于灵活性的要求，还包括重视组建一个高效的参谋班子，能够利用良好的通讯和高水平机动能力来指挥训练有素、作战灵活和反应敏捷的部队。

协作。无论在哪个层级，清晰而一致的目标加上明确的责任划分构成了胜利的基石。美国的军事思想强调指挥部的团结是不可或缺的。在战术层面，这一原则无非意味着多兵种联合作战要顺利进行，避免兵种间或者军种间的竞争或者冲突，通过协同来使整体的作战效率高于各部分之和。当然这一点说起来容易做到难。即便在军队体系不那么复杂的拿破仑时代，克劳塞维茨也不得不注意到："战争中的一切看似都非常简单，但最简单的同时也是最困难的。这些困难累积起来并最终创造出没有经过战争的人无法想象到的摩擦因素。"[11] 自从拿破仑时代以来，战争机器上的零件已经成对数地增长，它们必须能够和谐相处。在战役层面，部队及其后勤保障的规模和复杂程度不断扩大，为协同作战增加了更多的挑战。即便每个人都希望作战像时钟一样精确并愿意为此服从命令，还是不能改变这一点。二战的空地协同是个明显与此相反的例子，当时资深的老兵和飞行员——尤其是来自英军的——在观念和实践中对于为何与如何运用制空权都存在着很大的差异。人格的冲突带来的复杂因素，以及在联盟行动中国家之间的偏见夹杂着缺乏互信、做事方式的差异、各自不同的目标，都会使得协同关系变得极易破裂。由于军种间和同盟间缺乏合作，盟军 1944 年在欧洲西北部的作战行动常常深受其害。

可持续性。众多战役和作战行动的结果取决于后勤因素，在二战中的专业术语为"后方勤务"。对于补给和运输制约的清楚认识，对于一名指挥官来说，与正确评估作战态势一样对于取得胜利至关重要。后勤资源需要耗费时间进行积累，而对于一支渴望获得主动权和行动自由的军队来说，时间是奢侈品。因此，尽管准确预估支持一次作战行动达成计划中的结果所需要的一切十分必要，过分确保后勤资源充足却是不可取的；因为这样会浪费时间，可能会丧失突然性，而且会剥夺本可由其他部队发挥更大价值的物资。合理利用后勤物资与合理利用部队一样必要；因此，为了确保部署的灵活性和能够及时将资源用于应对意外情况，后勤资源的控制应当尽可能到达最高水平。为了满足预期的需要，后勤参谋在谋划作战的初期应当帮助指挥官确定作战决心，后勤参谋也应当与作战参谋密切配合。

对于某些读者来说，以上阐述的原则大体上可能毫无帮助，甚至有点平庸陈腐。但是无视这些原则会招致失败的风险。作为例子，本作很快将提及的 1944 年夏季会战中，多位将领因为无视这些原则招致了与预期相反的后果。由于承受来自统帅部的压力，即便最为机智、接受过良好职业教育、久经战阵的指挥官也可能判断失误。接下来的章节将对此进行研究。

虽然在官方手册的描述中，以上原则被冠冕堂皇地称作战争原则，它们实际上只是战役法和战术的一些准则。由于这种误称，英美军队把战争和战役混为一谈。这不仅仅是语义上的问题，区分两者其实十分重要，因为两者对于运用途径和思考方式的要求存在差别。战役只是有关如何应用军事力量。发动战争则关系到众多非军事的手段，如经济、金融、政治、意识形态和情报，而且通常这些比军事手段更重要。此外，在发起一次行动或者战役时可能运用的一些原则，对于担负战略任务的部队可能缺乏指导意义，甚至不足以指导准备和发起一场会战。首先，应当正确识别敌人的作战重心，考虑到几乎不可能通过单一的作战策略一击致命，应当准备多种攻击敌军重心的手段；其次，在对相关风险、人员和时间的代价，以及每一项可承受的损失进行评估的基础上，找出最有利于作战的方式。为了在对敌人造成最大伤害的同时尽可能降低己方的损失，有必要确定行动和战役的最优序列。由于没有分清会战和战役的区别，西方盟军有时没能确定清晰的和持续的作战目标，无法协调作战行动以实现最佳效果，以及避免不必要的战斗。蒙哥马利在其意大利会战总结中，是这样咬牙切齿地描述这类军事思想上的缺陷的："最高统帅部……在缺乏有关如何进行地面战斗的清晰想法和计划的时候，就在欧洲大陆发起了一场重大会战。没有制定目标，整件事既随意又拖沓——实际是典型的英国作风。"[12]

指挥作战面临的挑战

军队数量和装备水平，军事思想和训练情况，这些都决定了一支军队在战争中表现如何。而更为重要的是其指挥官的个人能力水平。在一位平庸的指挥官手中，一支精锐部队最多只能取得一般的战绩。而一位充满雄心壮志又善于鼓舞人心的指挥官，则能够带领一支困顿或者普通的部队取得惊人的战果。这一节将考察指挥能力的必需要素，主要是在战役层面和从拥有主动权的一方的视角切入，类似盟军在 1944 年夏季所享有的优势地位。

战术指挥官，即便位于最高的指挥层（一般是军一级），其工作也相对简明，无论战役本身多么错综复杂，充满不确定性和杂乱无章。指挥官受制于上级在资源、时间和空间上施加的限制。他的任务从概念上讲很简单，就是把优势的火力投送到跟前的敌人头上来摧毁敌军或者攻占关键地点（或者二者皆有之），协调己方的火力和机动能力把上述任务的效果最大化。战术指挥官唯一要关心的是眼前的战斗，其中涉及的空间和时间范围都比较有限。他所掌握的部队和单位只是一部更大的机器中的一个齿轮，因此只要按照可预见的方式行事（虽然不是要完全像一个齿轮一样精确），避免为整部机器带来混乱即可。

战役指挥官则是份更为复杂和烦琐的工作。其所处的层级越高，目标就越不明了，就存在越多方式实现战略雄心，其间的不确定之处比比皆是。战役层面的空间和时间范围要远比战术层面更广阔。不仅仅是摧毁当面之敌短期内的战斗力，战役指挥官还要打乱敌人高层现有的和之后的作战计划。战役指挥官还要夺取并控制主动权，逼迫敌人只能一直被动招架。为了实现这一目的，战役指挥官需要在广大的地区内，精心策划中期到长期内的整个一系列空地战役和行动，这些战役和行动必须经过协调和排序，以使得整体的协同效果大于各单独部分之和。并且，不单是军事因素能够影响到战役的决策、计划和实施，战役的失败会造成更严重的后果；战术的失利往往能够恢复，而一次战役挫败则会令整个会战破产。换句话说，从军一级到集团军一级指挥的变化不是量的改变，而是一种跃升。而从集团军到集团军群的变化幅度更大。

对于一个战术指挥官来说，只要理智、坚定和镇静就足以成为作战高手了。战术指挥官处理的是跟前和眼下的事情，并不需要太多远见（尽管像立志成为建筑师的工匠一样，一位战术指挥官可能会比这做得更好）。然而，战役指挥官在落实战争原则的时候却需要充满想象力和远见卓识。他需要提前数周计算和权衡时间和空间因素，如同象棋大师，战役指挥官每走一步就要想到接下来几步，预测敌人对自己每一步行动可能做出什么反应。战役指挥官必须能够掌握战区局势的走向，以便坚决地将敌人置于注定失败的地位。此外，战役指挥官必须具有长远的眼光，因为其决策的落实需要时间，而且纠正失误所需的时间更长。因此，战役层面的指挥官通常不仅需要很高的能力，也需要良好的教育与训练来控制这一能力，并以最富成效的方式发挥出来。与德军和苏联红军不同，美英军队不曾提出任何作战理论和教条，他们也没有传授战役法的专门院校，无法确保部队参谋人员拥有理解作战需要并将其转化为合适的指令的专业知识。美英军队从战术层级上提拔了技术过硬、富有领导能力的指挥官到战役层级，希望他们能够勇于应对自己都不甚清楚的挑战。有一些人做到了，但是还有许多人潜意识里只是将集团军甚至集团军群当作不过是放大版的军级单位。他们只了解战役而不认识战争，他们策划的军事行动通常不过是一连串毫无联系缺乏统一思路的战役——本质上还是消耗战的路子。当然这种方式可能——也的确——会带来胜利，但是比可能更具创造性的其他方式付出了更高的人员伤亡和时间代价。

指挥官

在其著作中有关指挥官的章节（《军事天才》）里，克劳塞维茨认为多个因素造就了杰出的统帅。在一开头，克劳塞维茨就提醒读者："战争气氛中充满着危险、劳累、不确定性和偶然性。如果我们将其一并考虑，显而易见就能看出在这些阻碍因素中向着安全和成功前进，在心灵和品格上需要何种程度的坚毅。"[13] 同样很明确的是，智慧的艺术没有模板、没有规则也没有限定。在某种程度上，它是由经验、教育和训练所哺育。[14] 但是以下的几个方面同样甚至更为重要，虽然它们不可避免地与前三个方面存在互补和重叠。尽管都非常重要，最具影响力的无疑是人格和创造性：

（指挥官）是其统领的军队的化身。他对于战争的态度和他本身的性格，他的士气和求胜的斗志，对于凝聚和集中他的部队求胜的意志和努力来说不可或缺。指挥官是指挥思路的来源并且运用这一思路来实现目标。指挥官是做出军事决策之人……（并且）无论胜败都要担负决策的责任。[15]

一位成功的先驱因此这样描述战役指挥官身上所负的沉重负担：这是没人替他分担的重任，尽管许多平庸的指挥官试着去分摊自己的责任。当然，指挥风格的特点是极度个人化，将领们的指挥方式也差别巨大。不过，成功的指挥本质上都需要以下列举的多种要素。

领导和指挥。战役层面——集团军，尤其是集团军群或者战区一级——的指挥官肩负的使命比下属更艰巨。战役指挥官有点像奥林匹克山上的神像，无法亲自领导部队。他或许能够挑选那些真正从事这些工作，熟悉他的指挥思路和指挥方式的人并把他们派往战场，更多情况下，他所得到的下属是由其他人挑选的。

不管怎样，战役指挥官必须首先做出明确的决策并明确地向下传达，同时确保下属明白所要实现的目标和实现目标的途径。战役指挥官必须确定他的下属具有必要的才能和领导力来带领部下夺取目标。然而无法避免的情况是，一些下属可能不够聪慧，或者是被提拔到了不能胜任的位置，或者他们的性格不能树立强力而持续的领导。对于这类人，指挥官并不总是能够把他们解职（或者把他们调离，甚至是提拔一些这类人到不会捅出篓子的岗位）。指挥官只能有什么人用什么人，谨慎地把任务分派到有能力完成的执行者手中。[16] 即便这样做了，指挥官仍然需要时刻准备"亲自掌控"，以防止作战行动因为下属未尽全力或者认识不足而偏离正轨或者止步不前。指挥官对于不同下属要赋予多大主动权以及要给予多少具体指示，应当取决于下属的个人能力，但是他本人仍然要一直保持足够的决心来完成目标，尽管会碰到战争的摩擦因素以及下属未能执行他的意志的情况。

另外一种可能与缺乏掌控一样危险的过失，则是过度控制：

> 有的指挥官相信获胜是通过不断的个人介入，但其实这种介入带来的好处是十分表面的。他因此接管了本来交由其他人完成的工作，这等于在某种程度上轻视了他人的能力，并且令自己的职责多到无法全部履行……比起事必躬亲，高级指挥官更重要的是保持对整个战局的清晰洞察力。[17]

以上是老毛奇的看法。在下面章节将要分析的第二次世界大战的四分之三个世纪前，他就已指出了指挥官过度控制带来的两大危害。一方面，下属会因上级的过度控制而被剥夺权力，并因此怯于凭借自己的判断发挥主动性做出独立的、及时的决策。另一方面，指挥官因过度控制而容易陷于战术的细枝末节中，而无法集中精力应付只有他才有资格处理的战役问题。基于这些考量，这位德国军事家得出名言："总的来说，一个好的指挥官发布的命令应该是绝对必要的任务，避免去规划无法预见的事情。"指挥官应当集中精力处理只有他能做的事。其他所有事务应当交由参谋人员和下属单位的负责人。由于部分传统的原因和部分军事思想的缺陷，西线盟军的集团军群和集团军指挥官常常犯老毛奇所警告的错误。

指挥官还应当赢得下属对他本身、对他设定的目标、对他的快速支援的信任和信心。"将国家力量投入战场的人是领袖，而释放和指引这一力量的人则是指挥官——指挥官麾下的所有人应当相信他对于军队的了解能够带领他们取得胜利。"[18]
每个指挥官的性格和个性各不相同,但是他们应当以独有的方式使自己同时具备"以
身作则、善于说服和催人奋进的品质,使得下属去做你想要他们去做的"。[19] 有些
指挥官认为权力更重要,另外一些则强调要得人心,但是不管采用哪种方式,最
关键的是指挥官要激发下属以及整支部队的目标感和自信心。"指挥官是其部队士
气的主要来源……同样地,指挥官自己应当保持高昂的士气——因为它能支持指
挥官承受独自决断的压力,以及无时无刻存在的风险和不确定性带来的煎熬。"[20]

职业化与判断力。高级将领理所当然必须精通自己所从事的领域。到 1944 年
时,由于战争已经变成立体式,因此空战领域也应当为高级将领所熟悉。这就要
求高级将领成为一位全才,能够认识到敌我双方的强项和短板,了解地形在军事
领域内的含义,特别是掌握运输和补给的运作方式。[21] 另外,指挥官的知识水平
应当与其岗位层级相匹配;例如,众多军和集团军一级指挥官在被提拔之前没有
接受必要的学习,缺乏知识或者能力去应付比原先的挑战高出一个数量级的问题。
不过,指挥官不必要成为所有方面的专家或者过问细枝末节的问题。他的参谋班
子里会有相应的专业人士,指挥官必须有能力判断何时采用参谋人员的建议,判
断建议是否正确,以及找出并集中精力解决任何问题的关键所在。尽管专业知识
显然是必需的,但拥有知识还不够。许多将领拥有丰富的知识却缺乏对其加以有
效运用所需的判断力。克劳塞维茨指出:"战争是充满不确定性的领域,战争中
行动所依据的情况有四分之三好像隐藏在雾里一样,是或多或少不确定的。"[22] 指
挥官需要具备常识和清晰的思路,需要在希望渺茫时发现可能的出路,从面前的
大量细节中分辨出关键所在,从纷繁复杂中找到问题本质并找到有效的解决方案。
在决策指挥过程中,肯定会碰上多个无法兼顾的优先目标和众多不确定之处,遑
论令人讨厌的经常陷入混乱的后勤问题。要在这种情况下进行最优的折中(所有
计划,说到底都是妥协的产物),需要一定程度的判断力(甚至是训练有素的直觉)。
指挥官在挑选重要参谋军官和下级指挥员时,良好的判断力也是重要条件,用于
评估他们的性格和能力,以及在分配任务时能否最大化地发挥他们的长处和填补
他们的弱项。

勇气与决心。在大规模机械化战争时代,对于高级指挥员来说血气之勇已经
不如个人能力主导战争的年代那般重要了。然而,勇气的确决定了指挥官在多大

程度上会为了亲眼观察战况，以及激励基层官兵而去冒险。在充满不确定的战争中，在做出可能牺牲众多生命的艰难决策时道义上的勇气更是不可缺少。而对于一位将领来说，在不同意上级的决策或者对一项作战方针持有怀疑时敢于表达自己的意见也是应有的品质。屈从于集体意志，以及为了奉承强势的上级而忽视更好的作战方针对于指挥官来说实在太容易。每一次作战时，总会有阻力、挫折、苛责和悲观论出现。一位将领应当淡然地接受这一切而不产生动摇或者失去对战斗的把控。此外无论心中充满何种疑虑，他必须表现出足够的自信和求胜的意志。那种在压力下或者事情不顺时就变得消沉的将领必将失去对下属的积极影响；实际上他们还可能打击士气，因为没有什么比悲观主义更具传染性的，悲观主义极易引起信心丧失。对于获胜同样有害的还包括缺乏完成任务的动力。正如巴顿将军所言，"指挥官应当牢记，下达一个命令或者修改一份计划只是指挥责任的 5%。其余 95% 则是通过身体力行，或者干预参谋军官来保证命令得到执行。"[23] 比这更糟糕的是缺乏将已经确定的作战方针执行到底的决心。此时任何一丝动摇或者迟疑都会传染并对整支部队产生消极影响。

毅力与精力。指挥官面临着战争中的不确定性和心智与精神上的巨大压力，因此需要健康的体魄和充沛的精力——只不过后者情况如何取决于前者。指望一位病倒的甚至只是非常疲倦的指挥官做出明智的决策和计划，并将其执行到底是不可靠的，因为他缺乏必要的精力和决心。只有当一位指挥官十分健壮并散发着自信、决心和精神头时，他才能做好他的主要工作之一——激励下属和士兵去完成分内的事。巴顿将军曾有针对性地写道："疲劳的师长比疲劳的师还要多。疲倦的军官总是悲观主义者。"[24] 当下属的精力因迷茫和怀疑而开始衰减时，集团军指挥官有义务为他们提供必要的动力。为此他自己本身也要保持健康和适当的休息，并且避免因为人员替换或者不信任参谋人员而代行他人之职导致自己过度疲劳。

坚决和果断。由于得不到足够可靠的、客观的和及时的敌方甚至是己方的情报，指挥官往往无法准确掌握战况。向其提供信息的报告经常迟到或者不完整，并且有意无意地造成误导，这类报告反映的总是单个人的看法（可能是夸大了危险或者又过于轻视），因此彼此之间常常相互矛盾。另外，指挥官没有多少时间去做在重大决策时所应有的冷静思考。尽管这样，指挥官必须在似是而非中找出，或者推断出战况的真实面目并做出决定。仓促的决策往往是有误的，但是拖延的决策往往更加糟糕，尤其是迟疑之中（经常是装作要等到战况明朗）做出的决定。可能所有行为之中最糟的是优柔寡断。很多战役和行动的结局取决于哪一方能最大化地利用手中有限的时间。先于敌人下手通常比人数和武器上的优势更能决定战局的结果。决策无论正确与否，都应及时做出，以便参谋人员制定和传达命令并且让下级单位和部队完成战役准备，否则很容易出差错。另外，决策时应当大胆（这当然需要勇气）。[25] 除非指挥官掌握压倒性的作战力量，这种情况下领导水平就相对不重要，否则所有作战行动都伴随着风险。很多时候，战斗给予指挥官多少回报与指挥官愿意冒多大的风险相称。他必须有勇气去冒一定的风险，尽管这要建立在合理的军事判断之上，不靠一味蛮勇。大胆冒进是很好的让敌人措手不及的方式，使敌人处于下风，并因此达成指挥官的首要任务——将意志强加于对手。相反地，如果一位将领以安全为要务则很难抓住机会让敌人陷入混乱。谨慎可能会避免失败，但是要么无法带来大胜要么让战斗陷入僵局。

想象力和灵活性。要在同行中脱颖而出，指挥官的指挥能力需要的不只是专业知识和日常能力——不只是遵循参谋学校里教授的已在过去验证过的方法。在战役层面，指挥能力首推创造性，这是应对抽象目标带来的挑战时所需的能力，也是将各种不同的战术和战役节点整合成一个条理分明的整体，使其整体效果大于各部分之和所要具备的素质。创造性，要求能做到包括避免循规蹈矩和线性思考，具有完全高于主动性的重要性。创造性要求指挥官具有看透敌军指挥官想法，预测其反应，对其实施欺骗，利用其弱点和预知其可能作战部署的想象力。这种洞察力是创造性的基础，构成了指挥能力的基础。[26] 对于任何作战计划来说，如果能够坚决而有力地执行下去的话，这些都是对敌人发动奇袭并以智取胜，夺取主动权和为战斗赢得时间的重要条件。同时，由洞察力所催生的预见性能帮助计划制定者减少很容易导致计划解体的变数（尤其是复杂的计划更容易受到摩擦因素的影响）。预见性在保证一次行动的后勤需要能够得到充分估计并维持到作战结束时尤其重要。战术上的和战役初期的暂时胜利因为后勤跟不上转而失去的例子，已经比比皆是。灵活性，同样来自于洞察力以及创造性的机敏的思维。通常在某些场合才会需要灵活性，可能是在碰上预料外的机会为了加以利用而修改计划时；甚至可能是，在极端情况下，当战事发展证明原有行动的决策不合时宜而需要改变时。坚持行动方针的决心值得称赞，它与固执己见不知变通的边界，在任何情况下，都是十分细微的。一般情况下，冥顽不灵来自于封闭的思维，无论错误如何明显都拒绝承认。

正直与务实。为了做出合理的决策，指挥官必须对自己坦诚。他必须如实地看待战场形势，而不是按照自己的一厢情愿。只接受讨自己欢喜的排斥那些不合自己心意的报告，实在是种诱人的做法。而在下属和参谋人员眼中，哪怕是无意的，树立一种只喜欢报喜的而讨厌报忧的人的印象也很容易。鼓励下属和参谋人员当应声虫的指挥官其实是作茧自缚。充满最大不确定的战争领域涉及的一个特别的问题就是——如何务实地评估敌人的能力与意图。在缺乏确凿的情报时，很容易"改变对敌人的评估"，使之符合自己对敌人先入为主的看法，并为自己偏好的作战方针找到正当理由。随后据此制定出来的计划就倾向于设定敌人在行动的每一阶段会做特定的反应，但却忽略敌人实际上有自己的决定权。

对于自己的上级，指挥官也必须坦率，在报告好消息时也准备上报坏消息，报告胜利时也不隐瞒失利。越是高级的指挥官，掌握战况的真实面貌对他就越重要。[27] 诚实（或者至少能做到表面上令人信服的诚实）和道德的勇气从另一方面来说也很重要。主动承担失败的责任和对上下级（两者一样重要，但能做到后者更难能可贵）都保持忠诚是彼此信任的基础。在逆境中维持指挥链的通畅与韧性需要信任的支持。野心勃勃、投机取巧、阿谀奉承和笑里藏刀或许能够帮助军官晋升高位，对于夺取战争的胜利却毫无益处。

政治领悟力和敏感性。越高级的指挥官，就越有必要了解和深入关注政治因素，既包括军种之间的也涵盖政府间的。对于集团军群一级，尤其是战区层面的指挥官，这是必备素质。当今的战役和会战都需要地面和空中（常常也有海上）力量的参与，即便是由陆军主导时，也必须适当考虑到其他军种的需求、期望以及贡献。战役的实施是为了实现军事目标，而战争则是为了政治目的而发动。在战略领域，以及战略与战役法重叠的范围内，虽然有些难堪，但是指挥官必须牢记和认可这样的观念，即政治方向优先于他认为最优的军事解决方案。政治要求的重要性总是压倒军事理想。"战争"，克劳塞维茨最广为引用的格言中写道，"是政策的行动……是真正的政治工具，与其他手段一起是政治交往的延续……政治目标是目的，战争是实现的手段，而且手段从来不能孤立于手段进行考虑。"[28] 固执地坚持政治上不可接受的作战方针的指挥官，难逃被解职的命运，最好的情况也是失去信任和影响力。因为政治目的有时模糊不清或者易受改变，或者他的政治领袖可能想要实现多个或许还会互相矛盾、不切实际的预期目标，一位指挥官的生涯会变得进一步复杂化。盟友则带来另外的问题，这一问题有时还超过了一个盟友的军事价值。同盟间的关系处理不当可能毁掉联盟行动。即便盟友的部队在己方指挥之下，其指挥官一般情况下只能被说服而不是被命令去执行自己受领的任务，因为一旦产生敌对情绪，只要得到其政府支持盟友部队的指挥官就敢于违抗命令。

　　从很多个角度说，战区甚至是集团军群的指挥官，与战役—战术层面比起来存在着质的差别，并要承担更困难的工作。因此许多成功的战术甚至是集团军指挥官无法应付高级指挥工作，一点也不意外。

参谋人员

　　考虑到现代军队的规模、复杂程度和地域分布，指挥官需要得到参谋人员的支持和协助。指挥官发号施令并对作战的后果负责。然而要做出决定的话，从情报到后勤、通讯和气象等各个方面，指挥官都需要依靠来自专家和专业人士的信息和建议。在做出决定之前，指挥官或许已经考虑了参谋人员提供的各种作战方针，之后指挥官确定了作战的思路并制定计划和设定优先目标。然后参谋人员通过仔细和精确的工作再把计划充实为清晰易懂的命令，并传达到整部战争机器上面的负责执行的无数部件。当参谋人员忙于解决有关任务执行的各种细节时，指挥官就可以把精力转移到其他更重要的以及（希望是）更具创造性的事务。一旦作战开始，指挥官大部分要依靠参谋人员进行控制——即组织、指示、协调和监督部队的行动。参谋人员持续监视着行动的进展、部队的作战条件以及物资供给，时时为指挥官提供信息使其能够及时修改作战思路和任务部署。参谋人员同时也是——或者至少应当是——下属部队和单位的仆人，确保指挥官知道他们的问题和要求，并在参谋人员的能力内对此加以处理。因此负责指挥的将领是军队的大脑，参谋人员则是神经系统。如果身体想要执行大脑的意志，神经系统就必须全面理解大脑的意图并且必须高效、协调和及时地将其落实。

　　指挥官必须能够信任他的参谋人员而且绝不要试图自己完成参谋工作。[29] 参谋的主要工作之一是替指挥官节约时间和空间以便从事最重要的两大任务——一是思考；二是视察下级指挥官并在了解他们的问题、关切和思想状态，以及他们的长处与弱点后对其施加影响。一名将军应当只做只有他能做的事情。如果他多数时间只能待在指挥部里忙于处理计划和控制工作的细枝末节，他就混淆了自己的和参谋的职责，而后者本该服务于他。这很容易被指责为"城堡将领的治军之术"。[30]另外，他这样还给下级部队的指挥官树立了个坏榜样，令他们觉得在本该担负重任时却守在电话机或者电台旁，是情有可原和必要的。

军队指挥系统的关键是参谋长。参谋长负责组织和指导参谋工作，确保其运作顺畅，并通过向下属部队和单位提供反馈以及帮助，来对命令和战局的变化及时做出反应。参谋长应当时刻处于指挥官的视线之中并分享他对于作战的观点。他是指挥官最贴身的顾问。参谋长应当有能力和有威信以指挥官之名行事，包括在后者不在岗位时做出决策。[31]因此，指挥官及其参谋长之间在相互了解和信任的基础之上，有必要保持一种密切的工作关系。

参谋部应当越小越好，同时要能够充分承担起所有的必要职责。这样参谋部就能快速调动和转移，更不用说更容易隐蔽。最重要的是，参谋军官越多就越可能因官僚作风盛行产生种种问题——拉帮结派、争权夺利、推诿敷衍，带来各种琐事、混乱以及最要命的迟钝——而对军队总部的工作产生消极影响。参谋部越大，或许控制力就会越大，但是指挥官的意图越可能无法得到准确执行；参与的人越多，潜在的失误和偏差就越有可能发生。而一个庞大的参谋部做事情耗费的时间就更多。即便在美军这种供给充足的军队中，说到参谋部也不是没有缺点。例如，1944年一个美军步兵师的参谋部比同等德国步兵师多出三分之一的军官，而且这一差距随着部队规模差距的变大而扩大。在诺曼底，英国第2集团军的总部拥有189名军官和970名其他军阶的官兵，而同在诺曼底的美国第1集团军总部则有375名军官和639名其他军阶官兵。作为对照，一个德国集团军总部各种军阶的官兵加起来只有300人左右，包括了从无线电报务员到司机和厨子的每一个人。[32]

盟军指挥迟缓的一个更重要原因是，多数盟军指挥官不愿意给下级授权。在作战期间，德军指挥官会让下属根据自己的判断做出决定，而盟军军官则要向上请示，然后上级经过周密的考虑，下达新的命令（以德国人的标准来看，这些命令常常太过复杂），再向下级传送执行。即便通讯顺畅，这一整个过程也很费时。在争分夺秒的战役中，这些因素事关重大，尤其是在机动作战中其重要性会被放大。速度并不单指己方单位或者部队相对敌军能够多快进行移动，更重要的是它面对形势出现变化时能多快进行调整。一支部队的指挥部能以多快的速度进行响应同样也是决定作战节奏的重要因素。例如，已经让敌人陷入混乱的进攻方，如果被防守方了解到它的情报—决策—执行流程，则可以投入预备队或者重新部署以填补缺口的方式，使进攻一方丧失暂时的优势。而在遭遇战中，双方都在意图通过攻击行动实现目标并且在行进中碰撞，此时指挥权分散的一方能够充分发挥主动性。这一优势有时候甚至能弥补人数上的劣势。本作很快就要介绍的 1944 年夏季的战斗，充满了多个此类战例。

盟军远征军中的指挥链：指挥理论、实践和代表人物

　　一位将领能发挥出多少指挥才能很大程度上取决于他所承担的责任，以及上级多大程度上允许他可以发挥自己的天赋。因此在贸然对任何指挥官做出评定之前，有必要深入研究理论上的指挥链，弄清这一系统是如何运作的，指挥官拥有多大程度的自由，以及他受到了怎样的限制。理论上，这十分明了。战区层面负责给出战略方针，确定目的和目标并制定一份会战计划，在其中设定如何实现这些目标。这一计划包含了陆海空三军各自的任务，确保三军之间、各集团军群之间相互配合的措施，政治上以及其他方面的限制以及后勤供应。陆军集团军群在相关的空中和海上部队的配合下，确定为了完成在会战计划中自己所承担的任务应当发动何种军事行动，以及是依次还是同时发起作战。之后集团军群向各集团军发布粗略的指令。集团军负责执行一系列作战行动并分拨所需的必要资源。在分析完他所接受的任务后，集团军指挥官把任务细分到其序列下的各个军，为每个军指派部队和战斗及勤务支援，并且设定每个军的一些作战限定参数。集团军指挥官还要和空军人员一起安排空中部队的任务。集团军指挥官的主要关注不在于眼前的战役而是整个作战，每一个作战行动都包含了延伸到未来 2 到 3 周内的一系列机动与战斗；他应当具有超前的眼光来确保部队在打最后一场战役时，仍能像初战一样。集团军层级同样是勤务和后勤工作的首要集中点。再往下，军按集团军的要求执行部署并发起战术战役。军一级的指挥官只要求关注眼下只持续 2 到 3 天的战役，而且也不承担后勤责任。从上到下每一层级的任务变得越来越狭窄且具体，而且执行方法也同样地越来越按部就班并且限制越多（例如，时间、弹药和燃料的供应，行动边界等）。在战役层面而非战略领域，作战本应是一个重

复的过程，并根据战场形势的变化做出调整。然而，理论并不总是能够在实践中得到真实反映。

在组织战役指挥方面，英国人从两次世界大战中都获得了可观的经验。在形成合理高效的集团军及更高层级的指挥部，及其指挥官和参谋人员学会共事之前，英国人经历了众多失败，承受了大量的伤亡。即便这样，英军指挥部比起灵活的德军同行，仍然显得呆板、官僚化和行动迟缓。美军军事理论基础来自1918年获得的4个月作战经验，并以此组建和管理整支军队。在1944年7月组建第12集团军群之前，美国人从未有过这一层级的指挥部（当1918年停战生效时，潘兴还在筹划设立此类机构）。即便是跟英国人相比，美国人也是严重缺乏受过完整训练的和胜任的参谋军官，而且众多高级军官和将官所处的军衔和岗位都超出了他们的知识、经验和能力范围。尽管一些人在北非和西西里（以及很少的一部分人是在太平洋）的战斗中通过在军师一级指挥部的工作学习了如何指挥，他们在进入欧洲战区后直接进入集团军一级岗位，但其他多数人还是直接来自美国本土。当考虑到这些无法避免的人员和理论上的问题和限制因素时，与盟军战役指挥部，以及不同程度上还包括它们的指挥官，所取得的整体杰出成绩比起来，它们的不足、错误和失利远不那么瞩目。很明显对于直接来自本土的美国指挥官来说，在进入高级指挥层之前的经验，尤其是在真实战役中在重要岗位上的实际经验，为他们后来在欧洲战场的表现贡献不少。

盟军欧洲战区指挥官，德怀特·D.艾森豪威尔生于1890年。他从军完全不是因为想把这当作一份职业，纯粹是被西点军校所提供的免费大学教育所吸引。后来他成了一名步兵军官，然后成为新成立的坦克军团早期的热忱的一分子。1918年，正当他作为国民军中校准备与部队一起前往法国时战争结束了。在他的军衔恢复为和平时期的美国陆军上尉时，他起初保持了对于装甲部队的热衷，虽然由于装甲部队未获批准组建使热情一度消退。间战期间，他花了数年时间寻求正式的和其他形式的军事教育，以及担任参谋职务，而且在1936年再度成为陆军中校。不过他已经受到未来的陆军总参谋长乔治·C.马歇尔的关注，后者认为艾森豪威尔前途不可估量。当另一场世界大战正在临近时，艾森豪威尔接连获得了多个不错的参谋任命，而且短暂地指挥过一个营。但是在1942年6月作为一名中将被任命为欧洲战区指挥官之前，他从未指挥过营以上的部队。1942年11月，他被任命为北非战区盟军总司令，4 个月之后他被晋升为四星上将。艾森豪威尔极善于促成盟军内部的合作，他努力在司令部内部建立起一种真诚的双边关系。他劝说英国和美国的指挥官在地中海战区的会战中并肩合作，尽管在作战规划流程中英军人员实际主导了军事技术方面。艾森豪威尔在促成棘手的两军合作方面的成功，是他在 1944 年年初成为盟军欧洲战区指挥官和盟军远征军总司令人选的重要原因。从准备诺曼底登陆到监督登陆作战计划在整个作战阶段得到实施，他需要在英美政治领袖、双方总参谋长、三军指挥官之间，在有关战略、作战设想和指挥方面的不同观点、需求和意见之间进行权衡。而艾森豪威尔的首要任务——一件本来看起来是强人所难的事情——是参与欧洲战场的事务，管束他那些信心膨胀又立场坚定的、对作战有更重要影响的下属。

　　艾森豪威尔证明了自己堪称参谋军官的典范，并且极具个人魅力与能力，虽然他还缺点魄力与智慧。最重要的是他在处理同盟关系和军政领域中表现出不同寻常的个人能力。[33] 但是他深厚的军事教育背景以及马歇尔的器重并不能掩盖他在经验方面的不足。当处理作战问题时，他没有准确把握他因为过去的成就而被赋予的实际的和天然的权威——他也意识到了这点。[34] 这一短处，加上处理政治关系时长袖善舞，艾森豪威尔倾向于达成妥协与寻求共识，这或许就是有时候在面对作战决策时他缺乏坚持与果断的原因。不管是什么原因，盟军最高统帅部，盟军远征军在 1944 年夏季发出的命令，都缺乏坚定性让艾森豪威尔底下任性的集团军群指挥官——尤其是蒙哥马利——坚决服从并将精力集中在共同目标上。而目标本身，即联合参谋长委员会制定的，包括"向德国心脏地带进攻并消灭她的武装力量"。然而这一目标变得有点多变。在诺曼底作战后期，消灭敌军力量似乎让位于了占领德国控制区，而这些地方也不是全部通向德国的政治或者经济中心。其中的作战理念也常常被修改或者改变，不仅是因为战场形势出现变化，同样因为艾森豪威尔受到不同指示的催促。他底下的集团军群指挥官对于如何继续推进作战也有不同的看法。他们之间的专业分歧又越来越被军事学说和文化上的差异，缺乏相互理解和信任，以及个人和国家间的竞争和反感所激化和放大。这种情况下他们不是努力去说服他人，而是非常期望去推翻艾森豪威尔的决定。而且他们之间的争吵也透露出另外一种隐忧，将威胁到作战决策的施行：各自对于后勤资源霸道地索求。

　　盟军高层发出的指令变得不确定，盟军的总司令对下也缺乏稳固的控制，他的重要下属刚愎自用又不愿相互配合。他们的作战目的和方向出现分歧，付出的努力被浪费掉，对盟军后勤十分重要的地面目标本来急需夺取，却被抛在一边。在盟军的作战战略决策层，团结的努力付诸东流，但是各集团军群指挥官仍决心在作战层面实施统一。他们在个人层面保证根据统一的理念执行作战。尤其是以第21集团军群为例，又偏向了过度控制的情形，这一倾向又因为指挥官相互之间存在的偏见而被放大。

　　伯纳德·L. 蒙哥马利在1914年踏上战场时，已经是个27岁的中尉。到一战结束时，他的军衔是代理中校并担任师参谋长的职务。在间战期间，蒙哥马利按惯例在英国本土及英国殖民地担任过指挥官和参谋，直到1938年受命指挥一个步兵师。1939—1940年，他在法国指挥过另外一个师，并且在掩护其他部队撤往敦刻尔克的任务中引起了上级的注意。随后蒙哥马利相继被任命军一级和守卫英格兰南部地区的指挥官。蒙哥马利深受其导师，帝国参谋总长布鲁克将军的支持，并在1942年被提拔为在埃及的第8集团军指挥官。阿拉曼之战以及之后的突尼斯战役的胜利，使蒙哥马利成了国家英雄，即使后来在西西里和意大利作战中表现平淡无奇，他的声望也丝毫没有受到影响。而令人生畏的声望也是蒙哥马利在诺曼底登陆战中能够担任盟军地面部队临时指挥官的原因之一。对于自己的能力，蒙哥马利的自信是没有限度的。他自认没有任何将领——当然也包括美国人——能够在见解和职业素养上与自己比肩。他在诺曼底地区的地面作战指挥表现出一致性与坚定性，但是缺乏变通（虽然博闻广识，蒙哥马利却不是个军事思想创新者），而且他把失败都解释为胜利道路上无法避免的挫折，或者归咎于下属。对于艾森豪威尔在1944年9月初解除他的地面部队临时指挥官一职，并亲自担任一事，他充满愤恨。蒙哥马利总是威逼以及有时候利诱盟军最高统帅部采用并大力支持他的作战理念，直到当年12月后者威胁要将其解职时方才罢休。

　　作为第21集团军群指挥官，蒙哥马利坚信所有重大的战役甚至是战术行动只有在他的亲自指挥和监督下，才能保证以可以接受的伤亡代价取得胜利。有些稍微夸张的观点认为，他只是把第21集团军群当作一个放大版的第8集团军。从纸面上看，他的指挥部十分庞大，拥有750名军官处理很多从理论上来讲本该属于集团军指挥部的事务。[35] 在一些关键地方由他确定作战方针，比如应当发起哪些战役，何时以及很大程度上还有如何发起这些战役（经常越过整个指挥链直接向军一级指挥官传达）。在重大作战中，第 21 集团军群的集团军一级指挥官只能下达相对很少的而且通常无关紧要的决定。各集团军的指挥部只需要完善集团军群指挥部的参谋工作，执行上级下达的后勤指令，并监督作战的执行情况。而且就这点工作在没有严密监督的情况下，他们还无权进行处理。盟军总部联络团（又称"幽灵"）以及蒙哥马利个人联络军官团的参谋人员，对于整个集团军一级的活动一直进行持续的、全面的监督。

蒙哥马利一直容易对他人抱有成见，尤其是那些不是他自己挑选的下属。只要可以，他总是坚持任用那些对他的事迹以及他的行事方式毫无保留接受的人。在下属之中，他只信任第 2 集团军的指挥官邓普西，而对待加拿大第 1 集团军指挥官克里勒则差得远。克里勒是加拿大政府出于政治原因强塞给蒙哥马利的，而且还为本国利益坚持立场冲撞过蒙哥马利。而身为蒙哥马利的门徒，邓普西则更指望得上，在诺曼底作战期间他还是头一回指挥集团军一级的部队，在作战技巧和见解方面还赶不上他的师傅。蒙哥马利经常侵犯实际属于其英国和英联邦部队下属的指挥权。[36]

在 1944 年 9 月 1 日艾森豪威尔接任盟军地面部队司令之前，布莱德利中将同样也在蒙哥马利的指挥之下，一开始担任美国第 1 集团军而后是第 12 集团军群的指挥官。蒙哥马利对待布莱德利，与对待他的英国和加拿大随从没什么两样——实际还不如，因为像其他的英国高级军官一样，他也认为美军本质上不过是无知的外行。然而他也意识到，为了同盟的团结，更不用说为了不得罪布莱德利背后财大气粗的美国政府，他也必须小心地同美国人打交道。蒙哥马利不曾——实际上也没法——随意指挥布莱德利或者干涉他的职责范围。蒙哥马利与布莱德利交往时颇费心思，但是他总是表现出自己的高高在上和屈尊俯就，越来越令美国人无法忍受。不过布莱德利能够化解日益增长的不满，正如他隐藏了自西西里作战之初就产生的对于蒙哥马利的厌恶。而当两人最终发生公开冲突时，蒙哥马利表现得更为震惊，因为原先他还把布莱德利当作盟友，希望一起劝说艾森豪威尔接受他的作战理念，从没有把布莱德利当作一个有独立思想的对手。

而艾森豪威尔的西点同学加步兵同行，奥马尔·N.布莱德利并没有参加 1914 到 1918 年间的世界大战，直到 1934 年才晋升为正规军中校。和艾森豪威尔一样，布莱德利也是在间战期间接受和从事军事教育，并担任参谋工作时，因为能干可靠而被马歇尔当作未来栋梁发掘出来的。1942 年年初，布莱德利在一个步兵师担任指挥官时得到了个机会。一年之后在带领两个师顺利完成参战准备后，他被派往突尼斯，很快接替巴顿成为第 2 军军长。在前往英格兰接管美国第 1 集团军为诺曼底登陆做准备前，他带领第 2 军打完了北非作战并参加了西西里战役。他证明了自己十分胜任这一级别的工作，他巩固了登陆区，攻下瑟堡，然后向南扩张，尽管这一过程比预期的要慢而且付出了更高的代价。布莱德利是一位谨慎的、思想保守的军官，他花了比较长的时间才意识到美军的作战方式既不高效也没抓到要领。1944 年 8 月 1 日，布莱德利成为新成立的第 12 集团军群总司令。在这之前从来没有美国人担任过这类职位，而布莱德利也才干过 7 个星期的集团军司令。不出意料，布莱德利任职初期没有进入角色，在诺曼底作战余下的时间里，也没有出彩的指挥。在诺曼底之后的作战中，随着自信的增长，对于如何进行合适的指挥他形成了自己的，与蒙哥马利相反的观点。布莱德利一直尝试劝说老朋友艾森豪威尔采用自己的想法，而当后者没有听从时他也不会去颠覆最高统帅部的意图。

间战期间的理论认为集团军群的总部，应当集中处理战役相关事务，将后勤和其他勤务工作留给战区和集团军一级，以免变得过于庞大、低效和官僚化。另外，集团军群总部应当指挥而不是控制底下集团军的作战行动，下达任务类型的命令并避免过于具体化。布莱德利从两方面背离了这一理论。在 1944 年年底之前，他的参谋人员从 200 增长到 900 多人，所做事情细致到了如同集团军一级的参谋人员一样。[37] 布莱德利和蒙哥马利一样，不是那种只掌握大局，信任下属不需要密切监督就能达成自己意图的人。然而，布莱德利（不像巴顿）从来没有像蒙哥马利在第 21 集团军群一样，建立一套能够密切监督下属的体系。他大部分时间花在驾驭自己昔日的上级巴顿上面，确保他的第 3 集团军谨慎行事不要越界。布莱德利沉默、刻板甚至有点拘谨，认为浮夸、粗鲁和张扬的巴顿只是个沽名钓誉之徒，容易忽略关键的细节并轻易犯险。布莱德利与老朋友霍奇斯倒更意气相投，后者接替他担任了第 1 集团军指挥官。他们气质相近，两人都本分尽职、可靠、谨慎而且都有点刻板，重要的是两者对于指挥都采用了相同的管理方法。尽管布莱德利认为霍奇斯作为部队指挥官缺乏作战经验，需要对其一直进行指导和监督。

比上司蒙哥马利小 9 岁的米尔斯·邓普西，1915 年在西线参战时只是普通的陆军步兵中尉，在一战时成为代理上尉和连长。一战后他经历过一段平淡无奇的团级军人生涯，1938年邓普西晋升为中校并掌管一个营。1939年他回到法国，不久在1940年又接管了一个旅，并因为完成掩护主力撤退的任务而受到表扬。撤回英格兰之后1941年中期他被提拔为师长，之后应蒙哥马利的专门要求在1942年底前往埃及，以代理中将的身份接管第13军。之后一年多，他经历了北非作战的胜利和西西里及意大利南部的缓慢进军。证明了自己是同行中的佼佼者之后，邓普西再次应蒙哥马利的特别要求担任了第2集团军的指挥官，为诺曼底登陆战的准备工作提供了大量珍贵的经验。他没能在1944年6月6日攻占卡昂（本来就是个不切实际的D日目标），但成功巩固了已经占领的登陆区。之后他有条不紊地按照蒙哥马利的设想去攻占卡昂，并将德军的装甲部队牵制在诺曼底战区的东段。代价虽大，但是以英军的作战方法，可以说已经把伤亡降到了最低。毫无意外地，邓普西显示出自己是位传统的陆军指挥官（虽然他的"古德伍德"行动计划十分新奇），即便担负管理5个军的重任，他依然行事利索，很有效率而且手段灵活。邓普西谦逊的作风堪称典范，对蒙哥马利绝对忠诚，并以极大的耐性容忍了后者对于自己职责的干涉。

H. D. G.（哈里）克里勒生于1888年，后来成为非常备现役国民军的一名炮兵军官。1915年他随加拿大远征军被派往欧洲，并且在一战结束之前晋升为中校。1919年他决定留在加拿大的小规模常备军中。之后克里勒逐渐成为精明的政客，通过一系列的参谋工作历练一步步升上来，在1940年晋升为少将并担任总参谋长一职。然而克里勒一直期望成为战地指挥官。一开始他被内定为加拿大第2步兵师师长，后来刚刚晋升为中将的克里勒却在1941年年底直接前往英格兰接管加拿大第1军。第1军军部在1943年年底被派往意大利，在那克里勒只经历了一个月的很平静的指挥工作，就被召回英格兰统领加拿大第1集团军。他的指挥部在诺曼底只运作到了7月底，因为蒙哥马利一直干扰他的职权和判断，又想方设法推迟部署加拿大第1集团军。克里勒几乎没有实际的、高级别的作战经验，却不知怎么地喜欢在具体参谋工作中卖弄学问。他缺少魄力和创造性，不过很忠于蒙哥马利。另外他也更愿意把多数时间和精力投入到纯粹的国家间事务中，虽然影响到了作战，但也维持了和集团军群指挥官的良好关系。

随着布莱德利的高升，作为副手的考特尼·H.霍奇斯接任了美国第1集团军。

霍奇斯生于 1887 年，他的军事生涯雄心一开始就遭遇了挫折——因为数学不及格而被西点军校开除。霍奇斯没有气馁，以二等兵的身份加入美国陆军，后来通过甄选考试获得了步兵军官的任命。在第一次世界大战期间，霍奇斯用勇气、领导才能和战术能力证明了自己，在一战结束时晋升为国民军中校并担任团长一职。间战期间，霍奇斯通过自己的努力在 1940 年获得准将军衔，并在此期间与布莱德利成了密友，还获得了马歇尔的赏识。1942 年，霍奇斯接管了第 10 军，第二年又以中将军衔成为第 10 军所从属的美国第 3 集团军司令。1944 年 1 月霍奇斯成为布莱德利的副手兼替补，在布莱德利升职后接管了第 1 集团军。在从军生涯中，霍奇斯获得了步兵战术大师的声誉。但接手战役指挥时，依然带有低水平的、迟缓的思维方式。毫无疑问，霍奇斯勤奋可靠，对待问题小心谨慎，但是他的对策既不大胆也不新奇，而且在执行作战计划时也缺乏灵活性。霍奇斯保守且沉默，远谈不上聪慧和充满魅力，他更像个经理人而不是强势的领导。实际上，就算把大多数军队管理工作交给了参谋人员，霍奇斯仍然试图越级指挥并干涉战术细节，而非集中于集团军层级所需要的更宽广的视野。不管怎样，在整个诺曼底战斗中他还是得到了布莱德利的好评以及支持。

乔治·S. 巴顿比霍奇斯大两岁，同样决心在军队里追求理想。因为学业不佳而在西点军校复读一年后，巴顿被分配到骑兵部队。1917—1918 年间，巴顿训练了美国陆军的第一个坦克旅，他作战勇敢且指挥有方，并在战场上负了伤。在一战结束时，巴顿已经是陆军上校。间战期间，即使美军官方缺乏兴趣，巴顿依然支持装甲部队。巴顿讨厌参谋工作，总是想尽办法躲开，但是对于学习（他十分熟识军事历史）和指挥则十分热衷。在担任骑兵团指挥官那阵子，马歇尔将军注意到了他并认为此人的潜质在未来可以担任高级指挥官，尤其适合指挥机动作战。1940 年间在美国装甲部队创建时巴顿是个领军人物。1941 年 4 月巴顿以陆军少将的身份担任了美国第 2 装甲师师长，9 个月后又成为第 1 军军长。1943 年年初，美国陆军第 2 军在突尼斯遭遇惨败，巴顿带领该部走出低谷并在北非战役的余下时间里取得了胜利。西西里战役时，巴顿统领第 7 集团军（实际就是第 2 军的放大版）。他精力充沛冲劲十足，尽管一些判断存在争议但仍实施了成功的作战策略。后来因为在医院掌掴两名士兵而名声受损，幸得艾森豪威尔出手相救，但这一丑事仍让他失去了带领美军先锋部队反攻欧洲的资格。直到 1944 年 7 月底之前，巴顿的第 3 集团军都没参战。巴顿的前任下属，现在已是集团军群指挥官的布莱德利并不信任巴顿，并认为他是个有缺陷的将领，是个鲁莽而不听指挥的人，容易闯下大祸。在诺曼底突破后，巴顿取得了不少瞩目的胜绩，其中的一些如果不是因为谨慎的布莱德利加以限制的话，还会更为光彩。当然巴顿犯下的一些失误也让布莱德利对其更加猜疑。

　　蒙哥马利有关诺曼底作战的构想后来被证明是合理且成功的，但是这一构想本身十分粗略。而在诺曼底作战之后的思路，是根据在诺曼底登陆之前所做的评估制定的，总体来说是临时决定。其间的作战方针很容易受指挥层影响，并做出修改，甚至因此完全改变。1944 年夏季作战中，只有很少一部分时间内盟军为大兵团制定了计划，使得战役到战役之间、行动到行动之间事先设定了清晰的连接，因此每场战役和每次行动的效果能够得以延续。相反地，每一个战术计划都制定得十分详细，不过打胜仗背后不可避免地还是有临时决定的影子。仓促决定加上所有战役指挥官缺乏清晰连贯的视野，导致盟军时不时打不必要的仗，这是导致盟军作战计划（打通安特卫普港）出现致命延迟的原因之一，也放慢了推进节奏并分散了兵力。考虑到对于计划并执行集团军群和集团军作战，美英军队缺乏统一的管理原则，底下的单位实际处于半自治的状态，而不是组织严密的团队。而各个部队指挥官之间存在的国家间的和个人的敌意和偏见又让这种情况几乎无可挽回。

　　高层级指挥从来不只是与战争技术有关。政治压力——无理的、荒谬的，即便是正当的——总是限制着将领们的行动自由。这类因素在二战期间（尤其是在民主国家军队中）变得异常突出。其中有两个相互关联的原因。一是通讯传播手段（航空运输、无线电、摄影技术）的快速发展，政治家能够快速详细地掌握军队将领的行动。同时媒体的压力也使得政治家需要了解战场的情况。与第一次世界大战时相比，报纸变得更多疑和更难以说服。他们对于公众是否支持战争有着深刻的影响。而且和政治家一样，是否受公众欢迎也关系到一位将领的军事生涯。强硬和充满雄心的大人物之间早已存在的竞争和个性冲突，在媒体的聚光灯下会变得更加尖锐。因此与二战的四分之一个世纪之前不同，对于媒体，将军们不再回避或者要求缄口，而是要加以迎合。蒙哥马利可能是最为热衷于和媒体打交道的人；而其他尽力回避抛头露面的人，如邓普西，在 1944 年已经成为“濒危物种”。在以下叙述中，艾森豪威尔说出了多数将军们的心声：“我认为将军们对待媒体代表的合适态度是把他们当作准参谋人员，弄清楚他们在战争中的使命并协助他们完成。"[38]

多数情况下，媒体对于支持战争是有利的，但是在某些场合，他们的确造成了有害的影响。为了宣扬本国军队的胜绩，美国和英国的记者们（有时是无意地）会贬低盟友的成就。倒不是他们把握了作战计划的精髓——对记者们来说，没有攻城略地就是一种失败，而这本身就不是攻势作战成功的主要根据。因此美国记者们，还有更重要的是美国将领们没有领会蒙哥马利的作战思想。他们夸大了诺曼底登陆之初未能攻占卡昂和卡昂—法莱斯公路以南的领土所产生的战役影响，并且认为英国人没有尽全力。逐渐地，英国媒体也在揣测反攻欧洲是否会陷入僵持，而这种想法对于士气的反面作用，也令盟军士兵对盟军地面部队总司令蒙哥马利日益失去信心。更令人难以原谅的是，这些夸夸其谈者对于蒙哥马利的批评，还得到了很多盟军最高统帅部人士的附和，包括艾森豪威尔的副手，空军元帅阿瑟·泰德。[39]艾森豪威尔也一再要夺取蒙哥马利的地面部队总司令一职。这一点很重要。这是导致英美军队间、盟军最高统帅部与第21集团军群（或者至少与该部的总司令）之间的关系变得恶化的重要原因之一，在诺曼底之后的作战中对于盟军决策和配合作战也愈发产生负面影响。随着名誉和权威受损，即便在被降级为集团军群总司令并由艾森豪威尔接替之前，蒙哥马利就已经难以强硬执行盟军地面部队总司令的意志了。而且假设艾森豪威尔不插手下属，他本质上的领导风格也形成了不太果断的指挥方式，依赖与各方达成共识。盟军总司令出于各种原因，不能也不愿意去驾驭强势的下属。这一点与盟军在学说和理念上的缺陷一起导致了1944年秋盟军在西线战场再次陷入僵局。

盟军突破诺曼底之后，带着很高的希望和期待展开了接下来的战斗，结果一个月之后这些全不见了，并出现了普遍的失望与相互埋怨。诚然，德军的顽强抵抗是盟军1944年无法在西线取得完全胜利的原因，同样西欧秋季的天气以及一些霉运也有影响。不过主要原因还是在于盟军指挥能力的不足。不过在对这一方面进行深入探讨前，有必要对盟军将领所指挥的军队进行更全面地了解。下一节将介绍同盟国军队的军事思想以及据此创建的组织形式和训练方式。这是关系到一支军队是否有能力按照训练去作战的关键因素。

1944 年的美国、英国和加拿大陆军

美国陆军的作战之道

美国基本上还是个海权国家。纵观整个 19 世纪，美国只保留了一支规模很小的志愿军。美国陆军的主要任务本质上还是从事殖民战争，以实现美国的"天定命运"——向西扩张美国的力量，击败墨西哥人、美洲土著，并且在古巴和菲律宾击败西班牙人。

不过美国的确经历过残酷的战争——1861—1865 年间的美国内战。当时美国人口只有 2750 万（不含黑奴），联邦和邦联却动员了超过 350 万军队（志愿兵和征召兵，包括短期服役者）；其中超过 62 万人阵亡（不含平民）。美国内战（尤其是战争的最后一年）极大塑造了美国对待大规模战争的态度与方式。内战头三年，美国联邦军在无意义的战斗中损失惨重（至少在东线是如此，林肯由于政治原因最为关注东线战场），之后尤利西斯·S. 格兰特将军被任命为联邦军总司令。与他的前任不同，格兰特认识到以一场拿破仑式的胜利来为战争画上辉煌句号的时代已经一去不复返了。邦联军无论在弗吉尼亚还是西部都十分强大，装备精良，善于机动，复原能力强到难以被一两次战役摧毁。在作战（最终又进行了近一年）方针上，格兰特认为要发挥数量优势，需要通过持续作战来消耗邦联军的实力，直到邦联认识到投降已是不可避免。[40] 格兰特艰苦的消耗战术，后来成为美国军事理论的中心以及军事教条的基础，而格兰特在维克斯堡战役精彩的迂回作战，以及谢尔曼将军在卡罗莱纳和佐治亚的机动作战（即便是联邦军在弗吉尼亚的胜利，不小程度上也得益于谢尔曼席卷了邦联的后方）却没有受到重视。第一次世界大战又确立了线性的消耗战是现代战争的本质，在这一时期，军队变得规模庞大且装备精良，加上实施征兵制和医学发展抑制了疾病对军队的损耗，军队的恢复能力也得到增强。他们可以不断建立起难以穿透的防线，只能通过长期的消耗战才能打垮敌人的意志。

因为内战的记忆犹在，血腥的第一次世界大战对于美国人造成的创伤不如对表亲英国人来得深刻，他们认为战争本来如此。另外，虽然美国正式加入一战有 19 个月时间，但它只经历了 4 个月正经的、持续的作战，而且 19 个月里各军兵种因为各种原因总计只有 116700 人的伤亡。[41] 因此在二战时，美国将领（而且在这

件事上，也包括美国政治家和民众）尽管天然地渴望尽可能限制伤亡，却也准备好接受令人惋惜但是必要的伤亡。正如美国《军事评论》杂志 1940 年 6 月的一篇文章指出，"鲜血是胜利的代价。一个人如果不能接受这一准则就不要发动战争。"[42]

当然，1918 年之后 20 年中，很少美国人考虑过会再次参加另一场大规模的欧洲战争，美国再也不会卷入邪恶到无可救药的旧世界的战争。20 世纪二三十年代，美国陆军遭到了忽视。经济紧缩导致美国陆军在规模、装备和训练方面不足以应对现代战争的挑战。美国陆军常备部队在 1939 年 9 月扩大到 19 万人之前，很少超过 13.5 万人。根据《1920 年国防法案》，建设一支受过训练的庞大的预备役部队的设想已经夭折。虽然国民警卫队有 20 万人之众，它的训练状况甚至比常备军还糟糕。[43] 由于扮演着警察的角色以及没有明确的敌人，美国的军队军事理论发展很混乱且有点相互矛盾。

美军 1930 年版《大部队指挥官手册》强调机动以及机动所需的速度、敏捷和灵活性。美国陆军按照这一重点进行了重建，同时确立了以进攻为导向的思想。莱斯利·J. 麦克奈尔中将从 1942 年 3 月起任陆军地面部队司令，在其领导下，美国陆军的重建进程到达顶点。麦克奈尔的基本理念是师以下单位的军事编制装备表所包含的人员装备，应当只需要满足实现自我维持并且能完成要求不高的任务——作为预备队或者在平静地区防守。因此在 1943 年 7 月，美军原先为了应付1917—1918 年式的消耗战而设计的庞大的四方形师（人数超过 27000 人），被替换为了精简的三角形师，拥有各军阶人员 14253 人（下辖 3 个步兵团，每团辖 3 个步兵营；有 4 个炮兵营，每营有 12 门榴弹炮）。这种部队拥有更大的战术灵活性，更重要的是也拥有了更优的战略机动性，所需的运输空间降到最小，与军事效能保持一致。当一个步兵师投入进攻，甚至是在防御某一可能遭到攻击的关键地区时，将会得到总司令部集中控制的独立坦克营和坦克歼击营的增强（分别拥有 17 辆轻型坦克、55 辆中型坦克和 36 辆坦克歼击车），以及在更高层级手中掌握的大量火炮的支援。加强部队的构成和规模会根据任务进行定制，有时甚至会是装甲师的一个主要分队。如果有必要为某一师的步兵部队（其他部队已经实现车载）提供摩托化运输，司令部军需官手中的 6 个卡车连将能发挥作用。美军的装甲师规模较小，只有 11000 人。它们（两个师除外）包含 3 个坦克营、3 个装甲步兵营和 3 个自行火炮营，能够灵活地根据任务组成或者重组为 2 至 3 个战斗群：战斗群 A、战斗群 B 和规模较小的战斗群 R（不是一直都有）。装甲师也常常得到坦克歼击车分队，有时是坦克或者偶尔有步兵团的增强。美军装甲师是专为突破作战设计的，按理说不参与消耗战。而在实际情况中，由于缺乏步兵部队，装甲师也常常要进行此类作战。装甲师常常因为战斗群被派往增援步兵而没有用于突破作战的部队。

　　因此越过法国比利时向德国进军的美国陆军本身就是为机动作战而设计的。在诺曼底作战结束时，3 个美军师中就有 1 个是装甲师，此外还有 9 个（机械化）骑兵大队。然而美军的基础手册《战地手册 100–5 作战篇》，对于作战的性质描述却更为矛盾。在其 1939、1941 和 1944 年的版本中一直强调作战的"终极目标是在战役中消灭敌人的武装力量"，虽然它还写道："一个目标有时可以只通过机动来实现，通常它需要通过作战来达成。"美国陆军当然不否认机动的重要性，不过它也断言在长期艰苦的作战之外，没有其他可以替代的、没有那么痛苦的获胜之道。格兰特的作战方式依然占支配地位。苏德前线的进展似乎也印证了这一点。到 1943 年中期，德国国防军此前在 1939—1942 年间取得的快速的、看似容易的胜利，已经是现代战争的非典型现象。苏军证实夺回胜利的道路充满着艰辛和鲜血，而美国人在西西里的战斗经历也大同小异。

　　如果接受了战争是一场长期的消耗战的设定，那么投入一支庞大的军队则是必然的逻辑推定。这实际就是美国重组陆军的初衷。美军的胜利计划，1941 年秋预计美国陆军将建立 213 个师——对于一个拥有 1.32 亿人口的国家来说，这个数字看似可行。后来因为各种原因这一数目就被削减了下来。正面的因素有：苏联红军经历过 1941 和 1942 年的惨败后开始还击，盟军阵营的扩大，以及盟军空中力量对于德国战争潜力的削弱，使美军越发自信。其他方面综合起来也限制了美国陆军的野心：其他国家有赖于"民主的军火库"提供足够的、他们自己无法制造的武器和装备；工业部门和其他军种也需要人力；装备、训练和向海外运送部队的问题。到 1943 年夏，美国陆军已经组建了 90 个师，原先在 1944 年组建 15 个师的计划已被取消。在 1944 年 5 月，美国陆军总参谋长马歇尔将军决定就在 90 个师这个数字上打住，他相信（尽管还是有一点不安）这已经足够了。[44] 在欧洲胜利日那天，美国陆军在欧洲战区共有 46 个步兵师和 15 个装甲师，如果所有其他因素也起作用的话，马歇尔估计够用的数目跟这个差不多。当然不能忘记的一件事是，在诺曼底登陆前夕没人能预见二战在欧洲会在一年内结束。实际上，人们惊奇地发现美军在 1944 年 9 月所进抵的德国前线，根据作战计划者的考虑是在登陆日后第 350 天才会到达的。

实际上在 1944 年夏秋的战斗中，部署到欧洲战区的这 61 个师中还有一半没有到达。到 1944 年 11 月底，美军只有 27 个步兵师和 8 个装甲师在欧洲战区处于作战中。[45] 考虑到把一支军队从很小的基础扩大到庞大规模[46]，装备并管理、训练，然后运往海外（还不只是前往欧洲战区），这是一个难以置信的成就。然而，当时美军的人数还是不能满足作战的需求。只有很少数的情况下，美军一个军甚至一个集团军参加一场战役时能留一个师作为预备队。这意味着美军缺乏专门的有相当规模的部队来把战术胜利转化为战役突破。这就排除了美军进行大纵深作战的可能，无法让敌人像诺曼底战役之后初期的德军一样，陷入普遍性的崩溃。当时巴顿大胆地运用装甲部队进行追击成为独特的标志。例如在"眼镜蛇"行动时期，只有不到 2 个装甲师和 1 个全摩托化步兵师可用于突破，这些部队也的确发挥了很大作用。当美国第 3 集团军第 12 军在 1944 年 9 月最终逼近摩泽尔河时，第 4 装甲师执行了一次经典的突破作战，从内部瓦解了敌人的防线。但是这种战例只是个例而已，在诺曼底线性的消耗战才是常态，进入 1944 年秋季后又再度上演，装甲部队被分配给步兵师去硬啃敌军防线。但是就消耗战来说，想要通过摧垮敌军意志来迅速解决战斗（论上的目标），就要让敌军遭受远高于己方的伤亡。可以说，由于欧洲战区部队的缺乏才导致了这种不确定的情形。

另外，美军的恢复能力也有问题，尤其是步兵师，其中部分原因来自于美军步兵师的架构问题。麦克奈尔的理论是合理的，步兵师的设计一开始也很均衡，但是一旦步枪兵在战斗中的伤亡速度超过其他所有兵种时，这种均衡就被破坏，整个步兵师就得进行休整，而其实除了步兵以外的其他单位仍有能力作战。[47] 然而由于前线缺乏足够的部队进行轮换，让疲惫的部队有时间整修、训练和休息，美军每个师都常常一直处于战斗之中直到战斗力受到严重损害，甚至到了无力再战的边缘为止。[48] 按理说，每个作战单位要保持作战实力需要有不断的兵力补充，然而对美军来说，最为关键的部队——步兵的兵员补充体系运作糟糕且浪费严重。步枪兵的伤亡远高于原先的估计。欧洲战区下令步兵必须占到补充兵员的 70.3%，但是在诺曼底战场，步兵的损失占到人员总损失的 85%。[49] 因此，"霸王"行动之前美军在英国储备的 7.6 万名补充兵（其中 52% 是经过训练的步枪兵）被耗尽后（发生在诺曼底作战末期），战斗步枪兵就一如既往地供不应求了。另外这一问题还伴随着训练不足的隐忧（军官阶层也是如此），而且补充兵在后勤地带等待分配时还因为受到冷漠对待导致士气下降。不走运的补充兵会被送往还在前线作战的部队，而他们既不认识新战友也对实际作战几乎一无所知。对他们来说，他们的第一仗经常也是最后一仗。[50] 当缺乏补充兵这一问题变得越来越令人绝望时，美军只能想点别的办法：把富余的其他专业人员重新训练为步枪兵，尤其以高射炮手为主。这种做法提供的往往也是士气不足、满腹牢骚和缺乏战斗力的步兵。而且由于步兵部队长期处于战斗之中或者长期待在前线，除了作战负伤人员之外，患有精神疾病的人数也在攀升——在激烈战斗期间，精神病患和作战负伤人员的比例能达到一比三。[51] 团结对于一支部队的战斗力来说至关重要，而缓慢的或是突然的人员伤亡，补充兵的缺乏，没有足够的时间让补充兵恰当地融入新部队，加上不断积累的疲劳，都在侵蚀着美军的士气，令美军的战斗力急剧下降。

美军的战术思想基本上是合理的，基础作战手册中"战斗条例"强调"军事行动的最终目的是在战役中摧毁敌人的武装力量……指挥官通过攻势行动来发挥主动性，保持行动自由，令敌人按照自己的意志行动……指挥官能否选择合适的时机和地点进行攻势作战，是军事行动取得胜利的关键因素。"[52] 美军战术思想进一步强调集中兵力的重要性，以及相应地在次要任务上节约兵力；以不同的方式强调突然性的必要性；统一的指挥；多兵种联合作战的方式，以及火力与机动的结合使用。在第 10 章"进攻"中，又重申了摧毁敌军是根本目的，而且往往需要通过作战来实现，然后又引申出只有为了摧毁敌军才会去攻占敌方领土的主张。整本手册充满了无可挑剔的主张：在狭窄的正面发动主要攻击；集中多个兵种的强大兵力，在预备队的支援下向敌方纵深发起进攻；在辅助方向利用稍弱的攻击来牵制敌军；取得空中优势并在之后提供近距离空中支援；机动是重要的，尤其是在进行包围作战时（尽管手册中也意味深长地强调，这一战术本身蕴含着风险）。

在诺曼底作战的头几个星期，以及之后的大部分时间里，美军对于作战手册的思想执行得既不灵活也不全面，只是机械且不恰当地套用。各层级指挥官热心于表现得积极进取，且决心获得并保持主动权。他们常常把任务理解为差不多是在宽大的前线上持续不断地进攻，即便缺乏突然性和集中的兵力不足，甚至本应根据不充分的准备预见到进攻可能导致重大伤亡且收效甚微。对美国指挥官而言，集中兵力等于尽全力在所有地方一直发起攻击。这种传统的消耗战术，对于美军而言是可行的，因为他们拥有而且还在扩大资源优势，尤其是空中和炮兵火力。而且这一战术比起从根本上摆脱被动局面，集中更大兵力来实现突破，进而冒着风险实施战役机动来说，也是低难度和低风险的。当然诺曼底地区的地形也不利于快速集中兵力，而且德军也发展出各种战术来最大化利用这种地形的防御价值，并通过伪装、纵深防御、分散部署和机动作战来最大化降低盟军的地面和空中火力优势。有些时候，德军的兵力密度也限制了盟军进行快速突破的可能性。在盟军突破德军防线之前，只能消耗或者分散德军的兵力。"眼镜蛇"行动证明了盟军本可以早一点取得这类突破，而后来当战斗再度变成消耗战时又印证了盟军的目标又要推迟实现。一名指挥官不能将缺乏机动归咎于地形不利、气候恶劣或者敌军抵抗。[53] 苏军也常常面临同样问题，不过通过实施类似"眼镜蛇"行动的突破战役，接着用装甲部队积极地向敌军纵深推进，仍设法创造了进行大纵深作战的机会。诚然苏军已经发展出了指导大纵深作战的理论，并在（往往是惨痛的）经验的基础上对理论不断进行完善。

在很多情况下，尤其是在参战初期，美国陆军因为缺乏经验和训练缺陷遭遇了战术失利。尽管美军的作战理论一再强调多兵种联合作战的重要性，但是离熟练运用还需要相当长的时间。这不全是作战部队的责任。美军在诺曼底登陆之前用于训练的时间较短，而诺曼底的地形又造成了较大的和意料之外的困难。即便是这样，美军步兵师里的步兵单位和理论上应当支援他们的独立坦克营以及自行坦克歼击营，平时都是分开训练。只有在战斗中暴露问题，造成伤亡并遭遇战术失利后，美军才开始解决与多兵种联合作战相关的问题，例如寻找各兵种兼容的通讯方式和摸索出诸兵种联合作战战术。美国陆军联合作战的问题，很大程度是以下观念导致的。美军把数量相对有限的，用于临时支援正参与主攻的步兵师的独立营集中掌握起来。假如每个步兵师都拥有一个建制坦克营（一种在二战后引入的编制），则或许能够避免这个问题。美军装甲师则没有这种麻烦，因为从一开始装甲师的作战指挥部和特遣队都是按照作战任务组建的。事实上，通过战斗经验，美军步兵单位和坦克单位都取得了共识，并引出了一项半官方的政策，即把某些坦克营半永久地分配给单独的步兵师。而美军的坦克歼击营则没扮演过他们被指定的角色：坦克歼击营的作战理念在诺曼底登陆之前就已经过时了，因为德军再也没有集中大量的坦克进行攻击。坦克歼击车最后大部分时间都被当作自行火炮用于直接和间接火力支援。而美军炮兵从一开始就与步兵协作良好，因为双方拥有更好的共识以及更长期的合作关系。最后，比起步坦协同，美军在实现更顺畅更有效率的空地协同上面花了更长的时间，因为环境和军种的差异产生了诸多复杂的因素。

在诺曼底作战期间，尤其是在起初的几个星期，由于当地的树篱地形限制了美军原先过高估计的炮击效果，美军在进攻中没能取得决定性战果。美军步兵和步坦联合部队明显有一种依赖炮兵来解决自己问题的倾向。即便只是碰到了轻微抵抗，而且凭借本部队建制内的武器进行火力打击和机动就可以推进时，这些部队普遍都会停下构筑工事，然后召唤炮火支援。相应地一旦获得的炮火支援不足时，这些部队都不愿意奋勇前进。美军和德军的资料都经常提到美军在这方面的战术表现。考虑到美军的战术思想强调用火力减少人员伤亡，这是一种可以理解的反应。但是在很多情况下，这一思想就不合时宜：有时消耗了大量的炮弹却收效甚微并造成暂时的炮弹短缺，而且对位于反斜面的敌军预备队和防护良好的目标如固定和野战工事则较少进行炮火打击。另外美军在推进时按部就班，以炮兵火力来决定进攻节奏，加上执行计划时缺乏灵活性和过于发达的警惕性，也常常令作战效果适得其反。即便在突出部战役的有些时候，这种事情依然在各个指挥层都有发生，当时德军防线已经拉得很长并陷入崩溃，美军本应借助迅猛的势头发起攻击，不给敌人集合、整理部队或者投入预备队的时间。[54] 把速度变为武器的思想常常被美军忽略，导致的结果是防御的一方得以获得喘息之机来恢复防线的完整。打破一条完整的并做好思想准备的防线既费时又费力，会造成更多的人员伤亡和物资损耗，而逐步击垮开始陷入混乱的、思想上从坚守转为自保的敌军则容易得多。[55] 而且过于依赖炮兵支援的另一个后果是，地面部队也一贯夸大近距离空中支援可以替他们完成任务（在作战的机动阶段则是个关键的例外）。这是一种一直存在的导致了大量的人力物力浪费的谬见。即便在 1944 年 10 月，盟军地面部队仍要求将空中力量用于压制梅斯的防御工事，而当年 6 月的瑟堡之战和 9 月的布雷斯特之战已经证实了这种方式毫无效果。

美军有时令人失望的表现根源在于个人的，尤其是领导层的原因。[56] 美国步兵的整体质量并不够高。美国海军、航空兵、陆战队、陆军自身内部的物资供应局（SOS）以及专业兵种都获准从人员储备中选取优秀人才，这造成大量具有无限潜质的步兵士官（NCO）在没有前途的岗位上浪费天赋。而地位低下的步兵被认为——考虑到现代战场的需求，是极度错误的——只需要很少的技能、教育甚至是智力。这导致的结果是美军步兵如果没人一再督促就会偏向于冷漠地不作为，而他们所受的整体不足的训练又无法改变这种倾向。美军的基层单位比起德军同层级的部队，在部队领导丧失能力或者缺乏上级指示时，会更缺乏主动性去完成任务，突出部之战时由于身处不熟悉和困难的环境，美军这一特点就更加突出。排、连和营级指挥官不得不身先士卒，这又常常导致沉重伤亡和部队失去动力，比如到 1944 年 7 月 31 日时，美军三个步兵师中，每个师平均的军官伤亡率达到了79.5%。[57]

因此，军官的素质和士兵的训练水平对于部队的战场表现至关重要——对于一支拥有大量长期服役的正规军的陆军来说更甚。可惜，美军的几位高级将领都没有充分认识到这点。例如巴顿在 1944 年 11 月写道："在这次战争中，我们的主要问题是连级指挥官缺乏效率和缺乏责任感。"[58] 二战之前的美国或许是世界上军事化水平最低的国家。在大约两年时间内，从 1940 年重整军备开始，大约两万人的军官队伍扩大了 30 倍。他们所接受的训练大部分有点粗略和理论化。和其他军阶的一样，专业岗位能优先挑选军官而战斗部队只能吃亏。很多军官提升得太快，因此获得的经验和知识都不够。不可避免的其中很多人难以胜任领导岗位，这一点连美军的官方历史都承认。[59] 而在不称职的领导期间，他们往往导致任务失败和手下士兵的伤亡。

很明显地，接受草草训练的经验不足的军官需要军事理论的全面支持来满足职责的需要。尤其是那些深受树篱地区战斗困扰的军官，需要应对这种非常规战斗对于基层部队领导才能的挑战。在论及指挥时，《战地手册 100-5》充满了很多激昂的见解，其中很多（比如下文）是直接从《部队指挥》（德国陆军手册）一书中复制过来的：

领导才能最重要的特点是愿意承担责任。从最高统帅到最低的列兵的每个人必须一直牢记，不作为和忽略机会比起判断失误应受到更严厉的批判……一名指挥官不能以没有接到命令为由而毫无作为。如果战场上没有条件与上级指挥官通讯而下级指挥官熟悉……整个指挥部的任务，他应当采取合适的行动并且在条件可行的时候尽早汇报情况。[60]

　　因此《战地手册100-5》对于军官和军士都要求其具有主动性，但是与《部队指挥》不同，它没有继续指出："只要不会对自己的整体意图造成相反的影响，指挥官应当赋予下级行动的自由。"[61]而美军低级军官既学历不高又缺乏训练，更别提军士这些人，因此缺乏独立行动的智慧。德国人强调的是"如何"思考，而美国人则是思考"怎么做"。相比起承认战役会不可避免地走向不可预知的方向，并授权低级军官自行处理可能遇到的问题，美国军事学说出版物尝试去预测每一种可能的情况，并提供极端详细的固定的解决方案。在对付机智、老练和灵活如德军的敌人时，美军的做法显然不会奏效。

　　重要的是，《战地手册100-5》比起《部队指挥》忽略了更多的哲学要素——就是说，哲学要素解释了德军作战风格的逻辑所在。德国人崇拜克劳塞维茨，强调战场的特点是混乱、不确定，机遇和危险并存。[62]军队为了躲避现代化的敌军的炮火打击而进行分散寻求掩护，战场越发变得空旷。战术情形变得模糊且经常快速变化。美军依赖有线通讯，虽然有笨重且不可靠的无线电补充但容易受超负荷、干扰、拦截的影响，使得高级指挥官无论多么渴求都无法掌握确切详细的战役情况。德军的军事理论承认了战场不可避免将呈现出混乱和不确定，因此要求指挥官将战术决策权下放到最接近问题的人员，以便后者能够及时有效地应对。对于德军来说，不存在可替代"任务导向指挥系统"[63]的其他可行方式。高级指挥官下达作战目标并确保其下属清楚理解他的意图。指挥官制定一个粗略的计划，调集专为完成这一目标的资源，然后在"战争迷雾"不可避免地突然降临时，相信他的下属在无法联系上时，能够本着使命精神自主地完成任务。军官和军士们应该惯于获知需要完成的目标，而不是如何去完成目标。应当训练他们能够快速评估任何情况，根据上级的意图迅速做出决策，下达简短的命令，然后积极地去执行。这对于指挥官来说不仅仅是弥补战斗中的"摩擦"的一种方式，也能确保快速坚决的决策。这一被德军广泛认可的指挥方式十分强调突然性的重要性，将其视为战斗力的倍增器，并要求在敌人从心理和行动上回过神来之前，对突然性进行快速而全力地利用（因此也强调防御的关键在于立即进行反击）。在面对因为决策权处于更高层级，且上下级联络不畅导致经常反应迟钝的敌军时，德军的指挥方式往往能够获得并保持住主动权。[64]

美国人对于战场的看法，从骨子里与德国人有着根本的差别。美军不断地投入优势兵力直到敌军被压垮，通过这样来取得胜利：在美军眼中战场上最关键的因素是兵力、武器、装备和弹药的数量。美国人依靠高效的军工生产来提供粗犷且压倒性的力量。突然性只是在嘴上说说而已，除了少数例子如诺曼底登陆战外，美军并不认为突然性是必不可少的，当然不能代替大规模火力。美军为掩护行动投入的资源很少而且不经常进行欺骗行动。美军的指挥更像是一种管理行为，只是有关如何将压倒性的火力部署在一个通常宽大的前线上，并利用火力摧毁敌军。当敌军被击垮时，美军则利用机动性的优势再次在宽大的正面上推进，完成摧毁敌人武装力量和占领关系敌军战争潜力的关键地区的任务。美军的作战方式得益于世界上最先进的工业经济体，而且也适应了这一经济体先进的和集中的管理方式。这种指挥方式简单明了，适合一支仓促建立起的并因此掌握的技巧有限的军队。美军的每一个单位都是庞大的战争机器上的一个小齿轮，因此它们只需要按照可以预测的方式，毫无偏差地完成自己的任务（主要是消耗敌人）。因此，少壮军官们常常发现，美国陆军在《战地手册100-5》里阐述的指挥理论与实际做法完全脱节。在实践中，美军指挥官倾向于过度控制下属。由于担心因为下属的失误而担责，美军指挥官往往会下达十分详细的命令并严密监督执行情况。在美国陆军中，鲜见高级指挥官和基层指挥官之间的互信，以及接受——实际上是鼓励——冒险的精神。而德军在全盛时期时这些特点是十分明显的。美军的指挥一旦失效，则很容易丧失主动权。[65]

美国陆军在诺曼底战役投入的14个步兵师、2个空降师和6个装甲师中，只有2个步兵师、1个空降师和1个装甲师此前有过作战经历。诺曼底战役中，美国陆军没有成立过军级指挥部。因此多数时候，部队和参谋人员都缺乏必要的知识和见解，来修正他们之前学习到的多少有点粗略的指挥理论。美军的敌人既老练又坚定，虽然德军很多部队也是初次参战，但是大多数德军骨干是由经验丰富的军官和军士构成，他们在当时可以想到的最为严酷的学校——东线战场学会了如何打仗。因此美国第1集团军在诺曼底战役初期表现得迟钝笨拙毫不令人意外，尤其是考虑到战场环境对美军来说既陌生又出乎意料地复杂。真正令人惊讶的是美军能够快速地了解、适应战场并重新训练自己。[66] 美军细微的战术和技术上的创新，例如专门对付树篱地形的战术和"犀牛式"树篱破坏器，都是由底层官兵创造的，而且大多数陆军师都迅速建立起一套学习和传播经验的机制。各个军也有了更好的表现，学会如何更加集中兵力，发起有深度的攻击，以及如何更有效地利用火力。随着时间推移，美军的战术空中力量也有效地融入了联合兵种体系。但是这带来了另外一个缺陷：例如美军整体上不愿意进行夜间攻击或者渗透作战，可能认为这没有必要，对握有大规模火力的一方来说这甚至是适得其反。但是在"眼镜蛇"行动之后进行突破作战且积极进取的部队，比起仅仅早来几周进入战场的部队更有效率——尽管每个新到战场的陆军师都需要依靠自己去获得实战经验，但由于前人的努力他们积累经验的过程多少就变短了。然而美军在战役层面的成长并未跟上战术和技术前进的步伐——下面的章节将主要讨论这一点。

英国陆军的作战之道

英国的武力基础在于其雄厚的海上力量，而且在19世纪初英国是世界海洋的统治者。英国陆军规模小而且采用志愿兵制，主要从事殖民地战争，保卫和扩张大英帝国。即便在拿破仑时代，英国对于欧洲大陆的大战也只是有限参与，发挥一点外围的作用。在滑铁卢战役后的一个世纪里，英军再也不曾在欧洲大陆参战过（克里米亚战争除外）。而英军在克里米亚战争的投入也有限，只派出了14万人的正规军。而且虽然有2.2万人死亡，其中却只有不到5000人死于战斗。因此英国人对于第一次世界大战中恐怖的伤亡数字完全没有心理准备。在4年的大战中，英国有75万人阵亡，150万人永久残废，其中大多数来自西线战场。这在所有英国人的心灵中留下了深刻的伤痕，这一创伤比大多数被征召的英属殖民地国家（1916年英国首次实行征兵制）所经历的伤害还深，影响也超过了大规模战争所造成的大量伤亡。徒劳而血腥的堑壕战给英国人造成的恐惧，使英国人在1939—1945年间对于人员损失的承受能力要低于1914—1918年，而且也明显低于美国人。英军将领及英国政府相应地也比他们的盟友更排斥出现伤亡，这也影响到了英军选择以何种方式进行作战。

英国社会在20世纪20年代的心态已经不同于一战之前。一战获胜的代价如此之大，很快英国人就认为不值得付出。和平主义开始扩散。英国社会开始反感利用战争作为政策的工具，还出现了认为国联和协商解决争议能取代战争的天真想法——直到 1936 年对国联的信心崩溃，但是直到 1939 年 3 月英国人还相信能协商解决战争的威胁。另外，一战也极大地损害了英国的经济实力，这一问题又因为英国政府的错误决策导致工商业未能恢复而更加严重。20 年代的问题还没解决，"大萧条"又开始了，这次危机又直接导致了下次世界大战的爆发。这种情况下，毫不意外国防成为无法承受的负担且被认为基本没有必要而被忽略。经过"格迪斯大斧"对于国防开支的大幅削减后，英国财政部又退出了"十年规定"，在这个规定中所有的拨款和规划都是基于至少 10 年内不会爆发世界大战的祈祷之上。"十年规定"在 1932 年之前每年自动重述，但是即便从那个时候开始被废止也没带来大的变化，尽管德国、意大利和日本的军力和侵略性在不断增长，直到 30 年代末英国才开始重整军备。即便到了 1938 年，英国的国防开支也只占国内生产总值的 8%，并且要到第二年才开始大规模地、持续地投入。另外重整军备的优先权给予了修整皇家海军和建立皇家空军，在人力和装备投资序列中，英国陆军只能屈居第三。这一状态持续到了二战结束。英国没有意愿再建设一支规模堪比一战时期黑格元帅指挥的英国陆军，承担起在陆地击败德国的相当大的责任。

在间战期间英国的三大军种中，英国陆军待遇是最差的。它退化到只是少数几个营的集合。在 1918 年表现出色的部队人员被任由失散，一同失去的还有重新塑造这样一支队伍所需的专业知识。资金匮乏也使英国陆军无法在武器和编制上取得进步（例如，机械化实验部队在成立仅 2 年后的 1929 年解散）。当然，规模上的限制和日益过时的武器都阻碍了英军在未来战争理论上的发展，使其无法充分利用科学技术的进步来推动军事变革。德国和苏联都接受了新的军事思想并在理论上做好了准备，一旦政治和经济条件成熟两国就迅速开始了军事装备和军队构架的现代化改革。但是英军则要面对更现实和更直接的威胁，使其无暇旁顾。首先是面临国内发生革命的威胁。在一战之前，英军就已逐渐参与了国内的罢工镇压行动，有时还需要使用致命武力。一战之后，由于 1914 年以来的政治冲突到达了顶点，爱尔兰正走向内战的边缘，英军在爱尔兰又进行了三年的反暴动作战。另外，"布尔什维克潮流"当时看起来非常有可能传播到英伦三岛。1919 年 1 月，英国部署了一支 1 万人的，装备有坦克大炮的部队，用以防范"红色克莱德赛德"运动可能引发的起义。英军士兵频繁被派往应对行业骚乱，在 1926 年的英国总罢工时达到了顶峰。英军领导层当然厌恶这种"支援警察任务"，但又不得不认真对待共产党人的威胁，直到需要优先考虑如何应对另一场世界大战为止。英军的其他当务之急还包括皇家警务和军队的传统核心任务。英国通过战争扩张帝国势力范围造成的结果之一，就是在势力范围内的政治和军事问题与日俱增。管理殖民地一直就是个负担，而在新纳入的中东托管地伊拉克和巴勒斯坦发生的暴乱不啻为雪上加霜。何况帝国皇冠上的宝石印度，也面临着民族主义骚乱的兴起。这些都削弱了英国的经济实力和心理优越感，预示着帝国步入多事之秋。

另一个打断英国军事进步的更重要的因素则是思维的僵化。在英国，贵族绅士一直掌控着军事领域，这一群体把从军当作一份充满乐趣和荣耀的，无须动脑的事业。因此军队对于代表光明与进步的，倾向和平主义的中产阶级来说很难有吸引力。而且英国军官所受的教育也难以激发专业性的思辨思维。在桑德赫斯特皇家军事学院里，未来的军官们将近四成的时间用在学习怎么成为一个模范列兵。[67] 在参谋学院，死记硬背式的学习依然是常态。学院提供的参谋课程是神圣不可侵犯的，也不鼓励学员的质疑精神。塑造德国国防军和苏联红军的理论催化剂在英军中难觅踪影，因为没有需求。尽管条约规定了责任，英国仍断然拒绝了恢复大陆义务的想法。当 1936 年 3 月，法国要求英国履行《洛迦诺公约》的义务，阻止德军重新占领莱茵兰时，英国首相坦言仅仅组建一个步兵师和骑兵旅就需要数周的时间。在 1936 年 1 月，英国陆军总兵力只有 19.1 万人，仅仅不到 1914 年的 20%。

直到 1939 年年初英国政府才承认其无法推掉在欧洲大陆部署一个集团军的义务。因此英国正规军人数增至 22.5 万人，而随着英国陆军后备部队的建立，英军野战部队扩大了三倍达到 34 万人（外加 10 万高射炮手）。1939 年 3 月，英国首次实行和平时期征兵制，尽管只是用来补充而不是替代志愿兵制。英国的目标是用两年时间，建立一支拥有 6 个正规军师和 26 个陆军后备部队师的野战部队（外加来自自治领的 14 个师和来自印度的 4 个师）。因此直到大战将至时，英国才着手将其小规模的，眼光还只局限于殖民地作战的正规军和一支几乎没怎么受过训练的后备部队，再度打造成能够击败德国陆军的战争机器。另外，英国财政部又坚称不知上哪去为这个雄心勃勃的计划寻找足够的装备，所以这一计划后又修改为用两年时间组建 36 个师。[68] 因此毫不令人意外，英国花了三个月时间才拼凑一支只有 3 个师的英国远征军，尽管长达 9 个月的"静坐战"已经足够建立 13 个师了（其中 10 个被认为随时可以参战）。然后不到三周内英国远征军就被赶出了欧洲大陆，还把轻武器以外的所有装备扔在了那里。[69]

到 1940 年 6 月时，英国已经动员了一支 165 万人的陆军，一年之后这支部队扩大到 220 万人。这些人都需要训练和装备。这一过程的起点，是一支弱小的没有希望的，还刚刚在法国吃了大败仗的军队。英国远征军几乎需要从零开始重新武装，而且失败还引发了对于英军教条与训练的根本性质疑，但是得不到一致的答案。英国陆军也不能奢望得到一段平静的时间以便打造一支高效的进攻力量来力挽狂澜，它要负担保卫英国本土和帝国在非洲、中东乃至远东的领地。20 年来紧缩的预算和精神的空虚，以及（本来就不怎样的）训练体系长期存在缺陷，都不是英国陆军能迅速而体面地扭转的。这一转变用了几乎三年才完成，而且其中伴随着（通常是英勇的）失败和彻头彻尾的灾难，这一点也不令人意外。然而这一切还是有意义的，在阿拉曼战役时英军证明了自己有能力在战场上打败德军，尽管有时候显得笨拙，而且借助了人数的优势和消耗战术。阿拉曼战役后，英军在北非战场保持了不败的纪录并攻进了意大利。不过在一个次要战场上获得的成功，并不能担保可以在法国对抗德军主力时能够重现。[70]

作为英国最成功的战地指挥官，蒙哥马利将军享有首相丘吉尔和帝国参谋总长阿兰·布鲁克爵士的信任。蒙哥马利拥有完全按照自己意愿打造反攻欧洲大陆的部队的权力。在这种情况下，他脑子里最关心的与登陆有关的是两件事：人手和士气。人手问题——或者倒不如说是人手短缺问题，尤其是步兵部队的——使蒙哥马利从执掌登陆部队开始就备受困扰。他手下的英加部队规模较小，在登陆日之前以及在 1944 年 7 月份他就两次得到提醒，英国已经无法再组建新的部队；实际上，当补充兵员开始枯竭时，蒙哥马利不得不拆散一些部队来使其他部队维持实力。[71] 这的确有效。到 1944 年 8 月时，英军已经解散了一个步兵师和一个步兵旅，之后是人数相当的两个装甲旅，在 11 月又解散了一个步兵师。[72] 蒙哥马利因此敏锐地觉察到他在决策时要考虑到两个因素：他的集团军群是英国军事力量，以及英国在欧洲同盟国阵营中发挥影响力的基础，而且这是一份消耗性资产。最大化降低伤亡以保存实力几乎成了英军在二战中的一大原则。然而，蒙哥马利的部队还是太小不足以承担他希望的主导地位。英军日渐被美军矮化，美军规模在诺曼底战役结束时只比英军大了不到一半，而在 1945 年则增大到英军的三倍。因此蒙哥马利（和英国）对于作战指挥的影响力，随着美军实力的增强和自信的上升而逐渐减弱。

另一个影响了蒙哥马利作战方式的因素是英国陆军脆弱的士气。这是英国将领普遍面对的难题。据说，当时的英国士兵远不如 1914—1918 年的前辈坚强，而且战后即便不算堕落也称得上奢华的日子也腐化了英国军官。英国在第一次世界大战期间损失了男子汉中的佼佼者，弱化了参加第二次世界大战的军队。这一论点的真实性有几分难以评价。诚然无论在绝对数值还是在比例上，德国人尽管在一战遭受了更大的损失，仍然明显更有能力和意愿再打一场。或者英国将领把 1939—1942 的失败归咎于士兵，而没有认识到自己的职业短板以及英军在结构和理论上的缺陷(这同样是军官的责任)。[73] 尽管如此，第 21 集团军群仍以用最小的伤亡代价，通过执行一系列精心策划的按部就班的攻击，加上谨慎且避免风险的突破来赢得胜利。蒙哥马利认为，部队信任自己的指挥官不会过度地拿他们的生命冒险，加上获胜的保证能产生对于胜利至关重要的高昂士气。其他因素同样重要：严格但合理的纪律，良好的领导才能，有效且切实的训练，以及健全且周到的后勤。[74] 蒙哥马利尽其所能来实现以上所有要求，尤其是最后一个非常成功，但是仍无法避免失败。到 1944 年 7 月中旬时，英军出现了明显的士气下滑，特别是那些经历过北非和意大利战役的老部队，因为伤亡虽大但收获甚微。[75] 这些预警信号又令指挥官变得更加谨慎。实际上，蒙哥马利在条令里限制突破作战而且要求战役机动严格按照他的意志进行以避免风险。

没有哪个国家的军队能像英军那样，作战方式深深烙上了蒙哥马利的印记。在掌管登陆部队到登陆之前的短短几个月里，蒙哥马利致力于复制一个第 8 集团军的成功样板。不论到哪，他都带上自己的参谋军官和来自地中海战区的信徒，还向他们强加自己对于军事理论的理解。这对于正在为重返欧洲大陆而受训的部队来说是有益的，因为他们深陷理论的困惑之中。在《野战勤务条例》和其他小册子中，英国陆军部刊发了自己的官方版本作战理论。同时陆军部也制定了训练指导和备忘录来推广有实无名的军事思想，而且不同的部队也有各种自创的奇奇怪怪的版本。换句话说，军事思想已经泛滥了，其中一些还自相矛盾——跟二战之前的情形没什么区别。许多军官满脑子是英国人对于教条的传统厌恶，而且又疲于应付担任新职务时碰到的需要立即解决的问题，对于落实教条大部分则采取逃避态度。还有不幸的是，蒙哥马利意图创造的新军事学说也存在消极面。源自第 8 集团军的一些做法，要么因为不适合诺曼底的地形，要么因为敌人的防御理念发生了变化而变得没有指导意义，而且蒙哥马利也没有足够的时间在训练中融入和贯彻他的想法。[76] 更为根本的原因是，整个英国对于如何在陆地作战，以及如何为此进行准备还没有清楚的想法。

蒙哥马利解决军事理论问题的方法，自然也受到自身职业经历的影响。第一次世界大战是影响他发展的重要阶段。从 1914 年作为陆军中尉干起，到 1918 年担任师参谋长，蒙哥马利历经了所有大事件，从原来的职业化英国远征军的毁灭到国民军痛苦的成长过程直到最终的胜利。黑格元帅在 1918 年统帅的军队，在当时算得上十分进步且高效。当时的英国陆军已经形成了完善的，在 1915 年还是不可想象的炮兵技术，并用于支援坦克集群与步兵的密切协同作战。而且在多兵种联合作战中使用飞机对地攻击，成为未来战争的先驱。这一制胜法宝成为蒙哥马利军事理论的基础，然后结合他所能得到的最新的武器及其战术使用方法，来创造出最新的军事理论。换句话说，与他的大多数同僚不同，蒙哥马利完全不是个保守之人，也能看到创新或者实验性质的可能性。然而，与一些德国或苏联的将军不同，他的眼界还没扩展到能接纳一种全新的，在理论上完全不同的作战方式，去打一场被技术变革开启的新型战争。这一局限并非来自他的无知（蒙哥马利实际上十分刻苦钻研自己的领域）。他不相信英国人能打出闪电战，因为他了解一支战时仓促建立的军队有着相当的缺陷，而且他还需要尽可能减小伤亡。

担任盟军地面部队总司令时，蒙哥马利强调按部就班地作战而不考虑其他形式的攻击行动。遭遇战不再被传授，没人进行快速进攻与追击。英国陆军尽管在机动能力上投入巨大，蒙哥马利考虑的重点却不是机动作战（而是在战役中有控制地、有组织地进行运动）。他的特长在于实施深思熟虑的攻击，获胜的关键寄托于尽可能集中强大的力量攻击特定的地区，只设定有限的目标并通过压倒性的火力（包括在任何可能的时候集中使用轰炸机部队）来夺取。因此，英军每个步兵师通常只会局限在一个旅的正面发起攻击，大约就是师属炮兵使用最拿手的徐进弹幕进行掩护时所能覆盖的宽度。首个梯队及其支援坦克部队在第二梯队通过之前，只需要突入很浅的纵深。第三梯队则紧跟着第二梯队。通过这种战术，不断投入有生力量保持进攻节奏。一旦敌人的主要防线被突破，担任军属预备队的一个装甲师则会进行有限的突破作战。这种作战方法却会被多种因素削弱效果，有些因为缺乏训练导致的缺陷可以通过经验弥补，有一些更严重的则来自作战理论本身的不足，其他的则是军队本身系统性的缺陷的产物。

　　诺曼底作战暴露了英军许多战术缺陷（其中至少有一些是可以在反思意大利战役的教训后得到纠正的）。其中大多数是未能在进攻中有效整合各兵种。英军的炮兵十分出色，但是徐进弹幕不适合在树篱地区进行近距离支援，德军在战术上的改进（加大防御部队的纵深，更加分散部署并进行机动防御）也削弱了炮击的效果。当炮兵无法彻底消灭守敌或者攻击部队没能跟上弹幕前进时，装甲和步兵部队都不情愿，或者由于缺乏训练而不会利用自己的火力与战术继续进攻攻击。他们被教导过要等待炮兵替他们解决问题，所以炮兵成了他们的拐棍，没了炮兵他们甚至都没法策划一次进攻。[77] 英军认为花时间重新组织火力计划没什么坏处，但是实际上时间对于防守的德军来说是天赐之物。另外，英军在训练方面的缺陷导致步兵坦克协同水平基本上很低，即便天生就要支援步兵的装甲旅也不例外，因此坦克和步兵部队都吃到了苦头。最后，英军攻占目标后常常没能及时进行巩固，又被德军惯用的立即反击战术赶了出去。随着战斗的进行，精心策划的攻击能消除上面的大多数问题。而更严重的问题还是在于英军作战理念本身。

　　打一场部署严密的战斗的准备过程通常很慢，尤其是因为其所需大量的炮弹（例如，在"总计"行动的初始弹幕炮击需要 28.22 万发炮弹——这还没把反炮兵作战和其他任务所需的炮弹考虑进去，另外航空火力准备还将投下 3458 吨弹药）。这一过程将使行动不再具有蒙哥马利非常重视的突然性，尽管实际上英军还是时常明显打得德军措手不及。进攻作战天然的属性也带来难以避免的挫折。大量的火炮和弹药集中用于支持一个，偶尔两个军的进攻（例如，只有两到四个师部署在第一梯队，每个师都只有一个旅做先导），炮击弹幕指明了进攻的宽度和方向，这就帮助德军确定采取何种措施来堵住英军的前锋，并将侧翼的火力投入英军狭窄的突出部上。英军想要向纵深突破就变得异常艰难（尤其是在树篱地带），因为刚打开的突破口里路线太少，也没有足够的空间容纳所有需要向前推进的部队——用于巩固第一梯队的反坦克和补给部队，保证火力支援持续性的炮兵部队，以及试图打开一条通道的第二梯队部队，因此就很难创造机会进行战役机动，来避免不断进行正面进攻。当进攻的步兵和坦克部队超越炮兵的支援范围时，所有的进攻势头就会停止。德军意识到这点后，就按照一战时和在东线的做法，在很大的纵深内进行弹性防御。

英国陆军指挥与控制哲学里面存在的系统性问题，与美国陆军暴露的问题类似。第一次世界大战战场曾经是一个笼罩在战争迷雾中的混乱环境。德军做出的应对是接受这一现实，并且通过把决策权下放依靠下级的主动性来实现其指挥官的意图，有效地解决了混乱问题。在《野战勤务条例1935》中，英军看似准备好效法德军，实际上英军在理论上也一直延续着这个脉络。1941年的《作战手册》写道："现代战争需要大幅度进行权力下放，应当鼓励每个下级自己做出决定，而不是依靠通用的指导。"[78]然而，1939年开始的陆军大规模扩军，又使得军官心中原来对于新手军官和军士的恐惧和不信任死灰复燃。他们觉得这类人缺乏足够的知识和动力，因此在现代战争充满压力的混乱环境中是不能相信他们的主动性的。指挥官相信只有设置简单、有限的任务并密切地监督执行情况，他们才能指望取得好的结果。这种偏见几乎可以确定是对于人性的低估。[79]英军的问题不只是人本身的问题，因为二战时英军官兵的平均智商是高于一战时对应的常规军。英军的问题更多的是整体上狭隘、缺乏想象力和退化的理论、训练导致的产物。作为对比，德军取得了明显的成功，仅用五年时间把一支弱小的，只有十万人的部队打造成庞大的常胜战争机器。

蒙哥马利的顾虑还不仅于此。他信不过底下多数将领的能力。毫无疑问，这多少是他自身傲慢和自大的缘故。但是赞同英军将领能力差这一点的人还不只蒙哥马利一人。布鲁克在日记里也吐露："我们半数的军长和师长完全不能胜任，而且如果必须解雇他们，我还没法找到比他们更好的！他们缺乏领导才能所需的个性、想象力、动力和权力。"[80]蒙哥马利的评价是否过于刻薄无关紧要（尽管英军的几位指挥官，其中一些还是蒙哥马利亲自任命的，在诺曼底战斗中证明了自己完全不称职），蒙哥马利对于下属的战术头脑和领导才能缺乏信心，致使他倾向于严格控制他们的行动，"掌控"的需求一直是他热衷的主题。为达到这一目的，他动用了盟军统帅部联络团"幽灵"的巡逻队，和他个人的联络官队伍（他的耳目）来监督师一级及以下的活动。这种（并非不合理的）偏见对于他在策划战术和战役级别作战时倾向于保守有很大影响。不可避免地，如果指挥官害怕因为下属的失利而担责，从上往下各个层级的指挥官都会效仿。

于是英军又操起一战时可靠的、经过验证的但效率低下的作战方法，并寄希望于通讯手段的进步能使传统的集中控制式的指挥方法更有效率。高级指挥官会制定一个计划，里面常常包含大量的细节，制定每支部队或每个单位在每一阶段要完成的任务。下级被要求坚定不移地遵守计划，常常包括严格地执行火力准备或航空火力准备计划的时间表。很明显，换句话说英军想要两者兼得：当计划出现偏差时发挥主动性当然是可取的，但是违反计划的擅自行动却不能出现。而主动性并没有一个开关来随时启动和关闭，实际上经常发生的是，在计划出现偏差或者通讯失灵时英军很少表现出主动性。相反，基层部队偏向更安全的做法，向上级报告新情况然后等待命令，而这会浪费宝贵的时间。与此同时，转瞬即逝的战机就白白浪费，而敌人却得到喘息之机。[81]

蒙哥马利式的部署严密的战斗几乎总能打开缺口，但是从未形成突破。考虑周全的进攻，在推进之前需要一个仔细斟酌过的（而且，对于敌人来说是个可预见的）火力计划，彻底地清扫进攻轴线，并在每一阶段结束后下一阶段开始前进行巩固。这实际上还是消耗战式的战术，以物理摧毁而不是瓦解敌人的方式取得胜利，而英军拥有的机动性上的优势则没有得到利用，因此也不可能逐渐提升进攻节奏。德军即便一开始被打得措手不及，通过快速反应一般也能掌握英国的决策—行动闭环，并且迅速填补英军正在打开的缺口。因此，英军很少能够打开一个可供进行战役机动的突破口，至于控制住这种突破口则更少见。蒙哥马利对此并不在意，他是个现实主义者，清楚地认识到手下的英国陆军能力有限，因为在连吃败仗的头几年这已经非常明显。他全部的经验驱使他相信稳步的，甚至缓慢的推进更适合他的指挥（以及他的指挥风格），而动态作战则相反。另外，对于他的主要机动力量装甲师的能力他也充满怀疑，而且他也拒绝成立一支"追击军"。[82]他有充分的理由来反对冒险。蒙哥马利只想打那一些他能控制的战斗，他能够全程控制住他所重视的"平衡"，这样敌军就没有机会夺回主动权。由于这些原因，蒙哥马利打的仗本质上还是消耗战，因此不具有决定性作用。

在诺曼底作战的英加军队，从装备、教条、训练和指挥来说都离完美很远，但是这是支技术娴熟的队伍——虽然很小。在几次带有误导性质的结构上的和理论上的试验后，英加军确定了架构和作战理念并保持到二战结束。它的基石是庞大的炮兵部队（占第21集团军群总人数的18%，每个步兵师总人数的14%），其中大多数属于 6 个集团军群皇家炮兵的 37 个炮兵团。[83] 作为作战行动基础模块的 10 个步兵师，每个师人数为 18347 人，每师下辖 3 个步兵旅。每个旅拥有 3 个步兵营。另外每师还有 1 个机枪—重迫击炮营和 3 个总计拥有 72 门火炮的炮兵团；每个师还有 110 门反坦克炮，以及拥有足够的卡车来运输步枪兵之外的所有部队（步枪兵在需要快速机动时则会由上级部队手中充足的运力负责）。当时英军共有 8 个独立装甲旅，每个旅一般拥有 3 个装甲团（与美军的营相当，每个团有 61 辆中型或者步兵坦克，以及 11 辆轻型坦克）。英军装甲旅主要是用于支援步兵师，但是根据蒙哥马利的理论，它们也可以进行更机动性质的作战。英军共有 5 个装甲师，每个师有 14964 人，下辖 4 个坦克团和 4 个步兵营（1 个搭乘半履带车，3 个搭乘摩托化车辆），还有 2 个炮兵团，装备 48 门火炮（以及 78 门反坦克炮）。因此英军集团军群中，平均每个装甲旅大约对应两个半步兵旅，而且炮兵团（包含集团军群皇家炮兵，但是不含高射炮和反坦克炮部队）的数量是机动旅的 2 倍——明显反映出英军决心以火力、装备和机动性而不是人命来打胜仗。但是在战斗中，很快反映出蒙哥马利的理论框架内存在矛盾，迫使英军向消耗战的方向发展，尽管这次在人力上的挥霍已经远低于第一次世界大战时的水平。[84]

随着诺曼底战斗的进行，英国陆军的战术水平开始提高。来自步兵师的单位与对其进行支援的坦克部队的协作水平大幅改善，同时炮兵支援计划变得更加灵活和敏捷。在 7 月底，装甲师首次开始组建坦克—步兵战斗群，虽然有点迟。[85] 空中支援也更有效地融入地面作战。然而，很大程度上由于皇家空军不愿将控制权交出，英军的水平还是没能赶上美国"装甲纵队掩护"的概念。随着英军官兵技能和经验的提升带来相互信任的增强与责任推诿的减少，过度集权导致的束缚效应有点减弱。不过由于营级军官伤亡过大，替补的军官又是新手而且所接受的是漫不经心的训练，使得这一趋势没能进一步发展。在更高的战术层级，军一级在发起战役时更流畅也进行得更灵活，尽管当战斗变得更多变、更机动时谨慎会一直压倒主动性占上风。

加拿大陆军的作战之道

尽管加拿大陆军缺乏军事传统，在和平时期也只有一支很小的骨干队伍，加拿大自治领在一战时依然征募了一支志愿军团，而且属于黑格元帅麾下最好的部队之一。但是在加拿大国内，对于战争中的损失却反响很大（6.5万人阵亡，15万人受伤，而1914年时加拿大人口只有720万）。"永不重复"思潮同样在加拿大泛滥，而且大萧条也催生了内向型政策，这还没算上加拿大远离欧洲的位置以及皇家海军提供的舒适保护等因素。加拿大对于军备的忽视更甚于英国，备战也比英国来得晚。加拿大和平时期的永久在役民兵（PAM，加拿大的正规军）只有4000人，而非永久在役民兵（NPMA，相当于英国的陆军后备部队）只有3.4万人。在加拿大服兵役十分不受尊敬也没有吸引力，加上预算紧张，以上部队的人数实际只有编制的三分之一。

当1939年加拿大承诺将与英国并肩作战时，麦肯齐·金总理的政府一开始设法把加拿大的参战义务限定在海空军中，外加几乎是象征意义的地面部队。对于上一次世界大战造成的惨重伤亡，加拿大与联合王国一样反应敏感。法国的陷落和敦刻尔克大撤退使加拿大的态度发生了很大的转变，不过国内还是没有形成普遍共识。1940年中期加拿大实行了有限的征兵并执行了一年，不过征召人员不是用于一般勤务。永久和非永久在役民兵的扩军工作同时进行，用来组建加拿大海外军团（CAO），但也仅限于征募志愿者。在1945年年初加拿大海外军团规模最大之时，也只有28.8万官兵，而整个加拿大陆军只有差不多50万人。他们所有人都需要从微不足道的训练基础上从零开始学习作战，其中所面临的挑战要远大于英国和美国。加拿大的战争工业几乎不存在，加拿大海外军团实际上要依靠英国提供其所需的所有装备——而且还姗姗来迟，因为英国要优先弥补在敦刻尔克的战损和满足国内大幅扩军的需要。加军既没有关于上一次大战教训的机构记录，又缺乏应对下一次大战的理论基础，只能依靠英军提供理论指导和几乎所有的基础训练，以及作战方法。考虑到当时的环境，只过了三四年时间，加拿大海外军团就把优秀的人力资源塑造成熟练的战斗单位，更不用说培养成作战部队，多少是一个奇迹。不过加军在走向战场时还有提升的空间，尤其是在师和军一级。[86]

当加拿大决定为陆地战斗做出与第一次世界大战类似的贡献时，为加拿大海外军团提供了一支由3个步兵师、2个装甲师、2个装甲旅和2个集团军群皇家炮兵组成的精锐部队。鉴于二战之前，加拿大军队只是一些松散的单位，没有野战部队指挥部，而且整个永久在役民兵里只有45人毕业于参谋学院（英国人为培养称职的参谋人员提供了必要的帮助），这是一个了不起的成就。到1943年时，加军很难再招募到志愿者了，因此没有组建新的部队。实际上在诺曼底登陆之前，加军的补充人员储备已经远低于战时编制而且也缺乏经验。即便是在诺曼底战役之初，加军把其他兵种的一些人员转为步兵，从 1944 年 7 月开始步兵短缺的问题就开始影响到了加军的战斗力。[87]而且限制服役者可以不用离开本土经历危险而艰苦的战斗，也对那些已经和即将在国外领土上浴血奋战的士兵的士气造成不利影响。

一开始加拿大打算把参战人员组成一个由加拿大人指挥的，拥有两个军的集团军。这个计划后来被证明是不现实的。当整个加军在英国组建并接受训练以达到必要的标准时，不可能数年时间都处于待命状态。出于军队和国家的荣誉，加上需要让部队从战斗中汲取作战经验，促成加拿大第 2 步兵师第一次参战参与了迪耶普突击，之后加拿大按照承诺在 1943 年向意大利战场投入了加拿大第 1 军。金总理乐于让加军留在意大利，因为他预感到了欧洲西北部的战斗会更加血腥。不管怎样，由于缺乏运输工具加拿大军队没能全体及时参与诺曼底登陆作战。因此，只有加拿大第 2 军，下辖 1 个装甲师和 2 个步兵师，1 个装甲旅和 1 个集团军群皇家炮兵参加了诺曼底战斗。为了组建加拿大第 1 集团军，英国还把 1 个军划归加拿大军队指挥。

加军的英国化带来了一些优势。正如蒙哥马利把限制伤亡当作一件大事一样，加拿大也对此十分重视。同样的教条、装备和训练，使得加拿大师——后来是加拿大军能够融入更大规模的英国军队，而且不会产生误解与民族主义情绪阻碍整体上的顺利合作。然而加军也暴露出了英国同伴大部分类似的缺陷。加军一样迟钝呆板，通常协调很差。加军的热情与高昂的士气，以及从战斗中快速学习的能力令人印象深刻，但是由于军官的职业教育、知识和技能水平整体上较低，尤其是参谋军官及作战部队指挥官，导致加军遭遇了不必要的高昂伤亡和频繁的战术失利。在 1944 年 8 月初诺曼底作战的关键时刻，加军的弱点差点导致了不利的战役后果。

结论

蒙哥马利一直认为诺曼底战斗经历了三个阶段，类型涵盖了他之前所经历过的所有战役：突入、缠斗和突破。在诺曼底海滩获得立足之地后，盟军还需要时间来积累优势作战力量，逐渐夺取土地，在消耗自己力量的同时也耗尽敌人的实力。结果这一阶段本质上还是消耗战，比预期的要艰难、惨重和漫长。诺曼底的地形易守难攻，而且德国人的防御堪称专家级别。进攻的一方发现自己的部队存在弱项，尤其是在发动多兵种联合作战时。盟军大多数指挥官和部队在对战一流敌军时，历经一番苦难后才发现他们的理论和训练与实际情况相去甚远，缠斗阶段的长度与代价又因此扩大。这需要时间来弥补，尽管多数问题本应被预见到并在训练中解决，因为在诺曼底战斗之前的 4 年时间里大多数问题已经暴露。不过盟军及时吸取了战术上的教训，在战斗中的表现不断变好。正当英军和美军尤其是美军都在大幅获取经验和技巧时，德军正在被削弱，后勤支援也难以为继。德军的防御在 1944 年 7 月底达到极限，随即"眼镜蛇"行动开启了第三阶段。结果主要由于德军的失误，这一阶段进行得比预计的要快，盟军比计划中更早地逼近塞纳河，而德军也已溃不成军。

诺曼底战斗之后的态势，为盟军提供了一个意想不到的绝好机会来发动一次战略瘫痪作战，加上此时苏军在东线也取得更大的成功，这可能对第三帝国作战能力和意志造成致命打击。然而面对 8 月份获得的巨大胜利所创造的机遇，盟军却没能充分利用。原因不止一个。在整个诺曼底作战期间以及之后，盟军一直存在系统性的问题。担忧过高的伤亡以及因此对士气造成不利影响限制了指挥官的行动。这必然导致过于谨慎以至于有时让机会溜走。这在民主国家的军队中或许是难以避免的，尤其对于英国人，第一次世界大战的经历已经使得他们对当局充满质疑。并非不可避免的是，盟军高级指挥官长期对于下属过度控制和缺乏信任，这经常导致错过机会和放慢攻势。理论的不足则始终存在并且问题更大。跨过塞纳河之后的战斗变得更随意，而不是连贯的，按照参谋长联席会议要求的以教条形式传达的方式进行。而盟军缺乏稳固的、持续的指示，以及未能遵循英美军队都认同的战争准则。这些主题将在后续章节展开阐述。

注释:

1. 这一章是对理论的略为简化的总结，着重于进攻的本质，因为这是欧洲战区盟军在 1944 年夏、秋季作战的主要战斗形式。

2. 援引自戴维·格兰茨的《苏联军事作战艺术：为了实现纵深作战》(Soviet Military Operational Art: In Pursuit of Deep Battle, 伦敦：Frank Cass 出版社，1991 年），第 23 页。斯韦钦在他 1927 年所著的《战略》(Strategiya, 明尼阿波利斯：East view 出版社，1992 年）一书的第 67—70 页，以更多的细节探讨了战争三个层级之间的关系。斯韦钦被普遍认为是"战役法"这一术语的创造者。

3. 罗伯特·莱昂哈德，《机动的艺术：机动战争理论和空地战役》，诸如先发制人、调动敌军和破坏部署等关键概念将在第三、四章扩展阐述。

4. 到 1944 年 7 月 1 日，德军在西线总共部署了 829000 人（不到一半位于诺曼底），在东线则是 1996000 人（包括在挪威北部的 6 万人，和仆从国的 974000 人）。来源于戴维·格兰茨和乔纳森·M. 豪斯合著的《巨人的碰撞：苏联红军是如何挡住希特勒》(When Titans Clahsed:How the Red Army Stopped Hitler, 劳伦斯：堪萨斯大学出版社，1995 年），第 304 页。德军在东线的伤亡（阵亡、受伤和失踪）数字在诺曼底登陆之前高于西线，总计达到了 4120232 人。在 1944 年 6、7、8 月份，德军在西线遭受了 288695 人的伤亡，而东线则是 900630 人。来源于尼克拉斯·泽特林的《诺曼底 1944：德军的军事组织、战斗力和组织有效性》。

5. 机动战真正的对立面是阵地战，此时交战的双方都试图以优势的火力来击垮对方。

6. 反叛乱作战的理论和实践肯定远不同于传统的欧洲大陆国家之间的战争。实际上，美国和英国军队在所谓的"反恐战争"中已经深受各种困难和失利所困扰，尤其是在伊拉克击败萨达姆的正规军之后以及在阿富汗，这都是在完全不合适的环境里套用为全面战争而设计的理论、武器和组织形式所导致的。

7. 这些原则是英国陆军在 1925 年制定的，而且是基于约翰·弗里德里克·查尔斯·富勒的著作（尽管，毫不意外首先提出这些的是克劳塞维茨）。它们本质上没有变化；本书阐述的版本出现在 1985 年的《陆军野战手册》第一卷第一章，《部队的使用》（尽管第十条是最近正式增加的）。美国陆军的作战原则列表也是在行文上有所不同。其他军队也编制了类似的清单，有时会有补充或差异。例如，苏联的原则还包括对于敌人的整个部署纵深同步发起行动的独特要求。来自 V. Ye. 萨夫金的《指挥艺术和战术的基本原则》(Osnovnyye Printsipi Operativnoye Isskustva i Taktiki, 莫斯科：Voyenizdat 出版社，1974 年），第 218 页。

8. 例如，吉姆·斯托尔在《战争中的面孔》第 86 页中，引用了数个权威专家和作战研究机构的结果。突然性的心理效果以及它如何取代数量的优势，在《欧·亨利精选》(The Best of O. Henry, 伦敦 Hodder and Stoughton 出版社，1929 年），第 667 至 681 页"拦劫列车"(Holding up a Train) 一文中，得到了深入的分析。

9. 约翰·A. 沃登，《空中作战：战斗的谋划》，第 13 页。当然他提到了欧洲国家间的战争。在不对称的战争中，空中力量对于结果的影响要小得多，甚至可能适得其反。

10. 在进攻中，预备队是用来扩大胜利，然后把微小的战术胜利转化为更大的战术胜利，然后再把战术的胜利转化为战役的胜利再转化为改变战争走向的胜利。但是在现实中，预备队经常用于弥补一个构思拙劣或执行不善的计划出现的漏洞。

11. 卡尔·冯·克劳塞维茨，《战争论》，第 119 页。"混乱"一词可能更适合用于描述"摩擦"。

12. 援引自《陆军条令》，第一卷，"行动"（指挥部条令和训练，1994 年出版），第 3—10 页。

13. 克劳塞维茨，《战争论》，第 104 页。

14. 缺乏所处岗位的经验常常被某些战役级别指挥官当作在会战中表现出不足的借口。

15. 鲁珀特·史密斯爵士,《武力的效用:现代世界的战争艺术》(The Utility of Force:The Art of War in Modern World,伦敦:Allen Lane 出版社,2005 年),第 64—65 页。

16. 某些指挥官拥有很大的人事权力,例如蒙哥马利。但他虽然获得了很高的支持,但在面对一些他评价不高的下属时——最明显的就是加拿大第 1 集团军指挥官哈利·克里勒,他也束手无策。他亲自挑选的下属指挥官也不是都符合要求,例如英军第 30 军指挥官杰拉德·布克纳中将。蒙哥马利一般也不会承认错误。此外英军的人才储备也很有限。正如弗朗西斯·塔克中将评价英国陆军时所说:"出现了优秀的参谋军官,他们工作效率很高,'霸王行动'计划的制定体现了这一点。但是不可避免地,能够胜任机动作战的战斗指挥官却如此之少。"援引自《走向战场,评价 1941 年 11 月至 1943 年 5 月的第 8 集团军》(Approach to Battle, a Commentary: Eighth Army, November 1941 to May 1943,伦敦:Cassell 出版社,1963 年),第 145 页。鲁珀特·史密斯爵士将军直言不讳地指出,英军指挥官把失利的责任归咎于实际上已经任务过重的下属(不管问题是出在执行过程中还是下属部队或单位本身具有弱点)。指挥官必须对自己的部队的人员、结构、能力和缺陷了如指掌,并且因此相应地调整自己的需求和期望。

17. 丹尼尔·J. 休斯,《毛奇论战争艺术:选集》,第 186 页。

18. 鲁珀特·史密斯,《武力的效用》,第 65 页。

19. 威廉·斯利姆爵士元帅,援引自《部队的使用》第 70 页。这一出处和韦维尔伯爵元帅的《优秀的士兵》(The Good Soldier,伦敦:Macmillan 出版社,1948 年)第一章,及其他内容是本节大部分内容的出处。

20. 鲁珀特·史密斯,《武力的效用》,第 67 页。

21. 战役层级的指挥官比起"如何"击败敌人更关心"在哪"将其击败。正如乔治·巴顿将军在《我所知道的战争》第 358 页所说的,"在哪"击败敌人,需要在小比例尺地图上通过对诸如道路、铁路和河流等作战地形特征进行一点点仔细的研究才能获知。(专注于大比例尺地图的高级指挥官常常会陷入战术细节,犯了只见树木不见森林的错误)。在被问及如何做到如此精准地分散敌军注意力时,拿破仑一世回答:"我事先并不知道敌人会犯什么样的错误可以让我利用,我只是研究地图。"地图既反映出敌人所拥有的机会,也显示出他所受到的限制。来自米兰·V. 维戈,《机动作战》,第 567 页。

22. 克劳塞维,《战争论》,第 101 页。

23. 巴顿,《我所知道的战争》,第 357 页。

24. 同上,第 354 页。

25. 在《整体而言》中,阿奇博尔德·珀西瓦尔·韦弗尔爵士将军给出了合理的建议:"当事态严峻困难重重时,最好的激励方式就是想想敌人的困难。"一位成功的将领会花更多时间考虑如何向敌人发起行动,而不是考虑敌人将如何对付自己。

26. 约翰·弗里德里克·查尔斯·富勒,《为将之道:常见的错误及对策》,第 78—80 页。不幸的是英国人及美国人倾向于把用兵之道和行军打仗当作一门科学而不是艺术。因此他们的军事教学强调遵守套路而不是发挥创造性。当一位将领可以自由地发挥想象力时,是因为抛开了军事学院和其他地方的教育,而不是这些教育的功劳。

27. 在意识到下属的不可靠之处后,一些最为成功的高级指挥官会采用信任但要核实的策略。因此蒙哥马利将他的总司令部联络团(幽灵)的编制设置得很大,负责客观地向其报告较低层级部队的进展,中间绕过了通常的指挥链。巴顿仿造了这套系统,他让第 6 骑兵大队扮演类似角色。

28. 克劳塞维茨,《战争论》,第 87 页。对于资深的军人来说,这一事实十分令人不快。正如帝国总参谋长布鲁克在 1944 年 8 月 13 日致信蒙哥马利时写道："发动战争也许困难，但是在政治控制之下发动战争有时变得几乎不可能！！"奈杰尔·汉密尔顿，《蒙蒂，战地大师 1942—1944》，第 790 页。

29. 战役层级的指挥官应当是自己的主要情报官。他不得不实现一个抽象的目标，而且鉴于对于要实现的目标他有独到的理解，他也最为清楚他所要面对的问题。通常这些问题无法进行量化，而是与事态有关的"感觉"——并非情报机构所钟爱的关于事实的具体信息，而是种猜想。因此指挥官要指明所需的信息的必要成分，他的情报参谋则调动资源去收集，不过情报的最终解读者依然是指挥官本身。

30. 这一贬义术语是用于形容第一次世界大战时，那些远离战场、远离部队并因此远离现实的指挥官。

31. 在英国和美国的体系中，参谋长并没有直接的指挥权力。苏联红军中，参谋长是具有执行权力的副指挥官，而在德军中无论是出于何种考虑，参谋长都是重要的共同指挥官。

32. 来自对 1979 年 4 月 13 日与赫尔曼·巴尔克将军进行的谈话录音的转译。录音由俄亥俄州哥伦布市，巴特尔哥伦布实验室按照 DAAK40-78-C-0004 号合同录制，感谢大卫·T. 扎布斯基少将提供。巴尔克谈论的是他的 C 集团军群总部（原文如此），但集团军总部也是同样规模。

33. 艾森豪威尔虽有能力控制英美同盟关系免于破裂，并在战役—战略目标层面上保持一定的统一，却不代表他接受政治因素应当或者甚至能够主导军事谋划。他捍卫着这样一个古怪的观念，即战争和政治不能混为一谈——对于一个热忱的克劳塞维茨信徒来说真是个奇怪的立场。

34. 不仅仅是傲慢和高高在上的英国将领认为艾森豪威尔缺乏作战经验是种缺陷。1944 年 9 月 1 日，巴顿在一封信中写道："艾克十分谨慎，因为他从未上过前线，而且对于真实的战斗一无所知。"马丁·布吕蒙松，《巴顿文集》，第 537 页。

35. 第 21 集团军群指挥部的整个战时编制，在 1944 年 11 月稍微增加之后，达到了 3450 人，不包含各种附属部门例如信号和民事单位，以及为指挥部提供保卫和交通的部队。该指挥部被细分为战术、主体和后方（不包括通讯线路）三部分。决策的中心是"战术"部分，拥有大约 50 名军官，包括蒙哥马利的联络官。作战参谋作业在"主体"部分完成，而后勤和行政工作则由"后方"总部负责。

36. 在第 21 集团军群，大部分的讨论和决策，以及之后下达的命令都是口头形式的。虽然不是一成不变，但这些内容通常会以书面形式确认。因为蒙哥马利的集团军和军一级指挥官都被完全灌输了他对军事理论的解释，并且按照他的方法训练，更不用说每个人都十分清楚违背蒙哥马利的意图的风险，这就很难确切指出第 21 集团军群的作战设想和指令真正源自哪里。例如，史蒂芬·A. 哈特的《蒙哥马利与"大裂痕"：第 21 集团军群在 1944—1945 年的西北欧战场》一书中对于蒙哥马利与邓普西、克里勒的关系描述（第六和七章），以及无数散落在蒙哥马利的参谋人员的回忆录和日记中的信息证实了这点。

37. 作为对比，第 6 集团军群总部拥有的军官人数只有布莱德利总部的三分之一。这是因为德弗斯坚持集团军群总部不要重复集团军一级总部的工作。

38. 德怀特·D. 艾森豪威尔，《远征欧陆》，第 129 页，在一定程度上扩展了主题。

39. 阿瑟·泰德，《带有偏见》，第 552—571 页，包含了对于蒙哥马利和英国陆军的肆意攻击。

40. 罗素·F. 韦格利，《美国的战争之路》，第 140—145 页。李将军的北弗吉尼亚军团具有很强的恢复能力，它在 1863 年 7 月的葛底斯堡战役中在三天内遭受了 30% 的伤亡后仍可以继续作战，从 1864 年 5 月的怀尔德尼斯到 1865 年 4 月的阿波马托克斯又承受住了连续的消耗战考验。当然，格兰特的部队也遭受了严重伤亡——例如在怀尔德尼斯和斯波茨瓦尼亚的 7 天战斗中，伤亡率达到 29.6%。数字源自托马斯·L. 利弗莫尔的《美国内战中的数据与损失》（Numbers and Losses in the Civil War in America，1900 年再印版，卡莱尔，宾夕法尼亚：Kallman 出版社，1996 年），表 A。

41. 各种信息源的美军伤亡数字都比较接近，但对于英军的却相差很大。此处的数字引用自 A.

J. P. 泰勒的《英国史 1941—1945，牛津英国史》（English History 1914-45, Oxford History of England，牛津：牛津大学出版社，1965 年），为比较被广泛接受的版本。

42. 来自韦格利，《美国的战争之路》，第 221 页。

43. 艾伦·R. 米利特和威廉姆森·穆雷的《军事效能》，第 71—72 页。

44. 莫里斯·马特洛夫的《90 个师的赌博》（The 90 Division Gamble）一文，来自肯特·罗伯特·格林菲尔德编纂的《指挥决策》，第 365—382 页。

45. 迈克尔·D. 道布勒，《接近敌人》，第 236—237 页的表格。这一数字不包含两个轻装的空降师，它们在 7 月中旬被撤回英国在 9 月中旬被重新投入荷兰战场。

46. 在第二次世界大战爆发之时，美国陆军拥有 9 个正规师和 18 个国民警卫队师，只有 3 个正规师接近满编的一半实力。出处是米利特和穆雷的《军事效能》的第 2 卷第 80 页。到 1942 年 7 月，美国陆军已有 45 个师，到了 1943 年 7 月则达到了 88 个。第 89 师（也是最后一个）在 1944 年 1 月成立。除了隶属于各师的单位，美国陆军还有数百个独立炮兵营、坦克营、坦克歼击车营、工程兵营及其他单位。而每个战斗士兵在后勤供应都对应一个补充兵。所有这些部队都需要军官。

47. 正如道布勒在《接近敌人》一书第 301 页中指出的，步兵师中的战斗力在于 27 个步枪连中的 5211 名军官与士兵。这些人数只占全师 36.5% 的单位（按原文所说，并不是 68%）却承受了全师 9 成的伤亡（同上，第 240 页）。要让一个师失去战斗力并不需要太多硬仗。

48. 从诺曼底登陆日到欧洲胜利日的 337 天里，有 2 个步兵师的战斗时间超过 300 天，10 个超过 250 天，17 个超过 200 天（来源同上，第 236 页）。

49. 罗兰特·G. 鲁宾塞尔，《二战中的美国陆军，欧洲战区：陆军的后勤支援》第一卷，第 460 页。

50. 道布勒在《接近敌人》第 246—248 页中，探讨了补充兵在一个太过冷漠的体系里的遭遇。马丁·冯·克里费德的《战斗力：德国和美国陆军的表现，1939—1945》（Fighting Power:German and US Army Performance,1939-45，韦斯特波特，康涅狄格：Greenwood 出版社，1982 年）在第 76—79 页严厉批评了这一体系。两本书都提到了个别师级指挥官之后所做的一些改进措施。

51. 道布勒，《接近敌人》，第 242 页。

52.《战地手册 100-5》阐述了陆军的条令。这里引用的是 1944 年版，"战斗条例"一节中的第 112 段、第 115 段。将其与 1941 年 5 月的版本比较一下会很有意思，这一版本是在 1944 年 6 月下发，指导了美国陆军在诺曼底的战斗。而将其与同等的德国版本，1936 年的《部队指挥》手册进行对比会更有启发性。参见布鲁斯·康德尔和大卫·T. 扎布基的《论德国的战争艺术：＜部队指挥＞，德国陆军在第二次世界大战的统一指挥手册》，该书对《部队指挥》进行了编译与评论。

53. 道布勒在《接近敌人》第 283—284 页主张，在大多数时间进行战役机动的前提条件并不存在。这意味着有着火力和机动性优势，以及有制空权和主动权的部队，不得不接受敌军可以支配交战方式的事实。当然，战术上的消耗作战是无法避免的，但是发起战术消耗战的目的应当是为了创造战役机动的条件。

54. 另一个例子是第 5 军在 6 月 9 日的战斗。当时已被猛烈炮火严重削弱的德国第 352 步兵师（只剩下 14 门火炮），防守着大约 40 公里（25 英里）宽的前线，面对着美军第 1 和第 29 步兵师，而且美军坦克部队和第 2 步兵师的一部分也即将赶到。德军左翼已被粉碎，而右翼几乎没人防守。尽管这样，第 352 步兵师仍然能够在一夜间迅速地脱离接触并以步行后撤 20 公里（12 英里），而且井然有序，还在厄尔河占领了新的防线。参见大卫·C. 伊斯比所著的《战斗在诺曼底：从 D 日到维勒博卡日的德国陆军》一书第 84—88 页中，该师参谋长的讲述。而戈登·A. 哈里森《二战中的美国陆军，欧洲战场：跨过海峡的攻击》一书第 366—371 页，则从美军的角度讲述了这一事件，指出在 6 月 10 日第 1 和第 2 步兵师只是尾随撤退的德军，并用 11 日一整天准备发起新的攻击。哈里森指出，在这两天中两个美军步兵师"面对着德军防线上一个超过 10 英里宽的缺口"。德军在这段时间得以调集第 3 伞兵师和党卫军第 17 装甲掷弹兵师进行增援。

55. 尽管军官们培养了现代意识，"机动主义者"的学说仍然会被消耗战的方式所带偏。例如彼得·曼苏尔在其所著的《美国大兵在欧洲的进攻：美国步兵师的凯旋》第 3 页中说："在二战时战术机动最重要的方面就是将友军单位安排到一个他们可以利用支援火力消灭敌人的位置。"实际上，他不断重复这一点，即从物理上消灭敌人比通过机动破坏敌人的凝聚力和士气（这会因为置敌人于绝望的处境而将其彻底击溃或迫使其投降）更重要。最理想的情况，就是通过不断的快速机动，使敌人无法抢先建立防线（因为敌军防线一旦建立只能依靠火力来摧毁），或者通过首先发起第一波攻击（敌人没有做好避开的准备）使敌人转移攻击的地点。

56. 冯·克里费德《战斗力》一书中，深入研究了美国和德国陆军的军事思想、组织、人员和训练。尽管在对比中，他有时过于倾向支持德国，而且他忽视了美国在战争期间所取得的进步，这本书仍很有启发意义。这本书对于美国步兵的批评并未扩大到空降兵和游骑兵部队，两者在基层部队都很强调主动性和积极性。当然，因为这些部队也有权挑选最好的人员，这损害了普通步兵师的战斗力。

57. 罗素·A. 哈特，《武力的碰撞：盟军是如何在诺曼底取胜的》，第 296 页。

58. 约翰·英格利希的《论步兵》（On Infantry，纽约：Praeger 出版社，1981 年）第 133 页引用巴顿话语。

59. 肯特·罗伯特·格林菲尔德，《地面战斗部队的组织》，第 316 页。

60.《战斗手册 100-5 作战》（FM 100-5 Operations，1944 年 6 月），第 34—35 页。

61. 康德尔扎布基，《论德国的战争艺术》，第 23 页。

62. 克劳塞维茨，《战争论》，第 104 页。

63. Auftragstaktik 通常被翻译为"通过指令控制"，尽管更为合适的译法是"任务导向指挥"。"任务导向指挥系统"鼓励下属在出现机会时加以利用。另一种模式是 befehlstaktik，或者叫"通过详细命令控制"。后者是美军的典型方式，尤其是在早期阶段，在这一模式下所有单位的行动和战斗都是依照规定的更高层级的计划。在这一模式中，胜利的关键在于贯彻指挥官对敌人的意志，通过统一的行动实现无法抵挡的进攻势头。

64. 德军的指挥文化根深蒂固，至少可以追溯至 19 世纪中期。因此普鲁士在 1857 到 1888 年间的总参谋长毛奇在一篇散文中写道："由于战场形势变化多样且快速，制定约束规制是不可能的。只能用一些原则和主要观点作为指导。在预先制定的计划失效后，只能对事态做出恰当的估计才能为指挥官指明正确的道路。如果下级指挥官坐等命令，那么事态中的有利之处就永远得不到利用。"毛奇在 1869 年所著的《大部队指挥官指引》中提出："总的说来，除非绝对必要和为了避免谋划不能预计到的态势，一个指挥官不用完全按照命令行事。战争中形势变化迅速。很少有命令能够提前很久预计到变化并顺利得到具体执行。当现实的发展与高级指挥官原先的设想不同时，会动摇下属指挥官的信心并使其感到不确定。另外，还必须指出的一点是如果一个指挥官下达的命令内容远远超出必须无条件执行的重要任务，那么这项命令只会被顺带执行或者因为被大量次要事项耽搁而不能全部执行，而且只能在特定条件下有效。拥有的职权越高下达的命令就应越短越概括。往下一级指挥官则会添加必要的进一步细节。执行的具体要求则交由较低级指挥官。每一层级因此都保有权力范围内的行动和决策自由……下级指挥官必须能够认识到下达命令的上级的目的何在，这样在环境要求他们采取与命令不同的行动时他们知道如何去实现目标。"出自休斯的《毛奇论战争艺术》，第 132 页、第 184—185 页。

65. 迈克尔·J. 哈伍德，《任务导向指挥：我们不能从这到那》；康德尔和扎布基，《论德国的战争艺术》；冯·克里费德，《战斗力》，上述著作都不同程度地对比了德国和美国的指挥风格。实际上两军的差异随着时间推移正在减少。一边是美军在经验和自信方面的增长同时剔除不那么在行的指挥官，并给予低级指挥官更大权限。另一方面德军在质量上的下降，以及由于担心失败及其后果（可能会丧命）德国指挥官的过度控制变得越来越普遍，"命令指挥"日渐取代"任务指挥"。实际上，尤其是在更高的层级，猜疑和背叛成为德国陆军的特点，特别是在 7·20 事件之后。因此，下情上传逐渐变得不可靠（影响到了正确的决策）；奴隶般地服从纸面命令成了规矩，不管其要求如何不合理甚至荒谬；还有背后掩盖（实际上，是背后捅刀）成了常态。

66. 在美国几个师的历史中，很好地体现了美军的学习经历和进步。例如，参见约瑟夫·巴尔科斯基的《冲出滩头：第 29 步兵师在诺曼底》（Beyond the Beachhead: The 29th Infantry Division in Normandy，哈里斯堡，宾夕法尼亚：Stackpole Books，1989 年），和约翰·科尔比的《战争从头开始，第二次世界大战中的第 90 步兵师》（War from Ground Up: the 90th Division in World War Ⅱ，奥斯汀，德克萨斯：Nortex Press 出版社，1991 年）。后者讲述了一个失败的步兵师如何在一位一流的新指挥官带领下实现转变。

67. 大卫·弗兰奇，《建立丘吉尔的军队：英国陆军和对抗德国的战争，1919—1945》，第 58 页。英国军官军校学员的战术视野只限于他指挥的排，而他的德国同行考虑的是如何指挥一个营战斗。

68. 同上，第 157—158 页。

69. 布莱恩·邦德的《两次世界大战之间的英国军事政策》，以及米利特和穆雷的《军事效能》第二卷，都很好地展示了间战期间英军的面貌。

70. 弗兰奇《建立丘吉尔的军队》对于英国陆军的问题和发展提供了十分全面和深入的介绍。米利特和穆雷的《军事效能》第二卷，和哈特的《武力的碰撞》也有同样贡献。

71. 与美军一样，人力短缺是英军步兵部队最为严重的问题。英国战争办公室以北非作战的经验来预计诺曼底战斗可能的损失。在前者，步兵占了总伤亡的 48%，而在后者则达到了 76%。出处是英格利希的《论步兵》第 138 页。另外英军的伤亡率也高于预期，因此补充兵员很快被耗尽，这就要求对高射炮手、皇家空军人员和其他人员进行重新训练使其成为步兵。至于第 21 集团军群为何不被允许在联合王国内征召数十万部队作为补充，而只能解散一些单位和某些整支部队，则没有令人信服的解释。

72. 人力短缺对波兰第 1 装甲师来说是个老大难问题，因为没有波兰新兵。为此该师补充了 856 个在诺曼底抓获的能说波兰语的战俘，但是发现这些人极度厌战且悲观到极点。即便算上这些人，到 10 月初时波兰第 1 装甲师仍然短缺 92 名军官和 746 名士兵，而且越来越难以保持整支部队的战斗力。然而加拿大第 1 集团军却收到了补充兵，一个英国山地师在秋季加入了加拿大部队，而且 1945 年春另一个拥有两个师的加拿大军从意大利来到西欧。关于人力问题的具体处理，参见卡洛·德·埃斯特的《诺曼底战斗的决策》，第 257—270 页。

73. 很显然英国陆军中没有意识形态狂热。试图煽动起"反纳粹十字军东征"热情和传播民主的企图，是为了应对因为第一次世界大战时期的错误宣传与许诺而产生的对于政府的怀疑态度。大多数的士兵并不享受从军生涯，但他们知道要有人负起这个责任。当他们得到恰当的领导时，他们就值得信赖去完成使命——尽管凭借的是股倔劲而不是英雄主义。至于英军高级指挥官为自己的失职而寻找替罪羊，不管是有意还是无意，是没什么疑问的——正如他们在一战时的作为一样，当时他们哀叹后备本土军、基齐纳志愿兵以及之后的征召兵战力低下，而经过一段时间之后这些部队重新得到认可。

74. 参见 B. L. 蒙哥马利《战争中的士气：分析》（Morale in Battle: Analysis，英国莱茵集团军，1946 年）。

75. 擅离职守、开小差和身体伤亡率都大幅上升，最后一项占到总伤亡 20%，而且在第 2 集团军，"战斗疲劳"人数达到了每周 2000 例。

76. 蒂莫西·哈里森·佩雷斯的《英国陆军的军事训练，1940—1944：从敦刻尔克到诺曼底登陆日》

有扩展内容，而且在 R. A. M. S. 梅尔文未出版的《德国和盟国在诺曼底的军事思想，1944：一个比较视角》(German and Allied Doctrine in Normandy,1944: A Comparative Perspective)，该书是为了支持 2003 年一次"英国总局的教条与发展"的参谋骑乘作业而作。当然，蒙哥马利在前往北非之前指挥东南集团军的 8 个月期间，对于英国国土警卫队的备战产生了重要影响。

77. 在《加拿大陆军和诺曼底作战：对于高级指挥失利的研究》一书第 117 页中，约翰 · A. 英格利希引用参谋学院的教学内容："假设一个旅被敌人的行动阻挡，如果有条件将炮火支援的规模翻一倍的话，那它可以合理地等上最多三个小时。如果缺乏敌人布置的确定信息，那么增加一次'强制性的弹幕炮击'。"

78.《军事训练手册》第 23 号，"作战"，1942 年版，指出指挥官的"意图通常通过清晰地说明他所提出任务会得到最好的表达。单靠这种方式下属就能明智地采取行动并调用他们可用的手段去使高级指挥官的计划获得进一步的利益"。它同样强调"主动性和勇于承担责任"（2-3）。

79. 必须承认英国陆军的人力资源存在质量问题。海军和空军在战前吸引高素质新兵方面更为成功，而且之后两者又有挑选兵员的优先权。在二战后半段时间入伍的陆军士兵中，只有四分之一接受过中等教育，而且三成士兵智力低于平均水平。来自弗兰奇的《组建丘吉尔的军队》第 65 页。之后英国陆军又允许其勤务部队从它的征召兵中挑选受过最好教育的士兵用于组建诸如突击队、特种空勤团和伞兵部队，又使得战斗部队的问题更加严重，尤其是步兵部队。总的算来，近四分之一的步兵部队构成有问题，很多有潜力成为优秀军士的人却被浪费在当二等兵。

80. 阿兰布鲁克勋爵元帅，《战争日记 1939—1945》，第 243 页。可能是很不确定，他把这一事件的状态归结于"我们在上一次大战损失了我们最好的军官，而他们原本应该是我们现在的高级指挥官"。而德国人的伤亡更加惨重，却设法为第二次世界大战准备了一支充足的军官队伍。

81. 弗兰奇在《组建丘吉尔的军队》一书的头两章中，展开阐述了军事思想和指挥与控制的主题。

82. 蒙哥马利在阿拉曼战役中组建了此类战果扩张装甲部队，即第 10 军。对于该部队的表现他十分失望，并以这一设想超出了英国装甲部队的能力为由将其放弃。

83. L. F. 埃利斯，《西线的胜利，第二卷，德国的战败》，第 536、523 页。

84. 编制和装备表与战斗序列的细节可以参见 L. F. 埃利斯的《西线的胜利，第一卷，诺曼底战役》的附录四。除了这里列出的部队，还有 2 个突击队和 3 个步兵旅（包括 1 个比利时旅和 1 个荷兰旅），1 个空降师，还有 1 个装备诸如"鳄鱼"和"蟹"特种坦克的特种装甲师（但不是以整师进行部署）。

85. 美国人、英国人和加拿大人在最短的时间内，组建一个拥有所有兵种的，甚至是来自不同编队的部队的有战斗力的战斗群方面，从来没能赶上德国人的能力。盟军既缺乏所需的条令也缺乏相应的军事教育体系。

86. 英格利希，《加拿大军队和诺曼底战斗》，对于加拿大海外军队的组建过程和一直存在的问题有深入的见解。

87. 哈特，《武力的碰撞》，第 171—175 页，深入研究了人力问题，以及特里·科普的《战火之地：诺曼底战役中的加拿大军队》第 279 页，介绍了步兵部队日复一日存在的缺点。

第二章
引爆点

前 7 个星期，1944 年 6 月 6 日—7 月 25 日

战略目标

经过英国人和美国人的激烈争论之后，1944 年 2 月 12 日美国联合参谋长会议同意向盟国远征军最高统帅艾森豪威尔将军下达指令："你们将要挺进欧洲大陆，同其他同盟国一起，执行旨在攻入德国心脏地带并摧毁其武装力量的军事行动。"艾森豪威尔将这一行动阐述为："以摧毁敌军力量为目的始终是我们的指导原则。只有那些对于敌人实施军事行动来说至关重要，或者在我们摧毁敌人陆地和空中力量的过程中，需要用作补给和交通中心的地面目标才会被考虑夺取。"[1] 因此，同盟国认定关系到德国作战能力与作战意志的重心是她的武装力量，而非德国的首都或者重要经济地区。这一目标虽然已经很直接明确，同盟国对于应该以何种方式和在何处实现这一目标却存在众多不同意见，某些时候盟军指挥官似乎还忘了这一点。就在反攻欧洲的部队尚在英格兰聚集时，怎样消灭德军的军事策略却还远未明确。要消灭德军，盟军第一步必须在法国建立一个稳固的桥头堡，这是条充满困难并可能走向失败的必经之路。

建立滩头阵地：突破与缺憾

1944 年 5 月 15 日，盟军地面部队临时总司令伯纳德·蒙哥马利将军向艾森豪

74

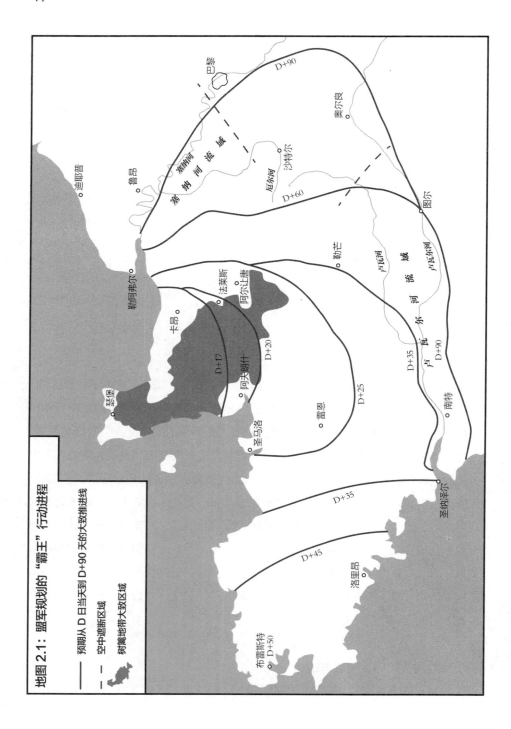

地图 2.1：盟军规划的"霸王"行动进程

—— 预期从 D 日当天到 D+90 天的大致推进线

- - - 空中遮断区域

树篱地带大致区域

巴黎

D+90

奥尔良

迪耶普

鲁昂

塞纳河流域

沙特尔

厄尔河

D+60

图尔

勒阿弗尔

卡昂

法莱斯

阿尔让唐

勒芒

萨尔特河

卢瓦尔河

卢瓦尔流域

瑟堡

D+17

阿夫朗什

D+20

D+35

D+90

圣马洛

雷恩

D+25

南特

D+35

圣纳泽尔

D+45

洛里昂

布雷斯特
D+50

威尔、盟国远征军海陆空各军种统帅以及监督和参与反攻计划的部分政治领袖[2]介绍了他的"总体方案",即霸王行动的作战设想。在这一设想中,在盟军建立空中优势、通过空中封锁守住登陆区域、利用欺骗战术("坚忍"行动)将德军牵制在加莱地区之后,诺曼底地区的战斗可大致分为3个阶段。图2.1展示的为反攻作战设定的进程。

在第一阶段,盟军将建立一个稳固的桥头堡。他们将在80公里(50英里)宽的正面登陆,位于东段的是米尔斯·邓普西中将的英国第2集团军,奥马尔·布莱德利中将的美国第1集团军位于西段。在D日后第15天,美军将夺取不可或缺的深水港瑟堡。在D日后第20天,根据设想盟军已向法国内陆挺进50到60公里(30到40英里),形成一条从大西洋海岸上的阿夫朗什延伸到栋夫龙和法莱斯的长约150公里(90英里)的战线。此时盟军将建立一块拥有足够纵深的桥头堡阵地,其中的机动空间将有利于防御并足以从英国接纳后续部队以及必需的后勤支持。这一桥头堡还可供建设机场(尤其是在卡昂—法莱斯平原上),空中部队将借此有效地支援和保护地面部队:如果战斗轰炸机不得不往返于英吉利海峡最宽之处,它们的反应效率和滞空时间将难以满足前线需要,而且也无法深入敌军后方执行任务。

第二阶段开始之前,盟军将做一次作战暂停,为继续发动攻势积累足够的作战部队和后勤资源,然而理想情况下战事的进展将毫不停歇。英军将向东和东南推进至图克河和阿尔让唐,通过积极的行动牵制敌人主力,同时在美军向南推进至卢瓦尔河并切断不列塔尼半岛同法国内陆的联系时,掩护美军的左翼。之后,新到达战场的美国第3集团军在乔治S.巴顿中将带领下将横扫不列塔尼半岛,夺取对于盟军远征军最高司令部后勤部门来说至关重要的港口,来自美国的新锐部队和补给将直接从这些港口进入战场。

在最后阶段,整个霸王行动滩头阵地——向西到达布雷斯特,南至卢瓦尔河,东至塞纳河——在D日后第90天将被盟军攻占。一旦达成这一目标,诺曼底作战将结束。在D日后第120天左右,盟军将集中压倒性力量开始向德国心脏地带进发,集中主要力量进攻鲁尔工业区。[3]德军势必要尽全力保住这最重要的军工生产中心而不得不一直战斗到被完全消灭。不过在战场形势明朗之前,由哪支部队、在何处以及如何达成这一目标还无法确定。

得益于"坚忍"行动的欺骗效果，德军在诺曼底海岸的防卫远不如加莱地区严密。另外，6月6日的登陆行动在战术和战略上都达成了奇袭的效果。与此同时，德国国防军最高统帅部怀疑诺曼底登陆行动是引诱第15集团军离开加莱驻地的佯攻行动，加莱才是盟军主力的进攻方向。这导致国防军最高统帅部迟迟不肯动用预备队，而在盟军登陆之初兵力不足还遭遇恶劣天气，德军预备队原本很有可能挫败盟军登陆行动。结果登陆后仅仅一周，盟军就有326000人，2000辆坦克上岸。此时，考虑到公路、铁路的运送能力以及盟军空中力量的战场遮断，德军再向诺曼底增援已难以抗衡盟军。

6月13日，盟军已经在诺曼底海岸建立了一块连贯但缺乏纵深的桥头堡阵地，不过进攻进度已经落后于预期。在战线左翼英军未能攻下可跨过奥恩河向南挺进的重要交通枢纽卡昂，原先这被不切实际地定为要在D日当天夺取的目标。英军在奥恩河以东地区的立足点相当狭小，而德军可以监视英军占领区的大部分区域，使得英国人没有空间聚集必要的战斗力量，建立后勤基地和修筑机场。德军通过反攻拔掉东部桥头堡的危险依然存在。能否攻下卡昂直接关系到登陆后数周内邓普西中将的第2集团军的后续行动。在西边，美军离瑟堡依然还超过20公里（12英里）远，离七条公路交汇的重要枢纽圣洛稍微近点，严重落后于预期进度。第1集团军和右翼的第2集团军遭遇了他们始料未及的困境。登陆之后他们就发现自己踏入了树篱地带。[4] 即便在反攻之前，盟军已经获得大量诺曼底地区的航拍和地面照片还有地图，然而不知何故，却没人考虑到这种糟糕但易于防守的地形的军事作用。顽强的德军只要精心利用这种地形便可使盟军无法全力前进。[5]

蒙哥马利一直坚信德国将会用优势兵力对付第2集团军，因为该部所处的地理位置更具威胁性，同时更接近重要目标的进攻轴线（抵达巴黎然后进攻德国的最短和最便利路线）。在卡昂遭遇最初的重大失利后，蒙哥马利为了对付不乐观的战场形势改变了他的作战设想（虽然他坚持一切正按照他原先的总体计划进行，而事实刚好相反）。英军将通过发动连续不断的进攻来达成两个目的：首先是占领卡昂并获取一条有利于在合适时机发动决定性作战的战线；另一个更重要的目的是尽可能吸引更多的德军加入西线装甲集群并将其牵制住，使得布莱德利的第1集团军可以迅速突破德国第7集团军防线并占领瑟堡，由此在滩头阵地西侧达成突破，为第3集团军向不列塔尼和往东推进铺平道路。

直到 7 月底德国国防军最高统帅部还在担心实际上并不存在的 "美国第 1 集团军群" 将向塞纳河以东发动主攻，因此德军第 15 集团军一直按兵不动。[6] 相反，德军放弃了不列塔尼、法国西南部和西部甚至斯堪的纳维亚地区前来增援诺曼底，党卫军第 2 装甲军也从俄国前线调回。[7] 但这些增援部队既无法夺回战场主动权，也威胁不到盟军的滩头阵地，不过蒙哥马利认为他们足以 "分割登陆部队" 使战场陷入僵局。直到 7 月几乎过完时，诺曼底战场上类似一战的 "消耗战" 依然是常态，伤亡数字使人产生这是索姆河战役或者第三次伊普尔战役的错觉。[8] 到 7 月 25 日，美军已损失超过 70000 人，英加联军损失超过了 46000 人（不包含战斗疲劳者）。盟军前进的步伐慢得令人痛苦，7 月 20 日（D 日后第 43 天），英加联军终于夺取了卡昂南部郊区，而 D 日后第 17 至第 20 天之间他们就该拿下的法莱斯，尚在南边 25 公里（15 英里）开外。6 月 26 日（D 日后第 19 天），瑟堡落入美军之手，不过 9 月份之前瑟堡港将一直处于瘫痪状态。当美军在 7 月 19 日攻克圣洛时，他们距离 D 日后第 19 天就应拿下的目标格朗维尔还有超过 30 公里。

龟速的推进和蹿升的伤亡数字造成的不良后果之一就是，盟军高层内部开始互相抱怨争吵。美国大兵受到一家沙文主义不输英国人的美国媒体的鼓动，坚信他们的英国盟友没有全力作战，没有承受他们应遭受的苦难。[9] 一些人开始寻找替罪羊，由于他的傲慢冷漠和自以为是，蒙哥马利果其不然成为头号人选。多数美国将领，包括布莱德利和巴顿从前一年春天开始就极度讨厌蒙哥马利，因为后者在美军面前一直过于傲慢并漠视美军的需求和利益。不少空中部队将领，包括盟军副总司令空军元帅亚瑟·泰德对蒙哥马利同样心怀不满，尤其是因为后者未能提供急需的机场场地。盟国远征军最高司令部的高级军官们（包括英国人）热烈地期盼着盟军总司令让蒙哥马利卷铺盖走人。对蒙哥马利的不满情绪甚至还蔓延到了英国首相丘吉尔和美国陆军总参谋长乔治·C. 马歇尔那里。7 月 20 日，"古德伍德" 行动在付出高昂代价后却遭遇了可耻失败，蒙哥马利的屡战屡败使得众人终于发现这位地面部队总司令过于谨慎，还顽固地坚持一切顺利地按照自己的计划推进，这进一步加深了人们对蒙哥马利的敌意。不过一筹莫展的困局肯定不全是一个人的责任，美英加部队都缺乏精心训练，某些方面由于装备不如德军又放大了这一缺陷。只有从血腥战斗中学习经验才能真正使盟军弥补自己的软肋并全面利用自己的众多强项，尤其是在人力物力方面不断扩大的优势，去击败他们异常强大的对手。

突破前夕的地面战场形势

虽然没人认同蒙哥马利的作战理念，遑论会有人对此心怀感激，但是到 7 月 25 日时蒙哥马利的确为扭转战局创造了条件，在霸王行动推进阶段开展决定性作战已有可能。作为开端，英美军队都打到了一条有利的出发线，理论上可以从这条线上发起此类重大军事行动。[10] 另外，盟军内部的紧密团结也是个巨大优势。同时，英军努力将德军主力吸引到战场东段使得美军（在付出了伤亡的代价，并遭遇挫折之后）得以在西段达成突破。

7 月 25 日双方力量对比

随着 7 月 25 日美国第 5 装甲师上岸，盟军已经在诺曼底地区集结了 33 个师的兵力——美军 18 个，英加军 15 个。[11] 对阵盟军的是德军的 24 个师和其他一些部队（不包括仍然驻守在海岸固定防御工事中的部队）。某些学者因此认为双方力量对比是 1.4 ∶ 1，盟军实际上并未占有数量上的优势。但这忽略了两个重要因素：大多数德军师的规模实质上比盟军（特别是英军）的要小；多数德军师的损失未得到补充，实力进一步下降。同时盟军在军和集团军一级还握有比德军更强大的实力。英军 8 个独立装甲旅拥有比英军装甲师多一倍的坦克，而且英军 1/3 的炮兵属于更高层级的集团军群皇家炮兵；半数的美军野战炮兵、坦克和坦克歼击车是非师属编制。相反，德军只有少于 9% 的装甲部队，11% 的炮兵（例如野战炮和榴弹炮），23% 的人员（其中仅有 16% 从事勤务和辅助任务）在德国陆军总司令部手中。这不是说德军的战斗和勤务人员比例更低但战斗力更高，而是德军步兵将深切感受到己方在炮火和后勤支援上的劣势。

总计在 7 月 25 日，盟军已经在诺曼底地区部署了 1452000 名士兵——821000 名美军和 640000 名英加军[12]；6757 辆坦克和坦克歼击车——美军 3371 辆，英加军 3386 辆（不包括损失后重新补充的 2100 辆）；各类火炮 3240 门——美军 1720 门，英加军 1520 门。德军已在诺曼底投入了 49 万人，但在伤亡 117000 人后仅得到 10708 人的补充，因此在 7 月 25 日德军总数约为 38 万人。德军曾派遣了 1869 辆坦克、突击炮和自行反坦克炮（包括了重新补充的部分）到诺曼底，但是此时已有 450 辆被除名（另外大约 450 辆还在工厂车间里）。德军一度部署了 1672 门各类火炮，到 7 月 25 日时损失数目未知但是应当很可观。值得注意的是，尽管在诺曼底前线损失巨大，德军依然没有增派足够的部队。德军在诺曼底只有 24 个师和一些其他部队而且需要休整，但是在塞纳河和阿姆斯特丹之间，18 个师还在等待反击盟军从海峡另一边发起的第二次登陆，法国其他地方还有 11 个德军师（德军认为盟军很快将在法国南部登陆）。德军部署严重失当，在西线战场唯一有战斗发生的地方诺曼底，盟军对德军拥有 3.8 倍的兵力，4.7 倍的装甲部队和大约 3 倍的火炮优势。最后一个容易被忽视的数据，是德军极度匮乏的弹药补给。举个例子，美军火炮一天发射的弹药数量是德军的 4 倍。

　　力量对比固然重要，但是这不能反映双方实力对比的全貌。质量因素同样十分重要。多位历史学家已经分析认为，盟军尤其是英军一开始在诺曼底地区进展缓慢，与德军在技战术和地形上的优势很有关系。这一观点值得讨论一下。

　　步兵。英军的轻武器适于英国陆军习惯的殖民地战斗，而非现代化的大陆战争。英军步兵手中用着从 20 世纪初布尔战争时就开始服役的栓动步枪。作为火力补充，英国步兵还装备了两种冲锋枪：沉重的美国汤姆森和世上最廉价、最不受欢迎和最不可靠的司登冲锋枪。美国步兵情况较好，其基本武器是优秀的加兰德半自动步枪，该枪的高射速（30 发每分钟）使美国陆军相信他们基本上不需要太多的机枪。基本不用随身武器参加战斗的美军人员携带的是卡宾枪或冲锋枪。德军轻武器则令人眼花缭乱，其中包括了大量口径各异、可靠性不一的缴获武器。大多数德军步枪兵使用栓动步枪，小部分受优待或者仅仅是走运的部队则能用上半自动步枪或者冲锋枪。而在实际战斗中，多人操作武器比单兵武器更能左右战斗的结果，因此德军步兵战术以机枪为中心，步兵几乎沦为了机枪的弹药搬运工。德军数量众多又令人恐惧的机枪给英美步兵的士气造成了消极影响，盟军步兵的战斗记录佐证了这一事实。德军机枪也是造成盟军步兵在没有大量炮兵支援下不愿意推进的主要原因。

　　多数德国步兵营拥有 8 到 12 门 81 毫米迫击炮和 43 到 63 挺通用机枪（MG-34/42）。英国和美国步兵营拥有 6 门口径和重量相仿的迫击炮，一个美国步兵营还有 9 门连级的 60 毫米迫击炮，一个英国步兵营也有 17 门排级 2 英寸（50 毫米）迫击炮。一个英国步兵营有 41 挺布伦轻机枪（LMG），一个美国步兵营有 45 把勃朗宁自动步枪（BAR），美国步兵营同时还有 20 挺点 30 机枪和 6 挺点 50 机枪[13]。弹带供弹的 MG–34/42 射速大约是盟军机枪的两倍（是勃朗宁自动步枪的 3 倍）。德国因此在单位层级上拥有比盟军尤其是英军更高的火力投射量，但是同理美国步兵可依赖加兰德半自动步枪作为机枪的补充。部分德国国防军步兵师将火力支援单位中的重武器，如重机枪、迫击炮（105 毫米—120 毫米）和短射程步兵炮（75 毫米—150 毫米，通常进行直瞄射击），配属给步兵营来增强火力。当然，盟军也会这样做只是不经常而已。例如英军步兵师机枪营实力雄厚，拥有 36 挺维克斯中型机枪和 16 门 4.2 英寸（105 毫米）迫击炮。美国陆军步兵师的化学迫击炮营也有 36 门 4.2 英寸迫击炮。

在防御战中，哪怕是极少数躲过盟军炮火准备或者弹幕攻击的 MG–34/34，都可以让进攻之中的盟军步兵立时停顿。由于轻机枪和自动步枪火力不足，盟军将会被压制在原地。某些时候，德军对盟军的集结地来一阵迫击炮轰击，就会让盟军在进攻开始前就遭受伤亡并陷入混乱。通常德军会把盟军阻挡在一个被标定好的迫击炮攻击区域（一个预设的歼敌区），然后痛揍倒霉的进攻者。并且，一旦己方阵地被占领之后，德军会在对方巩固阵地之前立即进行猛烈而精准的炮火攻击。在诺曼底，德军迫击炮及其近亲，多管火箭发射器，堪称最高效的步兵杀手。英国第 2 军事运筹部在 7 月 3 日提交的一份报告显示，英军 70% 的伤亡是由上述两种武器造成。在步兵战术以及更重要的多兵种战术，从最初的简单变得成熟之前，盟军的进攻往往在付出高昂代价后以失败告终。

装甲兵。各类型号的谢尔曼坦克，占了盟军部署在诺曼底的中型坦克的 2/3[14]。英国的克伦威尔坦克占了另外 20%，两者都缺乏装甲防护。德军绝大多数的 75 毫米坦克炮和反坦克炮可以在 1500 米（1640 码）处，从任意角度击穿两者，而黑豹的长身管 75 毫米和虎式的 88 毫米坦克炮则能在更远的距离上将两者击穿（虽然坦克之间很少在 1000 米外交战）。更令人不安的是，谢尔曼坦克在被击穿后极易着火（根据作战分析，占到了 73% 的战例）。[15] 谢尔曼和克伦威尔坦克还同样火力不足，起码在对阵敌军坦克时是这样。（美国人的观点认为，坦克的主要任务不是与坦克交战，而是支援步兵并突破阵地。）两者都装备了 75 毫米中速坦克炮，可以在 1000 米外击穿德军多数装甲战车防护最好的部位，但是只能在 500 米或者更近的距离才能有效对付黑豹坦克。至于虎式坦克，如果它们能有机会靠近的话，则要在极近距离才能将其击穿。盟军手中唯一堪用的坦克炮是英国"萤火虫"坦克装备的 17 磅炮，它可以在 1000 米处干掉德国最好的坦克。当然谢尔曼坦克还是有优点的，它的作战行程远，达到 200 公里（125 英里）；机动性不错；还有优良的高爆弹；而且，最重要的是谢尔曼坦克可靠性好，能够保证很高出勤率。

英军大多数独立坦克旅装备的是谢尔曼坦克，但是有 3 个旅装备了丘吉尔步兵坦克。丘吉尔步兵坦克配备的是与克伦威尔坦克一样的 75 毫米中速坦克炮，但是装甲厚重能够支援步兵逼近敌军的防御阵地。丘吉尔坦克能够承受德军标准 75 毫米坦克炮在 500 米外的攻击，但是黑豹坦克和虎式坦克（以及 88 毫米反坦克炮）在 1500 米处就能将其击毁。丘吉尔坦克的越野能力较强，但是由于功能定位的原因速度较慢。

盟军最后一种装甲战车大类是坦克歼击车。这种战车是美军教条缺陷的产物。坦克歼击车被设定为集中使用，作为机动预备队用于击退敌军装甲力量的集中进攻。根据设想，敌军坦克将被此类自行反坦克炮阻滞并摧毁，所以 M-10 和 M-18 坦克歼击车的机动性很好，但装甲比使用同种底盘的谢尔曼坦克还薄弱，不过又拥有更强的反坦克炮（分别是 3 英寸和 76 毫米反坦克炮）。[16] 虽然这类坦克歼击车可以在 1500 米处击穿多数德军的装甲车辆，但是只有在 700 米的距离才能击穿黑豹坦克，对付虎式坦克则要到 500 米。英军开始为他们的坦克歼击车换装 17 磅炮，不过只有 100 辆左右参加了诺曼底的战斗。

因此很明显，德军装备黑豹和虎式坦克的单位在战斗中占有优势，当然是他们能顺利抵达战场的话。虎式坦克的作战行程只有黑豹坦克或者盟军坦克的一半，而且虎式和黑豹坦克的机械可靠性差，尤其是虎式，相当部分时间是在修配所里接受维护。[17] 另外只有 650 辆黑豹坦克和 138 辆虎式坦克参加了诺曼底的战斗（另有 25 辆使用黑豹坦克底盘的自行反坦克炮）。而德军在诺曼底一度部署的 2248 辆（包括补充的部分）装甲战斗车辆中，绝大多数是马克四型坦克（900 辆），性能与谢尔曼坦克相仿；三号突击炮有 550 辆，弱于谢尔曼坦克；另外各种数目较少的突击炮或者自行反坦克炮（多数不如谢尔曼坦克）加一起有 200 辆。总的算来，盟军投入了 6300 辆坦克和坦克歼击车（不含 2300 辆轻型坦克和所有的补充坦克）

美军拥有2600辆谢尔曼坦克，英加军拥有1820辆谢尔曼坦克（其中420辆是萤火虫式）、570辆丘吉尔坦克、340辆克伦威尔坦克；美军拥有756辆M–10而英联邦军有200辆左右（其中100辆以上配备的是17磅炮）。这等于说，德军1/3的装甲战车优于盟军，另外1/3则不如。或者换个说法，德军在火力和装甲上占优的装甲战斗车辆，数量只是盟军装甲战斗车辆总数的1/8。[18]

当然，由于多数时候盟军是进攻的一方，除了装甲部队他们还要提防德军的反坦克炮。多数（而非全部）德军步兵师拥有12到24门75毫米或者88毫米反坦克炮，一些步兵师的炮兵团还有8到12门88毫米高射炮和（或者）88毫米反坦克炮。众多步兵师还配备最多36具"坦克杀手"（单兵88毫米反坦克火箭发射器），德军步兵还有数量充足的"铁拳"（一种一次性的反坦克榴弹发射器）。[19]此外，德国陆军总司令部直属的5个反坦克营还有另外138门75毫米或者88毫米反坦克炮。不过很明显，牵引式反坦克炮面对炮击或者坦克高爆弹攻击时十分脆弱，因此作为坦克杀手的效率比不上装甲部队。根据公认的不完整且可能不可靠的证据，似乎在诺曼底只有25%到30%的盟军坦克是被德军反坦克炮击毁，另外同样数目的坦克毁于近距离攻击（据推测主要是被"坦克杀手"和"铁拳"击毁），剩下的属于装甲战斗车辆的战果。盟军装甲部队，尤其是装备有17磅炮并为6磅（57毫米）反坦克炮配发了脱壳穿甲弹的英军，至少拥有了与德军同等的反装甲能力。

多数英国资料会强调一个事实，即在诺曼底的英军战区，德军部署了第3高炮军的主力部队，拥有108至116门88毫米高射炮。但是似乎这些高射炮只有在极个别情况下才会用于反坦克作战（虽然由于德国陆军总司令部缺少火炮，它们有时也会被当作普通火炮使用）。事实上，88毫米高射炮笨重又难以转移，高大的轮廓又增添了构筑隐蔽工事的难度，而且面对炮兵和坦克高爆弹攻击时十分脆弱。另外由于高射炮兵缺乏反坦克作战的训练，因此理智的做法是将其部署在后方。将8门88毫米高射炮编入"高射炮战斗群"（反坦克战斗群）的简单尝试很难算作成功。更重要的是，德军要将所有可用的防空部队用于对付盟军无处不在的轰炸机和战斗轰炸机。第3高炮军上报的坦克击杀战果只有92个，其中12个还是用"铁拳"取得的（德国陆军和党卫军总计击毁了3663辆坦克）。[20]

英军装甲战车中，有第79装甲师的"滑稽坦克"。谢尔曼"蟹"式坦克可以迅速在雷区开辟道路且乘员拥有装甲保护，取代了缓慢而又危险的手工排雷作业。

安装了喷火器并保留主武器的丘吉尔"鳄鱼"式坦克，极大减少和加快了步兵扫荡房屋与树篱的战斗；往往这种坦克一出现在战场敌军就放弃了抵抗。丘吉尔AVRE（工程坦克）可以携带柴捆或者一具短跨桥用于越壕，其装备的爆破炮能发射大装药炮弹，对付房屋、混凝土工事和其他经过加固的阵地时十分有效。这些特种战车在联合作战中发挥的作用，已经不能用它们的数量来衡量。英加部队应该感谢蒙哥马利的远见，支持他们研发和生产特种坦克，同样的，美军不知会不会原谅布莱德利当初拒绝使用这类坦克。

在了解了双方装甲力量总体持平并且某些方面德军还有质量优势后，需要注意在7月底局部战线的力量对比已严重不平衡。蒙哥马利的作战构想取得了成功，美军在达成突破前夕，第1集团军当面的德军只有200辆坦克和自行火炮（不含在修配所的战车）。而第2集团军以及新成立的加拿大第1集团军则直面7个德军装甲师和3个重坦克（虎式）营，总计超过600辆可用的装甲战斗车辆。为了将德军装甲部队的主力牵制住，英国和加拿大部队做出了巨大牺牲，为美军"眼镜蛇"行动的成功创造了条件。

炮兵。在二战初期，德国国防军相比火炮更依赖于空中火力支援，而且装甲战斗车辆的主炮有更高的生产优先权。而当德军逐渐失去空中优势之时，由于盟军对德国本土的毁灭性轰炸不断加强，又需要优先生产高射炮。到1944年6月时，德军已经有不下于5500门高射炮在役。尽管德军对野战炮兵重视不够，但仍在诺曼底部署了相当数量的火炮。然而这些火炮的数量，与其在防御作战起到的作用相比是不相称的。其中的原因，基本与德军火炮质量无关。德军的野战炮和中型火炮（多数是150毫米和105毫米）以及榴弹炮在性能上大体与美军同类火炮相当，而且德军105毫米火炮比英军师属野战炮要强上一半。[21] 但是盟军拥有多得多的重型和中型火炮，并且射程和威力的综合水平更高。德军炮兵另一缺陷是相当一部分火炮来自国外或者是战利品库存——来自苏联、捷克、法国和意大利。其中除了苏联，其他国家火炮的性能比不上德国火炮。关键是这类火炮的弹药补给很快就经常出错、时有时无或者根本就供应不上，到后来就连给德国火炮用的炮弹也很难送到了。德军弹药堆积所分布不当、卡车日益缺乏——就算有车在晴朗的白天也不敢活动，以及弹药供应的种类繁杂，再加上担心盟军的炮火反击，都严重制约了德军炮兵的作战效率。美军每发射4发炮弹，德军最多只能还击1发。另外德军炮兵未能优化无线电的使用，德军无线电虽然技术性能优秀，但是数量严重不足。

在"闪电战"横行的日子里，德国空军替代了很大一部分军属火炮的职能，这导致的后遗症之一就是绝大多数的德军火炮集中在师一级。德国陆军总司令部直属的15个炮兵营（这炮兵营编制较大，而且只有19门远程的、相对重型的170毫米火炮）只有180门野战炮和榴弹炮。相比之下，如果把整个夏秋作战考虑进去，英加军1/3的火炮（544门）属于军级的炮兵单位，集团军群皇家炮兵。每个炮兵群拥有大约64门中型和重型的火炮。而超过一半的美军野战炮（1440件各种武器）属于非师属单位。[22] 在消除德军的空中威胁后，盟军又将重型高射炮部队投入地面作战，使炮兵力量又实现了可观的增强。而且英美军队的炮兵指挥和控制体系要比德军更高效更灵活。德军虽然认识到了盟军的优势，但由于物资匮乏难以弥补差距。盟军的炮兵指挥虽然集中在军一级，但是控制权尽可能下放到了最低层级。举个例子，英军的前沿观察官通常是名上尉，拥有召唤整个师属炮兵团72门25磅炮，打击他选定的目标（代号为"Uncle"）的权力。他甚至可以指引整个军级连同师级的火炮打击一个目标（代号"Victor"）。在指引师一级炮兵打击"Uncle"目标时，从前沿观察官发出命令，到第一发炮弹落地一般只要5分钟；而指引军师级火炮共同打击"Victor"目标时，最短只要8分钟。[23] 此外，英军还可执行"同时弹着"战术（TOT），使每一门炮的首发炮弹可以同时落地，通过火力的突然性和高密度来最大化打击效果。每6个小时，英军炮兵就会更新精度测绘和气象数据并定期校准火炮，这也提高了首发命中率。英军运用炮兵的水平，德军远远不能比肩。

盟军先进炮术的重要意义是毫不夸张的，因为在英美军队中炮兵都是最有效的打击力量，并弥补了盟军在其他方面的不足。在进攻中，盟军有能力通过制定急射计划迅速将密集火力布置到战场周围，并常常因此化解盟军进攻中碰到的突发威胁，使得攻势免于陷入停顿。而在防御时，盟军的火炮也能有效地粉碎敌人的攻击和反击，甚至在敌人还没靠近的时候。很多时候，由于事先布置了防御火力任务以备必然到来的反击，盟军得以巩固很多脆弱的战果。而德军受困于弹药补给问题，很少能用炮兵的防御性火力击退盟军的攻击。更多情况下，由于盟军的反炮击作战德军的炮击未能奏效。得益于先进的航空摄像、声波测距和其他技术，特别是在天气良好时出动的空中观察哨，盟军通常能够很快确定敌军炮兵的位置，随后铺天盖地的中型、重型火炮，更不用提对地攻击机，马上会发起毁灭性的打击。一般情况下，哪怕只是盟军的轻型飞机出现在天空，周围的德军火炮就会谨慎地选择静默。当然，德军炮兵通过熟练的伪装和分散布置，精心地利用盟军重新布置火炮时产生的火力间歇，以及少量德军自行火炮采用游动战术尽力减少了盟军炮兵优势的影响。德军炮兵成功地将伤亡控制在很低的水平，不过付出的代价是他们的存在几乎无法影响战斗。

前面曾提到过，德国迫击炮和350多门多管火箭炮（多数是6管150毫米口径，以及相当数量的5管210毫米或300毫米口径）比起普通火炮对盟军威胁更大。它们虽然射程近，但是重量轻、体积小，易于隐蔽。而且由于可以大角度发射，它们能部署在敌军火炮无法打击到的反斜面。迫击炮拥有较高的射速，而一个多管火箭炮连可以通过同时齐射（虽然欠缺精度）发射出30到36发炮弹。这两种武器很适合打了就跑的战术，以避开敌人的还击。不过，到8月份盟军已经找到了对付办法。比如说英军，在每个编队中引入了一种反迫击炮单位，将目标探测工具（包括首次使用的雷达）和专门的通讯系统连接起来，后者用于联络专门的火力单位。这种单位包括重型榴弹炮或者迫击炮，中型火炮，或者发射空爆弹的重型高射炮。[24]

随着时间的推移，盟军炮兵逐渐主宰了战场。在按部就班的战斗中，盟军炮兵将带来胜利。然而到了八九月份，由于德军防线崩溃，盟军的作战行动逐渐变得更加机动灵活，炮兵部队开始难以跟上进军的步伐。依赖公路机动的牵引式火炮，在速度和灵活性上比不了装甲和机械化部队甚至是摩托化步兵，弹药补给也存在同样的问题。另外，指挥官们为了满足追击作战中巨大的燃料需求，不得不将大多数非师属单位留在后方，并把这些单位的运输车辆转做后勤保障之用。而当追击结束硬仗又再度出现时，中型和重型火炮连带弹药不可避免地又难以及时运抵前线。

有关盟军硬件短板的反思

鉴于英美军队的步兵单位都普遍抱怨他们在面对德军众多的MG-34/42机枪和迫击炮时火力不足，因此实在令人意外，两支军队都没有为基层部队增发发布伦轻机枪、勃朗宁自动步枪、勃朗宁点 30 机枪以及迫击炮。虽然将每个步兵连里的上述武器增加一倍很难办到，但是如果在其中一个排里增加 6 挺轻机枪作为火力预备队，另外一个排加强若干轻型迫击炮，则如此部署本可以加强步兵连的火力以支援作战行动，减少下级单位对上级单位支援火力的依赖。某些部队会采取自发行动，从非战斗部队里搜罗冲锋枪、巴祖卡火箭筒和迫击炮来加强自己的火力。除了私底下积极扩充自己的家底，一些部队还会将缴获的德国武器投入使用（虽然这带来了弹药补给的问题，以及德国武器独特的声音特征会让使用者被当作敌军）。不管怎样，英美军队官方层面的不作为是没有道理的。

尽管存在明显缺陷，美国人和英国人却没有对原有的坦克设计做大的改动，因为在他们眼里易于大规模生产更重要。在登陆日之后不到两星期内，第 21 集团军群高层就开始担忧大多数英军坦克贫弱的火力和装甲防护（一份战后的研究显示，德军炮手击毁一辆谢尔曼坦克平均只要命中 1.63 次，反过来盟军需要命中 2.55 次才能击毁一辆黑豹坦克，而虎式坦克则需要 4.2 次）。[25] 蒙哥马利将军对此的反应是，禁止发布任何"危言耸听"的报告以免打击士气，并做了一些缺乏诚意的保证。但是无需那些报告，显而易见的事实已经足以让英军坦克手士气下跌，官方层面却没有引起警觉。至少在 1944 年年初，英国战时内阁就已决定在未来继续生产萤火虫坦克、丘吉尔坦克，并开始生产性能优异的彗星坦克。[26] 而以莱利斯·詹姆斯·麦克奈尔中将为首的美国陆军地面部队司令部，对于坚甲利炮的坦克的迫切需求，与英国人一样缺乏兴趣。本来优秀的新型坦克 M-26 潘兴在 1944 年年初就具备了量产条件，但是陆军地面司令部坚持继续生产谢尔曼坦克（部分装备 76 毫米火炮），而潘兴坦克要到 1945 年 2 月才能上阵作战。相比英国人为萤火虫坦克安装了 17 磅炮，美军没有将各类型 M-4 坦克升级安装 90 毫米主炮。[27] 美国陆军地面部队还继续拘泥于已被广泛质疑的坦克歼击车概念，即便如此，在 1944 年秋之前，升级过主炮（90 毫米）的 M-36 坦克歼击车也一直供应不足。

在关注英美军队未能有效应对敌人更强大的机枪和坦克以及众多的迫击炮带来的问题时，应当注意他们并非是在诺曼底第一次碰上这类武器。此前在突尼斯、西西里以及意大利本土的战斗经历，本应让盟军能够及时做出改进，毕竟德国人都可以做到。虎式坦克和黑豹坦克，就是德军在遭遇苏联 T-34 和 KV-1 坦克带来的技术震撼后，迅速采取应对措施而研发出来的。

　　手中武器的局限，加上不适用的战术教条以及缺乏训练，使得盟军步兵和装甲部队在行动中倾向保守。他们宁愿依赖盟军出色而充足的炮火支援，而不是利用自身的火力辅以战术机动来赢得胜利。虽然这的确降低了个别战术行动中的伤亡，可是也造成盟军在多数攻击行动中变得过于慢条斯理，也极少通过出其不意的行动来实现快速突破。因此盟军只能硬啃德军防线，拖长了战役时间反而导致持续不断的伤亡。不过一旦战事由胶着转入机动作战时，具有高机械可靠性和长公路行程的谢尔曼和克伦威尔坦克，能持续追击敌军而极少掉队（只要燃料补给能够跟上）。

机动性和后勤

　　德国国防军从来都不是传说中的机械化巨人，到了1943年年底摩托化水平又急剧下降。当时德军在北非、意大利特别是苏联损失的卡车数目已经十分巨大。德国决定在1944年尽全力增加卡车的产量，目标是167440辆。不过在1944年上半年仅仅完成了53949辆，虽然盟军从1944年下半年才真正开始轰炸跟卡车生产相关的工厂。德国最后在1944年总共只生产了88088辆卡车（同期美国生产了595330辆），而且这些卡车还要分配给所有战场和各个经济部门。在1944年1月到4月之间，德国机动运输工具的损失率已经远高于替代率，两者之比为3：1，使得境况更加恶化。另外由于零配件产量不足和缺乏燃油[28]，导致德军卡车的妥善率很低。德军还使用着从多个国家缴获的卡车，这些卡车缺乏零配件的问题也让不少军需部队和修理单位疲于应付，从而进一步拉低了这些卡车的可靠性。

　　德军摩托化萎缩的后果之一就是几乎要完全依赖于铁路运输。诚然，通常铁路运输是最快和最有效率的，尤其是在进行长距离运送部队或者物资时，既没有车辆磨损的问题也不会让部队在运输途中过于疲惫。在盟军登陆之前，德军曾经很欣赏法国发达的（事实上是过剩的）铁路系统，而且并不在意对于铁路的依赖。然而，没过多久他们就发现在盟军空袭面前，铁路网远比公路脆弱，并且盟军在法国进行的空中封锁也极大限制了法国铁路网的运输能力。德军发现他们无法大规模且快速地增援诺曼底地区，导致在争夺兵力优势的竞赛中败给盟军从而失去了主动权。而且往往当德军援兵交替利用铁路和公路三三两两地抵达诺曼底时，已经疲惫不堪且错过了规定时间。另外，德军将人员输送放在物资补给前面，这样当前线在登陆前夕储备的本不多的弹药和燃料用尽时，德军防御又将被削弱。从 6 月中旬开始，由于缺乏预备队应付激增的需求，德军可以说只是在勉强支撑。

德军多数部队的机动性都很差。在登陆日当天，位于法国和低地国家的 22 个静态步兵师在获得运输工具之前，只能进行原地防御。其他一些步兵师主要或者全部依靠马拉运输，虽然有的步兵师拥有机动车辆用于牵引火炮和反坦克炮以及进行一些后勤保障工作。众多步兵师拥有的马匹远少于额定的 4600 匹。德军步兵因此要依靠徒步行军，每个师仅有一个营有自行车可供机动。理论上，装甲部队应该实现全机械化。实际上德军在诺曼底 10 个装甲师中的部分和 1 个装甲掷弹兵师，在登陆开始时就已严重缺乏机动车辆。即使经过努力抢修，到 7 月中旬时这些部队中的半数也只拥有编制表上车辆数目的一半到三分之二。这限制了他们的灵活性和战术表现。[29]

德军可供战斗部队使用的运输汽车已经不足，其中用于后勤保障的部分更是少得可怜，比如在 6 月初时第 7 集团军军需总监手中掌握的运载能力只有 500 吨。这是在分配运输工具时向战斗部队倾斜造成的必然结果（这也反映了德军的传统倾向，夸大战斗武器的重要性而牺牲这些武器的火力持续性）。由于铁路运输不能满足需要，公路运输要承担更多计划外的补给任务，又加重了后勤部队缺乏运输车辆的问题。公路运输负担的加重，加速了燃油的消耗，使燃油缺乏情况更加严重。车辆数目也因为故障率和事故率的上升（为了避开盟军战斗轰炸机，只能在夜间或者恶劣天气时才允许上路）而加速缩减。德军损失车辆的速度超过了补充速度（仅在 6 月就损失了 4200 辆，其中 1866 辆来自 B 集团军群）。而且战斗部队占有上级运输车辆的做法最后也是弄巧成拙，因为各个师愈发需要依赖自己的运输车辆去后方堆集所拉回补给，而无法把补给往前线运送。[30]

与此相反，盟军的机动性水平则很好。到 7 月 24 日时，单单美国就向诺曼底运送了 56468 辆轮式车辆。美国和英国的装甲师都实现了全摩托化或机械化。每个盟军步兵师也是高度机械化，如果要一次性运载一整师的步兵，还需要上级单位从充足的车辆储备中临时抽调 3 个卡车连进行支援，而通常情况下这一需求能够得到满足。

德军的支援保障有多匮乏，盟军的后勤系统就有多富裕。要说明这一点的话，看看师占份额的数据（师占份额是指一个师自有的人员加上按比例拥有的军、集团军和战区一级的人员）。一个普通的美国步兵师加上通常的附属战斗部队总人数为 15600 人，此外按比例可分得军一级和集团军一级共 14958 人（6223 名战斗人员和 8735 名支援人员），以及后勤地带的 9787 人——因此在 1944 年 7 月，一个美军步兵师的师占份额是 40345 人。一个英军师大体类似（可分得 8000 台车辆，其中不到一半是本师自有）。实际上，英军集团军群的战斗部队比例为 56%，刚刚够用，另外 44% 则负责保障前者（就连步兵，在英军作战部队中只占了 14%，也低于皇家陆军补给与运输勤务队中的步兵比例 15%）。[31]

后勤保障能力上的不对称造成的后果对德军来说是灾难性的。当美国第 1 集团军在 7 月 25 日发动"眼镜蛇"行动时，所有重要弹药除了两种外，都准备了至少 7 个弹药基数。1300 万加仑燃料已经送到欧洲大陆的大型储油设施，并且正倒入简易油桶。[32] 而德国第 7 集团军正面临关键弹药（比如 88 毫米穿甲弹）短缺，燃料供应下降到只有定额配额的七成。[33] 在盟军战斗力已经获得潜在的决定性优势之时，德军的防御力却已到了极限。

指挥与控制

在第一次世界大战西线战场陷入僵局之后，要使火力与机动性再次实现某种平衡，坦克、机械化运输和飞机必不可少。而想要使一支军队能够发起机动作战，无线电至少也同样重要。随着各国陆军规模的扩大，并且装备射速更快射程更远的武器，火力部署必须更加分散。因此，在滑铁卢之役时，威灵顿的军队差不多有 68000 人，却只防守 3 公里（2 英里）的防线；而到了 1944 年，原则上这几乎是一个德国步兵团负责的防线长度，而实际情况下这个步兵团需要防守的防线是这个长度的 2 倍以上。无论防守与否，甚至是在进攻时，想要顺利指挥和控制现代化军队，单靠传令兵、视觉信号，或者缺乏灵活且容易被切断的有线电话是不行的。虽然有线通信仍然是首选通讯手段，尤其是在相对静态的战况下，但一旦战况开始变化，更有效率的无线电则成为主要的通讯手段。效率当然也是相对而言。在那个年代，无线电还在使用真空管技术和不耐用的化学电池，无线电远比现在脆弱和不可靠，而且通讯距离也很有限。当时的无线电很大很沉，还爱出故障。尽管如此，1944 年时使用的无线电，比起一战时相对固定的只有高层指挥机构使用的那种，已经有天壤之别。车载无线电装置（使用语音或者莫尔斯码通讯）

通常通讯距离可以达到 16 至 25 公里（10 到 15 英里），而背负式或者便携式无线电【一般重 15 到 20 公斤（30 到 40 磅）】通讯距离可达 8 到 12 公里（5 到 7 英里），可供营一级及以下单位使用。

如果指挥官想要时刻掌握战术和作战情况并指挥军队的话，无线电至关重要。当战斗变得越来越多变和快速时，有效的通讯也越重要。在这一点上，盟军再次拥有超过敌人的优势。盟军装备的无线电不断增多，下放的层级也越来越低。在美国陆军无线电已经普遍装备到了排一级，英国和加拿大军队通常也大抵如此。这让盟军在战斗的各个阶段能够获得直接，而且通常是大规模的炮火支援。到 1944 年 7 月底的时候，盟军正在为坦克更换兼容性的电台，提升步坦协同作战的效率。同时坦克或其他"通讯车"正在安装甚高频电台，前进空中管制员借此可以引导近距离空中支援打击离己方部队非常近的目标。而勉强支撑、物资短缺的德国人，已经没法补充损失的无线电，遑论对其改进或者扩大配发范围。这一日益凸显的缺陷使得德军难以发挥灵活性和有效调动集群炮火，而反过来这是盟军获胜的关键。

当然，归根结底指挥和控制关系到理念、教条和指挥理论。毫无疑问，德国在这一方面比盟军更符合当时的战场，这在某种程度上让他们得以抵消部分盟军在物质上的优势。例如，德军在每个指挥层级的机构都较小，官僚主义更少，因此在快速变化的战斗中，德军的行动和反应能比盟军更迅速。

地面战场形势：结论

有关盟军与德军力量对比的争论，有一部分清楚的事实是德军拥有更好的地面武器——但只限于某些方面，而且在关键的炮兵领域反而较差。同时虽然德军尽最大努力利用了地形因素来增强防御，很明显盟军也花了较长时间来调整作战思想，克服德军的上述优势。很长一段时间内，盟军是按照有利于德军的方式来作战的。即使整个诺曼底战斗发生在一块极不利机动的地形，而且整个战线宽度只有 120 公里左右（75 英里），德军缺乏机动性仍是个严重但不致命的弱点。他们尚可打一场线性的消耗战——这种作战方式更适合美军和英军的作战教条，它强调的是压倒性的火力而不是机动作战。当然，德军陷于消耗战后注定要失败，毕竟盟军在数量和火力（包括空中火力支援）上有优势。诺曼底的战斗之所以漫长，是因为盟军无法发挥其全部的优势。一旦盟军打破了准僵持局面（正如"眼镜蛇"

行动之后所发生的），战役进入机动作战阶段后，缺少机动性和补给匮乏就导致了德国国防军的溃败。盟军开始能够迅速绕过任何坚固的防线，赶到德军后撤部队的前头将其截断，使得歼灭整个诺曼底地区的德军成为可能。

空中力量与地面战斗

从获得空中优势到夺取制空权

在付出可接受的代价后，当空中支配程度达到己方可以自由开展空中、陆地和海上行动，而敌方的支配程度大幅下降时，己方就获得了空中优势。理论上，空中优势能带来制空权，使得敌人空中力量无法进行任何有效的干预。夺取制空权是盟军空中力量的首要任务，也是他们的其他任务和诺曼底登陆成功的前提。夺取制空权，本质上是一种消耗战，一般采用两种方式来实现。局部的制空权通常是暂时的，一般是通过赢得一系列的空中遭遇战迫使敌人放弃空中行动，皇家空军就是这样赢得不列颠之战。夺取战区制空权，则可以通过发起一场攻势防空作战，目标不但是赢得空中战役，也包括系统性地逐步摧毁敌人的空军基础设施（跑道、燃料、弹药库、维护设施、指挥和控制系统，以及地面上飞机）。如果能够在一个足够广阔的区域内完成这些任务，敌军空中力量将无法对该区域内特定地点开展的陆地和海上行动进行干预。1943年登陆西西里岛之前，盟军就是这样准备的，并沿用到之后的意大利登陆战。

在1943年的三叉戟会议上，盟军同意采用一项更具野心的作战方式。随后将其命名为"冲拳"行动，在这场英美空中联合攻势中，首要目标已经不限于主要通过摧毁战斗机生产厂、维修车间、滚珠轴承生产厂和其他关键性工厂来摧毁德国空军，同时还将攻击机场和仓库设施，尤其是那些在德国境内的目标，当然也会通过攻击德国纵深的关键目标迫使德国空军应战。[34] 在夺取欧洲大陆大范围内的制空权后，盟军空中力量便可着手他们心中最重要的任务：摧毁德国所有的军工生产和平民百姓的斗志。而且尤为重要的是，联合参谋长委员会认为完成"冲拳"行动是发起霸王行动必要的前提。

实际上，针对德国战斗机工业的攻势并未阻止德国战斗机产量的增长，盟军过于乐观的情报评估未能重视这一事实。但是德国空军无法将产量上的增长转化为前线空中力量的增强。德国空军在所有战线上（一并统计）的损失略微超过了总的补充。更重要的是机组人员的损失，加上短视的飞行员培养策略，导致人员补充一直不能满足需求，而且人员素质也在显著下降（在 1944 年中期，盟军飞行员接受的训练时数是德军的 3 到 4 倍，后者仅为 100 小时）。在 1944 年上半年，德国空军损失了 9648 架作战飞机，其中 6648 架损失于西线和本土的防御战。这种境况无疑导致德国空军作战效率下降，一边倒的空中战斗越发普遍，伤亡数字也飞速上升，随着时间的推移这种恶性循环不断恶化。同时盟军为应对长期战争已经提升了飞机产量和质量，并以远高于损失的速度提供补充，而盟军的飞行员数量也相当富余。[35]

盟军估计，在诺曼底登陆前德军会将空中力量保留在盟军空中力量的战术打击范围之外，直到登陆开始时才做出反应。在登陆开始后，预计德军将会把战斗机中队调至离特定战区较近的空军基地，并利用就近的优势来争夺局部地区的空中优势。另外一方面，盟军战斗机由于需要从远在英格兰的基地赶过来，滞空时间就相对有限。盟军就通过"冲拳"行动来对付德军的这种策略。首先，让德军战斗机部队为保卫重要目标而将战斗力发挥到了极限。第二，通过攻势防空作战，消除德国空军的地理位置优势，来获得战区乃至整体上的空中优势。盟军将离登陆区 210 公里（130 英里）范围内德军的 50 座主要空军基地及其附属机场中的 34 座作为攻击目标，使其雷达、通讯、维护和存储设施以及操作面无法运作。在盟军登陆之后，盟军加强了空中作战行动，所有打击范围内的德军机场都被摧毁，使得德国空军的出勤率和出击架次受到严重影响。德国空军缺乏足够可用的空军基地，加上盟军持续对德国本土发起空袭，牵制住并摧毁了帝国防空战斗机部队，以及干扰铁路运输影响了德国空军基地的整备与补给，使得德国空军无法对盟军的登陆行动发起有力还击。

当诺曼底登陆开始时，盟军已经获得了压倒性的空中优势。盟军在英国的各类型作战飞机中，总共拥有 3467 架重型轰炸机、1545 架轻型和中型轰炸机、5409 架战斗机和战斗轰炸机、2316 架运输机。[36] 与之相对应的，德国空军在法国和低地国家共有 325 架中型轰炸机（机组还缺乏训练）、75 架对地攻击机、325 架战斗机（其中 170 架是单引擎战斗机），以及 95 架侦察机，而且这些飞机的适用率比较低。

为了充实这羸弱的战阵，德国努力从别处调来了另外300架战斗机和135架轰炸机作为增援，这样在盟军登陆后关键的第一周内，德国空军共有1000多架各类型飞机可用于对抗盟军。这点实力当然无法阻挡盟军的猛攻，从一开始德国空军只能处于守势。实际上，没过多久德国空军只能苟延残喘，至于支援面临巨大压力的地面部队就更不用想了。除了攻击任何有修复迹象的空军基地之外，盟军空中部队还在那些离滩头阵地最近的空军基地上空保持常态巡逻，使其无法用于进攻。德国空军被迫只能从巴黎地区乃至更后方的空军基地发起行动。最后德军甚至只能进行零星的空中侦察，而战斗机或者轰炸机的协同作战则最终取消。除了打了就跑之类的行动以及骚扰盟军的炮兵校射机外，德国空军的反登陆作战只剩下夜间高空轰炸（以避开密集高射炮的集火射击），然后从6月12日开始进行空中布雷。前者只造成了盟军轻微的损失，后者导致了相对较小的麻烦以及耽误了盟军一些时间。[37]

当时间进入7月份以后，盟军的空中优势已经转化为制空权。德国的反舰部队几无建树，很快就被撤走并解散。而猛增的伤亡数字和骤降的适用率，使德国的战斗机部队空心化。即便是在前线即将崩溃的关键时刻，他们也无法为德国陆军提供空中掩护或者空中支援。到8月初时，盟军从同年5月开始的对德国石油工业的打击，已经对德国空军的燃料供应造成严重影响，德国空军整体上被迫缩减作战行动（进一步削弱了本已不足的训练计划）。然而当地面部队的困境从糟糕恶化到绝望的时候，德国空军仍然投入了6个新的战斗机单位，想从这个烂摊子里多少挽回点什么。结果是一点用都没有。德国空军的飞行员和他们的飞机一样都是刚上战场，缺乏经验并且训练不足。他们的地勤单位，在为防止覆灭而后撤时陷入混乱。除了巨大的伤亡，德国空军在战斗中什么都没得到。

盟军得以掌握制空权，是长期空中消耗战的结果，不仅在西线，这种战斗也发生在德国本土、地中海和东线战场上空（在苏联红军逐步摧毁德国国防军的主力之时，英美空中力量对德国空军和军工生产的打击也极大帮助了红军）。制空权是地面最终胜利的必要条件。如果盟军未能获得制空权，德国侦察机可能就会发现盟军在登陆之前集结的部队和物资，并极有可能识破盟军为把德军牵制在加莱海峡而精心策划的"坚忍"行动。对于盟军来说失去制空权，意味着在登陆后关键的最初数日内，敌军空中力量能够对登陆行动以及支援登陆的运输作业发起有效反击。若非盟军将制空权掌握在手中，德军便可以有针对地对部队进行补给，在通过空中侦察发现盟军动向后又可以及时有效地调动己方部队进行应对。盟军制空权同样使得德国空军无法接近盟军陆军，只能搞一些骚扰性的袭击和徒劳无功的空中支援。从多个方面来说，这有着关键意义。如果盟军无法按照预定的速度扩展滩头阵地的话，那么诺曼底滩头将成为目标富集地，挤满各种战斗部队、指挥部、后方机关、机场等等。像这样子，盟军会发现各种弹药堆集所和数量庞大的火炮会毫无遮蔽地摆放在露天；首尾相接的行军纵队将绵延数公里；其他潜在的高价值目标也将被德军轻易摧毁。而一旦确保了制空权，在阻止德军进行密集而有效的空中侦察的同时，盟军凭借空中优势却可以及时获得德军纵深的情报。制空权还是盟军重要的战力倍增器，盟军炮兵弹着观察员可以在空中指引炮火，而丧失制空权的德军显然无法奢望这一好处。最后盟军可以集中大规模的空中投送火力对战场任意地点进行近距离空中支援。

空中遮断

遮断作战，有赖于在远离己方部队的地方，摧毁、压制或者迟滞敌方正前往战场的有生力量和补给。遮断作战中不必要对空中和地面部队的机动和火力进行详细整合。对于霸王行动的策划者来说，空中遮断作战的重要性仅次于夺取空中优势，它是登陆行动的必要前提条件并将伴随登陆行动持续进行。在敌军格外加固防御的海岸登陆本身极具挑战性，即便登陆成功，盟军的后续部队需要从海上运来，并且由于缺乏港口还要通过海滩上岸[38]，而德军通过铁路和公路可以比盟军更快聚集部队。对于盟军来说有必要干扰和迟滞德军的反应行动，迫使德军零散地投入部队并且限制其后勤支援能力。为此，盟军空军远征军（AEAF—下辖美国第9航空队和英国第2战术空军）总司令，空军元帅特莱福德·利·马洛里爵士和盟军最高司令部副司令，空军上将亚瑟·泰德爵士提出了"运输计划"。该计划设想通过对整个比利时和法国发起一系列攻击，来降低当地铁路系统的整体运力并几乎完全阻止德军利用铁路机动。如此大规模的攻势单靠盟军空军远征军无法完成，在相当长一段时间内还需要驻欧美国战略空军（USSTAF，下辖驻扎在英国的美国第8航空队和驻扎在意大利的美国第15航空队）的重型轰炸机和战斗机，以及英国轰炸机司令部的重型轰炸机的参与。

英国轰炸机司令部总司令、空军上将亚瑟·泰德爵士和驻欧美国战略空军总司令卡尔·安德鲁·斯帕兹中将，都认为要赢得欧洲战场的胜利不一定非要登陆法国。他们都认为单靠轰炸就足以让德国人在数周之内跪地投降[39]，因此虽然对"冲拳"行动很热心，他们却不情愿让麾下 5000 多重型轰炸机和 2000 多远程战斗机中的任何一架按照利·马洛里和泰德的要求，去支援登陆法国的行动，以他们的观点这纯属"分心"。在他们看来，攻击在法国的德国空军，尤其是执行"运输计划"，只会让德国获得喘息之机来恢复战斗机生产，并分散盟军力量用于斯帕兹认为更重要的作战任务，即攻击德国的软肋——天然和合成石油生产（为保卫相关设施德国空军将被迫应战并被消灭）。而艾森豪威尔对于空中力量的局限性以及重要作用有更现实的理解，深信登陆法国是必要的而且要确保登陆成功必然要执行空中遮断作战。经过艰难的政治斡旋，他确定了一条原则，即在分配各战区空中资源时要优先用于支援建立一个稳固的"霸王"行动桥头堡，直到这一目标达成。[40]然而，斯帕兹仍坚定地主张进行"石油计划"。如果德国燃料生产能够大幅下降的话，能对德国陆军和空军的战斗力同时产生重大影响。不过这一计划巨大的不确定性在于，考虑到德国的燃料储备规模未知，没人知道"石油计划"需要进行多久才能严重限制德国的作战行动。斯帕兹最后获准在不影响"运输计划"的前提下，可以执行"石油计划"。另一次令盟军空中部队厌恶的分兵作战则是"十字弓"行动，盟军战略和战术空中力量都投入了越来越多的部队，来压制德军瞄准英格兰的远程武器（V 系列导弹）。

"运输计划"将攻击重点放在铁路调车场以及维修中心。该计划的目的在于摧毁火车头和所有的铁路车辆，从而打乱、减少甚至瘫痪铁路运输活动并阻止其恢复，开辟一片"铁路荒漠"。[41]作为对此类战略空袭的补充，中型轰炸机和战斗轰炸机还将摧毁桥梁，并扫射列车以进一步降低铁路系统运力。德国因此不得不愈发依赖于难以胜任的公路运输来进行增援和补给；不过，公路桥梁同样遭到摧毁，而且盟军的武装空中侦察也将猎杀运输车队。德军的所有活动将逐渐减缓并缩减，无可避免地弱化了防御。与此同时，当德军试图修复后勤系统时，对德军弹药和燃料堆积所的空袭也将榨干德军赖以维持的预先准备的库存。

到 6 月初时，盟军空军远征军参谋部得出结论，"运输"行动目标清单上的 80 座铁路中心有 51 座已经被彻底摧毁，只需要偶尔进行俯冲轰炸阻止修复工作。除了这些系统性的攻击之外，作为补充盟军的武装空中侦察扫荡了整个法国和比利时，甚至深入德国，以发现并摧毁列车。从5月底开始，德军已几乎不再进行昼间铁路活动。到7月15日，在法国只有33%的火车头尚可运作，并且由于调车场和桥梁被毁，数目日渐减少的未被毁的火车头也已不可能有效投入使用。第二种空中遮断作战是摧毁两条遮断线上的桥梁，必要时进行反复攻击。外层的遮断线在巴黎以东划过，从埃塔普勒直到英吉利海峡海岸，经菲姆到克拉姆西「分别在巴黎东北120公里（75英里）和西南240公里（150英里）」。而内层遮断线则沿着塞纳河从勒阿弗尔开始直到靠近巴黎，以及沿着卢瓦尔河从南特延伸到奥尔良。内层遮断线上的桥梁，为了防止"坚忍"行动露馅，在D日之后才开始遭受攻击。在巴黎—奥尔良缺口中仍有一些问题，因为其间的厄尔河和卢瓦尔河较小，显然算不上无法逾越的天堑。[42] 后来事实证明轰炸桥梁，尤其是内层遮断线上的桥梁，极为成功且代价比预期小。据统计，塞纳河上的桥梁在94%的战斗中（以"路径日"计算）处于无法通行状态，卢瓦尔河桥梁是85%，不过巴黎—奥尔良口袋中的桥梁仅有56%。[43] 由于空袭，法国境内的铁路运输大幅下跌。到6月9日时，只相当于同年2、3月份水平的38%，到7月中旬进一步下跌到23%，并且在法国北部铁路运输事实上已陷于停顿。[44]

　　盟军空中遮断对德军产生的第一个显著影响，是后者无法集中部队抵挡并牵制住盟军登陆部队。看起来，空中遮断对德军赶往诺曼底地区的部队造成的伤亡影响并不大（尽管部分德军将领在回忆录中并不这么认为）[45]，造成的行军延迟才更重要。相关地区的铁路运输被打断减缓了他们的行动，往往造成致命后果。某些增援部队不得不利用公路前进，由于要避开被毁的桥梁，并且在适合盟军空军飞行的白天无法行动，他们要绕很长的路。加上燃料短缺，德军无法及时赶到目的地，或者无法以能够应战的完整编制抵达。比如，第3伞兵师和第77步兵师各自都花了6天时间，才走完150公里（95英里）从不列坦尼赶到美军战区前线。党卫军第2装甲军6月7—9日间从利沃夫开拔前往卡昂地区参加决定性的反击，但是直到6月底都未能赶到。他们在行程的最后320公里（200英里）所花的时间，几乎与他们前面行军2000公里（1240英里）跨过波兰所花的时间相当。平均起来，德军每天只能徒步移动24公里（15英里），而车载部队在50公里（30英里）左右。[46] 到战斗开始的头两周结束时，盟军很明显已经赢得了增兵大赛。很大程度上由于空中遮断作战，盟军到 7 月 25 日时已建立起决定性的兵力优势。

盟军空中遮断对德军产生的第二个重大影响体现在后勤领域。希特勒在 1943 年 11 月下达指令要求德军在盟军登陆之前在诺曼底集结，导致这一地区涌入大量部队（在作战素质和成立时间长短方面差异很大）。但是维持这些部队的后勤支援能力却跟不上。大量贮存的弹药只够静态的海岸防御部队，和港口（要塞）保卫部队 3 到 4 周作战之用，只够机动部队 2 周作战之用（假设以相当乐观的消耗率来算）；燃料储备只够 2 周之用。不过德军指挥高层对这种相对缺陷不大在意，他们相信依靠铁路运输能够解决。后来盟军的空中遮断行动证明这种观点大错特错。另外，盟军的情报工作成功地找出德军众多堆集所，并以空袭将其摧毁。例如，德军在栋夫龙的油库在 6 月 13 日被毁，使德军损失了 40% 储存在诺曼底的燃料；6 月 22 日巴黎附近的让维列堆集所遇袭，损失的油料（汽油、原油和润滑油）与德军在登陆前在诺曼底储备的燃油储备相当，而且德军运往作战地区的补给有五分之一在运输途中损失掉。到战斗开始第二周时，德军第 7 集团军已经仅能勉强度日了，只能依赖于外界对其输送补给——这种境况被德军官方称为"灾难性的"。当时德军 B 集团军群估计，该部将在 7 月 20—25 日间耗尽燃料。[47]

由于在关键地区法国的铁路系统被逐渐瘫痪，德军被迫转向公路来维持补给。但是他们缺乏机械化运输工具——运力大概只有所需的一半。此外，为了避开几乎一定会碰上的四处猎杀的战斗轰炸机，公路行动只能在糟糕天气下或者 6 月间大约 6 个钟头的暗夜时段进行。卡车损失也在上升，除了空袭之外，不断增加的事故和故障（通常无法修复，因为缺乏备件）也是一大原因。以卡车替代铁路运输还造成了燃料消耗增加。由于德军 B 集团军群后勤总部本已匮乏的卡车运力被削弱，战斗部队只得动用自己的卡车车队去后方搜集补给，进一步限制了前线部队的机动能力并消耗更多燃料。

在美军发动改变战局的"眼镜蛇"攻势时，德军第 5 装甲集团军的后勤状况远不容乐观，但正在逐渐改善。实际上在战线东段，德军对英加军队进攻发起的任何失败的反击都可归咎于补给匮乏。而在战线西段没有发生具有可比性的改善，在这里德军后勤状况也在持续地恶化。德军第 7 集团军的储备已经枯竭，这是圣洛落入美军之手的主要原因。德国陆军离补给来源地要更远，只有少数列车可以不用走巴黎—奥尔良缺口而直接跨过卢瓦尔河，卢瓦尔河上的摆渡运输也不如塞纳河上发达。并且在前文所述的"眼镜蛇"行动的关键时刻,盟军空中遮断作战再次切断了位于图尔的重要铁路桥,并摧毁该地的调车场。第7集团军的生命线因而被切断,直到7月23日才恢复,但是已经太迟甚至都无法建立最小限度的燃油和弹药储备。第7集团军各单位掌握的具体物资信息已经大部分丢失——考虑到第7集团即将陷入混乱这一点也不意外——不过少数保存下来的统计数据尚在。当美军发起攻势时,党卫军第17装甲掷弹兵师的每挺机枪的弹药数已下降到1000发,每支步枪则只有30发。"眼镜蛇"行动的第一天结束时,德军第84军已经没有关键的88毫米穿甲弹可用。党卫军第2装甲师无法发起反击因为坦克油箱中已经一滴油都没有(这导致2个黑豹坦克连被车组遗弃,随后被缴获)。[48]虽然多数士兵强调近距离空中支援的功劳,但是空中力量在"眼镜蛇"行动中所做的贡献远不止于此。

一旦防线被突破,德军再也无法维持稳定的阵地防御战,而被迫进行战况快速变化的机动作战。由于摩托化水平低,德军的装备水平不足以应付加快的作战节奏。盟军的空中遮断作战让这一问题更加严重,可以迟滞德军的增援部队或者阻止其撤退迫使其投降。德军要么将其活动限制在8月份每天8个小时的暗夜时间之内,或者只在糟糕天气时活动——这好比在一场象棋比赛中德军走一步时盟军可以走两步,德军也可以冒险在白天活动,不过这一定会招来空中打击。而在机动作战中,德军每支部队都要移动,加上补给堆集所和车队遭受打击,让燃料缺乏问题更加恶化。空袭虽然只摧毁了很少的装甲战斗车辆,但是摧毁的无装甲车辆数目却很可观,而且更多的装甲和无装甲车辆损失,是由于车组成员在惊慌中将其遗弃,或者因为燃油耗尽而被追击的盟军击毁。

近距离空中支援

近距离空中支援包括一系列对离友军地面部队极近的敌方目标进行的空中打击,每次任务都需要对空中力量的火力和行动进行周密整合。在盟军空中力量的优先任务清单上,近距离空中支援只屈居第三。多数皇家空军和美国陆军航空队(USAAF)高级指挥官十分厌恶这种任务,认为其耗费大、难控制,是对空中力量最低效的利用。另外,多数高级空中部队指挥官,尤其是皇家空军的,不信任他们的地面部队同袍或者是几乎不怎么与他们来往。例如,空军中将亚瑟·科宁汉爵士，第2战术航空队的指挥官，受命支援第21集团军群但是憎恶蒙哥马利；科宁汉还因为底下的2个大队指挥官与底层士兵过于亲近而跟他们过不去，而且他还设法将空军少将莱斯利·奥斯瓦尔德·布朗解职，因为他认为后者"巴结"地面部队。[49]幸好在关键的作战层，空地部队之间关系更好：在第1集团军，布莱德利将军以及后来的霍奇斯中将与支援该部的第9战术航空队指挥官，奥托·保罗·维兰德准将合作愉快；类似的还有，第2集团军的陆军中将米尔斯·邓普西爵士和中将哈利·克里勒爵士分别与第83和84大队的指挥官，空军少将哈利·布罗德赫斯特和莱斯利·奥斯瓦尔德·布朗相处很好。一般来说，在较低的工作层，空地双方关系很好，因为下层军官较少受双方历史包袱和偏见的影响。

　　尽管优先度不高，近距离空中支援在1944年已成为盟军空中作战的常态。由于德国空军的衰弱和盟军空中力量的增强，盟军在选择优先目标时已经很少碰上困难了；通常盟军空中力量已经足够同时维持空中优势或者制空权，并执行空中遮断，还有富余用于近距离空中支援。举个"典型的一天"为例，7月18日，第9战术航空队和第1集团军按如下分派第二天空中力量的任务：40%为第1集团军提供近距离空中支援，30%为第2集团军提供近距离空中支援，20%进行战斗机攻势扫荡和战斗空中巡逻，10%用于攻击铁路线和其他交通线。[50]然而，空地部队之间的相互猜忌甚至敌意，可以追溯到空中部队成立的早期，导致双方在战术原则理念上存在分歧，妨碍或减缓了联合作战的概念与组织的建立和应用，也迟滞了能够提高空地联合作战效率的相关装备的研发。不管是普通士兵还是飞行员都没真正理解空地联合作战的问题和要求，能力和缺陷，尽管其他人有来自地中海战区的经验。盟军的空地协同措施总体上不足并经常被误解或滥用。盟军花了很长时间才建立一套能积极反应的灵活的系统，来及时提供和指引近距离空中支援。因此直到7月底，第9战术航空军和第1集团军才采用在联合部队中战斗轰炸机与装甲部队进行紧密合作的概念——"装甲纵队掩护"——和将其付诸实施的手段。[51]而英国人则花更长的时间才采用了类似的体系，即"计程车招呼站"。

　　执行近距离空中支援的主要是战斗轰炸机，特别是P-47"雷电"和"台风"，而且美国人和英国人都有十分优秀的投射系统。不过在"眼镜蛇"行动之前，诺曼底战区普遍呈现的是半静态，或者至多是缓慢变化的状态，上述武器的效率存在局限。德国人已经很善于隐藏和伪装防线，并进行分散和纵深布防来减小盟军炮击和空袭的效果。地形上的便利尤其是树篱地带，为德军提供了帮助。对盟军来说很难碰上高价值目标，而且目标难以识别很难通过本来就不精确的航弹和火箭弹加以摧毁。随着战事缓慢推移，近距离空中支援的战果很少，使得地面和空中指挥官都担忧近距离空中支援并非像他们预期的一样，对战斗起到重要倍增器的作用。7 月 6 日，空军准将维兰德估计，80% 的近距离空中支援任务没有达到预期目的。[52]

但是如果能够发现正在集中进行反击的敌军，那就是另一回事了。集结让德军在盟军空袭面前变得脆弱。然而即便这样，近距离空中支援造成的实质性毁伤还是远低于空中部队宣称的战果。例如，在 8 月 7 日至 10 日的莫尔坦战役期间，各种条件都十分适合空中打击，第 9 战术航空军指挥部和第 2 战术航空队一起宣称摧毁了 196 辆装甲战斗车辆和 168 辆其他车辆以及杀伤了另外 56 辆装甲战斗车辆和 60 辆其他车辆。实际上，战后进行的地面分析显示空袭仅摧毁了 21 辆装甲战斗车辆和 12 辆其他车辆（虽然 15 辆装甲车辆和 26 辆其他车辆中的小部分损失原因未知，可能是战斗轰炸机的战果，另外 13 辆装甲战斗车辆和 18 辆其他车辆的多数是被完好遗弃，或者是被因为恐惧空袭而放弃抵抗的车组毁坏的）。换句话说，盟军飞行员宣称的战果数是其实际摧毁数的 4 倍左右（同样他们宣称击毁的坦克和自行火炮数目，多于被攻击的德军第 47 装甲军实际拥有的 177 辆）。[53] 但这不代表空中力量在莫尔坦战役中只发挥了很小的作用。长时间在战场上空出现的战斗轰炸机，对德军士气产生了严重的消极影响，并很大程度上致使德军中止了攻势，并决定寻找掩护而不是继续进军。德军其他几场虎头蛇尾的反击行动可以说也是这种情况。

在其他一些日子里，德军不得已为盟军提供了密集目标。从 8 月中旬开始的后撤阶段，对正在收紧的法莱斯口袋中的德军来说，唯一的逃生机会就是在白天以纵队方式通过尚存的狭长缺口撤往塞纳河。但是他们很不幸，当时连着好几天都是适合飞行的日子，而且盟军战术空中力量充分地利用了这一点。德军在法莱斯口袋中损失了 7500 多辆装甲战斗车辆和无装甲车辆。然而其中只有很少一部分是因空射武器而瘫痪的。例如，在口袋中的 885 辆被仔细检验的车辆中，只有 359 辆是被空袭杀伤，另外 526 辆是被德军自己遗弃或者摧毁。当然后一类中的多数也是因为拥挤或者由于战斗轰炸机的攻击造成的恐慌而被抛弃，但是很大一部分，是由于燃料耗尽。因此即便是在最适合对地攻击的条件下，空中遮断作战即使是间接打击德军，也获得了比直接空中打击更多的战果。[54]

战斗轰炸机的作用真正得到的承认是在高机动作战阶段，尤其是在进行追击作战时。"装甲纵队掩护"和"计程车招呼站"有效地替代了先锋部队的炮兵职能，尤其是较为沉重难以跟上高速进军步伐的中口径火炮。一旦近距离空中支援的体系建立，战术空中力量在速度、灵活性和响应性等方面证明了自己的王牌本色。地面部队在请求空中支援后，再也不用等上起码一个小时才能看到空中支援出现在头顶。德军仓促组织的防线或者迟滞阵地在被发现后会立即遭到空中打击，随后地面进攻也会立即到来。或者，战斗轰炸机可以在它们所支援的装甲纵队之前进行搜索，寻找临时目标并且同时提供有用的情报。看起来无处不在的盟军飞机极大地打击了德军士气，同时又鼓舞了英美军队的士气。在对付规模更大或者更棘手、更有价值的目标时，盟军又可迅速从其他任务分出兵力然后集中火力。如此迅速的反应节约了很多时间，因此加快了作战节奏，使得敌军顾此失彼无法保存实力。另外克萨达将军通过坚持不懈的努力开发出的可以引导战斗轰炸机到地面目标的雷达系统，在8月份收获了回报。在8月份，尽管天气并不比7月更好[55]，第9战术航空队指挥部的飞机也只有3天时间停飞，而在7月份是11天。

另外一种更具争议性的近距离空中支援，是使用重型和中型轰炸机以地毯式轰炸的方式，在敌军防线上炸出一条通道，来协助突破敌军防线或者攻克堡垒地带。在短时间内从空中投放大量的高爆弹药的景象，以及随之而来的冲击效应令将军们敬畏。举个例子，单架"兰开斯特"轰炸机可以携带6350公斤（14000磅）炸弹，相当于一个5.5英寸榴弹炮团接近5分钟的发射量。这种飞机可视作（不是表面上）20世纪中期的要塞炮，用来攻破旧时代的工事。尽管有过没起作用的先例，如在卡西诺之战时使用重型和中型轰炸机进行空中支援取得了适得其反的效果，英国轰炸机司令部、美国第8航空队以及战术航空队的中型轰炸机后来在诺曼底的6次重大行动中，又进行了类似作战，包括：7月7日的"查恩伍德"行动，7月18日的"古德伍德"行动，7月24、25日的"眼镜蛇"行动，7月30日的"蓝衣"行动，8月7日的"总计"行动和8月14日的"温顺"行动。地面部队指挥官们一再声称他们的攻击行动得到了上述空袭的极大支援。事实是除了"眼镜蛇"行动之外，其他每次作战陷入困境及未能实现预期目标，都被归咎于与空中轰炸无关的因素；当然，如果地面指挥官们想保证以后还有空中支援可用的话，他们就得这么表示。而实际上，如果以人员伤亡和设备毁伤来衡量重型和中型轰炸机的实际战果，那总体上是令人失望和没有多大意义的。只要德国守军进行纵深分散布置并构筑好工事，即便是精确轰炸也缺乏足够的密度来造成德军重大损失。倒是由于炸断电话线和无线电引起的指挥和控制干扰造成的影响更严重。最受重型和中型轰炸机打击的，是那些处在地毯式轰炸带之中的倒霉部队的士气。

假如地面攻势能在轰炸一结束就对这种效果加以利用，而敌军还未回过神来的话，就很有可能取得初步进展。[56] 但是这没那么简单，为了避免伤亡盟军前沿部队需要与轰炸目标区保持 3 公里（2 英里）的安全距离；轰炸结束进攻部队需要时间来通过这一安全区，然后在被炸得宛如月球表面的战场上开出一条路来。即便对轰炸线进行周密规划,仍不能避免炸弹偏离目标的轰炸,在"眼镜蛇""总计"和"温顺"行动中由于各种失误导致了这种情况，杀死了 299 名盟军士兵并伤及另外 1125 人。

"古德伍德"行动之所以能达成突破，很大程度上归功于对一个 3 公里乘 7 公里（2 英里乘 4 英里）的方形区域进行的饱和轰炸，共出动了 1490 架重型和 380架中型轰炸机。该地区是由李尔装甲师守卫，其指挥官拜尔莱因中将在 1949 年发表的观点支持了这一论点，并被广泛引用。不过他的回忆录在某些方面存在错误，而且他对问题的回应可能受到了个人意愿的影响，这在德国将军们的回忆录中不算少见，将他们的失败归结于空中力量这一他们无法掌控的因素。拜尔莱因夸大了他的装甲战斗车辆的损失，可能同样也夸大了人员的损失，不过他强调的空中轰炸对德军士气的影响毫无疑问是没错的。不能忽略的是在"眼镜蛇"行动的头一天，德军的抵抗十分有效而美军完全没有达成首日作战目标。[57] 第 8 和第 9 航空队的轰炸机对"眼镜蛇"行动成功的贡献,可能还比不上李尔装甲师本身（实际上，整个德国第 7 集团军亦是如此）实力不足，防御缺乏纵深和预备队，以及严重缺乏弹药等因素的影响。在 500 多门火炮的支援下，美国第 7 军选择一个狭窄的正面发起强力的、集中的攻击本来就很可能突破德军防线，而无需空中轰炸【实际上轰炸行动给美军造成的伤亡（757 人）与杀伤德军的人数差不多】。[58] 美军得以切入德军防线并实现突破，继而保持进攻势头使德军难以立足，第 9 战术空军司令部的贡献很大。其指挥官克萨达创立的"装甲纵队掩护"体系，为保持地面战斗以高节奏进行发挥了关键作用。实际上，7 月 24 日和 25 日进行的轰炸行动规模虽大但可能不具决定性，而 7 月 26 日之前进行的"装甲纵队掩护"作战极为成功，但如果地面部队将军们在印象中分不清两者的区别，也不会令人意外。

当盟军遇上坚固的防御阵地时，航空火力准备已经被认为是突破防线的必要前提。这种思想一直持续到肃清海峡沿岸港口和斯凯尔河河口，突破"西墙"（齐格飞防线），以及强渡莱茵河等战斗。艾森豪威尔在回忆录中提到"眼镜蛇"行动时期时写道，"在地面战斗中，整个轰炸机部队的紧急介入已经被认为是件理所当然的事。"[59] 空中部队高层（利·马洛里除外）虽然也达成这种共识，但是通常是极度不情愿与不乐意的。当地面部队没能达成期望的突破时（除了"眼镜蛇"行动都是这样），空中部队将领就会满腹怨气。"古德伍德"行动中尽管投入了 1855 架轰炸机（占重型轰炸机的八成以上），扔下了 7700 吨炸弹，仍遭遇了战术失败，导致空军上将泰德在 7 月 25 日向特伦查德勋爵写信抱怨，认为皇家空军"被这帮混蛋糊弄了"。[60] 他要求艾森豪威尔解除蒙哥马利的盟军地面部队总司令职务，这一行为损害了蒙哥马利的权威并且随着战斗进行引起更大的反响。将用于打击"运输计划"中的战略目标的资源分出去，本来已经令盟军空中部队不满，而将飞机当作火炮使用更令他们认为是种浪费。正如泰德在 10 月 25 日写给空军总参谋长的信中所言："英国陆军数月以来一直觉得他们可以随时招呼重型轰炸机，而且空军会几乎毫无疑问地安排好……我正尽力把情况说明白，但我肯定你会发现陆军已经对轰炸上瘾，而让他们戒掉这习惯十分困难。"[61]

事实上，用轰炸机进行航空火力准备是否有价值也令人怀疑。飞行员将其视作浪费或许有道理，因为地面部队士兵将其视作灵丹妙药但忽视航空设备的局限性，只是急于寻找某种攻坚武器帮他们打破僵局，避免额外的损失。将战略空中力量用于战术任务的情况其实相对较少，其中的机会成本也不是很大。然而，对于重型轰炸机越来越多地参与战术支援的倾向，泰德和"轰炸机巨头"们有理由担忧和抗拒。他们坚持认为"石油计划"和破坏德国境内的交通基础设施，比起对前线敌军进行任何程度的轰炸，都能更有效地影响德国国防军的战斗实力，而这也是正确的。由于盟军对德国合成油的生产进行不间断地打击，加上普洛耶什蒂油田（为德国提供了 25% 的石油）在 1944 年 8 月被苏军攻占，德国的航空燃油产量已经从 1944 年 4 月的 17.5 万吨下降到 9 月份的极低的 7 千吨。这迫使德军从前线撤回战斗机来保卫重要资源，虽然代价高昂却是徒劳无功。[62] 此时机动性对德军地面部队比任何时刻都重要，却严重受困于不断减少的燃料供应。

对于大规模航空火力准备的依赖也常常对地面部队产生了适得其反的效果。在策划作战行动时这会起到不利的影响。空中部队参战很容易受天气影响，既包括轰炸机基地也包括目标地区上空的天气。如果一项作战计划要依靠轰炸机扔几千吨炸弹，那么只要不合时宜地出现低层云就可以毁了整个计划（在法国平均 3 天就有 1 天不适合飞行，更不用说在英国）。轰炸机介入地面战斗的时机需要在早期阶段就确定下来。老毛奇认为与敌接触之后没有计划不被修改，这强调在地面战斗中过于死板预示着失败的结果。在那些分阶段进行的，而且按计划第二阶段将对敌人纵深阵地进行轰炸的战斗中，这一点尤其明显。这一弊病在"蓝衣"行动中造成了困境，并导致了本有希望的"总计"行动以失败告终。

空中力量：总结

赢得空中优势是诺曼底登陆取得成功的必要条件。对于赢得空中优势（至少直接的）贡献最小的战斗可能是轰炸德国负责战斗机生产的工厂。1943 年德国生产了 10059 架各类型战斗机，在 1944 年则有 24981 架各类型战斗机下线。德国空军的主要问题不在于缺乏飞机而在于缺少足够的机组。战斗经验丰富的飞行员损失得太快而难以得到补充，而新手飞行员由于教官被迫返回前线服役而得不到足够的训练，并且原本为了更快地培养更多飞行员本已缩短的培训课程，由于燃料缺乏而进一步被缩减。盟军空中力量针对德国空军基地的攻势防空作战，以及之后攻击德国石油工业以逼迫德国空军即使在不利的情况下也要应战，证明了是赢得空中优势的关键行动。

空中遮断作战同样对地面行动也产生了深刻影响。到 7 月中旬时，盟军在诺曼底已经获得了兵力优势。当然这也不是完全归功于空中行动。"坚忍"行动在阻止德军及时支援诺曼底地区也起到了重要作用。然而更重要的是苏联红军已经牵制了德军地面战斗力量中的绝大多数。在 1944 年 5 月底，德军在法国和低地国家部署了 54 个师（接近半数是静态师），还有 27 个在意大利，25 个在巴尔干半岛，以及 22 个在斯堪的纳维亚半岛（包括在芬兰的 7 个师，针对苏联方向），但是在苏联有 157 个师。[63] 当 6、7 月间德军向诺曼底增援时，东线只能抽出很少的部队（实际上，只派遣了党卫军第 2 装甲军）。但是即便德军想调遣更多的力量并到得更早，盟军的空中遮断作战也将严重制约他们的行动。

敌后行动

空中力量是在德军后方开辟战场的主要手段，但不是唯一的。在德占区的地下抵抗活动不断兴起，同盟国对此也加以鼓励。根据丘吉尔"让欧洲热烈地燃烧起来"的命令，英国在 1940 年 7 月成立了特别行动机构（SOE）。这一机构的职责包含两部分：在德占国家开展宣传活动并武装训练抵抗者。1942 年 6 月美国的战略情报局（OSS）成立之后也加入这些活动中来。（虽然作为中央情报局的前身，战略情报局还有另外的职责，包括间谍活动。）随着 1944 年夏盟军登陆法国，英国人和美国人也竭力支持和引导抵抗力量为同盟国远征军服务，尤其是对德国交通线进行袭扰。盟军远征军最高司令部承认法国抵抗力量可以发挥重要作用，在登陆后不久就将法国"内地军"改编为戴高乐领导的法国合法政府的正规武装力量。

抵抗运动和他们的盟军帮手

出于鼓舞民族自尊心的意愿，有关西欧德占区抵抗运动的虚构故事已经泛滥。事实上，虽然占领区内只有很少部分人真心欢迎占领者，不满意极右翼意识形态和占领带来的政治与经济机遇的人并非社会的少数，但多数的人只是不会主动通敌，并不至于会参加主动的，甚至是消极的抵抗活动。多数人在不会招致不利后果的情况下，更愿意继续自己的生活并忽视占领当局的存在。只有非常少数的一部分人会选择在德国人败象已露之前加入地下组织。由于害怕被出卖，以及德国人对于认定的恐怖行为会采取野蛮回击，尤其是进行不分青红皂白的报复，抵抗组织能招募到的加入者十分有限而且也令他们本身不受欢迎。[64]然而随着时间推移，消极抵抗这一形式日渐广泛。最普遍的方式是进行巧妙的、轻微的怠工——弄丢文件、不接电话、通过重新贴货车的标签给货车指错方向等等。时间过得更久之后以及人们受到德军失败的鼓舞，有时候消极抵抗会升级为公开的不合作、磨洋工、示威和罢工。

大约在德国占领时期的头 3 年，抵抗运动规模小、不成熟、零零碎碎以及具有地区局限性，其中多数是由共产党鼓动的，而各种政治和社会（实际上是犯罪）因素也掺杂其中。[65] 抵抗运动一直未能蓬勃发展起来，直到 1943 年年底德国人实施强制劳动，占领区的年轻人不得不选择是不情愿地顺从德国人还是消失在当局视线之中。不断上升的劳动强度为抵抗组织从"地下工作者"中招募新成员提供了助力，虽然绝大多数人更愿意躲起来而不是参加战斗。随着德国人的命运走向衰弱，同盟国胜利在望，越来越多人参加了地下组织，消极抵抗也在增加。"9 月抵抗者"——那些在德国败退阶段加入的人——的行列，在人数上令那些在战争前景还不明朗时就已立誓斗争的人相形见绌。对于多数人来说，清算通敌者、政敌和仇家，以及谋求更有利的战后政治地位要比反抗占领军更重要。例如正是出于这种想法，共产党抵抗组织 8 月 19 日在巴黎仓促发动了起义。由于担心德国人的反应和共产党的成功，戴高乐和他的军事指挥官要求美军立即向巴黎进军。[66]

在苏联和巴尔干半岛，山地绵延，森林沼泽遍布，地域广袤且人口稀少，使得游击队有活动的空间，而这里的游击队往往具有很强的实力。由于德军在东线实行残酷的意识形态和种族主义政策，抵抗组织可以获得越来越多的新成员和普遍的合作，而类似的事情在西线却没有发生（当然，除了"犹太人问题"的"最终解决方案"）。法国和低地国家的地形特点，以及德国占领军更有选择性地利用恐怖进行统治，使得东欧和东南欧特色的游击战在法国和低地国家发展不起来。在西北欧洲，适合游击战的地区只有孚日和阿登山区，但是二者的幅员和重要性都不大。地表崎岖人口稀少的法国中央高地以及格勒诺布尔附近的韦科尔高山高原更适合活动，马基游击队在此地也更活跃。6 月中旬在韦尔科发生了法国占领区内唯一的一次反抗占领军的暴动，但在 7 月份就被野蛮镇压了。在与盟军反攻部队有更多直接关系的地方，如诺曼底，地下组织一直十分弱小；大体上德国人和诺曼底当地人在登陆之前相处十分融洽。由于地形和历史上的原因，不列塔尼的抵抗活动更为强烈，后来变得十分积极并为第 3 集团军提供了很多帮助。

特别行动处和战略情报局的宣传工作在德国占领区也起到了一些影响，而且这些影响随着战争的进行和德国的败退不断扩大。它们的活动分支武装了几乎 50 万法国人（以及少数比利时人和荷兰人），并提供训练和通讯。为了直接支援登陆行动，99 个接受过游击战训练的 3 人杰德堡行动组，在 6 月到 9 月之间加入了抵抗组织来增强敌后作战。他们受命联系（如果必要，也会领导）抵抗小组并组织装备空投，以便他们按计划开展行动支援盟军地面部队。每个集团军群和集团军总部都有一支特种部队分遣队来协调杰德堡行动。不过他们不直接联络杰德堡行动组，而是通过盟军远征军最高司令部的特种作战指挥所。[67]

为了给德军后方造成更大的压力，盟军部署了一个英国特种空勤旅支援登陆行动。该旅包含 2 个英国营、2 个法国营，以及 1 个比利时中队。它的任务是武装和训练抵抗小组，为盟军空中力量定位目标，以及迟滞和扰乱敌人的增援部队和后勤工作。为实现这些目标，特种空勤旅实施了 43 次行动。特种空勤旅受第 1 空降军指挥，而不是特种作战指挥所。

特种部队和抵抗活动的战果

特种空勤旅宣称其为空袭提供了 400 个目标；造成了敌军超过 12500 人的伤亡；摧毁或缴获了 640 台车辆；切断铁轨 164 处造成 33 次火车出轨；摧毁 7 列火车、29 个火车头和 89 台铁道车辆。人员杀伤战果可能有所夸大，其他战果跟空中力量造成的破坏比起来不值一提，不管怎样，特种空勤旅完成了它的使命。而杰德堡行动组造成的破坏和杀伤难以进行量化，他们的成就也无法进行客观分析。然而，很明显他们的很多行动都造成了影响，有的还很大。如果杰德堡行动组能更及时地介入，他们的战果还会更大。随着盟军突破德军防线并快速推进，有些小组刚刚空降到行动地区，地面部队的先头部队就抵达了。[68] 杰德堡行动组和特种空勤旅都提升了抵抗组织的专业素质，使他们的行动更有效率。两者的行动都助长了占领区人民的士气，且起码没有导致德军的野蛮报复，还打击了敌军的士气。他们还牵制了部分德军部队（虽然不具备一线部队实力）和装备。

抵抗组织为盟军登陆和挺进内陆所做的贡献难以评估，他们的事迹被包装成了传奇，并往往由于政治动机被一些片面之词所曲解和夸大。抵抗组织提供的情报偶尔具有重大价值（比如，有关 V 型导弹的情报），但是多数要么过于片面（从字面和实际意义上来说），要么不够精确以至于没有利用价值，或者可靠性难以保证。而抵抗组织对铁路、电力和电话线路的破坏对于空中轰炸倒是个有益的补充，但前提是轰炸摧毁了高价值目标，如桥梁或者火车头修车棚。伏击和奇袭德军部队只算一种骚扰，尽管毫无疑问这在某种程度上打击了敌军士气。[69] 可能扰乱德军通讯的破坏行动的效果还不如德占区法国人的消极抵抗——前文所述的铁路和通讯工人进行巧妙且通常难以察觉的怠工行为。[70]

敌后行动：结论

艾森豪威尔的一种说法曾被引述，称活跃的抵抗运动对他来说顶得上 6 个师。[71] 这可能是为了讨好戴高乐而刻意夸大的。虽然二战时及战后敌后抵抗活动被高度宣传，但抵抗运动对战役产生的直接影响相对较小。当然凡事总有例外，在德军撤退之后——例如 8 月份——在莫尔莱和凡尔登的抵抗组织控制了桥梁，以及 11 月份比利时抵抗组织在第 11 装甲师到达之前，完好无损地攻占了安特卫普港口。抵抗组织的战术价值通常在于向盟军提供当地信息帮助盟军快速推进。

而被改编成准军事组织的法国内地军，作为同盟国陆军的附属部队，在德军撤退时证明了自己是最具价值的抵抗组织。在不列塔尼，20000 多前抵抗组织成员帮助美国第 3 集团军扫清了残留在不列塔尼半岛地区的德军，并且对德军撤入的"要塞"港口进行了围困——这一帮助是不可或缺的，因为巴顿提早把主力调往东边了。在其后第 3 集团军向默兹河快速推进的过程中，第 19 战术航空军指挥部和法国内地军的联合部队掩护了第 3 集团漫长的暴露的卢瓦尔河侧翼。法国内地军发挥最重要作用的地方是在法国南部，这里的地形有利于他们活动，加上此地的德国 G 集团军群大规模后撤支援诺曼底战事，为大约 75000 名抵抗者和支援他们的杰德堡行动组、特种空勤旅及战略情报局的行动小组提供了广阔的活动空间。在 8 月 7 日，德国布拉斯科韦茨中将无奈向上级报告，他正在他的后方对付一支有组织的军事力量而不再只是些恐怖运动；一周之后，当盟军开始登陆之时，他只控制了罗纳河谷和一块狭长的沿海地带。法国内地军帮助阻止了他对地中海沿岸港口的破坏计划，并且袭扰和加速了德军的撤退。盟军后来决定在 1944 年入冬之前，将法国内地军整合进法国第 1 集团军，取代原先的北非部队。到 1944 年 10 月底时，超过 6 万人的法国内地军人员已被吸收。

即使盟军特种部队声称的贡献在后来被过度吹捧，盟军在其身上的投资也的确收到了丰厚的回报。然而特种部队的战绩本来可以更高。盟军高层指挥官并未真正认识到他们的潜在能力；此外特种部队的参战总体来说太迟，并常常伴随着通讯和补给问题。杰德堡行动组原本可以在战役层面上做出更多的贡献。另外，有缺陷的指挥控制架构不利于协调特种空勤旅和杰德堡行动组的行动。可以让特种作战概念发起人聊以安慰的是，作战部队很赞赏特种部队在联络时提供的战术支持（例如，担任向导、提供当地信息以及联系法国内地军的代表）。[72]

战役层面的情报工作

在二战前的多数陆军（苏联红军除外）之中，高级将领对情报工作都存在某种程度上的偏见。言外之意，这仍然与间谍活动的肮脏勾当不该是绅士所为的看法有关。能干的和有雄心的军官也不大可能通过情报工作来获得晋升，实际上，这反而是军事生涯上一条声名狼藉的死胡同。当然，少部分人天生适合从事情报工作，一些特立独行的人着迷于情报工作粗鄙的魅力和神秘感，后来事实证明这些人更擅长这一行，不过大体上情报工作是平庸之辈的去处，二战前的正规军莫不如此。但情报部门在战时都得到大规模扩张，特别是在民主国家，吸收了大量新人，其中多数是学院派，他们对于情报工作很少有顾忌并证明了自己很有才干。不过他们难以树立一种自身值得听从的信念。多数指挥官并不指望他们的情报人员能提供什么帮助，相应的情报人员在面对顽固暴躁又武断的指挥官时，也会犹豫是否要努力去获得多余的赞赏；告诉老人家们想听的或许更为保险，就像查特利斯准将在第一次世界大战时如何应付陆军元帅黑格那样。

而这种情形则在德国国防军中贯穿了整个二战，他们战役层面的情报整体上糟糕到了近乎灾难的程度，特别是在至关重要的东线战场。很大程度上，这是文化因素导致的。德国人——尤其是思想被意识形态偏见所左右的纳粹分子，将俄国人视作劣等民族，因此认为俄国人在智力上无法超越优等民族。这导致的结果就是，苏联实施欺骗行动时德国国防军一再上当，并被苏联多数的重大攻势打得措手不及。【在二战第三阶段（1944—1945），平均起来苏联每次为进攻准备的力量，德国人都少算了一半以上，并因此将进攻方的实力严重低估了25%。】[73] 话虽如此，面对西线盟军时德军也好不到哪去。

相反的，英国人和美国人战役层面的情报工作随着战争进行而蓬勃发展。这是由于情报工作人员十分难得地争取到了被聆听的权利。需要说明的是，盟军集团军一级以下的情报工作却变得更弱和更参差不齐。盟军信号情报搜集工作十分有效，尤其是在搜集敌军战斗序列的信息时。不过德军在军和师一级偏好用电传打字机和无线电话进行通讯（这类低功率设备难以被定向和拦截，而且通常信息都进行加密），而不是语音通信，限制了信号情报搜集工作的收获。更关键的是，在战术层面情报工作获取敌军的防御计划（尤其是防御纵深和资源在其中的分配信息）时慢得可怜。盟军对德军有种自我安慰似的刻板印象，认为其死板、僵化和缺乏主动性，而这与实际情况完全不同。这导致在战术层面上盟军一直低估德军。而1个军甚至1个师由于对敌军了解有误而导致的战术失利，可能会令集团军的一个理论上合理的计划以失败告终。

盟军情报的获取与处理

盟军取得作战胜利的关键是"超密"——盟军情报部门破解德国用于最高机密无线电通信的恩尼格玛密码机后，对借此获得的机密的处理工作。"超密"破译工作加上"魔术"（从柏林发往东京的日文信息），在情报精确性方面赢得了无可否认的声誉。"超密"在盟军情报工作中的价值，可能是所有其他情报渠道加起来都比不上的。多数盟军将领，一旦抛弃了对情报工作普遍的固有偏见和对"超密"的特别质疑，他们对此就依赖上了。（虽然布莱德利获准接触这些情报，他却用得有点晚，因为这些情报看起来好得令人难以置信。）

"超密"经常能获得一些令人大开眼界的信息，如敌军位置、部队实力（人员与装备）、补给情况和伤亡人数。更重要的是，它揭露了，至少可以推断出，敌军的意图和实际计划（一旦有误还有备选情报修正）。在此前的战争中从未有一方可以如此深入地窥探敌军的期望与焦虑、实力与弱点、资源与短板，甚至敌军指挥官的思考习惯以及同其他指挥官之间的关系。克劳塞维茨指出，战场是"不确定和混乱之地"，其中"一大部分获得的信息自相矛盾，另一大部分是假信息，更大的一部分则令人质疑"。"超密"为盟军高级指挥官排除了战场中多数的不确定性因素，使他们面对德国对手时拥有了不可估量的优势。[74]

打个比方，"超密"提供的永不枯竭的无价情报，使盟军像一个扑克牌选手，在藏住了自己所有的牌同时却能看到对手的牌。假如德国人怀疑敌军正在阅读自己的最高机密，这一情报源会立马干涸（或者在这之前故意释放一些假情报）。因此"超密"破译的情报只分发给盟军集团军一级及往上的指挥官。对于可能只有"超密"获得的情报则不做出反应。为了向收到情报的低级指挥层隐瞒情报源还需要做出巨大牺牲（这点对于蒙哥马利和布莱德利之类的指挥官来说很受用，这样他们就可以向下属和子孙夸耀自己根本没有的魄力和洞察力）。由于这些原因加上从截获德军传输信号、破译到送达盟军总部需要一些时间，"超密"更多体现的是战役层面的价值。不过有些时候（随着战争进行越来越常见），它也能影响到战术行动。

不过"超密"仍然有其弱点。德国高级指挥官天然偏好面对面会谈，或者用电话或电传打字机通信。当采用这种沟通方式时，"超密"听到的是一片寂静，但寂静不代表德军没有做出决策，没有下达命令。在早期从一段通信被截获到解密之间有很长的时间延迟，不过到诺曼底登陆进行之时，破译问题基本上已被解决（特别是德国空军的通讯，常常能从中透露出很多地面部队的信息）。可是情报的解密、译码、评估和送达集团军群和集团军的过程总是需要时间；而将信息转化为情报并生效则需要更长的时间。事件本身，尤其是在战场形势快速变化时，可能会使情报过时——尤其是在战术层面。德军的意图可能改变，其指挥官可能不会听从命令，导致"超密"看起来具有误导性。而且"超密"通常只能提供整体面貌的一部分——例如一通被截获的通信可能只是回应对方通过电话提出的问题，或者通信本身是提问而答复由其他方式发出。"超密"也无法解答德军的训练状态、士气、战斗力如何和其他重要的无形信息，并且如果对情报信息的评估有误可能会导致惨败（例如为使安特卫普港能够运行而打通斯海尔德河的行动，和"市场花园"行动）。

换句话说，"超密"提供了真相，但不总是全部真相。单靠"超密"也不能解决所有情报问题。要想获得客观的情报，或者某些情况下，仅仅只是获得情报，都需要其他情报来源的补充。其中最重要的情报来源是空中侦察，包括目视和拍照侦察。由于统治了天空，盟军飞机几乎可以前往任何想去的地方，而且他们的收获在战役和战术层面上都至关重要。盟军陆军和空军 Y 勤务都可进行无线电定向和截听——这也是很有价值的情报源，但获得的很大部分是战术层面上的情报。法国和低地国家的抵抗活动提供了价值差异很大的各种情报，而且无法避免地这些情报都很零碎，往往很含糊，鉴定起来一般很困难。除此之外，还有一些常用的情报获取手段，如定位敌军火炮和迫击炮的声波测距技术、战斗巡逻、审问战俘等等。

盟军情报工作在诺曼底取得的成功

在6月6日登陆日之前，"超密"发挥的作用还比较有限，因为此时德军尚可依赖有线电话、电传打字机、通信员和面谈等方式完成大多数通信，而之后需要利用无线电才能完成。[75] 不管怎么说，"超密"在获取某些不完整的信息，或者为其他情报源提供支持时仍然发挥重要作用。在登陆之后，"超密"是战役情报的主要来源，而且也经常提供重要的战术情报。

在6月6日之前，盟军对德军在法国和低地国家的部署和实力已经有了相当全面和准确的认识，尤其是（尤其重要的）德军机动部队的情况。对于德军哪些机场还在使用的掌握往往让德军的伪装措施失效。有关德军人员和设备损失，燃料供应的真实情况对于评估德军整体战斗力十分重要，也关系到盟军空军远征军能否坚持正确的作战方针。"坚忍"行动很显然成功地掩盖了盟军真实登陆地点，而对于实施这项行动来说最重要的是，直到7月"超密"一直确认德军仍然预计虚构的美国第1集团军群可能在塞纳河和斯海尔德河之间发起第二轮登陆，而且这还可能是主攻。这一点当然对盟军有着难以估量的帮助。在盟军积聚力量的阶段，德国本可以用于发动毁灭性反击的装甲部队却一度被牵制住，而本应帮助装甲部队抽身担任机动预备队的德军步兵师之后也被压制住。（一个无懈可击的类似"超密"的情报源的美妙之处就在于，你知道敌人已经被唬住，而敌人除非严重出乎意料否则无法欺骗你。）

德国元帅冯·伦德施泰特以及他的继任者，西线德军总司令冯·克鲁格误解了蒙哥马利的作战构想。他们都认为诺曼底战场上战线东段的英军战区比美军战区更重要。他们相信英军将沿着卡昂—法莱斯—巴黎轴线发动主攻，一旦进攻开始，作为补充美国第1集团军群将立即在塞纳河以北登陆并同样向巴黎进攻。

"超密"和Y勤务时刻密切监视着德国空军的增援行动，对其未来的活动（包括时机）、驻扎地、实力、伤亡和补给情况（更不用说第3高炮军的行动计划和火炮位置）的了解，都到了十分详细的地步；这为攻势防空作战和防卫行动提供了十分精确的目标。这也帮助盟军不但获得了空中优势（数量上已经保证），而且在

7月初就取得了制空权。"超密"还获取了德军油料和弹药堆集所的具体位置，帮助空袭迅速将德军的后勤状况打击到难以为继的程度。

在整个诺曼底作战期间，盟军情报工作整体上很好地掌握了德军地面部队的部署、实力、不断恶化的补给问题以及作战意图。通过情报确认德军装甲部队的主力在英军战区持续出现，显示蒙哥马利将敌军主力牵制在战线东段以便西段实现突破的计划，确实正在奏效。情报也清晰显示德国B集团军群正被无情地压垮：到7月16日，B集团军群已经损失了大约10万人，而得到的补充只有损失的12%；到8月6日，虽然人员补充已经翻了一番，B集团军群的损失已经达到了14.1万人。

7月25日盟军开始突破德军防线，在这前夕盟军拥有准确和全面的情报。除了两个师外，所有德军的位置已被掌握，而且"眼镜蛇"行动将要攻击的德国第7集团军的一些细节也被盟军知晓，包括缺乏战术预备队和弹药，其指挥官认为在重压之下防线将会崩溃的信息都掌握了。

随着"眼镜蛇"行动的推进，"超密"发现了三件有趣的事：第7集团军突然陷入了混乱，令人震惊的弹药和燃料短缺情况，以及B集团军群迟钝的反应（当然，它已经尽其所能）。它还显示，要不是因为有足够的交通工具，德军可能会被英军为支援"眼镜蛇"行动而发起的"蓝衣"行动打得措手不及。

德军统帅部所犯的（极其致命的）失误是选择在莫尔坦到阿夫朗什海边之间的地带发起了反击。虽然"超密"未能在8月6日H时之前发出明确的进攻预警，它却发现了之前在莫尔坦正北地区集结的四个装甲师。反攻失败之后参加行动的部队仍留在原地，"超密"在8月10日找到了其中的原因：希特勒下令发起另一次更强力的反攻。德军将装甲部队部署在一个位于其防线最远端的暴露的突出部之中，无疑是在邀请盟军发动一场包围战。在德军努力从灾难中救赎自己时，"超密"和其他情报源一直监视着德军面对日益严重的危机和混乱时所做的反应。德国空军在西线的消亡过程也在盟军掌控之下。

德军战役情报工作在诺曼底遭遇的失败

在战役层面，德军在诺曼底的情报工作可以说已经失败（正如在其他战斗中失败一样）。[76]这一定程度上是德国想当然的优越感带来的一个文化问题（"他们骗不了我们"，"他们破译不了我们'恩尼格玛'密码机的信息"）；而且多数德军情报官员是平庸之辈；指挥官又不愿意听从那些往备受青睐的计划上泼冷水或者唱衰的人；以及在关键领域某种程度上的轻信和漠视也导致了未能正确认识情报工作。当然，还包括希特勒在战役层面决策上越发独断，而且他不听从那些敢于挑战他"知名的直觉"的唱反调的人。不过，德军情报工作失败的原因还包括情报源少得可怜，而且还缺乏好的情报源。

德国人没有可以媲美"超密"的情报系统。他们的确有大体有效的信号情报搜集装置，与英国的Y勤务相当。这为德国人提供了70%的战斗序列情报，而且由于盟军通讯保密不强还能常常发出有关盟军进攻时机和特点的警报。巡逻、声波测距和其他的德军战术情报搜集手段也还不错。虽然缺乏战役层面的情报源，德军却常常能够击败，或者起码顶住战术层面上的攻击并因此挫败盟军的战役计划。

盟军的制空权使得德军几乎无法进行空中侦察，只能快速地侦察一下盟军的浅纵深地带。这一切在8月2日发生了改变，德军的新型喷气式飞机阿拉多234执行了当月13次高空照相侦察任务中的第一次（很显然没有被盟军防空部队察觉）。但是这种突破性的侦察方式来得太迟，德军已经无可挽回地丧失了主动权，以及任何可以有力影响战争结局的能力。他们利用喷气式飞机拍到的照片，只是替摧毁西线德军的盟军力量保存了一些历史瞬间。[77]

对于更高层级的情报，德军则依靠间谍进行刺探。德国军事情报局在英国安插了各种间谍，但是这些人严重缺乏训练且十分业余；除一人外（自杀），英国军情5处将这些间谍全部抓获。不能被策反的人都被投入监狱或者处决。英国双十委员会则操纵那些双面间谍向德国输送假情报。加上公开假信息、信号欺骗和有意让德军对虚假集结地进行空中侦察，都是"坚忍"行动——掩护登陆的欺骗计划——所用的各种手段。这一行动十分成功并在7月底之前一直影响着德军的行动。当7月25日"眼镜蛇"行动发动之时，德军依然相信美国第1集团军群准备以42个师在塞纳河以北登陆。（与所有成功的欺骗计划一样，"坚忍"行动是顺着德军的预想进行发挥，而不是创造个新的骗局。）

B集团军群的情报报告揭示了德军是如何失败的。从一开始德军就没把事情搞清楚。当6月6日登陆开始之时，德军对于登陆的地点和时机都没有料到。间谍报告，加上信号收集和某些航空侦察的佐证，已经显示巴顿的第1集团军群（集结在英格兰的东南部）将在索姆河与敦刻尔克之间发起大规模登陆行动。此外，盟军需要连续 4 天的好天气用于登陆，但是 6 月 5 日的天气不具备这种条件（德军没法研究出大西洋的天气规律而盟军可以，因此德军对此所知较少）。

登陆的成功与否取决于登陆与反登陆双方谁能更快地积聚战斗力量。德军给自己设置了严重的障碍注定他们将要输掉这场竞赛。德军最高统帅部将本来可以把登陆者赶回大海的装甲部队掌握得太久。希特勒认为诺曼底登陆只是意在把德军从加莱海峡引诱开的辅助行动，而美国第 1 集团军群将向加莱海峡发动主攻。德军一直坚信美国第 1 集团军群的存在，直到 7 月底时德军 B 集团军群的情报研判中才不再出现所谓的盟军第二次登陆。德军如此固执的部分原因是，情报官员和他们的指挥官不愿意承认犯错并摒弃作为整个作战计划依据的成见；另外这也跟德军预估盟军实力时过于夸大有关。在登陆之前，德军认为盟军在英国有 79 个师，实际上是 37 个，这不存在的 42 个师中多数属于不存在的美国第 1 集团军群。B 集团军群在 7 月 17—23 日的周报中还坚持盟军已经在诺曼底部署了"至少 40 个师"（实际上是 32 个，包括 2 个正在上岸的），并且在英国另有 52 个师，其中 42 个是可以投入部署的。

在评估第 21 集团军群的意图时，B 集团军群也没表现更好。不用多说，德军预计蒙哥马利的第 21 集团军群和美国第 1 集团军群将有一次协同行动。担任主攻的将是英国第 2 集团军（后来又认为是加拿大第 1 集团军），目的是沿着卡昂—巴黎轴线实现突破。在合适的时刻，美国第 1 集团军群将会在以下 3 个地点之一实施登陆：加莱到索姆河河口之间，索姆河河口两侧，或者在索姆河和勒阿弗尔之间。最后一个登陆地点将成为盟军向巴黎突击时的一个侧翼，而德军本身认为巴黎是一个具有重要政治意义的目标。更重要的是，攻占巴黎能够孤立在诺曼底的第 7 集团军并在良好地形上开辟一条前往德国的捷径。此外，德军已开始对伦敦发动远程武器（V1 和之后的 V2 导弹）攻击，美国第 1 集团军群将被迫进攻位于加莱海峡的导弹发射场。因此德军把主力，包括其最好的部队与坦克，部署在了诺曼底滩头阵地的东段以阻挡英国人。

德军情报工作未能掌握全局，但还是取得了一些战术上的成功。最著名的是预测到了英国第 2 集团军在 7 月 18—20 日发动的"古德伍德"行动的时间和方向——虽然英军难以掩盖漫长而笨拙的准备工作也帮了德国人一些忙。这次防御战的胜利之后，随之而来的是一系列几乎是灾难性的失利。

德国人预见到了美军接下来的攻势，并十分清楚美国第 1 集团军当面的德国第 7 集团军已经离崩溃不远。德国人没有料到的是美国人的攻击方式，与在整个战线发起连续攻击相反，布莱德利选择了蒙哥马利式的进攻，即在有限的一段前线上集中大规模的装甲突破梯队。"眼镜蛇"行动在 7 月 25 日发起，实现了登陆以来最令人意外的突破，标志着诺曼底战役开始走向终点。德军投入了两个装甲师去挽救败局，这些部队不但来得太迟，而且没有认识到问题的严重程度，最终被零散地卷入盟军的粉碎性攻势之中。

7 月 30 日，英国第 2 集团军发动了辅助性攻势——"蓝衣"行动。由于这次行动一反常态在第 21 集团军群战线的西段发起，在进攻方向上取得了突袭的效果。德军草率地将党卫军第 2 装甲军从前线撤出，意图重新部署反击英军的进攻并恢复防线，德军这次反攻过于盲目而且未能夺回有利的防线，还逐渐深陷消耗战之中。

面对美国人冲出诺曼底挺进适合坦克通行的地形，希特勒下令从莫尔坦向海边的阿夫朗什发起一场反击，以截断美国第 3 集团军已经突入的部分。不过德军 8 月 6 日的反击又一次付诸东流，因为德军情报只能提供美军模糊的位置信息。美军（包括空中部队）过于强大无法被分散的攻击击败，德军的冒险只是徒劳。而且因为这次冒失，德军 B 集团军群的精锐部队被困在了一个突出部，好像在邀请盟军来包围自己一样。

一次包围行动通常需要两侧一起行动，加拿大第 1 集团军在 8 月 8 日发动的攻击构成了第二个方向的包围。当时德国人已经完全意识到在卡昂—法莱斯方向上，盟军的另一次突击已迫在眉睫，所以加拿大人不可能达成突然性。不过在"总计"行动中，加拿大人使用新战术打得德国人措手不及，德军情报完全没侦测到。但加拿大人没能利用好初期的进展，而且后来攻势也基本失败。

到 8 月中旬时，德军第 5、第 7 装甲集团军正急速行军，按照在东线多次应验的惨痛的经验来突破包围圈。此时有关盟军如何、在哪、以什么部队和多快能关闭包围圈的信息都将十分有用，然而德军实际获得的情报基本没有价值。德军肯定无从得知，在 B 集团军群评估的 3 个方向中，盟军会从哪里发起真正的攻击。

考虑到盟军情报工作在诺曼底的统治性地位——军事史上无出其右者——德国人能尽全力坚持到底已经表现得很出色了。很多德国士兵选择逃走改日再战的事实，反而突出体现出了这些士兵和他们的指挥官的作战技巧和决心；这与他们得到的情报支援无关。德军得以逃脱，更多的是因盟军指挥失利，以及英国人与美国人在军事思想和训练上的缺陷。

结论

在"眼镜蛇"行动发动之前，盟军地面部队已经牢牢把握了主动权，而且他们有拥有决定性优势的战斗力量来利用这一主动权。盟军空中力量也完全统治了天空并且可以将不可阻挡的火力，在任意的时间投送到任何他们选择的地方（只有天气因素能够制约）。盟军享有优良的补给。盟军还有清晰的，通常还很具体的情报全景。相反地，德军很多部队已被掏空，他们的防线因为过于漫长而变得薄弱，尤其是在西段面对美军的地方；德军前线部队从没见过一架己方的飞机。在诺曼底东部德军的补给情况十分糟糕，而在西边德军也只能维持少数几天的激烈战斗。对于敌人的意图德军一无所知，不得不依赖自己的经验、本能和猜测来应对盟军接下来的猛攻。

德国第7集团军注定是要崩溃的，只是早一点和晚一点的问题。美军突破德军防线后，战斗的特点将转变为快节奏和高机动。一旦德军某段防线崩溃，会暴露其他即将崩溃的固定防线的侧翼。但是德国国防军已不再拥有进行机动作战的能力。机动手段和燃料的缺乏不可避免地导致大量德军被困在包围圈，或者被活动自如的对手歼灭。

然而，盟军并非没有碰到问题。他们在桥头堡积聚了惊人的储备，但是由于他们自己进行的空中遮断作战，导致盟军缺乏可用的铁路运输线。这些物资需要及时足量地进行运输，来支持盟军经过长途追击后重新开始的鏖战。盟军后勤人员十分清楚问题所在，并多次提醒指挥官和他们的作战参谋现实的严峻性。盟军远征军最高统帅部谋划的诺曼底战役之后的行动，是以占领从不列斯特到布里多尼地区的港口并维持其正常运转为基础的，并将暂停行动30天进行人员和物资，以及运送人员物资所需的交通工具的储备，以便积蓄力量发起决定性的一击。没有这些前提条件，进攻的顶点将很快到来。[78]艾森豪威尔将军完全理解进攻顶点理论（他读过克劳塞维茨的《战争论》不止一次而是三次，而且他的导师福克斯·康纳少将还考过他这本书的内容）[79]，他也了解盟军在后勤上的局限。他指出盟军的战略目标（作为一个杰出的克劳塞维茨学派的观点）是摧毁德国的武装力量，而在西线德国武装力量正集中在诺曼底。逻辑上，假如进攻顶点即将到来，盟军就不得不把这些德军消灭在诺曼底和周边地区，而不仅仅是让德军在付出巨大但可恢复的损失后被赶回德国。如果要快速地结束诺曼底地区的战斗，就需要盟军在因为后勤不可避免地过度扩张而丧失进攻势头之前，专注于消灭德国第7和第5装甲集团军。如今已经不清楚艾森豪威尔或者他的主要助手是否完全清楚这点。但可以肯定的是，由于同盟国远征军浪费了他们的实力，实际上没有实现这个目标。

注释：

1. 德怀特·艾森豪威尔，《远征欧陆》，第 247—248 页。

2. 艾森豪威尔想要蒙哥马利同时指挥第 1 和第 2 集团军，直到欧洲战区的援兵多到有必要成立新的集团军和集团军群总部。然后在艾森豪威尔选择的一个时间点，大概在盟军抵达塞纳河时，他将就任盟军地面部队总司令，同时继续担任盟军最高统帅。

3. 关于蒙哥马利的总体计划，奈杰尔·汉密尔顿《蒙蒂，战地大师 1942—1944》的第六和第九章，以及卡洛·德·埃斯特的《诺曼底战斗的决策》的第六章（尽管汉密尔顿的书中存在虚构的故事情节，暗示"霸王"行动的进展都已得到事先预计和计划）都描述得更为全面。汉密尔顿和德·埃斯特都正确地指出当时的一些高级军官和后来的历史学家对阶段线关注过多，而阶段线是抽象的并不是实质的目标。不管怎样，阶段线是蒙哥马利思想的象征物，而且一些批评蒙哥马利的人认为这是胜利或者失败的标志物。

4. 树篱地带是十分有利于防守的地形，特别是对于拥有充足的机枪和迫击炮的军队来说，例如德军。这是一种封闭的、复杂的、由不规则的地块拼接起来的地形，典型大小为 200 米 *400 米（220 码 *440 码），四周是 1 米至 1.5 米高的土堤，土堤上面通常生长着高耸的灌木丛和树木。树篱通常能成为坦克障碍，而且不计其数的村庄、带围墙的果园和坚固的农场能够成为天然的要塞。树篱地带里的道路和小径相对很少，而且之间离得较远，通常还是单行道。

5. 詹姆斯·M. 加文准将，第 82 空降师副师长，在他的回忆录中坦率地写道第一次遇见这种问题时的情形："仅仅几天的战斗……就出人意料地艰难。这主要是树篱造成的。尽管在 D 日之前在英国听过关于树篱的一些消息，我们中没有一个人真正评估过这种地形能有多复杂。"出自詹姆斯·加文《进军柏林：一个空降兵指挥官的战斗》第 121 页。

6. 直到 8 月底"坚韧"行动仍将德军部队牵制在加莱海峡沿岸。保护 V 型武器发射场是另外一个德军在加莱留有重兵的原因，即便德军已不那么担忧发生第二次登陆后也是如此：希特勒希望袭击伦敦能迫使英国政府求和。而且不管法国作战的结果如何，海峡沿岸港口"要塞"都不能为盟军所使用，以减缓盟军为向第三帝国核心地带发起进攻而进行的任何后勤准备。

7. 德军原本指望的从东线向诺曼底调集援兵的希望于 7 月 23 日突然破灭，当日苏联红军开始发起白俄罗斯战略攻势行动，为当年夏季苏联红军在从波罗的海到黑海的整条前线上发起的，并最终把德军击退 500 公里的 4 次战略进攻行动拉开序幕。东线德军要为生存而战。从 6 月到 9 月，在东线有四分之三的德军阵亡、受伤和被俘。

8.《建立丘吉尔的军队：英国陆军和对抗德国的战争，1919—1945》第 147 页指出，英军在第三次伊普尔战役（1917）中平均每天的伤亡是 2324 人；而盟军在诺曼底作战期间平均每天伤亡 2354 人。

9. 在战斗了接近 7 周之后，盟军进展最好的地方也只是在 130 公里（80 英里）宽的前线上突入了仅仅 50 公里（30 英里）。英加军队已经付出 4.9 万人的伤亡，而美军为 7.3 万。这些损失在盟军突破诺曼底之时基本已得到完全补充，而且所有部队几乎也恢复了完整实力。

10. 这条线，在盟军战线西部大致在莱赛—佩里耶—圣洛公路一线，在卡昂前线则是韦里耶尔和布里盖尔山脊。

11 本节引用的统计数据大部分来自尼克拉斯·泽特林的《诺曼底 1944：德军的军事组织、战斗力和组织有效性》的第四和第七章，pt.2 和附录 4。这本书是目前为止在资料来源和方法论两方面最为可靠的著作。同样作为参考的还有 H. F. 乔思伦的《战斗序列：第二次世界大战 1939—1945》，以及谢尔比·S. 斯坦顿的《第二次世界大战美国陆军的战斗序列》。

12. 这些是净数据，包含了那些因为得病和受伤而被撤出的人员。来自罗兰·G. 鲁宾塞尔的《二战中的美国陆军，欧洲战区：陆军的后勤支援》第一卷，第 457—458 页。

13. 实际上大多数单位通过精打细算的交易和手段增加他们所喜爱的武器的保有量，例如勃朗宁自动步枪。在某些情况下他们把装备编制表规定的数量翻了一倍。

14. 本节中的数据和实例主要来自泽特林的《诺曼底 1944》第六章及附录 5、6 和 8，以及约翰·巴克利的《1944 年诺曼底作战中的英国装甲部队》第 5、6 章。两者之间有细微差别。泽特林的附录 6 把盟军的坦克歼击车低估了 200 辆，遗漏了军属反坦克团和步兵师坦克单位里的自行反坦克炮部分。它也没有包括装甲输送单位里的补充装甲战斗车辆。后者的数目十分庞大。例如，在"古德伍德"行动中，3 个英国装甲师损失了超过 400 辆坦克，然而仅仅过了 8 天，在"蓝衣"行动中它们几乎又恢复了完整实力。

15. 英军坦克手把谢尔曼坦克称为"朗森"，这是种打火机的名字，而且宣称"一打就着，每打必着"。而德军则称其为"英国佬烤炉"。

16. 按照规定，坦克既不被鼓励也不被指望去与敌军坦克交战。因此它们的主炮主要使用高爆弹来最大化杀伤非装甲目标。猎杀坦克的任务交给专为此设计的坦克歼击车，通过把敌军坦克引诱进陷阱或以隐蔽跟踪的方式击毁。这一设想在对付德军的进攻时或许有点可行性，但在盟军向敌军发起进攻时则毫无用处。

17. 例如，在 7 月 1 日党卫军第 101 重坦克营仍然拥有 30 辆虎式坦克，到了 8 月 11 日只有 5 辆被击毁，但是在此期间任何一周内，都有四分之一到三分之一，最高时有三分之二的虎式坦克处于维修之中。来自 T. L. Jentz 的《装甲部队》（Panzertruppen，阿特格伦，宾夕法尼亚：Schiffer Military History，1996 年）第二卷，第 184 页。

18. 最终英军和美军都投入了更有把握与德军坦克交战的坦克。美军从 1944 年夏季到年底总共投入了 1000 多辆 M-36 坦克歼击车；尽管装甲依然薄弱，这种升级版的 M-10 至少装备了几乎和 17 磅坦克炮一样好的 90 毫米反坦克炮。在夏季末，美军得到了 250 辆左右的谢尔曼坦克装甲升级版"巨无霸"，其中一些装备了 76 毫米坦克炮。而防护优秀、装备 90 毫米坦克炮的 M-26"潘兴"，直到 1945 年 2 月才小部分交付。英国人一直在用 17 磅炮升级他们的 M10 和 M4，但是全新的、更胜任坦克战的"彗星"坦克要等到 1945 年 3 月才抵达战场。英美两军的高级将领（包括坦克的坚定支持者巴顿），都因为在升级坦克方面过于自满而理应受到指责。关于这些史实和其他研究参见皮特·张伯伦和克里斯·埃利斯的《第二次世界大战的英国和美国坦克》（British and American Tanks of World War Two，伦敦：Arms and Armour 出版社，1969 年）。

19. 美国和英国步兵同样拥有手持反坦克武器，分别是巴祖卡和 PIAT。后者难以使用且很没准头。两者的穿甲能力都不及德国同类武器，很多盟军单位宁愿使用缴获的"铁拳"而不是依靠自己的武器。

20. 泽特林，《诺曼底 1944》，第 152—157 页。

21. 轻便灵活且射速快的 25 磅榴弹炮非常适合用于殖民地战争，但是其所用的炮弹在对付拥有良好工事掩护的步兵时效果不佳。

22. 这一数字是从泽特林的《诺曼底 1944》第 118—140 页，乔思伦的《战斗序列》第 463 页，L. F. 埃利斯的《西线的胜利，第一卷，诺曼底战役》第 523 页，和斯坦顿的《战斗序列》第 394—424 页推算出来的。这一计算并不包含重型高射炮部队，因为随着德军空军日渐衰弱，这些部队越来越多地参与地面火力支援；例如，这些单位几乎使得英国陆军的非师属部队规模翻了一番。

23. 第 2 集团军总部的《第 2 集团军在欧洲的作战行动统计 1944—1945》，第 82 页。炮兵集中程度如此之高常常带来毁灭性效果："有好几次，超过 300 门火炮集中向单独一个区域开火。"出自 A. L. 彭伯顿的《炮兵战术与装备的发展》第 222 页。值得注意的是，美军军一级的控制常常过于严格，导致非师属炮兵无法及时响应师的需求，而且只按照军火力控制中心的命令行动。出自 J. B. A. 贝利的《野战炮兵和火力》，第 324 页。

24. ORS 关于反迫击炮作战的问题的报告，可以参见特里·科珀的《蒙哥马利的科学家：西北欧战场的作战研究》，第 431—440 页。

25. ORS 报告第二号已包含在科珀的《蒙哥马利的科学家》，第 395—406 页。

26. 巴克利，《英国装甲车辆》，第 107—109 页、第 167—168 页。彼得·比尔的《设计致死：第二次世界大战时期英国坦克的发展》（Death by Design: British Tank Development in the Second World War，斯特劳德：Sutton 出版社，1998 年）则提供了英国坦克设计、采购和战斗中的表现的粗略介绍。

27. 威廉森·穆雷和阿伦·R. 米利特，《必须赢的战争》，第 463 页（尽管两人将这一不幸的决策归咎于巴顿是错误的）。升级 M4 坦克的主炮是非常实用的改进，数年之后以色列人证明了这点，他们在坦克上安装了 105 毫米坦克炮。

28. W. 维克多·马德杰，《德国战时经济：摩托化之谜》，第 128—130 页。

29. 本处数字是从泽特林的《诺曼底 1944》第 213—396 页推算得出。

30. 出自罗素·A. 哈特，《杯水车薪：德军在诺曼底战败的后勤因素》，《历史上的战争》，第 3、4 期（1996 年 11 月）第 435—427 页对这一话题有扩展内容。

31. 鲁彭索尔《第二次世界大战中的美国陆军》，第 1 卷，第 458 页；埃利斯《西线的胜利》，第 1 卷，第 536 页。

32. 史蒂夫·R. 威德尔，《美国陆军后勤：1944 年诺曼底战斗》，第 63—64 页，第 85 页。

33. 罗素·A. 哈特，《杯水车薪：德军在诺曼底战败的后勤因素》，第 431—433 页。德国西线装甲集群与英军对峙的前线的境况虽说不容乐观，但也不是那么令人绝望。第 7 集团军的处境更加糟糕：它远离德国的补给来源；它不得不应对卢瓦尔河屏障的问题；由于德军缺乏足够的车辆把补给从堆集场送到各单位，第 7 集团军一直以来被忽视，因为要优先支持受威胁更大的东段。对于第 7 集团军的崩溃，后勤和战役战术的问题一样是重要原因。

34. W. F. 克雷文，J. L. 凯特，《二战中的陆军航空队第二卷，欧洲战场——从"火炬"到"直射"》，第 573 页。

35. W. A. 雅各布在本杰明·富兰克林·库林编辑的《空中优势的案例研究》第 275—276 页、第 299 页撰写的无标题章节。

36. W. F. 克雷文，J. L. 凯特，《二战中的陆军航空队第三卷，欧洲战场——从"争论"行动到欧洲胜利日》，第 139 页。这一数字应该包含了海防总队和英国防空部队的飞机，两者都直接或间接地为"霸王"行动做出了贡献。这一数字不包含驻扎在意大利的第 15 航空队，该部对于战略空袭的贡献也很突出。

37. 空军历史部门，《德国空军的崛起与衰弱》重印版，第 327—331 页。

38. 在 1944 年 5 月 15 日的圣保罗中学演讲中，蒙哥马利警告尽管盟军预计在 6 月 14 日会有 18 个师登上欧洲大陆，情报部门估计德军那个时候将集中多达 24 个师（包括 10 个装甲师）。出自汉密尔顿，《蒙蒂，战地大师》，第 586 页。

39. 阿瑟·泰德，《带有偏见》，第 509 页。

40. E. K. G. 西克史密斯，《作为军事指挥官的艾森豪威尔》，第 121—131 页；雅各布在库林《空中优势案例研究》第 300—304 页中的文章。斯帕茨很明显认为"霸王"行动将会失败但又不想自己因为支援不利而为失败负责。据资料称，他说："这次……登陆无法成功而且我不想因此受到指责。在它失败后，我们能够向其他人展示我们是如何用轰炸赢得战争。"爱德华·马克，《三次战争中的空中遮断》，第 230 页。

41. 起初，英国政府抗拒对地攻击计划，因为法国平民的伤亡将高到无法预料。而当英国重型轰炸机的试验性攻击显示轰炸精度出人意料地高后，英国政府不再反对。实际上，与一开始担忧将会出现 4.8 万至 16 万人（后一个数字来自于错误的计算）的伤亡相比，法国平民的伤亡为 4750 人到 1.2 万人。马克《空中遮断》第 231—232 页；莱昂内尔·莱西·约翰逊《"直射"行动以及之后》，第 53—54 页。

42. 马克，《空中遮断》，第 232—236 页。

43. 同上，第 251、102 页。关于卢瓦尔河的数据具有误导性，因为德军在 5 天中的 3 天，至少有一些人成功地在图尔渡过了卢瓦尔河。

44. W. F. 克雷文和 J. L. 凯特，《二战中的陆军航空队》第三卷，第 160 页。

45. 参见泽特林，《诺曼底 1944》，第 45—47 页。

46. W. F. 克雷文和 J. L. 凯特，《二战中的陆军航空队》第三卷，第 219—225 页，进行了更为具体深入的研究；莱西·约翰逊的《"直射"行动以及之后》第 23 章也同样如此。

47. 罗素·A. 哈特，《杯水车薪》。

48. 同上。

49. 坎宁汉（和泰德）在北非作战时曾经和蒙哥马利配合密切且和谐，但是后者独占胜利的功劳和对空军的贡献表现出无知时的傲慢与自负，使得他们之间的关系恶化。军种之间和军种内部高层之间的个人恩怨，对将要发起的空地联合作战中的合作关系产生了负面影响。（例如，参考卡洛·德·埃斯特的《诺曼底战斗的决策》，第 218—223 页。）

50. W. A. 雅各布在本杰明·富兰克林·库林编辑的《空中优势的案例研究》，第 261 页撰写的无标题章节。

51. 在装甲纵队掩护体系中，由于事先安排得当，每时每刻都有一队 4 架战斗轰炸机可以投入战斗。这些飞机对于装甲先头部队的支援，要么是通过攻击由一名位于先头单位的，担任前线空中管制官的空中部队人员指定的目标，要么就是在没有出现明显目标时独自在装甲纵队前方进行武装侦察。装甲纵队掩护体系把任务分配和攻击控制的权力下放，而且每个装甲先锋部队需要一整个联队支援。这就违反了使用空中力量的两大原则。然而由于德国空军的抵抗日渐微弱，以及盟军拥有富余的战斗轰炸机，这点负面影响并不重要。这一体系拥有很多有助于维持地面部队高速推进的优点：装甲师或者战斗群指挥官在任何时刻都知道自己拥有什么样的支援，而且他确信支援请求能毫不迟疑地得到响应。参见雅各布在库林编辑的《近距离空中支援案例研究》第 271、281 页的文章。霍伊特·S. 范登堡少将曾在 1944 年 8 月指挥第 9 航空队，他反对使用战斗轰炸机去执行本属于炮兵的任务："太多的……战术空军被部署到地面集团军前线前方 30—40 英里范围内的区域。"出处是汤姆斯·亚历山大·休斯的《霸王行动：皮特·克萨达将军和二战战术空中力量的胜利》第 225 页中引用的范登堡的战地日记。

52. 休斯，《霸王行动》，第 179 页。

53. 科珀，《蒙哥马利的科学家》，第 173—176 页。

54. 同上，第 181—206 页，极为细致地研究了盟军空中力量对于撤退中的德军产生了何种影响。

55. 休斯，《霸王行动》，第 247—248 页。

56. 科珀，《蒙哥马利的科学家》，第 71—106 页。

57. 第 7 军在 7 月 25 日的战地日志提道："不管是轰炸还是炮火准备，都无法阻止大量的德军继续进行自从登陆以来就一直在进行的,从一处树篱到另一处树篱的顽强防守。"引用自罗素·F. 威格利的《艾森豪威尔的副手》第 162 页。

58. 根据泽特林的《诺曼底 1944》第 43 页,第 387—388 页,7 月 23 日还可战斗的 31 辆坦克到 8 月 1 日还剩 27 辆,尽管受到了地面和空中的猛烈攻击;此外,该师已经长期短缺步兵。参见 P. 斯坦因哈特编辑的《李尔装甲师 1944—1945》,第 123—138 页,书中有拜尔莱因提及的整个故事。参见马丁·布吕芒松的《二战中的美国陆军,欧洲战区:突破与追击》第 241—246 页,了解"眼镜蛇"行动的初始过程。

59. 艾森豪威尔,《远征欧陆》,第 297 页。

60. 引用自约翰·特雷恩,《勇气时代:1939—1945 欧洲战争中的皇家空军》(A Time of Courage: The Royal Air Force in the European War 1939-45,伦敦:Macmillan 出版社,1985 年),第 656 页。

61. 这封信引用自威格利的《艾森豪威尔的副手》第 381 页。作者指出,尽管泰德只对英国将领颇有微词,美国人也同样很依赖空中支援。但是"轰炸机男爵"对于他们认为地面部队将领提出的合理请求也并不是完全冷漠无情。在 9 月 14 日,参谋长联席会议取消了艾森豪威尔对轰炸机部队的"战略指导",使近距离空中支援被当作请求而不是命令。在势态需要时他们将继续提供帮助。

62. 伊恩·古德森,《前线的空中力量:1944—1945 盟军在欧洲战场的近距离空中支援》,第 155—156 页。

63. 阿尔伯特·西顿,《1943—1945 欧洲堡垒的陷落》(The Fall of Fortress Europe 1943-1945,伦敦:Allen Lane,1998 年),第 108 页。

64. 德军最为出名的报复行为是由党卫军第 2 装甲师犯下的。该师从图卢兹向诺曼底开进途中,特种空勤团引导盟军空中部队猛烈攻击了它的运输车辆和燃料补给,而法国游击队也在较小程度上参与了行动。为了发泄挫败感,6 月 10 日党卫军屠杀了奥拉杜尔村的 642 名居民,并把村庄夷为平地。这一事件解释了为何在法国积极的抵抗运动并不多见。

65. 马克·马佐尔,《黑暗大陆》,第 192 页;沃尔特·拉奎尔,《游击队》,第 230 页。在非法运作时,共产党人在组织和纪律上准备得更好,这保证了他们可以领导反抗活动。

66. 对于艾森豪威尔来说巴黎起义是最不受欢迎的,因为这样他迂回绕过巴黎的意图落空了,而且盟军背上了供养巴黎市民的负担。向巴黎提供每日必需的 4000 吨物资所用的运输工具,足以支持 7 个加强师。出处是斯蒂芬·E. 安布罗斯的《最高统帅》(The Supreme Commander,伦敦:Cassell 出版社,1971 年),第 482 页。

67. 总共有 52 个苏塞克斯小队,每队有一名军官和一个无线电操作员,专门从事情报收集。

68. 朱利安·汤普森,《敌后战争》,第 334—335 页,第 433 页。T. B. H. 奥特韦,《空降兵》,第 239—259 页,这是 1951 年官方历史的重印版,总结了特种空勤团的行动。

69. 道格拉斯·波希,《法国特勤局》,第 5、6 章,仔细分析了抵抗运动的问题和缺陷,并评估了其成就。

70. I. C. B. 迪尔和 M. R. D. 富特,《牛津二战指南》,第 946 页。富特甚至把消极抵抗对于破坏德军铁路运输的贡献置于蓄意破坏和空袭之上。

71. 波希,《法国特勤局》,第 227 页,引用朱利安·埃莫里的《关于抵抗》(Of Resistance),出自《第 19 世纪杂志》(Nineteenth Century Magazine),1949 年 3 月。

72. S. J. 刘易斯,《1944 年 8 月,杰德堡小队为支援第 12 集团军群所执行的行动》,第 4—16 页、第 59—66 页,对于杰德堡小队在支援第 12 集团军群时所执行的行动的设想与结果进行了非常有价值的总结。

73. 戴维·M. 格兰茨，《二战中的苏联军事欺骗》(Soviet Military Deception in the Second World War，伦敦：Frank Cass 出版社，1989 年），第 565 页。盟军情报人员和指挥官没有类似的文化偏见。1941—1942 年，英国人和美国人都在与日本人交战时遭遇过惨败，这多少有部分原因是低估了敌人的能力。

74. 哈罗德·C. 多伊奇在迈克尔·I. 汉德尔编辑的《领导人与情报》第 200 页的文章《总司令和情报的使用》。

75. 这一节参考自 F. H. 海斯利以及其他人的《二战中的英国情报工作》，第三卷，第二部分，第 47、48 章；以及大卫·贝内特的《大灾难：市场花园行动的失败，1944 年 9 月的安恒作战》，第 3、4 章。

76. 美国陆军部，军事情报科《德国军事情报 1939—1945》，虽然集中研究东线作战，但是提供了关于德国情报部门的组织、训练和能力的素材。詹姆斯·A. 伍德的《西线德军：德国 B 集团军群从诺曼底到齐格菲的每周报告》包含了德国的情报评估，以及海斯利的《二战中的英国情报工作》提到了德军的错误思想。

77. 阿尔弗雷德·普莱斯，《德国空军的最后一年：1944 年 5 月—1945 年 5 月》，第 63—65 页。

78. 顶点就是一支军队再也没有能力继续按照自己的方式行动的时刻。在进攻时，它出现在当进攻无法继续进行而且部队要么被迫转入防御或至少暂停行动的时候；两者最终都会给予敌军喘息之机恢复防线甚至准备发动反击。在防御时，它出现在已经无法进行反击而且因此无法挽回已经失去主动权的时刻。在卡尔·冯·克劳塞维茨的《战争论》第 528 页、第 566—573 页，对于顶点有一定论述。

79. 卡洛·德·埃斯特，《艾森豪威尔：盟军最高统帅》，第 168 页。

第三章
7月：突破与突破前后

"眼镜蛇"行动

背景

根据"霸王"行动计划，到1944年6月底，美军应当已经攻占了整个科唐坦半岛，并为突入法国内陆做好准备。但现实是，他们还在前往半岛的半路上，而且在之后的进军途中还要遭遇恶劣天气。英军还没攻占卡昂，而且绕过卡昂的企图也受挫了。因此，航空部队依然无法得到急需的前线机场，而且英美两军用来安置后续部队与后勤储备的空间也越来越紧张。在登陆一个月后，盟军的确担忧陷入类似一战的僵局。这将可能演变为灾难性的失败，导致影响深远的战役—战略后果。无论是平民还是军队的士气都会严重受损。随着夏季天气窗口的逐渐关闭，德军将不再担忧第二次登陆的发生，并考虑从其他海岸的防区抽调力量来增援诺曼底；德军如果投入更多步兵师则能够解放装甲部队来发动反击。同时，盟军登陆部队的后勤维持能力也将受损。尽管6月底时盟军已经攻下瑟堡，但是它的港口已经被彻底破坏，在8月份之前将无法完全投入使用。即便修复，瑟堡港也只能维持14个师的补给。在7月底时，按盟军的计划将有多于这一数目两倍的部队上岸。后勤人员认为在秋季的大风天气中，很难继续依靠海滩和"桑葚"港增援和支持作战部队；6月19—21日间的"大风暴"已经毁坏了美国的"桑葚"港，并且让800多艘登陆艇和其他船只搁浅、严重受损或毁坏——一个不祥之兆。盟军必须尽快获得其他的港口，但是他们离不列塔尼还太远——盟军认为那里有理想的港口。[1]

美军的进展依然慢得令人发火。为了扫清科唐坦地区的沼泽，前进到莱赛—佩里耶—圣洛公路的一部分，并在 7 月 19 日攻占关键的交通枢纽圣洛，美国第 1 集团军花了 17 天才前进了 5 到 14 公里（3 到 9 英里），却付出了 4 万人的伤亡（如果算上战斗疲劳则超过 5 万）。[2]如果德军的实力更强，则美军必将完全寸步难行。幸运的是，西线德军兼 B 集团军群总司令冯·克鲁格元帅[3]，仍然坚信英国第 2 集团军在卡昂前线的攻击是主要威胁。他在 7 月份前 3 周里得到的 4 个新步兵师，都部署到了西线装甲集团军的防区。蒙哥马利的作战构思正在收获成果，尽管这个过程要比预计的更长并付出更多的代价。至少部分因为这个原因，使得美军犹豫不决的进攻方式能基本在整条战线上持续下去。巴顿反对这种滥用作战力量的作战方式，他在 7 月 14 日的日记里写道："布莱德利和邓普西是如此无能……他们想在整条前线上推进但在每个地方都毫无力量。现在要紧的是抓住机会，由装甲师打头加上空中打击的掩护向前推进。此类进攻应当在一个狭小的地段发起，但是现在我们在整条战线上发起攻击。"[4]不过巴顿在批判的时候没有考虑到地形的限制因素。诺曼底遍布沼泽，沟渠不计其数，有的改造成运河变得很宽。当地优良道路极少，而且树篱把地面分割成了连绵的一系列天然要塞，老练的德军则将其利用到了极致。即便美军解决了怎样进行有效的多兵种联合作战，创造攻击势头依然会一直是个问题，因为德军维持了足够的防御强度和纵深。考虑到地形因素以及德军改进了防御战术，巴顿提出来的方案不过是蠢话而已，尽管关于集中力量他倒是说得没错。

关于"眼镜蛇"行动构思的起源有多个略有不同的说法。布莱德利暗示这是他一个人的设想，是他在 7 月 10 日独自一人构思出来的。[5]他已经意识到当时的作战方法无法快速取得胜利并把伤亡控制在合理范围内；只要是分散在整个宽大正面上发动进攻，仅靠作战力量的优势是不够的，真正需要的是集中兵力，尽管在他的部队进抵合适的地形以便集中资源之前，布莱德利还无法集中兵力。但是根据邓普西（第 2 集团军指挥官）的说法，在 7 月 10 日的地面部队指挥官会议上布莱德利悲叹他未能实现突破，蒙哥马利则表示谅解，并说："别在意。你需要多少时间都可以，布莱德……如果换作我，我想我应当更集中一点兵力。"并且用两个指头并在一起指在地图上。[6]不管是不是因为布莱德利突发奇想，还是因为受到

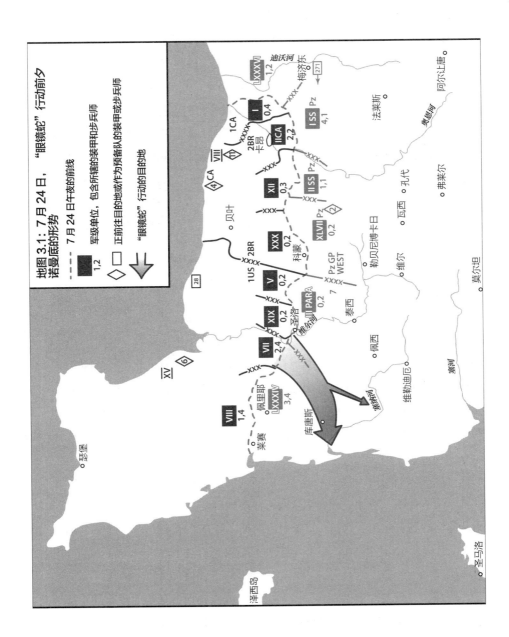

地图 3.1：7 月 24 日，"眼镜蛇"行动前夕
诺曼底的形势

他的英国上司的点化，这对于任何学习军事指挥的学生来说都是个有趣的问题；不幸的是，这个问题难以得到确切的答案。[7]

"眼镜蛇"行动的构思中，需要预先进行前所未有的猛烈的空中轰炸。之后一个以步兵为主的重兵编队，将会在盟军中心地带一段狭窄的正面上突入德军防线。以装甲部队为核心的第二梯队不给德军反应时间，从第一梯队打开的缺口突入并包围美军右翼的当面之敌。决定整个行动步伐的初期攻势，将由更具机动性的美军来执行。在解决敌军的右翼并推进到库唐斯时，美军将发起后续行动向不列塔尼进攻，这是（组建中的）第3集团军的目标，然后往东向巴黎—奥尔良缺口前进。这次进攻原先计划在7月18日或19日开始，成功的关键在于英国第2集团军能否持续把德军装甲部队牵制住。为了达到这个目的，"古德伍德"行动和"大西洋"行动将在7月17日发起。图3.1展示了在两次被推迟的"眼镜蛇"行动前，在诺曼底直到军一级的态势。[8]

地形

障碍。维尔河是一道相当大的障碍，由南往北从同名小镇流经圣洛，为后者提供天然的侧翼防线和边界。盟军向南推进的方向上还横跨着4条河流。苏尔河在库唐斯入海，而其南边的塞纳河在途经一个大转弯流向正北后，也进入同一个入海口；两河的河谷都十分陡峭且地形复杂。由东向西流经阿夫朗什的塞河还不算个大障碍，但是临近该河南岸的山脊却是。塞吕讷河在塞河以南7到15公里（4到9英里），是盟军抵达不列塔尼之前的最后一个天然屏障，几乎难以逾越，尤其是在炸掉迪塞【离蓬托博大约6公里（3.5英里）】附近的大坝之后。这里的高地同样可以加以利用成为防御工事，库唐斯到科蒙之间有数条东西走向的山脊，并被维尔河谷截断。从加夫赖到佩尔西再往南到科蒙；塞纳河往南到维尔河；再往南从塞河畔到莫尔坦。然而一旦穿过库唐斯，就是非常平坦的海岸狭长地带。在阿夫朗什以北15公里（9英里），树篱地形就被适合装甲部队行动的开阔乡间地带所取代。

路线。一旦美军进抵莱赛—圣洛公路，就能利用多条由北往南的主要公路，前往70公里（45英里）外的科唐坦半岛底部。一条从莱赛，一条从佩里耶通往库唐斯；经过库唐斯后两条道路都离阿夫朗什40公里（25英里）。圣洛是一个交通枢纽，5 条道路在此交汇，差不多通往盟军预定的前进方向。一条向西延伸约 30 公里（18 英里）到库唐斯；两条向南到达维尔和莫尔坦；一条穿过阿夫朗什和莫尔坦之间；还有条从前一条分支出来，在圣洛以北 12 公里（7 英里）处连接到库唐斯到阿夫朗什的公路。圣洛地区还有不计其数的小型道路，但是多数无法容纳任何规模的军事运输，其中很多不过是机耕道而已。在诺曼底战役中，道路具有更重要的意义，因为遍布树篱的法国乡间极大阻碍了步兵和坦克的越野行动，而无装甲车辆则根本无法通行。尽管超过半数的美军坦克装备了"犀牛"铲刀，能够穿越树篱，但是必然造成了迟缓。因此，主要的十字路口和交通枢纽对于快速行军具有了重大意义，尤其是那些位于库唐斯、维尔河畔托里尼、维尔河畔泰西、加夫赖、佩尔西、维勒迪约—莱波埃勒、维尔、阿夫朗什、布雷塞和莫尔坦的路口。那些在托里尼、泰西、维尔以及最后莫尔坦的路口，不仅对向南进军，而且对于向西推进，以及对于德军发动反击来说也十分重要。

　　由于地形有利防守加上进攻道路缺乏，美军就有必要果断打开突破口，快速投入突破部队并推进。如果不能在整个行动中维持高节奏，德军就可能从英军地段甚至更远的地方调来部队，在快车道上设立阻击阵地，而且德军前线那些机动性低下的部队也可以有序后撤并建立新防线。与以往的常态一样，要地的得失及其守卫者的命运取决于谁能赢得时间。

德军防御

　　美国第 1 集团军在付出重大伤亡后抵达了莱赛—圣洛公路。但是德军在消耗战中同样损失惨重，而且他们还无法像美军一样得到源源不断的补充来维持部队的战斗力。随着盟军在滩头不断集结，新单位与新部队的稳步累积也使美军占有优势。尽管美军执迷于攻占土地并且因进展缓慢而受挫，他们实际上慢慢地成功掏空了守军的实力。在"眼镜蛇"行动发起时，德国第 7 集团军拥有 10 个师。其中只有两个装甲师战斗力等级达到一级（党卫军第 2 装甲师）和二级（李尔装甲师）——这代表只有两个师拥有完全或者有限的攻击能力。然而这个分类却有点乐观，党卫军第 2 装甲师的装甲车辆其实只有其编制装备表的一半多点，而李尔装甲师只有四分之一左右。党卫军第 17 装甲掷弹兵师余部被定为四级战斗力——仅有有限的防御价值，除了第 3 伞兵师外，其他所有步兵师也是如此。实际上，这些冠以"师"之名的部队只是些经历过数周不停歇的消耗战后,遭受重创的残部,他们包含了一些合并的部队和其他6个师的余部,有些被评为不具战斗力。实际上德军步兵师的实力,按照完整的装备编制表只相当于不到3个步兵师。另外第7集团军只有190辆左右的坦克和自行火炮,370门左右的火炮。油料和炮弹补给严重短缺,空中支援则完全没有。[9]

第7集团军指挥官,党卫军中将保罗·豪塞尔虽然老迈却能干且精力充沛,承担的是没人眼红的任务:在圣马洛湾阻挡布莱德利进军。众多迹象表明,赖德到维尔之间即将迎来一次攻击:美军在这一地区明显集中了很强的装甲部队(2到3个装甲师),盟军的空中侦察与空中遮断作战在增强,炮兵在校准目标,雷区正被清除,而且战俘的口供也显示美军第3集团军很快将参战。很大可能美军将在科唐坦以南或者不列塔尼,在空降行动或者海上登陆配合下发动一次新的攻势。[10]而豪塞尔还不清楚问题的严重性,他面对的是步兵接近4到5比1,坦克自行火炮大约3比1的劣势。[11]他的部队十分虚弱,但尚有两个优势在手:德军前线较短,只有不到50公里(30英里),而且大部分地形适合防御。豪塞尔确信海因德尔将军的第11空降军的两个师可在维尔河以东的崎岖地带阻挡,起码能积极迟缓盟军的进攻。在德军前线最西端,沼泽遍布使得越野机动十分困难,德军称之为"水障"(wasserstellung),德军实力最弱的第84军能承担此地的防御。防线中间地带,在维尔与赖德之间和佩里耶地区,则是个弱点。如果德军被迫后撤,库唐斯北面和东面到维尔,再到塞纳河畔,再到佩尔西以北的山脊能提供用于防守的高地。然而,由于冯·克鲁格担心卡昂南侧防线的侧翼会暴露,豪塞尔不能随便后撤,更不用说希特勒对任何放弃土地的举动深恶痛绝。另外撤退本身也十分危险,因为豪塞尔的步兵部队十分脆弱,而且美军拥有机动性和空中支援的优势;第7集团军无法进行机动作战。[12]豪塞尔选择进行阵地防御,在往南的道路上部署一系列据点进行阻挡。他把两个装甲师都放到了前线,因为他知道这是他仅有的尚能战斗的部队,没有他们前线根本没法守住。豪塞尔的战术预备队只有两个步兵师,每个只剩四成的战斗力,这导致第7集团军的防御纵深很有限。[13]德军在诺曼底唯一举足轻重的战役预备队第2装甲师正开始重整,而从第15集团军调来的第116装甲师才刚刚抵达(而且"超密"还未报告这一情况)。这两支部队都集合在德军前线的东段。因此,第7集团军的战斗部队状态很差,完全无法阻挡一次精心安排的进攻。对豪塞尔来说更不好的兆头是，由于盟军有效的空中遮断作战，他的后勤支援已到了崩溃边缘。各类燃料和弹药十分短缺，其中一些已严重匮乏。

7 月 20 日豪塞尔向冯·克鲁格提交了一份对于战场态势的估计："由于我们在之前战斗中遭受了损失，本部的战斗素质，在某些地方，已经低到一旦敌军在强大火炮支援下发起攻击，就无法阻挡敌军突破的程度。"他请求额外的炮兵、补充兵员、预备队、补给和空中支援。西线德军总司令冯·克鲁格并非不讲情理，但是他更担忧在战线东段会迎来一次进攻，而且也无兵可调。第二天，冯·克鲁格致信元首示警："我军防线已不堪重负势必崩溃，而敌军的攻势将很快到来。而一旦敌军突入开阔地带，我军由于机动性不足将几乎不可能进行有序高效的作战。"[14]希特勒已经没有部队可以派遣去支援德军防线。而且在企图刺杀他的 7·20 事件发生后，希特勒更没有心情听取被他怀疑是变节者的冯·克鲁格的意见，或者支持一个失败主义者的撤退建议。

美国第 1 集团军的计划

早在 6 月 30 日蒙哥马利下达的指令中，第 1 集团军的任务就已明确。[15] 第 1 集团军将以其位于科蒙地区的左翼为轴，往南再往东拐一个大弯，一直推进至科蒙—维尔—莫尔坦—富热尔一线附近。这将为第 3 集团军打开前路，后者将行动起来前往夺取不列塔尼半岛的港口。当巴顿肃清将来会作为美军后勤基地的港口后，第 1 集团军连同左翼的英国和加拿大部队，将向东推进到塞纳河和巴黎，使"霸王"行动的滩头区域变得完整。作为实现突破的第一步，布莱德利希望夺取库唐斯—圣洛公路一线，但是由于在 7 月的战斗中损失较大，迫使他接受圣洛—佩里耶—莱赛公路一线作为他的出发线（LD）。"眼镜蛇"行动的目标是前进至库唐斯—圣洛公路，并通过包围消灭德军的左翼。

美军的情报已准确掌握了第 7 集团军的战斗序列，以及各部队的战斗实力。同样还了解到 B 集团军群无法为第 7 集团军提供多少支援，而能支援的部队也要一段时间才能抵达。然而得益于德军的战术技巧，德军的主要防线和战术预备队的位置美军还不清楚。这一不足影响很大，但是就全局来说，美军掌握的有关敌军状态的信息准确得令人嫉妒。布莱德利在 7 月 13 日制定了他最初的尝试性的计划。在经过讨论之后，尤其是与这一计划的主要执行者——第 7 军指挥官约瑟夫·劳顿·柯林斯少将讨论之后，布莱德利大幅调整并改进了该计划。第1集团军分为四个作战群——牵制部队、施压部队、突破部队和战果扩大部队，它们各自的组成与任务都将在美国第1集团军的野战序列中得到安排。

牵制部队包含第1集团军左翼的第5军和中左段的第19军，两者都在维尔以东。这一战斗群的4个步兵师将把他们大约25公里（15英里）长的战线对面的敌人牵制住。

施压部队，包含第8军（指挥官特洛伊·米德尔顿），拥有4个步兵师和2个装甲师，将会部署在第1集团军右翼，在洛宗河到大海之间。一开始，这一部队也将把自己30公里（18英里）长的战线对面的德军牵制住。一旦主攻取得成功，施压部队将对付在库唐斯—马里尼一线向突破部队发起进攻的德军。

突破部队来自第7军（柯林斯指挥），包括3个加强步兵师（第9、4和30），将在德军防线上打开狭窄的突破口，一段7公里（4英里）宽的大部分由李尔装甲师防守的地区，位于马里尼和圣吉尔之间；突破部队的首要任务是清理道路并为后续部队维持一个通畅的走廊。在向敌军防线战术区域纵深突破时，两翼部队将分别向外推进到洛宗和维尔，确保突破口两侧安全并迎战敌军战术预备队。起先，布莱德利只为这项任务分配了2个步兵师，但是柯林斯坚持认为这无法保证能快速突破，因此布莱德利将集团军预备队交给了柯林斯。[16]

战果扩大部队包括三个全摩托化师，也是第7军的一部分。其中第1摩托化步兵师得到第3装甲师B战斗群和一个骑兵中队的支援，外加步兵师通常的配属部队（坦克和坦克歼击营），将穿过马里尼推进到并占领库唐斯以北的高地扮演"铁砧"，而"铁锤"第8军则将在此消灭德军的左翼集群。第3装甲师，外加一个用配属部队交换来的步兵营，将穿过苏尔河以南的卡朗蒂利到达库唐斯以南，掩护第1步兵师的左翼，并将在必要时增强"铁砧"阵地。这两个师将对德军左翼进行一个浅纵深包围。同时，第2装甲师在得到第4步兵师一个摩托化团加强后，将前进穿过圣吉尔，并在塞朗斯到维尔河畔泰西之间战斗地域的道路上设立阻击阵地，阻止敌军增援部队干扰主攻部队；由于在敌军纵深建立阵地，第2装甲师同样能起到明显的破坏作用。当然，密集的空中遮断也能干扰和迟滞德军从纵深或者东边赶来的部队。两个新点子将帮助战果扩大部队快速进军。三分之一的坦克将配备"犀牛"式树篱铲刀，能提升坦克的越野能力（当然不能排除进行多兵种联合作战的必要）。装甲纵队掩护战术将增强先锋部队可掌握的火力，并弥补非自行炮兵难以跟上快速的进军步伐导致的火力空缺。三个担任装甲纵队掩护任务的战斗轰炸机大队，每个拥有 48 架飞机，将为每个前进的纵队持续提供侦察和对地攻击支援；另外的飞机将保持高度警觉，随时响应近距离空中支援的请求。在 7 月 27 日到 30 日之间，第九战术空军司令部总计起飞了 5105 架次飞机用于帮助扩大突破口并加速部队展开。

布莱德利认为空中打击计划对于"眼镜蛇"行动的成功至关重要。只有消灭预定攻击区域内的大部分敌军后，才有可能实现快速突破并且尽早获得冲击势头。这一点单靠炮兵火力无法实现，尽管第 1 集团军为这次行动集中了前所未有的 750 多门火炮。[17] 异乎寻常猛烈的航空火力准备将完成大部分火力投送，对一个 7 公里 ×2.5 公里（4 英里 ×1.5 英里）的箱型地带进行超过 2 小时 15 分钟的轰炸。第 9 航空队的 350 架战斗轰炸机和 380 架中型轰炸机，和第 8 航空队的 1500 架中型轰炸机将会参战。倒霉的李尔装甲师将会被 4700 吨炸弹和紧随其后的炮弹所掩埋。盟军精心组织与排列不同类型的轰炸行动，确保对守敌完全压制并最大化降低地面部队受到的威胁。地面部队将从轰炸线（目标区域的北部边界）仅仅后撤 1200 米（1300 码）——这是航空部队认为的稳妥安全距离的一半。

盟军希望"眼镜蛇"行动的成功能够促成德军第 7 集团军左翼发生实质性崩溃。这样巴顿的第 3 集团军就能冲出诺曼底奔向不列塔尼，夺取对于盟军最高统帅部后勤部门来说至关重要的港口。[18] 整个行动阶段预计将不会出现作战停顿。[19] 然而这是无法事先计划好的。考虑到战场态势的变化中存在不确定因素，不停顿地执行整个行动是不可能的。

执行

在因天气而推迟之后，"眼镜蛇"行动在 7 月 24 日发动。[20] 这是个错误的开始，也是个糟糕的开始。由于目标区域上空浓云密布，行动在最后一刻推迟，但是许多重型轰炸机未能接到返回命令，且误炸给第 30 步兵师造成了 170 人的伤亡。尽管很可能已经丧失突然性，且利·马洛里坚持由于时间限制应当使用同样致命的轰炸方式，布莱德利还是决定在 7 月 25 日重新开始行动。第二天误炸又造成了 600 多人伤亡（不幸的是第 30 步兵师占了其中 495 人）；全部三个担任突击任务的师都陷入了不同程度的混乱。接下来就是大家互相指责：士兵们坚持他们希望攻击的轰炸机能平行于道路轰炸而不是呈直角，他们把灾难性的误炸归咎于这种轰炸方式。航空部队人员则报告他们一直表明平行轰炸不切实际，而且地面部队士兵根本不懂在飞机座舱里观察烟尘笼罩，视野有限的地面战场是种什么感觉。[21]

一开始人们认为轰炸是有效果的。而当步兵们前进后才发现，按照一个美军师史官的话说，"敌军还在老地方做老买卖，卖的还是老一套——躲得好好的步兵与坦克。"[22] 到 25 日夜幕降临时，美军步兵师在圣洛—佩里耶道路上，只前进了700 到 1500 米（765 到 1640 码），远远落后于当日的目标。右翼的第 9 步兵师是唯一进展顺利且前进最远的部队，到了离马里尼 3.5 公里（2 英里）远的地方。左翼的第 30 步兵师离圣吉尔还有 2.5 公里（1.5 英里）远，尽管它是唯一到了午夜还在努力向前推进的部队。步兵部队原本希望可以轻易突破被成吨的高爆弹药倾泻过的防线。而当现实并非如此时，全部三个师虽然已是树篱地带作战的老手，但因为误炸和仓促接受大量补充兵而变得混乱和动摇，又变得和以往一样谨慎。不过，他们的基层指挥官，在经过之前六周的战斗后在指挥和控制战术方面已经成长了很多，并且他们并未停止攻击。图 3.2 展示的是"眼镜蛇"行动从吞吞吐吐的开始到 5 天后胜利结束的过程。

第 7 军和第 1 集团军指挥部弥漫着阴郁沮丧的气氛，行动第一天进展实在可怜。没有为战果扩大部队打开一个明显的突破口，要不要再给突破部队一天的时间来完成任务？如果给，那么机动部队将无法实现初期的冲击势头，切断德军位于库唐斯的左翼部队的撤退之路。而且每天的推进距离都是以码而不是英里计算，让德军获得宝贵的时间来抽调预备队或重新部署以维持防线，德军素来以反应迅速著称。柯林斯决定冒险提早投入第 1 步兵师和第 2 装甲师，帮助完成突破任务并立即开始战果扩大阶段（第 3 装甲师将等到马里尼清理完毕之后，以免大部队涌入狭窄且未彻底打通的地区导致严重堵塞）。这一决定反映的是对战斗发展方向的准确理解，尽管只是表面上的。[23] 空中侦察的结果令柯林斯感到振奋；起初通过对战俘进行的审问得知，德军防线如同坚硬但薄弱的外壳；德军的反应看起来缺乏协调，明显没有像以前一样就地发起反击。投入战果扩大部队的命令在 7 月 25 日20 时下达（各师在接到通知的两小时内开始行动）。

柯林斯关于李尔装甲师并没有被打击到无法挽救的程度的看法是正确的。德

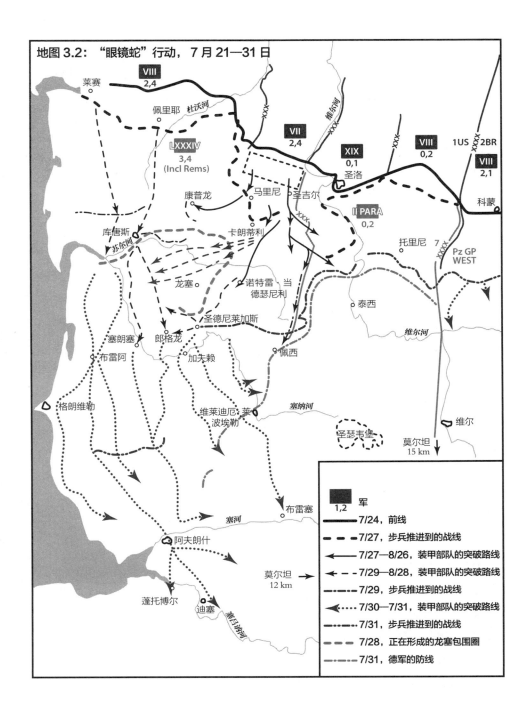

地图 3.2："眼镜蛇"行动，7 月 21—31 日

国人认为经过 7 月 24 日的大规模空袭之后，美军原本应当立即发起的进攻已经不了了之；他们没料到第二天美军重整旗鼓卷土而来。除了这一错误判断外，德军还低估了美国第 7 军的实力，认为第 7 军只有 4 个师，而实际上是 6 个师。[24] 当 7 月 25 日美军发动攻击时，德军防线上基本保持完整战斗力的只有处于警戒阵地的前沿部队，因为这些部队受到轰炸的影响很小。在主要防守地区，德军伤亡不算很重（虽然远低于师指挥官宣称的数字，随后美军也相信这一点，具体见第 2 章）。然而，轰炸的主要影响在于对德军士兵心理上的打击，以及最重要的是瓦解了德军的指挥和控制体系。德军唯一的抵抗来自各个包围圈里各自为战的部队，德军防线也缺乏纵深来迟滞和干扰美军的进攻。美军出色的反炮击作战压制了德军的炮兵，使得守军失去至关重要的炮火支援。另外德军的后勤状况已近崩溃。正如第 2 章的更为详细的介绍，第 84 军已深受燃料和弹药短缺之苦，即便在李尔装甲师还未崩溃时，德军就已经难以维持防线。

德军指挥官（八十四军指挥官冯·肖尔蒂茨和第 7 集团军指挥官豪塞尔）以一贯的活力进行应对。在 7 月 26 日下午晚些时候，德军投入两个师的预备队，但是两个师总共只集合了 9 个不堪用的营，只有很少的反坦克炮和其他火炮，坦克也很少。由于盟军成群的战斗机和 216 架中型轰炸机进行了密集的空中遮断，德军预备队太少又太混乱无法进行有效的反击，或者有效阻止盟军继续突破。到了当天夜里，盟军的攻击力度已经十分明显，豪塞尔请求允许把部队撤到库唐斯，以便缩短防线。冯·克鲁格允许有限的后撤（他担心全面后撤会演变为一场溃败并使得西线装甲集群侧翼洞开）并向德军最高统帅部请求从法国南部抽调第 9 装甲师；希特勒同意把第 9 装甲师和其他 3 个步兵师交给他。但是一旦美军突破德军防线，就获得了战役机动的空间，而考虑到第 9 装甲师没那么快赶到，更不用说那 3 个步兵师，豪塞尔将没有机动部队来阻挡美军。当冯·克鲁格终于意识到了美军第 1 集团军攻势的严重性，他下令在 7 月 27 日中午左右发起更直接的反击。此时正在卡昂西南休整的第 47 装甲军和第 2 装甲师指挥部，接到命令前去填补第 84 军和第 2 空降军之间不断扩大的缺口。28 日晨，在卡昂南部作为预备队刚刚集合的第 116 装甲师，也接到命令向西移动。盟军通过"超密"和空中侦察监测到了这些动作。

7 月 26 日至 27 日，美军攻势的力度不断加大，第 9 航空队投入了所有能用的飞机进行空中遮断作战，并为第 7 军提供近距离空中支援。尽管这样，美军的直接目标——包围德军左翼集群——仍未完成。各种战术问题、失误，以及克劳塞维茨所称的可以预见的摩擦因素，迟缓了（增强过的）第 1 步兵师和第 3 装甲师（指挥官分别是克拉伦斯·R. 许布纳少将与勒罗伊·H. 华生），使得德军从包围圈中溜走。第 1 步兵师与配属的装甲战斗群，原计划在先头步兵团攻占马里尼后绕城而过，但是迂回路线上的复杂地形以及轰炸后留下的弹坑阻碍了行动，而且装甲部队还遭遇了德军第 353 步兵师的一部分和少数德军坦克的狙击。第 1 步兵师进展缓慢，直到 7 月 27 日下午才抵达康普龙——向西前进了 7 公里（4 英里），而且这是前一天应完成的目标。第 1 步兵师也没有立即从康普龙出发向库唐斯前进。美军的计划是装甲战斗群等到先头步兵团接替后再前进。但是步兵团此时还陷在马里尼城中，直到 27 日午夜才与装甲战斗群取得联系。同时柯林斯接到的报告是已在 7 月 26 日夺取马里尼，这一过于乐观的报告误导他下令第 3 装甲师在 7 月 27 日通过马里尼。结果，由于装甲部队与第 1 步兵师后续步兵团抢夺道路导致了交通大堵塞（奇怪的是华生没有去处理这一混乱）。尽管华生的先到特遣队试图绕过马里尼前进，但由于害怕在夜间意外撞上德军防线，他下令部队在越过该城后在离瑟里西拉萨尔很近的地方停下。最终结果就是，反应迅速的冯·肖尔蒂茨有足够时间把党卫军第 2 装甲师、第 17 装甲掷弹兵师的残部和一些混杂的步兵集合在一起，在康普龙正西【库唐斯以东 4 公里（2.5 英里）】到瑟里西拉萨尔之间设立阻击阵地。这些阵地将掩护未能被美第 8 军牵制住的德军左翼部队从库唐斯撤退。雷区、爆炸物、树篱和尽责的后卫部队，以及美军的谨慎都为德军的撤退行动提供了便利。德军从 7 月 26 日开始后撤，在 7 月 28 日晚间撤退完毕。

　　作为美军主力的右翼进展得比预期慢，而左翼的进攻一开始却很顺利。这关系到德军防线西部集群能否被消灭。第 4 步兵师取得的成功，帮助利兰·S. 霍布斯少将的第 30 步兵师完成了突破德军防线，随后扫荡维尔河西岸到圣洛与维尔河畔泰西之间的任务，虽然一开始进展有点慢。爱德华·H. 布鲁克斯少将的得到加强的第 2 装甲师由此通过，并在 7 月 26 日下午 3 时左右拿下圣吉尔；到第二天快结束时，第 2 装甲师到了离维尔河畔泰西只有 4.5 公里（3 英里）远的诺特雷·当德瑟尼利，完成了从出发线到塞朗塞大约 30 公里（18 英里）路程中的一半。布鲁克斯不同于库唐斯方向上的美军将领，催促装甲部队夜以继日地前进。[25]

由于浅纵深包围作战进展缓慢，以及米德尔顿未能牵制住德军，加上美军突破口左翼包括第19军在内的部队推进比预期快，都促使布莱德利对"眼镜蛇"行动的构思进行调整。"超密"向布莱德利提供了有关德军困境与应对的信息，也起了很大作用。第1集团军将扩大和加深已经在敌军防线上打开的缺口，目的在于瓦解德军第7集团军的整个左翼并打开通往不列塔尼的道路。7月28日，布莱德利下达了新的战地命令。命令指派了新的任务，但表述较为粗略，因为具体的指定好的任务不适合流动的战场态势。第7军和第8军将合作消灭科唐坦半岛的德军。第7军将把主力转向南部，部分原因是避免与向海岸地带进军第8军混在一起。布莱德利把第7军和第19军的边界从维尔河向西调整了4公里（2.5英里），并且把第30步兵师和第2装甲师A战斗群加强给后者。第19军（指挥官为查尔斯·H.科利特少将[26]）受命推进到维尔河西岸，绕开德军第2空降军，占领圣瑟维森林中的高地，并且从西面攻占德军关键的交通和补给中心维尔。通过这一行动，掩护即将向不列塔尼挺进的部队的侧翼。

面对现实发生的变化柯林斯的调整比较慢，他仍希望能完成浅纵深包围行动。他还指望第3装甲师沿着原先的轴线发起一场有力的攻击，既包围住又动摇第1步兵师正面的敌军抵抗力量，以便能攻击撤退中的敌军的侧翼。然而，第3装甲师受复杂地形限制依然动作迟缓，使得党卫军有时间在有利地形上建立一条简陋的防线。虽然应用了"犀牛"装置并得到近距离空中支援，第3装甲师仍然必须发起正面攻击，但仍没能实现突破；该部准备好在7月29日再发起一次精心准备的攻击。不过这次攻击发起后却扑了个空。直到米德尔顿和柯林斯的部队相遇时才发现德军阵地空无一人，德军已在7月28日夜间从库唐斯地区撤走。这次会师造成了交通大堵塞，待在后方指挥部而不是在前线指挥的第3装甲师指挥官华生，当然解决不了这一混乱。[27]两军之间的西边界划在库唐斯—塞朗塞公路以东。柯林斯执迷于坚持一个已经没有什么前途的计划浪费了宝贵的时间。他的部队（只有一个例外但发挥了重要作用）未能达到跟德军打一场运动战所必需的速度。

不过德军才逃出狼穴又入虎口。7月28日，美军第2装甲师大胆地推进，丝毫不因为与敌军混乱的遭遇或者暴露的侧翼而放慢步伐；虽然一开始队伍过度拉长，但第2装甲师仍占领了连绵13公里（8英里）的一系列阻击阵地：沿着郎格龙、圣德尼莱加斯、诺特雷—当德瑟尼利一线。布鲁克斯计划切断德军撤过塞纳河向南逃窜的通道。他的第 2 装甲师（缺 A 战斗群但得到第 4 步兵师的步兵加强）从原先的掩护任务——阻挡德军从南部或东南部赶来的解围部队——转为承担原先分配给许布纳和华生的任务。当然，作为一支规模小得多的部队，第 2 装甲师在杀到相对安全的位置前，陷入混乱的德军未能对其发起攻击，也是有点走运。

尽管第 84 军避免了在库唐斯口袋被全灭的下场，但也处于混乱的糟糕状态。通讯已经崩溃，不管是冯·肖尔蒂茨还是豪塞尔都不清楚自己所有部队的位置，对美军的位置当然更不清楚。他们只是觉察到美军已经出现在德军主力的南面；实际上李尔装甲师长还差点被俘，而党卫军第 2 装甲师师长则在圣德尼莱加斯死于美军一支巡逻队手中，豪塞尔也遭到枪击。不过他们不清楚的是他们遭遇的只是美军第 2 装甲师 B 战斗群的小股侧翼掩护部队。7 月 28 日，冯·肖尔蒂茨接到豪塞尔下达的令他感到强人所难的命令，最终也无功而返。命令要求，从库唐斯往南撤退的部队向东南突围抵达佩西地区。豪塞尔担心他的集团军会从中间被分割开，而他想集中部队；稍后向西发起反击则有望建立一条延伸到海边的防线。在冯·肖尔蒂茨刚收到豪塞尔的命令时，冯·克鲁格一条相反的命令也送达了。克鲁格对于通往南边的海岸道路无人防守将会导致的后果十分恐惧；他要求冯·肖尔蒂茨建立一条以布雷阿为始，沿着塞纳河，一延伸到佩西和科蒙的防线。一些德军收到了冯·克鲁格的命令或者通过自主决定成功地撤到了南面。另外一些在 7 月 29 日试图冲出诺特雷—当德瑟尼利地区，但是由于缺乏事先侦察和组织都以失败告终。这些部队撤回后再度试图穿越圣德尼莱加斯，但是在龙塞被发现并遭到第 9 航空队和空中指引炮火长达六个半小时的攻击。[28] 之后德军又试图在夜间向南突围，但是发起的攻击既混乱又分散，只有一些溃散的残部成功逃出生天。

德军第 7 集团军防线中段的事态发展没有那么绝望。在 7 月 27 日中午，冯·克鲁格派出自从 7 月 23 日就退出战斗并在卡昂西南休整的第 47 军军部和第 2 装甲师（大约有 100 辆可投入战斗的坦克和自行火炮），目的在于通过反击稳住在马里尼—圣吉尔地区的态势，并且前锋部队将在泰西跨过维尔河。到第二天时，冯·克鲁格意识到还需要更多的作战力量，因此他派出刚刚到来的第 116 装甲师（拥有 146 辆可参战的装甲战斗车辆）来加强四十七军；第 116 装甲师于 7 月 29 日开始抵达目标地区，但是已经迟到（在赶路途中由于遇到空袭遭受了一定的损失）。德军从泰西发起的反击，把原先往西北去的进攻方向，调整为向西以协助第 84 军左翼部队逃出包围圈，但是未能成功。两个装甲师刚刚抵达就得到补充，但是撞上了往南推进的美第 19 军。美国第九战术空军司令部出动了战斗轰炸机，第 19 军在这一有利援助下，大举出动打击了德军新抵达的装甲部队。德军在泰西以北不到 3 公里（2 英里）处，往东南经过佩西直到交叉路口上的维勒迪厄雷波埃勒，建立起了一条防线。在维勒迪厄雷波埃勒之外已再无连贯的防线。当 7 月 30 日夜幕降临时，从维勒迪厄到海岸之间形成了一个 30 公里（18 英里）宽的巨大缺口，而且美第 7 军调转 90 度正进入这一缺口；得到强力增强的第 1 摩托化步兵师从维勒迪厄以西经过抵达塞河河畔。在许布纳的西面，已经在巴顿指挥下的第 8 军，以第 4 和第 6 装甲师而不是步兵为先导，快速沿着海岸道路南下并通过了阿夫朗什。第 8 军沿路俘获了约 7000 名毫无斗志的德军。溃败的德军越来越无力抵抗，因此第 8 军在 7 月 28 日到 7 月 31 日间只有不到 700 人的伤亡。7 月最后一天，第 4 装甲师 A 战斗群攻占了位于蒙托博尔的横跨塞吕讷河的桥梁，以及此地上游迪塞附近的水坝。

这对于德军来说就是场灾难，也是诺曼底会战的转折点。[29] 前往不列塔尼和往南与往西的道路都已经打开。德军再也无法在有利的地形上维持一条线性的固定防御阵地并且把整场会战拖成消耗战。德军防线的西侧已经被摧毁，美军可以也必将充分利用自身巨大的机动性优势，辅以绝对制空权，进行宽大范围内的运动战攻击德军的侧翼和后方。德军 B 集团军群的整个形势已经受到了致命的威胁，正如图 3.3 所明确显示的。

8 月 1—6 日紧随"眼镜蛇"行动之后的作战

8 月 1 日，第 12 集团军群总部开始运作，统领第 1 集团军和新近抵达的第 3 集团军。[30] 布莱德利升任集团军群指挥官，其原先位置由副手考特尼·H. 霍奇斯中将接替；布莱德利没有带走第 1 集团军的参谋，以避免动态的正在快速推进的行动受到不必要的干扰。第 12 集团军群开始扩大突破诺曼底所取得的战果。7 月 30 日，英国第 2 集团军沿着第 21 和第 12 集团军群的边界发动进攻并得手，第 12 集团军群也将对此加以利用。

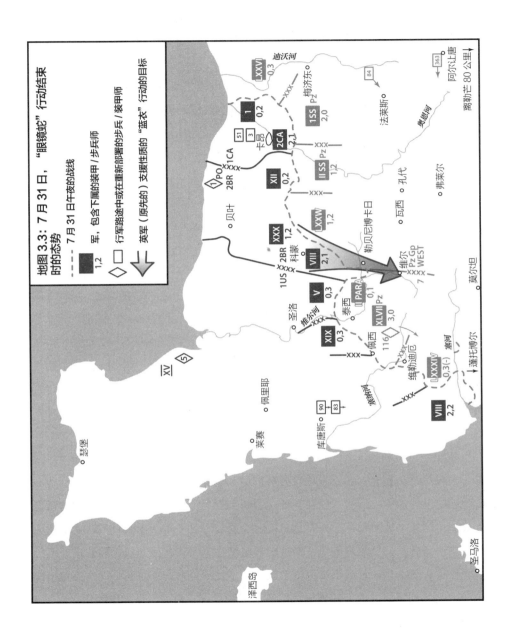

地图 3.3：7 月 31 日，"眼镜蛇"行动结束时的态势

　　第3集团军一开始包含第8军和新抵达的第15军（指挥官为韦德·H.海斯利普少将），后者一开始是分享前者的6个师。随着另外的部队到达，两个军都得到了增强，而且第20军和第12军也将加入第3集团军。根据"霸王"计划第3集团军的主要任务是，占领不列塔尼半岛上的港口，尤其是圣马洛、不列斯特和基伯龙湾（将开发成港口）。第3集团军的后续任务是向南扫荡卢瓦尔河岸，并且同时向东推进，作为蒙哥马利设想中的碾碎德军卢瓦尔河屏障的旋转作战的右翼。[31]"超密"提供了有关位于不列塔尼的德国第25军相当虚弱的情报，进一步刺激了巴顿天生就很大的胆子；德国第25军能够用于野战的师和战斗群已经被诺曼底会战的血盆大口吞噬（剩余的4个机动力和战斗力都很低下的师，只够防守港口"要塞"），而延迟出发前往增援第7集团军的部队已经走得很远不会影响巴顿的作战。巴顿下令他的两个装甲师不要顾及侧翼和后方的威胁去攻占远方的目标；步兵师随后跟上。8月1日第4装甲师推进了64公里（40英里）绕开了不列塔尼大区首府雷恩；此后，第4装甲师包围了洛里昂和圣纳泽尔，但是由于缺乏步兵和炮兵支援未能攻占。同时第6装甲师的目标布雷斯特还在240公里（150英里）之外；在经过一场壮观的越野冲刺之后，8月7日该师抵达布雷斯特，但是发现无法直接攻占该地。第8军的两个步兵师（后得到加强）随后赶到，为攻占关键港口开始进行漫长而伤亡惨重的攻城战。[32]对于巴顿来说，第8军的战果虽然好看但还不够。等到装甲师很明显无法靠冲击拿下港口时，巴顿想要把装甲部队抽调出来，去东边干更适合他们的任务，在那里德军主力的覆灭已近在眼前。8月11日他提醒第4装甲师准备好加入第15军，但他想让第6装甲师也加入的想法没有实现。

　　按照蒙哥马利的计划，美国第1集团军将转向东面前进。然而德军第7集团军左翼虽然已被撕开，并不意味着大多数美军能轻松推进。德军借助于有利防守的地形，缩短的中央防线，以及新抵达的两个步兵师，发起了一次有组织的撤退作战。美国第1集团军花了6天时间只推进了大约20公里（12英里），才抵达大约维尔—圣普瓦—莫尔坦一线，但这比起美军在塞河和塞吕讷河之间的进展已经算轻松了。美军这一进展很难称得上出彩，不过不论是豪塞尔还是冯·克鲁格都没法因此感到宽慰，他们的侧翼依然还是问题重重，而美军正加以利用。美第7军开始绕过并把德军抛在后面。更关键的是，一等到第15军的部分部队跟上，两者将一起向马耶讷河前进。一开始这只是预料中的第3集团军正在转向东面进军的行动之一。而布莱德利更关心的是安全而不是在这一阶段向东进军，仅仅要求第 79 步兵师插入第 1 集团军右翼的富热尔区域，以掩护第 7 和第 8 军，防止德军反击；同时巴顿已经要求第 5 装甲师进入同一区域，理由同上。而很明显的是，海斯利普的部队在向南挺进时没有遭遇抵抗。

到了 8 月 6 日，第 7 军已经占领沿着莫尔坦的高地和交叉路口；向东南抵达了离莫尔坦 10 公里（6 英里）的巴朗通；前锋部队已经进抵马耶讷河，就在同名小镇以北的地方。在其南面，第 15 军把全部三个师放在一个梯队里正在前进，他们已经在 2 天里前进了 50 公里（30 英里），抵达了马耶讷—拉瓦勒—戈蒂埃堡一线，并在马耶讷河上建立了 4 个桥头堡。当地没有德军抵抗。巴顿请求并获准向东面 70 公里（45 英里）外的勒芒奋力前进。

第 8 航空队的大规模介入作战无疑是最为壮观的，但是归根到底对于"眼镜蛇"行动的成功，航空部队所做的贡献却不是最重要的，尤其是在关键的战果扩大阶段。自从作战进入运动战后，第 9 航空队发挥了关键作用。他们把德国空军压制在地面，（和大量的防空火炮一起）保卫着塞河和塞吕讷河上的关键桥梁，以及涌向南边的脆弱的纵队。武装侦察部队远远地在地面推进部队的前面限制敌军的活动（德军越来越多地逃离而不是作战）。装甲纵队掩护提供了快速的、及时响应的火力支援，由于当时地面部队达到了较高的推进速度，中型和重型火炮已难以跟上。空中支援的供给十分充足，通常一整个战斗机大队都被分配于支援单一纵队，以保持随时有一个中队在地面部队上方。到 8 月 1 日时，只有 2 个战斗机大队仍是从英格兰的基地起飞，因此战斗机的游荡时间没有缩短，而猛增的空中支援也缩短了反应时间。

从 7 月底开始，豪塞尔和冯·克鲁格已经清晰认识到了灾难的严重性。强大而高机动水平的美军带着充足的空中支援很快将突入开阔地带，对第 7 集团军发起或深或浅纵深的包围作战，同时还将向东推进。唯一能够填补莫尔坦和卢瓦河之间大开的缺口的部队，是 130 公里（80 英里）外的第 81 军。而战斗力不高的守备部队第 708 步兵师，和实力虚弱的第 9 装甲师刚刚抵达卢瓦尔河。要稳住局面只能发起反击。8 月 1 日，冯·克鲁格命令所有能够作战的装甲部队从前线撤出，集中起来准备沿着莫尔坦—阿夫朗什方向冲击，以便在树篱地带建立一条较短的便于防守的防线，并切断正向不列塔尼推进的美国第 3 集团军的后路。

时间其实不在德国人一边。直到 8 月 6 日德军才用新抵达的步兵部队替换完准备参加攻击的装甲部队，并将其集中到位于苏尔德瓦勒—莫尔坦地区的第 57 装甲军。这 5 天中的 4 个进展已经注定了德军计划的下场。首先，英国第 2 集团军发起了"蓝衣"行动，德军需要 3 个装甲师去应对；第二，美国第 7 军进抵莫尔坦，将阿夫朗什走廊扩大到 32 公里（20 英里）宽，第 7 军攻占莫尔坦和周围高地，迫使第 57 装甲军离开有利的出发线；第三，美军发现自己能轻易抵达塞河和塞吕讷河之间的战场；最后，第 1 和第 3 集团的部队抵达并越过了马耶讷河，迂回到了德军进攻部队的侧面，而且没有迹象显示美军会无所作为。德美两军都计划发起攻击，但美军在此地附近拥有优势兵力，并能够召唤毁灭性的空中力量，还能够利用敌人暴露的侧翼。德军 B 集团军群的形势从此将要从糟糕走向绝望。

"蓝衣"行动

背景

如果美军在诺曼底会战的头六个星期收获的是极度失望，对英国人来说则是有过之而无不及。至少美军还有瑟堡港这一实实在在的战果。英军奋战到 7 月 9 日才拿下卡昂；接下来又用了两个星期才在卡昂以南清理出一小块空间，用来沿着法莱斯—巴黎方向发起攻击。不过英军的主要作战目的已经达到：德军作战力量的主干，包括近五分之四的装甲部队，已经被牵制在战线的东段。这对于绝大多数不了解计划的军官和士兵来说，不是什么令人高兴的事。对他们来说，甚至对那些本已更了解计划的人来说，似乎马上要陷入僵局。多个部队的士气受到打击，而且蒙哥马利也因为在地理意义上的进展十分缓慢受到了针对个人的攻击。

对蒙哥马利来说，英军作战区域内唯一具有决定性潜力的地方，很明显是在战区的左翼往巴黎的方向。然而正如"古德伍德"行动和"春天"行动所暴露出来的，他的作战理念（把德军装甲部队牵制在自己的战区）反而让英军几乎不可能突破德军防线。德军已经集合了无法撼动的作战力量挡住了去路；在"眼镜蛇"行动前夕，德军在从海边到奥恩河以西之间集中了 10 个师，包括 7 个装甲师和全部 4 个德国陆军总司令部重坦克（虎式）营。蒙哥马利决心在最令人意想不到的地方，即第2集团军的右翼（不过把具体突破地点选在科蒙的人是邓普西）发动一次猛烈攻击，而对面德军只有两个步兵师防守过长的防线。这次攻击有几点收获：通过攻占敌军的防守要地支援"眼镜蛇"行动，扭转了战场形势；打乱了德军的部署，迫使德军为了稳住防线中段，减少用于反击"眼镜蛇"行动以及防御卡昂南部方向的部队。之后，得到新投入作战的加拿大第1集团军的第21集团军群，可以在更加有利的环境中继续沿主攻方向突击。在7月27日蒙哥马利和邓普西讨论了即将发动的"蓝衣"行动，这一行动将投入六个师，以策应布莱德利的作战。他们讨论之后，蒙哥马利向艾森豪威尔和布鲁克汇报："我已命令邓普西不要顾忌，冒他想冒的最大风险，承受他愿意承受的最大伤亡，鼓足劲冲向维尔。"这次攻击原计划在8月2日启动，然而帝国总参谋长布鲁克担忧，尽管美国第1集团军已经突破德军防线并快速推进，英军仍然可能按照惯有的思维行事——在美军挑起重担时消极等待。7月28日，他敦促蒙哥马利提前执行"蓝衣"行动，并把正式发起日期定在7月30日。艾森豪威尔同样回复需要"蓝衣"行动尽快开始。

地形

"蓝衣"行动的行动区域在东边以英加军和美军的边界为界，即一条名为德罗姆的小河，南部则以维尔河向东流那一段为界【维尔河在离泰西12公里（7.5英里）远的勒贝尼博卡日以西4公里（2.5英里）处转向东流】，西边则以奥恩河为界。在科蒙以南是树篱地带最为密集的地区，而且遍布丘陵和森林，这也解释了为何这一地区在过去5周内没有战斗；这里也缺乏值得去攻占的地面目标。只有科蒙以南30公里（18英里）的维尔具有重要意义。该地是德军的主要后勤中心，而且该地向东通往法莱斯的公路也是主要的补给线。而随着"眼镜蛇"行动的展开，位于从科蒙到维尔大约一半路途的东西走向的地形障碍，则成为具有作战价值的地区。

障碍。大致由莱维克森林从西往东到奥恩河畔的蒂里阿库尔，是一条高耸陡峭且大部分覆盖着茂密森林的山脊。离奥恩河大约10公里（6英里）的地方是诺曼底地区最高山潘松山，其周围被恰如其分地称为"诺曼底的瑞士"（覆盖奥恩河谷的陡峭山区）。潘松山西北12公里（7.5英里），离科蒙8公里（5英里）的地方则是另一战略要地，361高地（现今称为布雷穆尔林区）。[33] 在维尔以北10公里（6

英里）处，苏勒维尔河及其支流覆盖了"蓝衣"行动三分之一的作战地区，其流域同样是高耸陡峭且森林浓密的山区。这只是其中最适宜防守的地方，其实在英军抵达维尔—法莱斯公路之前，还要越过两条较小的山脊，途中依然有流向各个方向的很多溪流；这些溪流的两岸一般都太软或者太陡，装甲部队不经准备难以涉水通过。而且溪流上的桥梁也无法承受重型车辆。整体上封闭的、树篱遍布的乡间和常见的森林、灌木丛和果园也将阻碍军队行动；反过来这些地形则为防守的一方提供了良好的隐蔽所，而且直到作战进入动态阶段之前，炮火和空中支援也难有大用。德军也可把农舍、小村子和村庄改造成坚固的据点。

道路。在"蓝衣"行动作战区域内，只有很少的碎石铺面道路，并且只有两条能够进行双向交通并通往作战目标——从科蒙经圣马丹—德伯萨斯到达维尔，而且这两条路最终还汇成一条。这条路在离维尔13公里（8英里）的地方又与从卡昂到维勒博卡日的公路相接。另外还有一些地区性的道路，但是大多数都是单车道、曲折的本地道路或是乡间道路。大多数道路对于坦克来说太过狭窄，两旁都是沟渠或是顶部植有树篱的高高的路堤。当堵车长龙阻塞了行动时，交通管理很容易陷于崩溃。

在这种地方行军必然是缓慢和困难的。越野行军即便对坦克来说，大部分时间也是不可能的（英军的坦克没有类似"犀牛"的装置）。步兵也只能缓慢前进，尤其是携带重型武器时。而定位——哪怕是稍微精确点地弄清自己的位置——常常也很麻烦，这为规划火力和空中支援与空地配合造成了困难。由于视野和火力受限，行动地区里很多地方都有利于德军发挥渗透战术。

德军的防御

德国第74军防守着西线装甲集群的左翼。德国对于这一防线提供了极大的支持。在这一地区没有战斗的数个星期里，德军已经对天然的和人工的防御阵地进行了有效的改进。德军和美军都在自己的阵地前布置了密集的雷区来改善防御态势（但是当英军攻克科蒙区域时，美军却无法绘制出雷区地图来标明他们已经布雷的地方）。很明显"蓝衣"行动作战地区不适合进攻，而且西线装甲集群位于卡昂南部的预备队能迅速增援该地，防线已经过度延伸的德军只能减少此地的防御力量。由于德军在这一地区采取消极防守的态度，且预计盟军不会突然发起进攻，因此战斗力很弱的第 74 军被放在此地，要负责 30 公里（18 英里）宽的防线，显然捉襟见肘。[34] 另一个不利于德军防守的因素是，英军将向该地德军不同部队的结合部发起攻击。

第 74 军只有两个静态的占领军步兵师（每师 11500 人），拥有的火炮和反坦克炮十分有限；尤其是反坦克火力，其中包括少数突击炮和得到增强的配属坦克。英军发动初期的攻击时，以两个军集中攻击第 74 军的第 326 步兵师。第 326 步兵师此前还未参加过战斗，而且自从 7 月 23 日接替第 2 装甲师以后，接管了 16 公里（10 英里）长的前线。而另一个部队第 276 步兵师则只有一半部队受到攻击。整个第 74 军的预备队，只有一个拥有 21 辆 "猎豹" 坦克歼击车的重型自行反坦克营。而且其所属的集团军也没有强大的预备队可供补充。一旦第 2 和第 116 装甲师向西移动应对 "眼镜蛇" 行动，西线装甲集群只剩下第 21 装甲师。该师自从 6 月 6 日以来一直在前线奔波，只有在 7 月 28 日得到一天休整，已经疲惫不堪而且实力下降厉害；第 21 装甲师当时只有 41 辆四号坦克和配属的 13 辆 "虎" 式坦克可以投入作战（另外 19 辆四号坦克和 16 辆 "虎" 式坦克处于修理之中），并且正在补充 2400 名水平一般的德国前空军步兵。"蓝衣" 行动发起时，第 24 装甲师正在桑格莱林区休整，在圣马丹—德伯萨斯以西大约 30 公里（18 英里）处。该师是第一支动身的增援部队，于 7 月 31 日抵达前线。

第 2 集团军的计划

"蓝衣" 行动的初衷在于支援美军的 "眼镜蛇" 行动，并削弱德军在卡昂地区的防御，以期能在该地区重拾获胜的可能。[35] "蓝衣" 行动有三重目的：把德军装甲部队牵制在英军战区；阻止德军依托科蒙以南的山地建立一条向东南方向延伸的防线（沿着维尔河）来抵挡美军的压力——即打掉德军防线的中枢；最后就是威胁企图阻挡美军突破的德军的右后方部队。

第 2 集团军负责的是一段大约 40 公里（25 英里）宽的区域。该部下辖 3 个装甲师、5 个步兵师、1 个步兵旅，以及 4 个独立坦克 / 装甲旅。[36] 第 2 集团军指挥官邓普西对于手中的部队进行了如下布置：

牵制部队。部署在奥恩河以西 20 公里（12 英里）长的地段上，实际上不主动发起进攻。驻守该地的是第 7 军（指挥官尼尔·里奇中将），下辖 2 个步兵师，每师得到 1 个坦克旅和 1 个集团军群皇家炮兵加强。第 7 军的任务是把敌军牵制在自己的前线，然后与右翼的第 30 军一同推进。

主力。第 30 军（指挥官谢拉特·巴克纳尔中将）位于第 2 集团军阵地中央，负责 13 公里（8 英里）宽的地段，并将在其中的 9 公里宽（5.5 英里）正面发起攻击，其中 3 公里（2 英里）位于主要进攻轴线上。该军各下属部队及其任务如下：第 43 步兵师和第 8 装甲旅大部，以及特种装甲车辆将于行动发起 10 小时后负责攻占 361 高地及在该地以东约 11 公里（7 公里）的铁路支线，并肃清该师的左翼；第 50 步兵师和第 56 步兵旅及支援的装甲部队将攻占瑟莱河畔的阿迈埃镇及其周围的高地，推进大约 7 公里（4 英里）；第 7 装甲师将准备好沿着任何第 30 军可以推进的方向前进；第 30 军将得到一个加强的集团军群皇家炮兵的火力支援。

辅助部队。第 2 集团军右翼的第 8 军（指挥官理查德·奥康纳）任务是填补第 2 集团军剩余的大约 7 公里宽（4 英里）的前线：第 15 步兵师及第 6 禁卫坦克旅将推进 8 公里（5 英里）占领 309 高地（又称采石场高地）来保卫第 30 军右翼，位于 361 高地西北方向两公里（1.25 英里）处；第 11 装甲师将保护第 8 军的右翼，禁卫装甲师则作为预备队；还有一个加强的集团军群皇家炮兵提供炮火支援。第 8 军同时做好准备，朝着莱韦克森林西面的欧奈角突破前进。

预备队。第 2 集团军并没有专门的预备队，第 21 集团军群只是从卡昂战区抽调了 2 个步兵师和 1 个装甲旅。他们离第 30 军只有 40 到 50 公里（25 到 30 英里）的公路距离。

为了帮助第 15 和第 43 步兵师攻占对于敌人同样十分重要的两个高地，英军制定了一个复杂的、分为三阶段的计划，并辅以重型轰炸机的支援。简而言之，这一计划就是发起纵深攻击，每个师都分为三个梯队（包括守在出发线的那个旅，同时也担当师预备队）。

第一阶段是清除推测的德军防线前哨阵地。这一阶段将由负责对地攻击的战斗机拉开序幕，由位于第一梯队的每个师的加强先导旅负责执行，同时待命的炮火集群提供支援。先头的两个战斗群将前进大约 2 公里（1.25 英里）；跟进的两个战斗群将在其后建立一条通道，并准备开始下一阶段作战。这应当在 X 时完成，即部队离开集团军出发线（注意这条线是划出来的，而非显眼的地形特征）后的 3 个小时。

　　第二阶段将从持续 60 分钟的空中轰炸开始。693 架重型轰炸机将在第 30 军前方 2 公里（1.25 英里）处进行地毯式轰炸，另外 640 架中型轰炸机也将为第 8 军提供类似支援。在 X 时，英军将进行徐进弹幕炮击，整个弹幕将以每 4 分钟推进 90 米（100 码）的速度推进 2.5 公里（1.5 英里），在此掩护下步兵将攻占弹幕推进途中的目标。

　　最后在第三阶段，第二梯队的各个旅将通过第一梯队打开的通道，并带上第一梯队的装甲部队，对目标周围 600 米（650 码）进行另一次类似的弹幕炮击。之后为了准备进行最后的攻击稍加停顿，第二梯队将在重型火炮的集火射击支援下攻占高地。在第 15 步兵师的区域，在第二阶段的轰炸结束 6 小时后，216 架中型轰炸机将对 309 高地进行第二次持续 60 分钟的轰炸。（进行第二次轰炸，是吸取了"古德伍德"行动的教训，当时德军位于纵深的阵地，因处于师级炮兵的火力范围之外未受打击，有力地阻止了英军攻击。）

　　在攻占高地后，第 15 步兵师将巡逻至苏勒维尔河，并与位于莱韦克森林地区的第 11 装甲师取得联系；第 43 步兵师将向东和东南巡逻前进。就算还有位于更纵深的目标，军一级下达的命令中也没有提及。这些目标很可能要视作战结果而定。尽管蒙哥马利向艾森豪威尔和布鲁克保证要"鼓足劲冲向维尔"，他下达的命令中却没有提到维尔。

执行

　　英军在行动之前进行大量的部队调动是不可避免的，尤其是第 7 军，下属各部队需要移动的距离从 32 公里到 80 公里（20 到 50 英里）不等。这些调动活动完全是在 7 月 28—29 日夜间，在无时无刻不拥堵的路上完成的。同时，在一直以来保持平静的科蒙地区，英军依然维持了日常的活动，但是对通讯进行了严格管制。英军利用虚假的无线电网络和坦克活动掩护第 8 军离开卡昂地区。当 7 月 30 日 6 时 55 分"蓝衣"行动开始时，德军整个指挥层，从师一级往上都被打了个措手不及。

　　取得突然性之后，至少在"蓝衣"行动头几天内，英国第 2 集团军占有了巨大的数量优势。如果把布置过宽的第 326 步兵师和第 276 步兵师，以及第 21 装甲师算入德军第 74 军的整体实力中，并且不考虑第 7 军，那么英军与德军的力量对比为：人数 4 比 1，坦克和自行火炮数量 10.5 比 1（不包含英军轻型坦克和特种装

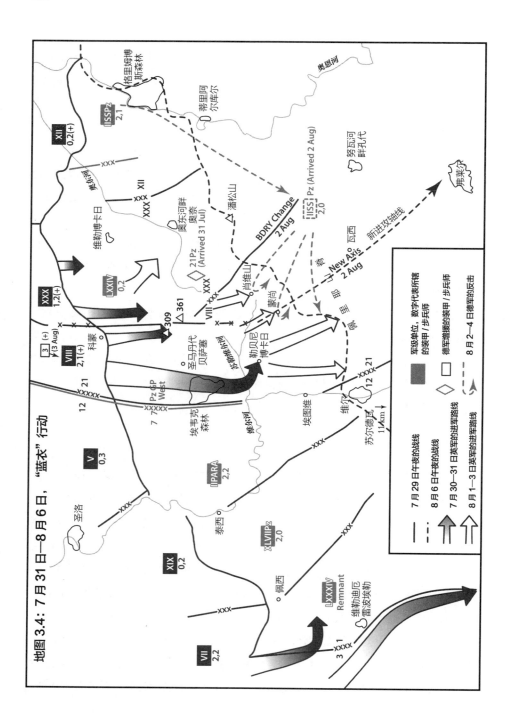

地图3.4: 7月31日—8月6日，"蓝衣"行动

甲车辆），火炮和80毫米以上迫击炮数量3.6比1，牵引式反坦克炮数量5比1（不含德军的"坦克杀手"火箭筒和"装甲铁拳"）。其中火力优势还不包括初期的空中轰炸。现在主要的问题是英军能否利用突然性带来的优势和实力，克服不利的地形实现快速推进。图3.4展示的是"蓝衣"行动的目标和战况的实际发展。

　　英军的轰炸行动极大地打击了刚上战场的毫无经验的第326步兵师的士气，而且还摧毁了该师的指挥部。这为第7军的推进提供了有利条件。但是在主攻方向上的轰炸却收效甚微，英军仅仅在离开出发线1公里（0.5英里）后就止步不前。

　　考虑到奇袭的因素以及守军所要维持防线过宽，在"蓝衣"行动第二天快要结束时，第30军在（由第43步兵师和第8装甲旅大部负责的）主攻方向上却反常地离目标361高地还有3公里（2英里）之远，而这本应在行动开始后10个小时内攻占。作为辅助攻击的第50步兵师此时离出发线仅仅2.5公里（1.5英里）远。第30军相邻的第8军，其下属的第15步兵师和第6禁卫坦克旅却按时完成了首日任务。不同的历史记录在解释第30军的失利时，都指出德军的防御战术有了很大改进，他们布置较少的障碍物但雷区更宽广，反坦克炮和机枪都进行了很好的伪装并部署于工事之中（很难说不容易对付）。之后德军的增援部队赶到，第30军在接下来的3到4天即便投入了第7装甲师仍然进展缓慢，尤其是与第8军对比时十分明显。8月4日，由于6周以来的表现不佳，第30军和第7装甲师的指挥官最终双双被解职。

　　可以断定的是，由于地形因素及德军初期的顽强抵抗，第8军要遵循进攻计划的时间表几乎是不可能的。尽管第15步兵师与第6禁卫坦克旅进行了密切而有效的配合，他们清理完第一阶段的目标时也已落后了2到5个小时，而且满是弹坑的道路及树篱地形也阻碍了后续部队继续向前。第8军下达了"颇有魄力"的命令，让坦克部队脱离步兵单独前进，以免浪费弹幕炮击的效果。在进攻最终目标勒贝尼博卡日时，第8军迫不得已再次下达同样的命令；本次进攻将从西北方向发起，而不是原先计划中的东北方向，而且一个装甲营在攻占目标后不得不等上近4个小时，步兵部队才能赶上来。在吸取"古德伍德"行动的教训后（更是为了适应树篱地带），第11装甲师首次改组并进行针对性训练，组建了平衡战斗群，其中包含了均衡的步兵和坦克单位。缺乏优良道路及随处可见的地雷对于第11装甲师造成的阻碍，不亚于德军的抵抗。为了按时攻占圣马丹贝塞萨，第8军指挥官奥康纳强令第 11 装甲师必须进行一次夜间渗透进攻,而该师指挥官罗伯特少将并不情愿如此。

7 月 31 日第 8 军进行战果扩大作战,即便其敞开的左翼(由于第 30 军的失利)令人担忧。正当第 15 步兵师和第 6 禁卫坦克旅对已攻占的地区进行巩固时,禁卫装甲师经圣马丁向勒贝尼博卡日前进。该师一开始就遇到了麻烦。禁卫装甲师(在奥康纳的压力下)在 7 月 29 日才开始采用类似第 11 装甲师的联合兵种架构。该师由于不熟悉这种配置而且缺乏步坦协作训练而遭遇困境。而且禁卫装甲师还遭遇了刚刚赶到的德军第 21 装甲师一部。不过第 11 装甲师冲过了无人防守的莱韦克森林。罗伯特通过一次中等范围的侦察,发现德军结合部苏勒维尔河上有一座完好无损的桥梁,他立即派出手边的 6 辆坦克将其攻占。等到能够组建一个混合战斗群时,第 11 装甲师于 7 月 31 日下午在河对岸建立了稳固的防线。到 8 月 1 日下午三点左右时,整个第 11 装甲师已经巩固了勒贝尼博卡日大桥的防御,这是英军与维尔之间最后一个重要屏障。第 11 装甲师在推进的整个 17 公里(10 英里)途中,只损失了 112 人和 26 辆坦克,遇到的德军抵抗甚微。奥康纳命令第 11 装甲师巩固阵地,并且于第二天从南岸攻占苏勒维尔河上的其他桥梁,以支援禁卫装甲师。该师当时正受困于勒图尔纳地区。同时第 11 装甲师的侦察巡逻队已一路侦察至维尔且没有遭遇任何德军;巡逻队发现防守维尔的德军只是一些后勤部队及少量高射炮。

见识到第 8 军取得的成功之后,8 月 1 日邓普西就将主攻方向转到第 8 军,并将预备队第 3 步兵师和第 7 装甲师分配给该部队。然而第 2 集团军未接到向维尔挺进的指令。蒙哥马利出于一直没有解释清楚的原因,把主攻方向调整为东南方向,将弗莱尔【在勒贝尼博卡日东南约 20 公里(12 英里)处】定为目标。[37] 另外直到 8 月 2 日接到新命令之前,第 11 装甲师都没有继续推进。8 月 2 日第 11 装甲师接到的直接任务,就是占领佩里耶山脊,切断维尔至瓦西的主要补给线。

德军西线装甲集群反应十分迅速。7 月 30 日 17 时,西线装甲集群命令最后的预备队第 21 装甲师前去挽回局势。该师在盟军的空中遮断下进展迟缓,未能守住 309 高地,或是在英军巩固好 309 高地之前将其夺回;第 74 军坚持要发起反攻,但是不出所料地在英军压倒性的兵力和火力优势面前失败了。尽管第 21 装甲师仍然阻止了英军第 43 步兵师和禁卫装甲师前进,但是仅做到这一点已经不够。第 11

装甲师已经突入第 7 集团军和西线装甲集群的结合部，将两者分隔开来，而且已经在维尔前面的最后一个屏障——苏勒维尔河岸站稳了脚跟。在 8 月 1 日临近傍晚时，党卫军第 2 装甲军（含党卫军第 9 和第 10 装甲师及党卫军第 102 重坦克营）接到命令，从卡昂以南的防线撤出前去阻挡第 30 军，并夺回勒贝尼博卡日山脊。由于德军采取的是任务式指挥，而且参谋工作顺畅，党卫军第 2 装甲军的先头部队在接到命令的两个小时后就已开拔，而主力在六个小时内就与英军脱离接触并重新部署。[38] 第 10 装甲师能调动的坦克和自行火炮有 40 辆，第 9 装甲师则有 76 辆（尽管有 23 辆在重新部署途中毁于空袭），而党卫军第 102 重坦克营还有约 20 辆虎式坦克。两个装甲师的 6 个步兵营实力只有编制与装备表的 75% 以下。

　　8 月 2 日，第 10 装甲师抵达目标区域，增援第 21 装甲师和第 326 师残部，阻止了禁卫装甲师和第 30 军的势头进一步发展。禁卫装甲师直到 8 月 3 日快结束时才抵达蒙特绍韦，此地在 361 高地以南 8 公里（5 英里），离瓦西 10.5 公里（6.5 英里）。这导致第 11 装甲师在 8 月 2 日占佩里耶山脊后处于突出位置。另外从 8 月 2 日下午开始，党卫军第 9 装甲师向第 11 装甲师侧翼发动了小规模的试探性进攻。在获得奥康纳批准后，罗伯特转入防御直到禁卫装甲师赶上来。在这一阶段第 11 装甲师损失了 31 辆中型坦克，剩下 114 辆可用【不包含装甲侦察团，此时正在西面 8 公里（5 英里）处进行侧翼警戒任务】。然而，没过多久野战修理所就送来多辆修理好的坦克，而且第 3 步兵师及独立第 4 装甲旅也赶来增援第 8 军；第 3 步兵师先头旅在 8 月 3 日 08 时进入第 11 装甲师的指挥之下。

　　党卫军第 9 装甲师赶到时，既不熟悉环境也缺乏可靠情报，不过仍然准备在 8 月 2 日夺回勒贝尼博卡日山脊。德军以党卫军第 102 重坦克营和第 9 装甲师师属侦察营组成魏斯战斗群，受命前去恢复与第 3 伞兵师右翼（第 7 集团军的侧翼）的联系，并经维尔从西南方向发起攻击。党卫军第 9 装甲师其余部队则在整个 8 月 2 日和 3 日，在第 11 装甲师左翼的宽大正面上，通过渗透进攻实施侦察，可能是为了在英军防线上找出适合发起集中攻击的薄弱之处。事实很快就清楚了，由于实力悬殊德军已不可能夺回勒贝尼博卡日山脊。另外，到 8 月 3 日快结束时，盟军的空中遮断及地面作战已经使得党卫军第 9 装甲师可用的坦克和自行火炮数量降至 34，装甲掷弹兵营剩余战斗力约等于一个连。而在另外一个方向，8 月 3 日下午，党卫军第 12 装甲师奥尔伯特战斗群（包含 13 辆"黑豹"坦克，1 个步兵连和 1 门火炮）及一个工兵营赶到，阻止了英军跨过维尔—瓦西公路向弗莱尔挺进的企图。

到 8 月 5 日党卫军第 9 装甲师已经没那么大胃口了，但仍试图赶跑佩里耶山脊上的英军，为此召回了魏斯战斗群（此时魏斯战斗群已被第 3 伞兵师接替，前去阻挡正在推进的英军第 3 步兵师和第 4 装甲旅）。这次攻击仍然被击退，相当部分原因是遭到英军集火炮击和空袭。此时，党卫军第 9 装甲师对于进攻已经无计可施，而且还需要担负起党卫军第 10 装甲师的一大部分防御任务。德军对于佩里耶山脊的最后一次攻击，是在 8 月 6 日由党卫军第 10 装甲师发起，该师曾在一天前撤出战线移至北面。此时党卫军第 10 装甲师已接到命令往南加入第 47 装甲军参与莫尔坦反攻，因此这是该师在离开之前，德军最后一次在维尔—瓦西公路前方建立防线的机会。这次攻击同样是在缺乏侦察且兵力不足的情况下发起，同样在遭受严重损失后失败。然而，英军第 11 装甲师也损失不小。第 11 装甲师在进军并攻占佩里耶山脊时，就已损失 31 辆坦克。接下来 4 天的防御战中，又损失了另外 130 辆坦克及增加了 500 多人的伤亡。截至 8 月 6 日，英军第 8 军总伤亡人数为 5114 人。

到 8 月 6 日快结束时，英军第 3 步兵师及支援该师的装甲旅已经逼近离维尔—瓦西公路不到 1.5 公里（1 英里）远的地方，第 11 装甲师仍控制着大部分佩里耶山脊，而且第 8 军的另外两个师正在接近第 11 装甲师的左翼，已经不到 2.5 公里（1.5 英里）远。英军形成的突出部已经不复存在。即便是第 30 军，由于党卫军第 10 装甲师的撤走也取得了进展，在 8 月 6 日攻占了潘松山。[39] 就此，"蓝衣"行动已圆满结束，同时担任辅助任务的第 12 军（含 2 个步兵师及 2 个坦克旅）也取得了十分重要的胜利，成功强渡奥恩河并进入了格里博姆斯森林。德军对于在奥恩河东岸及法莱斯西北方向面临的双重威胁十分重视，因此党卫军第 1 装甲军的纵深部队，党卫军第 12 装甲师从卡昂南部派出一个战斗群，希望能在英军巩固桥头堡之前将其清除。

在"蓝衣"行动之初，德军的左翼第 7 集团军就显露出崩溃的迹象。英军的攻势成功地在第 7 集团军和西线装甲集群（在 8 月 6 日重新命名为第 5 装甲集团军）之间打入了个楔子，直接威胁到了维尔。该镇本身就是个交通枢纽和补给中心因而十分重要，而且在 8 月 2 日希特勒下令在苏尔德瓦—莫尔坦地区向美军突破口侧翼发起反攻，维尔的重要性进一步提升。苏尔德瓦在维尔以南不到 11 公里（7 英里）处，莫尔坦则是 18 公里（11 英里）。如果无法扼制英军的攻势，最好的结果也是莫尔坦反攻计划胎死腹中，最糟的是第 7 集团军将会被美军从南面、英军从背面进行双向合围。因此无怪乎德军反应如此强烈，甚至不惜削弱卡昂方向的防御，乃至影响到莫尔坦反攻计划。

战役法及领导能力

"眼镜蛇"行动

　　德国第 7 集团军已被大幅削弱，其后勤境况已十分危险，而且缺乏能够迅速堵住缺口的预备队。这就是说，英国第 1 集团军实际上是在推一扇虚掩着的破门，连锁都没锁上。原因之一是英军的攻势在战略和战役上都达成了突然性：战略突然性得益于"坚韧"行动，使得德国 B 集团军群一直没有向诺曼底增派步兵师，来增强防御纵深并把装甲师从前线上的静态防御任务中解放出来；[40] 战役突然性则是因为美军采取了出乎意料的战术。另一方面蒙哥马利把德军主力牵制在诺曼底战区左翼，然后从右翼进行突破的作战思想也是原因之一。[41] 当然，第 7 集团军被迫进行了数周激烈的消耗战也造成了严重后果。[42] 最为关键的因素是，德军的战斗力一直以来被系统性地削弱。到 7 月 25 日时，盟军的空中遮断作战已经令德军大部分部队缺乏燃料和弹药，几乎无望进行长期抵抗。盟军令人瞩目的大规模的前期空中轰炸中，对于胜利做出的最为关键的贡献是切断了卢瓦尔河上的桥梁，并且几乎封闭了通往第 7 集团军物资堆集所的所有铁路运输。

　　承认德军的防御虚弱无力并不是贬损美军的成绩，美军在诺曼底会战中的战绩是前所未有的：在关键的西侧前进了几乎 60 公里（40 英里），打开了通往不列塔尼的通道，给德军造成了大约 1 万人的损失（阵亡、受伤及被俘），而这都是在 7 天内完成的。"眼镜蛇"行动因为积极而灵活地进行战果扩张作战，可以称为指挥艺术的范例，而不足以称为优秀的突破战例。"眼镜蛇"行动演变过程表明，速度对于获胜至关重要。第 7 军主力在突破初期，和之后向库唐斯推进途中未能提升进攻速度，注定了浅纵深包围战计划必然失败。这一失利因为第 2 装甲师迅速进行了较大纵深的包围而得到弥补。第 1 集团军及时改变了作战思想，并快速改组和调整了第 7 军的进攻方向。结果，德军第 47 装甲军赶到时已经来不及恢复完整的防线，该军所能做的只是进行十分有限的反攻，但又败得一塌糊涂。第 7 军不断加快前进的速度，加上巴顿催促第 8 军快速推进，德军第 47 军在海岸地带的撤退演变成溃逃。唯一能阻挡美军进入宽阔地带的只剩几条大河，而上面的桥梁在德军还没来得及爆破并建立防线之前就落入美军之手。

布莱德利在计划和执行"眼镜蛇"行动时，整体上表现得很有自信。不管是否受到了某种启示，他在行动打法上的改变无疑是准确的；他在一个精心选择的狭窄正面上集结了大规模的部队（四成的部队集中于美军十分之一的战线上），并准备好利用强大的装甲机械化集群快速扩张战果，目的在于利用机动消灭敌军且不仅是攻占土地和单靠消耗战的方式。[43] 他愿意与主要助手一起讨论并对计划做重大调整，显示出了很难在蒙哥马利身上看到的灵活性。7 月 24 日，面对因作战之初的失误可能导致失去突然性，以及同样不可避免（也是致命）的初期轰炸误伤时，布莱德利也表现得镇定。[44] 而当美军突破之初进展缓慢，扩张战果也不坚决加上德军反应十分迅速可能令美军功败垂成时，他调整了作战思想体现出不低的指挥水平。布莱德利牢记作战目标是尽可能多地消灭德国第 7 集团军的左翼并迅速攻占不列塔尼的港口，下令将突破范围扩大到从维尔到海岸之间的整个空间，并转为对德军进行平行追击。布莱德利意识到在动态的、瞬息万变的形势下，对集团军一级指挥干涉过多是不合适的，而且他相信军一级指挥官能做出理智的判断。然而，他可能应当早点确认柯林斯已经清楚浅纵深包围计划注定失败。当然可以说，浅纵深包围计划从一开始就是欠缺考虑的；实际上，进行更大纵深的机动能够包围住即便是反应迅速的敌人，尤其是在充分利用两军在机动性和空中力量方面的巨大悬殊基础上。然而，所有的盟军指挥官都有充足的理由相信德军总能像变魔术一样找到办法挫败自己的计划。很多美军指挥官会比英军同行更具冒险精神，甚至会考虑让装甲师敞开侧翼在主力前面推进。

把主攻任务交给柯林斯，表明布莱德利具有准确的判断力，柯林斯对计划加以改善而且坚决执行。尽管在 7 月 25 日遭遇失利，柯林斯仍决定提早投入大部分战果扩张部队，表明他对于战役发展的走向和进攻速度的重要性具有精准的理解。但是另一方面，尽管接到了集团军的新命令，柯林斯仍然坚持原先的机动方案，而不顾德军的反应已经令这个计划无法实现，此时柯林斯的直觉又似乎消失了。[45]
不过这一状态没有持续多久，很快柯林斯带领部队以很高的技巧打了一场流畅灵
活的运动战，最大化地发挥了部队的实力。

　　对于如何扩大"眼镜蛇"行动的战果，美军没有计划。鉴于"眼镜蛇"行动
之后的态势，随机应变大概被认为是唯一可行的行动方针。单单一个"第 3 集团
军突入不列塔尼半岛并夺取港口，第 1 集团军，稍后在第 3 集团军支援下，转向
东面击退德军并跨过塞纳河"的大致概念被认为已经足够。如果能对应急计划用
可选方案和后续行动加以完善，来应对战况可预见甚至不可预见的发展则更好。[46]
老毛奇虽然强调任何作战计划在接敌之后都会变成废纸，但这不是不进行计划的
理由；这反而要求要制定多个计划。事前计划总是能带来更快、更有效的反应，
保持行动的目标和完整性，即便被采用的计划变体自身会受到战场变化的影响。
为了实现"眼镜蛇"行动的目的——摧毁德军的左翼，就需要在德军的前线上打
开一个较大缺口。实际情况也是如此，但是实现这一步后却没有现成的计划可以
指导怎样把作战转入追击阶段。布莱德利（而且就此事而言，还包括艾森豪威尔
及蒙哥马利）直到 8 月 3 日才有机会对"霸王"行动计划进行调整——而且直到
那时，虽然巴顿已经坚决地向不列塔尼推进，美军整体对于扩大德军洞开的侧翼
仍存犹豫。正如德国第 7 集团军参谋长后来的评价："在美军打开突破口的地区，
由于美军在 7 月 31 日和 8 月 1 日的迟疑我们争取到了时间。"[47] 幸好德军缺乏资源
未能充分利用这一时间。

　　"眼镜蛇"行动的成功并非完全得益于美军在战役层面的表现。如果没有美军
地面部队几周来在战术、技术和程序方面取得的进步的话，这一作战也不可能取胜。
在老练的部队里，组织从营到师一级的多兵种联合作战，根据任务和地形灵活地
调整和重新设计作战方案，都已是常态。这些部队鼓励发动大胆的攻势而不要过
多顾忌侧翼安全。而空中战术支援的进步，尤其是以装甲纵队掩护的形式，提高
了空中力量对于机动作战的贡献力度。实际上，战术空中力量对"眼镜蛇"行动
的发展起到了战役级别的影响。正如德国第 7 集团军总参谋长所言：

　　（反击行动失败的原因是）敌人的空中力量阻碍了我军在战场上进行任何大
范围的活动。在空中力量的掩护下，突入我军防线的敌军严重威胁到了我军后方，

以至于防线的完整性不断恶化并且整场战役演变为争夺某个山头、某个地点和某个农场的分散战斗。指挥官几乎只能完全依靠无线电，因为所有通讯线路都已被摧毁，而且传令兵到处受到敌军的攻击。分散的单位如同小型战斗队只能依靠自己作战，几乎无法与友邻部队取得任何联系。[48]

少了这些进步，无论战役的构思如何巧妙都无法顺利得到实施。

战术上的成功是筑成战役胜利的必要基石。想要突入并打乱敌军的防御，速度是通过机动来打乱并击败敌军的关键。第 7 军没能在库唐斯包围德军的主要原因，就是推进的速度不够快。柯林斯的失误是根源之一。他没有向第 9 步兵师增派更多的作战力量来确保该师能及早攻占马里尼。失去初期的势头意味着失去无法挽回的时间，即便柯林斯后来在突破口尚未形成时，冒着堵塞的风险投入了第 1 步兵师，试图以这一莽撞的举动来加以弥补。然而柯林斯并不确定许伯纳的计划和后续实施能否满足快速前进的要求。许伯纳计划以配属的装甲师战斗群为先导，各团排成纵队前进，每个单位只有当后面的单位接替自己的位置后才继续前进，如同毛虫一样向前蠕动。这种谨慎的停止—等待—出发模式，一寸一寸地向敌军纵深前进，是不可能建立起冲击的势头的，事实上也没有。因此美军主力缓慢的包围作战令德军有充足的时间把党卫军第 2 装甲师的机动部队重新部署到有利的地形上，构建阻击阵地。美军由于错误地（未加验证地）认为马里尼已经被攻克而投入第 3 装甲师，也导致了该师因为道路堵塞无法快速前进。华生表现得过于谨慎，推进缓慢并且在夜间就不动了，最终遭遇了已经做好重新部署的党卫军。

布鲁克斯指挥第 2 装甲师大胆推进与信奉安全第一的许伯纳和华生形成了鲜明对比。布鲁克斯的 B 和 R 战斗群不分昼夜地并肩前进，充分利用了敌军陷于混乱的时机。顾此失彼的德军无法组织有效的抵抗，而且第 2 装甲师像镰刀一样扫荡德军纵深时只付出了 200 人的伤亡，损失了 3 辆坦克。这两个战斗群在消灭德军左翼的战斗中起到了决定性作用。每个战斗群实力都很强大——包含 1 个装甲团，1 个步兵团，2 个自行火炮营和侦察部队。但是这些部队需要在 10 公里（6 英里）宽的缺口上阻挡逃窜的德军，将部队散布在这么宽的前线，尤其在还不清楚敌军的实力与能力时，这对其他没那么大胆的指挥官来说是不可接受的风险。敌军若精心组织一场突围战冲过封锁线，很有可能会取得成功并大量杀伤美军。当然，这一切对德军来说已经注定无法实现。德军同样不清楚美军的实力和部署，他们还缺乏燃油和弹药而且没有希望获得补给，因为美军已经横跨于他们的交通线上。德军也因为过去几天内的事件而陷入混乱且士气低落。第 84 军司令部对于下面部队的情况缺乏了解，而且无法传达命令。冯·肖尔蒂茨手里拿着来自集团军与集团军群的相互矛盾的命令，看起来已经放弃应对的努力。简而言之，德军的整体作战实力已经远低于各部队的战力之和。这在已遭惨重大打击的部队中很常见。在这种情况下，德军的撤退已经越来越容易转变成一场溃逃，而溃逃的部队是无法进行有效的，或者任何形式的抵抗的。

尾随有组织的、行动谨慎的、安排了后卫的正在撤退的敌军（就像美第 8 军尾随从圣洛—莱赛公路一线撤回的德军时一样），与追击敌军有着天壤之别。追击的特征是，被击败一方的组织指挥与控制逐渐恶化，士气瓦解，部队上下比起阻击敌军进军更关心的是如何逃命。追击是收获胜利果实的时候：敌军的撤退演变成了溃逃，消灭敌军时几乎不用担心遇到即刻的反击，可以在敌军组织起抵抗之前攻占土地。在进行追击时，敌人几乎失去了有效反应的能力（在没有增援的情况下）；相应地，平常具有风险的行动就变得毫无风险。即便作战部队侧翼敞开或者队形存在空隙，以及连小部队也敢大胆推进，敌军无法对此加以利用。速度本身就是利器，使敌军无暇执行焦土政策来阻止战果的进一步扩大。[49] 美第 8 军在巴顿督促下，以装甲部队为先导快速向塞吕讷河推进并攻占了蓬托博尔的桥梁，沿途俘虏了数千德军。这就是把战术胜利转化为战役胜利，把敌军的撤退变成溃逃，把挺进不列塔尼半岛扩大为战役层面突破的实例。美军在快速行军时就攻占了不列塔尼半岛但没能夺取主要的港口，不过阻止了德军摧毁对于港口运行十分关键的铁路桥和隧道。

巴顿还催促第 8 军与第 15 军一道向东大胆推进，其他部队赶到后也一同加入。在这种情况下，巴顿的作战构思已经超前于第 12 集团军群指挥官布莱德利，和盟军地面部队总司令艾森豪威尔。与此相反的是，霍奇斯坚持把自己的主力用于攻击维尔河与塞河之间的德军，而此地的德军最为强大且占据有利地形。霍奇斯的 8 个步兵师和 2 个装甲师中，只有第 1 步兵师和第 3 装甲师 A 战斗群在 8 月 6 日成功突入并绕到德军左翼，而他们的任务原本只是掩护主力侧翼。考虑到第 1 集团军具有优势的机动性和空中支援，以及布莱德利划分的集团军边界（马耶讷正北），霍奇斯本可以抓住机会快速从左翼和中央往右翼（并因此把大部分部队带出树篱地带）重新部署更多部队，尤其是装甲部队。霍奇斯表现的是他一贯的特点，即偏好依靠火力优势而不是策略发起正面攻击。[50] 尽管自己十分贬低蒙哥马利所谓的过于谨慎，布莱德利自己也花了不短的时间才意识到立即向东积极推进扩大突破战果的好处。一开始，他只是以安全为由把第 15 军部署到富热尔。然而，他很快在两点上与蒙哥马利有了一致看法：攻占不列塔尼半岛所需的兵力要比预计的少，而且"超密"在 8 月 2 日的情报和空中侦察逐渐证实，布莱德利右翼对面的德军已经极度虚弱而没法挽回态势并且在未来一段时间内将一直如此。他批准向马耶讷河挺进，随后在 8 月 6 日批准再往马耶讷河以东挺进。布莱德利展现了自己面对一个本来可能已经一成不变的计划时具有开放的思维和灵活性，以及处理关系到战果扩大的，狭窄的阿夫朗什咽喉地带所面临的任何威胁时，在小心谨慎和果断抓住机会之间保持了合理的平衡。

具有想象力并对作战有自己想法，能察觉到机会并为之冒险的作战指挥官在其他情况下会被认为是鲁莽。[51] 理想情况下，他能预见到这些机会。在这种情况下，巴顿的建议无疑是正确的："在计划任何作战时，记住两件至关重要的事：'战争中假如你够大胆的话，没什么不可能'以及'不要让恐惧左右自己'。"[52] 一位杰出的将军总是考虑如何对付敌军。而大多数将军则花太多时间担忧敌军可能怎么对付他。

"蓝衣"行动

历史学家，尤其是美国历史学家，已经判定"蓝衣"行动以失败告终。这一断定太过刺耳。按照诺曼底作战到目前（仅把"眼镜蛇"行动排除）为止的标准，"蓝衣"行动收获不少而且实现了比原计划要多的目标。这本来只是个有限的作战（进攻的速度快到令美国人惊讶，英军总是因缓慢而有条不紊地集结部队而被盟友看不起），却实现了全部的目标。英军第 8 军在复杂地形上前进了 25 公里（15 英里），强渡了两条大的和几条较小的河流，除了第一条其他都是没有经过战斗就渡过了；第 30 军最后也前进了 19 公里（12 英里）。英军把德军赶下潘松山到勒贝尼博卡日的山脊，而德军原本能以此地作为枢纽掩护第 7 集团军有序地撤出。[53] 德军后来最终选择了另一条道路—莫尔坦反攻，并不有损英军的成绩。另外"蓝衣"行动使得德军失去了重要的维尔—瓦西补给线。而德军重要的部队在关键时刻也被牢牢牵制在英军前线。希特勒一直想把相对较强的党卫军第 2 装甲军加入反攻部队但是未能如愿。相反，这支部队在试图恢复德军的中央防线时被消灭。此外把党卫军第 2 装甲军派去应对"蓝衣"行动，削弱了卡昂方向的防守，为盟军下次作战即"总计"行动创造了有利条件。最后，英军推进到离维尔极近的地方令此地无法防御，帮助了美军在 8 月 6 日将其攻占。还有一点，英国第 8 军造成的威胁对德军指挥官造成了很大影响。英军突击到离莫尔坦反攻集结地区很近的地方，也是德军在集结齐必要的部队并进行侦察之前，对于是否发起反攻犹豫不决的主要因素。"蓝衣"行动并非一次失败——但是它的成就还可以更大。"蓝衣"行动因为英军军事思想上的缺陷，或者至少是因为在军事实践上的不足，以及思维僵化的指挥官，尤其是过于谨慎和"照章办事"的那一类，而未能更为光彩。

出色的保密工作，快速部署超半数的参战部队，外加邓普西选择了一个德军没有料到的突破口，确保"蓝衣"行动达成了突然性。[54] 另外，很大程度由于出其不意，英军进攻的两个军与德军形成了十分有利的力量对比，而且德军由于部署太过分散无法形成防御纵深。尽管地形不利，这些因素本应该促成英军的高速推进，至少在敌军援兵抵达前应该这样。实际情况是担任辅助任务的部队推进神速，而主力部队初期却进展迟缓。一如往常，英国史料对此事实遮遮掩掩，更不用说探讨背后的原因。[55] 一个很明显的因素是指挥官失职。8 月 3 日英军第 30 军和第 7 装甲师指挥官双双被解职，之后不久又有其他高级军官步了后尘。第 30 军总参谋长写道："把巴克奈尔和厄斯金解职是完全公正的——他们没有努力推进或者执行命令。"[56] 指挥官造成的失利在战争中是可预见的，但是这两位自从 6 月中旬以来就一直表现极差，而且邓普西（无疑受到蒙哥马利的很大压力）还不得不容忍两人，因而影响到了作战的开展。第 43 和第 50 步兵师在行动之初表现低下的原因，可能是过于依赖炮兵和空中火力来清除德军在反斜面上精心构筑的阵地，加上作战计划缺乏灵活性而且在执行时缺乏主动性，更别提差劲的步坦协同水平——这是英军的普遍缺陷。

第 30 军失利的另一原因是作战计划存在缺陷，第 8 军也经历了同样问题（只不过第 8 军以灵活性和主动性克服了）。"蓝衣"行动的作战计划是典型的十分规范、井井有条的英国式打法，放弃机动和速度，依赖大规模的炮兵和空中火力投送来解决所有战术问题。这一计划本身十分复杂因此易受到不可避免的摩擦因素的影响。它依靠固定的空袭时间点，而要利用空袭的效果地面进攻就必须立即跟上。而地面进攻则依赖于预备攻击的完成，之后在不利地形上一条不明显的出发线上重新编组。在行动开始9个小时后，按计划进行的第二次轰炸出现了更多问题，这次轰炸要求第二梯队的旅要在第二条出发线上就位。同样的问题还出现在炮击弹幕上，尽管会浪费一些时间但问题在这里至少还能修正。英军作战计划的基础，似乎是假定敌人会坐以待毙而不是激烈反抗或可能有意外举动。而且这一计划没有考虑到法国乡下封闭的特点以及缺乏可用道路所导致的困难。例如，在英军右翼发起攻击的第15师，需要在三个小时内翻越24道树篱，并且需要绕过或穿过10个果园或小树林才能抵达第二条出发线。第43师首日的目标是在行动开始10小时内，占领德军纵深近11公里（7英里）处——一厢情愿到了极点。邓普西的第2集团军已经连续作战7个星期，制定出这种不切实际的计划实在没有理由，更无法令人谅解的是这一计划是在仓促匆忙间做出；一个好的作战计划的特点，不是在夺取眼前目标后不清楚下一步的意图。下属指挥官制定下个目标时总该需要一点依据。很明显，英国人从经验中学习并相应调整军事思想的速度，要比他们的美国盟友慢。

德军第326步兵师既缺乏经验，负责的防线又太长，更倒霉的是其指挥官和司令部被盟军空袭消灭，一下子就被打得措手不及并陷入混乱。德军无力阻挡英军第8军的进攻，因为后者已经掌握了如何有效地进行多兵种联合作战，而且敢于并主动打破常规和承担风险。第8军有三次因为抛开过于保守的战术教条而实现了出敌不意的效果：决定第6禁卫装甲旅提前向目标进发，即使暂时缺乏步兵的掩护；第11装甲师步兵部队利用夜间渗透攻占圣马丁，有别于整个师夜间停止前进寻找掩护的通常（而且经常具有争议）的做法；以及类似的，第11装甲师猛打猛冲，突破莱韦克森林进抵苏勒维尔河并以大部队在8月1日晨攻占勒贝尼博卡日山脊[57]，整个过程很少在乎敌开的侧翼。这三次行动中，第8军都表现出了合理的魄力，并收获了战役级别的丰厚回报，包括攻占重要的地形，以及最重要的是以最小的代价保持了快速推进。尤其是最后一点，使得德军第21装甲师，甚至是其他更多部队失去了以勒贝尼博卡日为支撑，在维尔当面最后的有利地形上重建一条完整防线的可能。在战斗中冒险的精髓，正如第8军在7月30—31日所体现的，应当具有两部分：冒险应当尽早开始，趁着敌人处于震惊并且顾此失彼而难以有效反应时——即风险应当经过权衡而不只是一次赌博（就像德军第21装甲师向着已经经过充足时间巩固的勒贝尼博卡日山脊，发起仓促且没有事先侦察的反击一样）；另外一点，冒险应当快速完成，迫使敌人接受一个通过非凡努力才能扭转的既成事实。

在诺曼底，邓普西效仿的是他的导师蒙哥马利，对他的各个军长控制得很严。为了亲自把握战斗的脉搏，邓普西把他的战术指挥部安置在离两个参战的军不到1英里远的地方，而且经常在一天内两次视察他手下的军长。正如"古德伍德"行动期间（当时他自己的指挥部与第8军指挥部一起办公），他希望能第一时间探知敌军任何崩溃的迹象，以便他能亲自指挥和控制后续的战果扩张作战。当"蓝衣"行动的发展在他意料之外时，他以令人钦佩的气度，根据参战两个军迥然的战绩修改自己的计划。邓普西把主攻转交给第8军，命令该部越过勒贝尼博卡日山脊扩张，并命令担任预备队的第3步兵师和第4装甲旅快速前进支援第8军进攻。然而，据推测可能是按照他的上级指示，邓普西把第8军的攻击轴线调整为西南方向。这一做法好的一方面是，两个军可以平行推进而不会各走一边。但是不利的一面也明显：未能进一步扩大战果，并且占领位于第2集团军正面，潘松山—勒贝尼博卡日山脊线后面的，最具有作战价值的目标维尔。直到8月6日，美军才占领了维尔而且伤亡不小，而该地在8月2日基本没有防守唾手可得。

在打出一个形势大好的开局后，谨慎和想要保持战场"有条理"的意愿开始掣肘。奥康纳命令第11装甲师巩固勒贝尼博卡日山脊，并协助禁卫装甲师渡过苏勒维尔河（禁卫装甲师此时正因蹩脚的步坦协同，在老练的德军第21装甲师面前占不到便宜）。这一决定是否来自邓普西的提示，或者是邓普西直接批准的不得而知；但是肯定的是，这一决定的责任将由集团军指挥官承担。本来如果第11装甲师继续向敌军纵深挺进打乱敌军部署可能是个更好的选择，理想情况下还能攻克维尔。这将产生战役级别的影响，德国第7集团军防线将面临被席卷的威胁，而这同样能帮禁卫装甲师一个大忙。正如一句苏联军事谚语所说，"帮助一支部队解围的最好办法，就是围魏救赵。"实际上，第11装甲师的进展也帮助了右侧的美军第5军快速前进，因为威胁到了党卫军第2装甲军的侧翼。尽管在8月2日，罗伯特和奥康纳（很明显是因为邓普西的批准或坚持）在沿着佩里耶山脊推进了7

到 8 公里（4 到 5 英里）没有遇到抵抗后，可以说又一次因为过于谨慎停下脚步（当然任何英国史料都不同意这点）。[58] 西线装甲集群指挥官埃贝巴赫将军，对于英军的举动是这样评价的："在 8 月 2 日下午之前，党卫军第 2 装甲军没法赶到战场做好攻击准备并与敌接战。英军因此至少在 24 小时内拥有完全的行动自由。但是对我们来说幸运的是，英军在这段时间内待在原地不动。"[59]

英军在获得初期胜利后，却在扩张阶段表现出犹豫不决，符合英军对于保护侧翼、维持战场条理和避免风险的顾虑。可能是获准得到"超密"情报的邓普西，得知了德军正调遣党卫军第 2 装甲军发起反攻来稳定局面，令他慎重起来。但是转入防御后第 11 装甲师等于把主动权拱手相让，当时在第 11 装甲师和下一个重要交通枢纽弗莱尔【离勒贝尼博卡日山脊 20 公里（12 英里）】之间已无任何守军，而且弗莱尔是在莫尔坦反攻的集结区后面 28 公里（17 英里）处。诚然，第 11 装甲师处于突出部的位置，队伍又拉得很长而且补给线缺乏掩护。德军可能会攻击该师敞开的侧翼。但是第 8 军真的到了极限吗？在 8 月 3 日日落时，单单第 11 装甲师仍然拥有三倍于党卫军第 9 装甲师的坦克。[60] 另外，第 3 步兵师和配属的第 4 装甲旅正快马赶来（其先头旅在 8 月 3 日下午已经抵达勒贝尼博卡日山脊，并已在罗伯特指挥之下）。英军第 8 军本来也可以屈就打一场牵制战斗来巩固胜利，这样禁卫装甲师和第 15 步兵师及伴随的第 6 禁卫装甲旅后来就不用打一场残酷的正面消耗战；然后第 8 军可以调整部队来扩大胜利（有一条良好的和数条较小的道路可用）。在这个背景下，让禁卫装甲师最强的战斗群之一在 4 天内无所事事，而该师的装甲侦察团（装备中型坦克）则闲晃了 6 天 [61]，这的确毫无意义。即便（小股的）敌军部队绕到前锋部队身后，暂时被分割真的很可怕吗？尤其是考虑到第 8 军的炮兵近在咫尺，而盟军掌握了制空权能够提供近距离空中支援，更不用说难道其他部队就不会赶上来？

而德军投入第 21 装甲师和后来投入党卫军第 2 装甲军的行动，都是投入太少和投入太迟的例子。德军为了维持防线屡败屡战，首先是在 309—361 高地地区，之后在勒贝尼博卡日山脊，然后在这往南的一条战线，最后是在佩里耶山脊。英军第 8 军在取得突然性后，一开始进行了全面扩张，通过积极突破来延长了出其不意的效果。第 8 军的速度帮助其一再击败敌军抵达关键地区，并以空中遮断持续提供支援。德军迟钝的反应使其丧失了本来拥有的地形之利，相反还要发动反攻夺回。德军对于英军的情况（通常已经巩固阵地并做好接敌准备）所知甚少，而且缺少时间进行侦察或攻击准备。德军部队的实力总是不足以完成高级指挥官下达的任务，这一问题因为缺乏事态感知而更加严重，因为导致了德军对于主攻方向的选择变成了关键决策但又是纯粹瞎猜。绝望之中，德军忽略了要务实的原则，下达不切实际的目标。德军未能意识到自己的防御已到顶点并进行相应调整。当然，德军高级指挥官多数时候都知道他们的任务不切实际，但是又顾忌远在东普鲁士指挥部要塞里的元首下达的命令。[62]

　　谨慎行事一般来说是明智的，但是不适用于"蓝衣"行动头几天的情况。德军不论在战术还是战役上都已经不堪重负。德军在部署上已经严重失衡而且缺乏预备队，他们要同时兼顾已经削弱的卡昂防线和美军的突破行动，以及德军两个集团军之间新出现的缺口。除了在右翼，德军已经不再能够利用坚固的、事先构筑的防线进行战斗；他们在面对盟军占有优势的机动性、装甲部队和制空权时，不得不至少部分地进行（战术上的）进攻作战。当敌人缺乏对对手理论上的弱点加以利用的手段时，所谓避免风险反而导致丧失了机会。英军在军事教条上的保守，甚至是在战役层面的胆怯，导致了未能把战术的胜利转化为战役层面的胜利。英国第2集团军一直把攻城略地当作作战目标，而不是围绕着消灭敌军展开，从而失去了与美军平行向德军纵深积极扩张实现另一突破的机会。一旦德军利用获得的喘息之机恢复完整防线，英军这一失手又使自己回到消耗战的老路上。与"眼镜蛇"行动中美国第1集团军虽然开局不利但是坚决进行突破形成对比的是，英军在获得一个明确的、早期的突破口后表现出的迟疑不决十分显眼。

　　假如英军有意愿对8月2、3日取得的意外成功进行充分利用，就能很快腾出更多部队，甚至不用取消由加拿大部队即将发起的、可以说更重要的向法莱斯发起的攻击。第7军根本用不着两个齐装满员的步兵师、外加300多辆来自第31和第34坦克旅的坦克来守住20公里（12英里）的防线。由于德军的威胁较低，只要一个步兵师和一个坦克旅，甚至是一个坦克团就已足矣。德军完全无力发起攻击，而且即便有一些小的状况，新近到来的装甲师（加拿大第1装甲师和之后的波兰装甲师）正在登陆，并在第7军后方集结。其余部队可以用于扩大"蓝衣"行动的战果。[63] 事实就是，第7军对于基本的防御任务来说过于强大，但是对于当面之敌形成的不过是战术上的、仅限在本战线的威胁。第7军所能做的也是后来确实做的：在德军因为"眼镜蛇"行动和"蓝衣"行动的胜利而被迫撤退时，尾随德军。（不过应当承认的是，第7军强度奥恩河，并于8月6日在格里姆博斯森林建立一个小桥头堡，的确在8月8日加拿大人发起攻击之前打乱了德军在卡昂地区的部署，但这发挥的作用很小。）英军对于第7军的不当使用违反了合理分配兵力的原则。

即便没有增援，第8军和第30军总共拥有4个步兵师、3个装甲师和3个独立装甲旅。这对于只有3个实力下降的装甲师、第326步兵残部，以及受重创的伞兵师大部【被迫重新部署以防御维尔到其以西7公里（4.5英里）的维耶苏瓦一线】的党卫军第2装甲军来说，在数量上就有很大的优势。而且德军失去了在事先准备好的阵地上作战的优势。从"蓝衣"行动之初，邓普西坚持集中兵力的原则令人赞赏，不过他却没能收获硕果。在第11装甲师（得到第185步兵旅增援）和第8军占领佩里耶山脊放弃主动权后，第11装甲师在其后4天里只是对抗德军的反击直到侧翼的部队赶上来。得益于地形因素、实力对比、军一级炮兵支援和近距离空中支援，第11装甲师守住了攻下的土地。德军虽然付出了一定代价，但也能够重建一条稳定的防线。当8月11日第8军在"格劳斯"行动中恢复进攻时，它要面对的是德军的精锐（尽管疲惫）部队，而且对方已经做好准备并已警觉。第8军又制定了一个雄心勃勃的、复杂的、分为三个阶段的计划。主攻由第3步兵师和禁卫装甲师担任，尽管两支部队都得到了加强，但都没能离开出发线多远，而且伤亡很大。8月2日英军本可以有更多收获，但最后在失去主动权的同时只有微不足道的战果。而在失去突然性和冲击速度的优势一个星期后重新发起进攻，也是很有问题的。

8月的第一个星期里，伴随着"蓝衣"行动顶峰而来的还有美军向不列塔尼半岛和向东的攻势扩张。蒙哥马利已下定决心，"是时候向法莱斯发起主攻，长久以来这是我们战线东段策略中的核心目标……我将这一行动设想为后续战果扩大阶段的前奏。"8月4日，蒙哥马利下令："美国第12集团军群的北翼（原文如此）应沿着栋夫龙—阿朗松方向进攻。"[64]到8月6日，美军已经在马耶讷河边准备就绪。以8月初的普遍情况来看，其实第21集团军群更有理由把主攻交给加拿大第1集团军，由其沿着更具潜在决定性的卡昂—法莱斯轴线推进。

注释：

1. 事态之后的进展进一步扩大了突破诺曼底的重要性。在 6 月中旬，德军开始使用 V−1 导弹轰炸伦敦（以及其他城市）。由于已经证明空袭无法完全终止这类袭击，尽早攻占大部分位于加莱海峡的 V−1 导弹发射场在政治上就十分必要。

2. 原先用于发动突破行动的出发线是圣·洛—库唐斯公路，但是布莱德利不得不把出发线设置在更北面的地方，因为为了抵达这条不那么令人满意的出发线，布莱德利所付出的人员和时间代价就已经够高了。

3. 在本章及后续章节中，由于将出现各种军事单位，德军单位将用斜体字表示以防止混乱。

4. 马丁·布吕芒松，《巴顿文集》，第 482 页。

5. 奥马尔·N. 布莱德利，《一个士兵的故事》，第 266 页，第 271—272 页。

6. 卡洛·德·埃斯特，《诺曼底战斗的决策》，第 333 页，引用了李德·哈特论文中一次与邓普西的访谈。为了帮助美国集中兵力进行突破作战，蒙哥马利把集团军边界向西调整，让美军得以从科蒙地区解放出一个师。

7. 罗素·F. 威格利，《艾森豪威尔的副手》，第 137 页，主张："困境……已经逼迫布莱德利制定出一个优秀的计划。"

8. 虽然"眼镜蛇"行动原计划于 7 月 18 日开始，但是第 7 军的主力在 7 月 20 日之前都没有抵达位于圣·洛以西公路的出发线。而且因为每次行动都严重依赖于事先进行大规模轰炸，地面行动开始日期就取决于天气（英国的轰炸机基地和目标地区都要有良好的天气）。天气因素迫使"古德伍德"行动推迟到 7 月 18 日，迫使"眼镜蛇"行动推迟到 7 月 24 日，再到 7 月 25 日（原先的发动日期被推迟，因为美军需要时间攻占圣·洛）。两次行动之间意外的间隔对盟军来说是很不走运的。为了继续牵制住敌军，新近成立的加拿大第 1 集团军在 7 月 25 日发动了"春天"行动，但很快被证明这是次惨重的失利。7 月 27 日，德军两个装甲师向西转移——幸好没来得及阻止美军突破。

9. 尼克拉斯·泽特林，《诺曼底 1944：德军的军事组织、战斗力和组织有效性》；大卫·C. 伊斯比编辑的《为突围而战：从"眼镜蛇"行动到法莱斯缺口的诺曼底德军》；P·斯坦哈特编辑的《李尔装甲师 1944—1945》，以上出版物都介绍了各个战斗群的组成和战斗力。

10. 伊斯比，《为突围而战》，第 24 页。

11. 由于现存的德国记录不完整，德军的大致实力只能从泽特林的《诺曼底 1944》第二部分推算出来。因此这里的实力对比只是"大致猜测"。

12. 两个装甲师都严重缺乏燃料，而且党卫军第 2 装甲师还短缺 40% 的运输工具。

13. 伊斯比的《为突围而战》第 39—67 页中，第 7 集团军前任总参谋长详细提供了集团军的态势评估、部署和防御作战的开展。

14. 同上，第 32 页；詹姆斯·A. 伍德，《西线德军：德国 B 集团军群从诺曼底到齐格菲的每周报告》，第 145 页。

15. 了解计划的更多细节和不同需要，参见埃尔布里奇·科尔比的《1943—1945 在欧洲战斗的第 1 集团军》，第 5 章；J. 劳顿·柯林斯，《"闪电"乔的自传》，第 12 章；布莱德利，《一个士兵的故事》，第 17 章；马丁·布吕芒松，《二战中的美国陆军，欧洲战区：突破与追击》，第 10、11 章；以及詹姆斯·杰·卡拉法诺，《D 日之后："眼镜蛇"行动与突破诺曼底》，第 4、5 章。

16. 根据布莱德利的《一个士兵的故事》（第 269 页）："现在为了赢得战争我们已经用上了一切。预备队中连一个师都不剩下了。"对此，他没觉得有什么不对，他从突尼斯和西西里的一系列战役走来，连一个团的预备队都没留过。而使用预备队，是一位将领能够左右一次战役或行动走向的主要方式之一。

17. 除了 45 个野战、中型和重型炮兵营，10 个营的坦克歼击车和重型高射炮也要求参与间接火力支援。尽管各类火炮数量不少，但是弹药的使用却有限制；81 毫米迫击炮、8 英寸榴弹炮和 76 毫米穿甲弹供应量远低于目标，而 105 毫米榴弹炮炮弹则稍微低于目标。这种供应短缺情况，是由于在登陆后数周内典型的持续不断的正面攻击浪费了大量弹药，并导致了从 7 月 15 日开始许多类型的弹药开始实行配给制；事先计划欠缺考虑和分发过程中的问题也是部分原因。假如"眼镜蛇"行动没有实现突破，弹药问题将更加严重；出自史蒂夫·R. 威德尔，《美国陆军后勤：1944 年诺曼底战斗》，第 84—90 页。

18. 巴顿的集团军司令部和两个军的军部都已经做好了成立第 3 集团军的准备。这很迫切，因为第 1 集团军的指挥范围已经被拉得很大。8 月 1 日，战斗序列中开始出现第 3 集团军。布莱德利在艾森豪威尔的许可下，拒绝在第 3 集团军成立之初介入（正和巴顿所愿），因为他想完成"眼镜蛇"行动而不想在最后一分钟受到来自指挥链变动的干扰。

19. 进攻开始前没多久，布莱德利告诉柯林斯："如果一切进展顺利，我们应该在一周前就到阿夫朗什了。"柯林斯，《"闪电"乔的自传》，第 236 页。

20. 更多更具体的统计看请看卡拉诺佛的《D 日之后》；威德尔《美国陆军后勤》；布吕芒松，《二战中的美国陆军，欧洲战区：突破与追击》，第 12—17 章；马丁·布吕芒松，《将军之战》，第 3 部分；科尔比，《第 1 集团军在欧洲》，第 5、6A 章（包含了数个错误、遗漏和含糊不清的地方）柯林斯，《"闪电"乔的自传》，第 12 章；伊斯比，《为突围而战》，第 2、3、5 章；以及海斯利和其他人的《二战中的英国情报工作》，第 3 卷第 2 部分，第 225—346 页。

21. 伤亡人员中包括莱斯利·J. 麦克奈尔将军，美军地面部队指挥官，虚构出来的美国陆军第 1 集团军群正假装在塞纳河以北发起第二次登陆，以此威胁德军。他不得不前往视察战斗（证明战争并不是一场没有旁观风险的运动）。这一章节显示了战略空中部队与地面部队之间的联络很有缺陷，而且普通士兵不了解战略空中部队在提供近距离空中支援时的问题与限制。想要了解更全面的，不带偏见的事实，包括炸弹不及目标的轰炸的责任，参见布吕芒松，《将军之战》，第 9 章；卡拉法诺，《D 日之后》，第 102—121 页；卡洛·德·埃斯特，《艾森豪威尔：盟军最高统帅》，第 560—561 页。

22. 威格利，《艾森豪威尔的副手》，第 154 页。

23. 德国人将这一用兵之道的重要因素称为"Fingerspitzengefühl"，即"指尖上的感觉"。它来自于德国陆军的精心培养，而且很大程度归功于德国陆军高层的专业精神和对指挥官对于战争的变化要有自己的和直接的感知的重视。或许有点苛刻，但卡拉诺佛在《D 日之后》第 193—194 页中认为，柯林斯没有多少选择，只能尽早投入第 1 步兵师。艾迪的第 9 步兵师已经承担过多的任务而且无法很快拿下马里尼，因此需要生力军来恢复进攻势头。

24. 对于此次进攻，德军把美军的步兵数量低估了接近 25%，装甲部队低估了 100%，炮兵则低估了 400%。这一错误导致的后果是灾难性的，德军因此判断错了美军的意图。而且由于第 7 集团军整体上的虚弱，它的纵深防御对于"古德伍德"行动的最终失败并没有起多大作用。

25. 第 2 装甲师的进攻受阻，是因为它打在了第 84 八十四军和第 2 伞兵军的交界处，而这里是由李尔装甲师负责的。

26. 美国陆军总参谋长马歇尔选择科利特在第 1 集团军中的一个军当军长，是因为他在太平洋战区指挥过成功的两栖攻击。马歇尔估计他这一特长会很有价值。他失算了，因为科利特的经验被当作"外行人的东西"而被艾森豪威尔和布莱德利忽视——一个因为眼界狭隘而付出惨重代价的错误。

27. 华生因此放慢脚步重组军队并向新的方向前进。柯林斯（可能是在为浅纵深包围的失败寻找替罪羊）评估认为华生不适合指挥一支装甲师；布莱德利同意这点并将其解职。之后华生在指挥第 29 步兵师时表现得令人满意。

28. 空中部队宣称击毁了 66 辆坦克，204 台车辆和 11 门火炮，并和炮兵、坦克部队联手击毁了另外 56 辆坦克和 55 台车辆。出自 W. F. 克雷文和 J. L. 凯特的《二战中的陆军航空队第三卷，欧洲战场——从"争论"行动到欧洲胜利日》，第 242 页。如果在莫尔坦地区的对地攻击战果可供借鉴的话，那么大多数损失是由地面火力造成的。

29. 实际上利用敌军防线缺口做起来比听起来更加困难和复杂。让 3 个装甲师和 3 个步兵师集合并在 4 天内通过瓶颈地带是个巨大的交通控制问题：在 96 个小时内，1.3 万辆各式车辆要通过蓬托博尔桥——就是每 30 秒一辆。对于这支首尾相连的车队来说，空中威胁十分令人担忧，而且德国空军集中力量试图干扰这支车队并在瓶颈处摧毁桥梁（在 24 小时内出击了 225 次）；不过，盟军强大的空中和地面防空力量（得到了"超密"的充分警告）让这些攻击的效果大打折扣，一小部分德国空军试图压缩美军在塞吕纳河上的桥头堡但是被挡在了一旁。

30. 这一节主要是根据布吕芒松《二战中的美国陆军，欧洲战区：突破与追击》第 424—442 页，和德·埃斯特《诺曼底作战中的决策》第 408—413 页。伊斯比的《为突围而战》第 6—8 章提供了德军方面的有用信息。为了向第 3 集团军同样提供第 1 集团军享有的密切的空中支援，第 19 战术空军司令部在奥托·P. 韦兰准将率领下成立了起来。他与巴顿之间的密切合作关系为第 3 集团军提供了很大帮助。

31. 利用空中遮断摧毁桥梁等同于阻止了渡河，尽管事实很清楚德军利用摆渡还在将援兵和补给送过河流。

32. 巴顿提出的不顾安全来保证速度，放开侧翼绕过德军抵抗的要求，令军长米德尔顿十分不安；布莱德利同样感到担忧，他正忧虑德军可能从东面发起进攻。两人都不知如何控制这种深入敌后的高速度机动。实际上，巴顿也只是对散布在广大区域内的部队进行间歇性掌控，方式是利用类似于蒙哥马利的"幽灵"联络团的第 6 骑兵大队。

33. 英军宣称夺取了众多德军控制的制高点，尤其是潘松山。但是根据德军第 2 装甲师 7 月 14 日基于战斗经历所作的报告来看，潘松山并没有那么重要。因为树林、果园和顶部植树的树篱地形都限制了山上的视野。更有用的地方是道路的交叉处，因为重型武器和车辆只能通过道路移动。出处是伊恩·达格利什的《"蓝衣"行动：突破诺曼底》，第 306 页。

34. 根据教范，一个实力完整的步兵师的防线长度是 6.5 至 10 公里（4 到 6 英里），虽然普遍认为实际很难达到。

35. 这一节以及下一节主要根据 G. S. 杰克逊的《第 8 军的战斗：从诺曼底到莱茵河的战斗记录》第 115—145 页；H. G. 马丁，《第 15 苏格兰步兵师历史》，埃德加·W. I. 帕伦达（EIWP），《金牛座：第 11 装甲师历史》；达格利什，《"蓝衣"行动》；英国驻莱茵军，《战地旅行指南："蓝衣"行动》；L. F. 埃利斯，《西线的胜利，第一卷，诺曼底战役》，第 386—411 页；J. J. 豪，《诺曼底：英军的突破》威廉·泰克，《战争最后一年中的大爆发》，第 144—149 页；迈克尔·雷诺兹，《帝国之子，党卫军第 2 装甲军：诺曼底、安恒、阿登和东线》，第 58—79 页；海斯利及其他人，《二战中英国的情报工作》，第 238—241 页。

36. 由于补充坦克太过充足，3 个装甲师都或多或少地达到了满编，尽管它们在"古德伍德"行动之前仅仅 10 天内就有 300 辆坦克被击毁或击伤。

37. 蒙哥马利在《从阿拉曼到桑格罗河：诺曼底到波罗的海》一书中，只是暗示维尔大概位于集团军群边界线靠近第 12 集团军群这边，而且此后大多数英国方面的报告也接受这一点。奈杰尔·汉密尔顿《蒙蒂，战地大师，1942—1944》第 757 页指出，蒙哥马利在与布鲁克的交流中已经把英军的进攻轴线定为科蒙—维尔。第 2 集团军曾经密保的官方历史也清楚地记载一开始的攻击目标和边界线并不是沿着接触线前推（它们没有再出现在第 1 集团军以及后来的第 12 集团军群的态势地图上）。出自第 2 集团军总部编辑的《第 2 集团军在欧洲的作战行动统计 1944—1945》第 166 页。然而它记录在 7 月 31 日第 11 装甲师受命经勒图尔纳或莱韦克森林，以勒贝尼博卡日为中间目标，前往维尔（出处同上第 168 页）。之后在 8 月 1 日该师记载目标为东南方向的富莱尔。G. P. B. 罗伯特的《从沙漠到波罗的海》第 191—192 页中，则清晰地指出维尔就是他的师的目标，直到 8 月 1 日发生改变为止。然而豪的《诺曼底》第 92 页中坚持边界发生过改变。在很大程度上，这一争论是没有意义的。如果维尔是在美军的区域，那也没什么能阻止蒙哥马利建议把边界向美军防区移动一下，这样对所有人都好，第 11 装甲师就能拿下重要的却没有设防的目标，并威胁到正对抗美国第 1 集团军的德军的后方。

38. 党卫军第 2 装甲军的命令典型地清楚而简洁，体现任务式指挥的命令的精髓："党卫军第 2 装甲军携下属党卫军第 9 和第 10 装甲师，以第 10 装甲师发动反击来消灭突入库尔万的敌军，同时第 21 装甲师和党卫军第 9 装甲师封闭第 84 军和第 7 集团军东面（第 2 伞兵军）之间的缺口。在贝尼博卡格正西的 205 高地与第 7 集团军建立联系。"

39. 为了拿下潘松山，英军在当时及之后面对德军的坚决抵抗付出了很大的代价。"超密"清楚地指出，其实在蒂里阿尔库尔和维尔之间的防御线最迟到 8 月 5 日还在后撤。海斯利及其他人合著《二战中的英国情报工作》第 240 页。

40. 实际上"眼镜蛇"行动发动得正是时候。到 8 月 1 日，德军第 15 集团军已经向第 7 集团军派出了 5 个步兵师的援军；其中 2 个正在从加莱赶来的路上，1 个正在渡过塞纳河，1 个刚刚渡河，只有 1 个已经到达第 7 集团军的区域。另外法国南部的德军也派出了另外一个步兵师和第 9 装甲师，其中这个步兵师正在昂热渡过卢瓦尔河。

41. 关于发生在"眼镜蛇"行动在 7 月 21 日因为天气原因推迟到后来实际发动的时间之间的事，布莱德利在回忆录中的记载有误："德军两个装甲师在卡昂与蒙蒂脱离接触，并转向我们美军的前线……蒙蒂正面仍然还有 5 个装甲师，我们希望蒙蒂能将它们牵制住直到我们实现突破。"出自布莱德利，《一个士兵的故事》，第 277 页。实际上直到第 2 装甲师在 7 月 27 日中午以及第 116 装甲师在第二天退出，英军对面一直有 7 个德军装甲师——德军调动得太迟无法阻止美军突破或者拯救第 84 军的左翼。

42. 数天之前的"古德伍德"行动失败的原因包括：没有取得突然性、英军情报没有掌握德军的防御深度，以及没料到西线德军能用战斗力较强的两个装甲师在数个小时后就发起反击。这与第 7 集团军对比产生的差距十分明显。

43. 不知不觉中，布莱德利采取了一个非常苏军化的机动设想与方案，直接形成了内外两层包围圈。

44. 当然，布莱德利此前在不重视空中部队指挥官关于轰炸的实用性和随之而来的风险的警告时，也表现出缺乏判断力。

45. 很遗憾柯林斯自己都忘了自己的格言："我一直说命令只是一种愿望，一种祈盼已经下达的指示能够实现的希望。最终实现与否则取决于敌人。"柯林斯，《闪电乔》，第 243 页。

46. 分支计划是基本计划的内置选项，而后续计划则是按照目前行动的可能结果——胜利、失败或僵持——而制定的后续行动。

47. 伊斯比，《为突围而战》，第 116 页。

48. 同上，第 52 页。

49. 特别行动机构和法国内地军的活动，尤其是在非常活跃的不列塔尼地区，有利于阻止德军（由于美军快速推进所剩时间不多）摧毁重要的基础设施，例如莫尔莱栈桥。

50. 美军的伤亡数字反映出了霍奇斯的选择。在 8 月 2 日至 7 日间，进行包围机动的第 1 步兵师，损失了 250 人；第 7 军的另外 3 个师损失了 1750 人。出自布吕芒松，《二战中的美国陆军，欧洲战区：

突破与追击》，第 449 页。

51. 在"超密"帮助下，掌握敌军指挥官想法已经变得更容易，尤其是集团军和集团军群指挥官（例如关于第 84 军在 7 月底的状态）。参见海斯利和其他人所著的《二战中的英国情报工作》第 232—234 页。

52. 乔治·S. 巴顿二世，《我所知道的战争》，第 358 页。

53. 实际上，将德军赶出其可以依托进行防御的关键枢纽的既定目标是有疑问的。单单占领潘松山—361 高地山脊，德军依然处于可以控制苏勒维尔河与南面的勒贝尼博卡日山脊的极为有利的防御阵地。

54. 尽管蒙哥马利有时会参与到集团军一级的作战计划甚至有时到军一级，但看起来在"蓝衣"行动中是邓普西独自确定进攻的轴线和计划。至于蒙哥马利的介入程度如何则更不清楚。

55. 第 30 军或者它下属的师都没有进行过正经的行动分析工作。对于"蓝衣"行动，他们偏向于掩盖自己在策划、执行和指挥方面的不足，以委婉的言辞敷衍短处，并总是说着那些无关紧要的小胜仗和个别人的英雄之举。

56. 德·埃斯特在《诺曼底战斗的决策》第 274 页中，引用了 H. E. 派曼准将的文章。蒙哥马利亲自选定巴克奈尔作为第 30 军的指挥官，尽管布鲁克对此提出了强烈质疑。而将巴克奈尔解职，则是应邓普西的要求，因为后者已经厌烦了他的屡战屡败。

57. 在描述第 11 装甲师的步兵在夜间渗透 4 公里（2.5 英里）占领潘松山时，讲述该师历史的《金牛座：第 11 装甲师历史》写道："哪怕最小的抵抗都可能足以阻止这次进攻……但是国王萨罗普轻步兵团一路上连一支步枪或机枪都没碰上。"在第二次成功地通过莱韦克森林进行渗透之后，一位军官对罗伯特表示："原本只要一个成年人加一个男孩就能把你挡在这里。"罗伯特打趣道，"对啊，但是他们少了那个男孩。"出自杰克逊，《第 8 军的战斗》，第 134 页。这两次行动都被认为是非常出奇和大胆。不过德军无法阻挡他们可不仅仅是运气问题。德军已经不堪重负，疲于应付和陷入混乱。德军防线上存在缺口和弱点并不意外，尤其是在主攻方向之外的地方。

58. 当时的情况实际上和在 6 月底发动的埃普索姆行动期间出现的事有点像，当时邓普西和奥康纳都"急于增强和拓宽"第 8 军的突破；他们担心第 11 装甲师"突入太深而正面太窄"，德军"能够从任意一侧发起反击来切断这个突出部"。出自约翰·贝恩斯，《被遗忘的胜利——理查德·奥康纳爵士将军》（The Forgotten Victor—General Sir Richard O' Connor，伦敦：Brassey' s 出版社，1989 年）。当然，德军和盟军的相对实力与作战态势在当月中旬发生了有利于后者的急剧变化，使得原本看似合理的谨慎变得更像是胆怯。

59. 雷诺兹的《帝国之子》第 60 页中记录的，在战后对德国西线装甲集群指挥官进行的访谈。

60. 必须记住的是，当时只有党卫军第 9 装甲师，虎式坦克营和一些较小的单位可用于与第 8 军交战党卫军第 10 装甲师和第 21 装甲师大部，以及第 326 步兵师余部，已经全部被第 30 军牵制住，而后者至少已经开始进攻。

61. 雷诺兹，《帝国之子》，第 63 页、第 68—70 页。

62. 到 7 月底时，auftragstaktik 的任务式指挥已经让位于 befehlstaktik——严格遵照上级指挥官的命令。紧接着 7 月 20 日发生刺杀希特勒的事件之后，违反元首的命令可能危及一位将领的生命，就不必说他的职业前途了。由于被一个远在后方的，不顾战术和战役实际情况的司令部过度掌控，B 集团军群被迅速带往灾难。

63. 德国步兵师（包含 7 个营，而英军是 9 个营）火炮更少，只有一点点甚至没有装甲车辆，通常防守的前线宽度是 15 公里（9 英里），而且他们能预计到自己会受到攻击因为敌军掌握主动权（相反的是，德军没有能力向第 7 军发起主动进攻）。

64. 蒙哥马利，《从阿拉曼到桑格罗河》，第 261 页。

第四章
8月：不完整的包围圈

第 12 集团军群的作战：从"眼镜蛇"行动到法莱斯口袋

莫尔坦反攻和进行浅纵深包围的决定

德国陆军此时在西线面临着一场规模可比同时期的白俄罗斯战役的惨败（更多细节将在第 2 卷透露）。[1]当德军在塞吕讷河以北仍能进行有条理的作战，不得已才放弃土地时，德军的左翼已经出现了明显的崩溃迹象。而一旦盟军越过塞吕讷河，德军的南翼（已不再是西翼！）将不复存在。德军已不再拥有盟军预计的，保护向塞纳河有计划撤退所需的连贯防线。在不列塔尼半岛德军也没有足够的部队进行有效防御。诺曼底战场的有利进展，盟国远征军最高统帅部早已在代号"好彩"的登陆后应急计划中预见到，现在这一计划的概略大纲正得到积极落实。此时已无必要将整个第 3 集团军用于攻占不列塔尼半岛，该部主力可以向巴黎—奥尔良缺口挺进，通过纵深旋转运动扫荡德军空荡的侧翼。在卢瓦尔河南岸看起来已经没有什么像样的德军可以威胁这一行动。如果能将德军消灭在诺曼底，或者至少将其打散赶走，那么塞纳河上位于勒阿弗尔和鲁昂的港口就能在被摧毁之前落入盟军之手。

起初当巴顿的第 8 军跨过塞吕讷河时，艾森豪威尔和布莱德利还在考虑在不列塔尼进行大规模作战。布莱德利还在担忧正在负责拓宽阿夫朗什走廊的第 7 军的侧后安全。因此在 8 月 2 日，布莱德利以巴顿忽视侧翼保护为由命令第 79 步兵

174

师前往富热尔（实际上，巴顿已经派遣第 5 装甲师前往同一地区）。之后在 8 月 3 日，布莱德利相信了进行大胆的、更大范围的机动会有更多好处，于是向巴顿下令只需在不列塔尼留下"最低限度的部队"。他打算向前推进并令第 15 军跨过马耶讷河，并且等到第 20 军跟上来后向南扩展。这一部署只不过是根据 8 月 4 日蒙哥马利下达的 M516 指令次日开始向西进一步推进的前奏。M516 指令制定了击垮以塞纳河（河上桥梁已全部被毁）为屏障之敌并将其消灭的计划。盟军重新划分了集团军群的边界，在维尔以南沿着弗莱尔—塞—德勒—芒特拉若利直到塞纳河一线。在这条线北面第 21 集团军群的加拿大第 1 集团军和第 2 集团军将转向左侧（前者在抵达法莱斯之后）抵达鲁昂和芒特之间的河流。在分界线右边，第 12 集团军群也将转头向东朝塞纳河前进，并以第 3 集团军对德军洞开的侧翼进行长距离包围迂回，而且在主力朝着巴黎的大致方向前进时，向南扫荡至卢瓦尔河以封锁住该河上的渡口。另外还有一个空降军将通过空降或机降的方式控制沙特尔地区，阻止德军任何通过巴黎—奥尔良缺口撤退的企图。

这一计划是建立在德军将做出理智反应的预期之上：减小损失并尽快撤出诺曼底。然而德军不是选择在盟军合围之前逃出生天，反倒往口袋里钻得更深。8 月 2 日，冯·克鲁格接到元首的命令，要求发动反击封闭阿夫朗什走廊。希特勒已经明白指出，他将在远在东普鲁士的指挥部里监督反击计划的实施，因为他已不再信任手底下的多数将军，认为他们是失败主义者或者潜在的或实际上的叛国者（其中就包括冯·克鲁格）。元首坚持每一支在诺曼底的装甲部队应当集中用于这次反击。这一指令毫无现实可言。德军 3 个装甲师已经用于阻挡英军在科蒙地区的突破。从卡昂地区抽走装甲部队肯定会导致这里的防御瓦解，所以至少要留下 1 个装甲师。而余下的 4 个将加入打击集群即第 47 装甲军的装甲师，最快也要到 8 月 6 日才能由第 15 集团军的步兵师接替防线并完成反击前的集结。[2] 到那个时候，不用说反攻，整个诺曼底防御战的命运恐怕都已经完结。美军通过推进至莫尔坦并控制其正东面的高地，已经将阿夫朗什的走廊拓宽至 32 公里（20 英里），德军因此也失去了理想的反攻出发线。德军反攻部队既没有完成集结（实际上，集结地已经受到了来自地面和空中的威胁），也没能进行充分的侦察和战斗准备。强大的美军最远已经推进到马耶讷河而且很明显没有打算就此停下；很快美军就会出现在德军反攻集群的左后方，并夺取德军在勒芒和阿朗松的补给基地。还有，英国第 21 集团军沿着卡昂—法莱斯轴线重新发起攻击也只是时间问题，如此将形成另外一侧包围圈。从冯·克鲁格往下，高级军官们都想要撤退，而不是试图去夺回他们可能既无力拿下更不可能守住的要地。但是元首已经下定了决心。实际上，他的野心还不只是在有利地形上恢复一条较短的利于防守的防线，还要切断巴顿的后路，甚至妄想席卷盟军的战线。[3]

当德军在 8 月 6 日午夜刚过发起进攻时，打了美军第 30 步兵师一个措手不及，并因此突入了 9 公里（5.5 英里），但仅限于两个狭窄的地段。到当日正午，德军就停在了易受反击的地区。德军的攻击计划很草率并因此缺乏协同；所有部队没有在最佳时机就位，而且一支在莫尔坦高地坚守的美军（尽管被包围了）不断指引破坏性的和扰乱性的炮兵火力向德军纵队集射。之后随着晨雾的散去，第 2 战术空军及第 9 战术空军司令部的战斗轰炸机蜂拥而至；当日他们出动了近 500 架次轰炸机进行近距离空中支援以对抗德军第 47 装甲军。德国空军曾许诺提供最大限度的支援——300 架战斗机，但是由于盟军的攻势防空作战太过有效，没有一架德军飞机能抵达战场。希特勒当然把失利归罪于冯·克鲁格（包括攻击过早、投入部队不足，以及晴朗的天气不利进攻等等）。他坚持稍微调整攻击方向后继续进攻，这次攻击将由希特勒认为更为积极的纳粹将军埃贝巴赫指挥，不过要等到第 15 装甲集团军抽调的另外 2 个装甲师抵达后。冯·克鲁格完全明白继续攻击只是徒劳，但是他不敢违背元首毫不含糊的命令。

由于失去了突然性及已经遭受的伤亡，德军的第二次进攻毫无胜算。实际上，德军在首次攻击中从未打到阿夫朗什，也没有守住已经夺取的土地。[4]抵挡德军的是第 30 步兵师和第 4 步兵师的大部，在纵深处还有第 3 装甲师的 B 战斗群，而且第 2 装甲师 B 战斗群也正从北面赶来，这都是第 7 军的部队。而第 20 军也在加入第 3 集团军东进的路上，其中的法国第 2 装甲师就在阿夫朗什以南，在圣伊莱尔的第 35 步兵师离战区也不远，还有 1 个师将在 8 月 8 日抵达阿夫朗什；另一个师在富热尔。（巴顿宣称是他把第 20 军留下以备不测，这解释了为何该部处于抵挡德军反攻的理想位置上。[5]）在这些多到过剩的部队中，只有第 35 师需要转移才能加入战斗。到 8 月 8 日时，拥有 3 个师的第 15 军已经进至勒芒，已处在德军反攻集群的左后方 100 公里（60 英里）。其后跟进的第 20 军已经到达拉瓦勒。同时加拿大第 1 集团军发起的攻势即“总计”行动也已经沿着卡昂—法莱斯轴线展开。

此地防线由于不少德军被调往科蒙和莫尔坦已经弱化，加拿大人在进攻之初进展顺利。

德军把自己的主力置于防线最西段的一个突出部之上，布莱德利很快发现并抓住了这一蠢招带来的机遇。8月8日，在确信经过加强的第7军可以守住莫尔坦之后，他向艾森豪威尔建议，并在盟军最高统帅批准后，一并向蒙哥马利建议应当修改M516命令中制定的作战思想，对德军第7集团军和第15装甲集团军大部实施浅纵深包围。盟军将向德军发起钳形攻势，而第12集团军将在其中担任南路。其中第3集团军主力将掉头向北。第15军将在勒芒调转90度，经阿朗松向北挺进抵集团军群边界卡鲁日—塞一线【在勒芒以北约70公里（45英里）】。第1集团军则将消灭突入莫尔坦地区的德军，并解救困在莫尔坦高地上的美军；同时第1集团军将转向右侧沿着栋夫龙—弗莱尔轴线发起攻击。而担任钳形攻势北路的是第21集团军群的加拿大第1集团军，该部将在8月8日开始往南推进，经过法莱斯抵达阿尔让唐，就此切断为德军设下的陷阱之外的最后一条东西走向公路。第2集团军则将继续按照当前的前进方向向弗莱尔进攻。在艾森豪威尔首肯后，蒙哥马利按照以上建议进行了部署。

蒙哥马利和布莱德利及邓普西（尽管霍奇斯和克里勒都未被邀请）就细节进行了协商。很明显，蒙哥马利对于能否在狭小包围圈内消灭德军主力仍有疑虑并希望能另有准备。他在8月11日的M518命令中阐述了沿着法莱斯—阿尔让唐—阿朗松一线封闭包围圈的目标，但也推测德军可能向东突围（8月12日"超密"报告了这一动向），因此有必要"在德军出现可能逃脱的迹象时，做好准备全面执行M516命令制定的计划（大纵深包围）"。[6]后来第15军快速向北挺进抵达集团军群边界令他喜出望外，但是加拿大人没有取得相称的进展又使他感到失望。图4.1展示了从8月1日到13日，盟军在战场整体大环境内突破作战的大致进展。图4.2展示了到8月16日为止诺曼底作战更为详细的进展，显示了法莱斯口袋是如何形成，以及美军如何开始向东扩大战果。

钳形攻势的南路：美军在8月20日之前的行动

为了执行自己在包围作战中的任务，第1集团军在向东挺进时，将连续穿越树篱地带，翻过树木茂盛的山脊和渡过众多小河。[7]德军一如既往很好地利用了地

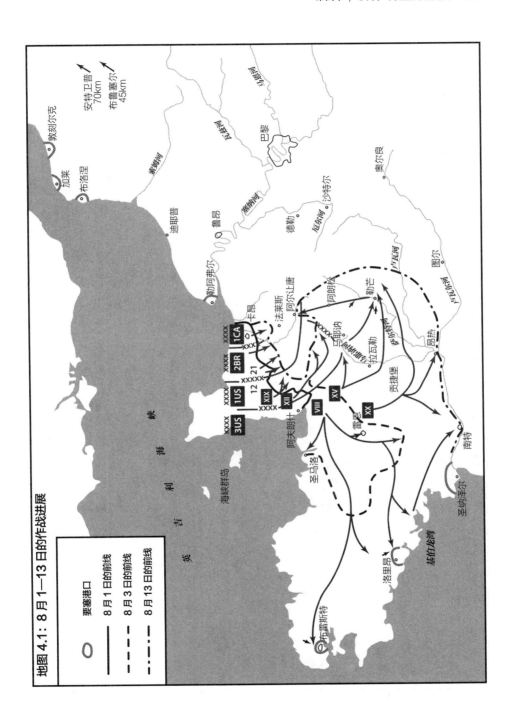

地图 4.1：8 月 1—13 日的作战进展

○ 要塞港口

—— 8 月 1 日的前线

---- 8 月 3 日的前线

-·-·- 8 月 13 日的前线

178

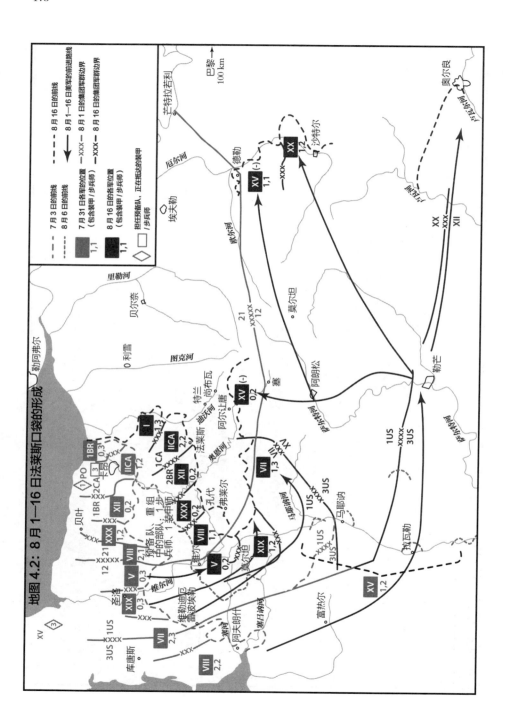

地图 4.2：8 月 1—16 日法莱斯口袋的形成

形优势。而第 3 集团军的进军路线，大部分是在更为有利的地形之上，基本是在树篱地带以南，而当他们在勒芒向北，经阿朗松前往阿尔让唐的一路上树篱地带是在他们西边。因此一路上大体通畅；在抵达巴黎和塞纳河之前，只需经过一些小河、山梁和小树林，比较大的屏障只有一条厄尔河。但是即便此地利于防守——实际上，在任何适合防守的地方——德军也缺乏用于防守的部队。

海斯利普的第 15 军在包围行动中扮演关键角色。为了完成任务，第 15 军得到了加强。在拥有大量北非战役老兵的法国第 2 装甲师加入后，第 15 军共有 2 个装甲和 2 个步兵师。第 15 军以典型的巴顿风格，以装甲师为先导分为 2 个纵队挺进。第 15 军把两翼交给了装甲骑兵巡逻队，并且绕过可能遇到抵抗的区域。8 月 11 日，在第 15 军挺进并通过阿朗松的路上，防线过长的德军第 81 军虽然设置了阻击阵地但是抵抗很虚弱。[8] 海斯利普对巴顿的指令进行了创造性的发挥，下令继续向阿尔让唐推进，这里已经超过了集团军群边界 10 公里（6 英里）之远。8 月 12 日，第 15 军抵达无人防守的阿尔让唐外围。如果不是勒克莱尔不顾他的命令，干预美军行军队列里的一支法军纵队的行动，使得美军先头部队无法及时重新补充燃油，在第 5 装甲师的先头部队抵达后美军本可以拿下阿尔让唐。结果德军第 116 装甲师及时赶到开始争夺该镇。第 15 军在大部前进之后，已经处于弗莱尔以东 40 公里（25 英里）的地方，而对于在莫尔坦—栋夫龙地区准备再度向阿夫朗什冲击的德军来说，第 15 军则在身后几乎 60 公里（40 英里）远。第 15 军还攻克了德军在勒芒和阿朗松的两大补给与后勤中心，戏剧性地让德国第 7 集团军本已摇摇欲坠的后勤体系雪上加霜。当第 15 军在德军控制区一路向北大肆破坏时，第 20 军在其身后正集结部队。到 8 月 13 日，从莫尔坦周边战斗脱身出来的第 35 步兵师，及新抵达的第 80 步兵师和第 7 装甲师已经抵达拉瓦勒—勒芒地区，准备在当日前出至海斯利普的左翼。[9] 另一个步兵师已经被派往南面去夺取南特和昂热并在卢瓦尔河岸警戒。

当钳形攻势中美军的一路进展顺利时，第 21 集团军群的贡献却令人难以恭维。第 2 集团军挺进缓慢，而且专门攻击德军在有利地形上布置的，兵力配置均衡且坚固的防线。最为关键的是，加拿大第 1 集团军在推进到法莱斯以北 10 公里（6 英里）的地方时陷于停顿。在 8 月 14 日之前，它都没打算恢复攻势。美国人十分怀疑加拿大人能否拿下法莱斯，更不用说挺进到该镇南边阻止德军逃出包围圈。

巴顿和海斯利普都完全赞成由美军来攻占法莱斯，而且在 8 月 13 日一大早巴顿就下令第 15 军继续谨慎地向北推进。闻知此事，布莱德利推翻了这一命令并要求停止前进，巴顿对此十分有意见但无奈只能服从。美军只能在阿尔让唐坐等盟友与他们建立联系。之后巴顿建议能否恢复第 3 集团军在 8 月 8 日被打断的向东挺进计划，布莱德利表示同意。第 3 集团军（当然不包括尚在不列塔尼和德军纠缠的第 8 军）将留下第 15 军的三个师防守阿尔让唐以免德军突围，并向东突入德勒—奥尔良地区。8 月 16 日美军抵达德勒—沙特尔—奥尔良一线，巴顿提议向北推进封锁塞纳河上德军的逃生通道。

而在布莱德利划出的美军集团军边界马耶讷—卡鲁日一线以西，第 1 集团军正继续发动正面攻击，杀伤德军并将其赶出莫尔坦突出部。之后在 8 月 16 日，第 5 军和第 19 军发现迎面而来的是英国人，后者因为德军包围圈的收缩而横穿了美军的正面。第 2 集团军也正向东南压迫前进。随着各集团军会合，美军各师逐渐不再处于突出位置。由于包围圈收缩导致美军左翼集团军的正面变短，布莱德利把集团军界线改为阿朗松—塞—加塞一线来扩大正面。8 月 17 日，第 5 军指挥部被派往指挥留在阿尔让唐地区的所有部队。之后由于第 1 集团军的任务范围已扩大到塞纳河，第 19 军带着三个师被调往东段，这要在第 7 军和第 5 军的后方区域行军至少 150 公里（90 英里），其中牵涉了大量出色的参谋工作和在组织与调度上的灵活处理。这一部署在 8 月 19 日完成。第 19 军另外两个师则被派往西面加入对布雷斯特的攻城战，而不是跟老部队去往东面；他们将替换第 4 装甲师，后者在 8 月 15 日受命从不列塔尼向东进军，但是布莱德利没有批准有关第 6 装甲师的部署，按照巴顿的说法这是因为布莱德利担心德军会从卢瓦尔河南面发起进攻。[10]

第 7 军已经担负沿着马耶讷—栋夫龙—弗莱尔轴线挺进，突入敌军侧翼，并填补美国两个集团军之间已经出现的缺口的任务。当盟军决定进行浅纵深包围时，第 1 步兵师和第 3 装甲师大部已经位于马耶讷地区，大概在栋夫龙以南 30 公里（18 英里）。然而尽管进攻路线上已经没有敌军，第 7 军直到从第 4 和第 9 步兵师侧翼绕出完成集结之前未越出栋夫龙一步。8 月 13 日第 7 军开始推进并遇到了轻微抵抗，其中第 1 步兵师当天推进了超过 30 公里（18 英里）；在 22 时柯林斯请求攻占"更多的土地"并声称，他甚至能在英国人动身之前就拿下法莱斯。[11] 第 7 军在向新进攻轴线集结的过程中，一开始与第 15 军存在着 50 公里（30 英里）的缺口，但是在8月13日时已经缩小到30公里（18英里）。而到8月14日时，只剩下了10公里（6英里）并正迅速合拢。

作为"总计"行动的后续作战，"温顺"行动一开始的进展令人失望，蒙哥马利因此决定钳形攻势不应在法莱斯—阿尔让唐公路上合拢，而是在更东边的迪沃河。美军将向东北的特兰【在阿尔让唐东北10公里（6英里）】继续攻击，以便和加拿大新一轮攻势所指向的方向会合。然而，此时美军在阿尔让唐地区只剩下3个师（包括刚刚调来的缺乏经验的第80步兵师），而且会碰上比三天前更为顽强的抵抗；另外，这些部队还缺乏一个军一级指挥部来统一指挥他们。巴顿因此接到命令对这一情况进行补救，他把自己的参谋长连同一小支团队派去组建一个临时指挥部，直到布莱德利选择的杰罗少将和第5军指挥部（此时在更东边的地方）到达。然而这次攻击还没准备好发起，布莱德利又因为德军的一次骚扰攻击而将其推迟。之后布莱德利又重新划分了第1和第3集团军的边界，将其往更东边移动，霍奇斯此时就开始要负责阿尔让唐地区的作战。此外，杰罗也不打算执行一个别人制定的，他还没研究过的计划（实际上当他到达阿尔让唐时，他都不知道手下各个师的位置）；让这一切更混乱的是，杰罗也搞不清楚哪个集团军是他的上级。因此混乱和延迟让这次进攻直到8月18日才开始发动。还有一件事，勒克莱尔铁了心拒绝执行下达给法国第2装甲师的任务，因为他醉心于向巴黎进军并为他的政治领袖戴高乐拿下这座城市。第5军因此没有在阿尔让唐发起进攻，但是其右翼部队在8月19日傍晚推进到了迪沃河边的尚布瓦。就在这个地方第90步兵师的部分部队与波兰装甲师的部分部队会师，关闭了法莱斯口袋。

就在浅纵深包围作战因为摇摆和混乱而迟迟无法达成时，巴顿根据自己的想法，请求往东进行大胆的快速的推进。在第3集团军新的主攻方向上已经没有像样的抵抗，这一目标几乎在每一处都能轻易完成。巴顿在三天内前进了超过100到150公里（60到90英里），令原本计划中的在巴黎—奥尔良缺口进行的空降作战变得没有必要。8月16日第15军攻占了德勒（厄尔河的渡口）。第20军（沃尔顿·H.沃尔少将指挥）的两个师平行推进，在8月18日经过短暂战斗后占领了沙特尔。同日，最后加入战斗的（同样有两个师）第12军（从8月19日开始由曼顿·S.艾迪少将指挥）即将进入奥尔良。在第3集团军3个步兵师和3个装甲师当面几乎已经没有德军。德军刚刚到达此地的第1集团军指挥部下面只拥有一个第80军，把四个分布在 70 公里前线上的师改编成数个战斗群，但是除了在主要道路上设立路障他们也干不了什么。真正阻挡巴顿的是布莱德利由于担心第 3 集团军侧翼而出现的迟疑，特别害怕德军试图向巴黎—奥尔良缺口突围，另外巴顿的燃油补给也日渐困难。出于以上因素考虑，尤其是最后一个，布莱德利在 8 月 15 日下达另外一个有效时间为两天的停止令。8 月 18 日布莱德利准许第 15 军向塞纳河上的芒特拉若利挺进；第 15 军在 8 月 20 日轻松完成了该任务。之后在 8 月 21 日，布莱德利又批准了继续向东前进，攻占位于巴黎以南的默伦和枫丹白露的其他塞纳河桥头堡。一路上美军遇到的抵抗微不足道。

第 21 集团军群的作战：从 "蓝衣" 行动到法莱斯口袋

钳形攻势北路：英加军在 8 月 20 日之前的行动

在 "蓝衣" 行动因为党卫军第 2 装甲军介入而中止后，第 21 集团军群的主攻任务仍由第 2 集团军担任。[12] 邓普西把手中的 9 个师和 4 个独立装甲旅中的 7 个师（包括一个较弱的空降师）和 3 个旅交给了克里勒。然而面对强敌且失去突然性这一战力倍增器后，英军未能再次上演 "蓝衣" 行动头几天那令人兴奋的快速突破。英军 8 月 11 日发起充满雄心的 "格劳斯" 行动，但未能攻下弗莱尔和坦什布赖，反而遭受了严重伤亡，显示出英军又回归了消耗战状态。随后英军把主攻从右翼转向左翼，利用 8 月 7 日攻占的奥恩河渡口格里姆博斯向法莱斯推进。然而执行该任务的第 7 军并未得到加强。接下来一周英军在整个前线上平均只往前推进了10 公里（6 英里）。

英军的每一步推进都十分谨慎，无论哪一层级都少有冲劲和锐气，即便德军在 8 月 13 和 14 日开始有计划后撤，失去既设阵地的优势后依然如此，因此 "（上级下达的）命令大意是对于撤退的敌军要紧紧跟随"。[13] 除了尾随之外，英军好像没有别的想法。根据禁卫第 6 坦克旅的战地日志，该部在 8 月 14 至 16 日间的活动"没什么可以报告的"。透露更多信息的则是禁卫第 29 装甲旅在 8 月 14 日的日志条目："给各部的命令不是要尽可能快速推进，而是肃清每一处被发现的敌军阵地……（在 23 时师）指挥官来电告知 '明日的作战方式是缓慢推进，保持与敌接触，一旦敌军撤退则进行尾随但是不要交战'。"第 11 装甲师也不复当初的勇猛，按照老样子在夜幕降临后停止前进进行休整，因此错过了在 8 月 17 至 18 日，党卫军第 10 装甲师在皮唐日渡过奥恩河撤退时将其消灭的机会。[14]8 月 18 日第 59 步兵师被撤回并解散，以便为其他部队提供补充兵力。无怪乎一名被俘的德军指挥官在接受审讯时提道："英军从西面并没有跟随得很紧。"[15]英军更倾向于在日渐拥堵的路上依赖炮火和空袭进行打击。

随着激烈战斗逐渐消退，很明显借机对遭受较大伤亡的部队进行休整补充是可取的，而且由于德军后撤导致双方接触线缩短，部分部队就处在了战线后方。8 月 15 日，第 7 装甲师被撤往后方作为预备队。随后在 8 月 16 日禁卫装甲师也同样如此，该师在之后三天里只是执行一些一般任务，以及休息、观光、参加一次授勋阅兵，还听了一场蒙哥马利的演讲。战线之后的部队中，只有第 7 装甲师被派往增援加拿大第 1 集团军，但也仅限于 8 月 15 日当天。

加拿大军队在 8 月 20 日之前的行动

起初，加拿大军队沿着平行于卡昂—法莱斯轴线发起的攻势"总计"行动看起来更有希望。蒙哥马利在 M516 命令中给加军设定的主要任务是，"夺取朝向法莱斯方向的、能够分割第 2 集团军当面之敌的地区，使敌人难以向东撤退——如果无法完全阻止其后撤的话。"如果说在 8 月 4 日这只是个值得去实现的目标的话，到 8 月 8 日这已具有潜在的决定性意义（H 时已经被提前了 24 小时）。[16]这会成为包围作战的北翼，与美军在南部沿着阿朗松—阿尔让唐的突击一起，将会把德军困在之后被称为法莱斯口袋的地方。不过克里勒的加拿大第 1 集团军拥有的资源很有限。其中英军第 1 军只有 1 个步兵师、1 个空降师和 1 个坦克旅，还要负责保卫滩头阵地的左翼。这样盖伊·格伦维尔·西蒙德斯中将的加拿大第 2 军就要单独执行推进任务。他集结了 3 个多少都已经疲惫的步兵师（其中 1 个英军师），2 个缺乏经验的装甲师（1 个是波兰师），以及 2 个独立装甲旅（1 个英军旅）。

加军的进攻路上充满凶险，在同一块战场上，之前的"古德伍德"行动和"春天"行动都在付出沉重代价后以战术失利告终。这一地区西边以莱兹河为界，是天然的坦克屏障；莱兹河往东大约 20 公里（12 英里）直到迪沃河之前，都没有类似的障碍物。从出发线到离法莱斯不远处，整体地形有所起伏，其间的多条山脊和多座小山，成为向周围类似草原的空旷地开火的理想阵地，不过每隔大约 1 到 3 公里（0.5 到 2 英里）就有散布的大小村庄和小树林可为进攻者提供隐蔽。加军向南突入乡间地带的唯一突破口在离前线 15 公里（9 英里）远的地方——树木茂密的莱森河谷；加军认为这条小河并不构成太大的障碍。

加军重新制定的法莱斯进军轴线当面，是德国的党卫军第 1 装甲军。比起在 7 月份有力阻止了英军向南突破的那支部队，党卫军第 1 装甲军此时已经被明显削弱。其中 4 个装甲师已被调往应对"蓝衣"行动和发起莫尔坦反攻，只留下了规模小、没经验、刚抵达战场且战斗力差的第 89 步兵师，以及位于纵深的党卫军第 12 装甲师来防守受威胁地区。这意味着盟军在兵力和装甲数量上拥有 7 比 1 的优势，火炮拥有 5 比 1 的优势（不包括迫击炮，双方对比是 2 比 1）。加军的攻击还会得到两波大规模重型轰炸机轰炸的支持。

不过西蒙德斯并不依赖于数量上的优势（实际上他认为优势没有那么大）。他把突然性和空袭当作撒手锏。考虑到德军对战场和态势一向感知敏锐，在进攻时机或方向上很难打德军一个措手不及，但是在进攻方式上可以做做文章。此前老练的德军利用精心隐蔽的迫击炮、机关枪和位于纵深的尤其是堡垒化村庄中的远程反坦克武器，控制了以开阔地为主的战场，击退了"古德伍德"行动和"春天"行动。西蒙德斯提议，在攻克第一道防线时，采用在夜间集中大量坦克、搭乘充当装甲运兵车的半履带车及自行火炮的步兵发起装甲攻击的方式。徐进炮火弹幕和暗夜则会抵消德军迫击炮、机关枪和反坦克武器的威胁，帮助机械化部队向德军第一道防御阵地纵深快速挺进。同时重型轰炸机将摧毁位于主攻路线两侧的村庄，这样能让步兵更快将其肃清。西蒙德斯预计德军的第二道防线会是个硬钉子，在此地可能会遭遇党卫军第 12 装甲师的精锐部分及党卫军第 1 装甲师的一部分部队，而且只有集团军群皇家炮兵的中型和重型火炮的射程能够到达这里的德军阵地。因此在西蒙德斯看来，有必要进行第二轮空袭来压制守军，以便由两个装甲师组成的第二梯队能够发起第二次突破作战。

卡昂到法莱斯的 N158 公路将是加军进攻的中心线。在第一阶段，进攻的第一梯队左翼是第 51 步兵师和第 33 装甲旅。在西边（右翼）则是加拿大第 2 步兵师和第 2 装甲旅。每个步兵师都有一个旅在出发线等候并准备执行第二阶段任务，另外一个旅则负责肃清主力绕过的和位于侧翼的村庄。英国 1019 架重型轰炸机将用 3462 吨炸弹炸平进攻轴线两侧的 4 个村庄，这样步兵部队就可以轻易将其攻占。担任本次进攻主力的是两个装甲旅，伴随以两个步兵师各自的第三个已经实现机械化的步兵旅。为实现突然性，本次进攻不会进行炮火准备。"总计"行动把行动发起时间即 H 时定在 8 月 7 日 23 点 45 分，以覆盖 4 公里（2.5 英里）宽、6 公里（4 英里）深地区的、快速移动的滚动弹幕【每 2 分钟前进 180 米（200 码）】开场。总的算来，共总有 720 门火炮将提供支援，每一门火炮的弹药配额在 350 到 650 发。紧随在弹幕之后的是 6 支紧凑的坦克装甲步兵纵队，他们将攻占离出发线 5 到 6 公里（3 到 4 英里）范围之内的一系列目标村庄。一旦第一梯队巩固了所占目标，为第二梯队提供了稳固的前进基地，第二梯队就将上前而炮火弹幕也会随之推进。第一阶段作战结束到第二轮空袭发起之时，将会有一个 4 小时的间隙。

第二阶段开始时，从 8 月 7 日 12 点 26 分到 13 点 55 分，678 架美国重型轰炸机将对被推测为德军装甲部队主要驻扎地区的地方进行轰炸。战术空中部队则会往南进行战场遮断作战（但仅限于当天下午）。紧随轰炸之后，公路东面的加拿大第 4 装甲师和西边的波兰第 1 装甲师将一起发动进攻，每个师的进攻正面不可避免地被限于 1000 米宽多点，因为此前在夜间进行的首轮突破的正面十分狭窄。第 4 装甲师将会夺取 N158 公路东面的一系列目标，终点是攻占法莱斯东北 8 公里（5 英里）处的波蒂尼以西的高地。波兰军队在东面以平行路线进行类似作战，最终要攻占俯视法莱斯的高地并抵达该镇东北方向 3 到 5 公里（2 到 4 英里）远的地方——野心很大的目标。为了保护第二梯队的侧翼，在出发线待命的步兵旅将前出攻占两侧的村庄。

加拿大第 3 步兵师将作为预备队，扫清第二梯队绕过的德军阵地。位于左翼的英军第 1 军和西面的第 12 军则负责将各自当面之敌牵制住。其中后者将从格里姆博斯向法莱斯推进，这是英国第 2 集团军向法莱斯作宽大正面推进作战的一部分。[17] 图 4.3 展示了"总计"行动及其后续"温顺"行动的实际进展情况。

"总计"行动第一阶段的纵深突破作战进展顺利，事先为夜间指引方向所做的准备或多或少发挥了作用——到 8 月 8 日 08 时，加军已经突入了惊慌和混乱的敌军阵地之中，并占领了大多数目标，而且伤亡很小。唯一还在德军手中的目标是凯卢埃的采石场和名叫高米斯尼的小村子；两者都是由于参谋作业的失误，被划到第二阶段轰炸范围以内。而肃清两侧的和主力部队绕过的村庄则让加拿大部队

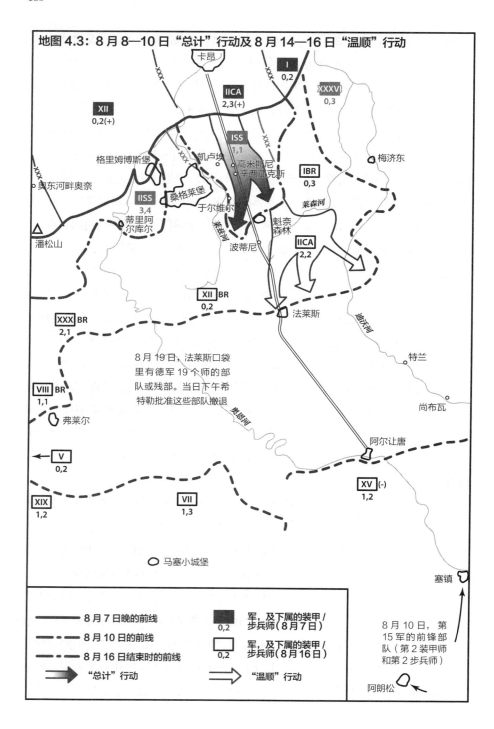

地图 4.3: 8 月 8—10 日 "总计" 行动及 8 月 14—16 日 "温顺" 行动

付出了四倍于突破作战的伤亡，并持续到 8 日午后 3 时左右。第一波轰炸中，三分之一的重型轰炸机因无法识别目标而终止任务，剩下的大多数也偏离了目标，起码在加拿大第 2 步兵师的地段是这样。这导致缺少炮火和（初期）坦克支援的步兵部队，并不能像预期的一样只要走走过场。而且德军第 89 步兵师在被迂回甚至部分部队被消灭后，并没有像英军情报人员判断的那样放弃抵抗。因此"总计"行动第二梯队部队向前移动时，受到落在敌后的德军部队的阻击，而因为第一梯队试图重新部署炮兵而引起的大规模交通堵塞也妨碍了第二梯队的行动。不过不管怎样，第二梯队及时赶到了第二阶段作战的出发线，就在第二波轰炸刚刚结束的时候。

　　第二波轰炸中，只有 75% 的美国轰炸机投下了炸弹（其中一些落到加拿大和波兰部队当中）。轰炸的结果十分混杂。进攻轴线侧翼的两个目标被径直击中（其中一个是德军在温舍战斗群重新部署，试图消灭格里姆博斯桥头堡阵地时，设置的用于混淆盟军情报机构的假集结地）。而那些位于中心线附近的目标则轻微受损，而且不管怎样德军装甲部队已经抢先一步撤出了被轰炸区域。党卫军第 12 装甲师的指挥官，是年轻（35 岁）但极富经验的党卫军上校库特·梅耶，他并不打算按照加拿大人的计划行动。在得知第 89 步兵师遭到攻击后，他赶到处在盟军进攻中心线上的、已经位于前沿的重要小镇桑托；同时他下令他手头可以立即作战的装甲部队（74 辆坦克和自行反坦克炮，包括 8 辆"虎"式坦克）在党卫军少校威尔德缪勒指挥下，集结于桑托以南的地区。梅耶快速评估了战场态势并看出盟军已经冲破了第 89 步兵师的防线。他根据亲眼所见估计盟军在他当面至少有 2 个装甲师（在当时是盟军进攻第一梯队）。德军需要争取时间等待温舍战斗群的 44 辆坦克和伴随步兵脱离战斗并返回，以及来自第 15 集团军的第 85 步兵师赶来增援（该师还需要经过两天的夜行军，在 8 月 10 日前无法到达）。梅耶要求威尔德缪勒战斗群发起一次骚扰性攻击。而在盟军因此延迟进攻时，温舍战斗群和一些 88 毫米高射炮将在 N158 公路之上和关键的魁奈森林中，建立一道防线，封锁前往法莱斯的道路。而在第 85 步兵师抵达后，德军防线还可延伸至莱森河谷。此后梅耶往南辗转 3 公里（2 英里）到达第 89 步兵师位于于尔维尔的指挥部与该师指挥官及亲自前来评估战局的集团军指挥官埃贝巴赫进行协商。埃贝巴赫同意了梅耶的计划，并且在 08 时返回集团军指挥部去争取支援（包括要回奥尔伯特战斗群、从党卫军

188

第 2 装甲军要来党卫军第 102 重坦克营以及其他冯·克鲁格之前许诺过的部队，尽管当时 B 集团军群的预备队已经用尽）。

时间来到 8 月 8 日正午，面对英加军队第一梯队已经巩固好的阵地，党卫军第 12 装甲师发起的反攻进展很小但伤亡很大（尽管之前逃出了盟军重型轰炸机的轰炸区域）。德军也没能干扰盟军第二梯队的攻击，在德军被击退时后者仍在继续向出发线前进。不过在转入防御之后，威尔德缪勒战斗群阻挡住了波兰军队的攻击，波军止步于离出发线不远的地方而且损失了 37 辆坦克。盟军的空袭并未能如预期那样粉碎德军的防线，而且炮火支援也不够（加拿大的集团军群皇家炮兵因为空袭误炸而损失不小），另外波兰军队既缺乏机动的空间也缺少战术经验。加拿大第 4 装甲师的表现也没好到哪去，甚至到 16 点 15 分时（行动开始几乎 3 小时后）他们才开始动身，主要是搞不清是由他们还是加拿大第 2 步兵师负责去夺取第一阶段未拿下的目标，因为这些目标处于轰炸区之内。加拿大第 4 装甲师前进时十分谨慎，而且军师指挥官都没有到一线亲自评估态势和担任指挥。[18] 在入夜时，该师只前进了 2 公里（1 英里多点）；然后按照一贯做法（尽管西蒙德斯一再催促）他们和波兰人一样，大多数在夜里找个安全地儿休息起来。只有一个战斗群（沃辛顿特遣队）前去占领一处目标，不过由于方向出错他们跑到了目标东面 6 公里（4 英里）外的一处山脊上。

在当日下午及夜间，德军又恢复了一条连贯的但摇摇欲坠的防线。第 89 步兵师残余的大约一半的兵力防守左翼。温舍战斗群已经在魁奈森林地区站稳脚跟，而威尔德缪勒战斗群也将沿着莱森河谷北面的山脊把防线向东延展。实际上沃辛顿战斗群跌跌撞撞地闯进了这一防线的中央，德军还需要抽出宝贵的时间及资源拔除这一威胁。幸运的是在党卫军第 1 装甲军的抵抗下，英军的第二梯队一再让西蒙德斯和克里勒的希望落空。由于某种程度上的缺乏配合，以及普遍低下的步坦协同水平，加上德军的顽强抵抗，第二梯队一直无法形成冲击势头。波军直到 8 月 8 日 11 时之前都没前进一步，而加拿大第 4 装甲师试图绕过德军阵地直接向目标前进的努力也归于失败，并遭受很大损失。这次战斗中，在温舍战斗群的坦克的教训下，迟钝的加拿大人终于认识到魁奈森林的重要性。之后加拿大人在夜间通过步兵渗透发起隐蔽的攻击，以零伤亡的代价夺取了加拿大第 4 装甲师北面的目标，但是当日下午及时赶到的奥尔伯特战斗群限制了加军进一步扩大战果。在本次战斗中，战术空中力量提供的支援十分有限，因为第 2 战术空军的空地协作系统十分冗杂（与美军配合紧密的装甲纵队掩护机制差距很大）。

到 8 月 10 日时，克里勒和西蒙德斯已经把胃口减少到只要突破魁奈森林，并且在加拿大第 2 装甲旅和所有火炮支援下与莱森河谷的加拿大第 3 步兵师会合；得手之后，波军将越过河谷向东挺进。由于缺乏战术情报、准备不足以及德军的坚决抵抗，这次攻击同样以失败告终。"总计"行动就此完结。

总之，当浅纵深包围正式成为战役目标后，"总计"行动所取得的进展的重要性得到提升。相应地，蒙哥马利在 8 月 11 日下达的 M518 命令中提出："我们应当集中力量将敌人包围，以便我们将其消灭在目前的位置上……加拿大第 1 集团军将要占领法莱斯。这是个首要任务而且必须尽快完成。之后盟军将以强大的装甲和机动部队攻占阿尔让唐。必须在法莱斯和大海之间支撑起一条牢固的前线。"为了强调沿着法莱斯—阿尔让唐轴线快速前进的重要性，蒙哥马利把英国第 2 集团军的主攻方向从右翼调整到左翼——第 12 军将从奥恩河上的桥头堡格里姆博斯向法莱斯突击。

英军下一阶段作战的策划和执行又一次大部分交到西蒙德斯的手上。发起"温顺"行动的命令于 8 月 13 日下达，并要求于次日执行。"温顺"行动中盟军将绕过魁奈森林继续向东，这就是"总计"行动的翻版。不过"温顺"行动将在白天展开，以烟雾代替暗夜隐藏行动。重型轰炸机将会消灭位于进攻轴线右侧的、封锁卡昂—法莱斯公路的敌军。空袭之后波兰军队将发起牵制攻击。中型轰炸机和战斗轰炸机将会削弱德军在莱森河谷的防线。然后各有一个装甲旅和两个步兵旅（步兵搭乘装甲人员输送车）的两个师，将集中成一个密集方阵在狭窄正面上突破德军的反坦克屏障，越过莱森河谷（英军认为其间没有障碍）并占领河谷另一侧的高地。之后加拿大第 3 步兵师将从东北方向靠近法莱斯，而加拿大第 2 步兵师同时也将从西北方向逼近。根据克里勒的命令，加拿大第 3 步兵师应当在 8 月 11 日渡过莱森河，配合英军第 12 军向法莱斯的进军行动。到 8 月 14 日时，加拿大第 3 步兵师离法莱斯仍有 10 公里（6 英里）之远，但是他们遇到的只是守卫着 15 公里（9 英里）防线的，多少已经筋疲力尽的德军第 271 步兵师部分部队的阻击。

"温顺"行动和它的前任一样，又发生了轰炸机误炸，加拿大人和波兰人因此导致的伤亡数字超过了 800。而且同样上演的戏码还有不错的开场和草草的收尾。

当加拿大人发现莱森河只有某些地方可以涉水通过时开始出现混乱，各单位在从阅兵式的行军队形中离开试图自行寻找渡河地点时混杂在一起。加军因此丧失了推进的势头，而当加拿大第4装甲旅指挥官阵亡导致指挥链瓦解后形势变得更糟。加拿大人混乱、迟缓和消极的行动，让本已逐渐不堪一击的德军防线打出了一场成功的迟滞作战。加军直到8月16日才最终进入法莱斯，而完全清理城中的德军又花了两天时间。

即便在"温顺"行动进行期间，加拿大第1集团军对于首要任务仍然认识不清。在8月初，法莱斯本来是英国第2集团军的目标，而加拿大人原先只是负责切断进出该城的道路以防止德军逃出包围圈，而不是占领它。蒙哥马利在加军的任务清单上加上了占领特兰，这是法莱斯以西16公里（10英里）处的位于迪沃河上的渡口。事实上，尽管修改"温顺"行动计划为时已晚，当法莱斯已十拿九稳时，特兰就成了新的主攻方向。而且蒙哥马利已下令英军第1军在来自第2集团军的第7装甲师加入之后，立即沿着梅济东—利雪轴线向塞纳河挺进。8月16日，在与布莱德利和邓普西会面（又一次没叫上克里勒和霍奇斯）时，蒙哥马利向布莱德利建议，把特兰—尚布瓦地区作为盟军新的结合部：德军即便成功撤往N158公路以东仍将被困在迪沃河以西。克里勒由于预计加军将与美军会师，建议在8月16日美军与加拿大第1集团军互换联络官，以避免发生友军误伤。他直到8月18日才收到美军回复并被告知，除了军级炮兵外，只能进行集团军一级的友军联络。尽管美军的回复十分粗暴，克里勒仍向他们提供了态势报告但是没有得到回应。[19]

对于调整后的作战理念中加拿大军队所肩负的任务，西蒙德斯已经在着手执行。8月15日，他命令波兰第1装甲师开始沿着新进攻轴线进军，并且在次日该师已经渡过迪沃河离特兰只有约12公里（7英里）。西蒙德斯还命令加拿大第4装甲师调转180度加入波军。不过第4装甲师直到8月17日才动身，而在他们到达之前波兰第1装甲师也没有继续推进。当第4装甲师最终动身时，却在进军途中出现重大失误，直到8月18日正午加拿大第3师赶到时他们才拿下特兰。波军奋力向前不过到8月19日下午时他们仍未到达尚布瓦，但是与美军第90步兵师的一部分建立了联系。此时，法莱斯口袋才最终封闭，但是它的出口还不够牢靠；在特兰以南封闭德军逃跑路线的加拿大及波兰军队十分分散。8月20日，党卫军第2装甲军从东面发起反击，协助部分德军逃出了包围圈。

法莱斯口袋和纵深包围

法莱斯口袋

德军所有的高层指挥官都已完全意识到重新向阿夫朗什发起进攻只是徒劳，而且第 7 集团军和埃贝巴赫装甲集群已处于致命危险之中。[20] 他们同样十分清楚向元首建议撤军既没用还会危及个人性命。冯·克鲁格想出了个办法。在手下集团军一级指挥官的匿名支持下，他说服希特勒不情愿地接受在重新向西进攻之前，有必要进行一次准备行动。为此，第 15 军应当首先撤往后方加入攻击集群，而且需要重新建立一条关键的补给线（而这同样也可作为撤退路线）。希特勒同意了他的建议，并在 8 月 11 日命令向东南方向沿着卡鲁日—勒芒轴线发起一次反击。但是由于海斯利普进军神速，冯·克鲁格不得不把进攻轴线向东偏移，并分出部分兵力去阻止美军挺进阿尔让唐。德军向集结地移动的过程混乱又缓慢【埃贝巴赫的指挥部在 6 个小时里只前进了 30 公里（18 英里）】，因为路上交通拥堵，又遍布着空袭后留下的狼藉，德军缺乏燃料而且组织和通讯也几乎瘫痪。之后在德军还未完成集结时，集结地就已落入盟军之手。埃贝巴赫的装甲集群只得转入防御，维持日益收紧的法莱斯包围圈缺口的南面阵地。

德国人仅存十分有限的攻击能力。德军的指挥、控制及后勤体系已深陷困境。党卫军第 1、2、10 装甲师和国防军第 2 装甲师在 8 月 11 日能立即投入战斗的坦克加起来只有 73 辆。[21] 当然，B 集团军群总司令自己本身压根也不想去发动反攻，他只需要一个脱离莫尔坦地区并撤往东面的理由，而且十分明白撤退将比进攻更紧迫。加拿大人向法莱斯发起的攻势，以及美军第 15 军从阿朗松向北的进军，正在形成一个包围圈，而众多来自俄国前线的老兵已经感觉到了其中相似的恐惧。对德军来说，应当趁还有希望的时候逃出包围圈。无关紧要的后勤单位已经非正式地被派往东面。德军根据在东线的经验已经准备好了撤退计划：比较有战斗力的部队将守住包围圈缺口的两端，保护其他部队后撤；一个军指挥部将脱离部队并集中精力进行交通管控；党卫军第 2 装甲军以两个师（实际上是两个小型而疲惫的战斗群，总共只有 20 到 25 辆坦克）集结于包围圈外的维穆蒂耶尔，准备在盟军钳形攻势的两端咬合时发起反攻并重新打开通道。但是希特勒仍然紧紧抓住继续反攻的念头不放。直到 8 月 16 日接近傍晚时分他才批准德军撤退。[22] 不过这个时候已经太迟。此时法莱斯包围圈只有56公里（35英里）的纵深（换言之，处在迪沃河以西），而收口处还有20公里（12英里）宽的缺口（8月16日时，加军还未占领法莱斯）。德军已经没有东西向的公路可用。德军将在后勤短缺严重并混乱的情况下进行撤退，路上他们要越过多山的地形和两条河流，而盟军的炮火和战斗轰炸机已经能够覆盖包围圈里的每个角落与缝隙。但是盟军仍然留给了德军把重要部队撤出包围圈所急需的一样东西：时间。

盟军没有察觉到德军的困境。"超密"、战术信号情报（Y集团军）和空中侦察，加上其他补充的情报，都没反映之后德军放弃了重新向阿夫朗什反攻的计划，一直改变的编组和调动，以及德军日益崩溃的后勤状况。在8月12日到15日，盟军所有的情报都显示，德军在意识到双向合围的威胁后，将会向美军第15军发起一次反攻来阻挡钳形攻势的南路。然而事实越发明显，德军因为缺乏坦克、燃料和弹药，以及整体上的混乱，将被迫放弃这一计划，取而代之的是对盟军发起反渗透作战。另一明摆着的事实是，尽管德军已经在进行战术撤退，但是主力仍留在法莱斯—阿尔让唐公路以西，并且正准备在阿尔让唐某一侧建立起防御以保护突出部南侧。[23]之后在8月16日夜，"超密"报告当日早晨冯·克鲁格请求批准进行总退却，之后当夜B集团军群下令开始向奥恩河进行这一撤退行动，并在第二天撤往迪沃河。8月16日深夜，蒙哥马利向帝国总参谋部报告称他坚信包围圈内仍有6个装甲师和党卫军师（这一估计得到了第1集团军情报的认可）。简而言之，盟军在8月16日有充足的理由去努力沿着迪沃河封闭法莱斯包围圈。

而法莱斯包围圈的南北两翼，盟军由于动作迟缓，在关键位置的兵力不足，以及战术水平低下等原因，更别提德军的有效应对，使得包围圈缺口在8月20日之前都无法完全封闭。即便如此，德国第7集团军和第5装甲集团军也已支离破碎。不间断的空袭和炮击造成了大量的并持续上升的伤亡。而德军损失的装备据不完全统计，已经超过300辆坦克和自行火炮，200辆轻型装甲战斗车辆，2500辆无装甲车辆和300门火炮。[24]而在8月14日撤退开始之时仍留在包围圈中的大约10万人中，有大约1万人已经阵亡，失踪或被俘的人超过4万。然而根据"超密"在8月22日的报告，仍有4万人得以逃脱。这一数字还应当加上包围还未形成时逃走的以及那些处于预定包围圈外的部队。盟军情报估计德军仍有250辆坦克和自行火炮及7.5万人留在塞纳河以西（实际上有11.5万人）。这些德军应当在撤过河以前被消灭。如果盟军只是单纯向东推进，后勤限制（早在 8 月 16 日就有所显现）将会拖后腿，而之后假如德军利用逃出包围圈的部队作为骨干重建部队的话，盟军进一步突破的努力将被阻止。

纵深包围

即便法莱斯口袋的两钳尚在合拢，盟军最高统帅和各集团军群指挥官已经开始考虑后"霸王"行动时期的作战了。不过还有一些未尽事宜：还有相当数量的德军正试图逃脱诺曼底的灭顶之灾。8 月 19 日，蒙哥马利会见了布莱德利、霍奇斯、邓普西和克里勒，商讨如何解决这部分德军。此时美军正在突出部的南面积蓄力量，其中第 15 军已经到达德勒而第 19 军也在该镇以西 15 到 30 公里（9 到 18 英里）的地区完成了集结。第 3 集团军的第 20 和第 12 军在沙特尔—奥尔良地区止步。因此德军已失去通过巴黎—奥尔良缺口向南突围的可能性，这里通往德国的道路最多。而剩下的唯一退路却易受盟军空中部队的遮断：向东北在韦尔农和塞纳河河口之间渡过塞纳河。稍后在 8 月 17 日，"超密"报告了这一地段尚在运作中的渡口清单。

各位高级指挥官最后同意的解决方案是向塞纳河的西岸突击，进行第二次包围。为完成这一任务，布莱德利提议把英国第 2 集团军从美国第 1 集团军身后经过阿夫朗什转移到美军右翼。然而那里有现成的部队，第 15 军有两个师在芒特，而第 19 军的三个师在德勒以西。集团军群边界重新调整为从韦尔讷伊向北到鲁昂以西，这样美军的两个军就可以向北扫荡至埃尔伯夫并为第 21 集团军群切断逃敌的退路。第 21 集团军群往东进军时，将会把敌军粉碎在美军担任的"铁砧"之上。[25] 同时，第 3 集团军将向东挺进，在巴黎以南控制一个塞纳河上的桥头堡，与巴黎以北芒特的另一桥头堡相呼应。这些塞纳河上的桥头堡将使德军无法把塞纳河当作屏障，反而成为第 12 集团军群向德国挺进的跳板。诺曼底战斗以盟军向塞纳河挺进作为收尾，如图 4.4 所示。

8 月 21 日，第 3 集团军按计划继续向东前进，所遭遇的抵抗很轻微。到 8 月 25 日时，第 20 军已经前进了 90 到 120 公里（55 到 75 英里），在离巴黎 40 到 70 公里（25 到 45 英里）的塞纳河上游地区控制了 3 个桥头堡。第 7 军的先头师甚至占领了离奥尔良 170 公里（105 英里）、巴黎西南 145 公里（90 英里）、离莱茵河

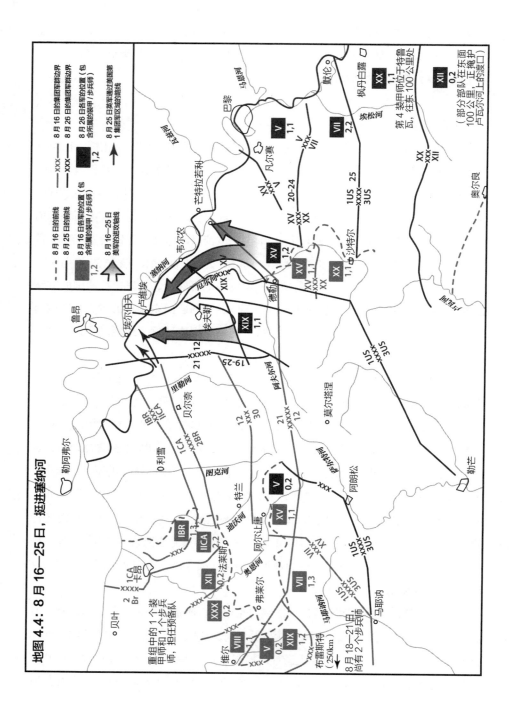

地图 4.4：8 月 16—25 日，挺进塞纳河

只有 250 公里（155 英里）的特鲁瓦。尽管一路攻占了大片地区，巴顿却从未忘记自己作战的初始目的——消灭敌人。8 月 23 日，当巴顿的部队快速逼近塞纳河时，他提议第 20 和第 7 军在各自的桥头堡转头向北，与第 15 军（已经在芒特渡过塞纳河）一道向北挺进博韦，以便把逃过塞纳河的德军包围住。布莱德利否定了这一提议而支持继续向东挺进，而此时随着后勤基地与前线之间的距离增大可用的运输资源已捉襟见肘，一场燃油供应危机已经隐约可见。

　　尽管成功渡过塞纳河撤退的德军不在少数，他们的组织、装备和指挥控制状态已十分差劲（除了位于海岸地区的第 84 军），而且他们缺乏既设阵地帮助组织有序的后撤行动。第 7 集团军甚至没法恢复到与之前差不多的实力，而第 5 装甲集团军除了两个由第 15 集团军派到塞纳河畔的步兵师外，只能在 8 月 21 日为党卫军第 1 和第 2 装甲军构建一段不完整的阵地。这表明德军在塞纳河以西名义上的 5 个装甲师，总共只有 5 个兵力不足的步兵营，大约 60 辆坦克和 26 门火炮。这是德军用于掩护部队撤过塞纳河的有组织的后卫部队的核心。防守巴黎和所有在罗纳河—索恩河走廊以东地区的德国第 1 集团军，也处于类似的缺乏战斗部队的状态：它只有两个缺乏训练装备不足的步兵师，三支逃出诺曼底的部队的残部，一些治安单位，还有两个来得太迟的防守塞纳河的党卫军"装甲"师——只有兵力不足的步兵团没有装甲部队。盟军的空袭也没有一丝停歇。德国空军增派了另外 800 架战斗机用来掩护撤退，但是其中大多数飞行员都是"菜鸟"，无法和盟军飞行员相提并论，撼动不了盟军的制空权；短时间内，其中的一半飞机就被击落、被毁于地面或者在盟军占领机场后被缴获。

　　美军第 15 军第 5 装甲师从 8 月 20 日开始在厄尔河与塞纳河之间前进，并于 8 月 25 日到达卢维耶。第 15 军的另一个师，第 79 步兵师则留在后方守住芒特的桥头堡。在第 15 军西边，第 19 军的一个装甲师和一个步兵师在向前推进，而第三个步兵师一开始拒绝留在后方。美军进军的正面大约宽 45 公里（30 英里），后逐渐缩小为 25 公里（15 英里），他们在 5 天内推进了 35 到 50 公里（20 到 30 英里），抵达埃尔伯夫和卢维耶。而越过图克河与里勒河，从迪沃河发起正面追击的 10 个英国和加拿大师，在 5 到 10 天内最远推进了 80 公里（50 英里）。美军在建立一条封锁线时和向西推进的英加军之间不可避免地发生了些摩擦，不过得益于盟军整体上优秀的参谋工作，以及会师前后同盟国内部的良好合作，美军得以从集团军群边界以南撤出，而英加军将完成塞纳河以西地区的扫荡作战，并在8月结束之前在塞纳河上建立桥头堡。

巴黎

当第1集团军的第19军和新加入该集团的第15军再一次切断德军的退路时，这一次因为法莱斯口袋消失而处于突出位置而需要在塞纳河畔重新整队的是第7军和第5军。[26] 这两支部队正处于第1集团军的右翼，该集团军与第3集团军的边界已经重新划分为从沙特尔到默伦一线，巴黎不再处于第3集团军的进军区域内而霍奇斯则得此殊荣（具体说是美第5军）。尽管巴黎本身是一个目标，盟军最高统帅部并没有太把它当回事；不过，作为法国最为重要的交通枢纽，巴黎的控制权对于盟军继续向东进军十分关键。艾森豪威尔一开始打算绕过巴黎并通过围困使其陷落，这样就不用进行代价极大的巷战，以及不用提前不可避免地每天分出4千吨物资供应这座食物和燃料短缺的城市。因此，盟军把法国抵抗力量重组为法国内地军作为正式部队并进行控制后，要求后者在巴黎的抵抗活动保持低调并且不要激怒德国人。这一单纯站在军事立场的考虑没有顾及法国的政治现实。法国左派分子和戴高乐都一直坚信控制巴黎就控制了法国，因此都急于夺取解放首都的功劳。到8月19日，美军的逼近、贝当政府的瓦解以及德国占领当局无力应对四处开花的罢工和抵抗运动，都在鼓动整个城市处于暴动状态。德国占领当局既无能力镇压暴动，也没有兴趣执行希特勒的焦土政策，只得同意与暴动分子达成十分模糊的停战协议。这一协议有效期只到8月23日正午。

戴高乐一直在鼓动盟军在法国第2装甲师带领下早日解放巴黎。而狂热的戴高乐主义者、该师师长勒克莱尔也一直在向漫不经心的上级提出同样请求，并且不管杰罗或者霍奇斯怎样下令，他都拒绝把法国第2装甲师作为关键力量投入法莱斯包围战。到8月22日时，受到法国政治压力的影响，以及逐渐确信德国人不会在巴黎坚守而法国内地军已经控制大部分城市，艾森豪威尔改变了对于巴黎的看法。勒克莱尔将在美军第4步兵师支援下前去解放巴黎，而他再一次不按照上级军长下令的路线前进。8月25日，巴黎的德国占领当局向法国临时政府投降，这样戴高乐先于共产党人控制法国大权的野心得以实现，并且给了多少有点不友好的美国政府一个既成事实。

第 7 集团军和第 5 装甲集团军没到尽头的苦难

盟军的空中遮断加上纵深包围作战没有达到预期的决定性效果。8 月 21 日，盟军空中部队已经把主要精力，从遮断塞纳河转向攻击塞纳河以北正在撤退的德军，并阻止德军沿着索姆河建立一条新防线；利·马洛里将军把摧毁永久性桥梁等同于封闭包围圈。即使在塞纳河左岸仍有大量可用渡口，地面部队仍然小心翼翼而非大胆地前进因此没能封闭渡口。对于这些进展或是地面部队没有及时封锁敌军的逃跑路线，蒙哥马利似乎没有过多的不满。正如他在 8 月 18 日向帝国总参谋部的致信中写道，他已断定"所有撤过塞纳河的德军部队在未来几个月内都无法作战"。[27] 一如既往，由于怀疑已经有相当数量的德军撤过了塞纳河，他下令调查有多少德军已成功撤走。调查的结论证实了他的怀疑：在迪沃河与塞纳河之间，德军有 240 辆坦克和自行火炮、250 辆轻型装甲车辆、4450 辆其他车辆和 230 门火炮被毁或被遗弃；大约 8 万人被击毙或被俘。但是调查同样发现在 8 月份的最后 12 天内，德军大约有 24 万人、2.8 万台车辆、195 辆坦克和自行火炮成功撤过塞纳河。很明显，空中部队并没有让塞纳河成为不可逾越的天堑（其实在 7、8 月时，德国第 15 集团军多个师能够渡过塞纳河前去增援第 7 集团军和第 5 装甲集团军的事实，就已显然证实了这一点）。靠着位于鲁昂的一条部分受损的铁路桥、3 座浮桥、大约 60 个渡轮和轮船码头，以及大量更小的简易渡口，相当多的德军得以摆脱死亡或被俘的命运。[28] 其中逃出包围的德军大部分是在 8 月 26—27 日通过上述地方渡过塞纳河的——就是在第 1 集团军往北扫荡，封锁了 60 公里（40 英里）长的河面但止步于埃尔伯夫之后的事情。

英美关于诺曼底作战的著作中提及盟军的伤亡数字时都十分谨慎。从 D 日到 8 月底，盟军地面部队总共伤亡 209672 人（大约 60% 是美国人）。但是提及德军的伤亡数字则比较随意。普遍被引用的数字是总共大约 45 万人的伤亡（24 万死亡和受伤，21 万人被俘），这一数字可能来自战时不可靠的估计。一个对书面证据进行的细致研究得出的结论是，德军实际人员损失是 288695 人（其中包括 198616 人失踪），但这是整个西线德军的伤亡数字，而且还包括了在法国南部和从法国南部、西南部撤退时损失的 6.5 万人。假定德军最多有 64 万人在诺曼底作战，那么很明显德军还有大量可以用于重组部队的人员——如果时间允许的话。[29]

成功撤走的德军中，5 个严重受损的师需要送回德国重建。其余 11 个步兵师的残部，只能变成 4 个简易的、装备不足的战斗群，而 11 个装甲师和装甲掷弹兵师每个都只剩下 5 到 10 辆坦克和 1 门火炮。[30] 而原先驻扎于诺曼底的两个集团军，在短短 4 周内下降到失去战斗力的等级。只有东拼西凑起来的第 1 集团军和消耗殆尽的第 15 集团军还在坚持抵挡盟军向德国进军。德军需要时间从其他战场调集额外的部队（东线战场无法提供一兵一卒，因为那里一场更大的灾难正在吞没德国国防军）。一方面，盟军已经获得了一次具有潜在决定性意义的战略机遇；另一方面，如果盟军不能有效利用这一机遇，逃出包围圈的德军官兵就能在重建的或新建的部队中担任核心角色。最为关键的是，德军原本在包围圈中的 1 个集团军级、7 个军级和 20 个师级指挥部中，只有 1 个军级和 3 个师级指挥部被歼灭。德军在德国境内还有大量可以利用的现成人员——2 个影子师（拥有和正常师一样编组的战斗部队，但是没有后勤机构），9 个要塞营和 17 个补充营——但是这些部队缺乏整合。另外在荷兰还有大约相当于 6 个团的伞兵正在受训，不过他们缺乏火炮和反坦克武器。德军逃出诺曼底的指挥和控制单位保证了重整的和重建的部队拥有经验丰富、运作高效的大脑，还有维持部队继续运转的后勤和勤务体系。

8 月作战中的战役法及领导能力

集团军一级

盟军的关键决策都来自于更高的指挥层，而集团军指挥官的行动自由十分有限。实际上，布莱德利，尤其是蒙哥马利，都倾向于实施严密的监督和控制，不给下属太多发挥的空间。邓普西、克里勒和霍奇斯也认为这种做法既正确也合理。然而巴顿却往往对接到的命令进行最大化的创造性解读，发挥主动性，并且完成任务之外的目标。对于盟军来说幸运的是，巴顿加入作战时，当时的作战环境很适合发挥他具有侵略性的、富于冒险的指挥风格。德军在诺曼底的防御瓦解得如此彻底，以及最重要的是瓦解得如此迅速，很大程度上归功于巴顿的精力和胆识，尽管这经常违背了他谨慎行事的上司的意愿。

英国第 2 集团军：邓普西中将。 在"蓝衣"行动之前，邓普西已经执行了 12 周吃力不讨好的任务，通过正面的消耗战把德军作战力量的主力牵制在英国战区

的正面。第 2 集团军夹在东面刚刚抵达的加拿大第 1 集团军和西面美国第 1 集团军之间，邓普西没有多少腾挪的空间。为了获得战术机动的空间，邓普西不得不为自己创造机会，突破德军的防线并在突破口中投入战果扩大部队。在"古德伍德"行动中以及之前，他一直没能达成这一目的，但在"蓝衣"行动中实现了。本次行动中，第 2 集团军把三分之二的攻击部队，快速而老练地重新部署在德军一段平静而薄弱的防线对面，借此取得了突然性。起初，奥康纳的第 8 军充分地利用了这一优势，该部在关键时刻一反英军一贯的小心谨慎并取得了初期的突破。然而，对于战线过度拉伸的担忧再度占了上风，英军放弃继续扩张而转头巩固现有战果。邓普西没有集中力量让奥康纳继续冒险突破，反而试图让第 30 军表现更出色点，以便让两支部队齐头并进。第 2 集团军因此失去了把德国第 7 集团军的撤退演变成溃败的机会。

从行动的第四天开始，第 2 集团军的作战思想，从以机动方式打乱敌军部署，迫使敌军难以站稳脚跟，转变回了以消耗战压垮敌军的老路。有些主张支持这种回归自己熟悉的战术的做法。因为本次行动的主要目的已经实现，阻止了德军把党卫军第 2 装甲军调往西部去阻止"眼镜蛇"行动的突破作战。按部就班式的作战主张保留实力，这是一支面临兵员危机的军队的主要考量（英军人员短缺之严峻，到了第 59 步兵师都要被解散以便向其他部队提供补充兵员的地步）。而且这种作战方式是可控和低风险的，不像大胆的追击作战可能导致混乱和不确定，并且可能因为敌军的反击而打击士气。不过很难不去怀疑，邓普西及第 2 集团军乐于重返自己的舒适区，因为事实已经证明在 8 月初的作战环境中，大胆行动更为安全和更为有益。德军已经缺乏兵力、后勤支援和能力去夺取哪怕暂时的、局部的空中优势，无法在阻挡美军突破的同时从英军手里夺取主动权。而受益于出色的战役级别情报工作，盟军是了解这一切的。

"蓝衣"行动之后的作战特点不是（实际上也不可能是）以往那种，进行长时间集结在狭窄正面上集中强大力量，并消耗多日储备起来的大量弹药的作战方式。相反，在代价高昂并因此持续时间不长的"格劳斯"行动之后，第 2 集团军前线的所有三个军都面临着压力（直到第 8 军因为法莱斯包围圈缩小而不再处于突出位置为止）。[31] 但是在 8 月中旬，仅仅因为德军撤退，第 2 集团军的压力已大大减轻。每支部队当然不会拒绝休息和重整的机会。然而由于英军缺乏进攻性，意味着他们几乎没有给德军的撤退行动造成麻烦。英军没有牵制住德军部队以争取到更多的时间完成包围，阻止德军脱离西面的战斗集中向东突围。英军也没有在包围圈北面向德军强力突击，以分割和消灭德军撤退中的孤立部队。在加拿大军队的"总计"行动失败后，担任主力的英军第12军没有得到有力增援，前进的脚步也不紧不慢（尽管无法否认的是，它的行动地区易守难攻）。德军撤退时陷入混乱为追击者创造了必然的机会，英军却没能把握住，例如第11装甲师没能阻止党卫军第10装甲师在8月17—18日夜间渡过奥恩河。而在法莱斯包围圈消失后向塞纳河追击的过程中，即便德军已更加虚弱，英军同样没有对其造成威胁；德军被赶向了美军打造的铁砧，但是锤子却没有落下。总之，英军一再没能利用好敌军的弱点并进行积极的追击来把战役胜利转化为会战的胜利。不过邓普西没有展望诺曼底作战之后的行动，并确保他的部队能在上级指挥官提出要求后尽快动身。他计划以直接强渡的方式在塞纳河上建立桥头堡，借此避免因采取更谨慎的行动方式而产生的延迟。

对于布莱德利十分不寻常地提议把2个英国师转移绕到美国第1集团军另一边，完成在塞纳河边的宽大包围，邓普西的回绝明显是正确的。这一计划（可能是想让所有美军放下手头的任务，立即向东朝德国进军）原本会导致混乱，在后勤上也不现实，所需的兵力也不足，而且最重要的是，在包围众多德军时难以快速落实。总而言之更合理的是双方同意把集团军群边界临时更改，以便第19军和第15军越过英军的进军路线，在厄尔河与塞纳河之间发起攻击。英国第2集团军为避免与美军在重合的进军路线上发生冲突，与美国第1集团军进行了很好的配合。（当然如果不是美军把突击路线画到塞纳河以东，也就没有什么问题要去解决了。）有说法称，邓普西曾评论他的部队因为美军没有尽快离开他的进军路线而被耽搁，这一轻率（也可能是被错误引用）的说法既不公平也不符合邓普西的性格；邓普西骨子里是个圆滑的人。而蒙哥马利在与美国人交往，平息事件时常常表现出缺乏敏感性，但是没有对邓普西与美军盟友的关系造成长久损害。不过这的确反映了英美军队之间的厌恶，甚至是敌视和猜忌情绪增长到了一定水平，这不但损害了两军的关系，也妨碍了合理决策的制定。

到8月底时，德军已被严重削弱，后勤枯竭，处在可以想象的最脆弱状态，但是英国第2集团军看起来乐于把消灭德军的任务交给盟军空中部队和其他集团军。这一主张的预设前提当然是第 2 集团军有能力做出其他任何行动。第 2 集团军所接受的良好训练，是为了让它能按照固定套路去打仗，它的军事教条十分重视这点，而且它已经获取了很多如何把这种训练充分利用的实际经验。然而，登陆之前第 2 集团军在英国的忙碌时光，并没有为机动和追击作战去做准备——在编队一级肯定没有。在大多数时候，英军指挥官、参谋人员和各部队都习惯于依赖大规模的、优势的、不必要的和浪费后勤资源的火力攻击，以及计划十分精细和过于谨慎的战术。与德国人不同，英军缺乏足够的相关训练和经验去进行流动作战，而且德国国防军身上一再展现出来的灵活性，不见于英军的指挥部和它们的指挥官。[32] 在认识到自身能力与德军存在的巨大差距后，更使得英军倾向于谨慎行事。不幸的是，到 8 月中旬时谨慎对于当时战局的发展来说已不合时宜。当敌军已遭严重打击，顾此失彼，后勤困难，士气接近崩溃，而且被迫进行越来越迟缓并因此不起作用的反击时，这就到了对主动权进行坚决利用，冒着风险收获最大回报的时候了。这不是关心敌人将会如何对付自己而是我方应如何对付敌人的时候。在 8 月，第 2 集团军看起来无法做到随机应变。它还没为诺曼底之后的战斗变得哪怕更全能更灵活一点。

而邓普西似乎也不鼓励追击作战所必需的勇猛和坚决等品质，这些在他自己身上也看不到——要么就是因为受到蒙哥马利的束缚才表现如此。毋庸置疑蒙哥马利对他的影响是巨大的，包括对于伤亡数字的本能反应，以及深知盟军序列中的英军面临即将枯竭的后备兵员。但是真实的原因是他十分英国式的对于有条理战场的执念，以及伴随而来的通过详细的、限死的命令，和对下属的监视来实现严密掌控的冲动。这与其他高机动的、重装甲的、享有绝对空中支援的部队所采取的，并因此获得巨大胜利的任务指挥式风格大相径庭。

加拿大第 1 集团：克里勒中将。与"蓝衣"行动一样，"总计"行动在诺曼底取得了比前一个行动更多的收获。加拿大第 2 军在德军防线上建立了一个 15 公里（9 英里）深、8 公里（5 英里）宽的突出部。此举直接把德军一个生力步兵师打掉一半兵力，给党卫军第 12 装甲师造成重大损失，并使 B 集团军群受到极大震动。在作为防线支撑点的卡昂濒临崩溃，而美军几乎不受阻挡从勒芒向北挺进时，冯·克鲁格预见他最为害怕的事情——第 7 集团军和第 5 装甲集团军大部被围——即将降临。然而，"总计"行动最终没有切断德军经过法莱斯的撤退路线。这一失利加上"温顺"行动重新发起进攻之前的战役停顿，产生了十分深远的影响。

尽管一些站不住脚的说法表示克里勒是"总计"行动的策划者，实际上这很明显是加拿大第2军总指挥西蒙德斯的主意。早在"总计"行动之前两周，他就在反思他发起的"春天"行动遭遇惨败的原因。为了消除那些令盟军在德军防线面前头破血流而毫无进展的因素，"总计"行动采用了不少奇思妙想：用重型轰炸机对距地面部队很近的地方实施夜间轰炸；在夜间用大规模装甲部队发起攻击；用装甲人员输送车把步兵快速运至敌军纵深，并且不因轻微的伤亡而打乱计划。[33]这些创新使加拿大部队获得了突然性，并因此快速突入了德军防线。第一阶段完成时加军伤亡很低而且基本能按计划行动。然而在这之后战斗立马开始走样，加军由此失去了进攻势头并再未恢复。

这一事态变化的原因之一，是德军采取了有效应对。尽管之前未经历过战火而且仍处于震惊和混乱之中，德军第89步兵师各单位不顾寡不敌众和对手已绕到后方，仍在坚持战斗。在争分夺秒的战斗中，更为关键的是德军各级指挥官都能迅速反应而且具有战术敏感性。梅耶和埃贝巴赫都在战斗之初亲临一线进行视察和决策，在决策—行动闭环中争取到了宝贵的时间。不过他们按照一贯做法发起立即反击后不但没有夺回失地反而造成了无法弥补的损失。西蒙德斯预料到德军将迅速发起反击，而且加军第一梯队已经在刚刚占领的地方严阵以待。不过反过来，德军的迟滞作战为自己赢得了在波蒂尼地区，以及最终在莱森河一线建立防线所需的时间。德军在未达目的的反击作战之后十分积极地开展防御战，并采用机动防守的策略。德军没有把坦克和步兵混编在一起进行防守，而是集中于魁奈森林地区用于反击，加拿大人付出沃辛顿特遣队全灭的代价才弄清楚这一点。德军快速而有效的应对当然是可以预料到的，即便是第89步兵师这种实力较差、初上战场的部队也是如此。这在整个诺曼底作战期间都是固定套路，此前最近的一次是德军在"蓝衣"行动中的反应。但是事到如今，盟军各战术层级的情报和指挥官都不了解德军这一特点。

即便充满想象力和新点子，西蒙德斯的计划仍有重大缺陷，导致了德军能够借机恢复镇定并重建一条连贯的防线。这些缺陷根植于英国的战役和战术方法与思想。换句话说，这是系统性的弱点。第一个有关对于空中力量的错误使用。英加军惯于用数百吨的高爆弹药把抵抗者埋葬，而在这种任务中越发依赖于用大规模重型轰炸机来弥补炮火的不足。不管是在"古德伍德"还是"蓝衣"行动中，英加军都希望这能成为包治百病的灵丹妙药。结果在"总计"行动中，大规模轰炸起到了相反作用。起初的夜间轰炸只取得了部分成功，但是对轰炸的依赖意味着步兵开始向德军坚守的村庄发起攻击时，缺乏足够的兵力也没有火炮与坦克的支援，因此步兵遭受了较大伤亡，并且主力进攻路线的侧翼威胁没有按计划被消除，影响到了炮兵部队为支援第二阶段作战的往前转移。关键的是，第二波轰炸起到了适得其反的效果。这波轰炸对德军防线几乎没造成打击，大多数都砸在了空旷地和位于圣西尔万的德军假集结区，却给支援第二阶段攻击的两个集团军群皇家炮兵造成了严重杀伤和混乱。更要命的是，加军认为当日下午对德军第二道防线进行轰炸十分必要，因此地面部队进行一个长时间的战术停顿可以接受；后来的事情都很清楚，加拿大和波兰装甲部队过了 6 到 8 个小时才迈出出发线。这段时间已足够德军重筑完整防线。而牵涉到轰炸机司令部与第 8 航空队出击安排的计划必然也是毫无灵活性，在地面行动开始之前已是板上钉钉，而且在行动开始 5 个小时内没做任何改变，在 8 小时后也不取消。因此地面部队即便进展顺利，也要停下坐等空袭发动，而如果出现计划外的敌情，不管是地面部队还是空中部队的计划都不做调整。这都是 8 月 8 日真实发生的事情。

在"总计"行动的谋划阶段，克里勒就指出第一、二阶段之间的间隔过长。这违反了保持攻击势头和主动权的原则。然而他没有推动这一问题的解决，即便后来"超密"反馈党卫军的一部或是大部已经进行了重新部署。[34] 十分不幸的是，作为有权取消第二波轰炸的人，克里勒对自己的想法缺乏自信，可能还有点受到强势且更有经验的西蒙德斯的胁迫，或者害怕因冒犯空中部队的高官而再也得不到重型轰炸机的支援。毕竟，为了要来这次轰炸他连自己的政治资本都用上了。

对于用战略轰炸机来投送火力的痴迷，使人忽视了更为成功的和更少争议的战术空袭。实际上，如果战术空中部队受到更多重视和合理运用，空中力量本可以为"总计"行动贡献决定性力量。持续的空中遮断作战可以严重迟滞克劳斯战斗群和奥尔伯特战斗群的行军，而这两者是在 8 月 9、10 日击退加军的主力。近距离空中支援也可以有力促成进一步突破。在炮兵不能及时向前转移提供持续火力支援时，战斗轰炸机提供了另一个火力来源选项。战斗轰炸机在攻击点状目标，尤其是缺乏防护的反坦克炮和火炮之类的时候，可能会更有效率，因为此时德军在动态作战中已无法构筑良好的工事和进行精心隐蔽。为了保证能及时响应，一些对地攻击的战斗机单位可以在战场上持续巡弋，采用皇家空军少将布罗德赫斯特在 1943 年年底提出的"计程车招呼站"战术。其他处于座舱警戒和准备好听候命令起飞的中队，则可迅速发起波次攻击。[35]

如果西蒙德斯和克里勒敢于按照实际情况修改计划的话，他们本可以不再依赖第二波重型轰炸机轰炸。这样加拿大第 2 军就可以迅速自如地扩大初期的胜利（虽然为了避免迟缓和混乱，仍有必要对扩大作战粗略地重新计划）。[36]最起码，第一梯队的各部队可以继续向前推进而不是停下来进行重组。当然更好的做法是，相当于加强营规模的事先编组好的联合兵种战斗群，先于主力部队也可以沿着 N158 公路两侧继续向南推进，攻占波蒂尼以西的高地和此地正东位于莱森河的渡口。这些部队应获得优先的空中支援，目标是先于敌人到达敌人纵深处利于防守的位置上，坚守到第二梯队投入作战并设法前进增援先头部队。打乱德军防线并快速推进使德军无力应对，将会缩减行动的时间并因此降低风险因素。[37]还有可能的话，如果能更强调行动的紧迫性，装甲师也可以加速前进；实际上完全没有必要在空袭发起之前等候在出发线上。

事实上，当第二梯队发起攻击时，它对阵的是一个开始回过神来的顶级对手。第二梯队两个装甲师只能靠自己努力向前。不过，德军在面对占有很大数量优势的敌人发起的精心组织的攻击时，仍然十分脆弱。这点在 8 月 8 日下午是毫无疑问的，而且第二天依然如此。然而不幸的是第二梯队的两个装甲师都缺乏经验，很容易犯新手级的错误。波兰装甲师没有弄懂怎么运用联合兵种战斗群，而加拿大装甲师的跨兵种协同作战水平很差。还有这两支部队都没做好打夜战的准备（尤其是在沃辛顿特遣队遭遇悲惨结局之后）。两支部队的战斗组织都很差而且常犯战术错误。对于十分令人失望的结果，西蒙德斯和克里勒不仅归咎于部队缺乏经验，更指出指挥官们缺乏进取心和职业素质；西蒙德斯因此严厉斥责了从上到下的每一级指挥官。然而这些指挥官的失利，很大程度上是作战计划的缺陷导致的。第 4 装甲师推迟了 3 个小时才离开出发线，是因为糟糕的参谋作业把高米斯尼划到了轰炸范围以内，并把它作为（第一阶段的）一个目标分派给了两个师；而第 4 装甲旅指挥官布斯准将所犯的不可饶恕的错误（他并没有因此被解职），只不过是次要因素。此外，每个装甲师都被划定了一个狭窄的进军区域【几乎就 1 公里（半英里）宽多点]，因此无法按照西蒙德斯的要求绕开德军的抵抗阵地。不过加拿大第 2 军还是可以向东取得相当大的突破。在英军第 1 军前线当面的，是防守德军右翼的战力差的第 84 军，它苦撑着从海边到拉乌盖的 20 公里（12 英里）前线。[38] 由于英军第 51 高地师的进攻，第 84 军的防线一夜间又被拉长了 7 公里（4 英里）。而当德军在 8 月 8、9 日间撤退后，这一防线再度被延长了同等距离。第 84 军已把战线拉得太长，缺乏机动性且几乎没有装甲部队，而德军为了有足够力量击退盟军对德军防线右翼的攻击，错误地把第 84 军的右翼防线向南延伸。

克里勒难以解释自己为何没能打开党卫军第 1 军和第 84 军结合部的缺口，更难以被原谅。从第一阶段开始，第 51 师和第 33 装甲旅只发挥了很小的作用。与英军第 1 军指挥部在 8 月 9 日下午的要求相反的是，这两支部队只是跟着加拿大部队推进并提供侧翼掩护而已。这两支部队和另外一个装甲师，本可在任何一个军的指挥之下拓宽作战的空间范围，并且在英军第 1 军其他部队牵制住当面之敌时，把德军防线进一步拉长。这样的一个任务将可以为突击鲁昂打下基础，而向鲁昂突击正是克里勒认为的，他的部队在"总计"行动之后所要担负的任务。这一安排也不会超出克里勒所部的能力范围，因为他仍有 2 到 3 个加拿大师和 1 个装甲师及 1 个装甲旅可直接用于进攻法莱斯。

加军在 8 月 8 日和 9 日的进攻都没有实现期望的结果。加军没有吸取的教训就是，把突击局限在 N518 公路两侧狭窄的几公里范围内，将会变得越来越没有前途。在 8 月 10 日，加军终于迟来地领悟到魁奈森林在其进攻轴线上具有中心作用，并据此制定计划。不过加拿大第 3 师在此地从正面发起的攻击被德军完全料到并击退了。这一失利用高昂的代价提醒加拿大人，没有突然性和周密策划，以及一个安排得当的火力计划，随便发起一次攻击几乎不可能成功击败一个准备充分且老练的敌人。

下属部队能力如此有限，尖锐地给西蒙德斯和克里勒提了个醒，俩人用了他们认为有必要的两天半时间，制定出了一份新的按部就班的攻击计划，尽管蒙哥马利催得很紧。两人都认为"总计"行动基本不存在缺陷，反而把失败归咎于下属的无能。因此，新计划"温顺"行动不过是前者的翻版。这次行动依然依赖重型轰炸机（这种依赖，通过战果和相当严重的后果来看并不是完全有道理的）；同样将大量坦克和装甲人员输送车组成密集编队；用烟雾代替暗夜的掩护；同样处于严密控制之下，当计划不灵时没有多少发挥主动性的空间。而且当加军发现莱森河很多地方都无法通行坦克时（这一点只要稍微有点责任心的情报工作都能提早发现），计划的确不灵了。下级指挥官在遇见突发情况时完全不知如何应对，在他们茫然无措和消极待命时，这次进攻开始变得涣散并以失败告终。

如果不是一直正面进攻德军逐渐稳固的防线而是从侧翼发起进攻，即便最迟到 8 月 10 到 11 日间，仍然会有比较好的效果。为支援英军第 12 军从格里姆博斯桥头堡往东南方向的突击，加拿大第 2 师在 8 月 11 日从莱兹河西岸发起了一次辅助攻击——由于温舍战斗群在 8 月 8 日离开了此地，加军得以全力推进。不过这一地区不适合部署更大规模的部队并快速提高节奏。在其左边，如果克里勒愿意的话加拿大第 2 军在英军第 1 军的配合下，有可能突破早已不堪重负的德军第 84 军的防线，并威胁到党卫军第 1 装甲军的侧翼。当然，到这个阶段的攻势时，由于未能把握稍早之前的机会，加军需要投入更多部队来恢复进攻势头。蒙哥马利可能由于对克里勒评价不高，因此对他不会像对更信赖的邓普西一样轻易提供增援。克里勒由于不太受到尊敬因此没有受邀参加关键的司令官会议参与作战态势的讨论。例如在 8 月 13 日和 16 日，蒙哥马利与布莱德利和邓普西两次进行了会面并制定了直接涉及加拿大第 1 集团军的决策，当时克里勒均未出席。

"总计"行动和"温顺"行动暴露了加拿大军队在战役理论和战术素养上的缺陷与不足。加军知道突然性具有战力倍增器的作用，但是对这一效果的短暂性缺乏足够认识；任何没有抓紧利用的一小时都能让敌军白白获益。归根到底，西蒙德斯和克里勒认为绝对数量的火力是无可替代的——越多越好。[39] 这导致加军过于依赖轰炸的效果、详细制定的火力计划和严密得不切实际的时间表。即便德军一次又一次充分证明了冲击势头（尤其是其引发的瘫痪效应）是装甲部队的主要武器，加拿大人仍把速度当作次要考虑因素，因此很明显认为其不具有重要价值。库特·梅耶曾尖刻地评价："就像一次分阶段的坦克攻击跟一次骑兵冲锋中间还要安排餐后休息一样。"他同样指出："你无法在办公桌后面指挥一场坦克战。一位负责任的部队指挥官应该身在进攻先锋的最重要部队之中，以便能够根据情况下达决策并发起歼灭性的致命一击。"[40] 这和加拿大的师级指挥官的做法不同，他们喜欢在桌上办公，在地图上制定计划而不是前往一线亲自观察、评估部队的状态并担负领导责任。加军指挥官只是照着上司的指示去指挥。

西蒙德斯之所以整天和他的师长们待在一起，是因为他（正确地）信不过下属的战术素养。他的冷酷与苛刻换来的更多是恐惧。他采用的是强制式的而非引导式的指挥方式。而克里勒喜欢待在指挥部里，离各军指挥部基本在 60 公里（40 英里）左右，而他自己又掺和到琐细的参谋工作中，却没有能力分辨轻重缓急。他几乎每天都会到前线视察，但只到军指挥部为止。克里勒和他的指挥部都缺乏实际作战经验，这点在 8 月显露了出来。克里勒的指挥既不成熟又带有缺陷，常常因为害怕失败又过于乐观（以及英国模棱两可的军事理论）做出些折中的决策。克里勒把大部分行动策划工作交给了西蒙德斯，而西蒙德斯才是蒙哥马利看中的集团军指挥官人选。大多数时候，克里勒发现自己降格成了蒙哥马利和西蒙德斯之间的传话筒，甚至两人有时还直接把他撇开。他的贡献大多数是劝诫性质的，尽管在从空中部队要来重型轰炸机支援时他起了重要作用。而克里勒和西蒙德斯对于英国的军事理论坚信不疑，尤其是要求保障后方和侧翼安全这一条；还有用大规模的火力计划（包含空中的）来避免不必要的伤亡；以及保持平稳、避免冒险等。俩人不是去了解战斗的发展情况，而是死抱着复杂的作战计划并在计划不灵时责怪下属。不过西蒙德斯最终对于作战有了一点点心得，而克里勒则毫无长进。西蒙德斯所做的判断更为理智，也更有创造性。

美国第 1 集团军：霍奇斯中将。霍奇斯在接任集团军指挥官仅仅 5 天后就迎来实战考验。直到德军在莫尔坦发起反攻的数小时前，"超密"才发出警告，这已经没有足够时间进行任何战术准备。有意思的是，布莱德利和霍奇斯都曾担忧过阿夫朗什会受到威胁，却因为过于自信多次忽略了预警信号。[41] 在 8 月 1 日之前，"超密"已经记录到德军对于第 7 集团军洞开的侧翼感到恐惧。但是盟军将领没有反思一下，为何在本应及时撤退之时，德军仍冒险在维尔河西岸顽强战斗（蒙哥马利在 M516 号命令中指出过这点）；实际上，一旦来自第 15 集团军和法国南部的援兵到达，德军就把他们投入了进攻作战，而不是在身后建立一道防线来掩护撤退。没有一个盟军将从 8 月第一周的情报中嗅出德军反攻的苗头。8 月 4 日至 6 日一系列的信号情报表明，在德军左翼的第 47 装甲军正在集结越来越多的装甲部队，尤其是新抵达的步兵师正在接替防线上的装甲单位，这预示德军将试图通过反击来扭转局面。空中侦察同样发现了反攻集群的部队。

幸运的是美国第 1 集团军处于可以击退反攻的有利位置上。阿夫朗什走廊已经被仔细地拓展到足够的宽度，而且莫尔坦周围的高地也在美军牢牢掌握之中。由于美军有 6 个师（包含 1 个法国师）位于或邻近战斗区域且拥有大量的空中支援，德军仓促组织的、无力的、缺乏侦察的攻击从一开始就注定会失败。第 1 集团军利用最大限度的空中和炮火支援进行了从容而有效的应对，帮助第 7 军挡住了德军。在 8 月 8 日早晨，德军的攻击很明显已经成了强弩之末，霍奇斯也是如此上报。虽然不能排除德军再度发起攻击的可能性，但是可以确定已无法实现突然性且没有后续增援，因为德军根本已无可用之兵，德军的反击已经到了顶点。面对盟军将要发起的攻击，部署失衡、遭受重创、后勤瘫痪、指挥与控制逐渐无法维持的德军已无力招架。

在更高的战役层级，盟军决心利用德军敞开的南翼，对德军的攻击集群实施包围，并在法莱斯—阿尔让唐公路一线封闭包围圈。但是在霍奇斯这一级上，他对同样的机会把握得有点慢。第 1 集团军从维尔到莫尔坦再到巴朗通，一路与德军攻击集群的主力进行正面交战，而非合理分配部队用部分部队发起牵制攻击，同时把其他部队撤出前线并尽快运动到德军左翼。实际上，第 5 军及之后的第 19 军直到英军越过他们的前线，他们不再处于突出位置时才进行重新部署。类似的是，第 7 军直到 8 月 12 日由于第 19 军的推进而位置变得不再突出时，才先后绕过第 4 和第 9 步兵师，向东南方朝德军第 17 装甲军的最强部分发起攻击。同时第 1 步兵师和第 3 装甲师大部则等候在马耶讷地区，直到一周后 8 月 13 日德军很明显开始撤退时，才沿着栋夫龙—弗莱尔轴线前进。霍奇斯可能是希望等第 7 军完成集结，实力充实且侧翼安全时才向北推进。这留给了德军最为需要的喘息机会进行调整部署。这同样让美军在机动性上面的优势（得到了制空权的增援，同时还利用空中部队限制了德军的行动）发挥不出来，并因此失去了利用高速前进让德军一直无法站稳脚跟的机会。另外，霍奇斯迟缓的行动还使得第 1 集团军和第 15 军之间的缺口迟迟无法关闭，第 15 军当时正沿着阿朗松—阿尔让唐轴线攻击。霍奇斯不是尽全力去攻击敌军没有防守的地方、敌军的侧翼、敌军的后方以打乱它的防御，而是偏好在有利于敌军防御，还得到雷区加强的地形上全力迎头攻击。从 8 月 6 日到 11 日美军的伤亡率都超过 1000 人 / 天，最高峰时达到了 1796 人。

如果霍奇斯和盟友之间的关系是合作多于竞争的话，他本可以从英国第 2 集团军在"蓝衣"行动早期的成功中获得好处。美军的第 5 和第 19 军在前往维尔的途中一直遭遇着恶劣天气，直到7月31日英军的进攻迫使第47装甲军从维尔河畔泰西后撤；到8月2日，第8军从北面进攻维尔时该城已经无人防守。霍奇斯本该支持英军攻占这一重要的交通中心并向阻挡美军的德军的侧翼突击；这样他可以利用这一机会将主力调整到右翼，进一步让德军疲于奔命。在这之后，当美国第1集团军部分部队和加拿大军队在特兰—尚布瓦之间相互靠近发生友军误伤时，克里勒难得提出了个理智的建议要与美军交换联络官和信息，却被霍奇斯回绝了。用官僚化的借口搪塞自己的不合作行为，这也许是霍奇斯一贯而明显的小心眼做法。可以理解的是，霍奇斯对于勒克莱尔一直回避命令，并纠缠不休要求由自己解放巴黎的行为大为光火，但是他没有弄清楚法军是个特例，因为法军是在他的指挥之下。勒克莱尔作为盟友的高级军事代表，霍奇斯没法像对待美国人一样约束和命令他。而当霍奇斯不得不这样做时，就难以和盟友愉快合作了。作为对比的是，在美军攻占埃尔伯夫及英军接近集团军群边界后，霍奇斯与英国第2集团军及其第30军进行复杂的协调工作以便理顺英美军队行动时，则完成得很快且相对顺利。

到8月16日时，布莱德利已经决定把美军担负的封闭包围圈的任务交给第1集团军。因此后来第5军和临时组建的一个军在阿尔让唐混杂在一起，并很慢才恢复向北的攻势，这要由布莱德利，而不是霍奇斯负责。霍奇斯正忙于指挥第19军从第1集团军左翼向最右翼进行费事而令人惊叹的转移，并开始沿着埃尔伯夫轴线攻击。然而第19军和第15军向塞纳河以西推进时，都保持了每天7到8公里（4到5英里）的速度，考虑到德军的虚弱与混乱这速度实在不够快，甚至慢到无法困住包围圈中德军两个集团军的残部。美国第1集团军指挥部因为与各军距离过长因此产生了很多通信问题。但是很难下结论说霍奇斯没有尽力去鼓励下属（就像巴顿做到的）摈弃迟钝而又谨慎的打法，代之以当机立断、大刀阔斧和敢于冒险的精神。这当然不是因为霍奇斯没有亲临前线视察。在诺曼底作战之初，霍奇斯就经常拜访下属的军师指挥官（虽然这种突然造访随着时间推移越来越少）。不过他的驾临并不能鼓舞人心；实际上，他老是担心细枝末节让人只是忍受而非欢迎这种造访。然而，霍奇斯不在场并不代表他的下属可以按照自己的判断执行任务。除了第7军的柯林斯之外，霍奇斯不信任手下的任何指挥官。他要求下属在报告中提到的细节，其实适合集团军往下一、二级的指挥部需要，而且他下达的是详细的指定性的命令。他也是一个没法忍受战场的混乱的人。

霍奇斯经常被称为美国陆军最杰出的战术大师。遗憾的是，他没有突破战术层面创立自己的指挥艺术。第1集团军7月30日的战斗日志可供一窥："霍奇斯将军……认为从一开始我们很多营和团尝试去迂回和绕开敌军而从不迎头交战……（这些部队）认为这是保持向前猛冲的更为安全、合理与迅速的办法，而不担忧有可能发生被切断后路这种复杂的、不确定的事情。"[42] 只有打步兵单位层级的消耗战他才会感到自在。诸如突然性的、类似"眼镜蛇"行动集中兵力于狭窄地段并节约其他战线的兵力、把侧翼暴露作为机动时可接受的风险、合理地安排作战序列之类的概念只是霍奇斯军事思想的边边角角，他脑子里还满是有板有眼的打法且很少有战术细节。而他似乎从没想过，如果一次战役不能通过机动把敌军置于不利处境最好就别打。在下决定时霍奇斯充满谨慎，即便是在大胆反而更合适的时候，而且他缺乏思考超出当下战斗之外的事情的能力。因此霍奇斯至多只是个够格而勤恳，虽平凡但也可靠的经理人。在1944年8月份，他职业素养方面的成长及想象力，以及天分都不足以支撑他指挥一个集团军。

美国第3集团军：巴顿中将。在原先的设想中，第3集团军的主要任务是占领不列塔尼半岛上的港口。后来即便这从一个集团军级的任务降格到军一级的目标，巴顿仍然用一贯勇猛但非鲁莽的方式着手此事。考虑到德军已很虚弱而盟军拥有制空权，巴顿摒弃了阶段线、中间目标等所有线性作战的附属物，他教导他的装甲师师长和军长绕开抵抗去攻占远处的目标，而不要去担忧他们的侧翼。尽管奋力按照命令去作战，巴顿和蒙哥马利从作战之初就对整个作战理念充满怀疑。他质疑不列塔尼半岛作战是否分散了兵力，因为在战场东面已经出现大量的机会。他与蒙哥马利一样都支持绕过德军的南翼发起"长勾拳"攻势，把德军包围在塞纳河边。这体现了巴顿对于作战态势有深刻的理解，而且对于战斗的发展具有本能的直觉。因此当布莱德利在蒙哥马利的推动之下，把用于不列塔尼半岛的部队缩减到一个军，把第3集团军主力用于巴黎方向时，他感到十分高兴。

海斯利普被巴顿灌输了他的作战之道。海斯利普的第15军从富热尔—维尔地区向勒芒推进时保持了每天30公里（近20英里）的速度，因此成为最适合执行布莱德利莫尔坦反击战之后的"短勾拳"作战构思的部队。不过巴顿（像蒙哥马利一样）质疑从勒芒掉头向北的决定。他坚信原先在塞纳河边实施的纵深包围的计划有更大的可能性困住德军的大部队。考虑到盟军在机动性上的优势和拥有制空权，巴顿的看法或许是对的。不过他仍以一贯的精力去执行布莱德利的部署。当接到命令向北后，第 15 军每天以超过 25 公里（15 英里）的速度奔向阿尔让唐，还越过了集团军群边界 10 公里（6 英里）。而只有极少数德军能够集结起来阻挡第 15 军，在第 15 军这一速度的冲击之下只能做一些迟滞作战。第 15 军摧毁了德国第 7 集团军尚存的后勤机构，极大地打乱了该集团军的指挥和控制体系，使该部陷入巨大的危险之中。美军的高速前进反而给自己带来了安全。敌军没有时间来重新部署进行抵抗，即便德军有了足够的部队并能够迅速运动（这两条其实都不成立，因为盟军其他三个集团军也在无情地施加压力，以及盟军的战斗轰炸机几乎无处不在）。[43] 然而巴顿依然把集中兵力记在心上，此时第 15 军正处于德军一个较大集群的后撤路线之上。如果不是后来作战重心意外发生变化，他原本打算派遣第 20 军（得到来自不列塔尼的第 4 装甲师的增强）北进到海斯利普的左翼，填补第 1 集团军和第 3 集团军之间的缺口。不过巴顿不会冒着因为放慢脚步而失去主动权的风险等待沃克的部队赶到。他命令海斯利普从阿尔让唐继续向北，确保第 15 军能在加拿大人之前占领法莱斯，这也许没错，因为加军在 8 月 10 日之后就止步不前了。因此当巴顿接到布莱德利的停止命令时，后者的犹豫不决令巴顿相当恼火。不过他误认为布莱德利没有坚持目标是因为英国人的嫉妒和无知，以及布莱德利自己的恐惧。[44]

尽管被阻挡在阿尔让唐，巴顿依然决心保持不停的攻势阻止德军恢复实力并重建一条可以依托的防线。他认为最好的作战方针就是恢复纵深包围，并怂恿布莱德利这么做。在获准率领第 15 军一部、第 20 军和第 12 军（第 4 装甲师已加入该部）全部再度向东后，巴顿依然强调速度具有先发制人的优势。巴顿向德勒、沙特尔以及奥尔良（为了在厄尔河建立桥头堡）挺进的速度至少是每天 35 到 50 公里（20 到 30 英里，不过完全肃清后两座城市用了两天时间）。[45] 而之后按照巴顿的说法，布莱德利又因为顾虑太多滞住了美军前进的脚步。在止步两天之后，第 15 军获准前进 40 公里（25 英里）到芒特拉若利并且（在布莱德利不情愿的许可下）在塞纳河上建立一个桥头堡；第 15 军在两天内完成了这一任务。之后在 8 月 21 日，布莱德利松开缰绳，第 20 和第 12 军以每天 25 到 40 公里（15 到 25 英里）的速度前进，占领了塞纳河边的默伦和特鲁瓦并完整无缺地夺取了上面的桥梁。

巴顿以非凡的速度前进，而且他总是考虑到了下一阶段的行动，他坚决在碰到的任何河流上建立桥头堡而不是止步于河边。德军每次试图在塞纳河边建立防线都被他抢了先手。

对于第 3 集团军的成就，布莱德利却没有给予很高的评价，在回忆录中他是这样写的：

> 而当全世界都被巴顿向塞纳河的华丽进军所震撼时，在法莱斯包围圈里艰苦奋战的却是霍奇斯几乎默默无闻的第 1 集团军……巴顿用里程数来证明自己的胜利；霍奇斯则是用敌人的尸体……如果能够用伤亡反映战斗的严酷程度……第 1 集团军可以宣称自己在美军的挺进中一马当先……第 1 集团军承受了 1.9 万人的伤亡……几乎是在敌军没有设防的侧翼作战的第 3 集团军的两倍。[46]

这段记述中，布莱德利反映出自己对于美军利用压倒性的数量和火力优势，以正面攻击来粉碎敌人的传统作战方式有着明显的偏好。这也显示他对于战役机动可能带来的潜在回报没有完全了解。诚然，巴顿的战果得益于其他三个集团军牵制住了德军主力，使他有了活动自由。而仅仅攻占地面目标不值得当作任务本身的目标。不过即便第 3 集团军习惯于绕过敌军的抵抗中心，第 3 集团军所攻占的土地对于从物理上消灭德军仍有着决定性的意义。到 8 月底时，第 3 集团军在快速向德军纵深进军的过程中，宣称抓获的俘虏有 7.3 万人，是盟军在法莱斯包围圈内俘虏的人数的两倍。最主要的是，第 3 集团军给德国第 7 集团军的后勤系统造成了致命打击，它还严重打乱了德军主要部队的指挥与控制体系（例如，迫使第 7 集团军指挥部从勒芒仓皇逃离，又使 B 集团军群指挥部被迫从芒特附近撤退）。而德军试图以塞纳河为依托在塞纳河前建立多条防线，甚至只是条迟滞线的想法，也因为第 3 集团军占了先机而作罢。这令德军从指挥官到部队都士气大挫。最后，第 3 集团军通过包围行动为消灭德军的整个诺曼底集群创造了条件。

巴顿表现出了比布莱德利更强的战役眼光。他很快就意识到按照已经过时的"霸王"行动计划，把过多的部队投入不列塔尼半岛是个错误。于是，他（和蒙哥马利一样）构思出一个纵深包围计划想把德军消灭在塞纳河边。他主张要集中兵力，但布莱德利坚持分出主攻方向部分部队，以防备不存在的威胁，这令他沮丧。

在战场形势发生变化德军兵败莫尔坦后，他怀疑布莱德利的"短勾拳"作战的想法是否明智；如果德军能迅速反应过来并提早开始撤退，将有可能大部分逃脱。不过，巴顿再次全身心投入到了大胆的机动作战中。不管包围圈是大是小，成功的关键在于行动迅速使敌人无法站稳脚跟，只能被迫招架，而且永远都会慢上一步。他能看到速度，以及由速度产生的突然性是机动作战中的利器。当布莱德利叫停第 15 军向北推进，但同意第 15 军大部、第 20 和第 12 军向东突击到德勒—沙特尔—奥尔良一线时，巴顿再度建议转头沿着塞纳河而下封闭德军渡过塞纳河逃出诺曼底的通道。巴顿这样做是因为在心中时刻把握住作战目标：消灭敌军而非只是攻占土地。出于同样目的他在 8 月 23 日建议进行另一次包围，这一次是在博韦一线。因此，布莱德利先后错失完成浅纵深包围和纵深包围的机会，并不是巴顿的失误。[47]

　　巴顿经常被人批评在发起攻击时过于鲁莽。这种指责对于诺曼底作战来说是没有根据的，那些脑子里只考虑步兵步行速度的人证明了这一点。尽管他知道要靠速度保护快速挺进时敞开的侧翼，巴顿还是会在必要的地方布置（尽可能少的）部队。例如，在 8 月 2 日他派遣第 5 装甲师去保护突入不列塔尼半岛的第 8 军和第 7 军的侧翼。当第 15 军在勒芒—阿尔让唐突击中独自突入敌军侧翼时，为了确保安全他要求第 15 军以两个师齐头并进，两个师在后跟随，并准备在敌军向第一梯队侧翼发起任何攻击时攻击敌军的侧翼（这是他最喜欢的作战阵型）。他同样让第 80 步兵师在马耶讷河与勒芒之间担任屏障，并在接到停止命令转而改变作战重心之前，他原本计划把第 20 军投入到缺口中去——当然是以进攻的方式。当第 3 集团军的突击方向在"短勾拳"作战停止后转向塞纳河时，他手下各个军的进军轴线都处在能互相支援的位置上。但是，巴顿不赞成过度追求安全，正如他正确地理解了布莱德利为何把部队停在卢瓦尔河边，以及把第 6 装甲师过久地留在不列塔尼的做法；而法国内地军控制下的已被炸掉的桥梁，以及第九战术空军司令部和"超密"的早期预警可以为他提供足够的安全。总的来说，巴顿认为布莱德利和霍奇斯一样都过于谨慎，过于保守，以及没能充分认识到如果能够让敌军疲于应付则自己的侧翼自然安全，并因此己方理论上的弱点无法被敌军利用这一道理。[48]

　　巴顿是艾森豪威尔主要下属中独特的一位，他乐于接受甚至欢迎一场快节奏战争中的混乱。其他人则试图把秩序和条理强加到战场并只是时刻担忧作战的安全。巴顿宁愿提醒自己尽可能不受恐惧所左右；他总是考虑如何向敌人发起攻击，而不是去想敌人会怎样攻击自己。这种沉着冷静来自于一种对于战场不寻常的、敏锐的、天生的理解与感觉，以及对于机动与速度所能带来的毁灭性潜力的认识。这同样反映出他理解对于战役层级的指挥有另外的需求。他不仅仅考虑在战术上击败敌人——这本是他下属的任务——也会思考在何地击败敌人可以获得空间上和时间上的优势。他不是那种通过翻阅大比例地图来获得同僚集团军指挥官喜爱的人物。

集团军群及战区一级

在8月的第一周内诺曼底作战发生了两大变化。蒙哥马利把敌军牵制在战场左翼并从右翼突破的设想开始结出果实。第3集团军冲出了科唐坦半岛和树篱地带，自由地向西、向南或者向东挺进而没有遇到及时的、有组织的抵抗。而且随着第12集团军群的成立，美军不再直接由蒙哥马利指挥。尽管蒙哥马利依然是盟军地面部队的临时总司令（艾森豪威尔打算在9月1日接任这一位置），实际上他只是几个主要指挥官之中的老资格而已。布莱德利现在已经是与他同等的集团军群指挥官，手中拥有比蒙哥马利更多而且还在增多的部队，而且与盟军最高统帅拥有更紧密的关系。布莱德利是这样看待他和蒙哥马利的关系的：

我（之前）没有要求过脱离蒙哥马利的英军集团军群的指挥。他既没有限制我们的职权也没有向我下达过可能令我们发生摩擦的指令。只要蒙哥马利授予美军行动的自由，我们甘愿在蒙哥马利的指挥之下直到战术态势要求这点做出改变时……直到盟军最高统帅部在法国永久性成立之前，艾森豪威尔指示蒙哥马利代他行事，暂时指挥美军集团军群。蒙哥马利的权力被限制在主要是协调和设定我们各自集团军群的边界。尽管艾森豪威尔把权力下放给了蒙蒂，他将成为团队的领导……在已经赋予作为一个集团军指挥官的我如此大的自由后，没有理由认为蒙蒂会剥夺我作为集团军群指挥官的权力。[49]

德军防线西侧的突然崩溃令盟军指挥官没有料到。既然原先的计划突然变得过时了，他们该如何继续作战？此时已经没有必要把"霸王"行动滩头区域缓慢地向南扩张到卢瓦尔河及向东到塞纳河，没有必要去夺取不列塔尼半岛上的港口，也没有必要安排一次战术停顿以便为下一阶段作战，即挺进德国，稳步地积聚后勤资源和兵力。而战区战略的原定目标依然是消灭德国的武装力量并向德国核心区域进军。但是在战场环境已经改变的情况下（包括8月15日，盟军成功在法国里维埃尔登陆，开始向德军南面发起攻击），如何实现这一目标？主力部队应该用于哪里？哪些攻势是辅助作用的？而在哪些地方应节约使用兵力？如何持续实现突然性并尽可能延长使敌人方寸大乱？在扩大战果时什么安全措施是必需的以确保敌人无法夺回主动权？为了实现各集团军、各集团军群之间和空地部队之间的密切配合，使他们合作的成果大于各独立部分之和应当采取什么步骤？既然原先设想的用于积聚兵力物资的战术停顿已不会再有，在未来数周及数月内如何确保后勤的持续性？如果诺曼底作战即将迎来迅速的、彻底的、胜利的结局，盟军高级指挥官和参谋人员需要在8月内解决这所有问题。机会就摆在眼前，而蒙哥马利、布莱德利和艾森豪威尔将要如何把握？

第21集团军群及盟军地面部队指挥官：蒙哥马利将军。蒙哥马利第一个察觉到盟军意外而彻底的突破作战已经改变了诺曼底作战的发展脉络。而构建西到不列塔尼海岸、南抵卢瓦尔河、东临塞纳河的"霸王"行动滩头阵地的计划，可以同时而非逐一完成，因为当地德军已被抽走投入诺曼底的战斗，不列塔尼半岛大部分已经是无人防守。[50] 盟军统帅部为意外情况准备的"好彩"行动就派不上用场了，但是其作战构思仍可以借鉴。8月1日，蒙哥马利在与布莱德利和邓普西讨论过形势之后，蒙哥马利命令前者只能投入一个军用于不列塔尼半岛的作战（他本来还打算用更少的部队，但是盟军最高统帅部的后勤部门坚持他们需要不列塔尼半岛上的港口）。布莱德利计划调转第3集团军的主力向巴黎进军；这一行动还将得到一次针对沙特尔地区的空降作战的支援，以便切断德军的退路。这一纵深包围作战的想法，早在7月10日就曾由第21集团军群的策划者们提出过，它的成功与否很明显取决于能否牵制住德军主力并阻止其在防御中建立一条可供依托的后撤线。蒙哥马利已经在着手实现这些条件。美国第1集团军受命向东扫荡，第2集团军则打掉了德军可能沿着勒贝尼博卡日—潘松山脊建立防线的一个支撑点，而加拿大部队根据8月3日的命令，很快将在攻击法莱斯时夺取另外一个支撑点。

蒙哥马利在 8 月 4 日的 M516 命令中正式确定并详细阐述了他的想法，并在和艾森豪威尔及布莱德利讨论后将其公布。他正确地指出："敌人的前线已经处于可以被设法彻底瓦解的状态。"如果德军在卡昂地段投入足够的兵力以设法坚守住防线的右翼，他们可能无法维持住防线的左翼【现在从莫尔坦到卢瓦尔河之间已经出现了一个宽约 130 公里（80 英里）的缺口】。如果德军试图巩固他们的左翼，则会发现他们的右翼会在加拿大军队即将向法莱斯发起的攻击（不迟于 8 月 8 日发起）下瓦解；这次攻击将使德军无法利用巨大的天然屏障奥恩河实施迟滞行动并有可能导致大量德军部队被包围。蒙哥马利认为德军唯一可行的方针，就是组织"一场向塞纳河有序的、分步骤的撤退行动"。蒙哥马利想要确保的是德军既没法有序又没法有组织地后撤。如果可以，他想把德军的撤退演变成溃逃，不给德军在撤出的土地上实施"焦土政策"的机会，尤其是阻止塞纳河上的港口像瑟堡一样被破坏，瑟堡港到 8 月 4 日时还只恢复了原定货物处理能力的 80%（距离该城守军投降已经过去 35 天）。因此用于不列塔尼半岛的部队将会降到最低水平，因为"主要的战斗会发生在东部"。盟军整个队伍将会迫使德军撤往塞纳河，同时巴顿的集团军将会攻击德军的侧翼，实施纵深包围以加速这一进程。最后德军将在塞纳河边被歼灭。

蒙哥马利的评估符合逻辑，却是错误的。在战争中经常发生的是，敌军选择了己方所没考虑到的行动方针——这一回中，德军只是看似将要遭受灾难性的后果。盟军正在设下一个圈套，而德军发起的阿夫朗什反击战却是主动往里钻。在和艾森豪威尔讨论之后，布莱德利在 8 月 8 日提出了一个作为蒙哥马利作战构思衍生版的"短勾拳"作战。蒙哥马利同意采用，至少是暂时采用这一方案，但是有一个附加条件：一旦在法莱斯—阿尔让唐地区无法迅速完成合围时，应继续进行纵深包围作战。

在 8 月份头几天，蒙哥马利做出了合理的作战判断，同时在执行方式上也具有灵活性。他心中仍牢牢把握住主要目标：消灭敌军的主力部队。而攻城略地，即便是攻取"霸王"行动计划中的重点目标，例如不列塔尼的港口，也是次要考虑因素；只要消灭敌军这些目标迟早会落入盟军手中。为此赌上一把——希望能够迅速拿下英吉利海峡沿岸的港口——也是值得的，因为赌输了的结果最糟也不过是等待夺取不列塔尼的港口，何况海峡沿岸的港口离德国也要近得多。盟军将维持不间歇的攻击，重点是攻击敌人最为脆弱的部位即虚弱的侧翼。通过这样来控制主动权，延长突然性的效果，并且使敌人一直疲于招架。不过是否要清晰地划分主攻和策应方向，以及相应地分配兵力，不管是在整个地面部队还是第 21 集团军群内部依然存在争议。当然比起敌人已经布置得当并依然拥有预备队的时候，在追击作战中这种差别不是非常重要，因为此时在整个前线发起攻击才更为合理。减少不列塔尼作战所用部队明显是合理的选择。

不幸的是，随着 8 月的流逝，蒙哥马利有点失去重点和对目标的清楚认识。通过 7 月底把第 21 集团军群的主攻方向从左翼调整到右翼，他实现了突然性及足够的集中程度，在一个方向上取得了重大进展，并一度为美军的"眼镜蛇"行动提供了巨大支持。然而英国第 2 集团军的攻击在 8 月 11 日已明显到达了顶点，尽管一周之前它还得到了 1 个步兵师和 1 个装甲旅的支援。另外由于采用了"短勾拳"作战方针，主力部队明显应该调回东面。如果加拿大第 1 集团军想要从北面在阿尔让唐迅速封闭法莱斯包围圈，则还需要更强的进攻力量。这一点在 8 月 10 日"总计"行动无法再前进一步时就已经被强调过了，此时第 1 集团军离阿尔让唐还有 30 公里（18 英里）。按照"温顺"行动计划加军在 8 月 14 日还将继续发起攻击，而此时美军第 15 军已于一天前抵达了阿尔让唐（而且是在德军莫尔坦反击失败 6 天之后）。同日，蒙哥马利决定除了夺取法莱斯，加军的攻击目标还可向东扩大到 20 公里（12 英里）外，把特兰包含在内。第二天英军第 1 军同样将发起攻击，该部还将进攻卡昂以东 40 公里（25 英里）的利雪。因此加拿大第 1 集团军将负责一段接近 60 公里（40 英里）的前线并在两个不同的方向上发起攻击。

第 21 集团军群的绝大多数兵力集中在第 2 集团军，但是第 2 集团军负责的前线却只有加拿大第 1 集团军的一半长，而且如果第 2 集团军进攻得力的话，将会把德军赶出加拿大部队设下的包围圈。在 8 月中旬时，邓普西拥有 6 个步兵师、3 个装甲师和 4 个独立装甲旅；克里勒拥有 4 个步兵师、1 个较小的空降师、2 个装甲师和 3 个装甲旅。直到 8 月 15 日，邓普西才向加拿大第 1 集团军派去了 1 个师，而且这是第 21 集团军群在调整重心时所转移的全部部队（尽管另外 2 个师已经撤下前线正在休整）。蒙哥马利命令邓普西把主力转到他的左翼，去支持第 7 军向法莱斯突击，但是这对于解决问题的帮助不大，因为第 7 军突击路线上的地形较为不利而且可用的行军路线与部署空间有限。加拿大第 1 集团军已经负担过重，而来自其右翼的有限帮助只是杯水车薪。

因此，不管是在法莱斯—阿尔让唐还是特兰地区，对于未能及时并彻底地封闭法莱斯包围圈的失利，蒙哥马利要负起相当大的责任。如果克里勒得到另外一个军级指挥部及 4 到 5 个师的兵力并善加利用，他本可以在更宽的正面上向南更快挺进。当然也有可能蒙哥马利从未认同"短勾拳"作战的想法，或者这一设想已经因为加拿大部队缓慢、犹豫不决的推进而前景黯淡，使得蒙哥马利不愿再往加拿大人身上投入过多资源。值得注意的是，在 8 月 11 日与布莱德利和邓普西会面时，蒙哥马利并未提议以另一种方式封闭包围圈——将集团军群边界向北移并请求获得加强的美国第 1 集团军从阿尔让唐向北攻击。他当日发出的 M518 命令明确表达了对于浅纵深包围的怀疑并重新提出了纵深包围的想法，"德军很明显有可能逃出法莱斯"。

如果他的确放弃了"短勾拳"计划，蒙哥马利则本该在纵深包围的北翼，大致沿着梅济东—利雪—鲁昂一线投入更多部队，以承担起他在塞纳河封闭德军退路的任务。而英军第 1 军推进时，已经十分虚弱且防线更加延长的德军第 84 军已经无法迟滞这样一支实力两倍于己不止的部队。另外蒙哥马利本可在塞纳河以东实施一次空降行动加以补充，干扰第 15 集团军的再补给工作和后撤行动，并为后续向北推进建立桥头堡。蒙哥马利未能认识到即便在 8 月中旬之前，第 2 集团军当面防线已经没有进攻价值，而决定性的突破只可能在第 21 集团军群的左翼实现。这对于优先方向的评估错误是一种严重的判断失误。

当然，一位地面部队或者集团军群指挥官较少考虑眼下的作战，更关注于全局以及对于下一场、甚至两场行动来说最优的作战理念的演变情况，也没什么不妥的。因此，在 8 月 17 日与布莱德利会面之后直到月底，蒙哥马利越来越专注于如何按照自己偏好的作战方针来设计诺曼底作战之后的行动。由于感染了"胜利病"——一种认为不管德军从 B 集团军群的烂摊子中抢救出了什么都对于未来作战没有影响的想法——他认为正在进行的战役的结果已经可以预知，不需要他进一步关注。为了在下一轮作战中推行自己的方案，他已不再盯着眼下的战斗了。考虑到蒙哥马利的下属依赖于他的指引——一种被他孜孜不倦培养出来的依赖——这可不是件好事。第 21 集团军群的各集团军仍以攻占土地而不是消灭敌军为目标，而且在行动中仍然是一贯地谨慎并很少全力以赴（因此伤亡很小）。相似情况还有，蒙哥马利放任空中部队失去作战的重点；对塞纳河的遮断作战已大部分让步于更纵深处的任务，使得德军能够在大白天渡河。因此纵深包围作战没能实现消灭德军的目标。

蒙哥马利在指挥诺曼底作战高潮时期的战斗时，体现出了一位指挥官大多数可取的品质。但是由于性格问题，他未能成为一位杰出的同盟军指挥官，或者在很多方面，他甚至都没能成为一个好下属。他有种取得他人支持的天赋，尤其是美国人的支持。这段时期比起一年前，甚至是一到两个月前（例如，在他的声望和地位因为"古德伍德"行动失利而动摇之前），他在与美国盟友打交道时更加体贴更加谦逊。举个明显的例子，这就是他在 8 月 1 日突然而又随意地更改集团军群内部边界，使得英军第 8 军没能占领重要的但又不设防的要地维尔的原因。[51] 之后他又以令人佩服的技巧和布莱德利打交道，在发布命令之前与之协商，而在布莱德利犹豫不决时，他又展现出耐心和审慎。对于克里勒，蒙哥马利同样给予理性的耐心和支持，尽管毫无疑问他想用西蒙德斯来取代克里勒的位置。可以肯定的是蒙哥马利对于克里勒的能力没什么信心而更加信任邓普西。遗憾的是，他在18 个月前的突尼斯战役里给人留下的负面印象已经难以消除。多数美国人，尤其是他的上司盟军最高统帅艾森豪威尔，以及同为集团军群指挥官的布莱德利，都十分厌恶蒙哥马利的傲慢自大、死不认错，以及他与人讨论的方式，往好了说总是一种说教式的感觉，而往坏里说则是一副令人无法忍受的屈尊俯就的面孔。典型的是，直到诺曼底之后的战斗得以顺利进行之前，他都没认识到他的举止和教条主义已经引起了极大的反感。这将产生不利的反响。

蒙哥马利可能是因为不信任克里勒，所以没有把加拿大第 1 集团军增强到必要的水平，使其能够承担其在 8 月 8 日开始必然会加重的任务。如果真是如此，他就因为偏见而扭曲了对于作战态势的认知（一个残酷的事实是，一个缺乏经验或者能力不足的指挥官与一个更有天赋的同行相比，往往需要更多的资源来完成任务）。可以肯定，在 8 月的后三周内，蒙哥马利缺乏足够的洞察力、专业判断力和灵活性。

美国人经常批评蒙哥马利过于谨慎。尽管一般来说他反对冒险（而且毫无理由），但这一批评并不完全公正。不难注意到，英国人喜欢精心策划的，常常是缓慢进行的战术方法，并因此导致他们同样缺乏作战想象力和冒险精神（正如在北非和意大利发生过的一样）。然而蒙哥马利对于"霸王"行动计划进行的初期修改是十分大胆的，尤其具有逻辑性以及决定性，充满洞察力。某种程度来说，他的纵深包围理念，以及一直支持巴顿进行大胆的、扫荡式的挺进也是同样道理，布莱德利反而表现得顾虑重重并希望布置一次战术停顿。在9月份，蒙哥马利将展现出某种被苛刻之人称为鲁莽的勇气，但是除此之外，他很少背离可靠的、经过验证的传统作战方式。当然可以说，考虑到盟军压倒性的力量已经没有冒险的必要，但是这会掩盖一个事实，即更大的作战勇气本来可能以最小的代价更早地实现胜利，并带来一个更为有利于西方的战后政治局势。

第12集团军群：布莱德利中将。当布莱德利被提拔为新成立的第12集团军群指挥官时，对他来说很难再有比这更有前途或更有挑战性的时候了。"眼镜蛇"行动的进展已经创造了一个期待已久的突破口，结束了数周的僵持，而第3集团军已经开始扩大突破战果。布莱德利没有蒙哥马利那么快意识到不列塔尼已经不是个很重要的目标，而且实际上如果瑟堡的经验值得参考的话，那么不列塔尼也几乎不值得分兵去占领。不过到8月3日时，由于英军第79步兵师轻松地在富热尔执行了侧翼防御部署，布莱德利确信第15军可以向东南推进到马耶讷河。很快布莱德利接受了占领不列塔尼只需要最少的部队，以及第3集团军要向塞纳河挺进的想法，正如蒙哥马利在M516所主张的那样。

很少人会怀疑巴顿本该拥有充裕的时间在塞纳河边封闭包围圈，阻挡从塞纳河撤退的德军。毕竟第15军本可以在大约6天时间内，从勒芒出发挺进到芒特拉若利，如果它没有被调往北面并因此两次接到停止令的话。从芒特出发，第15军本可以转向北面到达塞纳河的东岸，可能还可以与空投到塞纳河下游（在卢维耶或者埃尔伯夫）的一个空降军建立联系。而第3集团军余部在得到来自第1集团军的增援后，能够在南翼的内侧组成包围圈并切入撤退中的德军的侧翼。德军任何突围的企图，在美军具有优势的机动性、装甲部队和空中力量面前几乎不可能成功，更不用说英军和美国第1集团军的压力已经牵制住了德国守军。而在这个方案中，第1集团军在给了第3集团军一个军时，可以得到在不列塔尼作战的第8军作为补充。

"短勾拳"作战的构思，出自于德军攻击莫尔坦时所犯下的巨大失误，同样有一些优点。按照布莱德利的描述，这是一种"突入不深和比较有把握的行动"，而且这种作战不会像纵深包围那样对后勤体系要求很高。比起在塞纳河边完成包围圈，毫无疑问"短勾拳"作战没那么激进，但也更有可能失败。如果敌军能及时感知到危险并迅速做出反应（这很有可能），就有可能在第 15 军行军 80 公里（50 英里）从勒芒赶到阿尔让唐之前，把大多数部队从奥恩河向后撤退 60 公里（40 英里）——如果党卫军第 1 装甲军能够阻止加拿大部队大张旗鼓地从卡昂向阿尔让唐进军的话。这一计划同样忽略了第 1 和第 2 集团军持续不断的攻击会在包围圈完成之前把德军赶出去，如果他们的攻击有效果的话。然而事实上，由于希特勒的原因德军对于盟军极具威胁的包围行动反应很慢；不过加拿大部队缓慢的进展抵消了这一失误的部分后果，后者用了 9 天才前进了 30 公里（18 英里）。很多美国人不公平地指责蒙哥马利老是过于谨慎，但是巴顿正确地认为第 15 军本可以逼向法莱斯并封闭包围圈，要不是布莱德利否决了这一任务的话。布莱德利为他在 8 月 13 日的停止令找了很多没有说服力的理由：集团军群的边界神圣不可侵犯（其实早已被跨过且明显可以通行）；因为害怕冒犯英国人的情感而不愿意去占领法莱斯（很可笑）；害怕美军和盟友的部队会师时会发生误伤（借助出色的参谋联络、"幽灵"巡逻队和特别联络官的帮忙是可以避免的，现实中在尚布瓦和之后在塞纳河这都没成为一个问题）；还有自相矛盾的是，他认为已经有过多的德军逃出了包围圈（当时大多数情报报告的并不是这样）。真实的原因是他偏向于"在阿尔让唐建立一个稳固的肩部，而不是在法莱斯伸出一个易断的脖子……19 个德国师（原文如此）正惊慌地往外逃"，而海斯利普的部队无法阻挡他们。[52] 第 15 军将转入防御，从铁锤的角色转变成铁砧，等待加拿大部队向自己靠过来。这样如果包围战失利就不会是布莱德利的失误。

　　而第 15 军处于多少有点孤立无援的境况，其实是布莱德利的责任。他的"短勾拳"作战方案其实不是集团军群整体计划的一部分。这个方案中，只有第 3 集团军的部分部队改变了行进方向。他本可以命令第 1 集团军放缓手上的正面攻击，以已经位于马耶讷地区的第 1 步兵师和第 3 装甲师来组建一个新的攻击集群；这样这个攻击集群可以尽早沿着拉菲尔泰方向攻击，充实海斯利普的侧翼并拓宽敌军受威胁的侧翼来封闭包围圈。布莱德利并没有及时如此部署，相反他不同意把第 4 和第 6 装甲师从不列塔尼半岛抽出来或者尽早把第 35 师归还巴顿。更糟的是，他派遣第 5 军两个已经前出的步兵师去围攻远在西边 300 公里（185 英里）的布雷斯特，全然不顾早已认识到不列塔尼作战的重要性已经大大下降而且需要集中力量消灭在诺曼底的德军。

实际上，到8月13日第7军才姗姗来迟地从马耶讷出发，不过一路上只遇到轻微抵抗并进展神速；到第二天时，它已把包围圈缺口缩小到了只有10公里（6英里）宽。这本该让布莱德利重新思考停止令是否正确。而且当时的情报也是如此，因为多数情报显示德军还未开始进行大撤退。德军此时正向东南发起一次反击，不过他们的指挥与控制体系已经七零八落，后勤状况几乎崩溃，而且在白天每走一步都会受到空袭，并且全部装甲部队加起来已经锐减到了不超过80辆坦克和自行火炮，这些布莱德利都很清楚。握有超过500辆坦克和坦克歼击车，优势的炮兵火力，以及富裕的空中支援，更不用说在身后还有第20军以及正从左翼快速赶上来的第7军，第15军真的处于将被"激流淹没"的极度危险之中吗？

布莱德利否决了美军在"短勾拳"作战中发起新一轮的进攻，如果巴顿有看法的话，他肯定会说布莱德利"受到了恐惧的左右"。不管他的判断正确与否，布莱德利在做出诺曼底作战中最为关键的决策之一并付诸实施之前，没有和他的上司进行讨论无疑是错误的，而在8月13日他才刚刚和蒙哥马利及邓普西会面过。相反，在受到沮丧的巴顿的提示后，他支持在第二天第15军半数部队和第20、第12军全部继续向塞纳河进军。这些部队的6个师沿着与蒙哥马利同意的向北的轴线呈90度的方向前进，而且到8月16日时巴顿已经有4个师抵达德勒—沙特尔地区，并有另外2个师在接近奥尔良。当8月15日，蒙哥马利提议加拿大军队和美军在新的地点特兰会合，并继续进行"长勾拳"作战时，布莱德利可能会感到尴尬。在那个时候，美军在阿尔让唐只有3个师。为了执行在重新发起的攻击中的任务，布莱德利迷糊得直到8月18日相关指挥与控制的安排才就位——而在此5天前他本可以向正在衰弱的德军发起更有力的攻击，而德军已经在2天前得以进行全面的撤退（自从8月17日开始德军已经不受盟军空袭太大的干扰，因为包围圈已经小到没法划分轰炸线）。

布莱德利似乎是在果敢与迟疑之间、消灭敌人有生力量与攻城略地之间摇摆。在摇摆不定中他分散了兵力，没有一个作战的重点。8月中旬在具有决定性意义的阿尔让唐地区，他只留了3个师，而他手头立马可用的师则有18个，而且这3个师中只有1个能够推进到和加拿大部队会师。布莱德利仓促的、未经深思的权益之计分散了他的部队，也使得他自己的建议"短勾拳"作战至少部分失败了，德军虽然撤退太晚，但仍有大量部队涌出包围圈缺口。[53]

不过纵深包围并没有因为执行"短勾拳"作战变得不再可行。如果布莱德利专注于消灭德军这个主要目的，他也可以提出沿着塞纳河两岸发起向鲁昂的一次突击甚至超越该地（巴顿要求如此），并用一个空降军攻击关键渡口来加强效果。第15军和第20军本来也可以进行一次此类机动，来自第1集团军的第19军将跟随其后而不是前往左翼（稍后该部同样将从一侧转移到另一侧）。同时，第12军可以在巴黎地区的塞纳河上建立新的渡口，并得到第7军的及时增援，借此为后续向德国进军创造条件。德军没法调集像样的部队来阻止如此强大的第3集团军去攻击自己的后方。这样的决策还有另外一个好处，就是美军主力部队将交到美军最有冲劲、最有运动战思维的指挥官手上（尽管这样就有必要对指挥责任进行重新分配）。随着德国第7和第15装甲集团军在塞纳河以西被消灭，已经没有什么（除了一些港口要塞驻防区）能够有力阻止盟军在任意方向上攻占土地。毫无疑问蒙哥马利会积极支持这样的一个计划（尤其是这样的一个计划将会把大量美军用于他主张的诺曼底作战之后的主攻方向），巴顿向博维的机动本来也可以实现这点，这大概也是布莱德利反对这一动作的原因。

因此，对自己的"短勾拳"作战主张终于产生怀疑后，布莱德利本来不会留给德国人从第7和第15装甲集团军的烂摊子中抢救出点什么的机会。不过，在遵循新的作战方针时，他发起的作战变得不再具有决定性。他第二次让第3集团军执行两天的战术停顿，而此时第3集团军当面已经没有像样的抵抗。他不情愿地批准第15军在芒特拉若利的塞纳河上建立一个师级桥头堡，而且他没有利用这一桥头堡向西北进一步发起攻势，去摧毁德军的渡河设施以及在塞纳河右岸的收容中心。布莱德利只用了4个师于塞纳河左岸的攻击。第1集团军和第3集团军（不含加强过的位于不列塔尼半岛的第8军）其他部队放下手头包围和消灭敌军的任务，去强渡巴黎上游的塞纳河并从那里出发攻占巴黎。布莱德利偏好攻占土地而不是作决定性的战役机动。他已经忽略了"霸王"行动的原定目标：消灭德军。他也乐于坦白这点，即便在回忆时也这样。在回忆录中关于沿着塞纳河左岸突击他写道："假如我们的钳形攻势没有变成对邓普西的支援，我们本来可以向巴黎以东横扫得更远，夺取更多的土地。但是我们又一次为了消灭更多德军而放弃攻占土地。"[54]

大概是受到了胜利病的感染，认为在诺曼底的德军已被消灭，布莱德利已经把焦点转移到诺曼底作战之后的行动，而且他着眼于从最短的路径向德国挺进。这或许解释了为何他不容分说地拒绝了巴顿在 8 月 23 日提出的，由第 3 集团军向北突击试图再一次包围住逃跑中的德军的建议，这一次是从博韦到海峡的地区（又一个他没觉得应该和盟军地面部队总司令讨论一下的建议）。

　　不过美军即便恢复向东突击也是断断续续的。其中部分的原因，是布莱德利对于敌军可能发起反击有着挥之不去的担忧，另一部分原因则是前线已经开始感觉到后勤的制约。交通工具的短缺造成燃料供应的限制，已经导致了巴顿在向东追击的过程中不得不停顿下来。而事实上，在这种情况下德军也没能从天赐的时间上面获取多少好处，因为他们极度缺乏用于维持前线的足够军队。但是当布莱德利制止了一支正顺利挺进的部队，来补充另一支大部分已经陷于消耗战的部队的实力时，他等于无视了合理分配兵力的原则。后勤问题将会迅速恶化，直到一到两周内第 12 集团军群不得不暂时停止大部分的攻势行动。[55]这一确凿无疑的即将发生的事实，本应该是支持把敌军消灭在诺曼底而不是去追求远方目标的有利论据。

　　布莱德利在从集团军指挥官高升到集团军群指挥官时，没有迅速调整自己。本来在低一级岗位上已经有点勉强的能力，在高一级位置上就不够用了。他缺乏想象力和作战视野的广度，只是回应（大多数是蒙哥马利和巴顿）而不是给予其他人主意。这可能是他无法持续坚持单一目标的原因之一。他是个天生谨慎的指挥官，拥有有限的洞察力和预见能力，而且他做不到站在敌人的角度思考问题。由此，他一再过高估计德军的实力，特别是他们发起破坏性的反击的能力。他会因为某些威胁而延迟甚至停止行动，例如假想中的德国第 5 装甲集团军将向东南发起攻击来突围，或者从卢瓦尔河以南向第 3 集团军侧翼发起攻击或者突入不列塔尼半岛。这些威胁都无一例外地被极度夸大或者根本就不存在。这一性格特点导致他不愿意全力坚持一个作战理念以及经常摇摆不定。他会实施一个作战方针之后又对其产生怀疑，阻止或叫停刚刚部署就位的行动或者改变作战方向。结果就是美军在行动中往往缺乏坚决果断。

　　正如蒙哥马利因为自己的性格限制了自己作为指挥官可以发挥的作用，布莱德利也不例外。他对于蒙哥马利的厌恶——考虑到后者的态度与举止，加上从西西里战役以来一直滋长的对于后者的不满，这种反应是自然的——多少干扰到了他的判断。他不与盟军地面部队总司令进行建设性的合作，反而背着后者在盟军最高统帅面前对其进行诋毁。布莱德利不喜欢也不信任巴顿，加上自身倾向于谨慎，也使其更偏向支持老朋友霍奇斯。他对蒙哥马利和巴顿的偏见偶尔会危害到作战行动。布莱德利把蒙哥马利蒙在鼓里，而且与第 21 集团军群的合作与协调也是间断性的，导致了两次包围作战的效果大减并直接否决第三次包围作战（巴顿往博维的机动行动）。尽管第 3 集团军正在执行更具潜在决定性的作战行动——至少在通过改变集团军边界并移交部分部队，使霍奇斯接手封闭接连两个包围圈的任务之前是这样，布莱德利只给了巴顿比霍奇斯还少的部队（如果不算那些被分兵前往不列塔尼半岛的部队的话）。巴顿的部队受到逐渐显现的补给难题的制约，而第 1 集团军则可以在没有决定意义的消耗战上面继续挥霍弹药。而且巴顿毫无疑问是更善于动态作战的集团军指挥官，比起平庸的霍奇斯更适合指挥包围作战。

西北欧战区：艾森豪威尔将军。诺曼底作战的计划在得到艾森豪威尔及其指挥团队的同意，并得到美国参谋长联席会议批准后，盟军最高统帅有点沮丧地发现自己在战役的头几个月只是个旁观者而不是参与者。他已经同意任命经验丰富的蒙哥马利作为盟军地面部队临时指挥官，并批准他的作战理念。他明智地抑制了自己隔着英吉利海峡进行遥控的冲动。不过一连串看似非决定性的作战的缓慢进展让他无法不去担忧，尤其是在英军战区，在卡昂地区一再地失利已经限制了盟军的灵活性和对主动权的争夺。当然，他的担忧比起战区内的其他任何军官都更为沉重，考虑范围也更广，毕竟他担负着更大的责任——这些担忧其他的军官只会隐约感觉到。艾森豪威尔清楚，即使同盟国已经宣布了击败德国是首要任务，在法国的战斗一旦显示出任何陷入僵局的迹象，可能会导致美国把更多的资源投入辅助性质的次要战场太平洋战区。他同样意识到遥远的后勤问题迟早也会影响到他的行动，从隐约可见的补充兵员短缺，到炮兵的某些方面因为战争部对需求预计不足而产生的短缺。而且罗斯福总统当时最为重视的，因此也是艾森豪威尔的上级马歇尔将军最为重视的，是 1944 年 11 月的总统选举，因此需要确保公众意见鼎力支持他们的战争方针。他还要忍受对于蒙哥马利领导力有增无减的喧嚣抱怨，这些抱怨大多数来自美军将领，来自他自己的盟军远征军最高统帅部参谋部（包括他自己的总参谋长比德尔·史密斯，以及他的副职下级英国军官），来自华盛顿和美国媒体。逐渐地上述这些人也开始指责艾森豪威尔没能掌控住自己的下级。

　　艾森豪威尔与英国盟友在另一件重要战略事项上同样存在争论。这一常常充满相互辱骂的争论延续了 7 个月之久，而且不仅仅艾森豪威尔、马歇尔、蒙哥马利和布鲁克，连丘吉尔与罗斯福都被卷了进来。尽管承诺参与"霸王"行动，英国人同样希望能在（英国人主导的）意大利战场保持强大的实力。美国人认为在意大利退出战争而且重型轰炸机能够利用意大利的基地发起对德国的攻击后，英国人这种要求实在缺乏战略意义；美国怀疑英国正在策划一场把自己拖入巴尔干战争的阴谋。美国人想要集中力量于法国战役，为支援在诺曼底的主力部队还将发起"铁砧"行动，行动中盟军将攻击里维埃拉海岸，然后沿着罗恩河谷向北突击。他们列出了有力的论据：在德黑兰会议上西方已经对斯大林许下承诺；对于大量由美国装备和训练的法军来说，解放法国是其最符合常理和最可接受的任务（而且同时能够借助法国的抵抗运动，尤其是在抵抗势力最为强大的法国南部）；而且控制地中海沿岸港口（尤其是马赛）能极大地缓解盟军的后勤境况，并且可以避免诺曼底地区过度拥挤，加快美军增援部队投入战场的速度。

　　同时发起"霸王"行动与"铁砧"行动明显具有很多优点，但是缺乏突击船只使得两者无法并行。当这一点变得很明显时，在宣布坚决支持"铁砧"行动之前，艾森豪威尔尽其所能地推迟决策，甚至错过了时间点。即便到 7 月 2 日诺曼底作战陷入停滞，有必要进行新一轮登陆战来打破隐约出现的僵局时，"铁砧"行动按计划最早也要在 8 月 15 日才会发起。不过随着"眼镜蛇"行动之后盟军的突破进展顺利，"铁砧（已更名为龙骑兵）"行动对于英国人来说已经有点多余，而且英国首相丘吉尔最后尽全力想将其取消，代之以对不列塔尼半岛发起一次规模较小、较为简单的进攻。艾森豪威尔在马歇尔和罗斯福的支持下不为所动。美军核心原则之一就是用尽可能多的部队去对付敌人的主力，通过完全压倒性的力量来粉碎敌军，而里维埃拉作战就是这一流程的一部分。最后"龙骑兵"行动按计划进行，并以很小的代价取得了巨大的成功。回想起来，它对二战胜利的作用没有像诺曼底作战那样大。不过在当时看来，罗恩河谷走廊起到的后勤通道作用，以及强大的盟军进入阿尔萨斯对于西线战斗起到的支持作用还不明显（实际上艾森豪威尔因为失误没有充分利用"龙骑兵"行动的战果）。意大利战场如果没有分兵是否本来可以取得重大战果还未有定论，"铁砧／龙骑兵"行动强烈的反对者布鲁克对此深表怀疑。[56]

　　到 7 月底，"古德伍德"行动明显的失败使一切争议达到白热化，艾森豪威尔面临亲自指挥地面战斗的压力。他担忧准僵局状态即将成为定局，而蒙哥马利没有意识到（或者可能是拒绝承认）战事完全没有按照他的整体计划发展，令艾森豪威尔更为担心。也有可能的是，即使他起初支持蒙哥马利提出的作战构思，他也已经看不清其中的走向并认为部分地方已经开始失败。他当然向丘吉尔和布鲁克抱怨过这点并催促蒙哥马利再加一把劲，而不要在意伤亡数字。不过艾森豪威尔清楚诺曼底桥头堡阵地没有足够的空间来容纳他庞大而复杂的盟国远征军最高统帅部指挥部；除此之外，同盟政治关系也不可能允许他将蒙哥马利革职，而且在任何时候在一场会战的关键时期调整指挥架构都是极其不可取的。或许就是诸如此类重要的权衡因素使得艾森豪威尔一贯不情愿做决定，除非事态紧迫到他不得不这样做。而这一回，战况的发展让艾森豪威尔避免了不情愿的决策和承受由此引起的冲突——他一直极力避免与人发生对峙。"眼镜蛇"行动的顺利进展打破了僵局，并使盟军提早获得了诺曼底作战的胜利。

　　直到 7 月底，艾森豪威尔仍在强调不列塔尼半岛的港口的重要性。"我们应当拿下不列塔尼半岛，"他在致信蒙哥马利时写道，"从后勤的观点来看它是不可或缺的，我们不但要夺取不列塔尼，而且动作要快。因此我们要投入全力。"[57] 尽管如此，他一开始还是热情地支持蒙哥马利降低不列塔尼在"霸王"行动计划中的重要性的决定，以及之后他的纵深包围构想，还有之后布莱德利因为德军在莫尔坦发动反击出现了机会而提出的"短勾拳"作战计划。在 8 月 7 日，他转移到最高统帅部在诺曼底设立的一个简易前进指挥部，以便能更加密切地掌握作战的动向。然而他甚至没有在实际战斗中指挥过一个营，因此对于作战缺乏认识，也缺乏足够的智慧去判断布莱德利在 8 月 13 日下达的停止令是否明智。他支持了这一决定，对于布莱德利执行这一命令的空洞根据给予追认。[58] 对之后的战术停顿他也没有提出反对，也不反对布莱德利以放弃包围战的机会为代价，分兵去攻占更多土地。尽管对此他的后勤部队负责人已经警告过，由于极度缺乏机动运输工具已经无法支持任何越过塞纳河的大规模追击作战。结论很明显，就是应当把德军消灭在诺曼底，而不是将其重创并往后赶。正如他没有试图确保布莱德利的作战能配合蒙哥马利的行动一样，艾森豪威尔也从未试图让蒙哥马利重新关注作战重心。两大集团军群各自为战而不是互相紧密配合。

艾森豪威尔既有权力又有责任确保英美盟军之间保持密切配合与协同，并集中双方力量于已经宣布的目标。由于他未能把控他的下属，消灭德军这一任务完成得不够彻底。实际上，在整个 8 月份艾森豪威尔一直是一个旁观者——一位没有指挥作战的最高统帅。

艾森豪威尔没有行使自己的权力，有可能是因为自身缺乏战役层面作战所需要的，对于作战的实际理解——考虑到他所受的培训和经验有限，这是可以理解的。帝国总参谋长布鲁克当然看得出艾森豪威尔在这方面的空白，他在 7 月 27 日的日记中吐露："毫无疑问艾克正尽其所能去维持英国人和美国人之间的最佳关系，但是同样明显的是他对战略一无所知（理解成高级的战役），而且只要从任何有关战略的方面考虑，他都十分不适合最高统帅的职位。"布鲁克可能说的没错，但是艾森豪威尔没有简单地不加批评地接受英国人的指导这一事实使布鲁克产生了偏见；他可能都没意识到自己哀叹"国家形象歪曲了战略前景的视角"时是有多讽刺。艾森豪威尔缺乏实战经验也可能导致了他在与拥有大量实战经验的人，例如蒙哥马利进行争论时缺乏自信，或者至少是十分谨慎。很显著的一点是，随着时间推移艾森豪威尔变得越来越自信和果断。1944 年 12 月德军通过阿登森林发起攻势时，艾森豪威尔显得比布莱德利更沉稳、更自信和更坚决。

除了职业素养的弱点，艾森豪威尔的性格和指挥风格（前者在很大程度上决定了后者）也是他在诺曼底作战期间缺乏决断的原因。他想讨好每个人；他偏向于说服对话者来达成妥协与共识，而非强迫对方服从。这一方式加上他似乎永远用不完的耐性、平和的气质，以及善意都是他执掌联盟的唯一手段。在作为最高统帅，作为一名斗士的同时他也要成为一名外交家。英美两国政府，两军指挥官和大众媒体都很难相处，他们过于自负又不信任他人。艾森豪威尔不得不扮演起董事长的角色，成为团结的象征，通过劝说来制定政策，而不是像独裁者一样发号施令。[59] 他不得不通过下放大部分权力来获得合作，并且避免在毫无建设性的国家之间、军种之间的争论上浪费时间。他常常被指责附和任何最后一个和他说话的人，这种墙头草的表象在他设法让他人同意自己或者达成妥协之前常常是必要的。指挥一支联盟军队时，在政治上面所耗费的精力不会比军事上少，而政治已被（奥托·冯·俾斯麦）精确定义为一门可能性的艺术。艾森豪威尔还有政治家那种除非进一步延迟会造成危险否则就拖延决策的倾向；他常常避免不得不去做不受欢迎的决定，或者一定要做时至少要让他人觉得这类决定是无法避免的。但是一旦事态需要，艾森豪威尔在一些分歧很大的事项上也有能力做出决断，例如战略空中部队的指挥，诺曼底登陆的日期和是否发起"铁砧/龙骑兵"行动。

艾森豪威尔在担任联盟指挥时，在认真努力地去维持目的一致性的同时，坚持他所认为的最佳作战方针，或者所能达到的最佳妥协。不过他还是不可避免地受到军事教育背景和他个人喜好与偏见的影响。这些因素已经把他的军事思想塑造成了特定的十分分明的模式，尽管他本人十分诚实正直并努力去迎合他人的观点，他也倾向于听取某些人的看法而不是其他人；他也只是个凡人。他深受莱文沃思堡的教育的影响，认为大规模战争的胜利，是借助优势的资源在整个前线向敌军发起持续的攻击得来的，美军就是这样打垮当面的敌人并在追击中将其消灭。美军在南北战争和第一次世界战争时是这样打仗的，也将在 1944 年继续如此。他最亲近的下属指挥官，也是他的老朋友布莱德利很自然地拥有和他一样的观点。诺曼底作战期间，艾森豪威尔 17 次视察布莱德利的指挥部，而且很多时候视察时间很长，期间他与布莱德利会花上好几个小时讨论作战并制定计划。相反对于他的主要下属蒙哥马利，他只视察了 9 次，而且每次都尽可能简短。艾森豪威尔不喜欢蒙哥马利，后者的出现会使他不安，他也避免和蒙哥马利争论；多数情况下，两人之间主要通过信件和电报联系。而且艾森豪威尔在批评蒙哥马利在卡昂周边遭遇明显失败，批评他过于谨慎对于伤亡过于敏感时，却对布莱德利在战线西段犯下的错误，包括没有按时占领瑟堡，没有在登陆前的作战策划时预见到树篱地形的影响并加以解决进而导致突破速度缓慢，以及在 8 月中旬出现的摇摆不定，都十分宽容。

艾森豪威尔的指挥方式还是有很多可圈可点之处，只要战略和战役态势能缓慢发展并且他的主要下属能基本认同他的作战理念。这种指挥方式在快速变化的形势下，难以获得决定性的效果，尤其是在 8、9 月份的战斗，多数指挥官对于诺曼底战役会向哪个方向发展感到茫然无知时。他的指挥方式还需要他的集团军群和集团军指挥官是一群好人，既愿意妥协又能信守承诺，并且不受个人野心与偏见左右全心执行他的指令，为了长远的共同目标进行建设性的合作。然而在 1944 年夏季末，蒙哥马利、布莱德利、巴顿或者约翰·C. H. 李（美军的首席军需官）都不是这类人。

结论

　　盟军既定的作战目标是消灭敌军。虽然德军遭受了重创，但不能说盟军实现了这一目标。而这本来是可以达成的。如果实现，则英美军队可以从任意方向，或者他们愿意的话从每个方向向德国进军而且只会遭遇最低限度的抵抗；他们本来也可以全线逼近莱茵河，占领关键的经济目标，特别是鲁尔工业区，并可能威胁到柏林。而补给线拉得太长的问题，也会因为遇不到恶仗而变得关系不大。起码在那些眼前目标被攻占之前，他们本来可以不用以整支军队向前推进。但是如果德国人能够在战略后方搜刮到足够的部队来建立新的防线，而在其后方，从诺曼底灾难性的失败中存活下来的残部得以重组，那么他们完全有可能复制一个日耳曼人版的"马恩河奇迹"（或者敦刻尔克）。然后盟军就会发现自己面临日渐严重的后勤危机，尽管后勤人员之前已经警告了无数次，并因此被迫提前迎来进攻的顶点。强制执行的战术停顿，会让敌人有时间部署新成立的或重建的部队并让战争进一步延长。德军以前也曾全军覆没过——例如，在斯大林格勒和突尼斯——然后以空间换时间来重建部队。如今这一幕又将再度上演。

　　8月中旬，蒙哥马利向布鲁克保证撤过塞纳河的德军在未来几个月内都没有作战能力时太过乐观了（而且忘记了以鲜血为代价才认识到的德国陆军极快的恢复能力）。实际上，超过12个师的德军已经逃出了诺曼底包围圈，尽管遭受重创，但仍然能在9月份帮助阻挡盟军的挺进。其中的两个师，即党卫军第2装甲军的第9和第10装甲师，在仅仅撤出法莱斯包围圈4个星期后，就在蒙哥马利试图毕其功于一役的"市场花园"行动中给了盟军致命打击。B集团军群在诺曼底经历了一场灾难，但这本来会而且或许应当是它的终极覆灭。结果，它虽然损失大量人员与装备却不致命。西线德军保持了凝聚力和再生能力。在8月份逃出盟军不完整的包围圈的西线德军司令部，提供了重建部队所必需的指挥与参谋人才，而且存活下来的14个师（其中8个是装甲师）得到重建，并在12月份的阿登攻势中成为作战主力。

　　战后埃贝巴赫将军思忖过："我还是不清楚为何盟军没有在塞纳河击垮我们。"[60]其中有多个原因，但根本原因是：盟军在诺曼底作战中缺乏统一指挥。艾森豪威尔只是名义上的最高统帅，而且他习惯于逃避事实，推迟决定，寻找共识，而且认为（或者希望）已经实现共识；他没有牢牢把握住局面。如果他不是这种偏好是否会有效地行使权力则是另外一个问题，但是考虑到他那些刚愎自用的下属尤其是蒙哥马利，这么做或许能治愈他损害了作战前景的优柔寡断。盟军每个作战层级的指挥官都忘记了既定的战区目标——消灭敌军，至少在 8 月份某些时候如此。另外，国家间的斗争，间或的互不理解，以及单纯的个人好恶使盟军内部的合作十分有限。由此，盟军过于分散的兵力使得德军避免全军覆没。

　　盟军的另一重要弱点是，高层对于战役级别战斗的可能性或必要性缺乏觉悟——由于缺乏理论基础或者训练这是无法避免的。对于感知能力较强的将领来说，只有通过对战争史的研究及个人经验培养出来的洞察力才可以指导自己。布莱德利、霍奇斯、邓普西以及尤其是克里勒从未弄清如何指挥一个集团军，更不用说集团军群，指挥战役这件事不只是简单地把战术方案放大。这个问题（没有人承认）又因为突如其来的转机而变糟。盟军只做了最为粗略的计划，而且没有预见到在实现突破时会出现的十分有利的条件。整场会战的指挥都是在仓促间临时做出，而不是建立在对形势和可能性的全面评估之上。因此，每个战役总是没有经过有目的的安排或协同，有一些则完全没必要打。以机动代替攻击的可能性常常被忽略，而且纵深作战与纵深行动所能带来的好处大体被放弃了，转而采用避免风险的，安全第一的方式来扩大战果。因此通过决策与行动产生的整体效果加起来反而小于各部分之和。

232

注释：

1. 本节的主要资料来源是马丁·布吕芒松，《二战中的美国陆军，欧洲战区：突破与追击》，第 24 章；埃尔布里奇·科尔比，《1943—1945 在欧洲战斗的第 1 集团军》，第 6A、6B 章；阿拉曼的蒙哥马利，《从阿拉曼到桑格罗河：诺曼底到波罗的海》，第 9 章；奈杰尔·汉密尔顿，《蒙蒂，战地大师 1942—1944》，第 6 部分第 14 章；大卫·C. 伊斯比编辑的《为突围而战：从“眼镜蛇”行动到法莱斯缺口的诺曼底德军》，第 6—10 章；F. H. 海斯利以及其他人的《二战中的英国情报工作》，第 3 卷第 2 部分；奥马尔·N. 布莱德利，《一个士兵的故事》，第 298—303 页；马克·J. 里尔登，《莫尔坦的胜利：阻止希特勒装甲部队的反击》罗素·F. 威格利，《艾森豪威尔的副手》，第 192—201 页；大卫·W. 霍根，《战争中的指挥部：1943—1945 欧洲战场的第 1 集团军总部》，第 128—130 页。

2. 攻击集群包括了党卫军第 2 装甲师（其中加入了党卫军第 17 装甲掷弹兵师的余部），第 116 装甲师和党卫军第 1 装甲师，其中后者在向战场转移时出现了延误；而迟到更久的党卫军第 10 装甲师原本被党卫军第 2 装甲军在 8 月 7 日派往支援第 47 装甲军。李尔装甲师已经失去战斗力并撤出进行重整。在当时，党卫军第 9 装甲师是唯一及时赶到，并投入作战阻挡第 15 军向东挺进的部队。为了本次行动，第 17 装甲军总计集中了大约 150 到 240 辆装甲战斗车辆（关于此事不同的资料来源出入很大，而且保存记录对当时的德军来说并不是首要任务）。作为对比，美军第 3 装甲师在 8 月 1 日拥有 234 辆中型坦克，第 2 装甲师拥有 216 辆，法国第 2 装甲师拥有 166 辆；美军每个步兵师都配属了一个坦克营（编制与装备表：53 辆中型坦克）和一个坦克歼击营（编制与装备表：36 辆坦克歼击车）。

3. 到了 7 月底希特勒事实上已经接受了在进行分阶段后撤后，进行一次暂时的防线收缩的提议。他需要时间组织纵深防御，制造新的“秘密武器”，并成立新的陆军部队（人民掷弹兵师和装甲旅）。他将通过尽可能久地维持诺曼底的固定防线来获得时间（德军已无法进行机动防御），然后在执行焦土政策的同时后撤并守住港口要塞直到最后一枪一弹，使盟军无法使用这些港口（执行这项任务的部队反正也没有野战能力）。参见赫尔穆特·海伯与戴维·M. 格兰茨的《希特勒和他的将军们》（Hitler and His Generals，纽约：Enigma Books 出版社，2003 年）第 64—468 页中抄录的，希特勒在 7 月 31 日的日常会议上语无伦次发表的有关战略态势和总参谋部的变节的话语。一天之内，他就改变了主意并坚持有把握通过一次大规模反击在诺曼底取得胜利。

4. 即便德军暂时切断了走廊，盟军最高统帅部也做好了准备，以每天空投两千吨物资来补给第 3 集团军。

5. 根据巴顿 8 月 7 日的日记条目：“昨夜我们从秘密渠道得到一个传闻，德军数个装甲师将从……莫尔坦以西……向阿夫朗什发动进攻。我个人认为，这只是德军为了后撤而虚张声势，不过我叫停了圣伊莱尔附近的第 80 师、法国第 2 装甲师和第 35 师以防不测。”马丁·布吕芒松编辑的《巴顿文集》第503 页。某些偏激的人可能认为这几个师是在偶然的时间通过那里，而巴顿日记证实了当日开始之初进攻就已在进行；而那个“秘密渠道”就是“超密”。

6. 汉密尔顿，《蒙蒂，战地大师》，第 784 页。

7. 本节的主要资料来源是布吕芒松，《二战中的美国陆军，欧洲战区：突破与追击》，第 25—27 章；威格利，《艾森豪威尔的副手》，第 10 章；科尔比，《1943—1945 在欧洲战斗的第 1 集团军》，第 6B、6C 章；布莱德利，《一个士兵的故事》，第 18 章；霍根，《战争中的指挥部：1943—1945 欧洲战场的第 1 集团军总部》，第 5 章；蒙哥马利，《从阿拉曼到桑格罗河》，第 9 章；L. F. 埃利斯，《西线的胜利，第一卷，诺曼底战役》，第 19 章；伊斯比，《为突围而战》，第 6—10 章；塞缪尔·W. 米彻姆，《诺曼底的德国装甲车辆：1944 年汉斯·埃贝巴赫将军与德军在法国的防线》，第 4 章；海斯利及其他人合著，《二战中的英国情报工作》，第 250—268 页。

8. 从 8 月 7 日到当月底，“超密”一直在向各集团军总部和更高层的指挥部及时详细通报德军的实力与意图。这本应让巴顿更为大胆，对于霍奇斯和布莱德利来说更是如此，但是海斯利普只能利用骑兵大队向东面进行侦察来消减自己正步入陷阱的担忧。

9. 由于首先做好准备，当日早晨没有经验的第 80 步兵师实际上已经开始进军，但是因为参谋作业出错，该师与海斯利普的第 90 步兵师的第二梯队混在了一起。当这一团乱麻解开时，第 3 集团军正在为它拟定新的作战任务。

10. 布吕芒松，《巴顿文集》，第 520 页。

11. 威廉·C. 西尔万及弗朗西斯·G. 史密斯，《从诺曼底到胜利：考特尼·H. 霍奇斯和美国第 1 集团军的战地日记》，第 94 页。第 7 军的进攻只花了预计时间的四分之一，因为德军缺乏足够的部队进行有效阻击，尽管之前第 1 集团军花了很长时间才设法利用德军洞开的侧翼。

12. 这一节的主要资料来源是约翰·A. 英格利希，《加拿大陆军和诺曼底作战：对于高级指挥失利的研究》，第 11 章；布莱恩·A. 里德，《不准停下："总计"行动，诺曼底，1944 年 8 月》，第 8、9 章；C. P. 斯泰西，《胜利之战，1944—1945 在西北欧洲的行动：加拿大陆军在二战的官方历史》，第 3 卷，第 9、10 章；胡伯特·梅耶，《党卫军第 12 "希特勒青年" 装甲师历史》，第 5 节；伊斯比，《为突围而战》，第 9、11、12 章。

13. 第 2 集团军总部编撰，《第 2 集团军在欧洲的作战行动统计 1944—1945》，第 178 页。

14. 迈克尔·雷诺兹，《钢铁地狱：党卫军第 1 装甲军在诺曼底》，第 76、82 页。

15. 理查德·拉姆，《蒙哥马利在欧洲，1943—1945——胜利或失败》，第 176 页。

16. 然而，直到 8 月 10 日之前克里勒都没有得到明确指示要与美军会合封闭包围圈。直到那时，他仍然认为向南进攻之后会转头向东前往位于鲁昂的塞纳河，这是原先的作战设想。

17. 在第一阶段进攻之后，第 51 高地师和第 33 装甲旅重新回归英国第 1 军指挥，然后前进到加拿大军队左翼掩护其侧翼。

18. 加拿大第 4 装甲旅为何进展不大，其指挥官布斯准将被发现醉倒在他的坦克里或许就是答案。后来他获准继续留在指挥岗位。

19. 保罗·道格拉斯·迪克森，《一位彻底的加拿大将军：H. D. G. 克里勒将军传记》，第 318—319 页。

20. 本节及下一节的主要资料来源是伊斯比，《为突围而战》，第 11—13 章；海斯利及其他人合著，《二战中英国的情报工作》，第 249—273 页；米彻姆，《诺曼底的德国装甲车辆》，第 6 章；詹姆斯·A. 伍德，《西线德军：德国 B 集团军群从诺曼底到齐格菲的每周报告》，第 5 章；罗素·F. 威格利，《艾森豪威尔的副手》，第 10、12 章；霍根，《战争中的指挥部》，第 5 章；布吕芒松，《二战中的美国陆军，欧洲战区：突破与追击》，第 26—29 章；科尔比，《在欧洲战斗的第 1 集团军》，第 6、7 章；福利斯特·C. 波格，《二战中的美国陆军，欧洲战区：最高统帅》，第 13 章；汉密尔顿，《蒙蒂，战地大师》，第 6 部分，第 14、15 章；埃利斯，《西线的胜利》，第 20 章；斯泰西，《胜利之战》，第 10、12 章；马丁·布吕芒松，《将军之战》，第 4、5 部分。

21. 德军坦克实力的数据来源于尼克拉斯·泽特林《诺曼底 1944：德军的军事组织、战斗力和组织有效性》；8 月 11 日时第 116 装甲师可用坦克数目不详（11 天后是 18 辆），但是该师在阿尔让唐正参加反击任务。美军各师在短暂的行动期间，有多少装甲战斗车辆被击毁、损坏或被替换不详，但是美军装甲师、独立坦克营和独立坦克歼击营满编的总数量是 510 辆中型坦克和 72 辆坦克歼击车。

22. 希特勒把 8 月 15 日形容为他一生中最糟糕的日子。冯·克鲁格已经失去联系 12 个钟头了；实际上冯·克鲁格在试图视察下属时遭到空袭无法行动，他的通讯设备被毁。希特勒怀疑他将变节并率领 B 集团军群投降。同日，美军到达了巴黎—奥尔良缺口，而且没什么能阻止他们进一步前进，与此同时盟军已在毫无防守的法国南部登陆。8 月 17 日，希特勒用号称 "希特勒救火队员" 的沃尔特·莫德尔元帅取代了冯·克鲁格。莫德尔是个狂热的纳粹党徒而且临危不惧，因此希特勒认为他很可靠。令希特勒失望的是，莫德尔也赞同冯·克鲁格对于态势的评估："道路实际上已经无法通行，由于缺乏燃料坦克无法动弹，弹药供应不稳定，部队又饿又累，而且通讯几乎已不存在。"在各集团军指挥官一致支持下，他请求向塞纳河撤退。部分出于对莫德尔的信任，也有部分原因是其他的变化已经令继续防守诺曼底不具备可能性，希特勒被迫接受了现实。

23. 布莱德利之后坚持德军大部分已经在 8 月 14 日逃出了包围圈。这一推断与他要求美军在阿尔让唐停止前进的主要原因相互矛盾；另外，"超密"的报告、战术信号情报以及空中侦察都显示了德军只有少数部分撤退，而第 21 集团军群认可这点。第 1 集团军的情报评估同意这一判断。然而无可否认的是，还是有可能（尽管不准确）把德军指挥官希望撤退的意愿解读为撤退实际正在发生。

24. 特里·科珀，《蒙哥马利的科学家：西北欧战场的作战研究》，第 183—187 页。被毁的车辆数目包含了 8 月之前的损失，但是总数把装甲战斗车辆的损失低估了 50%，无装甲车辆的损失数目低估了 30%，因为 ORS 2 号的分析人员在研究伤亡数字时没有检查辅助道路和各种小径上的情况。盟军也没花工夫去评估德军十分依赖的庞大的马拉车辆的被毁数量。

25. 布莱德利已经提议由美军提供车辆把两个英军师运送到第 1 集团军，沿着德勒—芒特轴线向鲁昂进攻（这样他的整个集团军群就可以全力投入向东挺进）。这一主意没被采纳，因为这会导致很久的延迟，交通和后勤无疑会更加混乱。

26. 这一节主要基于布吕芒松，《二战中的美国陆军，欧洲战区：突破与追击》，第 590—618 页；科尔比，《在欧洲战斗的第 1 集团军》，第 86—89 页；史蒂芬·T. 怀什涅夫斯基，《考特尼·希克斯·霍奇斯》，第 122—123 页；布莱德利，《一个士兵的故事》，第 310—328 页；威格利，《艾森豪威尔的副手》，第 249—252 页；亨利·莫勒，《走出沙漠：勒克莱尔将军的传奇故事和自由法国的战斗》（Out of the Sand: The Epic Story of General Leclerc and the Fighting Free French，伦敦：Odhams 出版社，1966 年），第 9、10 章；卡洛·德·埃斯特，《艾森豪威尔：盟军最高统帅》，第 573—577 页。

27. 布吕芒松，《将军之战》，第 242 页。

28. 皇家空军轰炸分析单位第 44 号报告。德军成功解救如此多的部队，尽管规模更大，仍可以和一年之前的 8 月 1 日到 17 日他们把第 14 装甲军通过墨西拿海峡撤出西西里岛相比。当时他们成功撤出了 39951 名士兵、14722 名伤员、51 辆坦克、9789 台车辆、163 门火炮，以及 18665 吨弹药和设备。这 4 个被救出的师后来成为意大利防线的核心。

29. 盟军的数据来自埃利斯的《西线的胜利》德军数据来自泽特林的《诺曼底 1944》第 4、7 章；被夸大的数字一直在研究领域出现，即便是最近的作品也是如此，如安东尼·比弗的《D 日：诺曼底战役》第 522 页中的数据。

30. 伍德，《西线德军》，第 209 页，全文引用了莫德尔在 8 月 24 日和 29 日提交给希特勒的报告。莫德尔在报告中对盟军的实力和可能的进攻方向，以及德军的实力和应对方案做了悲观的评估。

31. 第 8 军担任预备队，因此除了最低限度的需要之外所有的运输工具都被调走，以便在诺曼底作战之后的快节奏行动中，为集团军其他部队提供足够的机动和后勤支持。

32. 英军部队已经对漫长且有时候很复杂的公路转移十分娴熟，这是个不小的成就。但是转移不等同于机动。部队按照事先计划集合去打一场固定套路的仗，与在不存在清晰明确前线的广阔区域内，在动态作战中的快速变化态势中，需要因为进攻方向突然改变而进行临时转移，是十分不同的。

33. 改装装甲运兵车的念头，是第 8 军指挥官奥康纳在"古德伍德"行动之前提出的。不过，他的上级指挥官邓普西对这个想法没有兴趣。

34. 迪克森，《一位彻底的加拿大将军：H. D. G. 克里勒将军传记》，第 305 页。

35. 一个限制因素是，指定去支持加拿大第 1 集团军的第 84 大队，依然还要利用英格兰作为其 26

个中队（其中 23 个是战斗机）的基地，因为盟军地面部队在诺曼底作战早期未能攻占足够的土地用于建设前线机场（很大程度导致了泰德和科宁汉对于蒙哥马利的不满）。另外第 84 大队的指挥部在 8 月 10 日之前一直留在英格兰。加拿大部队所有的空中支援请求，都要通过和第 2 集团军指挥部驻扎在一起的第 83 大队指挥部。然而，在第 2 战术空军这一级往下，英国陆军和皇家空军的关系很好，而且后者会不顾第 2 战术空军制定的有点官僚化的程序主动提供支援。假如克里勒，或者最好是蒙哥马利亲自去争取优先权，"总计"行动就能获得大规模的且持续的空中支援。

36. 这里不是以事后的眼光去讨论第一梯队的进攻所取得的胜利能否更完整。如果第一梯队完成进攻之后就立即进行积极的侦察，加拿大军队本可以发现德军防线在战术纵深处的弱点。但是由于第二阶段轰炸线的存在，此类侦察无法进行。

37. 学习苏联战争艺术的人将会认同先遣队的概念，这是纵深作战的必要部分。当主力部队正在打开缺口时，小型的高度机动灵活的先遣队将向前突入，在敌人未进入位于纵深处或瓶颈处的防御阵地时将其占领。通过这种方式，可以牢固把握住本方的主动权和进攻势头。当然先遣队也可能陷入和敌军预备队的纠缠而无法完成任务。即便这样，它仍可以通过侵略性的侦察活动来帮助维持进攻节奏，同时阻止敌军以有组织的有条不紊的反击作战来迎接己方的主力部队。

38. 德国第 84 军下属部队还包括在海岸地区的，规模较小只能进行静态防御，缺乏战斗力的第 711 步兵师；位于内陆的实力已经严重下降的第 346 步兵师（尽管洪水泛滥的河流减轻了它的防御负担）；以及实力同样下降的第 272 步兵师。第 84 军机动性已经受到限制，而装甲部队已经缩减到仅剩第 346 步兵师的 7 辆突击炮。

39. 蒙哥马利刻薄地写道克里勒"似乎得出了这样一个想法，你只要准备好一个很好的初步火力计划，所有的德国人就会溜之大吉"。克里勒没有意识到"战斗很少能完全按照计划进行"。英格利希，《加拿大陆军和诺曼底之战》，第 268 页。

40. 两处均引用自库特·梅耶，《掷弹兵》（Grenadiers，温尼伯，曼巴托尼省：J. J. Fedorowicz 出版社，1994 年），第 159 页。英军很少而加军或美军几乎没听过有军、师级指挥官会在战斗激烈进行时出现在前线。除了巴顿，盟军没有集团军指挥官会到编级别以下的指挥部。这或许就是他们没有培养出类似德国第 5 装甲集团军指挥官埃贝巴赫那种对于战斗的指尖触觉的主要原因，埃贝巴赫在 8 月 8 日的危急时刻，就在离崩溃中的前线不到 5 公里（3 英里）远的地方与梅耶讨论作战。

41. 8 月 1 日第 1 集团军指挥部的情报部门（G2）写道："德军在诺曼底的部队能否在接下来 4 到 8 个星期内继续作为战争机器存在还是个问题……德军的选项只有投降或者进行灾难性的撤退。在接下来 4 到 8 周内，目前的态势可能会突然演变成盟军奔向陷入混乱的德国的竞赛。"布吕芒松，《二战中的美国陆军，欧洲战区：突破与追击》，第 442 页。迪克森上校认为撤退甚至撤过塞纳河，对于一支非机械化且面对更具机动性同时掌握天空的敌人的军队来说十分困难且代价极大，这是没错的，尽管第 15 集团军和其他地方的部队可以建立一条停止线之类的防线来挡住追兵。他对于时间的推测也基本正确，但主要是德军自己犯下了重大的、不可预见后果的错误。

42. 西尔万，史密斯，《从诺曼底战役到胜利》，第 78 页。在他 7 月 23 日的日记条目中，巴顿苦涩地写道："霍奇斯和布莱德利认为所有的人类美德都来自于对步兵战术的知晓，这令我厌恶。我知道将官而且实际上上校军官也没有必要去了解战术问题。战术是营级指挥官的范围。如果将官懂的战术越少，他们对战术问题的干预也就越少。"布吕芒松，《巴顿文集》，第 486 页。虽然有点放肆，巴顿还是表现出理解战役级的思维和决策的需要，以及在攻击中对于机动和速度的要求。

43. 巴顿在 8 月 3 日给妻子的信中写道："我是唯一一知道敌军有多么束手无策的人——他完蛋了。"第二天他写道："如果我单靠我自己，我会抓住比我现在被允许利用的更大的机会。"布吕芒松，《巴顿文集》，第 504—505 页。巴顿对于作战态势的直觉，他的"感觉"，比布莱德利或霍奇斯的要好得多。当然他的本性也促使他去这样想。而到了 9 月，类似的乐观主义就被证实是没有道理的了。

236

44. 巴顿一直坚持认为蒙哥马利是踩着他去追逐荣耀和光环。这是个典型的以己度人的例子。蒙哥马利的判断是基于职业军事素养而非个人的考虑，而且他也乐见第 3 集团军快速前进。对于布莱德利警惕并且偶尔歧视英国方面的干扰，巴顿显然理解错了。

45. 布莱德利同样下令在卢瓦尔河岸部署一支掩护部队，针对面向美军南翼的德军突出部。巴顿觉得这样把两支部队分开去"去对付一次不确定的攻击"是过于谨慎，（正确地）认为第 19 战术空军司令部，骑兵部队和法国内地军就可以完成掩护任务。卢瓦尔河以南的德军实力虚弱，缺乏装甲部队和机动性—总而言之，这里的德军无力威胁美军。

46. 布莱德利，《一个士兵的故事》，第 307 页。

47. 当布莱德利无视他建议的在巴黎以北由第 3 集团军进行另一次包围作战时，巴顿以消灭敌军为重点的努力再一次受挫。

48. 在向他具有步兵背景的军长们教授他的冒险主义哲学时，巴顿同样遇到了困难。例如，米德尔顿（第 8 军军长）对于分配给他的广布在不列塔尼地区的目标感到难受，而艾迪（第 7 军军长）在 8 月 21 日被巴顿命令去占领巴黎以南的约讷的桥头堡时，他反问巴顿对于他的侧翼应有多大程度的担忧（巴顿则回复这取决于艾迪自己有多容易紧张）。

49. 布莱德利，《一个士兵的故事》，第 283—284 页。

50. 根据"超密"查清的数据，第 25 军剩下的部队包括严重缺乏人手的第 2 伞兵师（不到 8000 人，没有摩托化运输工具，缺少大部分装备）；第 265、266 和 343 步兵师，全部都在诺曼底损失了大量的（以及大部分有战斗力的）部队；以及规模很小而且战斗力低下的第 77 步兵师和第 91 机降师，两者在从诺曼底撤到不列塔尼之前就几乎被歼灭了。

51. 一年之前在西西里，蒙哥马利就曾劝说第 15 集团军群指挥官亚历山大将军，武断且不经协商就改变边界并把一条重要的道路分配给他的第 8 集团军。而美军的指挥官巴顿和布莱德利，他们在即将获胜时作战计划却被搞得一团糟，两人的愤怒可想而知；这段受辱的经历在两人心中一直挥之不去。

52. 布莱德利，《一个士兵的故事》，第 305 页。根据布莱德利意思第 15 军已经被散布到了超过 65 公里（40 英里）。但是从法莱斯到埃库夫森林之间只有大约 30 公里（18 英里），第 20 军离南边也不远。

53. 在他的回忆录中，布莱德利试图指责蒙哥马利过于谨慎和不够胜任。布莱德利，《一个士兵的故事》，第 304—305 页；奥马尔·N. 布莱德利和克莱·布莱尔，《一个将军的一生》，第 298—301 页。

54. 布莱德利，《一个士兵的故事》，第 309 页。为了占领大片土地而把消灭敌军的目标放在从属地位的例子并不罕见。例如在 1944 年 5 月，马克·克拉克中将没能利用突破安齐奥桥头堡的机会切断德国第 10 集团军的退路，尽管他的集团军群指挥官想要打一场歼灭战并已经下达了明确的命令。克拉克想拿到已经摆在眼前的，成为第一个进入罗马的将军的荣耀，因此他把第 6 军的进攻方向调转了 90 度前去占领罗马。参见 C. J. C. 莫洛尼及其他人所著的《地中海和中东战区》（The Mediterranean and the Middle East，伦敦：HMSO 出版社，1984 年），第 6 卷第 1 部分，第 287—290 页；卡洛·德·埃斯特，《致命决策，安齐奥和罗马之战》（Fatal Decision: Anzio and the Battle for Rome，纽约：Harper Collins 出版社，1991 年），第 21 章。

55. 布莱德利、霍奇斯和巴顿都希望在德国人重修并派人进驻"西墙"之前就突破这一工事。但是很快事实就清楚了，希望并不等于方法。

56. 不管支持"铁砧／龙骑兵"行动的理由如何合理，事实是马歇尔（以及艾森豪威尔）已经把它当作削弱意大利战场，集中资源于主要战场的手段，这是传统的美国战争方式。

57. 罗兰·G. 鲁宾塞尔，《二战中的美国陆军，欧洲战区：陆军的后勤支援》，第二卷，第 474 页。

58. 德怀特·D. 艾森豪威尔，《远征欧陆》，第 305 页。

59. 试探艾森豪威尔耐心的可不只有蒙哥马利一人。从艾森豪威尔一年之前抵达北非开始，法国人就不断给他制造困难和怒火。8 月 20 日又出了新的由头（尽管这不是最后一次），当时戴高乐要求允许勒克莱尔的装甲师以"自由法国"的名义立即去解放巴黎。尽管罗斯福总统厌恶承认一个戴高乐政府，艾森豪威尔为了盟军的团结选择了实用主义，拒绝让政治因素危害到他的作战，而且把戴高乐当作事实上的法国领袖时他也保持了风骨。他支持分出勒克莱尔的部队，并且之后同意了戴高乐让美军进行一次武力展示来震慑巴黎强大的共产党武装的请求。

60. 布吕芒松，《将军之战》，第 258 页。

第五章
9月：作战思想与地面战斗的演变

对立的作战构思

盟军最高统帅部诺曼底登陆之前对于态势的评估

在 1944 年 5 月，盟军最高统帅部的策划者们已经开始着眼于诺曼底之后的战斗。[1] 当然，他们对于"霸王"行动作战将会如何演变一无所知；他们甚至都不能确定是否可以在诺曼底海滩站稳脚跟。他们弄清楚了参谋长联席会议交代的任务并研究了可能影响军事形势演变的非变量因素——地形、天气和部队的后勤需求。他们假定部队会以比较稳定的速度推进，而不是时断时续，而且德军在被向后驱赶时会维持完整性和战斗力。当他们尝试计算双方相对实力（暗示盟军在登陆之后最长可能需要 8 个月来获得决定性的兵力优势）时又十分简单化和带着侥幸心理；不过这一切至多只是揣测，对其划分作战线影响很小。他们在结论中提出了一个描述十分粗略的作战构思。这一构思没有传达到盟军最高统帅部、盟军远征军空军和盟军远征军海军以下，不过这并非说明作为盟军地面部队总司令的蒙哥马利不知道它的内容。

目标。参谋长联席会议向盟军远征军最高统帅下令，指示他"进入欧洲大陆，并与其他联合国成员一起，开展以占领德国心脏地带及消灭德国武装力量为目标的作战行动"。分析过这一任务后，盟军最高统帅部参谋部得出结论，德国的政治心脏柏林太过遥远，不适合作为当下的战略目标，然而德国的经济心脏鲁尔工业区，则在西线盟军力所能及的范围之内。这一地区据信为第三帝国提供了 50% 的钢铁和 38% 的煤。【而在盟军前往鲁尔的路上将会攻占的法国北部和比利时，则分别提供了 15% 和 18% 的煤，因此进攻大致位于韦塞尔—哈姆—科隆之间的三角形地带，向莱茵河东岸突入 80 公里（50 英里），能使德国工业失去 65% 的钢铁和 56% 的煤的供应。】德国国防军将不得不进行抵抗和战斗以夺回鲁尔，否则就会丧失其所倚赖的战争支柱。在逼迫德军应战后盟军就有机会将其大部分消灭，完成对德作战的主要任务。

在鲁尔以西唯一具有经济意义的地区是萨尔兰，此地在科隆以南 250 公里（155 英里）处。这一地区加上阿尔萨斯和洛林共包含了德国 16% 的钢铁和 14% 的煤炭资源。而科隆以南的莱茵河沿岸城市当时只有很少甚至没有经济价值。很显然任何想要取得决定性效果的作战方针，都必须把鲁尔工业区当作首要的地面目标。

地形与天气。盟军最高统帅部策划人员研究了 4 条前往莱茵河的路径，每条都以鲁尔工业区作为目的地。他们没有认真研究除莱茵河以外其他地方的地形，而且勘测作业主要是在地图上完成的，缺乏任何作战背景。图 5.1 显示的是他们的结论。

弗兰德斯平原路线。这条路线（通过比利时北部和荷兰南部）十分平坦，道路网发达，十分便于进行机械化机动。这里机场众多而可建设机场的场地则更多。[2] 然而，策划人员指出大量水障（大大小小的运河与溪流）遍布在该地区。这还不包括阿尔贝特运河、马斯河、瓦尔河与莱茵河等主要屏障，以及在鲁尔蒙德以北到达尽头的"西墙"工事。[3] 另外，德军可能会利用圩垸和复杂的排水渠系统淹没该地区，以此限制盟军的机动能力。而如果想要通过攻击荷兰海岸来绕过德军防线，则会被德军"大西洋壁垒"的一部分防御工事所阻挡；尤其以在安特卫普、鹿特丹及阿姆斯特丹的这类堡垒最为巨大和坚固。因此，盟军最高统帅部否决了这一选项。

莫伯日—列日 / 布鲁塞尔—马斯特里赫特—科隆路线。这条路同样十分平坦，道路及机场众多，而且通往比利时的路上少有运河与河流。不过鲁尔蒙德—列日—迪伦三角地带会造成问题。马斯河与莱茵河，以及两河之间密布的"西墙"工事也无法被绕过，而且小城市之间的道路两侧都有带状建筑区，加上散落的村落都会多少影响到大军行动。尽管从这一地区南面和北面绕过不是不可以，但是仍需

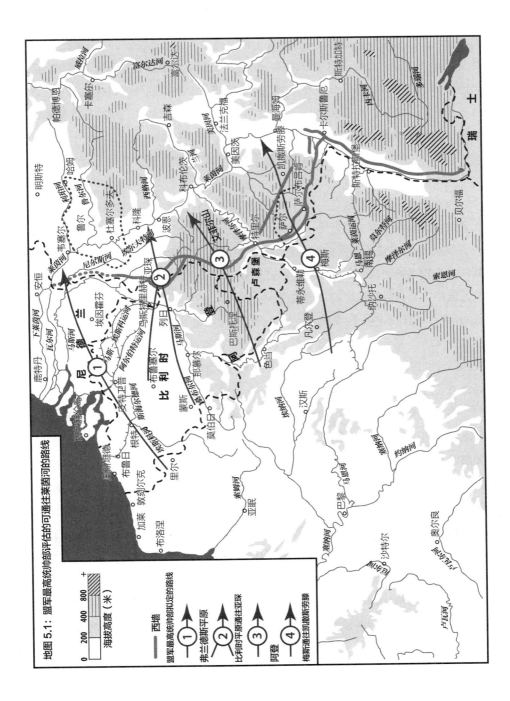

地图 5.1：盟军最高统帅部评估的可通往莱茵河的路线

海拔高度（米）

0 200 400 800 +

—— 西墙

① 弗兰德斯平原

② 比利时平原通往亚琛

③ 阿登

④ 梅斯通往凯撒斯劳滕斯滕

盟军最高统帅部拟定的路线

攻占作为道路枢纽的亚琛。总的来说，这条穿过比利时中部以及所谓的亚琛缺口的路线，提供了最好和最快的通行条件（在过去几个世纪的战争中一直如此），而且是直接通往鲁尔工业区的最短路线。由于现代军队对于后勤有巨大的需求，距离因素和通行条件一样十分重要。如果向北突进就会在前往战略目标的路上接连攻占海峡沿岸港口，而且从条件最好的港口安特卫普（能够独自维持整个盟军的后勤）到科隆的距离只有 200 公里（125 英里）。把主力放在北方的另一好处是，能得到依然驻扎在英格兰的空中部队战术轰炸机部队和具有重要战役价值的盟军第 1 空降集团军更有效的支持。[4]

阿登路线。阿登地区是一块沿着德国国境宽 120 公里（75 英里），并呈锥形向比利时南部深入大约 140 公里（90 英里）的三角形地区。这一地区由东往西山丘渐少，地形更为完整而森林变得稀疏。这一地区被巨大的天然屏障马斯河一分为二；其间很多较小的河流因为河岸陡峭和道路复杂常常也成了较大的障碍。阿登地区缺乏道路，适合修建机场的场地也很少。在向东通往德国直到莱茵河与摩泽尔河谷的路上，通行条件会越来越差，甚至会撞上"西墙"（在山地地区会比较薄弱）。尽管不算一个完全的屏障，阿登对于大规模军事机动来说仍是个挑战而且易守难攻。尽管德国国防军曾在 1940 年把此地当作主攻路线，盟军最高统帅部策划人员仍否决了这一路线。

梅斯—凯撒斯劳滕缺口。这条路线在马斯河以东，阿登地区以南，一路上地形逐渐会变得分割且森林越来越浓密。这里的道路网尚足以支持军队机动，尽管如果没有占领梅斯或南锡等道路枢纽，也难以前进得太远。在抵达莱茵河之前，摩泽尔河与萨尔河是主要障碍，而且在萨尔兰有一段"西墙"比较密集的地区。虽然克服这些河流与堡垒能打开前往萨尔兰工业区的通道，但是这一工业区比起鲁尔相对没那么重要，而且位于莱茵河中游的城市缺乏经济价值。一支侵入此地的军队转向北面前往鲁尔时，就要纠结于是沿着狭窄的莱茵河谷推进还是向东北突入地形更为复杂的地区。南面的路线则又受到距离因素的影响。从瑟堡到萨尔布吕肯几乎有 900 公里（560 英里），从这里沿着莱茵河到科隆又有 300 公里（185 英里）。盟军最高统帅部参谋部认为这条路线值得利用，但是不如阿登北面的那条路线。

如果纳粹政权在失去鲁尔工业区后仍继续抵抗，柏林已在不到 500 公里（300

英里）外，中间都是平坦的、适合大规模装甲部队与空中力量作战的德国北部平原（第三帝国大多数的合成油生产厂与炼油厂也在这里）。从莱茵河中部——例如曼海姆——向德国首都突击，则需要向东北方向穿越700公里（430英里）的复杂地形。而在那个时候，德国南部没有特别有价值的军事目标，而且地形十分复杂。

随着战争的继续，天气的变化会对军事行动的开展产生很大影响，而且没有一个是有利的。英吉利海峡的风暴会越来越频繁，越来越恶劣，使得诺曼底海滩逐渐完全无法用作补给基地。因此获得新港口作为瑟堡港的补充，既用于维持后勤也为来自美国的新部队提供新的登陆点，具有迫切的必要性。另外，新的港口必须是深水港，因为深水港可以直接停泊来自美国的船只，而且可用的沿海运输十分有限。在秋季，阴雨天是家常便饭，空中行动因此将逐渐受限。地面部队因此不再能够过多依赖近距离空中支援。还有就是恶劣天气及逐渐延长的暗夜也将大幅降低空中遮断的效果；德军的作战机动性会相应提升。空降作战将越来越受意外事件的影响并在春天之前变得无法实施。最后，逐渐频繁的降雨会让通行条件越来越糟，建设与维护飞机场也会变得更加费时费力。

盟军最高统帅部的作战构思

盟军预计能在登陆90天左右进抵塞纳河。假如事实真是如此，那么经过一个月的战术停顿，集结准备向德国突击所需的后勤资源与兵力后，盟军大约将在登陆120天后从塞纳河发起进攻。这场进攻将从宽大的正面发起，沿着梅斯—凯撒斯劳滕缺口和亚琛缺口，以及里维埃拉—阿尔萨斯/洛林轴线进入德国。这会隐藏盟军位于阿登以南或以北的主力，达成突然性。同时会迫使德军过度分散资源，提高击败德军的可能性。由于拥有高机动性、灵活性和制空权，盟军可以利用德军随着战斗推进逐渐暴露出的弱点，迅速把作战重心从一个方向调整到另一个。盟军完全有必要利用优势的装甲部队逼迫德军在有利于机械化运动的地形上作战，并阻止德军按照自己能控制的节奏，从一条沿河防线有计划地撤退到另一条。盟军空降部队还可以阻止德军抢先建立稳固的防线，加速主力部队的推进速度。要发挥宽大正面推进的优点，盟军需要顺利完成人员与物资的集结和准备，这样盟军对老谋深算的德军就拥有数量上的优势，不过美军可能要到1945年才能完成集结。

伴随冬季临近而来的恶劣天气，利用诺曼底海滩和桑葚港提供的后勤支援会受到越来越多的干扰。为了保障第21集团军群的推进，英军在盟军左翼前进时将会攻占勒阿弗尔，之后占领英吉利海峡其他较小的港口。他们需要尽快攻占安特卫普（当时世界上第三大深水港，仅次于纽约和鹿特丹），因为对于盟军向德国发起的攻势来说它至关重要。第12集团军群起初是从瑟堡港接收补给；然后等到不列塔尼半岛上的港口开放后，越来越多的物资将从这里，从圣马洛到基伯龙湾（一块深水抛锚地可以开发成港口），在布雷斯特上岸。一旦英军不再需要勒阿弗尔，就会将其移交给美国人以满足后者不断扩大的需求，并在美军向东挺进时提供一个更为接近前线的港口。最后，第6集团军群将从马赛港获得补给，这里的吞吐能力接近安特卫普，它同样能为从阿登以南前进的部队提供保障。

分期不断扩大的作战设想

就在8月下半月诺曼底战斗意外地即将迎来高潮时，盟军战区和集团军群指挥官开始思考如何将战役胜利转化为战略胜利，并迅速在西线结束战争。很明显，立即扩大战果十分关键。8月19日，艾森豪威尔宣布放弃"霸王"行动计划中设定的，为向德国突击而集结部队和储备后勤资源所安排的作战停顿。相反，同盟国远征军将立即实施盟军最高统帅部在诺曼底登陆之前所作的对于诺曼底战斗之后的作战构想。图5.2显示了盟军最高统帅部进行宽大正面推进的设想与蒙哥马利集中力量在单一战略轴线上推进的想法的对比。

蒙哥马利在不知道艾森豪威尔想法时（自从8月13日以来他们就没交谈过，而且蒙哥马利并未正式参与盟军最高统帅部的策划），于8月17日将他自己关于未来作战的想法介绍给布莱德利。他希望获得布莱德利同意一起向最高统帅推荐自己的建议。在强渡塞纳河之后，两大集团军群将并肩推进，在北海和阿登之间部署"40个师的坚实集群"。[5] 英军将扫清英吉利海峡沿岸并攻占安特卫普，同时第12集团军群将前往攻占鲁尔工业区。在以比利时为基地的强大空中集群的支援下，这一单一的、集中的突击集群将在德军撤过莱茵河之前将其消灭，并在天气变得恶劣之前占领鲁尔。这一集群也将获得优先后勤支持。为了保护其右翼，一支强大的美军将部署远至兰斯—特鲁瓦地区。参与"龙骑兵"行动的部队将挺进至阿尔萨斯，对萨尔兰造成威胁，不过没有计划安排其他部队与之会合。正如蒙

地图 5.2：完全相左的作战设想：宽大正面 vs 狭窄正面

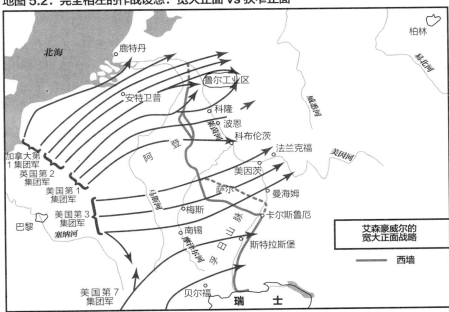

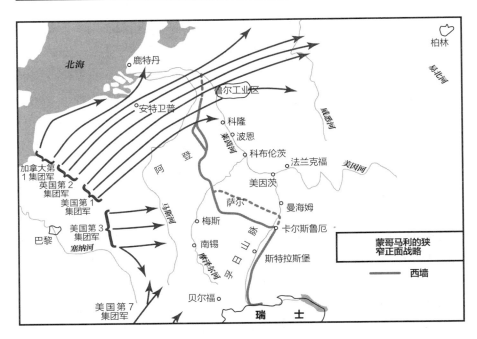

哥马利在回忆录中对这一构思的描述，这是个"逆向版的施里芬计划"，但是这次打击的是分崩离析之敌。[6]蒙哥马利同样还考虑到了之后的以柏林为目标的行动，为第21集团军群向北包围鲁尔并攻占威悉河上的桥头堡做准备。

布莱德利在蒙哥马利介绍时不作回应，使得后者误以为他默许了自己的想法。然而布莱德利关于作战计划有自己的想法，并且已经和巴顿一起谋划过。按照盟军最高统帅部在5月拟定的设想，盟军将在宽大正面上发起两路突击。在战场北面，加拿大集团军将攻占海峡沿岸的港口以及安特卫普，同时第2集团军将直奔鲁尔。而整个第12集团军群将发起同等重要的突击，通过萨尔地区前往法兰克福。在意识到第21集团军群可能缺乏兵力来清理具有政治敏感意义的V-1"火箭海岸"，并占领沿岸港口（不仅仅是第21集团军群，第12集团军群同样十分依赖这些港口维持作战）后，布莱德利在与艾森豪威尔的频繁会面中的某一次对计划进行了修改，以便更加吸引艾森豪威尔。在这个计划中，美军单独一个军将被派往莫伯日——亚琛一线，通过直接进攻科隆来支援蒙哥马利进军。理论上第12集团军群的后续部队将接管阿登以南的地区，不过实际上它的规模与之前的部队相当。第3集团军（缺第8军，此时位于不列塔尼，下辖4个师）和三分之二的第1集团军将会攻占萨尔，并在曼海姆与美因兹之间渡过莱茵河向法兰克福前进。同时，第6集团军群将试图在更远的斯特拉斯堡以南的地方强渡莱茵河。为了显示他的"美国计划"的优点，布莱德利指出这是通往德国最短、最快的路线；它的终点是德国的心脏地带而且穿过的是不设防的地区；而且还将占领"重要的萨尔盆地"。第12集团军群将与第6集团军群会师并切断德军从法国南部和西南部撤退的路线。这一计划还将保证第21集团军群拥有足够的兵力完成任务，前提是蒙哥马利"愿意冒险并且不再坚持需要用压倒性数量优势的部队来发起进攻"。[7]

8月20日，艾森豪威尔召开了一次参谋会议讨论未来的进攻方向，最后做出两个决定：他本人将在9月1日接任地面部队总司令，而且地面部队两大集团军群将在两个不同方向上推进，其中第12集团军群将沿着梅斯——萨尔方向前进。第21集团军群总参谋长德甘冈对这些部署感到意外，它们与他的计划产生了冲突，他向艾森豪威尔建议等他与他的上司蒙哥马利讨论后再落实这两件事。尽管艾森豪威尔答应了德甘冈的请求，他还是在8月22日通知了帝国总参谋部他从9月1日起将亲自指挥地面战斗。他将指挥北部的蒙哥马利集团军群去肃清海峡沿岸港口，其中包括安特卫普；一旦这一任务完成，这支部队最终将向东进攻鲁尔。为了完成其首要任务，北部集团军群可调遣盟军第1空降集团军。位于中央的集团军群在布莱德利指挥下，将向巴黎东部和东北部前进；它既可以进入比利时为蒙哥马利提供支援，或更有可能的是攻击阿登以南地区穿过梅斯缺口。最终的作战方针将取决于敌军在各个方向上的力量强弱。布莱德利的前进速度将取决于不列塔尼半岛上的港口恢复运作的速度和补给情况的改善情况，这是盟军最高统帅部的另一优先紧急任务。而南部集团军群在由盟军最高统帅接管之后，将支援中央集团军群。[8]

艾森豪威尔的两个决定都受到了蒙哥马利的强烈反对，他向艾森豪威尔提交了他之前向布莱德利介绍过的提议；在没有得到满意答复后，蒙哥马利要求和艾森豪威尔会面。8月23日在蒙哥马利的坚持下，他们进行了一次一对一的讨论。蒙哥马利希望说服最高统帅以战场北部作为主攻方向，而不是使其徒有其名；因为第21集团军群缺乏足够的兵力（即使加上空降部队）来攻占安特卫普和鲁尔，除非第1集团军能够提供帮助（他最少需要12个师）；而且，在提升靠近德国的港口的吞吐量之前，全线进攻将因为缺乏补给而难以维持；而且第3集团军将因此停止前进。蒙哥马利还主张现有的指挥安排应当保留——就是仍然由他担任地面部队指挥官，并接受艾森豪威尔的整体战略指导。

蒙哥马利代表英国提出的主张起到了一些效果，但是没有达到他的预期。艾森豪威尔8月24日向其回信告知他的决定，并在29日以命令的方式向蒙哥马利正式确认这一决定。很明显，在8月26—27日与布莱德利及盟军最高统帅部高级参谋进行讨论后，艾森豪威尔受到了影响。根据这一决定，艾森豪威尔将按计划在9月1日接任地面部队总司令一职。盟军北部集团军群将消灭索姆河以南的德军，随后占领海峡沿岸的港口、比利时的机场以及安特卫普，并在这一过程中占领V-1火箭发射场。在攻占上述目标的过程中，空降兵部队将提供帮助。北部集团军群的最终目标是鲁尔。中央集团军群将把主力放在阿登以北以支持第21集团军群，但这"只是暂时的"。霍奇斯的部队将不受英军的作战指挥；蒙哥马利仅仅有权协调美军和他的部队之间的行动（考虑到他只能通过布莱德利的指挥部进行沟通，而后者正在另一不同方向上前进，并超出了无线电的联络范围，这一任务也不简单）。巴顿准备沿着巴黎—梅斯方向发起一次攻势。他再次强调要恢复不列

248

塔尼港口运作，负责该任务的部队将在完成任务后加入第 3 集团军。北部集团军群的突击将获得补给上的优先权，在后勤地带每日供应的 7000 吨物资中，第 1 集团军将获得其中的 5000 吨；然而，两路突击都应当尽快发起，不让敌军重新构筑一条连贯防线。很明显，艾森豪威尔打算坚持在整个前线发起进攻，但是愿意暂时优先支持阿登以北的作战行动，起码是在关键的战役目标深水港口被夺取之前；总之，完成这些任务之前将不考虑向德国进军。

在之后的 10 天里，战场形势发生了翻天覆地的变化。一反落后于美国人的旧态，第 2 集团军以精彩的进军攻占了安特卫普。9 月 4 日，在空前的胜利及虚弱的德军的鼓舞之下，蒙哥马利再次建议应立即集中所有资源，向鲁尔发起单一方向的强大突击，然后进军柏林结束战争。他坚决主张没有足够的补给来支持同时向鲁尔和萨尔两个方向发起进攻。而战况的发展似乎也使得艾森豪威尔得出了不同结论。另外，他也对自己 11 天前的决定产生了怀疑，之前他把拟定的北部突击称为"像铅笔一样的形状"——对于按计划将有来自第 2 和第 1 集团军 18 个师参加的，并且在加拿大集团军完成攻占港口任务之后达到 24 个师的突击来说，这很难说是个贴切的比喻。艾森豪威尔的参谋们，包括英国人都在向他表示蒙哥马利过于谨慎，不会发起一次大胆的攻势（在 8 月 29 日艾森豪威尔下达命令后，第 2 集团军才开始从塞纳河桥头堡向前突破），而且任何情况下，向柏林进军都不具备后勤可行性，除非可用的港口吞吐量能大幅增加。

艾森豪威尔已经在 9 月 2 日与布莱德利、霍奇斯和巴顿讨论了未来的作战。他的美国部下都不乐意把作战重心放在北部集团军群，把自己降格到为蒙哥马利当辅助的角色。这毫无疑问对艾森豪威尔在 9 月 4 日下达的命令产生了影响。他仍然认为德军正在瓦解，而盟军的任务依然是彻底消灭莱茵河以西的德军。盟军将以同时而非先后发起的两路突击来完成这一任务。北部集团军群仍然是主力，但是第 12 集团军群每天也将获得同等的 3500 吨补给来支持它的两个集团军（尽管后勤地带并未实现承诺，在 9 月上半月只设法为第 1 集团军提供了 3300 吨物资以及为第 3 集团军提供了 2500 吨）。北部集团军群与中央集团军群的目标依然是占领鲁尔，而且可以使用空降集团军来加速推进。不过第 1 集团军将把作战重心转向南面。在两个军大体沿着莫伯日—那慕尔—亚琛方向前进时，另一个军将穿过阿登地区以避免第 1 集团军和第 3 集团军之间出现缺口。第 3 集团军在攻占布雷斯特（首要目标）时，还将迅速通过萨尔前去攻占法兰克福，在第戎地区与沿着罗恩河—索恩河走廊快速赶来的第 7 集团军会合。[9] 为助力巴顿的突击，布莱德利将从第 19 军调 1 个师给第 3 集团军【在燃料短缺之时要转移大约 400 公里（250 英里）】。法国第 2 装甲师和第 6 装甲师也将分别从巴黎和不列塔尼被派往第 3 集团军，这样巴顿的部队将增加到 9 个师，与此对照的是向东前进的第 1 集团军则有 8 个师。

9 月 9 日，艾森豪威尔向帝国总参谋部报告，展示了他的宽大正面战略并以主力指向鲁尔工业区的构想。谈到需要更多港口时，他强调中央集团军群首要任务是占领布雷斯特，但是在说法上局限于，"在我们向鲁尔和萨尔进军时，勒阿弗尔和安特卫普或鹿特丹等深水港将会开放使用。"他同样坚持尽管后勤状况堪忧，"我准备进行一次赌博，越过齐格飞防线继续推进，以便充分利用西线德军目前的混乱状态。"这或许反映了他不愿意失去一个可能出现的，通过把占领安特卫普作为首要任务把作战过渡到战果扩大阶段的机会。帝国总参谋部批准了他的计划并强调主力应该放在北面；在恶劣天气来临之前，必须打通安特卫普或者鹿特丹。

同时，艾森豪威尔还以上述同样的内容回复了蒙哥马利 9 月 4 日的来信。不过由于盟军最高统帅部混乱的通信工作，他 9 月 5 日回复的信息是分两部分送达的，而且后半部分比前半部分先到，分别在 9 月 7 日与 9 日。毫不意外，蒙哥马利对信的内容感到不满，他认为这完全抛弃已经获得认可的作战方针。他还有点要求艾森豪威尔前来视察以便讨论未来作战的意思。两人在布鲁塞尔机场进行了 15 天来的首次会面；由于艾森豪威尔膝盖受伤几乎无法走动，他们只能在飞机上会面。蒙哥马利坚持把艾森豪威尔的后勤负责人排除在会议之外，但是他却带了自己的。他恐吓艾森豪威尔，分散使用盟军空中部队，并在位于英军侧翼的第 19 军已经停止前进，且被抽走三之一的部队去支援南部的次要方向，而第 1 集团军的其他部队离莱茵河还有 100 公里（60 英里）但十分缺乏燃料的时候，还允许巴顿继续获得补给是个错误。如此分散兵力使德军能够建立一道临时的防线重新把战斗拖入僵局。谈到阿登以北的战斗中令人难受的指挥安排时，蒙哥马利同样再次表明希望自己能继续担任地面部队总司令。艾森豪威尔显示出了极大的克制，非常有礼貌地回应了蒙哥马利的责难："冷静点，蒙蒂，你不能这样和我说话，我是你的上级。"[10] 不过蒙哥马利依然坚持阿登以北的攻势，即盟军的主力应当得到优先补给。

250

他介绍了他修改过的计划，第 2 集团军将发起一次突击在安恒强渡莱茵河，迂回绕过"西墙"和鲁尔。这一攻击方向，因为德军刚刚开始利用在荷兰的基地向伦敦发起 V-2 火箭攻势而具有了更重要的意义。为了提升这次突击的节奏，他提议动用整个空降军的 3 个半空降师和 1 个机降师来"跳过"从荷兰前线到安恒之间的主要河流。安恒将作为向鲁尔进攻的跳板。最后，两人之间至少没有再花时间去讨论在进行一次作战停顿之前该不该向柏林进军的话题，因为蒙哥马利已经认识到这一提议没有后勤上的可能性。[11] 德国首都依然是终极的地面目标——艾森豪威尔认可的终点——不过夺取柏林将在西线作战的后续阶段完成。

艾森豪威尔认同蒙哥马利的主张有一些说服力，不过他的表达过于傲慢和不讲情面。当然自从蒙哥马利首次提出单向突击构思以来，战场的形势发生了戏剧性的变化：英军甚至跑到巴顿前头去了；安特卫普和比利时的铁路网也被完整夺取，而海峡沿岸的其他港口也被包围；英军的补给状况要好于美军；而且情报显示阿登以北的德军十分脆弱。尽管他不会降低对宽大正面作战计划的支持，艾森豪威尔还是重申了首要任务仍在阿登以北，至少是在眼下是这样。本着这种精神，他在 9 月 12 日告知布莱德利，如果巴顿无法在 9 月 14 日前把第 3 集团军主力送过摩泽尔河，他就需要转入就地防御。艾森豪威尔给蒙哥马利调拨了他需要的空降部队，为前往安恒的莱茵河铺平和架起道路，这是他手头唯一的预备队。为了趁着形势有利向莱茵河发起进攻，艾森豪威尔同意暂时给予安恒作战高于安特卫普的补给优先权。他迅速答应了蒙哥马利美军将提供额外的空中和地面运输支援，用于为代号"市场花园"的作战行动提供后勤和作战方面的支持。这样"市场花园"的发动日期将从 9 月 23—26 日提前到 9 月 17 日，因此缩短了作战停顿期。蒙哥马利同样获准直接指挥霍奇斯而不用再通过第 12 集团军群总部。图 5.3 显示了从 8 月 26 日到 9 月 11 日盟军向德国边境的挺进情况，艾森豪威尔正是基于这一阶段形成的态势下达了下一条指令。

9 月 13 日，艾森豪威尔发布了新的命令，如下：

总体计划是将我们的部队推进到莱茵河，占领莱茵河上的桥头堡，在控制鲁尔工业区之后集中部队准备向德国腹地发起最终的不停顿的突击。在此期间，我们必须实现以下前提条件：北部集团军群必须迅速夺取前往安特卫普或鹿特丹的

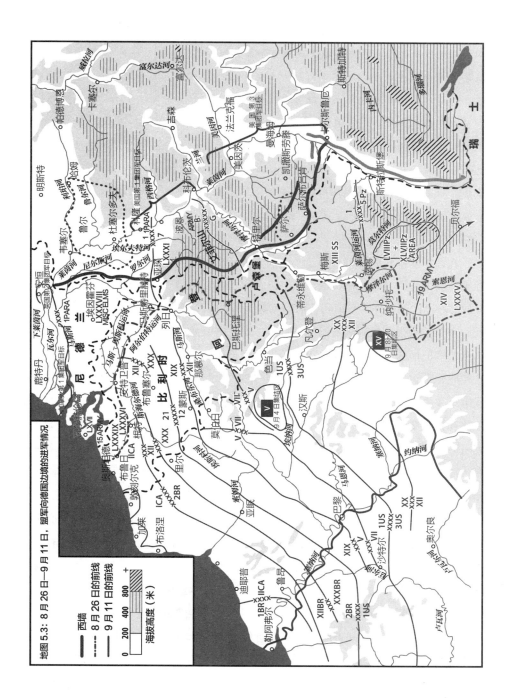

地图 5.3：8 月 26 日—9 月 11 日，盟军向德国边境的进军情况

西墙
8 月 26 日的前线
9 月 11 日的前线
海拔高度（米）
0 200 400 800 +

道路以便这些港口……能够在该部队深入德国腹地时提供足够的补给；中央集团军群必须迅速夺取布雷斯特以便此地可供我方部队扎营。还有一件重要的事情是，从法国南部挺进的南部集团军群与中央集团军群右翼集团军之间必须建立物理联络，这样从马赛延伸的补给线就可支援中央集团军群的右翼部队……我的运动计划是以北部集团军群、美国第 1 集团军和盟军第 1 空降集团军全力向莱茵河推进，而第 3 集团军除了一次有限的进军外……将在摩泽尔河对面守住足够的桥头堡以此对德军造成持续的威胁，阻止其从梅斯地区转移部队往北增援。一旦这一任务完成，中央集团军群所有可用的资源都应投入第 1 集团军，支持其推进并在科隆和波恩附近占领桥头堡为占领鲁尔提供支持。[12]

在盟军北部集团军群获得了莱茵河上的桥头堡后，第 3 集团军将突破萨尔并在莱茵河上建立自己的桥头堡。除了盟军战线右翼的安全和侦察需要以及攻占和开放海峡沿岸港口外，盟军的后勤资源将优先支持占领战线左翼的桥头堡。

布莱德利强烈反对蒙哥马利的计划，对艾森豪威尔的新命令也十分不满。他仍然希望把他的主力放在阿登以南，大致沿着梅斯—法兰克福方向前进。为此他已经把 8 月 29 日分配到的极少的燃料拨给第 3 集团军，并把霍奇斯的左翼部队加强给第 3 集团军。现在他准备说服艾森豪威尔再次修改他的决定。9 月 14 日，布莱德利告知艾森豪威尔，巴顿的部队已经大部分跨过摩泽尔河并提议可以让第 3 集团军继续推进；如果第 3 集团军在接下来的 48 个小时进展缓慢，巴顿可以率领部队转头向北进攻。艾森豪威尔表示同意，如果蒙哥马利接收的补给足以支持他和霍奇斯夺取主要目标的话，只要条件允许，没有理由不让巴顿继续积极向前。

当然，蒙哥马利担忧对第 12 集团军群做出的这一让步，会削弱已经定好的主力部队，并有使任意方向的攻击都无法产生决定性效果的风险。艾森豪威尔有点违心地劝他安心。蒙哥马利并不放心，尤其是在他 9 月 15 日接到的来信中，艾森豪威尔表示正在考虑一旦攻占鲁尔、萨尔和法兰克福地区，将在哪开辟下一个战场——这正是蒙哥马利正在思考的问题。尽管柏林依然是个重要目标，盟军抵达莱茵河之后的目标和作战方向，还要等到东线以及西线的战况明朗之后才能确定。但是宽大正面的方式还将继续。"我的意图是美英联合部队在其他现有部队的支援下，在一个协调一致的行动中，选择最直接便捷的路线向柏林进军，并穿过突击路线两侧的关键地区和占领战略要地（奥格斯堡—慕尼黑地区）。在目前阶段无法说明这一突击的时机和规模。"艾森豪威尔邀请他的主要下属提出建议和意见，由此得出了以上的结论。[13]

　　蒙哥马利在9月18日做出了回应，尽管称赞艾森豪威尔把主力放在了阿登以北，但也暗含了赋予布莱德利过度自由将会把部队和补给分散到南面的意思。谈到未来的行动时，蒙哥马利指出时机和后勤将决定可行和不可行的选项。这些因素将排除不经过作战停顿而进行前线全军突击的可能性，而战术停顿也是不可取的因为德军将获得恢复的机会。盟军真正需要的是，由第21集团军群和第1集团军发起单一方向的强大的突击，占领鲁尔然后穿过德国北部平原向柏林挺进——只要得到不受限制的补给支持就可以实现这一目标。德国中部和南部的目标只是用来分散德军。如果（顽固的，他这样暗示）最高统帅觉得法兰克福—柏林轴线更可取，那么第12集团军群就应集中沿着这一方向突击，而第21集团军群只要承担辅助的或被动的任务。无论哪一种，后勤上的制约都要求第3集团军或者第21集团军群大部减少进攻作战，以便让对方能发起决定性的一击。任何在多个方向上同时进军的意图注定将失败。蒙哥马利警告要尽快做出决定；应立即把必要的安排部署就位。时间是个关键因素；久拖不决或者权宜之计都会令人失望。

　　对于蒙哥马利再次陈述的想法，艾森豪威尔在9月20日做出了回应。他表现出的态度是蒙哥马利的设想和他的其实没有重大差别："我从来没有说过我在考虑以全部军队齐头并进的方式深入德国。"不过，蒙哥马利被他称为"像刀一样插入德国"的构想，再一次被他视为不可能实现而拒绝。他重申了他坚持宽大正面挺进的主张。主力部队将会集中在鲁尔—柏林方向，但是支援进攻仍有必要，以牵制德军并阻止其进行反集结。不过，主攻方向不会只有单单一个，因为这样将"不得不分出大量兵力去保护主力的侧后，导致攻势会很快消亡"。在被问到向德国腹地挺进的时机时，艾森豪威尔说得就稍微具体了点："我们必须沿着德国的西部边界集结我们的部队，如有可能则在莱茵河边上，通过让安特卫普全力运作确保充足的补给……然后执行你所建议的突击。"[14]为加强盟军的左翼，他已经命令第9集团军重新部署因为布雷斯特被攻陷而多出来的师，并将其用于卢森堡以东的一块防御区域。这样能使霍奇斯集中所有力量向莱茵河挺进。

　　蒙哥马利的反应十分迅速、直接且坚定。他在9月21日的回信中否认了他和艾森豪威尔的设想有什么相似，而且指责艾森豪威尔允许第3集团军前进得太远导致其耗尽了后勤资源并占用了所有的机动部队。他认为第3集团军应立即停止而且将所有资源应用于盟军左翼；否则北部集团军群的攻势将在抵达莱茵河之前停止。很显然，两人陷入了作战思想的僵局，而且艾森豪威尔决定举行一次会议，来了断这一日益尖锐的嘴巴官司，同时消除嫌隙，并为未来在德国境内的作战行动确定一个明确的计划。和以往一样，蒙哥马利借故推辞参加9月22日在凡尔赛召开的会议，坚持自己需要专注于"市场花园"行动。和平常一样，他派出自己的总参谋长作为代表。之后德甘冈传回了令他高兴的消息："艾森豪威尔已经百分之百支持我的计划，而且（同意）北部突击将成为主攻方向并得到全力支持。"[15]

　　实际上一系列的决定存在着更多的细微差别。当时以及之后的作战行动后勤需求之间必须有明显的区别。对于最终向德国挺进，获得另外一个深水港口是个不可或缺的前提条件；因此，打通安特卫普这一任务不可能无限期地处于次要地位。针对鲁尔工业区的作战是当下的主攻方向，但是在未来不一定是；安特卫普实际上具有同样的优先权。为支持北部集团军群夺取港口的行动，布莱德利将接管英军第13军的防区，使第21集团军群能集中全力。布莱德利也将在后勤资源允许的范围内，尽可能远地向科隆和波恩突击，并准备好在后勤条件许可时，抓住任何机会强渡莱茵河并从南面进攻鲁尔。在第3集团军获得任何补给之前，盟军主力的后勤需求将获得全面满足。第6集团军群由于依靠的是自己的供应链，将继续深入阿尔萨斯的行动攻占牟罗兹和斯特拉斯堡。第1集团军将不受英军指挥，但是在紧急情况下，蒙哥马利获准直接联系霍奇斯。在接着给蒙哥马利的信中，艾森豪威尔强调已经要求布莱德利支持第21集团军群的作战，也指出了在盟军主力以南的美军已经过度延伸，如果德军集中力量发起反击美军将难以招架。信的末尾他暗示他们之间的误解是来源于意见的分歧，但蒙哥马利仍可以在感到事情不对劲时尽情表达自己的看法。而且他再次强调，盟军需要安特卫普。

　　10月4日，艾森豪威尔在凡尔赛召集了另外一次会议。参会的有陆海空部队的总司令，各集团军群总司令，甚至布鲁克也到场了（因此蒙哥马利居然参会就说得通了）。会议对于把安特卫普作为绝对优先目标取得了一致意见，因为任何像样的战区作战行动都依赖于其投入运作。面对这一致的意见和自己战区内的不确定形势，蒙哥马利没有选择的余地，只能暂时搁置自己挺进鲁尔的计划（此时，由于之前在安恒遭遇失利，进攻方向已改为奈梅亨—韦瑟尔）。但是他仍然不情愿把主力部队用于安特卫普。他想要第 2 集团军为巩固奈梅亨桥头堡并肃清马斯河岸以西之敌而进行的必要的预备行动，得到与安特卫普同样的重视。艾森豪威尔不得不在 10 月 9 日发一封电报，并在 10 月 13 日致信蒙哥马利，以差不多是他前所未有的强硬口气才使蒙哥马利改变主张。

　　第一次凡尔赛会议举行的时候，正是盟军通过之前的胜利获得的信心开始动摇之时。而到第二次会议时，盟军抵达进攻顶点这一冰冷的事实开始变得明显。德军顽强的抵抗，以及后勤困境这一更紧要的因素已经无法再被忽视或希望它们自行消失，清楚地表明盟军的攻势在每一处都陷入了日益加深的麻烦之中。至少回顾起来，在进攻顶点到来之前盟军内部发生的理念上的争论多少有点令人意外。尽管争论发生的背景是作战态势和后勤状况正快速变化，地面部队的进展对于英美高级指挥官的影响似乎相对较小。他们的提议、优先事项和主张从 8 月底追击作战开始之时到最终到达顶点几乎没有变化；实际上，直到入冬他们本质上也没什么变化。有关指挥才能的这一方面，以及由此引起的关于指挥的日益变得尖刻的争论，将在第 7 章讨论。同时，本章其他的内容将介绍影响了盟军决策的情报（尽管只是选择性的）以及战斗本身。之后的章节将剖析所有高级指挥官努力回避的或在争论中选择性利用的不容忽视的事实：后勤。

9 月中旬之前盟军获得的情报与德军的实际情况

　　在诺曼底作战接近尾声之时，盟军情报部门在做预测时的整体基调开始变得欢快。[16]8 月 26 日盟军最高统帅部得到的情报仍坚持："8 月的作战已经完成；德国在西线的陆军……已经进行了两个半月的苦战，欧洲战斗的结束已在眼前，几乎近在咫尺。"在 9 月 2 日这又变得更为具体："德国在西线的陆军已不再是一支团结的军队，而是一些只顾逃命的战斗群，缺乏组织士气低下，缺乏武器和装备……除'西墙'外，他们已不再能够在任何防线上进行像样的抵抗。"9 月 9 日，盟军最高统帅部估计，在把增援部队算进去和撤回被隔离在比利时与里维埃拉的部队之后，德军不久可能会有 15 个师来守卫要塞地带，其中 4 个是装甲师；到 9

月底德军总数可能增加到 20 个师但仍然不足以满足需求。在更高的层级，英国联合情报委员会在 9 月 5 日提道："不论此时希特勒采取何种行动都已太迟，将不会对西线作战产生影响，这里德军有组织的抵抗在我军的攻击下将逐渐瓦解。"同一天，艾森豪威尔提道："德国军队的战败是彻底的，现在实现整个作战构想唯一所需的就是速度。"[17] 这一乐观情绪又因为其他前线的进展变得更加高涨。到 9 月 5 日，第 7 集团军前锋部队已经抵达贝桑松，离他们仅仅三周之前登陆的海滩已经差不多有 700 公里（435 英里）远。在意大利，盟军已经在多个地方开始突破哥特防线并有望很快突入波河山谷。在 7 月和 8 月，经过一系列作战，苏联红军在几乎 2000 公里（1240 英里）宽的正面前进了 350 到 600 公里（215 到 370 英里）远，抵达东普鲁士边界，维斯瓦河与喀尔巴阡山，并使罗马尼亚退出战争，借此打开通往匈牙利和巴尔干的道路。西线的盟军指挥官也希望甚至预计 1918 年秋季的历史将会重演，德国会像当时一样在德军战败与溃退后请求停战，最终促成投降。还有些人认为 7 月 20 日部分德军刺杀希特勒并夺权的阴谋虽然遭遇灾难性的失败，但类似事件仍有可能重演。[18] 可能是出于一厢情愿，他们忽视了或者至少是不够重视德军恢复的迹象，以及他们自己正快速接近进攻顶点的征兆。

德军在诺曼底失败得如此突然和彻底，以至于西线德军在短时间内几乎失去了战斗力。B 集团军群在 8 月 29 日通知德国国防军最高统帅部，在把 5 个步兵师调回后方进行休整后，B 集团军群在诺曼底剩下的 11 个师只够组成 4 个装备很差的战斗群，而 11 支装甲部队（每支部队此时只有 5 到 10 辆坦克和 1 门火炮）加起来，只能组成 1 个团级战斗群，而且还需要补充兵员与装备。9 月 4 日一份通知列出了第 15 集团军可用于作战的部队只有 4 个步兵师（不包括要塞部队）；第 5 装甲集团军则只剩下相当于四分之三个装甲师和不到 2 个步兵师的部队；第 1 集团军尚有 3 个装甲掷弹兵师和 4 个半步兵师；沿着罗恩河谷后撤的第 19 集团军还有 1 个装甲师和 3 个步兵师，另外还有相当于一个师的数万非战斗人员正从西南方向撤退。[19]

从 8 月底开始，由于盟军快速推进以及西线德军陷入巨大混乱与崩溃，盟军情报部门已不可能提供任何详细而及时的情报。德军高层指挥部既缺乏对全局的清晰了解，也没有能力执行有效而持续的指挥与控制。因此他们的行动意图比起诺曼底作战后期阶段更缺乏事实根据，而在多条防线连续进行防御或迟滞作战的决策一再被突发事件所推翻。实际上，很多遭受重创的部队之所以还能存活是得益于基层指挥官的主动性，而非听从集团军群的指挥，更不是统帅的功劳。不过，即使德军的通讯线路停止运作，"超密"仍然是个高产的信息源。作战序列这种有价值的资料仍可继续获取；德军高层指挥部的命令常常来自于一厢情愿的想法，除了本身有点意思外，这些命令对于盟军情报部门来说还反映了德军的意图与能力。从 9 月中旬开始，"超密"从 B 集团军群地区——荷兰与比利时——获得的信息量开始有所减少，使得盟军能够更加了解在法国东部直面第 3 和第 7 集团军的G 集团军群的情况。[20] 一如既往，德国空军的通讯依然能提供有关部队驻扎地和实力情况的可靠信息，而这是盟军策划攻势防空作战的基础，同时这些情报还反映了越来越多的德军面临的燃料危机。[21]

　　盟军还获得了德军进行后撤休整的部队清单，以及它们的集结区域。这些部队的集结地大多十分靠近前线，因为盟军挺进太快。到 9 月初时，德军已经放弃了任何建立中间线的希望，并迟来地担忧如何重整"西墙"，因为自从 1940 年以来原先部署在"西墙"的武器和其他任何可用的东西都被拆走，用于装备其他地方的固定工事，尤其是"大西洋壁垒"。[22] 其中尤其令人担忧的是在亚琛区域和从特里尔到梅斯的地区，这里是通往第三帝国的通道，但是从 9 月初开始就受到了直接的威胁。实际上，德国第 1 集团军从卢森堡城到吕内维勒长达 120 公里的前线同时受到冯·龙德斯泰特和莫德尔关切，前者于 9 月 5 日重返西线德军总司令的岗位，后者仍然执掌 B 集团军群。如果美国第 3 集团军从巴黎以南跨过塞纳河后继续保持高速前进，它很快就能与从里维埃拉赶来的第 7 集团军会师，切断从波尔多地区逃离的大约 10 万德国国防军士兵和平民，以及沿着罗恩河谷缓慢撤退的第 19 集团军的 30 万人马的退路。德军将试图避免在诺曼底之外继续损失训练有素的作战人员，而且如果有可能就要守住阿尔萨斯，以避免盟军绕过"西墙"。相应地，"超密"报告称久经战阵的德军第 3 和第 15 装甲掷弹兵师，已在 8 月底从意大利重新部署到洛林，此地还有 2 个新装甲掷弹兵师和 1 个装甲旅；第 17 装甲掷弹兵师吸收了两支新组建的、缺乏训练的和正在重新装备的党卫军部队后被派往梅斯，此外 3 个受重创的装甲师被撤往萨尔进行休整。9 月 13 日"超密"报告另外 3 个装甲旅正在加入第 5 装甲集团军；该集团军的指挥部已在 9 月 9 日在洛林以南开始运作，指挥一次希特勒亲自下令的，向巴顿右翼发起的充满野心但又不现实的反击。

在马斯特里赫特以西，希特勒命令第 1 伞兵集团军（当时只有一个训练司令部）沿着艾伯特运河防守一条一直延伸到安特卫普的防线。这个集团军将会拥有 3 个未满编的、装备不足而且是仓促拼凑起来的伞兵师和 2 个步兵师；还有由各种训练单位组成的大杂烩战斗群；而且 10 个重型高射炮营也将仓促投入地面战斗。到 9 月 9 日，英国第 2 集团军已经发现了 4 个新增的师或师级战斗群的一部分，而且提到德军的顽强抵抗已经阻止该部进一步扩大在运河上的桥头堡。对于斯海尔德河的重要性，希特勒表现出比蒙哥马利和艾森豪威尔更敏锐的直觉，在 9 月 3 日和 7 日他两次强调有绝对的必要性守住位于布洛涅、加莱和敦刻尔克——未来这里将被称为布雷斯肯斯口袋——和斯海尔德河口的瓦尔赫伦岛的要塞。最后的两个措施既要确保盟军无法使用安特卫普港，同时也为还在守卫艾伯特运河西端——此地能对任何沿着埃因霍芬—安恒方向推进的部队的侧翼造成潜在威胁——的第 15 集团军余部提供一条经过南贝弗兰半岛撤退的路线。在 9 月 9 日，第 2 集团军注意到在艾伯特运河首次出现了从斯海尔德河以南撤出的部队。对于这一持续了几乎三周的撤退行动，"超密"提供了大量的细节，在 9 月 23 日的一份报告中，"超密"表明已经有 8.2 万人，530 门火炮，4.6 万台车辆和 4000 匹马已经渡河撤往安全地带。它同样表明了在 9 月份的头几天，党卫军第 2 装甲军已被派往芬洛—亨博斯—安恒地区进行休整，这一地区刚好横跨或者靠近"市场花园"行动中"空降地毯"的轴线上。不过不清楚党卫军第 2 装甲军是否会在"市场花园"行动开始之前转移，但是在 9 月 13 日"超密"报告称"一个残缺的装甲师"已被派往安恒地区进行休整，而党卫军第 2 装甲军是否已在这一地区出现还有存疑。9 月 15 日盟军进行的一次空中拍照侦察加上荷兰抵抗组织的报告确定，至少在安恒附近出现了一些装甲战斗车辆。"超密"在 9 月 14 日和 15 日都报告过，德军已经预见到盟军将在荷兰发起一次大规模空降作战，而且英国第 2 集团军将在选定的方向上发起进攻。9 月 16 日盟军最高统帅部的情报总结提到党卫军第 9 和第 10 装甲师位于安恒地区。[23] "超密"同样定位了 B 集团军群的指挥部位于奥特斯贝克，就在安恒以西，而抵抗组织的报告确认了这一信息。

很明显，"超密"获得了大量有价值的情报。它勾画了第 5 装甲集团军和第 7 集团军全面而精确的面临瓦解的状态，以及德军对于所有战区的前线几乎都不复存在的恐惧。它还反映了为了恢复防线，第 15 集团军和第 19 集团军不得不在被高速推进的盟军切断后路之前后撤。德军认为的最为严重的威胁，清楚地反映在冯·龙德斯特在 9 月 7 日发往德国国防军最高统帅部的报告中。德军评估，盟军拥有 44 个摩托化师和机械化师，除了在欧洲大陆的强大军队之外在英格兰还有 30 个或更多的师，其中包括 6 个空降师，全部可以随时参战。英国集团军群被认为拥有 26 个到 27 个师；其中拥有 600 辆坦克的 8 到 10 个师，将被用于切断第 15 集团军后路，而且另外一个集团军群正在准备强渡艾伯特运河并向鹿特丹和安特卫普前进。还有 6 到 8 个师，大约拥有 400 辆坦克，正从后方赶赴前线，可能用于支援消灭第 15 集团军，要不就是增援向荷兰的突击。对于当时正在攻击第 15 集团军的英军来说，攻下勒阿弗尔、布洛涅、加莱和敦刻尔克还需要一些时间。美国的集团军群则拥有 15 到 18 个师并有约 1000 辆坦克，正在一个宽大的正面上从哈瑟尔特向图勒往东进攻，目标是莱茵河。美军有 4 到 5 支部队正在赶赴北部侧翼，同时还有 5 个师陷于围攻不列塔尼要塞的战斗。德军所有的部队依然保持镇定，尽管遭受了严重打击而且在某种程度上筋疲力尽。德军缺乏火炮、装甲车辆和预备队。B 集团军群的实力已经缩水到了只剩大约 100 辆坦克。盟军却拥有制空权并正在执行纵深遮断。德军向亚琛地区派出了少数部队作为援兵，但是这里受到的威胁又是最严重的，并且 "西墙" 在这里受到了最直接和最现实的威胁。他们将尽可能长地迟滞盟军的挺进，以便在同时用分配到的并不够用的人力尽可能地恢复 "西墙"。德军急需的是用于重整残兵败将的增援部队与装备。[24]

对于他的部队能否阻挡盟军的攻势，冯·龙德斯泰特感到十分悲观。他的看法没错。在 7 月份德军还有 62 个师时，尚且没能守住在诺曼底的 160 公里（100 英里）长的防线。到 9 月 5 日，德军只剩 17 到 18 个师，多数疲惫不堪而且极度缺乏装甲车辆和火炮，其中还包括第 15 集团军的 4 个处于危险包围圈中的非要塞师，却被要求去守住一块超过 450 公里（280 英里）长的地区。他估计，如果获得稳定局面所需的 26 个师的新锐部队和一支 5 到 6 个装甲师的战役预备队，这个目的是能够实现的。尽管得到这一规模的增援部队实际上只是白日做梦，德军的前景在 9 月中旬却多少有点起色。第 15 集团军成功地从斯海尔德河口撤出，除了留下两个师防守 "南荷兰要塞"（希特勒赐名）和瓦尔赫伦岛。盟军情报已经发现了一些派往亚琛地段的援兵，包括 12 个人民掷弹兵师，并提到第 21 装甲师和 3 个装甲旅与第 5 装甲集团军的第 47 军和第 58 装甲军出现在了洛林。

"超密"并没有完全展示德军的状况。它无法描述一支正在崩溃中的军队正在快速恢复纪律与士气。它也没法告诉盟军德军采取了令人惊叹的临时组织措施，选拔骨干，收容散兵游勇，并把由缺乏训练与装备的训练和补充机构人员，以及满是养病的、年龄过大的或体检不合格人员的治安部队和占领军组成的大杂烩，训练成了具有一定战斗力的部队。[25] 不过这些由不符合标准的人员组成的特设部队所占的比例也不应被夸大。正如思维比较敏锐的盟军情报官员所注意到的，盟军战俘营中的德军俘虏，大多数来自于后方部队，如防空、治安和空军地面单位；富有战斗经验的部队和单位为了能继续战斗会竭尽全力逃出包围圈，这些人能在临时组建或重整后的部队中担任骨干角色。

除此之外，第三帝国后方也在增加向前线提供的补充人员。9 月初戈林宣布他手中有 2 万伞兵基本可以上前线作战了，而且还能增加由于缺乏航空燃料和飞机而多出来的 1 万富余人员（两者合起来成为第 1 伞兵集团军），令德军总参谋部大为意外。盟军情报隐约了解到，德军"增援集团军"其实拥有 31 个新组建的人民掷弹兵师，其中 10 个将派往西线，此外还有 10 个装甲旅，其中 4 个将派往西线。[26] 尽管可以迅速搜罗到质量参差不齐的人员，武器和装备却是个大问题。例如，9 月 15 日冯·龙德斯泰特的司令部收集了 392 辆可投入作战的坦克与自行火炮，还有 144 辆正在维修和 411 辆在运输途中（包括新的装甲旅）。尽管如此有一些部队，尤其是那些比较简化的步兵部队，出人意料地能打，特别是考虑到他们才组建没多久。德国人很快把这些临时拼凑的、重建的和新成立的部队，打造成一支紧密结合的军队，能够支撑起一道新的防线，而不仅仅是坚守在敌后的孤岛或者建立薄弱的防线。德军重新建立可靠的指挥与控制，而且随着德军向己方的交通线后撤，后勤问题也在减轻。同时，由于盟军自己的后勤问题影响到了作战计划，德军承受的压力也在减少或者变得时有时无。盟军的攻击开始频繁遇到抵抗，作战的德军以团结和意志来弥补自己单位层级战斗力和战术素质的不足。盟军之前没有在诺曼底包围圈中摧毁德军的部队，尤其是德军的指挥和控制机构，现在他们将为此付出代价。

从追击到终点

从 8 月 25 日开始，英国第 2 集团军开始强渡塞纳河；遭遇更顽强抵抗的加拿大部队，也将在 8 月 30 日开始同样的行动。第 3 集团军已经在巴黎的塞纳河上下游建立桥头堡；解放法国首都的任务已经大部分完成，而且向布雷斯特的进攻即将开始。第 1 集团军为了未来的进攻正在重组。这一情况完全背离了盟军最高统帅部设想中的"霸王"行动可能出现的结局。尽管德军没有努力有序地撤过塞纳河，他们连遭打击的部队被认为仍足够强大和镇定，在最终撤到"西墙"之前还可以连续作战。在"眼镜蛇"行动开始后的四周内，战斗以前所未有和不曾预料到的速度发展，对德军也造成了意料之外的大规模打击。所有人都同意应当立即扩大战果避免德军恢复实力。盟军各个集团军可能没法进行作战停顿来改善后勤状况，甚至不列塔尼半岛上需要用于支持后诺曼底作战的港口还没有一座投入使用。尽管计划时就考虑到了要应对完全不同的情况，艾森豪威尔仍决心执行盟军最高统帅部在 5 月份大致勾勒的宽大正面挺进设想，让各个集团军接近甚至深入德国。正如前文所述这一决定引发了英美军队之间频繁出现激烈的争吵，这很大程度上导致盟军浪费了诺曼底胜利的果实。

早在 8 月 7 日之初，艾森豪威尔已经很明显在大胆和自由地设想西线战场的进展。他致信马歇尔并解释他的意图是尽可能多地把德军消灭在塞纳河以西，在德军组织起塞纳河防线之前渡河，并把余下德军消灭在塞纳河与索姆河之间，顺道占领塞纳河上的港口。8 月 17 日，他宣布继续追击德军，而按"霸王"行动计划本应进行作战停顿来巩固战果和储备后勤资源。这一做法等于不顾盟军后勤人员的建议。他们之前估计最多只能保障 12 个美军师在登陆后 90 天内最远推进到芒特—若拉利—奥尔良一线，而且前提还包括不列塔尼部分港口已经开放并接收补给。此外，大约 1 万辆运输卡车（127 个汽车连）的短缺导致盟军无法立即越过塞纳河向东前进，直到能进一步把铁路向东修复来缓解补给线的过度拉长情况。后来证明艾森豪威尔没有听从他的专业助理的意见是正确的，盟军后勤人员经受住了挑战。到登陆后第 79 天，美军在塞纳河的 16 个师和在不列塔尼的 5 个师都得到了有效保障；到 9 月中旬时，这 16 个师已经越过芒特—奥尔良一线 320 公里（200 英里）。[27]

　　尽管盟军的作战计划策划者们的确低估了后勤供应链的潜在能力，但是有一点迟早会被证明是正确的，即忽视后勤实际状况的代价最终会让战地指挥官承担。另外为了维持后勤运转而采取的各种临时措施变成了未来困难的根源，各种问题也在呈指数级上升。这主要是美军所面对的困境，至少在一开始是这样。他们有比其他国家规模更大也更分散的部队，这些部队离提供补给的港口又越来越远，相反的是英军更为集中而且在向北进军的一路上还攻占了一些可用的港口，此外他们所占领地区的铁路系统很容易被快速修复。不过最终英军也发现他们的雄心超过了他们补给自己的能力。艾森豪威尔已经意识到了正在浮现的危险。9月4日他致信马歇尔：

　　我们前进得太快，以至于在前线大部分地方进一步推进，即便是攻击德军十分脆弱的部位，也变得几乎不可能……越靠近齐格菲防线我们的补给线就被拉得越长，而且我们将被迫在一段时间内停止行动。潜在的危险是当我们被暂时拖住时敌人就能从各处搜集零碎的部队对齐格菲防线或者莱茵河的防御进行快速重建。从全局的观点来看，我们必须一如既往地迫使敌人分散在各个地方。[28]

　　如果考虑到夏季末作战的结果，艾森豪威尔有此担忧是很正常的。盟军进攻顶点的到来是完全可以预测的，下一章将证明这点。如果其中有什么令人意外的地方，那就是盟军的后勤系统居然能维持正常运作那么久。

　　到了8月诺曼底会战似乎要取得决定性的胜利。接下来两周内轻松又快速的追击作战使这一印象在盟军的思想里得到加深，从低级军官到高级将领都是如此。这种经历催生的自信心，又因为充满"胜利病"的情报评估而得到加强。这些评估一再突出乐观的迹象而忽视那些与已控制群体思维的乐观主义不相符的因素。多数指挥官与参谋人员都没有察觉进攻顶点可能正在接近的信号，即便他们部队的实际日常战斗情况已经越来越和高层情报不一致（在任何情况下，这本应令人更加警惕）。他们希望能用最后一击来实现最终胜利，但仍在使用不合适的战役和战术方法，因此结果适得其反。在9月底时盟军终于缓慢而不情愿地放下自己的自大态度，认识到现实出现了新情况：德军的恢复能力已被严重低估，盟军用应急手段来解决隐约出现的后勤危机的能力被过高估计，而且战争在圣诞节之前还不会结束。

第 21 集团军群

蒙哥马利在 8 月 26 日作为盟军地面部队总司令发出的命令，划分出了集团军群之间的边界，但在布莱德利的要求下先往东又往南调整，因此这条线从大致亚眠—图尔奈以东一线进一步往东移，沿着布鲁塞尔—哈瑟尔特—马斯特里赫特以北往南。[29] 因为德军实际上已经非常虚弱，蒙哥马利强调："眼下合适的战术是以强大的装甲和摩托化纵队绕过敌军的抵抗中心并大胆挺进，在敌军后方区域造成恐慌与悲观情绪。我期望不同等级与职务的指挥官能以最大的努力向前挺进；任何'恋战'或谨慎的倾向都要坚决地压制。"[30] 他的命令没错。大体来说，德军此时比起战斗更关心的事情是如何撤退（德军撤退之坚决，使得盟军空中力量将不再有人需要的近距离支援任务，调整为遮断作战）。实际上，德军的战役一级以及很多情况下的战术级指挥与控制似乎已经崩溃。他们大多数遭受重创且陷入混乱的部队，已经沦为失去重武器和机械化运输工具的战斗小组，没有能力进行战斗。在偶尔出现的后卫部队的掩护下，德军正尽全力向"西墙"撤退。只有第 15 集团军（只有在塞纳河与荷兰南部之间一字排开的 5 个步兵师）还未瓦解，并保留了战斗力，尽管有限。

蒙哥马利命令第 21 集团军群消灭法国西北部和比利时的德军，并在向鲁尔工业区发起突击之前占领加莱地区、比利时的机场和安特卫普。他决心在德军利用莱茵河天堑组织起严密的防御之前直接"跳过"。在这过程中，英军将占领 V–1 导弹发射场。加拿大第 1 集团军受命前去占领迪耶普和勒阿弗尔，但是"主力将用于北部防线和加莱地区"。第 1 军前去占领迪耶普；规模更大的加拿大第 2 军将把主力放在自己的右翼迂回过德军的抵抗阵地，前去消灭位于一直延伸到布鲁日海岸地带的德军，并占领海峡沿岸的港口。第 21 集团军群将主力放在右翼的第 2 集团军，第 7 装甲师将回到这里，使得整个集团军的兵力达到 3 个装甲师和 3 个步兵师，以及 2 个装甲旅，分别归属第 12 军和第 30 军。[31] 第 2 集团军的任务是消灭所有在它行动范围内的敌军，占领索姆河上的渡口，占领安特卫普、布鲁塞尔和艾伯特运河上的桥头堡。通过快速行动，第 2 集团军将阻止德军守住任何适合防御的河流防线，以及阻止第 15 集团军向东撤退，将其困在海边。9 月 3 日蒙哥马利下达了后续命令，此时第 2 集团军正大张旗鼓地横穿比利时，显然影响到了他的决策。这一命令要求邓普西继续向鲁尔进军。由于艾森豪威尔没有给予第 21 集团军群补给优先权，克里勒将会在布鲁日—加莱地区停止前进，直到后勤状况能够支持加拿大第1集团军继续前进。

加拿大人取得了个很有希望的开头，第2师在9月1日占领了迪耶普，发现这个有价值的港口大部分完好无损。通过一次计划详细和执行有利的攻击，克里勒的第1军在9月12日占领了勒阿弗尔，在这之后该军的两个步兵师和两个装甲旅获准进行休整，同时该军的大多数交通工具被抽调去支援加拿大第2军的后勤保障工作。第2军以两个装甲师为先导突入比利时南部，步兵师紧随其后占领法国的港口。第2军所遇到的抵抗比第2集团军还要强烈，因此进展比较慢。该军分别在9月4日和5日向布洛涅和加莱发起进攻，发现与迪耶普不同的是这两个地方都处于严密防守之下。9月8日，加军占领奥斯坦德。加军从9月6日开始试探敦刻尔克的防线，但是最后取消了精心准备的进攻计划，决定对其进行围困；德国人在敦刻尔克一直守到战争结束。加军在9月7日暂时停止前进，当时他们正试图逼近斯海尔德河，但是在布鲁日—根特运河遭到了德军一支后卫部队的阻击。

第2集团军的第30军则向北进军，第12军在其左后方呈梯队跟进。第30军日夜兼程不给德国第15集团军向东撤退的机会。这一付出得到了回报。英军所遇的抵抗，尤其是在右翼的第30军正面的抵抗十分轻微且缺乏组织；该军从被困在海边的第15集团军和遭受重创的正向第三帝国撤退的第7集团军中间穿过。德军得不到喘息之机来组织哪怕一次的有效后卫作战。英军渡过了索姆河，禁卫装甲师在9月3日占领了布鲁塞尔；第二天该师又前进了20公里（12英里）在鲁汶渡过了代勒河。9月4日，第11装甲师在荷兰抵抗组织的有力帮助下，占领了安特卫普；在占领完好的码头及其全部辅助设施后，该师止步于此。如果第11装甲师能再推进24公里（15英里）——当时一路上不会有多少抵抗——它就将切断南贝弗兰半岛，第15集团军将失去任何向北撤退的机会。在9月5日，第12军的第7装甲师抵达根特。第30军前进400公里（250英里）仅用了6天时间【平均每天66公里（40英里）】；英军装甲师一路上粉碎了德军的抵抗，并按照命令绕过零星的抵抗交由跟随的步兵去清理。如果不是停下了几乎一天进行图尔奈空降作战的话，英军的速度本来还可以更快，结果这次空降也因为地面部队推进太快变得没有意义而作罢。这次进攻最为重要的成果是获得了深水港安特卫普的大型码头设施。不过完好无损地夺取安特卫普并不意味着能马上投入使用。首先斯海尔德河沿岸直到河口的德军阵地要被肃清，这一段大约有90公里（55英里）长，另外还要占领瓦尔赫伦岛以及南贝弗兰半岛——这是盟军海军总司令、海军上将拉姆齐强烈要求的。

尽管按照其指挥官霍罗克斯中将的说法，第30军还有足够支撑前进大约150公里（90英里）的燃料，他们仍被命令暂停两天进行休整，接收更多补给，并让左翼的第12军和右翼的美国第19军赶上来。9月7日，霍罗克斯继续沿着布鲁塞尔—安恒方向前进。蒙哥马利元帅则将眼光死死地盯在莱茵河与鲁尔；打通安特卫普是个重要任务，但他认为这只是个次要目标，他无法也不会为同时进行的两处作战找到所需的部队或后勤支援。英军将不会对安特卫普的德军薄弱之处发起攻击，也不会继续前进封闭南贝弗兰半岛并把第15集团军困在斯海尔德河不利的一侧。

第30军发现，德军在其暂停期间集合起了一些残部。因此，第11装甲师最终试图向艾伯特运河逼近时失败了，而禁卫装甲师试图在离鲁汶大约50公里（30英里）的贝灵恩夺取一个小桥头堡时也陷入苦战。在考虑到敌军的抵抗已不同以往，邓普西把第12军调往东面接管布鲁塞尔和安特卫普，以便第30军集中力量继续前进。当完全被加拿大第1集团军接替后，第12军将在第30军左侧发起一次辅助进攻来保护后者的侧翼。在艾伯特运河和斯海尔德运河之间，德军的抵抗十分顽强，据9月9日的估计此地德军有16个营，其中数个是伞兵营，并由50辆坦克提供支援。第30军全军用了5天时间（远超过起初预计的1天）才在内佩尔特以北的斯海尔德运河上建立一个稳固的桥头堡，尽管这里离贝灵根只有25公里（15英里）。由于天气因素以及德军的抵抗出乎意料地顽强，英军在9月10日取消了对位于安恒的莱茵河大桥实施的一次加强师级的空降作战，即"彗星"行动。快速轻易取得胜利的日子到头了。

9月14日，蒙哥马利下达了另一道命令：第21集团军群将从北面包围鲁尔工业区，并通过向东面的奥斯纳布吕克、明斯特和哈姆突击将鲁尔工业区分割。这一突击方向带有突然性，可以绕过"西墙"，占领V-2导弹发射场（对于英国政府来说是个主要威胁），而且全程处在预定的辅助性空降作战范围内。"但是通往鲁尔的路上有我们需要的港口安特卫普和鹿特丹，占领鲁尔只是我们从北部路线挺进德国的第一步。"加拿大第1集团军的任务是"首先占领布洛涅，然后是加莱……

整个集团军的精力将用于使安特卫普全力运行而实施的作战任务中"。[32] 在这一任务完成之后，一旦后勤条件允许，加拿大第1集团军将沿着布雷达—乌得勒支—阿姆斯特丹（这里港口的规模与安特卫普相当）一线挺进。克里勒接受的任务包括占领两座防守严密的港口，围困第三个，在没有增援或后勤优先补给的情况下扫清斯海尔德河沿岸。实际上，当加拿大第1军从迪耶普回到他麾下时，他将用这支部队去接替英国第2集团军在安特卫普及其东面防线的任务。对第21集团军群来说其主力是第2集团军。在拥有3个空降师和1个机降师的一个空降军协助下，该集团军将攻占位于安恒—奈梅亨—格拉夫地区内的莱茵河、瓦尔河、马斯河上的桥梁，并大致沿着兹沃勒—代芬特尔—安恒一线面向东面部署部队，并在艾瑟尔河上建立桥头堡。第2集团军将快速前进，不理会侧翼发生的战斗。美国第1集团军将在科隆到波恩之间的莱茵河上建立一个纵深桥头堡，然后转向迂回到鲁尔工业区南面以便密切配合第2集团军的行动。

蒙哥马利急切需要就近的港口来支援在比利时的主要行动，对加拿大第1集团军未能快速占领这些港口感到失望。拥有坚固防线的布洛涅直到9月22日才落入加拿大第3师手中。该师之后开始进攻加莱，这里同样拥有坚固的防线，加军在9月30日才完成对其包围。加拿大第2师直到9月底才开始包围敦刻尔克，随后立即被另外一个特勤旅接替并受命前去安特卫普接替第12军的部队。加拿大第2军剩下的部队直到德国人建立起并巩固"南荷兰要塞"（布雷斯肯斯口袋）之后，都没有能力在利奥波德运河上发起任何攻势来肃清斯海尔德河南岸，更不用说去占领瓦尔赫伦岛。打通斯海尔德河的正式行动直到10月1日才开始，而瓦尔赫伦岛直到11月8日才在联合攻击下被占领。由于扫雷工作又用了三周时间，第一艘船驶入安特卫普港时已是11月28日。打通沿线港口的整个过程花了过于漫长的时间并造成了盟军接近1.3万人的伤亡。由于有效摧毁工事所必需的中型和重型火炮、坦克和特种装甲车的数量，不足以支持多个同时开展的行动，加军只能一个接一个地攻击这些港口。加军分配到的弹药也不够用于攻击筑垒地区。在进攻布洛涅时，加军认为必要的空中轰炸因为天气糟糕而推迟了两天，并对加莱作战产生了连锁反应。[33] 由于加拿大第1军是第一支被命令停止前进的部队并且之后（在得到波兰装甲师增援后）被调往支援英国第2集团军，因此加军缺乏足够的步兵部队跨过运河对斯海尔德河河口提早发起攻击，并且避免德军蓄意泄洪导致的更多困难。在 9 月 4 日、5 日，第 30 军已经失去了一次从安特卫普向北不受阻挡地前进的机会，而加拿大部队由于缺乏资源，在 10 月初之前都无法发起攻击来隔绝南贝弗兰半岛。这给了德国第 15 集团军一个空当，把除了在南荷兰要塞和瓦尔赫伦岛的两个师外的主力部队，通过斯海尔德河撤出半岛，并部署到第 2 集团军向安恒突击时的侧翼位置。

"市场花园"行动中，第 2 集团军的既定目标是，在大致格拉夫—奈梅亨—安恒一带，在马斯河、瓦尔河和下莱茵河两岸建立阵地，并控制向北远至须德海的荷兰国土。从内佩尔特桥头堡到安恒一路上的地形十分复杂，盟军最高统帅部在登陆前的评估就已经意识到。其间共有六大河流需要跨过，其中 3 条十分宽阔。[34]"市场"行动中空降军的任务（"市场花园"行动中进行垂直包围任务的部分）——可以看作"彗星"行动的接替者，但规模是其三倍大——主要是占领主要桥梁，帮助地面部队快速前进而不必发起大规模的渡河作战。英国第 1 空降师在波兰空降旅的增援下，将在安恒建立桥头阵地，这里在内佩尔特以北 120 公里（75 英里）；美国第 82 空降师将占领奈梅亨和格拉夫大桥，两地离内佩尔特分别为 100 公里（60英里）和 90 公里（55 英里），并控制两地之间的运河渡口；美国第 101 空降师将占领阿河与多默尔河，还有威廉斯和威廉敏娜运河上的渡口以及埃因霍芬镇，该镇离内佩尔特 30 公里（18 英里）。空降军还有一个机降师，如果一切按计划进展顺利，将在行动开始后第 5、6 日飞往安恒以北的代伦机场。"市场花园"行动中，空中和地面的行动将在短时间内同时展开。在艾森豪威尔承诺将向第 21 集团军群的后勤运输支援美军的运输工具后，"市场花园"行动的发起日期被从 9 月 23 日提前到 9 月 17 日。

而地面攻势，即"花园"行动将由第 30 军执行，该军辖禁卫装甲师和 2 个步兵师将位于进攻中路；拥有 1 个装甲师和 2 个步兵师的第 7 军在左边；拥有 1 个装甲和 1 个步兵师的第 8 军则将在右翼发起辅助攻击来拓宽进攻走廊，并保护主力的侧翼安全。然而，到 9 月 17 日时，只有第 30 军完成了集结并仓促进行了作战准备；两翼的部队都无法在 9 月 19 日之前开始行动。第 2 集团军当面的地形造成了相当大的麻烦。第 30 军只能在十分狭窄的正面上前进，只有一条两车道宽的公路直达安恒，及一条与主路偶尔并合的次要路线，剩下的部分都是乡村道路和小路。瓦尔河以南地区的越野机动受到了排水渠和松软地面的限制。如果英军能到达瓦尔北面，那么这里的地面状况就更加糟糕，这里多数的道路和小道两侧都是又深又潮的水渠，这些水渠同时还把当地浸透的土地切成无数小块；在狭窄而泥泞的道路上走偏，将有陷入困境无法脱身的风险。数不清的小树林和果园将为敌军控制道路的火炮提供良好掩护。第30军不得不以师为单位排成纵队前进，而且在大多数时间只能在正面摆开一个营级战斗群。由于德军可能在空降部队控制桥梁之前将其炸毁，英军又准备了庞大的工程兵部队：9000人和2300辆卡车。总的算来，第30军将有2万辆车挤在仅仅一条像样的道路上。交通控制将是个巨大的挑战，而且把后面的部队，比如架桥和摆渡部队，调到队伍前方应对紧急情况也会十分麻烦。

主力两侧的部队则面临更大的地形困难。两边都缺乏像样的南北走向道路，而且两者尤其是第8军的作战区域内，有大量时不时被两岸松软的宽阔水渠分割开的沼泽地。行动开始当天，第7和第8军都无法与第30军一起发起攻击。第7军在9月18日才强渡斯海尔德运河；但由于困难重重推进缓慢。到9月25日当得知主力没能在莱茵河保住一个桥头堡时，第7军已经前进到维格尔以西某地，离瓦尔河约20公里（12英里）。第8军的步兵部队从塞纳河调集过来时十分仓促，无法在9月19日之前投入作战；之后第8军的进展相对顺利，在9月25日抵达了奈梅亨以南大约30公里（18英里）的博克斯梅尔。因此两侧的部队拓宽了深入德占领土的突出部，但是他们前进得不够远和不够快，无法保护第30军狭窄的进攻走廊免受侧翼攻击，使其主要路线有三个地方被切断。

"市场花园"行动的胜利很明显依赖于几个因素：空降作战取得的突然性（"花园"行动几乎不可能实现这点），由此实现对桥梁的抢先占领；空降作战力量迅速集结确保战果不失；地面部队快速前进防止德军在盟军跨过莱茵河前恢复过来。蒙哥马利强调第30军的进攻应当"快速而猛烈，不要顾虑侧翼的安全"。如有可能，第30军最好在48小时内抵达安恒，至多3天内必须抵达。空降军指挥官，弗雷德里克·"男孩"·布朗宁中将认为，第1空降师能够在桥头堡坚守4天。而须德海则被认为可以在行动开始6天后到达。由于总体上低估了德军的能力，英军认为上述目标是可行的。英军掌握的情报都是经过精心挑选的，以便迎合指挥官的口味。艾森豪威尔一直受到马歇尔，以及美国陆军和陆军航空队总参谋长阿诺德的鼓动，把空降部队（两者在其中投入了很大心血）用于纵深作战任务；盟军5

次流产的空降作战（以及另外 13 次计划好后被放弃的）逐渐令人难堪。另外由于秋季的天气很快将令大规模空降作战变得危险，作战的窗口也正在关闭。蒙哥马利竭尽全力想让自己的部队成为战场的主力，尽管有强大的游说势力要求把盟军主力转到南面；如果"市场花园"行动取得成功，艾森豪威尔就不得不加大对盟军战线北部的投入。盟军空降集团军指挥官刘易斯·布里尔顿中将，以及布朗宁都和艾森豪威尔一样急于取得一次空降作战的大胜利。而地面行动的执行者邓普西却不大喜欢这个设想，但是一如既往地不愿意去质疑蒙哥马利的判断。而对于德军在荷兰南部进行顽强抵抗的明显事实，也被解读为只是表面强硬而已，一旦被突破就会很快瓦解，为第 30 军的推进创造条件。至于党卫军第 2 装甲军现身安恒的情报，要么被低估为只是谣言要么被当作无关信息而不被采纳，因为盟军认为该部在诺曼底被重创后缺乏战斗力。盟军的乐观主义变成了一种不容置疑的信仰，而且不管怎样，能推翻行动合理性的最令人信服的证据又来得非常晚——晚到无法想象还能够取消行动。

　　"市场花园"行动本身富有想象力也非常大胆。它后来的确十分接近成功，如图 5.4 所示。但是它本身的缺陷也十分明显，加上德军的反应十分迅速、准确和猛烈，注定它不可能成功。盟军第 1 空降集团军受空军司令部的指挥（而且其指挥官本身的素质也有争议，对于地面作战的关键，尤其是指挥轻装空降师作战他毫无疑问是一知半解的）[35]，而且投送部队的关键决定都是由美国和英国空中部队人员做出的，而他们不会因为士兵的需要而改变计划。地面部队只有在空降部队落地后才会接手指挥职责。由于美军不信任他们的机组人员在夜间（尤其是在没有月光的夜晚）进行精确导航的能力，空降只能在白天进行；由于缺乏足够的运输，盟军将不得不在白天进行多次空投。这意味着整个空投不得不分散在三天进行；实际上由于天气不佳（在 9 月中旬几乎不算意外），第三次空投在行动开始后第 5 天才执行，而最后一次直到第 17 天才得以落实。因此在关键的行动初期，需要在敌人回过神来之前占领并巩固住目标的时候，盟军空降部队就缺乏足够部队，尤其是在安恒与奈梅亨一带。而空降部队为了得到增援补给又不得不留下大量部队保护空投区和滑翔机降落区，又使兵力更加捉襟见肘。以第 1 空降师为例，该师作战目标只有一个，如果空降兵和机组能够根据计划灵活处理的话，兵力缺乏的问题本可减轻。如果第 1 空降师师长能在 D 日当天下午到达前线掌握有关进攻的

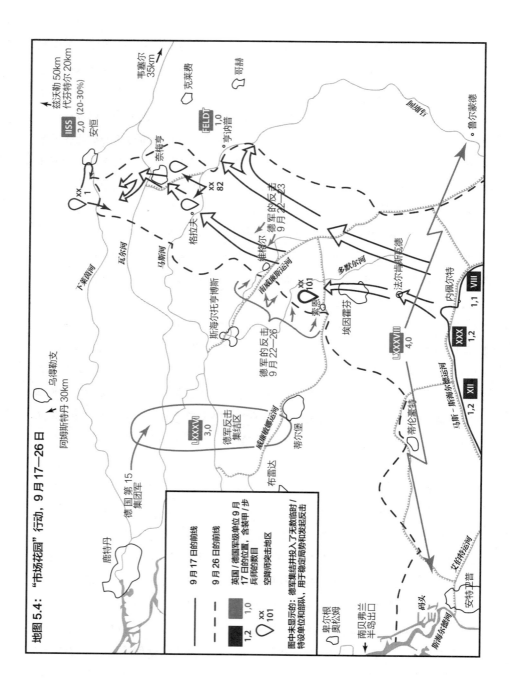

地图 5.4："市场花园"行动，9 月 17—26 日

第一手信息，他就能知道一切进展并不顺利，他也就有机会调整 D 日第二天的第二次空降，把预定的空投区向西移动 10 公里（6 英里），并把第三次空投放在预留给波兰空降旅的空投区，就在安恒大桥以南；这就有必要加大防空压制作战，而这本不该是个无法克服的困难。[36]

如果空中部队同意以突袭的方式夺取安恒、奈梅亨和格拉夫大桥，抢先建立防线，这本来也成不了一个问题。然而即使安排了密集的防空压制作战，对于高射炮的恐惧依然压倒了空降突击的一条重要原则：空降部队应当被投送到离目标尽可能近的地方，而且最好是在目标两侧。由于皇家空军坚持在离目标 10 公里（6 英里）的地方而且都集中在莱茵河的一侧进行空投，英军空降兵的任务变得更加困难。德军因此拥有足够的时间建立一道临时的阻击阵地，从一开始就能把这个孤单的轻装空降旅挡在目标之外。后来英军只有一个营能够抵达大桥并建立了防线，但只是在大桥的北端。后续战斗部队的集结又太慢，无法弥补前期的失利，尤其是德军可以在第二次空降之前把部队插入大桥和空投区与空降区之间地方。不管怎样，这单独的一个营承担起了关键任务。它挡在党卫军第 10 装甲师增援奈梅亨和瓦尔河的路上。

承受越来越多压力的空降部队本该获得持续的空中支援，来弥补他们在炮兵方面的弱势。然而在这方面，盟军航空部队的高官们又一次让空降兵失望。布里尔顿对这一任务没有兴趣，也没试图和第 2 战术航空队的科宁厄姆，或和蒙哥马利、邓普西去讨论此事。皇家空军死板地限制支援第 2 集团军的第 83 大队只能为第 30 军提供近距离空中支援。而在空投部队和补给时，负责护送运输机与压制防空火力的是英国防空部队。另外航空部队高级军官担心可能发生误伤友军的事件，实施了一次长时期的空域禁止。而欧洲大陆与英国本土指挥部的沟通也谈不上充分。恶劣的天气与在识别目标时遇到的问题进一步限制了空中支援。雪上加霜的是，德国空军开始出现在战场，尽管力量微薄也对战役产生了影响。

空中部队导致了"市场"行动出现了一个妥协的开端，空降兵在计划和执行任务时也出现了一些严重的失误。布朗宁为了搭载他的军级指挥部，占用了可以搭载一个营的滑翔机，考虑到他就算在英国也可以指挥作战，前往前线可能是他个人的偏好；实际上，布朗宁指挥部的无线电通讯十分糟糕以至于只能联系到跟他驻扎在一起的第 82 空降师。更严重的是，他坚持把占领奈梅亨大桥（尤其是公路桥）留到后续阶段。在 9 月 19 日入夜之前英军没有对目标发起攻击，而到那个时候德军已经构筑了连贯的防线并进行加固；直到第二天晚上，奈梅亨大桥才被夺取，而那个时候在安恒的英军已经陷入绝境。[37] 由于整个空降行动的关键就是尽早控制桥梁，尤其是最大的那些，布朗宁无法解释自己的过失。当然，保护东面的侧翼也很重要，但那不是首要的任务。第 101 空降师也发生了类似情况，空降到了索恩桥的单独一侧，而且降落区离目标有 3 公里（2 英里）远。结果德军有时间炸毁大桥并因此延迟了英军地面部队的前进。

空降作战的计划中有一个根本问题：如果德军事实上比乐天派们估计的要更强反应更快，那么第一批空降的轻装部队将要执行过于沉重的任务。没人能保证后续的空降能按时进行，而且由于失去了突然性，后续部队可能（事实也是）到得太迟无法逆转任何困局。尽管波兰第 1 空降旅全部抵达了安恒，但是它太过弱小无法在守住桥梁两端的同时保住通往空降和着陆区的关键道路。第 82 空降师也不能指望同时占领格拉夫、马斯—瓦尔与奈梅亨的桥梁，并保护东面侧翼免受德军反击。第 101 空降师预计能占领并守住一条大约 20 公里（12 英里）长的狭长地带——其间有 4 座桥梁和埃因霍芬镇，该镇离最近的空降区有 10 公里（6 英里）远——但是这一地带无法提供能够缓冲反击的足够纵深。毫不意外的是，德军后来的反击成功地切断了地面部队向前推进和用于补给的道路。

"市场"行动还深受霉运之苦。糟糕的天气使得第 1 空降师推迟了 5 个小时进行第二次空降，第三次则推迟了 2 到 4 天；第 82 空降师四分之一的步兵，和第 101 空降师的全部火炮都迟到了 4 天空投。天气因素同样干扰了再补给，尽管在英军这边，弹药和粮食耗尽主要是由于德军突入多个空投区。另外，天气因素还限制了向空降兵和地面部队提供近距离支援，以及进行遮断作战迟滞敌军援兵的能力。一位美军军官的愚蠢和自大同样是行动失败的原因之一：他违反保密条令并带着整个空降军的计划上了滑翔机。这一计划后来落入德军之手，在 D 日当天就被直接送到第 1 伞兵集团军指挥官的案头。英军第 1 空降师并没有因为在多数关键时刻师长不在指挥部而在作战中感觉轻松一点，而空降兵无论是与布朗宁还是与航空部队的无线电联系都几乎彻底失灵。后面这点还导致了英军无法获得空中支援。

尽管遭遇各种问题和挫折，英国伞兵在安恒大桥北端一直死守到 9 月 21 日早晨。第 1 空降师的其他部队在安恒西部勉强守着一个可以利用的桥头堡，其中包括一个摆渡场。如果第 30 军能在 48 或 72 小时内与第 1 空降师取得联系，"市场花园"行动则将以胜利收场；甚至第 30 军如果在 9 月 21 日抵达安恒都还能增援桥头堡，并为架桥提供掩护。霍罗克斯指挥失误，尤其是对先头禁卫装甲师的使用，是本次冒险失败的主要原因。邓普西的命令是"以最快速度"前进，这对于在德军回过神来派出援兵并在莱茵河南岸重建有效防线之前，利用突袭效果，越过复杂地形并连续解救轻装的空降部队来说是完全必要的。

第 30 军在 9 月 17 日 14 点 35 分开始地面攻势，这一时间点与空降突击开始的时间一致。把 H 时定在这一刻是个错误。从内佩尔特桥头堡发起的攻击无法达到突然性，而且地面行动的开始会影响空降行动在纵深和规模上的突然性。宝贵的半天时间被无意义地浪费掉，尽管在敌军后方的一连串空降部队急需与地面部队取得联系。由 1 个装甲团和 1 个步兵营组成的先头战斗群跟在猛烈的、1800 米（1970 码）宽的弹幕后面，在持续的近距离空中支援掩护下，突破了德军薄弱的防线。英军的炮击和空袭摧毁了德军的牵引式反坦克炮，但只击毁了 8 辆自行火炮。在 17 时 30 分，英军装甲部队进入法尔肯斯瓦德然后停止前进，在夜间进行休整并做不必要（对于行动的这个阶段而言）的维护。他们从出发线只前进了 12 公里（7 英里）而且离埃因霍芬还有 10 公里（6 英里）远，在那里第 101 空降师正等着与他们会合。英军先头的两支部队总共只有不到 50 人的伤亡。他们直到 9 月 18 日才继续前进，但是到了当天 18 时才抵达埃因霍芬，21 时才抵达威廉敏娜运河上已被炸毁的索恩桥。不管怎样，工程兵立即开始架桥并且在 9 月 19 日 6 时 15 分架起了一座可以通行坦克的桥梁。英军立即前进并在 11 时抵达了格拉夫。在这里，另一战斗群被派往支援第 82 空降师防守的压力越来越重的东面侧翼，并临时向奈梅亨大桥发起了一次草率的步坦联合进攻。此时的德军已经做好了防御准备并轻易击退了这次攻击。德军也开始向英军的狭窄走廊发起反击，走廊东面是来自第 15 集团军的弱旅第 59 步兵师，在西面的则是一个新抵达战场的装甲旅。在得到增援后，德军的攻击又一次暂时切断了主要道路，英军的补给运送和后续部队跟进在 9 月 22 日和 24 日被两次推迟。

在盟军决定把奈梅亨大桥当作第 82 空降师的次要目标之后，渡过瓦尔河发起攻击的需求就一直存在，这就给了德军组织防御和获得增援的时间。9 月 19 日下午，空降兵与禁卫装甲师的攻击被击退后，显然需要强渡瓦尔河，不过布朗宁和霍罗克斯显然是讨论了很久之后才得出这一结论。这次攻击交由第82空降师师长加文准将来策划。由于在设置出发顺序时缺乏远见以及看起来任务紧迫性不大，这次攻击所需的船只直到9月20日14时30分才送到前线。在行动开始后第四天的15时，夺取奈梅亨大桥的攻击开始。禁卫装甲师将从南面发起攻击，而美军空降兵在冒着巨大风险并付出较大伤亡渡过300米（330码）宽水流湍急的瓦尔河后，将从北岸发起攻击。在19时左右，大桥两端都被完好无损地夺取，英军坦克越过了瓦尔河。到20时15分，大桥得到巩固。此时，英军第1空降师的境况已十分严峻，并随着每一小时的流逝而持续恶化。然而，令美军空降兵不敢相信、无法理解和极其愤怒的是，他们在付出巨大代价夺取大桥后，英军似乎无法立即继续向前推进。不久之后，出现了缺乏步兵掩护的说法，尽管英军先头部队手里就有一个营的步兵，而且在格拉夫大桥还有一个战斗群，他们可以把守桥的任务交给马上在23时就能赶到的第43步兵师。直到第二天11时，英军才接到继续进攻的命令，而禁卫装甲师直到13时30分才迈出出发线。德军利用这18个小时调集援兵，并在夺回安恒大桥后加快了增援的速度。禁卫装甲师的攻击几乎在一开始就被挡住并遭遇了重大伤亡，而且他们已对安恒的战斗产生不了什么影响。德军则继续向空降桥头堡逼近，夺取渡口，并增强面向第30军的阵地。在9月22日8时30分，第43步兵师接手了沿着通往安恒的公路攻击的任务，但是立即止步在德军加强过的防线之前。英军看起来完全没有遵照霍罗克斯有点自相矛盾的命令的第一部分"全速前进，但是最重要的是……最大限度地节约火炮弹药"。然而，当天快过去的时候一支小部队成功地向西突破了德军防线，抵达了莱茵河另一边正在缩小的空降桥头堡；第二天这支部队所在旅的其他部队也赶到这里，打通了一条通往河边的走廊。此时增援第1空降师已经太迟，因为桥头堡已经被压缩成很小的一块地区，在德军火力扫射之下已经无法用作进攻的跳板。在9月25至26日夜间，第1空降师残存的部队撤到了莱茵河以南，"市场花园"行动就此结束。第2集团军的攻势到达顶点之后，创造了一个纵深70公里（45英里），宽20到40公里（12到25英里）的突出部，毫无意义又难以防守。英军付出高昂代价的结果是德军获得了宝贵时间，首先是瓦尔肯斯瓦德，之后在索恩桥，最后也是对胜利前景最为致命的一次，是在奈梅亨大桥。

　　英军太过善于打按部就班的仗，而在"花园"行动中他们再一次显示出战术素养低下，但不善指挥机动作战的特点。他们令人惊讶地缺乏真实而持续的紧迫感，尤其是第 2 集团军已经在命令中强调了速度的重要性，同时他们的英国同胞在安恒正逐渐陷入全军覆没的绝境。禁卫装甲师和第 43 步兵师似乎更在意自己的伤亡。[38] 尤其是禁卫装甲师在战术上十分呆板，不愿摆脱僵化的编组和条令，发挥主动性见机行事，绕过而不是清除所有抵抗阵地，并在夜间继续作战。"蓝衣"行动已过去两个多月而英军依然进步很小。在当时，多数批评集中在第 30 军军长布克纳尔身上。他的接任者霍罗克斯在诺曼底作战和之后的追击中，显示出更具活力更善于指挥，但是在"市场花园"行动中这些品质似乎又不复存在；可能是曾使他离开工作岗位 14 个月的受伤经历仍在影响他。他没能督促下属更加努力和敢于冒险，何况他们本来就缺乏动力。作战计划与战术缺陷导致了空降和地面行动的作战失利，邓普西、蒙哥马利和艾森豪威尔的决策也含糊不清。这些将在第七章讨论。

　　在安恒的失利标志着蒙哥马利向莱茵河的突击到了终点，但是他不承认事实如此。起初，艾森豪威尔相信第 2 集团军的攻势还有希望，而且同意让布莱德利派出一个师接防走廊的东面，让英军第 8 军抽身去支援第 2 集团军的攻势。9 月 27 日，艾森豪威尔下达了新的命令。加拿大第 1 集团军的主要任务是使布洛涅和加莱的港口恢复运作，以及"使安特卫普港可不受限制地投入使用"。命令中指出尽早完成这些任务十分重要，而且这是第 21 集团军群的优先任务。但是艾森豪威尔的实际行动却相反，因为第 2 集团军仍得到优先补给，而且即将得到波兰装甲师增强的第 1 军，还在沿着蒂伦豪特—蒂尔堡方向进攻，而不是如克里勒希望的向贝亨奥普佐姆进攻以封闭南贝弗兰半岛。实际上，第 21 集团军群的主力仍在邓普西一边，但是任务已变成"集中所有可用的力量在大致奈梅亨—亨讷普地区向鲁尔工业区的西北角猛烈进攻"，主要目标是在韦瑟尔地区渡过莱茵河。到 10 月 4 日，蒙哥马利意识到如果不进行预备作战巩固奈梅亨桥头堡，并消灭在马斯河以西威胁到他右翼的德军，他将无力发起新的攻势。他认为这些作战起码和安特卫普一样重要。在 10 月 9 日下达的命令中，他承诺向克里勒提供美军第 104 师和英军第 52 师，但是得等上一到两个星期。同时，第 1 军仍将继续支援第 2 集团军。

第 12 集团军群

起初，第 12 集团军群被分配给了两个不同的进攻方向。第 1 集团军下辖第19、第 7 和第 5 军，每军都由 1 个装甲师和 2 个步兵师组成。第 1 集团军将沿着蒙斯—色当一线向东北方向挺进，为英军提供支援。[39] 这一路名义上是主力，但是给予阿登以北的攻势以优先权被证明既不持久也不彻底。集团军群边界被划在图尔奈—布鲁塞尔以南—哈瑟尔特—马斯特里赫特以北一线。9 月 4 日艾森豪威尔把优先权从向北面突击调整回一条在他宽大正面推进设想中更为平坦的路线上。第 1 集团军将转向更东面，沿着那慕尔—列日一线接近德国，这是第 12 集团军群边界内最靠东面的土地。这条路线将在科隆、波恩和科布伦茨地区渡过莱茵河，这三个城市分别是第 19 军、第 7 军和第 5 军的目标。为防止德军在马斯河建立防线，第 5军从中间转向右翼通过阿登地区前进，此时第 1 集团军已经把作战重心调整到南面，以此为第 3 集团军提供侧翼掩护，这令巴顿十分满意。另外，越来越紧缺的燃料也将在美国两个集团军之间平均分配。而在第 1 集团军内部，霍奇斯很明显服从了布莱德利的意愿，把重心放在了第 7 军和第 5 军；左翼的第 19 军则停止前进数日并把一个师交给了巴顿。由于要向英军提供支援，美军在优先权级别上一直下滑。第 3 集团军的第 20 军和第 12 军，每军都有 1 个装甲师和 2 个步兵师，将大致沿着兰斯—梅斯—曼海姆方向前进并渡过摩泽尔河，占领萨尔工业区，然后在科布伦茨和卡尔斯鲁厄之间强渡莱茵河。尽管已经交还给巴顿，第 15 军指挥部下面起初并没有部队；不过到 9 月中旬时它就将以两个师的实力重新投入作战，使得第 3集团军重新与第 1 集团军旗鼓相当，都有 8 个师。这其中不包括第 8 军（该部在 9月 5 日将转到新抵达法国的第 9 集团军指挥部之下），此时该部仍在攻占布雷斯特的要塞港口，也不包括正在围困不列塔尼半岛上的德军驻防区的其他部队。总的算来，在不列塔尼半岛有 5 个步兵师和 1 个装甲师。在 9 月底之前，其中的两个将重新分配给巴顿，一个给霍奇斯。这一调动不会减少盟军在诺曼底和不列塔尼的部队数目；从 9 月初开始，来自美国的增援部队已经让第 9 集团军拥有 5 个步兵师和 2 个装甲师，但是这些部队所有的运输工具都被抽去支援美军正在崩溃的后勤工作。

第 1 集团军遇到的抵抗比第 2 集团军稍微强硬点。霍奇斯在追击作战时采用了同样的策略：

尽管对那个时期我们的快速进展进行研究可能会发现我们的部队有时候会十分分散，但军以下的单位还是处在别的部队能够支援到的距离之内……为了防止在担任前锋的装甲战斗群……与跟随的步兵师之间出现缺口，摩托化步兵师紧紧跟在装甲部队的后面，消灭后者绕过的零星抵抗者，并在装甲纵队与其后行进较慢的步兵师之间维持联系。给予装甲部队一定的行动自由的必要性……得到了认可，以便充分利用敌军的混乱状态。在这种情况下装甲战术就要勇猛与积极。让这些部队承担一定风险的必要性得到了认可与接受——如果敌军已构筑防线并准备应对装甲进攻这些风险反而会造成危害。[40]

盟军前进过程中依然没有完全了解德军的状况，部分原因是没有保持与撤退中的德军的持续接触。天气不佳限制了空中侦察，而且形势变化无常使得无法进行有效的无线电定向与拦截来获取有用的情报。另外，当时比较原始的且通讯距离短的无线电，经常导致快速移动的前锋部队在向指挥部报告形势，或者后者在向前者下达命令时出现延迟甚至联系不上，部队的规模越大，上下级之间的联系就越频繁出现中断和失灵。

8月31日，布莱德利把第1集团军的突击方向调整为向北切断里尔—布鲁塞尔公路。他希望能在德军守住艾伯特运河—马斯河防线之前，堵住德军撤出法国的退路。有关德军实力与位置的信息仍然有限；霍奇斯所了解的是，他应当与盟军高层策划的在9月3日对图尔奈发起空降突袭的部队取得联系。他命令第1集团军左侧的第19军越过集团军群边界，并通过图尔奈前进至根特，这一行动将会横穿第2集团军向布鲁塞尔和安特卫普前进的轴线。在蒙哥马利和邓普西都没发出警告的情况下，第1集团军向图尔奈突击时竟在蒙斯附近闯入了一群德军部队临时设立的包围圈（双方都吓了一跳）。毫无斗志的德军有1.8到2.5万人被俘，他们是来自10到12个师的可怜幸存者，不过大部分俘房都不是战斗人员。

第1集团军回到己方范围内后继续向东前进，它的三个军集中在一个梯队中，没有明显的集团军主力与预备队之分。9月5日，各军前锋在那慕尔以北到色当东南一线抵达了马斯河。他们在10天里前进了280公里（175英里），其间还曾因为分兵在蒙斯包围圈大捞一把而延迟了行动。面对霍奇斯8个完整的师的11万人马和850辆坦克，第7集团军的境况可以说近乎绝望。到9月5日深夜，它已经没有一个还能作战的师；大多数师此时都是由师指挥部加数个由散兵游勇和后勤人员临时凑起来的营组成。第 7 集团军全军只有不超过 3 万官兵和大约 40 辆坦克与自行火炮。[41]9 月 11 日，美军的先头部队越过了德军前线。第 5 军的突破口在阿登，一天之后第 7 军在亚琛地区；第 19 军位于艾伯特运河正东面，在马斯特里赫特两侧。图 5.5 显示的是第 1 集团军从 9 月 9 日到 19 日的进展情况。随着越来越频繁地遭遇德军零星抵抗，第 1 集团军的推进速度稍微放慢。而减缓的主要原因则是燃料供应问题不断恶化。从 8 月 28 日之后，每日的油料供应再也无法得到保障（尽管第 1 集团军是第 12 集团军群优先保障的部队，这一优先权在 9 月 4 日还是被取消了）。第 1 集团军开始青黄不接而且无法预知何时能得到补给，一些部队因为完全无法获得燃料被迫暂时停止前进。从 8 月 29 日开始，第 1 集团军每天只能拿到每日油料配给的三分之一到三分之二，有时还更少，有几天完全没有。至于能拿到什么和什么时候能拿到则没法预知，而新的配给是每天 3500 吨，比维持全体部队推进的最低需求少了 1000 吨。到了 9 月 6 日，整个集团军每天只获得 1500 吨油料。实际上，补给短缺问题已经成了拖累作战的无法克服的问题，而且没法在德军增强防御之前解决。[42]

第 7 军在亚琛地段进入德国境内的地方，离莱茵河只有 80 公里（50 英里）远。不过比起缺乏补给，美军前线面临的更现实的问题是"西墙"。霍奇斯急于在德国人把勤务部队、警察、民兵和疲惫的残部这些连数量都不算够的部队塞进"西墙"之前突破这道防线。不管怎样，在部分军级炮兵因为运输工具被抽走组建临时卡车连而无法动弹，而且弹药储备不足的情况下，霍奇斯不愿意去攻击一道筑垒阵地；美军火炮的价值被忽视而且弹药储备在过去两周内已被耗尽，因为这段时间后勤运输都集中在燃料上面。得知在 9 月 15 日之前无法获得足够支撑连续 5 天激烈战斗的最低限度物资后，霍奇斯在 9 月 14 日开始进攻。指挥第 7 军的柯林斯，对于德国守军的真实实力充满怀疑，并且不满推迟进攻。9 月 11 日，他建议允许他尽早在第二天进行一次武装侦察。霍奇斯给第 7 军和第 5 军都下达了前进的命令。而当面就是前往亚琛以北最好的道路的第 19 军，则不会加入对"西墙"的进攻。而且该军由于已经数日没有获得油料，都还没通过马斯特里赫特。

杰罗的第 5 军接到的指令有点自相矛盾。他被分配的目标是科布伦茨，但是要通过艾费尔山区突击，这里的地形比它在西面的延续阿登山区还要更复杂。同时，他还要掩护第 3 集团军的左翼，第 3 集团军正在沿着摩泽尔河谷突击，这一糟糕的进攻路线在第 7 军的亚琛—波恩进攻线路以南超过 100 公里（60 英里）远。杰罗可以支援和保护两个集团军中任何一个的侧翼，但是没法同时支援两个。在霍奇斯有保留的批准下，杰罗把他的主力放在他的战区北面，尽管向他的北部友邻提供支援有点有名无实：许特根森林隔开了他的两个师和第 7 军，第 7 军的主力在北面 30 多公里（超过 12 英里）远，而他的装甲师则在南面 20 公里（12 英里）处分散开进攻。第 5 军的每个师都突破了"西墙"，不过都付出了代价。炮火和空中支援的缺乏；地形不利使得少数抵抗者就可以支撑起与自身规模不相称的防线；无法集中兵力；没有沿着进攻轴线的道路，这些都令杰罗一筹莫展并且在 9 月 16 日取消了进攻。他之后解释，霍奇斯同意的作战计划已经仅仅只是试探如果德军"抵抗"微弱，美军能否实现宏大目标。当德军的抵抗其实很"坚定"（有点夸张）时，第 1 集团军命令他"不要过多纠缠"。[43]

柯林斯希望他用武装侦察的名义掩盖的进攻能获得比预期多的战果。尽管他的战区有大约 56 公里（35 英里）宽，但唯一有希望深入德军纵深的道路就在亚琛市与许特根森林之间，通向南面和东面的被称为施托尔贝格走廊的地方。另外在许特根森林深处 16 公里还有一条类似的狭窄走廊，即蒙绍走廊，与施托尔贝格走廊平行。施托尔贝格走廊整体上不到 10 公里（6 英里）宽，而且路上横亘着两段"西墙"、两条河流、少数村庄和毗邻的亚琛郊区工业区。第 7 军的计划是，以第 1 步兵师包围亚琛并占领施托尔贝格走廊的北翼，同时得到加强的第 3 装甲师从走廊通过，而第 9 步兵师的 1 个团将扫荡走廊南面茂密的山脊并推进到蒙绍走廊。经过一周的战斗，第 7 军主力突入了 12 公里（7 英里），在第一段"西墙"上面打开了 20 公里（12 英里）宽的缺口，在第二段打开了 8 公里（5 英里）宽的缺口，渡过了两条河流并占领了大多数村庄；在蒙绍地区，第 7 军只是在第一段"西墙"上打开了一个狭窄的突破口。这些战果低于柯林斯的期望，原因如下：德军的核心老兵抵抗顽强，而各种缺乏训练与装备的临时部队虽然作用不大但也发起零星抵抗；美军火炮弹药日渐紧缺，因天气不佳无法得到空中支援；美军人员与装备的疲劳损耗过大（例如，到 9 月 18 日时，第 3 装甲师的坦克数量已下降到 153 辆中型坦克，其中只有一半可用）。尽管这样，第 7 军还是为突破进行了准备工作。第 7 军没有为保持冲劲保留预备队，第 1 集团军也是如此。第 7 军在阿登以北没有发起足够规模的进攻以分散德军。从 9 月 16 日开始，新成立的齐装满员的第 12 人民掷弹兵师抵达，强化了德军松垮的防线，之后第二周另一个满员师和一个缺编师也抵达这里。在 9 月剩下的时间内，第 7 军主要在巩固之前的战果，加固阵地，并转入防御。德军因此争取到宝贵的时间。

霍奇斯位于最北面的军原本在第 1 集团军的攻击计划中扮演着不可或缺的角色。按计划它应该突破亚琛以北的"西墙"，并在包围亚琛过程中担任北翼，另外一侧则是第 7 军的第 1 步兵师。但是因为霍奇斯的缘故它无法按时完成这一任务。科利特的第 19 军在图尔奈地区有三天时间无法动弹，而且由于燃料补给被用于保障其他部队继续推进，它在哈瑟尔特又停滞了一天。另外，9 月份开始没多久，第 19 军的步兵师就被调往支援第 3 集团军【需要搭乘汽车跑近 400 公里（250 英里）路才能到达第 3 集团军战区】。当科利特能够继续前进时，至少他不再需要担心如何强渡面前两条不可逾越的天堑艾伯特运河与马斯河了。他可以直接利用美第 7 军在列日和英第 30 军在贝灵恩夺取的大桥。第 19 军在 9 月中旬恢复攻势，不过科利特碰上了另外一个问题。"市场花园"行动把英军调往了北面，与他的攻击方向呈 90 度的另一条轴线。到 9 月 19 日，科利特发布向"西墙"发起攻击的命令时，英美军队之间的空当已经有 50 公里（30 英里）宽，而且还在变宽，其间只有一些巡逻队进行警戒。科利特在保护第 1 集团军的左翼时还要包围亚琛，对于一个只有 2 个师的军来说这一任务太过繁重。

科利特把军直属骑兵大队用于保护左翼，计划用他的步兵师突破他当面的单层堡垒地带，然后转头向东南前进与第 1 步兵师会合；一旦机会成熟，他的装甲师就会跟进扩大突破口。第 19 军的炮兵弹药极度缺乏，迫使它加大对空中支援的依赖。9 月 20—21 日，天气原因使得飞机无法出动，因此第二天的攻击行动被取消。霍奇斯和各个军长讨论了是否有可能进行持续的攻击，最后得出的结论是希望渺茫。弹药缺乏，部队疲惫，装备磨损，天气糟糕，而且德军从安恒到梅斯的整条前线都在恢复。第 1 集团军将对各个部队进行补充，改善补给线条件，并为向莱茵河重新攻击积聚物资储备。

当艾森豪威尔把第 12 集团军群主力的燃料调配给第 1 集团军时，巴顿预见到他的进攻顶点将会提早到来。这并没有难倒他。8 月 28 日他提出把马斯河作为他的下一个目标，而此时第 7 军的先头师才到离马斯河 135 公里（85 英里）远的特鲁瓦，距离在塞纳河的第 20 军则超过了 200 公里（125 英里）远。不过巴顿没费多少力气就让他的上司接受了他的想法。布莱德利仍然渴望执行自己的运动部署，即便艾森豪威尔已经决定把盟军主攻方向放在北部。巴顿决定在油箱见底之前尽可能向前推进，同时他也希望能说服他的上级改变战场重心。第 3 集团军在前进道路上得到了两波好运的眷顾。首先，它意外发现了原属德军的 20 万加仑燃料，巴顿没有向后勤部门上报这笔意外之财，而是私下留作己用（即便如此，这些燃料也只够第 3 集团军一天的消耗）。在 8 月 30 日经过数日每天 45 到 65 公里（30 到 40 英里）的行军之后，第 20 军在凡尔登的马斯河上建立了个桥头堡，第 7 军则在科梅尔西建立了另外一个，此后燃料耗尽。此时第 3 集团军离"西墙"只有不到 150 公里（90 英里），离位于美因茨的莱茵河则有两倍于此的距离。不过，后来证明巴顿对于艾森豪威尔和布莱德利的期待没有落空。9 月 4 日，有关燃料分配的新命令下达，同时第 3 集团军又发现了德军另一处油料库，使得巴顿得以重新发起进攻。当天，他的部队就逼近了摩泽尔河。巴顿和布莱德利都把梅斯—萨尔—法兰克福轴线定为进攻重点，认为夺取这一地区能够阻止德军抢先在进入德国的通道上建立可以依托的防线。实际上，"超密"在 9 月头三天的报告中就曾警告，德军位于洛林的第 1 集团军已经得到来自意大利的 2 个装甲掷弹兵师，以及 2 个新人民掷弹兵师和一个装甲旅的加强。[44] 而巴顿的情报总长甚至在 8 月底之前就提醒过，第 3 集团军的当面之敌并没有崩溃，反倒还在增强，而且将坚决抵抗。

德国人急于争取恢复"西墙"的防御功能。与在比利时不同的是，在洛林他们可以利用地形之便。美国人面对的是很长的自然斜坡，其间有两条大河横穿而过，即摩泽尔河与萨尔河，另外三条河虽然稍微小点但并非可以忽略不计；在洪水来临时它们变得更加难以逾越。洛林省到处是杂乱的树林，有些还非常大，而且散布着众多村庄与无数具有战术价值的高地。在接近"西墙"之前还有两块筑垒地域。其中马奇诺防线与"西墙"大致平行，由于其中的武器和任何可用的器材都被拆走用于建设"大西洋壁垒"，它的价值不大；不管怎样，马奇诺防线毕竟是朝向东面防御。另外一个则是梅斯要塞。巴顿认为它比起"西墙"来根本不值一提（巴顿其实鄙视所有要塞）。但是他将会发现尽管这些工事构筑于一战之前，仍然能够为守卫者提供很大的便利。洛林省有三个主要的道路与铁路枢纽，分别位于蒂永维勒、梅斯和南锡，这些地方都可以通往萨尔兰。与欧洲战场北部情况一样，逐渐变坏的秋季天气会把原本无足轻重的河流变得难以逾越，主要道路通行条件将会变差，小路则无法通行，阻碍大军的行动。而且天气因素还将限制空中支援使其无法事先安排。

拥有 6 个师（其中 2 个只有有限的防御能力）的德国第 1 集团军为了守卫 120 公里（75 英里）长的前线，有点过度分散。不过，他们充分利用了 5 天的宝贵时间建立了摩泽尔河防线，但是仍然缺乏纵深和用于反击突破口的机动能力。尽管侦察报告本应令美军感到不安，他们仍然没有意识到在燃料枯竭之时，应该重新思考下作战暂停的计划。当 9 月 5 日第 3 集团军继续前进时，巴顿在命令中宣布第 3 集团军将以两个军（9 月中旬第 15 军赶到后变成三个）齐头并进，夺取摩泽尔河上的桥头堡，之后在科布伦茨与卡尔斯鲁厄之间的莱茵河上建立桥头堡；届时第 3 集团军将准备好按照命令向法兰克福前进。巴顿在紧盯着莱茵河时，对于直接面对的敌军却很少顾虑，尽管他与几个军长简短地讨论过突破"西墙"的办法。至于摩泽尔河，对他来说不过是路上的一条减速带而已。他认为德军至多只能做一些迟滞作战而已，而且他将在 10 天内抵达莱茵河——尽管他一开始手头只有 5 个师可用[45]，而且无法保证能按时得到足够完成这一任务的油料。沃克（第 20 军军长）和艾迪（第 12 军军长）与巴顿类似，对于德军和地形的情况了解不多（他们依赖于米其林公路地图，因为没有比这更好的参考资料），而且和巴顿一样漫不经心。

从集团军到军、师层级，第 3 集团军是按照继续追击作战来部署的。侦察工作很潦草，没有指定主攻方向，作战部队被平均分散在整条前线而没有留出可立即投入的预备队。由于估计可以不用作战直接渡过摩泽尔河，第 3 集团军既没有准备足够的弹药，也没有携带架桥器材以应付强渡作战的需要。因此，美军的攻势在德军防线的前沿阵地附近被阻挡了数日之久。对于巴顿的雄心来说这实在不是什么好事。9 月 12 日，布莱德利不情愿地服从了艾森豪威尔的命令，把供应优先权让给"市场花园"行动，并通知巴顿如果无法在 9 月 14 日之前把第 3 集团军主力送过摩泽尔河，他就要转入防御。图 5.5 显示了第 3 集团军从 9 月 9 日的休整间隙到 9 月 19 日德军开始反击这段时间内，第 3 集团军的攻势的进展情况。

沃克的第 20 军对梅斯要塞发起了正面攻击，此地德军的第 462 步兵师虽然是临时组建，但是其中的军校生意志坚定且战术灵活，令沃克进展缓慢且伤亡不小。

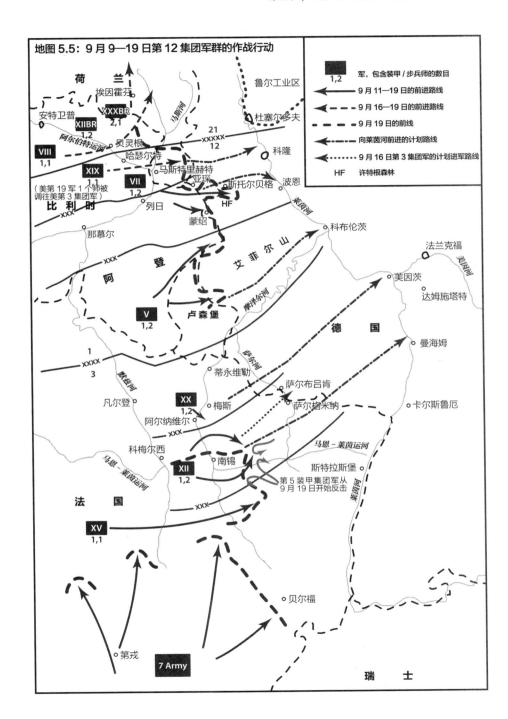

地图5.5：9月9—19日第12集团军群的作战行动

第 20 军在梅斯以南的摩泽尔河边上占领了一个不牢靠的立足点,但是没法坚守;直到 9 月 13 日,它才拥有了另外一个很小但稳固下来的桥头堡。这一结果使沃克不断承受来自巴顿的压力,他继续徒劳地向要塞发起攻击但迟迟不把主力集中于阿尔纳维尔桥头堡;经过一场激烈的消耗战,这里已经拓宽到了大约 2 到 3 公里(1 到 2 英里)宽和纵深。然而,阿尔纳维尔缺乏扩大作战的现成道路,而且连日的降雨使得地面软得无法进行越野机动。为了替换疲惫不堪且所剩无几的第 5 步兵师,当 9 月 23 日第 7 装甲师最终被调往亚琛支援第 19 军时,沃克取消了作战。假如沃克还多一个师可用,他很可能就在初期的攻击中突破德军防线。

艾迪的第 12 军在进攻初期也遭遇了类似挫折,也是在关键的地方和时刻缺乏一个师的预备队。之后他转而集中于对南锡进行两路包抄。由于德军的防线过长,加上第 20 军在北面发起攻击,德军被迫拆东墙补西墙阻挡盟军突破阿尔维纳尔,第 12 军的包围行动变得轻松一点。到 9 月中时,第 4 装甲师以堪称典范的战术机动突破了德军不堪重负的南锡防线,帮助第 12 军在摩泽尔河畔牢牢站稳了脚跟。另外第 15 军也填补了第 12 军的右翼,并在南锡以南 30 公里(18 英里)处的摩泽尔河上建立了自己的渡口。9 月 14 日,第 15 军和第 7 集团军的先导部队会师,第 7 集团军此时正沿着罗恩河谷北上,接下来数日第 15 军陆续与第 7 集团军其他部队建立联系。

艾迪的胜利及时挽救了巴顿的攻势。它帮助布莱德利激活了艾森豪威尔设立的补给优先权"例外条款"。艾森豪威尔在 9 月 13 日曾下令,如果第 21 集团军群能以被许诺的补给继续作战而且第 1 集团军可以获取它的首个主要目标,那么就没有理由"不让巴顿保持进攻作战,如果条件有利于进攻的话"。巴顿根据战场出现的变化修改了自己的计划,并得到了布莱德利的批准与艾森豪威尔的认可。布莱德利之所以能同意,大概很大部分原因来自巴顿十分乐观,甚至可能是捏造的战场评估,其中巴顿认为他拥有足够的油料前往莱茵河和用于 4 天战斗的充足弹药。巴顿在 9 月 16 日的命令中,把目标范围缩小到在美因茨到曼海姆之间渡过莱茵河。这能确保第 3 集团军在前进路上更为集中兵力。第 20 军的目标仍然是法兰克福,如果梅斯要塞仍然无法攻克的话,该军就将绕开此地并在美因茨渡过莱茵河;第 12 军将在达姆施塔特渡河;而在第 3 集团军梯队中处于右后方的第 15 军,则将在曼海姆渡河或者准备扩大其他友军已经建立的某一个桥头堡。第 3 集团军担任主攻的是第 12 军，该军以第 4 装甲师为先导，各师排成纵队前进，突破位于萨尔布吕肯和萨尔格米纳之间的"西墙"。另外，从不列塔尼赶来的第 6 装甲师已经抵达，也将加入第 12 军，而且来自阿尔纳维尔的第 7 装甲师也可能加入；如果第 3 集团军按计划下放第 83 师，该部队也将交由沃克指挥。巴顿已经下令在 9 月 17 日开始进军，但一向谨慎的艾迪担心在更为广阔的南锡地区还有没消灭干净的德军。他派出第 4 装甲师的一半部队去加快完成这一任务——这是完全没有必要的一次分兵，因为第 6 装甲师的主力正在快速赶来。这一举动使第 3 集团军的攻势推迟了 3 天才开始。

希特勒的野心不仅仅满足于守住摩泽尔防线。在 9 月初他就开始设想通过沿着南锡—兰斯以南的轴线，向美军的右翼发起反击，击溃第 3 集团军。他命令由年轻的、充满活力的冯·曼托菲尔指挥的第 5 装甲集团军来执行这一作战，该集团军将包含 6 个装甲和装甲掷弹兵师（其中 2 个其实是没有战斗力的空壳师）和 3 个（如有可能将达 6 个）新式的装甲旅。希特勒的想法从来都是天马行空的，他这一反击设想在 9 月中旬只是个白日梦。美第 12 军和第 15 军已经占领了他计划中的集结区，而且用于该作战的部队除了 2 个旅，第 15 装甲师的部分部队，和一个还未抵达战场的、损失惨重的装甲师以外，都已经用于防守洛林或其他地方的防线。在部分认识到战场的新现实后，德军最高统帅部把反击作战的规模缩小到仅限于恢复摩泽尔河防线。由于希特勒坚持要立即开始行动，尽管曼托菲尔强烈反对，这次反击仍然在参战部队未完成集结之前仓促发动，不但缺乏充分的侦察准备，而且采用了添油战术（特别是受到美军空中遮断作战的影响）。本次反击从 9 月 19 日打到 9 月 29 日，大多数德军部队缺乏训练装备不足，作战杂乱无序磕磕绊绊，被美军出色的机动防御战术加充足的近距离空中支援所击退，并且伤亡惨重。

或许德军因为失利付出了高昂代价，但却抢先制止了第 3 集团军向莱茵河突击，并阻止艾迪甚至巴顿立即扑向"西墙"。如果美军坚持自己原先的进攻计划，他们很可能会获胜，在德军装甲师刚赶到时就与之交战，然后在一系列遭遇战中一步一步将其消灭。美军凭着冲击的势头也可能带动美军突破大部分无人驻守的"西墙"，而且必然也会使梅斯要塞失去作用。不过事实是，不管巴顿想法如何第 3 集团军已经到了进攻顶点。艾森豪威尔在凡尔赛会议后正式宣布了有关决定，此时美军仍然在执行防御，意味着在经过一段漫长的作战停顿之前，用于新一轮攻势的补给不会很快到来。

尽管横跨法国并突入低地国家的追击作战的结局令人失望，取得的胜利也缺乏决定性意义，盟军还是取得了不少的成就。相比原计划中在登陆后 90 天内饮马塞纳河，盟军实际上已经到达了预计在登陆后第 240 天才能抵达的地方。不过整体大局中还是有个例外。此时在不列塔尼，美军尚未完成原计划要在登陆后 50 天内完成的任务。当美军在 8 月初攻入不列塔尼时，德军在此地驻军的三分之二，包括装备最为精良的部队都已投入了诺曼底作战，余下的部队迅速逃入了圣马洛、布雷斯特、洛里昂和圣纳泽尔等要塞化的港口，并且接到了在这些地方死守到最后一人的命令。盟军最高统帅部已经不再认为这些港口有多重要，乐于把消灭这些部队，以及开放基伯龙湾（位于洛里昂和圣纳泽尔之间的拥有良好掩护的深水锚地）的任务交给米德尔顿少将的第 8 军。起初由于缺乏步兵，米德尔顿只能在解决圣马洛的同时，围困其他港口。[46] 圣马洛在 8 月 18 日陷落，但是这个港口太小，即便实现全力运转（计划中该港口的吞吐能力只有诺曼底沿岸一个港口的一半），对于改善美军补给状况也几乎没起什么作用。在步兵师数量增加到 3 个后，第 8 军前去围困布雷斯特。这一要塞驻防区人员充足，但是大部分不是野战部队，其中的核心是一支 7000 多人的虽然装备不足但坚决顽强的伞兵部队。对于要他提早攻击的命令米德尔顿感到担忧。他请求补给 2 万吨弹药，但是第 3 集团军只批准了 5000 吨。虽然集团军承诺了另外 3000 吨，但是并没按时送到。第 8 军于 8 月 25 日开始猛攻，但三天后因伤亡惨重而暂停，并且没有取得进展（空中和海军火力支援无法完全取代陆军炮火）。9 月 10 日布莱德利保证布雷斯特之战会优先获得补给。直到 9 月 19 日，美军在消耗了 2.5 万吨弹药，第 9 航空队出击了 6000 架次和承受了近万人伤亡后，才最终攻陷布雷斯特。至于港口设施，当然已经被德军破坏。

早在 9 月 3 日，盟军最高统帅部参谋部已经放弃了利用洛里昂、圣纳泽尔、南特和基伯龙湾（尽管开放这一海湾只需要肃清基伯龙半岛和入口处的贝尔岛，以及建立桑葚类型的码头）的计划。之后在 9 月 14 日又决定布雷斯特也不需要（令人费解的决定，因为一天之前艾森豪威尔在命令中还强调了需要占领此地）。或许，盟军最高统帅部觉得战争已经转向别处。从布雷斯特到梅斯的公路超过 1000 公里（620 英里）长，而从勒阿弗尔开始则是这个距离的两倍。勒阿弗尔已在 9 月 10 日被攻陷，而且美军希望英军在占领海峡沿岸港口后将此地交给自己。盟军后勤人员已经计划好到 10 月 4 日时，每天将有 22300 吨物资从不列塔尼的港口运出（当然前提是美军在这之前已经占领了这些港口）；然而，实际上只有两个未经历激烈战斗和严重破坏的小港口能送出 4000 吨物资。[47] 不列塔尼半岛作战本身也牵制了相对强大的部队，占用了数量巨大的燃料、弹药和相当多的空中支援，并造成了数千人伤亡，却没起什么作用。在之后的日子里，围困洛里昂和圣纳泽尔的任务被交给一个没有经验的美军步兵师和不列塔尼的 2 万多法国内地军。

重回僵局：秋季的作战

到 9 月底时，盟军在整个前线上都到达了进攻的极限，而且都没有到达所有的地面目标。[48] 尽管为了重建连贯防线而付出了巨大伤亡，但德国陆军正在变强，远未被消灭或者瓦解。盟军的三大战区高级指挥官都没有清晰地认识到自己已经到了进攻顶点。[49] 以蒙哥马利为例，他一贯不承认自己的失败。他甚至不承认，哪怕是在战术上他的作战重心也应调整到打通安特卫普港上来。他的目光一直紧盯着莱茵河，他仍然坚信他的部队应当作为主力，而且如果他立即发起进攻时间仍然在他这边。或许再也没办法从空中越过莱茵河，但是进行一次在空间上没那么大野心的行动，在美军对科隆的突击的配合下，他的部队仍然可以强渡莱茵河。9 月 27 日，他下达了新的命令。克里勒的主要任务是占领布洛涅和加莱，并确保盟军能启用安特卫普。他宣布尽早完成这一任务十分关键——但是又一次口惠而实不至。加拿大第 1 军将在第 2 集团军左翼发起攻击，使得后者从此不再顾虑自己的左翼；至于封闭南贝弗兰半岛的任务再一次被推迟。邓普西在坚守奈梅亨桥头堡的同时，将直接向鲁尔工业区的西南角发起攻击，在韦瑟尔地区强渡莱茵河。第 2 集团军将不用顾虑自己的侧翼，因为美第 19 军的第 7 装甲师将肃清英第 8 军在马斯河以西的战区。

然而到 10 月 9 日，现实迫使蒙哥马利不情愿地改变了主意。奈梅亨突出部需要进行巩固，而之后下莱茵河以南的整个地区需要扫清。单靠一个美军装甲师远不足以把马斯河西岸清理干净；这一任务最终动用了整个英军第 8 军和美军第 7

装甲师，一直到 11 月底才完成。最重要的是，艾森豪威尔和布鲁克一直向蒙哥马利施加压力，要求其从部队部署到个人精力都要将重点放在安特卫普。俩人的要求变得越来越专横。[50] 在 10 月 16 日，蒙哥马利赋予安特卫普"位于第 21 集团军群所有进攻行动之上的完全优先权，不带任何附加条件"。在增加了两个师（其中一个是美军师）和准备了充足弹药后，斯海尔德河战役最终在 11 月 8 日画上句号；11 月 29 日，第一艘盟军船只开始在安特卫普卸货，离这座港口被攻陷已经过去了85 天。莱茵河桥头堡和鲁尔工业区已被放到次要地位。秋季作战变成了为了改善第 21 集团军群阵地，以便未来能够及时恢复向东进攻而进行的枯燥工作。向韦瑟尔的突击要一直等到 1945 年 2 月才开始。尽管这是味苦药，但是为了调整自己的野心使之符合艾森豪威尔的意愿，加上缺少作战力量，蒙哥马利最终还是将其吞下。

布莱德利的进攻和第 21 集团军群的"市场花园"行动一样，即便不是败得轰轰烈烈，也是失利得确凿无疑。只不过不像蒙哥马利，他认为这只是个挫折而已，并未气馁。他仍然认为德军正处于瓦解的边缘。如果走运的话，向德军发起全线进攻或许能够发现对方的弱点，对此加以利用就能向莱茵河快速突击。不过在此之前美军需要一次作战暂停来改善后勤状况，以便重新部署失去行动能力的部队，并把围困布雷斯特的部队解放出来，同时还要积聚弹药储备以满足进攻坚守之敌而非追击作战的需要。在主要进攻方向上，美军需要集中更多的部队。霍奇斯的进攻目标改为进抵位于杜塞尔多夫、科隆和波恩的莱茵河。在布莱德利把第 9 集团军指挥部连同第 8 军的两个师部署到阿登地区，接管第 5 军的前任战区后，霍奇斯的进攻正面会被压缩。第 1 集团军秘密地用了 14 天调整集团军边界，接管了英军第 8 军的大部分战区，把自己的作战重心向北调整，并把战线长度从 160 公里（100 英里）减少到大约 95 公里（60 英里）。第 1 集团军的目标同样也发生了变化，三个军各自的目标分别是杜塞尔多夫、科隆和波恩。至少霍奇斯还能继续进攻。令巴顿十分不快的是，他的进攻作战被叫停了——这一次，最高统帅部是在把优先权置于北部战场时表达这个意思的。最后，后勤的现实情况压倒了作战构想。第 3 集团军的补给只够进行一次防御作战。另外第 3 集团军还要交出 3 个师，第 7 装甲师将前往第 1 集团军接管部分英军前线，而第 15 军将离开序列加入第 6 集团军群，因为德弗斯始于马赛的补给线只能再多支持 2 个师向斯特拉斯堡进攻并穿过贝尔福缺口。[51] 在 10 月份，巴顿被限制到只能发起三场小型的局部进攻（其中的一次是对梅斯要塞发起的得不偿失的攻击），用来为之后继续进攻获取一条更好的出发线。当11月第3集团军再次向"西墙"和莱茵河推进时，战局又迅速演变成另一场消耗战；第3集团军平均分散在整个战区内发起攻击，而且没有留下预备队。这次进攻在12月份因为阿登战场出现危机而需要把大量部队调往北部时结束。

10月2日，霍奇斯用第19军和第7军开始向亚琛发起按部就班的攻击，尽管这时候补给危机正在恶化（第12集团军群在同日恢复了炮弹定量配给）。在根据布莱德利的新决定重组部队时，第19军的正面因为承担肃清皮尔沼泽的任务，防线暂时扩展到超过100公里（60英里）；尽管第19军已扩大到4个师，但其中2个还在亚琛执行任务，剩下的只有一个师进入皮尔沼泽，因为另外一个师需要保护侧翼。第7军的战区已减小到30公里（18公里）宽。第19军和第7军都派出了一个师用于包围亚琛，并用装甲师保护侧翼。两周之后两军才完成包围，而亚琛守军过了一星期才投降。科利特和柯林斯原先的想法是一起向鲁尔河进军，并为向莱茵河挺进打造跳板，不过即便鲁尔河作为过渡目标在亚琛作战末期也被放弃了。

在亚琛战役进行时，第7军开始了在许特根森林的漫长作战。一开始，第7军只是想占领施托尔贝格走廊以南的高地，这里可以阻止德军向前进中的美军发起侧翼反击，但是这一战役失去了控制。柯林斯被拖进了地形破碎、森林茂密、缺乏道路的战场之中，争夺一连串作战价值令人怀疑的山头、村庄、小镇和十字路口。为了11月份的攻势，第9集团军接管了亚琛以北的战区，还接纳了第19军和另外一个新来的军。尽管他们当面的通行条件最好，但是迪伦又再度强调了要通过施托尔贝格走廊前往鲁尔河边，同时第1集团军的其他军将在第7军侧翼发起进攻提供支援（包括继续进行许特根森林战役）。美军将继续进攻已经得到增援而且备战更加充分的德军，并且没有希望取得突然性。起初有12个师参加了作战，但是并没有比之前更加集中，而且没有保留预备队用于支持连续进攻然后扩大战果。美军的攻击没有进行组织和协调以发挥优势，这又是一次全线推进。11月中旬，美军进抵鲁尔河但是止步于此，他们的指挥官不得不考虑一个早已摆在眼前的问题。[52]

直到11月底，盟军才初步确定了关键的地面目标：鲁尔河水坝。在美军沿着鲁尔河向位于科隆和杜塞尔多夫的莱茵河进军途中，德军可以打开泄洪闸在下游制造一片2.5公里（1.5英里）宽，10米（11码）深的淹没区，而且在洪水消退后仍然能阻碍军队活动。美军向东渡过河流的部队会被分割，他们在德军新成立的第6装甲集团军的反击下将不堪一击。盟军尝试从空中打破水坝但失败了。直到12月初，第5军才得到专门指令在横渡鲁尔河并向莱茵河挺进之前必须要占领水坝。进攻在12月13日开始但在16号终止，因为德军在正北方通过阿登地区发起了反击。

蒙哥马利的作战构想在9月底显示出了效果。因为缺乏一个更好的作战构思，盟军的宽大正面进攻不断遇到德军逐渐顽强的抵抗，后者正在恢复自己的指挥与控制，摆脱混乱并提升力量。盟军惨淡的后勤状况（在11月得到改善之前），愈发受限的通行条件，影响盟军空中支援与遮断作战的糟糕天气，以及德军可以依托作战的堡垒工事，都帮了德军大忙。在夏季危机逐渐缓解时，希特勒的想法再次转向进攻。9月16日他宣布将通过阿登地区发起一次反击，目标直指安特卫普，进攻主力是由重整后的装甲师组成的、正在成立中的第6装甲集团军。9月25日，他向一群经过挑选的顾问阐述了在11月底发起一次进攻的设想。[53] 当12月16日，几经推迟的阿登反击战开始时，德军已经集结了7个装甲师和13个步兵师，无法否认的是这些水平参差不齐的部队总体缺乏足够的后勤支持。但是按理说德军已经无计可施，而非还能发起反击。盟军原先打算在秋季攻势中夺取主动权，在整个战线上消耗敌军。但实际上，盟军没能消灭德军或占领具有重要作战价值的地面目标，使美军变得脆弱且没有取得相应成果。德军向盟军防线上的弱点，由在许特根森林中筋疲力尽的美军部队驻守的战线过长的阿登地区发起了进攻。[54] 布莱德利的部署被严重打乱而且缺乏任何战役预备队应对冲击。

11月30日蒙哥马利致信艾森豪威尔，简要回顾了秋季作战的目的，并简单直率地总结道：“我们因此失败了；而且我们遭遇了一次战略挫折。”[55] 这一论断令人难以否认。

注释：

1. 本节及下一节的主要参考资料来自马丁·布吕芒松，《二战中的美国陆军，欧洲战区：突破与追击》，第30—32章；查尔斯·B. 麦克唐纳，《二战中的美国陆军，欧洲战区：齐格菲防线之战》，第1、2章；福利斯特·C. 波格，《二战中的美国陆军，欧洲战区：最高统帅》，第14、16章；L. F. 埃利斯，《西线的胜利，第一卷，诺曼底战役》，第21章，以及第二卷《德国的战败》，第1章；蒙哥马利，《回忆录》第15章；奥马尔·N. 布莱德利，《一个士兵的故事》，第19、20章；D. K. R. 克罗斯韦尔，《总参谋长：沃尔特·比德尔·史密斯将军的从军生涯》，第12章。本节对于作战思想及其演变进行的说明是对要点进行归纳，并对一系列复杂的会谈、会议、信件和指令进行简要介绍。

2. 空中部队喜欢把他们75%的战斗轰炸机部署在离前线100公里（60英里）的范围内，确保能迅速响应空中支援的请求和减少参与行动的飞机的重装时间。

3. "西墙"——或者齐格菲防线，盟军一直这样称呼它——修建于1938—1939年。它包含了反坦克障碍物（人工的和天然的）和超过3000个的水泥碉堡，观察哨和隐蔽部。至少部分由于德军高效的宣传工作，盟军把它相当大地夸大成了防御堡垒。在德军取得1940年的胜利后的4年里齐格菲防线被遗忘，加上其各种物资（例如地雷和带刺铁丝网）被拆走用于建设大西洋壁垒，使得防线上的工事破败不堪。另外4年后的坦克拥有更好的装甲，防御者需要体型更大的反坦克炮，而"西墙"上的阵地已经无法安放1944年的武器，于是被废弃。德军的计划一直只是利用"西墙"迟滞入侵者等待强大的机动预备队集结并发起反击，因此每10公里（6英里）防线就需要一个步兵师防守。在1944年夏末，德军既没有部队也没有预备队防守"西墙"。

4. 盟军第1空降集团军由路易斯·H. 布里尔顿中将指挥，这是个能力有限的空降军军官。该集团军包含2个英军空降师和3个美军空降师（尽管第6空降师直到9月底也没有脱离诺曼底战场进行重整），以及1个英军机降师和1个波兰伞兵旅。

5. 这一数字如何到了40个师还不清楚。除了空降集团军，9月初英加联军集中了14个装甲和步兵师及8个独立装甲旅；第12集团军群总计有21个师，另外有1个师在9月份正加入战斗，在10月还会有另外5个。一些部队需要留在阿登以南以掩护巴黎和主力南翼，同时不列塔尼的港口依然是盟军最高统帅部的优先目标。而且正如蒙哥马利一直以来所正确主张的，同时向每个师提供后勤支援是不可能实现的。

6. 蒙哥马利，《回忆录》，第266—267页。

7. 布莱德利，《一个士兵的故事》，第321—322页。

8. 将第21、12和6集团军群分别称为北方、中央和南方集团军群的命名方式，是为了避免要附带国家名称。

9. 在9月9日威廉·辛普森中将的第9集团军总部接管了第8军和攻占不列塔尼的指挥工作，使得巴顿不再为指挥相距850公里（525英里）的两处战斗而头疼，能够集中于向东进攻。

10. 奈杰尔·汉密尔顿，《蒙蒂，战地大师，1942—1944》，第51页。

11. 作为这次会面的唯一旁观者，盟军副统帅泰德（既不是蒙哥马利的朋友，也不支持蒙哥马利的想法）对此十分清楚。他认为这次讨论的主要结果是确保了向鲁尔的攻击将得到应有的合适的优先权。出自阿瑟·泰德，《带有偏见》，第591页；汉密尔顿，《蒙蒂，战地大师》，第49页。

12. 出自埃利斯，《西线的胜利》，第2卷，第25—26页。

13. 同上，第77页。

14. 出自蒙哥马利，《回忆录》，第280—281页。

15. 同上，第 282 页。蒙哥马利添加了对于艾森豪威尔自满和洋洋自得的评价，认为后者恰好晚了一个月才做了正确决策（指 8 月 23 日他提过的提议）。

16. 这一节主要基于 F. H. 海斯利以及其他人的《二战中的英国情报工作》，第 3 卷，第 2 部分；大卫·贝内特，《大灾难：市场花园行动的失败，1944 年 9 月的安恒作战》，第 5 章；加拿大总参谋部第 77 号报告，《德军从法莱斯到阿登的行动（1944 年 8 月 20 日—12 月 16 日）》詹姆斯·A. 伍德，《西线德军：德国 B 集团军群从诺曼底到齐格菲的每周报告》，第 6 章。

17. 海斯利以及其他人的《二战中的英国情报工作》，第 367—375 页。

18. 由于一直没能弄清盟军需要的是多大程度上的"无条件投降"，纳粹增强了除了坚守德国别无他法的信念。同样地，盟军也过高估计了战略轰炸对于德国军民士气的打击效果，认为这将引起革命，以此替代政变实现德国政权更迭。

19. 正如德军和盟军指挥官都十分清楚的，德军无法从其他前线调集大量部队来挽回态势。在东线，从 7 月底到 8 月德国国防军累计遭受了远比西线更为惨重的损失，伤亡超过诺曼底的两倍还多。不过德军从意大利调回了两个装甲掷弹兵师来阻止巴顿向第三帝国大门急速前进。德国的资料简洁地总结在 9 月 5 日可提供给西线的部队如下：能够执行防守任务的部队——13 个步兵师和 3 个装甲或装甲掷弹兵师，加上 2 个装甲旅；部分适合防守的部队——12 个步兵师；重整中的部队——9 个步兵师和 1 个装甲师，加上 2 个装甲旅；不具备战斗能力——14 个步兵师和 7 个装甲或装甲掷弹兵师；重整中的部队——9 个步兵师；已解散——7 个步兵师。

20. 盟军将德军位于法国南部的部队称为 G 集团军群，这是误解和误称。按照德国国防军的叫法，它实际上是一个 armeegruppe，一个规模较小的集团军。9 月 11 日它被升格为 heeresgruppe（集团军群），当时第 1 和第 5 装甲集团军加入第 19 集团军，接受它的指挥。

21. 在 9 月初，德国在西线的战斗机部队剩下不到 420 架飞机，轰炸机部队剩 175 架。它们总的战斗效能正在下降，而且机组水平普遍低下士气低迷。德国空军被迫撤往德国，期间损失了大量的人员与装备。由于缺乏维护设施与燃料，空中作战只能暂停。盟军在荷兰发动的空降突击形成了重大威胁，以至于防守德国本土的空中部队需要暂时分兵前去应对，但即便这样，德国空军每天的出击架次也不超过 250（而且在两个夜间轰炸机出击了 100 架次——德国轰炸机部队最后一次在西线出现）。到了 1944 年年底，德国空军对于西线防御战的贡献已经沦为了只值得在注脚里提到一下而已。出自空军历史部门，《德国空军的崛起与衰弱》重印版，第 339—340 页。

22. 德军高级将军已经将"西墙"遗忘很久，第 1 集团军不得不向上级总部询问"西墙"在本部区域里的哪个位置；上级回复建议向凯撒斯劳滕地方官员征询相关信息。

23. 党卫军第 2 装甲军大部分位于安恒以北和东北，由于与"市场花园"行动相关值得详细介绍。它十分虚弱，每个师都只有 3000 人左右：党卫军第 9 装甲师正准备返回德国重整并已经把大部分重型装备交给了党卫军第 10 装甲师，只保留了 11 个虚弱的警戒连，它的侦察营只有 31 辆轻型装甲战斗车辆，而且一个装甲营和一个护卫营各自只有少数装甲战斗车辆。第 10 装甲师拥有一个类似的侦察营，4 个不满编的掷弹兵营，2 个炮兵营和 1 个高射炮营，16 辆四号坦克和突击炮；1 个掷弹兵营和 1 个炮兵营已经被派往埃因霍芬，与拥有 21 辆自行火炮和 12 门 40 毫米牵引火炮的反坦克营会合。出自迈克尔·雷诺兹，《帝国之子，党卫军第 2 装甲军：诺曼底、安恒、阿登和东线》，第 12 章。

24. 伍德，《西线德军》，第 214—216 页。

25. 为了补充可怕的损失并重建防线而四处搜罗部队的德国国防军，被迫逐渐采取一些权宜之计。许多单位和部队混杂了由掉队者、补充兵、康复期士兵和病残者组成的联合营，超龄和非战斗人员部队，以及其他不适合在前线服役的人员，然后被编入临时组建的以指挥官名字命名的战斗群。例如，在安恒战斗的冯·泰特奥师，拥有 1 个很小的保安团，2 个保安营（其中一个是党卫军），1 个党卫军士官学校，1 个荷兰籍党卫军监察营，3 个由海军和空军地面人员组成的营，1 个伞兵训练和补充营，1 个当作步兵用的炮兵营，1个警察连，以及一些轻型高射炮。防守瓦尔赫伦岛和部分艾伯特运河防线的是第70步兵师和第176训练和补充（后成为步兵）师，两支部队都包含了大量的医学上不适合服役的人员，这些人都按照各自的缺陷组成各种单位（例如眼睛营，胃溃疡营和耳朵营）；防守梅斯的462号师，包含了一个候补军官学校和一个士官学校，一小个后方保安团，几个补充营，和几门用兽医院里的马拖曳的前苏军火炮。

26. "人民掷弹兵师"是以在诺曼底覆灭的步兵师的残部为骨干建立起来的。它们规模小（1万人）但装备大量自动武器，不过炮兵火力弱而且经常缺乏足够的反坦克武器补充。它们围绕着小部分坚毅的老兵、士官和军官而编组，用补充集团军所能提供的任何人充实力量。其中有不断萎缩的海空军的富余人员、从医院归队的原编制单位已被摧毁的伤兵、曾经因为年岁太大或身体不合格而不适宜甚至不适合加入和平时期军队的人、迄今为止还在预备部队中的工人，以及被征召入伍的青少年。装甲旅则通常是建立在装甲师的残部之上。理论上，它们包含1到2个坦克营，以及工兵连、防空连和突击炮连。大多数坦克旅都是由严重缺乏战斗力的单位或者甚至是低级单位仓促拼凑起来的，而且没有在一起训练；它们有时候投入战斗时坦克还是直接从工厂开到战场或集结地。

27. 罗兰特·G. 鲁宾塞尔，《二战中的美国陆军，欧洲战区：陆军的后勤支援》第一卷，第481—488页。

28. 引用自约翰·A. 亚当斯，《西欧的战斗，1944年秋》，第10页。

29. 本节的主要参考资料来自麦克唐纳，《齐格菲防线之战》，第6—11章；埃利斯，《西线的胜利》，第2卷，第1—4章；C. P. 斯泰西，《胜利之战，1944—1945在西北欧洲的行动：加拿大陆军在二战的官方历史》，第3卷，第12、13章；第2集团军总部编纂的《第2集团军在欧洲的作战行动统计1944—1945》，第4章；第21集团军群总部编纂的《第21集团军群在欧洲大陆的行动的后勤历史，1944年6月6日—1945年5月8日》，第3、4节；P. B. 兰道尔，《第30军简史1945》（A Short History of 30 Corps, 1945, 重印版，MLRS出版社，2006年），第2、3章；特里·科珀，《灰姑娘军团，西北欧战场的加拿大军队，1944—1945》，第1、2章；布莱恩·霍罗克斯，《军团指挥官》，第5—7章；T. B. H. 奥特韦，《空降兵》，第16、20章；杰弗里·鲍威尔，《恶魔的生辰，通往安恒之桥1944》贝内特，《大灾难》，第4—14章；威廉·F. 白金汉，《安恒1944》，第6—20章；G. S. 杰克逊，《第8军的战斗：从诺曼底到莱茵河的战斗记录》，第5章；雷诺兹，《帝国之子》，第11—19章。

30. 8月26日的M-520指令，引用自布吕芒松，《二战中的美国陆军，欧洲战区：突破与追击》，第671页。

31. 连同大量的重型和中型火炮部队一起，第8军指挥部和它的3个师都只能待在原地，因为他们大部分的运输工具都被抽调去支援第7和第30军的后勤工作。

32. 埃利斯，《西线的胜利》，第2卷，第26—27页。

33. 盟军地面部队指挥官已经养成了一种思维习惯，即不懂在缺乏预先空中轰炸的情况下如何对一块筑垒地带发起进攻。不管是在勒阿弗尔还是布洛涅，加莱或布雷斯特，梅斯要塞还是亚琛附近的"西墙"，盟军的空中轰炸造成的实质损害都与其实际付出或士兵们的期望远远不能相称。轰炸的确对打击敌军士气有一定效果，但是主要是对二三流部队起作用。

34. 位于佐恩和维格尔的威廉斯和威廉敏娜运河大约25到30米（30到35码）宽；马斯河—瓦尔河运河大约宽70米（80码）。马斯河在格拉夫大约宽260米（285码），瓦尔河在奈梅亨宽度超过280米（305码），而安恒的莱茵河在夏季大约宽100米（110码）。

35. 作为指挥官，布里尔顿的能力充满争议。他从第9航空队的指挥官一下子调到一个他几乎一无所知的岗位上。对于军一级的指挥官来说，布朗宁不是个好的人选：他手下指挥官有三分之二是美国人，而且和他同级的美国指挥官李奇微，拥有大量他所不具备的实际空降经验；另外，布朗宁的总部是个负责谋划、后勤和训练的机构，而不是个战地指挥部。

36. 实际上，英军第 1 空降师师长厄克特，在 9 月 19 日早晨返回部队之前，他的指挥部一直无人能联系上，而此时他已脱离指挥 36 个小时。性能差的空降电台使他无法联络部队，而且由于他与前沿部队离得太远最后被德军分隔开来。（而同英国后方的联系，是第 1 空降师唯一正常运作的无线电通讯，因此厄克特本来是有机会请求调整第二次空降的）。

37. 盟军很幸运地完好无损地夺取了大桥，因为莫德尔之前下令不许破坏该桥以便将来可能发起反击之用。当德军当地指挥官在最后关头决定违抗命令时，却发现炸药无法引爆，因此想要弥补这一错误为时已晚。

38. 直到夺取奈梅亨大桥之时，禁卫装甲师在"市场花园"行动中总的伤亡只有 130 人。在整个行动期间，第 30 军遭受的伤亡人数是 1480 人，第 82 空降师伤亡 1432 人，第 101 空降师伤亡 2110 人，而英国第 1 空降师和波兰空降旅总计损失 8068 人。

39. 本节主要参考资料来源：埃尔布里奇·科尔比，《1943—1945 在欧洲战斗的第 1 集团军》，第 7 章；约翰·尼尔森·理查德，《困境中的巴顿：1944 年 9 月至 12 月的洛林之战》，第 4、5 章；布吕芒松，《二战中的美国陆军，欧洲战区：突破与追击》，第 30—32 章；休·M. 科尔，《二战中的美国陆军，欧洲战区：洛林之战》，第 1—5 章；麦克唐纳，《齐格菲防线之战》，第 2—4 章；大卫·W. 霍根，《战争中的指挥部：1943—1945 欧洲战场的第 1 集团军总部》，第 5 章；罗素·F. 威格利，《艾森豪威尔的副手》，第 13、14 章；J. 劳顿·柯林斯，《"闪电"乔的自传》，第 13 章；亚当斯，《西欧的战斗》，第 5、6 章。

40. 引用自科尔比，《在欧洲战斗的第 1 集团军》，第 91 页中霍奇斯的原话。

41. 约阿希姆·路德维格，《后撤：1944 年德军撤出法国》，第 220 页。

42. 霍根，《战争中的指挥部》，第 5、6 章很好地展示了第 1 集团军的后勤状况，包括重要物资的每日存量清单，以及霍奇斯对后勤的态度。

43. 麦克唐纳，《齐格菲防线之战》，第 62 页。

44. 海斯利以及其他人的《二战中的英国情报工作》，第 375 页。

45. 在恢复进攻之时，第 12 军只能以两个师进攻，因为需要留一个师警戒南面漫长而敞开的侧翼，直到 9 月 10 日由其他部队接替为止。第 15 军用了一个多星期才将部队部署到第 12 军的右翼。

46. 该军深入不列塔尼半岛时，拥有 2 个装甲师，2 个步兵师和 1 个骑兵大队。在洛里昂和圣纳泽尔被击退但在 8 月 12 日攻占南特之后，第 4 装甲师被调往东面加入第 12 军。在攻占布雷斯特失败之后，第 6 装甲师留在不列塔尼半岛进行静围困，直到 9 月 12 日被派往东面掩护第 3 集团军的南翼。第 1 集团军向第 8 军增援了两个步兵师（分别于 8 月 18 日和 21 日），帮助其占领布雷斯特。在 9 月 10 日第 9 集团军成立后不久，第 8 军转归该集团军指挥。

47. 史蒂夫·R. 威德尔，《美国陆军后勤：1944 年诺曼底战斗》，第 117 页。

48. 本节主要参考资料来源：埃尔斯，《西线的胜利》，第 2 卷，第 4、5 章；波格，《欧洲战区：最高统帅》，第 16、17 章；麦克唐纳，《齐格菲防线之战》，第 11 章；科尔，《欧洲战区：洛林之战》，第 6、7 章；霍根，《战争中的指挥部》，第 6 章；爱德华·G. 米勒，《黑暗与血腥之地：许特根森林与罗尔河水坝 1944—1945》，第 3、14 章。

49. 尽管拒绝承认已经到达极限，实际情况往往相反，并造成十分不利的后果（正如德军 1941 年在莫斯科的遭遇和苏军在 1942 年与 1943 年两次在哈尔科夫的表现），但是高级指挥官很少有足够的洞察力和坦诚来承认已经到达极限。更加常见的反应是："再努力一下我们就会取得胜利。"毛奇对这种症状是这样解释的："当一方承认失败而放弃战斗时，战斗的结果才开始明了。很多时候赢得一场战斗是因为敌军在被胜利者击败之前就认定自己已经失败……因此在充满怀疑时必须坚持战斗。"丹尼尔·J.

休斯，《毛奇论战争艺术：选集》，第 132 页。进攻定点这一概念，理论学家和历史学家可能比战地指挥官用得更多。

50.10 月 9 日艾森豪威尔发电报给他："我必须重复一点，我们正全力对付我们数月前就已预见到的情况；深入欧洲大陆对于我们的战斗不会有帮助。除非安特卫普能在 11 月中旬之前开始运作，否则我们所有的行动都会陷入僵局。我必须强调，安特卫普是我们从瑞士到英吉利海峡的整个前线上，所有作战中的头等大事。我认为你要亲自关注打通安特卫普港的作战行动。"引用自埃利斯，《西线的胜利》，第 2 卷，第 85 页。

51. 自 8 月 15 日在法国南部里维埃拉登陆后仅仅一个月，第 6 集团军群就已挺进了大约 650 公里（400 英里）。最终在 10 月份，与来自诺曼底的部队一样，它也陷入缺乏运输工具和燃料的困境并到达进攻顶点。然而在此之前，它已对德国 G 集团军群，以及来自法国西南部的德军造成了大量杀伤。德军损失了超过 14.3 万人，其中大多数被俘，但第 19 集团军未被消灭。尽管第 19 集团军伤亡惨重，但仍有能力在孚日山脉，以及山脉南端的贝尔福特缺口建立连贯的防线。

52. 在 10 月底，布莱德利已经将第 9 集团军的责任范围移到亚琛以北，在第 9 和第 1 集团军之间安排交换部队。这项工作已经完成因此如果艾森豪威尔想要把一个集团军交给蒙哥马利指挥，那也不会是霍奇斯的部队。

53. 根据龙德施泰特在 10 月中旬向德军最高统帅部的报告，西线德军在 9 月 1 日到 10 月 15 之间损失了大约 15 万人，但得到了 15.2 万人补充（当然大多数缺乏足够的训练并且素质不高）。同一时期，德军将 8.6 万人后撤用于重整旧的和组建新的部队。因此形势变得十分危急。龙德施泰特需要用大致等于 27 个步兵师和 6 个半装甲师的部队守卫一条超过 1000 公里（620 英里）长的前线，而且他请求在最高统帅部承诺提供的部队之外，再提供 8 个步兵师和 1 个装甲师。出自丹尼·S. 帕克，《突出部战役，德国视角：从希特勒的最高统帅部的角度》，第 22—80 页。

54.11 月份盟军的补给危急得到极大缓解，但在某些方面人力危机却在恶化，尤其是野战步兵。补充兵的输送速度赶不上损失的速度，因此美军不得不以缩减的并仍在下降的实力作战。同时战斗疲劳率上升，而且战斗效率在很多时候处于下降状态。

55. 埃利斯，《西线的胜利》，第 2 卷，第 166 页。蒙哥马利重提集中盟军兵力于阿登以北并由他全面指挥的主张。艾森豪威尔驳回了他的评估以及对评估的修正。因此两人的理念之争一直没有结果，直到德军的反击将两人的注意力转移到其他事情上。

第六章
盟军后勤实际情况

后勤体系

从本质上说，盟军在西欧战场的后勤工作包含了四部分：事先弄清楚战场的需要并加以满足；建立一个能够也会及时响应战斗部队需求的体系；向欧洲大陆运输必需的物资，这可以通过远洋船舶或沿海货船完成；从港口和海滩把所需的物资在需要的时刻送往需要的地方。这四个步骤每一个都会产生自己的问题，而且在秋季之前任何一个问题没有得到解决都可能对欧洲战场的作战产生消极影响。[1]

预测并满足战场需要

总的来说，盟军很好地预见到了地面和空中部队在西北欧战场作战的需求。不过对于在树篱地带作战的特殊性以及由此产生的需求，盟军整体上是没有预见到的，尤其是美军深受这一问题的困扰。这导致了美军在 6 月份就出现了物资不足的情况。步兵想要更多迫击炮、枪榴弹发射器、轻机枪和冲锋枪，而且特别需要"巴祖卡"火箭筒。另一个明显的问题是，由于美军装甲部队未能尽早让 M–26"潘兴"坦克服役，或者至少把部分"谢尔曼"坦克的主炮升级到 90 毫米（如同英军升级了 17 磅坦克炮），美军坦克没能完全满足作战需求。许多弹药，尤其是 105 毫米和 155 毫米榴弹炮及 81 毫米迫击炮炮弹，消耗的速度高于之前的预期（经常是由于不合理的挥霍滥用，这一点甚至连第 1 集团军的总参谋长都承认）。偶尔实施执行不力的配给制以及号召节约使用都不能显著改变浪费弹药的习惯，因此在7月初为"眼镜蛇"行动储备物资时，美军实行了严格的配给制。[2] 美军成功突破德军防线并转向追击作战使得大多数的武器和弹药问题得到缓解，但是持续时间不长。此时燃料供应成了问题之一，尽管在大多数情况下实际上是如何运送充裕的燃料的问题。在秋季之初，弹药供应问题再度浮出水面。另外，美国战争部在一年之前为了响应美国国会对于浪费的看法已经削减了采购计划，此时这很明显产生了问题，某些类型弹药出现供应短缺，这一问题又因战区后勤地带的缺陷而更加严重。由于突然转入了运动战另一个问题——机动运输工具不足——又暴露出来，这几乎导致了作战陷于停顿。从半静态转向快速运动的作战类型中出现的运力缺乏问题，部分原因是因为战争部没有采购足够数量的重型卡车。但是战地指挥官并非没有责任，他们无视后勤计划人员的意见并在最初两个月内对于扩大卡车车队不够重视。

英国和加拿大军队整体上习惯了相对不那么丰富的物资和补给供应（而且可能因此两者在库存与账目管理和避免浪费方面做得更好）。他们较少因为意外的需求向后勤人员提出不讲道理的要求。不过，英加军队在8月底之前同样遭遇过短期的弹药短缺并严格限制使用。而且两军在9月、10月又出现过弹药短缺。这一问题很大程度上来源于后勤运力的不足，而这一问题又来自于制定后勤计划过程中过于谨慎，而在1400辆新采购的英国3吨卡车中发现了引擎缺陷（这又影响到了引擎备件）又使这一问题变得更加严重。

盟军各方都存在的较大问题是步兵补充兵员不足。各国军队或早或晚都碰上了人力危机。对于英军来说，这问题来得更快。由于从北非作战中总结出了错误的经验，英国陆军部严重低估了步兵可能的伤亡率（少估了几乎一半），同时又高估了其他兵种的伤亡率。即便没有预估方面的失误，英军在诺曼底登陆日一年之前就已意识到在1944年9月底之前可能会短缺3.5万名步兵。后来证实这一估值只是稍微太悲观而已。根据预估的情况，为了保证其他部队能维持实力，第21集团军群不得不解散了两个师（一个在8月份一个在11月份）和相当于两个装甲旅的部队。从8月到11月中旬，加拿大军队同样出现了人手短缺问题（此时由于在不主动进攻的战区执行静态任务伤亡率开始下降）。美国战争部（以及欧洲战区）在预估步兵伤亡率时出现了严重偏差，尤其是步枪兵。到7月底时，美军的补充兵储备中几乎已经没有步兵。不过从消耗战转入机动作战后这一问题得到了缓解，直到进入 11 月份再次出现阵地消耗战后，盟军爆发了一场大规模的人力危机。这并非全部是战争部的责任，事实上，美军在欧洲战区超编了 7 万人，其中 3.2 万人属于管理层，富余人员的一部分本来可以重新训练为急需的步枪兵。[3] 实际情况是，美英加军队能通过整合指挥部和勤务单位来获得步兵兵源，重新训练高射炮兵等其他战斗部队的富余人员使其成为步兵，加快补充兵员的输送速度等方式来解决步兵短缺问题。这些措施的效果无法令人完全满意，因为这样获得的大量步兵训练不足而且满腹怨气。英军还因缺乏人手，对作战的策划与执行产生了比解散部队更有害的影响；英军指挥官也十分顾虑如何把伤亡降到最低，因此变得过于谨慎而有时错失机会。

　　尽管盟军地面部队宏观上的需求在大多数方面能够预见到并能满足，在更为具体的战区计划中不能说达到了同样效果。在登陆之前，盟军地面部队架构与他们的作战策划之间，在后勤方面出现了脱节。虽然盟军在编制发展方面十分重视装甲部队和机动性，显示出盟军进行机动作战的决心和准备，但他们却假定把登陆滩头阵地扩大到塞纳河和卢瓦尔河并突入不列塔尼半岛的作战，将会是一场渐进的、可预测的战斗，而且期间敌人将会有序地从一条河流撤到下一条。一旦前进到塞纳河，盟军将会安排一次长约一个月的作战停顿，在这期间盟军将恢复港口运作，延长铁路线和输油管路，更多的补给和机动运输工具将会上岸，以建立一个支持未来进军所必需的前线补给堆集场。随后向德国挺进时预计也将按照类似的可预测的方式进行。本质上盟军的攻势将会重演协约国在 1918 年的行动，而不是德军式的闪电战。盟军的后勤系统实质上是按照线性的匀速推进作战而配置。以美军为例，战区后勤地带应当接收进入战场（诺曼底）的补给；把补给运往合适的堆集场；对补给进行分类和盘点；然后通过不同部门，向集团军的后方边界按照需求向前输送，各集团军再把物资分发给各个师。美军的计划是在登陆后第 41 天，建立可供 14 天作战的除弹药以外所有类型补给的储备，弹药则达到 5 个火力单元的数量。[4] 到登陆后第 90 天，补给储备将达到大部分物资可供 21 天作战的水平和 5 个火力单元的弹药（当然在这期间，美军在法国的师的数目也将增长，从 15 个上升至 21 个）。为了实现这一水平的储备，补给上岸的速度必须至少高于实际需要的 50%。就是说，如果一个师起初每天大约需要 800 吨物资的话，那么每天运到欧洲战场的补给就要提高到1200吨——这一数字不包括空中部队的需求、煤炭等民用物资、预先装船的装备、修复铁路和桥梁与铺设管线所用材料，以及其他日常用品。这意味在登陆后41天内每天要运送2.65万吨物资上岸。这一数字到登陆后第90天将上升至大约每天4.5万吨。[5]

诺曼底作战并未按照预期的发展。到7月底时盟军只部分抵达了本应在登陆后第17天到达的阶段线。到登陆后第50天不列塔尼半岛上的港口还没被夺取。然而，"眼镜蛇"行动之后的横扫作战进军速度之快，使得盟军在不到一个月内，从希望能在登陆后第20天抵达的战线（塞吕讷河以南）向东挺进到了登陆后第90天才会抵达的地方（塞纳河与卢瓦尔河）。当作战指挥官抓住天赐良机之时，后勤人员却面临不断加重的压力，只得调整计划和行动来应对新情况。而当盟军不经停顿越过塞纳河继续进攻时，后勤人员逐渐无法满足实际的需要。

系统性的缺陷

盟军包括弹药在内的大多数物资出现短缺问题，并不是由于英国陆军部和美国战争部缺乏远见，甚至也不是需求过大导致的，相反困难集中在缺乏向欧洲大陆输送物资然后向各个集团军下发的足够运力。[6]部分原因是盟军控制的港口吞吐能力有限（这一问题在6月的"大风暴"阶段因为滩头多日无法使用而变得严重）。在较大程度上，盟军物资短缺问题源于在8月至9月间，攻势行动出现了意料之外而毫无准备的快速进展。盟军的行动节奏迟早都会令后勤体系负担过重。由于美军在后勤管理组织上的缺陷，美军迟早都会出现物资短缺问题，而且对于美军产生更为强烈的影响。在登陆之前的18个月内，美军内部曾有过错综复杂的管辖权之争，主要是关于谁和哪个机构应当指挥、控制或协调美军某个方面的后勤工作。不管约翰·C. H. 李中将作为后勤主官是如何失职（他抱着一种和平时期军需官的心态，缺乏积极进取的精神和主动性，也不愿因陋就简），他的确是个难以对付的，工于心计的官僚主义者。即便艾森豪威尔在登陆当天亲自下令，也没法明确地解决任何问题。因此美军走上战场时，他们的指挥和补给系统往好了说是混乱，刻薄点说则是完全乱七八糟。这个系统里存在多个指挥部（盟军最高统帅部、欧洲战区、第1集团军及之后的第12集团军群、战区后勤地带及其不明确的下属机构如前线区、前区和基地区），而且他们常常在互相争斗上面耗费大量时间与精力。[7]

这个体系看不出能对野战部队的需求给予机构性的响应。战区后勤地带独立于作战指挥链。李中将也只对艾森豪威尔负责。不管是盟军最高统帅部总参谋长史密斯，还是布莱德利，更不用说各集团军指挥官，都无法向战区后勤地带及其各部门下令；他们只能提出请求。这对他们的权威造成了消极影响，也动摇了他们制定计划的信心。考虑到李在华盛顿拥有强力靠山（包括马歇尔本人），即便是在他失职的时候，艾森豪威尔也从来没有足够的把握将其解职，甚至没法把一套更合理的制度强加给他。作为明显对比的是，英军的后勤系统更为简单直截了当，在这个系统里集团军群的后勤主官是作战指挥官的直接下属，从这以下的指挥链各个层级也复制了这一工作安排。

战区后勤地带加上它的一堆相互扯皮的下级指挥官组成了一台复杂的机器，其原先设立的意图是要及时并物尽其用地提供补给。在实际运作中，它充斥着官僚作风且没有效率，不能应付战斗中产生的摩擦因素，而且总是无法向作战部队及时提供所需的东西。它缺乏机动作战所需的灵活性、适应性和对快速变化的环境的反应能力。同时最大的问题是缺乏预见性，这是提供有效的后勤支援的前提。例如，美军在入冬很久后才获得合适的服装，因为战区后勤地带缺乏主动提前解决问题的精神。[8]

美军后勤系统的物资输送工作僵化到了脱离实际需要的程度。由此导致了预先安排的在整个6月、7月和8月期间发往法国的补给，同时出现了短缺和库存失调现象。为了消除这一后果，就要采取选择性的卸载以满足当前的优先需求。这导致了运输停滞和周转时间上升，意味着在任何时刻，都有相当大部分的战场物资被堵在输送过程中。例如7月份为了弥补短缺，运送弹药成为优先工作，这导致其他补给的输送效率下降，如备用坦克和军需与工程库存。为了对这一僵化的体系进行一定程度地修正，美军实行了特别的快速运送服务，有时利用空运来满足意外的需求。[9]而这些货物落地之后的处置又是另外一个问题。由于每一种物资都在争夺码头、海滩及其附近的有限空间，负责处理这些物资的人员有时会不知所措。任何能被找到的空地上都堆满了物资，而库存记录很少保留。由于缺乏合适的盘点和控制制度，军需官无法了解仓库的情况，于是为了方便就会提出新的需求而不是去仓库寻找所需的物资。由于对于仓库还剩多少物资，甚至是对于仓库里还有什么东西模糊不清导致了巨大的浪费；未经分类、记录和定位的后勤物资可能压根就没被送出去。战区后勤地带也没有与作战参谋保持密切联络获取信息来预估需求，它只是被动地响应需求。整个死板的体系对于迫切的需要缺乏敏感性，而当部队因为未得到满足而重新提交请求时（通常需要好几次）就出现了混乱；加上在实际操作过程中用"填充"吨位，也就是一些不需要的东西，来代替所需的物资（供应方和运送方都只关心达到的数量目标，而不管运送的东西需不需要），这一问题变得更加严重。而由于工作匆忙引起的浪费则很常见。例如到10月中旬时，运往欧洲战场美国军队的，急需用于从散装油库和油管管头向前方转运燃料的简易油桶，被丢弃、遗失或盗窃了350万个，很大程度上加重了美军的燃料危机。而未知但绝对数目庞大的油料以及其他有价值物资，则丢失在复活后又陷入混乱的法国铁路系统中（既有单节车厢也有整列火车），或者进入了黑市的无底洞之中。

美军野战部队为自己随意、非正式的补给方式自豪。行政工作一般被视为迂腐的、容易造成延误并干扰到作战。他们对于记录或授权工作的轻视，造成了后勤系统越来越无序，并产生严重浪费。当作战部队向前挺进并移交他们的后方补给堆集场时，战区后勤地带人员常常接手的是一大堆乱七八糟的东西；物资到处乱放，很少或者根本没有文字记录。而美军通过贿赂、以物易物和公然盗窃的方式，"夜间征用"、囤积、过度征用物资和侵占其他部队补给，在导致后勤系统瓦解时，也犯下了最终损害自身的短视主义。尤其是作战部队指挥官习惯于让后勤考量服从于作战野心，早晚会让战区后勤地带不堪重负。部分原因是后勤系统收到的请求不合常理，还有部分原因是后勤体系本身在架构和指挥方面存在缺陷，而且诺曼底战斗的关键时刻提早到来。尽管存在系统性的缺陷，美军的后勤机器仍设法在一段时间内维持运作，并实现了令人瞩目但逐渐下降的效率，不过他们的工作不算完美而且危机不断。这个成绩来自于一些高级军官和许多中、下级军官的决心、独创性和主动性，他们决心即使在困难环境中也要设法为战斗部队提供支持。

运作中的后勤体系：越来越多的问题与过失

运往战场：运送和卸载物资

美军后勤人员估计，为了在进攻中发挥全部实力，作战部队每个师每天需要获得大约 650 吨物资，而第 9 航空队每天则需要另外 4000 到 5000 吨。[10] 到 9 月初时，除了诺曼底之外，后勤计划人员还在期待能利用 "桑葚港" A（实际上在登陆第三天就毁于一场风暴）、瑟堡和不列塔尼半岛上的港口，主要是布雷斯特、洛里昂和基伯龙湾。上述这些地方每天大约能卸载 4.6 万吨物资，其中包含预计能从海滩和瑟堡接收的 2.5 万吨。在向英军提供其中一部分之后，经过计算余下的应该足以维持 21 个师，并为持续的进攻进行储备和支持空中部队行动。经过进一步计算，这些卸载能力在 9 月初（登陆后第 90 天）之前还能支持计划中的储备工作，但是余量十分有限，而且条件还是各港口差不多能如期拿下（包括在 7 月 1 日攻占圣马洛，在 7 月 16 日攻占基伯龙湾和在 7 月 26 日攻占洛里昂与布雷斯特）。然而到了 9 月底，美军后勤部门预计卸载能力将会低于需求，并在之后几个月内出现严重短缺。不列塔尼的港口对于 "霸王" 行动的成功的影响是显而易见的，因为进入秋季后海滩上的卸载工作将受到限制，这些港口将负担起大部分后勤工作，而布雷斯特将成为增援部队进入欧洲的入口，单单基伯龙湾一天就可以卸载 1 万吨物资。[11] 所以毫不奇怪艾森豪威尔在 7 月底致信蒙哥马利时会这样说："我们必须拿下不列塔尼半岛。从后勤的观点来看它是不可缺少的。我们不但要攻占不列塔尼，我们还要尽快占领。因此我们必须全力以赴。"[12]

美军的期待没有实现。在 6 月和 7 月，尽管打通了瑟堡港，实际上也只实现了计划中 62% 的卸载能力，限制了库存物资的积累；然而由于美军的挺进速度远低于预期，一开始物资短缺的影响得到消减。在此之后，利用不列塔尼港口作为主要后勤基地的计划被逐渐抛弃。美军在 8 月 18 日和 9 月 19 日先后攻占了圣马洛和布雷斯特，但是两个港口都被完全破坏和堵塞，都无法使用。至于基伯龙湾和洛里昂的港口则一直没被打通过（后者一直没被占领，而前者虽然在 7 月 16 日落入美军手里，但是可以利用火炮控制基伯龙湾入口的贝尔岛一直在德军手里）。因此，到 9 月底时在不列塔尼把 2 万吨（在 11 月初达到 3 万吨）物资送上岸的计划没有实现；从较小的、吞吐能力差的港口卸载的 4640 吨物资不足以补充损失，使得在 10 月初时通过各种渠道进入欧洲大陆的物资每天总共只有 2.6 万吨。对于后勤人员来说，他们的计划受到更大的影响，因为圣马洛、布雷斯特、洛里昂和基伯龙湾都是深水港口和锚地，而开放更多吃水浅的港口毫无意义，因为所有的沿海货船已投入使用。港口状况直接导致了影响 10 月份作战的弹药危机。[13] 加拿大军队在 8 月 30 日占领了鲁昂，在 9 月 12 日占领了勒阿弗尔（一个深水港），盟军最高统帅部立即把这两座港口分配给了第 12 集团军群。然而与瑟堡、圣马洛和布雷斯特一样，这两座港口也经过了彻底的爆破。它们在 10 月之前都无法投入使用，而在 10 月间它们卸载了接近 9 万吨物资；两座港口在 11 月之前都没有发挥重要作用，之后它们在 11 月处理了接近 29.3 万吨货物。因此在 10 月初，由于不利天气干扰或阻断了海滩上的卸载作业，运送补给上岸的前景十分黯淡。10 月份盟军在欧洲大陆卸载的物资平均每天只有 2.5 万吨，作为对照此前估计的最低需求是 3.85 万吨而计划中的需求则是 4.975 万吨。[14] 这一数目远远满足不了部队的需要，而且由于卸载太慢无法在下一艘船只抵达前及时卸完。到了 9 月初，已经有超过 100 艘吃水深的"自由轮"在排队等待卸载。在卸载之前，它们充当了浮动仓库，等于占用了后勤体系浪费不起的运输空间；唯一能代替原地空等的方案就是不得不进入不列塔尼的港口，在有沿岸货船可用时用十分费时的方式把物资转运到这些船上面。

在计算港口的卸货率时还有另外一个复杂因素，补给不但要上岸还要运出港口。直到勒阿弗尔港在秋季开放之前，瑟堡是美军唯一的主要港口，但通往此地的道路和铁路都十分有限（而且其他大多数较小的港口也有同样的缺陷）。在码头把补给堆积如山比没有送达更为糟糕，因为这导致了码头空间进一步收缩，更不用说产生了那些没有经过登记并因此实际上不可用的库存。另外，由于需要越来越多的卡车把物资运往部队，原本用于码头转运的卡车被调走，进一步压缩了码头的吞吐能力。

英军和加军所需的物资与美军成正比，总共 14 个师每天需要 9100 吨。最初他们缺少类似瑟堡的大型港口，但是他们把自己拥有的港口运转得很好。到 8 月份时，他们管理的海滩和人工港每天的卸货量约为 1.6 万吨；这足以建立可供 14 天使用的储备加上 14 天的活动余量，或同等的由后方维护区持有的各种物品的库存。然而，计划中的向北突击让英加军队离开位于诺曼底的后方维护区太远，而且没有在塞纳河上架桥也让补给流转变得复杂和缓慢。8 月 30 日英军做出了一个重大决定，即依靠尽早占领和开放至少一个英吉利海峡沿岸港口来解决后勤问题，同时把运往诺曼底的物资和车辆减少到每天 7000 吨。加拿大第 1 集团军在诺曼底作战之后的第一个任务就是，占领海峡沿岸港口来支援第 21 集团军群，而这里的守军实际上是德军第 15 集团军的一部分。不过他们最终的目标是安特卫普港，它将满足盟军未来的所有需求。

正如美国人在瑟堡港遇到的一样，迅速占领一个港口不一定意味着能迅速将其投入使用。但是在迪耶普这两点都实现了，这座港口从 9 月 7 日就开始接收船只，并迅速达到了每天 6000 到 7000 吨的卸载量。迪耶普投入运作以及布洛涅即将解放，使得依赖塞纳河以北的港口输入足够补给来满足第 21 集团军群需求的决定看起来具有合理性。两座港口都十分靠近英军的主攻地点，而且由于在塞纳河以北，向北的铁路连接线在盟军的空中遮断作战中很少受到损毁；它们还和比利时的铁路系统相连，而后者同样完好无损。不过，布洛涅守军直到 9 月 22 日才投降，而开放港口则还要另外 3 周时间。即便如此，每天也只能从沿海货船上卸下 2200 吨物资。直到两个更大的深水码头开放之前，都没法接收大量的货物，而从 11 月开始每天就能卸载可观的 1.1 万吨物资。到 9 月底时，奥斯坦德港码头只能卸载 1000 吨物资（尽管它也是散装油料的入口），而在加莱只有登陆艇和人员能够上岸。[15] 在"市场花园"作战期间，第 21 集团军群依然依靠卡车从诺曼底的后方维护区获得物资，虽然比重正在减少；进入秋季作战时，第 21 集团军群的两个集团军都没有足够的补给满足所有需求，更别提用来处理排队等待维修或替换的故障装备所需的库存和其他物品。

由于美军面临的问题更具挑战性，美军港口的状态持续了更长时间。在盟军中，美军的规模本来就大于其他国家而且还将继续扩大；在 9、10 月份，美军将有 6 个师踏上欧洲大陆（由于布雷斯特港还无法使用，所有这些部队只能利用卸载设施上岸，而此时物资卸载只能暂停）。美军使用的海滩在秋季风暴中更加暴露，而他们的"桑葚"人工港早已损坏，因此对于用港口来填补吞吐能力的需求越发迫切。到 9 月初时，从他们唯一的大型港口瑟堡延伸出的补给线的长度是英军的两倍；如果能有另外一个靠近前线的港口投入使用，就可以节约大量的机动运输工具（这也是主张利用勒阿弗尔港而不是占领不列塔尼半岛南部港口的根据之一，因为前者每卸载 5000 吨货物就能节省相当于 70 个卡车连的运力）。[16] 另外马赛港预计将成为第 3 集团军的另外一个补给入口，尽管此地直到 11 月之前在维持第 6 集团军群之余都没有富余。但是美军对于安特卫普的需求丝毫不亚于英军。安特卫普在 9 月 4 日被基本完好无损地解放后，起初每天的卸载量是 4 万吨（巧合的是，这正是后勤人员估计的盟军在 9 月初时每天的需求），而美军和英军将按 1.3 ∶ 1 的比例进行分享；安特卫普港同样拥有巨大的散装油料储存能力、优良的通关设施，大量通往内陆的公路、铁路和运河，以及良好的内陆交通条件。此外从安特卫普前往前线的距离要比瑟堡短得多，更不用说比起布雷斯特。[17] 这就是为什么在英军攻占安特卫普当天，盟军海军总司令海军上将拉姆齐提醒艾森豪威尔和蒙哥马利："如果安特卫普和鹿特丹想要迅速开放，就很有必要阻止敌军毁坏和堵塞港口，在斯海尔德河以及从鹿特丹到角港之间的新水道进行堵塞和布雷；安特卫普和鹿特丹都很容易被布雷和堵塞所影响……；在打通通往内河航道的进港航道之前必须占领沿岸的炮兵阵地。"[18]

在战区内运送：日益严峻的地面运输问题

在"眼镜蛇"行动之前，盟军的滩头阵地十分之小，所以运送油料以及及时提供补给对于当时的运输能力来说不成问题（前提是物资充足，而在 7 月份弹药方面出现了短缺）。[19] 由于此前作战节奏一直很慢，盟军最高统帅部没有想到战场会出现突然而戏剧性的变化。它估计开放不列塔尼港口，修复毁于空中遮断作战的铁路和桥梁，铺设输油管线，扩充公路运输工具（包括为建设通讯线路而准备的重型运输车辆）将会确保各部队的补给不受影响。现实并非如此。从 8 月初到 9 月初，地面部队从计划在登陆后第 20 天到达的战线前进到了计划中大约将在第 240 天到达的地方，其间的距离从 550 公里到 650 公里（340 到 400 英里）不等。当战地指挥官们感到高兴时，后勤人员却被吓坏了。

盟军一直打算由铁路负责大多数长途运输：单列火车就可以运载 1000 吨的货物，相当于 400 辆两吨半卡车，或者 8 到 9 个卡车连的运输能力。盟军的目标是在后方基地和后方维护区到每个集团军后方边界之间，都至少有一条双轨铁路线。这意味着各集团军从战区的前进堆集所获得补给后，只需要经过路程有限的运输，这样他们的运输负担就被缩小。当然，在诺曼底作战的头两个月，盟军的桥头堡十分狭小，因此只有瑟堡调车场的铁路被修复（清理港口是当时的优先任务），之后盟军修复了一条往南通往卡郎唐的铁路，长度 50 公里（30 英里），对于铁路运输来说这一距离几乎没有经济性。当第 3 集团军在"眼镜蛇"行动之后大举进军时，战区后勤地带的工程兵不得不放弃之前精心制定的修复通往不列塔尼的路线的计划，转而把拓展往东的道路作为主要任务。原先派往战场的 5 个一般勤务工程兵团得到了另外 4 个团的加强；到 8 月底时，超过 1.8 万人（包括战俘）正在努力修复铁路线路。他们取得了令人惊叹的成就，修复了圣洛的铁路编组场（此地被盟军毁坏得如此彻底，以至于他们需要从法国国营铁路公司获得图纸，来弄清每条线路的去向），并且之后在 8 月 17 日位于勒芒的编组场得到了修复。到 8 月 27 日，一条单线铁路已经被向前修筑到了沙特尔；到 8 月 30 日，尽管之前盟军的空中遮断作战造成了相当大的破坏，盟军修复的铁路已经抵达了巴黎以西。但是在那个时候，美军已经往前又前进了大约 400 公里（250 英里）。由于缺乏塞纳河上面的桥梁，以及巴黎的瓶颈都减缓了铁路修复进程。在巴黎以东，盟军开始修复那些轻微受损的铁路线，并在 9 月中旬抵达了列日和凡尔登。不过铁路运力受到了几个方面的限制。在巴黎受损的铁路编组场和塞纳河上面的桥梁得到彻底修复之前，补给需要用卡车从位于沙特尔和德勒的铁路终点运往巴黎的另外一边，在那里再重新装上火车。在一段时间内，盟军控制的铁路系统的一部分还是单线铁路。铁路运输的可靠性还受限于几个因素：一些暂时性的紧急维修，经过四年的占领和空袭，剩下的火车头数量稀少而且状况堪忧（最终需要通过提升瑟堡港吞吐能力来弥补）；缺乏可用的基础设施（例如，通信和信号设施）；而且成立一支高效的搬运人员队伍还需要时间。

而英军后勤状况，部分由于地理原因可能会稍微轻松点。到 9 月 1 日，他们已经打通了一条远至阿尔让唐的单线铁路，不过由于铁路侧线和装载点的卸货能力有限，以及车头短缺，运行这条铁路仍不轻松。大约一到两天之后，英军发现了一条几乎完好无损的，从博韦直通布鲁塞尔的铁路，不过这条 280 公里（175 英里）长的线路在亚眠以北有一段长约 65 公里（40 英里）的单线延伸段。而连接位于诺曼底的后方维护区与博韦的铁路，还要等到 9 月 22 日在勒马诺尔的塞纳河上架起一座单线铁路桥后才能通车，到了 9 月底，后方维护区与布鲁塞尔之间就有了持续的联系。甚至早在这之前，在 9 月 6 日——前一天第一艘沿海货船在港口卸货——迪耶普就已经和主要补给线联通，而且最高每天有 2800 吨物资被运往了布鲁塞尔地区。到 10 月 6 日，铁路末端已经前进至埃因霍芬。从 9 月 29 日迪耶普开始铁路轮渡货运后，火车头、机车及车厢缺乏的问题才得到解决；到 10 月 7 日，盟军最高统帅部已经能够满足英军两个集团军 80% 的需求。在此之前，瑟堡一直是英军补给上岸的唯一入口，而且铁路在塞纳河中断也限制了补给往河流北面运输。和美军相似的是，英军后勤系统缺乏运作效率同样也是个限制因素，而且在9月底之前英军的后勤保障一直不够可靠。

尽管工程兵和铁路员工努力工作，铁路运输仍然受到太多问题的干扰，无法在9月初关键的数周内为部队提供重要支持。即便到了9月中旬，它的运载量也才开始达到后勤理论家之前想要达到的目标——每天向巴黎输送6000到7000吨物资，然后从巴黎向东送达部队后方区域5000到6000吨。另外，运力本已紧缺的美军还有义务每天为巴黎人民运送1500吨食物和煤炭，还要迁移工程仓库用来修复桥梁和铁路并铺设管线。直到11月份，铁路系统才能够运输前线部队所需的一半以上物资。

从7月份开始，大多数运往欧洲的燃料是由油轮运输，不过到了8月中期，英国在北海为盟军铺设的海底输油管路PLUTO开始把油输送到瑟堡。只要桥头堡的面积不大，把油料装入简易油桶然后送往各部队，用车辆向各个单位供油还不成问题。实际上，此时盟军的燃油储备增长到了令人心安的水平。到了8月中旬，"眼镜蛇"行动实现的突破改变了一切。从仓库到美军前锋部队的距离不断拉大，意味着向前线部队提供油料需要用更多的卡车，多花一倍时间来运输——就在种种迹象表明油料需求成指数级增长的时候。这时候就需要以更经济的方式向前方输送油料了：尽可能远地利用管道来输送散装油料。盟军动用了三个一般勤务工程兵团和其他人员（接近9000人，其中包括战俘）去铺设一条三管道管线（两条用于传输油料，一条用于航空燃料）。到了8月底，这条管道已经抵达了阿朗松，而在接下来两周内，另一条单管的管道向前越过了沙特尔，离塞纳河只有不到30公里（18英里）远。而在这一阶段，管道铺设工作突然减慢了，因为战区后勤地带终止了为期10天的短暂的管道铺设工作优先期，在这10天内铁路及卡车部队都优先用于运输管道材料，现在为了满足部队的眼前需求只能放弃牺牲长远利益。盟军决定集中力量铺设一条较短的从勒阿弗尔到安特卫普的管道（在这项工作中，将从勒阿弗尔到鲁昂铺设完全的本地管线，尽管从安特卫普到马斯特里赫特已有一条管道，但那条管道要到12月才能建成）。从瑟堡起始的管道直到10月6日才铺设到巴黎东南部郊区。

英军的管道建设工作也严重滞后，在9月份才到达鲁昂东北方向30公里（18

英里）的地方。10 月中旬，布洛涅附近才有了一个海底输油管道的端口，但是受恶劣天气影响，这里直到 10 月 27 日才开始供油。同一月份，另外一条管道在奥斯坦德和根特之间建成，不过到 12 月之后，从安特卫普到埃因霍芬之间才有另外一条管道投入使用。英军在布洛涅和奥斯坦德建立并在安特卫普接管了大量的散装油料设施，用于支援塞纳河以北的作战，不过作战部队还是需要装在容器里的燃料。与美军相似的是，英军也开始愈发缺乏简易油桶。而且运油车辆的周转时间也在变长，这两者成了作战的制约因素。

尽管输油管道降低了对于机动运输车辆的需求（当然，除了用于铺设管道的卡车之外），它的表现并非尽善尽美。很多管道是由训练不足的部队铺设完成的，导致工艺很差。另外大多数管道铺设在硬化道路两侧，由于交通事故导致的管道泄漏和破损事件经常发生，直到工程兵学会把管道铺设在路旁树篱的另一边时，这种现象才开始减少。另外还有人凿穿管道偷油拿去黑市出售。泵站之间总是缺乏顺畅的联络来控制使用和报告故障，油罐区之间更甚。在冬季之前，现实总是无法跟上把管道修到集团军堆集场的愿望。所有这些问题都干扰到了油料供应，导致运输部队的转运时间变长，而且在追击作战的关键阶段加剧了燃油短缺问题。

在诺曼底登陆之前，盟军最高统帅部拒绝向战区后勤地带提供其所请求的 240 个卡车连（每连平均有 45 到 50 辆卡车），而且只给了 160 个卡车连的舱位，并认为不会造成意外的风险。由于滩头阵地有限以及要优先运送其他物资上岸，实际上到突破诺曼底时，盟军在法国的卡车连只有 94 个。此外运输部队的重型和轻型卡车之间的比例应为 2 : 1（即 6、10、12 吨卡车与 2.5 吨卡车之间的比例），但是由于美国陆军部没有提供足够卡车，这一比例实际为 1 : 2.5。如果盟军作战行动能大体按计划发展，这并不是个大问题。铁路和输油管道将把大量散装补给从诺曼底基地区域运到前沿地段的铁路终点，而汽车将会把补给运送到不到 250 公里（155 英里）之外的部队后方区域。但是 8 月突如其来的胜利令这一盘算失去了合理性。运输计划没有增加运输里程和周转时间来配合离得越来越远的机动作战部队。在向英国人借了 300 到 360 辆卡车救急一个月后，美军把追击作战的前三个星期对付了过去。但是盟军最高统帅部决定让主力部队跨过塞纳河继续前进，不等在诺曼底区域和前线部队之间建立中间补给堆集场，同时以各种临时手段获得足够的运输工具来满足快速增长的需求。

战区后勤地带实施了"红球快递"行动，这是一种一天运行 24 小时的单向公路运输，拥有独自的快速车道。"红球快递"从 8 月 25 日开始运行，最初的线路是从圣洛途经阿朗松到达沙特尔并经马耶讷返回的公路。一开始的行动动用了 118个卡车连，但是在得到增援后，这一数目在 29 日迅速达到 132 个。到 9 月 5 日（原先预计的行动结束日期），他们已经向位于德勒—沙特尔—拉卢普服务区的堆集场运送了 8.9 万吨物资。平均下来，在这 12 天里他们每天的运送量为 7400 吨。同一时期，70 列火车运送了 3 万多吨物资到沙特尔，到 9 月初平均一天的运送量是5000 吨。这些物资理论上足够美军参与追击的 16 个师的眼下需求，包括空中部队的需求，以及用于修复铁路与铺设管道的材料，但是不足以创建任何中间堆集场或建立储备。在实际情况中，物资抵达情况无法预计，而且更糟的是送到的补给常常不包括最为紧缺的物品，令作战部队严重短缺最急需的物资。而且到了 9 月 5日，集团军直属的运输部队要跑很远的路才能把补给从堆集场运到各个师；例如，第 1 集团军需要用卡车在沙特尔以西装上补给，跑上 480 公里（300 英里）一路直奔列日。由于这个原因，前线部队发现他们的临时卡车连里满是来自防空部队、中型和重型火炮部队、工程兵部队以及其他单位的车辆。他们还需要战区后勤地带的车队把物资运到塞纳河以西。即便是各个师也不得不派出自己的卡车去搜寻补给；例如，第 1 步兵师的卡车就这样跑上了两个来回，每趟都有 1120 公里（695英里）。

战区后勤地带已经不给"红球快递"行动设立明确的期限，而来回路程也变得更长。到了 9 月 20 日，出发的线路已经是从圣洛途经凡尔赛，然后绕过巴黎到达苏瓦松【仍然离列日有 300 公里（185 英里）】向第 1 集团军提供支援。这条线路在凡尔赛有条分支途经默伦前往索姆苏【在梅斯以西 200 公里（125 英里），离南锡有 160 公里（100 英里）】支援第 3 集团军。每个往返路程都接近 1600 公里（990英里），意味着转运一趟需要 5 天时间。[20] 由于运输资源不堪重负，战区后勤地带不得不通知两个集团军，他们在可见的未来每天只能收到 3500 吨补给。但是即便这个数量——只够 5 个师之用，如果敌军抵抗轻微可够 7 个师使用——最后也无法实现。到了 9 月中旬，战区后勤地带只输送了大约 4.5 万吨物资，还不到本来就不够的目标的三分之二。[21] 巧合的是，李选择在 9 月的头两个星期，即运输工具最为短缺的时候，把他拥有 2.9 万人之众的指挥部从条件简陋的诺曼底转移 450 公里

（280 英里）搬进巴黎的 167 家奢华旅馆。

由于铁路系统的恢复，美军的后勤状况在 9 月下半月开始好转。9 月 7 日，少部分补给开始从巴黎以东向前线流动，在月底达到了每天 5000 到 6000 吨。当足够每天为每个集团军提供 2000 吨物资时，美军决定"红球快递"终止于巴黎以东，在这里所有货物将由轨道车辆转运。这样可以在节省运输车辆的同时又不影响到作战部队。总的算来，"红球快递"之后又进行了 72 天，直到 11 月 16 日才结束。而且从 10 月 6 日开始，"白球快递"也补充了进来，这是从新开放的勒阿弗尔港前往兰斯的路程较短的货物运输。不过在美军补给需求到达顶峰时，即德军抵抗开始变得强硬而美军再也无法通过追击轻易获得战果时，正是"红球快递"最为混乱最难以为继之时。

为了向"红球快递"（以及之后的"红狮快递"）提供足够数目的卡车，战区后勤地带把基地地区、港口和海滩的清理工作减少了 50%，因此需要排队等待卸货的货船变多而且堵在路上的物资也在增加。这同样导致了人们越来越搞不清在哪个地方能找到什么物资，因为诺曼底战区后勤地带为了给码头腾出空间就把物资堆在任何能找到的空地上。而战区后勤地带及各集团军通过从其他兵种和作战部队（例如，维护单位、工兵架桥部队和军属火炮部队），以及三个固定步兵师处搜刮车辆来组建临时运输连。当 9 月中旬德军抵抗变得强硬导致美军放慢追击步伐时，这些部队就变得很重要。尽管后勤地带尽力去获得更多卡车，卡车总的数目还是因为事故、损耗和缺乏维护而下降；到 9 月第一周时，只有 115 个卡车连还在工作，几乎比一周之前少了 15%。尽管如此，"红球快递"这一临时建立的体系，仍以"恰好准时"送到的方式高效地保证了美军向前推进，但是效果不佳。补给的送达时间无法预测，使得即便制定短期作战计划也有点风险，而且它们常常不足以满足需求。美军的两个集团军，尤其是第 3 集团军，只能用打劫向其他部队输送物资的车队这种短视行为来解决自己的补给问题，甚至把后勤地带卡车返程的燃料也给弄走；后勤地带因此自然不愿意再往第 3 集团军的战区后方派出车辆。另外，"快递"这种方式也变得越来越不经济，消耗了大量的燃料——每天达 30 万加仑（815 吨），与第 3 集团军在 8 月底每日需求的三分之二相当。另外"红球快递"本身对于人员及车辆的需求，也越来越难以满足和持续。

后勤地带为盟军的胜利付出了巨大代价，最终野战部队也没能幸免。车辆缺乏维护造成了恶果，它们因严重超载而损毁，同时缺乏备件、轮胎和工具；疲劳驾驶也导致了事故率大幅上升（而且不清楚驾驶员为了能够休息而搞了多少小破坏，以及偷窃了多少受黑市欢迎的货物）。需要大修的车辆从9月中旬的2500台猛增至9月底的5750台。这已经超出了维修部门所能处理的限度，只能把这些车辆当作备件来源。例如，当第9集团军得到5个从"红球快递"任务中解脱的卡车连时，发现只有六成的车辆处于可用状态。"红球快递"依然如之前一样缺乏计划，远远不能令人满意，尤其是在其早期阶段。后勤地带各个部门缺乏与各集团军之间的联系，而即使后者单方面要求后勤车队比原计划更靠前运送也于事无补。车队的装载和卸货时间不是一般地长（11.5到39个小时不等），因为物资堆集场十分分散而且很难在其中找到需要的东西。由于缺乏宪兵值勤和有效的联络，交通指挥也受到影响，导致其他单位侵入了"红球快递"的线路，造成时间和燃料的浪费。有时候，因为路程变长和作战态势的变化，车队找不到集团军的堆集场，只能多走80到150公里（50到90英里）去四处散发货物，或者分散开来在不熟悉的路线上前往各师的补给点。这些问题都明显地延长了车队的周转时间。

第21集团军群的经历与第12集团军群类似，尽管麻烦要少一点。美军的部队比英军更为分散。英军也比他们的盟友更快地修复了铁路线路。英军一开始也十分依赖公路运输，他们原先计划按80到160公里（50到100英里）的间隔建立公路站点，并在其中囤积最高可供5天使用的各类物资，但是部队的前进速度很快令这一计划落空。相反，从后方维护区到达布鲁塞尔的510公里（315英里）距离，比从诺曼底基地到列日或梅斯的还要短很多；随着迪耶普港的开放，这一距离又缩短到了340公里（210英里），进一步减轻了运输问题。在8月期间，第2集团军把其拥有的一般运输连（每个连拥有90到120辆卡车）数目从6个增加到14个，而且还把一个坦克运输连改为货物运输用途。和美军一样，英军也需要更多的运输车辆；相应地，从海滩卸载的物资数量变得有限，第8军的两个步兵师及其炮兵与工程兵单位被迫留在原地，交出自己的运输车辆供第2集团军使用，而且越来越多的坦克运输车也不得不承担运输补给的任务。在攻陷勒阿弗尔之后，第1军也被剥夺了所有卡车以支持加拿大第1集团军的补给工作。到了9月的第一周，不管是英军还是加军都严重缺乏运输工具——尽管已经让大量即将投入作战的部队交出了运输。然而，发动"市场花园"行动的决定将让这一状况更加恶化。

英军从储备中向后勤单位补充了 1820 辆卡车和 154 辆油料罐车，还将按照永久租借的方式获得另外 17 个一般运输连。不幸的是，因为引擎存在缺陷，1400 辆新车被发现无法使用，导致了英军缺乏运输工具，必须依赖美军向"市场花园"行动提供帮助。按照艾森豪威尔的指示，"红狮快递"任务启动，每天从巴约向布鲁塞尔运送 500 吨物资，其中大多数是油料。"红狮快递"从 9 月 16 日开始运作，一直到 10 月 12 日；其运送的大约一半物资用于维持参与"市场花园"行动的两个美国空降师，这一点部分驳斥了美国人宣称的美军的后勤从属于英军的说法。

从 8 月中旬开始，空运已经经常用于填补卡车运输的空白。但是在 8 月 29 日到 9 月 3 日之间，盟军第 1 空降集团军成功地把它的飞机争取了回来（例如，第九空中运输司令部，以及皇家空军第 38 和第 46 大队这些单位）；9 月 3 日之后，第 1 空降集团军指挥官布里尔顿不得不交出半数的部队，但是在 14 日要回了自己的飞机用于"市场花园"行动。在 8 月 20 日到 9 月 16 日之间，空运部队（包括 200 架不符合要求的改装轰炸机）向第 12 集团军群运送了 12.8 万吨物资，而向第 21 集团军群只运输了 7800 吨，以及向巴黎运送了 2650 吨应急补给（最后一项是因为稀缺物资意外耗尽，同时也占用了陆地运输一段时间）。到了 9 月底，部分支援第 1 和第 3 集团军的空运行动恢复，但是只维持到 10 月第一周，当时恶劣天气迫使大部分空运停止。考虑到标准的运输机 C-47 载荷有限（3 吨），空运只不过是治标不治本（除了快速输送某些高价值货物）。正如布莱德利指出的，把空中运输司令部的大部分飞机用于支持第 21 集团军群的空降行动，会跟天气因素一样令这些飞机的可用性无法预测；这些因素不仅降低了空运流量，也影响到空运计划的制定。另外规划不善一直是盟军空运补给的特点。空运请求经常被重复提交，而地面运输经常把货物送到错误的机场，或者从目的地返回时没有装载别的货物。前线机场也是供不应求，同时缺乏足够的机场设施，而且常常被作战单位草率地接管。[22]

后勤不利导致的作战恶果

后勤计划人员没有准备好应对突破诺曼底之后的后续行动，尽管实现突破是此前盟军已经公布过的且多次重申的目标。[23] 他们一贯非常保守，实际上是过于谨慎。他们对于在没有占领不列塔尼半岛港口之前，深度扩大"眼镜蛇"行动的突破成果的可能性表示怀疑，并且预计在登陆后第90天最多只能维持12个师前进至塞纳河。那个时候他们声称，在铁路修复工作取得更多进展之前，如果没有再增加127个卡车连就无法再发起新的进攻。实际上，到登陆后第79天时，在塞纳河边的16个师以及另外在不列塔尼的5个师尚能维持作战；3周之后到9月中旬时，尽管供给越来越不足，在不列塔尼以东320公里（200英里）处还有16个美军师能维持作战。但是不能否认的事实是，与港口、铁路和管道相关的前提条件都没得到满足。后勤人员的成就掩盖了他们早期的悲观情绪。他们用自己的努力与奇思妙想，尤其是"红球快递"，有效但不高效地应对了没有预计到的挑战。不过他们的应对仍有局限。到9月5日，除了"龙骑兵"行动的部队，已经有24个美军师登上了欧洲大陆；到10月1日，这一数字又上升至33个（包括2个空降师），但是后勤系统只能保证其中的20个最远打到莱茵河边，再往东就不用考虑了。另外所有解决补给危机的办法都缺乏远见，导致产生了其他长期持续存在的问题。在9月中期，盟军后勤体系已经无法提供战斗地带每日最低1.3万吨物资需求的八成。[24] 此外，在战场前方地域还需要15万到18万吨补给用于修理或更换物料、修复基础道路，以及积聚储备。如果德军在盟军接近德国边界时不愿意投降（盟军希望他们像在1918年那样投降），盟军各集团军的战斗力会日渐下降。实际上如果西线战斗延长至秋季，这种勉强维持的后勤体系将会崩溃。从长远来看，在登陆之前制定的计划中，对于全天候深水港的吞吐能力，对于发达的铁路网和管道网络，对于在基地地区和各集团军之间设立储备充足的中转堆集场的需求，是没有捷径可以代替的。尽管比他们认为的要迟，后勤计划人员还是正确预言了盟军的后勤问题将会长期持续下去。而战地指挥官因为一厢情愿而无视这点，直到为时已晚。

对于弹药库存的担忧，导致了美军在"眼镜蛇"行动之前实行配给制，但在美军突破诺曼底之后，这一忧虑消失了，取而代之的是燃料供应不足。例如在8月26日和10月5日之间，没有一天第1集团军手里留有的油料可供超过一天使用；在第13天则只有半天或更少，而到了第16天则完全没有了，因为油料在抵达的第一时间就被分发干净。第1和第3集团军都发现燃料短缺严重阻碍了他们在整个9月份的作战行动，在某些日子甚至达到了几乎无法行动的程度。在德军的抵抗越来越顽强时，盟军的燃料危机还减轻了德军所面临的压力。而且一旦从追击阶段转入日益激烈的战斗，弹药短缺，以及因为抽调车辆用于"红球快递"任务导致的中型、重型火炮，以及工程架桥装备不足的问题，都令美军无法投入全部的战斗力。到了9月第二周，第3集团军强调其需求重点已经从燃料转向弹药。第1集团军也在一周之后步其后尘。到10月初，两个集团军不得不重新采用配给制。[25] 而且美军后勤部门在忙于满足燃料和之后的弹药需求时，却忽略了破损装备所需的配件和备件正越来越紧缺，这很大程度上导致了美军战斗力下降。到了9月初，第3装甲师只有三分之一的坦克处于可用状态。随着铁路系统，以及之后管道网络的修复和扩展，美军的供应情况得到改善。后勤地带在9月23日得以将每个集团军的每日配给提高到5000吨（仍然只够7到8个师使用），在9月25日达到5400吨，在10月4日则达到了6500吨。美军的供应目标再一次被证明是过于乐观和短期内无法实现的（第1集团军好于第3集团军），但是到10月中旬，美军的火力情况还是正在变好。对于盟军来说不幸的是，后勤的改善来得太迟，无法帮助他们恢复推进速度。盟军的攻势到了极限，僵局再度降临。直到比后勤地带承诺的时间晚很多的11月7日，第12集团军群才积累了足够的物资用于继续进攻。

　　盟军后勤系统的过失并非全部是后勤人员的责任。战地指挥官坚持制定和执行没有考虑到补给能力和后勤地带的问题的作战计划。比起他们更为关心后勤的英国同僚，霍奇斯和巴顿在将精神集中于作战时，对于考虑后勤因素总是不耐烦；陆军部一位负责解决问题的观察员，将霍奇斯形容为"一个无法容忍补给缺陷的人，没有也不愿意去研究补给问题"。[26] 结果就是，时间、空间和摩擦因素加起来的效应，在9月底之前把美军的高歌猛进拖累成间歇爬行。但是，欠缺考虑的盟军后勤系统难以适应复杂的机动作战，一定程度上导致并加剧了后勤危机。作战部队则完全忽视了自己的责任，把越来越多的困难完全归咎于后勤地带及其指挥官。后勤地带则反驳这是由预料之外的事件导致，如没有按期占领港口，作战部队不负责任的行为，后勤部队缺少人手，以及天气因素——反正都不是自己的原因。实际上，虽然这些理由多少有点道理，但后勤地带本身就是个官僚化的低效率组织，管辖权重叠而且依赖于不可靠的通讯手段；正因如此，它只能支持一场线性的，节奏相对缓慢的消耗战。

限制后勤地带在 9 月份向作战部队提供足够补给的主要因素是缺乏战区内的运输能力，又被本身的系统缺陷放大（其中一些拖到 10 月份才解决）。盟军在欧洲大陆存储了大量所需物资（一些弹药因为本身特殊性是个例外），但是直到 9 月 1 日其中的九成依然还在诺曼底的基地地区。即便到了 10 月底，在盟军控制的铁路系统正快速恢复并向前线转运越来越多的货物时，留在诺曼底的物资仍占了 70%。在 11 月份，位于登陆海滩和瑟堡及其附近地区的库存物资，依然有 6 万吨。考虑到港口吞吐量在夏季末时并不是影响补给的主要瓶颈，放弃利用基伯龙湾的天然港口和其他不列塔尼港口的决定，并不能作为导致 10 月份战场重新陷入僵局的理由。在 1944 年夏季末，把物资送进欧洲大陆并不是个大问题。但是如果要确保整个英美军队在日益严苛的作战条件下依然能够得到充足和持续的补给，同时由于越来越多的盟军部队进入欧洲大陆（在 9 月份单单美军就新增了 8 个师），缺乏深水港迟早会是个问题。实际上，这意味着至少要让安特卫普港投入运行。安特卫普的吞吐能力比诺曼底海滩和所有海峡沿岸港口加起来还多，而且它到亚琛的距离比从瑟堡少了 80%，到梅斯则不到一半。[27] 盟军在 11 月 29 日之前一直未能让安特卫普港开始运作，对于西线作战产生了深远的消极影响。[28]

认为只是因为油料短缺盟军才停止追击的想法是错误的，其他未得到关注的问题和缺陷同样削弱了盟军的战斗力。大量坦克和其他车辆都严重磨损、无法行动或者完全损毁。盟军最高统帅部向陆军部提交了以下损失统计数字：每个月有 700 门迫击炮、375 辆中型和 125 辆轻型坦克、900 辆两吨半卡车、1500 辆吉普车和 100 门各种口径火炮彻底损毁，更不用说每天还要报废 5000 条轮胎；盟军在 8 月和 9 月战损的坦克，分别占到了编制的 25.3% 和 16.5%，而且随着坦克储备耗尽，即便达到了官方要求的 9% 的替换率，也无法维持作战单位的战斗力。由于缺乏维护设施和备件，可以修复的装备也被忽视，因此在 11 月份，损坏的车辆达到 1.5 万辆。盟军没有修筑前进机场，因此空中部队没有向前部署。即便弹药数量充足时，作战部队的需求也无法及时得到满足。在 9 月期间，各集团军越来越难以维持。这使得向前挺进的计划，甚至是平常的演习都变得难以落实，导致进攻行动断断续续。德军因此得以把遭受重创的部队和单位，以及来自后方和其他前线的生力军集结起来并重组。虽然比起 7 月份时的那支德军，他们在规模、质量和训练及装备水平上都不是那么出色。但是由于占据有利地形，他们仍然可以拖延已经变弱的盟军，而后者的指挥官仍被越来越没有理由的乐观主义所蒙蔽，并在指挥作战时犯下越来越多的错误。

在 9 月底，盟军最高统帅部和后勤地带迟来地意识到了作战计划中的问题。他们计算出在 10 月上半月，假如投入作战的部队是 22 个师的话，第 12 集团军群和空中部队必需的补给将会达到每天 1.88 万吨。到 11 月 1 日，这一数字将达到每天 2.27 万吨，那时候已有 28 个师。第 12 集团军群请求在日常需求之上每天再多获得 1 万吨物资，用于弥补缺陷和建立最低储备。然而，后勤地带送达前线地区的物资在 9 月份每天只有 8000 到 1 万吨，到了 10 月甚至无法提供必要的最低数量。直到过了整整两个月，港口和运输条件才改善到不仅能够满足日常需求，还可以在前进堆集场建立所需的储备。另外这个本该在 11 月中旬实现的目标，只有在铁路修复工作按时进行，而且安特卫普港开始消除港口卸载瓶颈之后才得以实现。因此，在冬季之前恢复 8 月份的冲击势头，并给予德军致命一击的可能性不复存在。

秋季的作战暂停导致了美军两个集团军之间产生了很多敌意并互相指责，而他们与后勤地带之间的不合更多，但第 12 集团军群总部却没有去积极平息。而后勤紧缩同样在不小程度上让英美军队之间产生嫌隙，艾森豪威尔遭到的诋毁只是其中的副产品。美军知道他们需要什么，而且武断地认为他们所需的东西就在后勤系统里的某个地方。而当这些物资不存在时，他们就指责某人独自霸占了补给，指责后勤地带没有效率，指责高层把运输工具和油料给了英国人。因此霍奇斯的一位上校参谋声称他的集团军"在穿越法国时因为缺乏汽油而陷于严重瘫痪……汽油给了英国人以便他们能够占领海峡沿岸的港口，占领 V-1 火箭发射场，并使他们能够更快进入安特卫普"。类似的有，巴顿的一位军官写道："现在的情况是种种迹象表明第 3 集团军的汽油被有意扣留……布莱德利告诉巴顿'蒙哥马利赢了'。他说服了艾森豪威尔把主攻方向……放在德军防守严密有序的北面战场，而不是布莱德利主张的薄弱混乱的南面"。巴顿在 8 月 30 日的日记里附和了这一观点："英国人又一次得逞了，我们得不到汽油因为要满足蒙蒂的要求，第 1 集团军需要拿走大部分。"[29]

后勤实际情况与结论

历史的实际走向证明了艾森豪威尔支持全线推进的决定是错误的。北部和中央集团军群的每个集团军都在到达指定的地面目标前接近了进攻顶点，而德军则获得天赐良机，拥有了足够的喘息空间，并在其后的作战暂停中恢复实力站稳脚跟。战役与战术上的失利毫无疑问导致了这一令人失望的结局，但盟军的失败主要来自于它的后勤系统无法应付作战需要，尤其是美军这一部分。补给上的困难使得相当大的，而且还在增加的一部分美军无法发挥最大的战斗力；到了 10 月 1 日，第 12 集团军群只能支持 31 个师中的 12 个最远进抵莱茵河，不过数周之前，补给的缺乏和低效已经成为作战的阻碍因素。同样关键的是，补给困难导致的不确定性令作战计划变得复杂和易变。另外，由于长时间内试图以很少的供给完成过多的任务，盟军又放大了自己的问题而且需要经过缓慢进程才能恢复。由于忽视对执行和维持作战所需的车辆和设备进行维护，获得并向前运送必要的配件、库存和备件，建立中间仓库甚至是最低库存，由此产生的问题需要花上几个月时间才能解决。这引出了一个问题，对于第 12 集团军群来说，比起让两个集团军同时推进，让他们先后发起猛烈突击是否在后勤上更为可行？

假如第 3 集团军在 8 月底停在默兹河边（但是仍控制着桥头堡）并在一段时间内处于守势，那么会有多少运输能力能够释放出来，支持计划中的阿登以北的主攻方向？假设第 12 和第 20 军总共有 6 个师留下来进行被动防守，假设德军无法对他们造成严重威胁，那么油料和弹药需求会少于一般防御所需要的数量。在这种情况下，两个军平均每天每个师将只需要 250 吨物资，总共 1500 吨物资。理论上来说，美军两个集团军每天各自会分得 3500 吨补给，因此理论上霍奇斯将得到额外 2000 吨物资。然而实际上，后勤地带在 9 月上半月平均每天只向巴顿提供了 2500 吨物资，向霍奇斯提供了 3300 吨物资，所以第 1 集团军实际所得只有理论上的一半。通过空运每天大约增加 650 吨，努力下能达到 1000 吨。这样第 1 集团军每天能获得 4950 到 5300 吨，能够支持 16 到 17 个师进行追击作战，或者 7 到 8 个师的攻击作战，类似于其在 9 月中旬在亚琛周围的行动，但是现在资源更为充足。因此第 3 集团军转入防御可能帮助拥有 9 到 10 个师的第 1 集团军，在 9 月份以连续的而不是间歇的方式最远突破至莱茵河。假如放弃攻击布雷斯特，那么就有足够的资源支持拥有3到4个师的第8军支援霍奇斯的进攻或者加强资源不足的第21集团军群。

很可能的是，假如要确保第1集团军拥有足够的兵力和持续能力进抵科隆—波恩地区，而不给德军任何喘息的机会重建连贯的防线，那么就有必要利用一次作战暂停来解决后勤系统中的问题。这就意味着要把巴顿的进攻行动推迟到深秋——可能是11月，并准备承担一切可能因此产生的不利后果。但这样一来之后的进攻会更加有力，能确保补给供应更加充足。巴顿的第3集团军将不必独自在南线进攻，因为补给顺畅的第6集团军群也将从南面发起攻击。有关发起向莱茵河挺进的一次分阶段作战的推演，将在第七章全面探讨。

巴顿和布莱德利可能更愿意在扩大战果阶段的最初时期，把美军主攻方向放在阿登以南，帮助第3集团军以10到12个师执行一次向莱茵河的快速突击。他们承认要完成这一计划，第3集团军需要所有可用的补给，并在运输工具方面得到优先权。他们设想当时还在塞纳河边的英军应当留在原地。第1集团军也应停止行动，除了在保护第3集团军北翼时做有限推进。即使获得了这样的支持，他们也认为第3集团军最远只能突击到法兰克福；但是认为这样也足够了，因为这样一次对于德国腹地快速而深入的突击，很可能导致德军崩溃并失去斗志立即投降。盟军最高统帅部在8月底仔细研究了这个设想然后驳回。从后勤上说，这个计划毫无希望。在这次作战中，第3集团军每天将需要6500到8000吨补给，比后勤地带在整个9月大多数时候平均每天向整个第12集团军群提供的物资还要多。换句话说，假设霍奇斯的部队只获得最低的1500吨补给，即使只保障7到8个师前往法兰克福也难以办到。为了保证供应水平不变，"红球快递"将不得不延伸一半以上路程到达萨尔布吕肯，这又将增加周转时间和占用更多卡车与燃料。第3集团军从萨尔布吕肯还要自己运输200公里（125英里）到达法兰克福。车辆和人员的劳损，以及备件和轮胎的缺乏都将加剧。这条路线在德国境内有很长的一段经过复杂地形，容易受到突袭、游击战和破坏活动的干扰。空运每天能够提供500到1000吨的支持，但只是在天气良好且没有德国空军拦截的情况下。在超出了战斗机掩护范围后，后面一点无法保证，而且由于没有前线机场，空运补给将越来越少。总之，单纯考虑一下后勤因素，就看得出巴顿和布莱德利的计划没有考虑解决港口的问题。美军开始秋季作战时仍然依赖瑟堡和诺曼底海滩获得补给，外加一些无关紧要的小港口，而随着恶劣天气的影响海滩也即将停止运作或者至少是受到极大限制。

蒙哥马利主张的狭小正面推进策略，是基于对后勤因素更敏锐的评估之上，而且针对的是一个更加重要的地面目标。蒙哥马利在后勤风险方面以保守著称；美国人习惯性地批评他过于谨慎。然而盟军最高统帅部在 9 月初的一份研究，也认同了蒙哥马利最初的最远推进至柏林的设想在理论上是可行的。在这个计划中，起初英国人和美国人将分别投入 3 个和 2 个军，其中 3 个将一路直奔柏林（尽管会缺乏给养），英军一个军将守在不莱梅—汉堡地区，而美军一个军将停在法兰克福—马格德堡地区。不过盟军最高统帅部认为，这个计划的成功需要几个先决条件。英美两个集团军群必须在 9 月 15 日抵达或跨过莱茵河，以获得足够宽的出发线。海峡沿岸港口和安特卫普港此时每天要能够卸载 7000 吨物资。铁路的修复工作要比实际进度更快，以便释放更多的公路运输能力。为了支持这一进攻计划，需要相当于 489 个卡车连的车辆，但是实际上能达到的只有 347 个；空运能够补充相当于 60 个卡车连的运输能力（他们过于乐观地认为空运每天能运输 2000 吨物资），剩下的空缺只能从各个师自己的运输工具里索取。美军 5 个军将因此留在原地或者进入"休眠"。[30] 由于盟军最高统帅部提出的先决条件一个都得不到满足，艾森豪威尔拒绝了蒙哥马利这一过于宏大的计划，但是之后批准了他相对务实的"市场花园"行动。

以 9 月中旬时可用的资源来看，蒙哥马利包围鲁尔的计划是否像他声称的那样可行？当时第 2 集团军的补给情况绝对说不上好。位于布鲁塞尔地区铁路尽头的物品库存很低，而且这里离前线部队太远，导致了布鲁塞尔瓶颈的出现。为了让后勤状况重新达到合理水平，一个月的作战停顿被认为是必需的，但是没人担保这能实行。也就是说"第 2 集团军在任何时候都没有足够的库存来满足'市场花园'行动的需要"。[31] 在进攻荷兰之初，英军的补给线路很大程度上还是依赖于从后方维护区到布鲁塞尔的 500 公里（300 英里）货物运输。虽然铁路运输承担了其中一半以上路程，但是第 2 集团军仍需要自己运送 230 公里（145 英里）前往安恒。不管怎样，英军后勤系统以各种手段，如"红狮快递"、坦克运输车和空运使每天输送的物资增长了可观的 500 吨，而在 10 月中旬之前的 4 个星期内平均每天的增幅达到 550 吨。

　　当然，位于安恒的莱茵河渡口只是个中间的，而不是最终的目标。蒙哥马利的目的是绕到鲁尔工业区的北面，经过代芬特尔最远推进到明斯特和奥斯纳布吕克，从安恒出发还要再走大约 170 到 185 公里（105 到 115 英里）。那么，拥有 9 个师每天总共需要 5850 吨补给的第 2 集团军，在这段多出来的路途上能得到供应吗？这其中有几个有利因素。到了 9 月底时，迪耶普和奥斯坦德港码头已经可以每天卸载 8000 吨物资；到了 10 月 12 日，布洛涅又提高了 2200 吨的卸载能力。这能提供第 21 集团军群每日所需的 9100 吨补给的很大一部分。从 9 月 6 日开始，迪耶普拥有了途经亚眠直达布鲁塞尔的铁路线，而且随着 9 月 22 日塞纳河上的桥梁建设完毕，迪耶普到后方维护区的铁路也贯通了。铁路系统可以运送第 21 集团军群所需的物资的三分之一——随着时间推移还会继续上升；另外，邓普西战区里的铁路终点会在 10 月 6 日前到达埃因霍芬。[32] 而公路终点在 10 月 4 日就已前进到了内佩尔特地区，比布鲁塞尔离安恒更近了 80 公里（50 英里）。然而，集团军负责的运输路程依然还有 300 公里（185 英里）。走运的是，9 月中旬美国陆军部同意租借另外 17 个一般运输连（通常每个拥有 120 辆卡车）给第 21 集团军群，而且这些卡车在 10 月 3 日就已经带着事先装好的物资登陆欧洲。所有这些因素，至少在理论上，增加了蒙哥马利的设想在后勤上的可行性，尤其是如果他还能继续得到美军及空中部队的帮助，两者每日总共能运输 1000 吨补给，有时候还能更多。

　　然而这个理论没有考虑到在大幅扩大的空间内，组织、管理、运行和控制一个非常简陋的后勤系统所带来的问题，这是日益令人担忧的一个方面。天气对于空运补给的影响越来越频繁，而且如果盟军战斗机无法尽快重新靠前部署，德国空军也将成为一个妨碍因素。一旦补给线进入德国，遭到蓄意破坏几乎是肯定的。成功的后勤工作离超负荷运行导致的灾难其实可能不远，而且极易受到一直存在的战争摩擦因素影响。事实上，"市场花园"行动的失败必然导致盟军对后勤状况进行重新评估。第 2 集团军估计，想要重新发起进攻，必须在安特卫普—布鲁塞尔地区前进基地储备 2 万吨补给以及弹药和燃料各 4 万吨，还有数量巨大的工程、军械和医疗库存。到了 10 月底，这里只有 2.3 万吨油料和仅仅 4000 吨弹药，不过补给的数量几乎达到了目标。[33] 至于蒙哥马利预期的结果是否真的适应于更广阔的作战视角，以及它是否可行将会在下一章讨论。

　　这类推演都是高度假设的，很可能也是事后诸葛亮。当时的盟军高估了自己的能力，也低估了敌人，而且他们和后勤地带都没有完全坦诚补给的真实状况——考虑到美军后勤管理的混乱，他们或许甚至都不确定真实情况如何。艾森豪威尔缺乏必要的数据来做出明智的决定，却因为一厢情愿的想法扭曲了有关德军情况的真实情报。也就是说，有一件事是很清楚的：在肃清斯海尔德河两岸并且安特卫普能够迅速开始卸载大量货物之前，美军无法发挥其全部战斗力的三分之二。此外如果在盟军抵达甚至渡过莱茵河后，德军仍然没有崩溃并寻求和平，不论是英军还是美军都没有在后勤上做好深入德国心脏地带的准备。除非盟军能够利用安特卫普巨大的吞吐量，以及通往内陆的并靠近第21集团军群前线最南端的优良公路铁路网，否则深入德国的盟军将陷入一场毫无意义的、消耗性质的对峙作战。如果盟军不确定他们有能力在深秋之前获得对德作战的胜利（事实上他们真没做到），他们最好把肃清斯海尔德河河口作为诺曼底作战之后的首要任务。这一任务不能像在不列塔尼半岛港口那样被推迟和回避。补给问题被忽视得越久，它所造成的后果就越严重，纠正所需的时间也越久。而实际上，直到12月底盟军才真正纠正了这一错误，而那时他们已失去了主动权。

注释:

1. 这一节主要参考资料来源：史蒂夫·R.威德尔，《美国陆军后勤：1944年诺曼底战斗》，第5—7章；马丁·冯·克里费德，《补给战：从华伦斯坦到巴顿的后勤史》，第7章；艾伦·格伦普曼编辑的《大写的"L"：二战中的美国后勤》，第7章；罗兰特·G.鲁宾塞尔，《二战中的美国陆军，欧洲战区：陆军的后勤支援》，第一卷，第11—14章，及第二卷，第1—6章；第21集团军群总部编纂的《第21集团军群在欧洲大陆的行动的后勤历史，1944年6月6日—1945年5月8日》，第3章；第2集团军总部的《第2集团军在欧洲的作战行动统计1944—1945》，第205—210页、第276—282页。

2. 当然盟军概念中的紧缺对于德国来说可能是富余，对于后者来说他们正面临着一场打不赢的"消耗战"。

3. 卡洛·德·埃斯特，《诺曼底战斗的决策》，第254—263页；C.P.斯泰西，《胜利之战，1944—1945在西北欧洲的行动：加拿大陆军在二战的官方历史》第3卷，第284—285页、第630—633页；鲁宾塞尔，《二战中的美国陆军，欧洲战区：陆军的后勤支援》第1卷，第11章和第2卷，第11章。

4. "每日补给"是指某一种物资预计的平均每日消耗。例如油料的每日补给是指在一个集团军中每台车辆在一天中前进80公里（50英里）所需的数量。"单位火力"用于衡量在集团军堆集场的库存水平与制定允许的消耗水平的弹药数量；它需要体现每种武器的具体弹药数量（例如，一门105榴弹炮是125发炮弹；155毫米火炮75发，8英寸火炮50发）。

5. 鲁宾塞尔，《二战中的美国陆军，欧洲战区：陆军的后勤支援》第1卷，第306—308页。当在表格里列出吨位时，鲁宾塞尔特别指出它们是"长吨"（英国单位，1长吨约等于1.016吨）。在正文中他仅仅用的是"吨"。不清楚他在使用单位时是否保持一致性。苏军用的是吨。

6. 本节主要参考资料来源：鲁宾塞尔，《二战中的美国陆军，欧洲战区：陆军的后勤支援》第1卷，第5章；威德尔，《美国陆军后勤》，第1章；冯·克里费德，《补给战》，第7章；格伦普曼，《大写的"L"》，第368—383页。

7. 整个二战期间盟军后勤都是由各个国家负责。英国的后勤系统在各个层级都有清楚的指挥链及明确的责任划分，因此没有出现困扰美国后勤系统的问题。

8. 用于湿冷天气的衣物供应不足，一定程度上导致了从10月到11月和12月非战斗伤亡翻倍（从28364人到56261和56695人），加剧了步兵短缺问题。在意大利战场的士兵前一年冬天也经历了类似的问题。美军坚持让部队几乎一直待在前线不可避免地导致了一些问题显著上升，例如战壕足。

9. 鲁宾塞尔，《二战中的美国陆军，欧洲战区：陆军的后勤支援》第1卷，第445—450页。

10. 这一需求数字是平均数；在防御战中减少20%还可以满足，而在追击战中最少可以只要其中一半。但是仅仅满足每日的需求就无法为突破作战进行库存积累（尤其是弹药）。似乎对于需求的理解，在盟军最高统帅部和后勤地带之间出现了偏差，前者计算的是每天每个师650吨，而后者得出的数字是800吨。这可能是因为对于每个师的份额内包含什么物资，或者战斗处在什么阶段双方意见不同。

11. 鲁宾塞尔，《二战中的美国陆军，欧洲战区：陆军的后勤支援》第2卷，第18页，第1卷464—467页。这一数字不包含输送的散装油料，因为通常这不会列入预计的卸载需求量或吞吐能力；到9月初时，散装油料输送量有望达到每天1.3万吨。

12. 鲁宾塞尔，《二战中的美国陆军，欧洲战区：陆军的后勤支援》第1卷，第474页中引用的备忘录。

13. 同上，第470页；威德尔，《美国陆军后勤》，第117页。

14. 鲁宾塞尔，《二战中的美国陆军，欧洲战区：陆军的后勤支援》第2卷，第52、124页；威德尔，

《美国陆军后勤》，第116页。

15. 细节来自《第21集团军群在欧洲大陆的行动的后勤历史》，第34—36页。

16. 盟军最高统帅部的标准计算是一个卡车连每天能运送200吨物资最远到160公里（100英里）。

17. 从安特卫普到亚琛的公路路程是140公里（90英里），到梅斯是310公里（190英里）。从瑟堡到上述两地分别是710公里（440英里）和690公里（430英里）从布雷斯特分别是960公里（595英里）和910公里（565英里）。

18. 彼得·比尔，《设计致死：第二次世界大战时期英国坦克的发展》，第10—11页。有关安特卫普和其他港口的细节，可以参见鲁宾塞尔，《二战中的美国陆军，欧洲战区：陆军的后勤支援》第2卷，第4章。

19. 本节主要参考资料来源：鲁宾塞尔，《二战中的美国陆军，欧洲战区：陆军的后勤支援》，第13、14章；威德尔，《美国陆军后勤》，第6、7章；第21集团军群总部，《第21集团军群在欧洲大陆的行动的后勤历史》，第3章；第2集团军总部，《行动统计》，第3章。

20. "红球快递"车队，高峰时期的车流量达到每小时400台，是空中遮断作战的最好目标。因此这一行动能够成功是因为盟军拥有了制空权。

21. 在实际运作中，后勤地带给予第1集团军的支持要多于第3集团军，前者每天得到3300吨物资，后者只有2500吨。

22. 有关空运的细节主要从鲁宾塞尔，《二战中的美国陆军，欧洲战区：陆军的后勤支援》第1卷，第14章和威德尔，《美国陆军后勤》，第6章中提取。T. B. H. 奥特韦，《空降兵》，第16章则详细介绍了盟军夭折的空降行动，而空降集团军为了这些行动试图保住自己的飞机。

23. 本节主要资料来源：威德尔，《美国陆军后勤》，第5—7章；鲁宾塞尔，《二战中的美国陆军，欧洲战区：陆军的后勤支援》第1卷，第13、14章；大卫·W. 霍根，《战争中的指挥部：1943—1945欧洲战场的第1集团军总部》，第5、6章；肯特·罗伯特·格林菲尔德，《指挥决策》，第18章。

24. 基于每师每天550吨的基础上，包含了第9航空队的需要。

25. 弹药供应的故事显示了后勤地带在控制、统计和预判方面有多不可靠。10月1日后勤地带向第12集团军群展示的数据显示补给正在改善，后者因此批准了更高的物资消耗。然而，第1集团军的弹药官指出，集团军群批准的数量的弹药既无法在集团军堆集场找到，也无法从后勤地带得到。对全部三个集团军的一项全面调查显示弹药的短缺问题已经到了严重的程度，某些弹药的库存甚至接近见底。不过弹药短缺并不单单是后勤地带的问题。弹药的分发一直是个瓶颈，而且后勤地带一直有计划增加自由轮在瑟堡和诺曼底海滩的卸载量。但是盟军最高统帅部推翻了这一决定，把运送生力军上岸作为瑟堡港的首要任务，而且风暴导致诺曼底海滩无法进行卸货。物资卸载实际已经下降到计划的四分之一，但是由于没做好记录工作，实情被掩盖了起来。

26. 霍根，《战争中的指挥部》，第165页，引用自勒罗伊·卢茨中将。

27. 作为对比，马赛（第3集团军原本指望这个港口解决补给问题）离梅斯比瑟堡远80公里（50英里）。马赛更适合支持阿尔萨斯的作战而不是洛林。到10月时，运入法国的补给中有近三分之一来自法国南部。

28. 除了打通安特卫普的通道外，肃清斯海尔德河口还可以使内陆港口根特可用，而且这里在12月19日开放。由于安特卫普可能会因为V-1火箭的轰炸而部分甚至完全无法使用，根特被认为是重要的备选港口。

29. 埃尔布里奇·科尔比，《1943—1945在欧洲战斗的第1集团军》，第98页；罗伯特·S. 艾伦，

《幸运的前锋：巴顿的第 3 集团军》，第 99—100 页；马丁·布吕芒松，《巴顿文集》，第 531 页。两位军官都错了，或者至少是过于简单化（艾伦表现得更加无知与狭隘），但重要的是他们一再表达这些观点实际上得到了他们上级指挥官的鼓励，正如巴顿的评论所展示的。

30. 鲁宾塞尔，《二战中的美国陆军，欧洲战区：陆军的后勤支援》第 2 卷，第 10—11 页；福利斯特·C. 波格，《二战中的美国陆军，欧洲战区：最高统帅》，第 254 页。

31. 第 2 集团军总部，《行动统计》，第 276 页。

32. 埃因霍芬在一段时间内是铁路交通所能达到的最远地方，不过在"市场花园"行动期间德军摧毁了位于莫克的马斯河大桥，而修复这座桥的工作量可以与修复巴黎的塞纳河铁路桥相比。

33. L. F. 埃利斯，《西线的胜利，第二卷，德国的战败》，第 133 页。

第七章
指挥、战役法和用兵之道

关于指挥

艾森豪威尔不再坚持自己宽大正面的作战设想，但是对于指挥盟军地面部队却没有让步。从8月中旬开始，他面临越来越大的压力要他亲自担任盟军地面部队总司令。他手下的美国人和看法相似的英国人，以及不喜欢蒙哥马利并在"眼镜蛇"行动之后获得自信的美国将领，都在催促他这样做。和他们一样，美国媒体也一直在质问为何一个英国人仍在指挥一支美军承担了大多数责任和伤亡的联军。更重要的是，连美国战争部长史汀生和总统罗斯福本人也感同身受，抱怨美国军队没有得到应有的信任。他们急于在总统大选年阻止国会进行任何有损现政府的辩论。艾森豪威尔的支持者及导师，同时也是他上司的马歇尔将军，想要美国军队获得更多认可并在军事事务中整体减少英国人的影响力。因此在8月20日，身为盟军最高统帅的艾森豪威尔宣布，他将在9月1日就任盟军地面部队总司令。

蒙哥马利在8月23日奋力为自己的单路突击主张辩护，并将其与自己继续指挥盟军地面部队一事联系在一起。他直截了当地驳斥道："公众舆论会迫使我们做出完全不合理的军事决策。"只有胜利才是重要的：只要赢得胜利，公众舆论就转向。他辩解道：

最高统帅不应亲自参与地面战役，成为一个地面总司令。最高指挥官应高高在上，以便能对陆地、海上和空中的战斗，以及民事控制、政治问题等复杂问题有超脱的看法。他需要有人替他指挥地面战斗。由于有统一的指挥，我们在诺曼底赢得了巨大的胜利。我认为这一点十分重要，如果要考虑美国舆论的反应，那么可以让布莱德利担任地面部队总司令，我乐于在他指挥下作战。[1]

艾森豪威尔驳回了蒙哥马利对于指挥地面作战的观点：

蒙哥马利想保住盟军地面部队总司令的位子是不可能的，尤其是他同时还想保留对第 21 集团军群的直接指挥。依我的及我的参谋们的看法，这个提议非常好。设置集团军群指挥官是为了确保在前线的特定战区，每天能得到直接的战地指挥，而这一责任最高统帅是无法履行的。可以肯定的是，没人能够在完成本战区指挥任务的同时，还能对其他战区的后勤和情报工作进行监管。蒙哥马利的打算的唯一作用就是，为了支持自己的想法，他可以运用整个的指挥权力来按照自己的意愿制定计划……一个身处我们现在所面对的形势中的最高统帅，基本无法每一天每一小时都在监督战场的任意一部分。尽管他是在指挥机构中拥有向主要部队下达主要任务目标权力的那个人。他同样是唯一拥有根据不同指挥官的任务向他们分配部队，下发即将到来的补给，并且指挥整个空中部队支援前线任意地区的权力的人。因此，任何独立存在于最高统帅与集团军群司令之间的地面部队指挥部都会显得格格不入，因为它既不能提供补给和增援也没有向空中部队下达命令的权力。[2]

可以说，艾森豪威尔认为同时担任集团军群和盟军地面部队指挥官对单个人来说是难以胜任的工作，尤其是像蒙哥马利这样的人，他指挥一个集团军群尚且粗枝大叶。当然这是冯·克鲁格和莫德尔在接管西线战场和 B 集团军群时发现的——但是他们是在一个给予下属更多自主权的指挥系统里工作。另外，当德弗斯的部队到达第戎地区时，盟军地面部队总司令的指挥范围将扩大到三个集团军群。但是艾森豪威尔的论点同时适用于自己。最高统帅是一份涉及多个方面而且繁重的工作，需要艾森豪威尔投入高超的技巧和大量的时间。如果他担任最高统帅（以及欧洲战区美国军队的指挥官）同时还要担任盟军地面部队总司令，那么他的两项职责都无法完全得到各自应得的关注。如果地面部队总司令加集团军群总司令对于一个人来说太过繁重，那么最高统帅兼地面部队总司令也一样。这也是 1942 年刚刚被任命为地中海战区的最高统帅时，艾森豪威尔还得到了一个地面部队总司令作为下属（那次是亚历山大，当时只要指挥一个集团军群）的理由。当然艾森豪威尔认为蒙哥马利想要保住他的职位来实现自己的作战理念也没错。但是还有什么比艾森豪威尔因为有别的想法而拒绝蒙哥马利更不合理的吗？当然，如果不是错得确凿无疑的话，比起执行几个作战方针并在之间进行妥协，并因此最终一个都没实现——后来的事实也是如此，大胆地坚持一个作战方针反而会更好。

在这场辩论中，两人都没有明说自己反对对方的根本原因。蒙哥马利忍住没说他反对艾森豪威尔身兼两职是因为：艾森豪威尔只有当参谋的经历，缺乏作为可靠的战役级别指挥官所需的实际训练、专长和经验。此外艾森豪威尔缺乏感知作战脉搏的手段（而蒙哥马利则有"幽灵"司令部信号团和他个人的联络官体系）。艾森豪威尔缺乏对作战态势完整的、实时的情况的掌握，以及对于作战的真实理解，而且一直受到其他必要的但对作战影响不大的事情的干扰，他不得不依靠通常的通报系统，当中经常出现延迟、漏报，以及自私的下属之间相互踢皮球。通过亲自上前线视察可以弥补这些报告的不足，但前提是他能够在无数与作战无关的事务中抽出时间与精力。同样的，艾森豪威尔也没法说明自己的真实想法：即蒙哥马利不得不交出盟军地面部队的指挥权，仅仅是因为美国军队从马歇尔以下都不接受他。蒙哥马利与美军指挥官日渐疏远，是因为他对他们的指挥能力充满怀疑，反过来对方也是；这些质疑加上性格不合都让美国人要求限制他在英美联军中的权力。事实上，当二战到了这一阶段，考虑到美国军队拥有压倒性的优势地位和民族自豪感，美国政府和普通大众不会接受任何英国将军来指挥美军。[3] 蒙哥马利有一个有趣的点子：任命布莱德利来替代他——一个可能是违心的建议。在他提出愿意在布莱德利麾下作战时，他可能会因为自己表现出的谦卑而感到安全。不管人们认为布莱德利在担任集团军群指挥官的短暂时间内是否完全合格，三个星期的履历很难说足够让他得到进一步提升，这对蒙哥马利来说等于是舍我其谁。不管艾森豪威尔对于布莱德利的工作能力如何评价，他当然知道任命布莱德利作为盟军地面部队总司令并不能解决所有问题，仅仅因为布莱德利很难驾驭蒙哥马利，同时还要在英美集团军群之间维持和睦关系。这个职位需要有政治觉悟、策略手段以及艾森豪威尔拥有而他的下属没有的技巧。

对自己地面部队总司令的位置被取代，蒙哥马利既失望又不快，但不仅仅是因为自己。他真的认为西线战斗的指挥和控制会受到影响，因为他不仅认为艾森豪威尔缺乏对作战的掌控，也坚信盟军最高统帅部的宽大正面推进战略是有根本缺陷的。他不理解艾森豪威尔在指挥的问题上一定要如此僵化；或者说，他无法接受在一个对美国人有利的同盟内权力平衡出现不可挽回的变化。在布鲁克的支持下，他拒绝接受这一结果并继续抗争，使得他与美国人的关系更加恶化。[4] 10 月 10 日，在盟军攻势即将达到极限前夕，他拟定了《西欧指挥备忘录》，在其中的摘要中他写道：

我认为除非有一个良好的指挥和控制机构，否则无法在战场上顺利地进行作战。我并不相信我们有一个良好和健全的指挥与控制机构。可能是政治和民族的因素使我们没法拥有。如果真的是这样，我建议我们就这么说出来。不要让我们假装没有问题，而其实我们在这方面做得远远不够。

这些话超出了艾森豪威尔所能容忍的范围，他粗暴地回应了蒙哥马利并直率地指出，如果蒙哥马利认为地面部队总司令的人事安排十分令人不满，"那么我们有责任向更高当局提交此事，以便他们可采取任何可能的无论多么严厉的行动。"在意识到自己逾越了界限，面临着被解职的危险后，蒙哥马利致信艾森豪威尔"你不会再听到我任何有关地面部队总司令的反对意见了。"[5]

然而到了 12 月蒙哥马利与艾森豪威尔又发生了一次争执，要不是他的参谋长德甘冈发挥了自己的政治手腕，这事将演变成英美两国的顶层政治争端并导致蒙哥马利被解职，在此之后蒙哥马利才最终放弃。与此同时，艾森豪威尔与蒙哥马利不但在现实中也在理念上互相离得越来越远。面对面的讨论也许能改善这一事态，但是蒙哥马利的顽固和短视排除了这个可能性；他拒绝前往盟军最高统帅部或参加艾森豪威尔的任何会议，而是派德甘冈作为代表。他因此失去了以有力的个人论证来影响高层的机会。[6] 甚至他因为失去地面部队总司令一职而得到安慰奖也只是让事情变得更糟。9 月 1 日他被晋升为陆军元帅，此举能够平息英国媒体因为他被降职而引起的愤怒情绪。但这同样也激怒了美国将领，他们认为蒙哥马利不配获得元帅头衔，而且这在某种程度上也羞辱了他们。整个陆军地面部队总司令事件不再受到客观的评估；它变得有毒，个人的和国家的偏见扭曲并支配了各自的主张。

艾森豪威尔直接行使指挥地面部队职责一事一开始并不顺利。8 月 31 日最高统帅部先遣指挥部完成了向位于诺曼底大西洋沿岸的格朗维勒的转移，并在第二天开始运作。从位置、架构和备战状态来看，它都极不适合接替指挥地面作战。它总共有 3250 名人员，其中 750 人是军官和准尉，规模庞大。而两周之后，当盟军最高统帅部主体抵达时，它就膨胀到了 5000 人——庞大、笨重而且官僚化（虽然比起 1945 年时的 1.6 万人，它此时还算十分简约）。作为迁移到欧洲的首站，格朗维勒是个很糟的选择。通过公路到不了这里，而空中交通又日渐受到天气影响。它离快速前移的前线也越来越远【离布鲁塞尔、凡尔登和第 7 集团军即将到达的第戎，都大约为 600 公里（370 英里）】。这本来已经够糟糕了，又因为通讯状况雪上加霜。被调走帮助第 12 集团军群建立指挥部的大量熟练的信号人员和设备短期内难以得到补充；因此，正如最高统帅部情报部门二把手说的，"我们有点陷入静默了。"[7]

盟军最高统帅部不仅仅是与各主要战地指挥官进行联络。它与位于华盛顿的陆军部沟通非作战事宜，以及补给的组织和控制时，很大程度上也要依赖于后勤地带的指挥部。[8]仅仅在诺曼底待了三周之后，后勤地带的指挥官李在没有通知艾森豪威尔的情况下，在 9 月的前两周内，把他很快就达 2.9 万人的指挥部搬到了巴黎（从英格兰空运来了大量额外人员）；这次转移占用了大量紧缺的本应用于补给部队的交通工具。[9]盟军最高统帅部自己也在 9 月 15 日开始从不适宜的格朗维勒搬往凡尔赛。5 天后它在新的地方重新开始运作。因此，在关键的一个月——诺曼底作战的高潮时期，而且战事以出乎预料的方式快速开展——的头三个星期内，盟军最高统帅部无法有效地履行自己的职能。例如，9 月 5 日艾森豪威尔向蒙哥马利发送了一封有关未来作战的重要电报；这份电报分两部分送达了蒙哥马利，而且后半部分比前半部分早到了 4 天。当他的主要下属开始背离作战目标甚至在之后违背他的指令时，艾森豪威尔都没法清楚地了解实际情况或者及时地做出反应。

艾森豪威尔在主张指挥权时十分坚定，但在行使它时却要差一点。他在解决建立美国后勤体系（盟军的后勤由各自国家负责）的关键问题上没有发挥决定性作用。盟军最高统帅部、集团军群和集团军指挥部，以及后勤地带之间的关系早在登陆之前就很混乱，并贯穿了 1944 年夏季和秋季。美军缺乏英军那种简单的、顺畅的、层级分明的后勤机构，英军的军需总长（格雷厄姆少将）是一位直接听命于蒙哥马利的参谋军官。美军的后勤指挥架构过于复杂，机构重叠且权力交叉；与之配套的是一个同样复杂的补给方案。后勤地带设立之初就有了与两个集团军群同等的地位；实际上，李从 7 月 19 日开始才成为副战区指挥官，而且即便在他失去这一头衔后，他的指挥部仍以战区指挥部的名义运作，并保持与华盛顿在日常和技术事务上的交流。由于管辖权的不确定加上各个高级指挥部的相互竞争，行政和后勤的安排与责任常常十分混乱。另外在后勤地带内部，它的总部与下属机构、前线及基地地带之间的关系，也没有按照计划确定下来，同时还存在着一个先遣梯队后勤地带，但是由于导致了太多混乱与不确定性，在它被部署到诺曼底之前就被并入了后勤地带总部。实际上，后勤地带不同单位与野战部队之间的关系也发展得不那么令人满意。[10] 考虑到突破德军防线之后的作战方式，后勤危机迟早会出现。只不过它之所以出现得更早也持续得更长，部分是因为糟糕的指挥安排造成的。这是艾森豪威尔的责任。很显然他无法强令或劝说李进行必要的改革，也无法将其解职因为后者在华盛顿有强大的靠山。

8 月 25 日到 9 月 5 日期间攻占的大片土地并没有让英美军队之间的误解和敌意被共同取得的胜利掩埋成为历史。英军和美军的高级军官对于对方军队的军事思想和文化了解很少。每个人都更愿意紧盯着对方的缺点，并纠缠于对方真正的和纸面上的失利不放。例如美军经常抱怨英国人迟钝和过于计较边界，并把未能在塞纳河以西消灭德军归咎于此（英国人痛恨这一指控）。胜利带来的满足并没有逆转自从诺曼底登陆以来就在恶化的两军关系。[11] 相反，随着各集团军之间的资源竞争加剧，个人的恩怨也被放大，而且对获得认同感的渴望也催生了妒忌心理。特别是对那些以职业精神为荣并且希望获得晋升与荣誉的职业军人来说，哪个集团军和哪一位将军将获得胜利的主要战功关系重大。尤其对美军将领来说更是如此，因为他们的晋升掌握在政治家手中——由总统和国会提名，并受到公众的舆论的严重影响。他们的小问题可能变成大事件，尤其是在受到媒体关注的时候，正如邓普西在 8 月底对于美军挡住了他的前进路线所发表的不当评论所引起的事件。9 月初英美两军之间又发生了一起边界纠纷，当时第 19 军在向蒙斯口袋运动途中在图尔奈越过了边界，引来了第 21 集团军群的投诉。第 1 集团军的参谋人员错误地认为，这条边界是蒙哥马利为了获取更大战果而故意划定的。双方表面上仅存的一点和谐，也日渐被更深层次的问题所削弱。在作战理念的交锋和指挥的相关安排，从属关系和物资供应等方面，蒙哥马利和布莱德利及其主要下属，甚至和艾森豪威尔之间爆发了越来越多的争吵。

尽管蒙哥马利把这些都看作是工作方面的问题，巴顿，尤其是布莱德利却把它们个人化，令矛盾更加尖锐。个人的冲突扩大了工作上的分歧并影响了各自的下属，加剧了分歧。英美军队战役级别指挥官之间的交流越来越少，他们更喜欢用纸面的方式沟通而且有时缺乏灵活的外交策略。因此他们没有解决问题又引起新的争端。例如在 8 月 22 日和 9 月 3 日之间，尽管依然是盟军地面部队总司令并有责任协调作战，蒙哥马利一直不曾主动去见布莱德利。或许这就是布莱德利在没有和他协商的情况下，下令美军经过图尔奈前进的原因。[12]

拒绝而不是争取盟友的合作成为常态。指挥官和下属人员之间日益敌对的关系也不可忽视。如果高层缺乏齐心协力的决心，那么可能会毁掉作战计划。而且如果没有合作，或者也做不到密切协调，那么在两大集团军群之间，尤其是在主攻方向的第 21 集团军群和第 1 集团军之间，就可能产生战役层面的合力反而小于英美军队各部分之合的不利局面。盟军内部之间的紧张关系和不断增长的离心力，减轻了德军所承受的本来具有决定性的压力，使他们获得了一个至少可以暂时从失利中恢复的机会。当然在盟军欣欣向荣的看似不可阻挡的大进军途中，胜利不仅是毫无疑问也是指日可待的，德军能够恢复的可能性反而难以想象。

作战构想、用兵之道和战役法

参谋长联席会议已经确定了对德作战的战略目标：消灭德国的军事力量。盟军最高统帅部在登陆前的评估中已经详细分析了这一任务。它得出结论认为鲁尔工业区是个极其重要的地面目标，将其占领可以剥夺德国发动战争的能力；因为这个原因，德军为了保卫鲁尔将被迫应战，盟军因此将有机会将其粉碎。盟军最高统帅将按照这一指引原则，下达每一个有关资源分配的决定。盟军最高统帅部对于地形、港口和天气的研究是十分充分的，虽然关于这些因素将会如何影响到参联会制定的主要目标它并没有得出结论。通过评估而得出的战略必然是抽象的，对于一旦在欧洲大陆获得稳固的滩头阵地后，将会面临怎样的实际军事形势（尤其是敌军一方）盟军最高统帅部一无所知。因此它利用亚琛、梅斯的缺口和罗恩河谷轴线的决定——尤其是作为主攻方向的亚琛缺口——纯粹都是基于理论之上。虽然最终目标应该保持一致，但是将其实现的办法不必一成不变，而是一旦有了任何突破，就根据实际进行修改。攻击一个牢固且均衡的防御体系，一个利用了每一条适合防守的防线和能够发起毁灭性反击的体系，是完全不同于追击没有立即可用的预备队用于稳定局面的溃逃之敌。此外，盟军最高统帅部的决定必须牢牢扎根于后勤实际情况。正如海因茨·古德里安曾指出的，"后勤是装甲战争的锁链。"而且无人可以用战术上的创新和一厢情愿的想法规避后勤的制约。

艾森豪威尔于 8 月 19 日决定取消"霸王"行动计划中用于集结兵力和囤积补给，进行后勤基础设施建设与修复的作战暂停，这一决定是完全正确的。对于敌军意料之外的彻底失败，必须在对方进行重组，从战略纵深和其他前线调集预备队恢复连贯防线之前，尽最大可能地扩大战果。当时甚至出现了通过迅速而有力地利用战机使德国在政治上崩溃的可能性。剩下的问题就是，盟军该向哪里及如何发起致命一击？答案是显而易见的，艾森豪威尔、布莱德利和其他大多数美军将领的军事教育都深受莱文沃思指挥和参谋学院的影响。他们学到的是，要从整个前线利用所有可用的部队向敌军发起进攻，通过人数和火力的优势粉碎敌人，并且对敌军的作战能力与意志造成不可挽回的打击。德军已经被牢牢牵制在各个地方，他们已经失去灵活性以及进行机动和夺回主动权的能力。诺曼底作战的准僵局时期并没有动摇美军将领脑子里根深蒂固的教条原则。实际上，后来的胜利反而被视作宽大正面作战是正确战略的依据，尽管是英军被美军视作失败的卡昂作战通过持续不断的有力进攻减轻了美军的负担。盟军能够实现突破，实际是依靠"眼镜蛇"行动中一反常态地（对于美军而言）集中兵力发起突然进攻取得的，这一点却被掩盖了。

对于蒙哥马利和他的助手来说，美军的做法存在根本上的缺陷。后者淡化了突然性和机动的重要性，未能充分利用盟军在机动性和灵活性方面的优势；这些优势仅仅在战术上得到利用，而非战役层级。最重要的是，对于厌战的英国人来说，他们回忆起 30 年前欧洲西线战场的屠杀耗尽了英国最后一兵一卒，因此他们不能认同美军的战术仅仅是因为代价太大了。坎伯利参谋学院强调要明智地选择一个能够造成严重伤害的目标；在关键点上集中力量并且，如果可能的话，在这一过程中还要实现突然性；这必然要求在次要方向上节约兵力；在特意选择的方向上发起强大的攻势，并因此取得主动权；而且要组建预备队——以及在投入之后，再次组建预备队——来保持灵活性和主动权。因此蒙哥马利有着非常不同的作战理念：在一个方向上集中部队（夸张地设定了 40 个师的兵力）发起全力的突击。

军事学说总是存在有时不管用的风险，它能成为智者的指导，不太聪明或者不善思考的人则把它当作了教义。战场上的每一种情况都没有现成的答案。当然，攻击一道强大的，精心构筑，尤其是在有利地形上的防线，英军的作战方式更有可能以合理的人员伤亡、弹药消耗，以及更加重要的但常常被忽视的时间代价，取得有利的结果。如果敌军防线眼看就要崩溃，而敌人越来越倾向于逃跑，那么就利用每一个攻击手段来加速防线的解体过程，阻止敌军将其恢复。在一个宽大正面发起的进攻也不是不可以，即便是攻击一个有准备的但虚弱、防线过长和缺乏预备队的敌人。在做出一个选择时，决策过程中的一个因素——可能是决定性的因素——是必须考虑攻击的持续性。兵力对比是否能保证足以实现预期突破深度，并能消灭足够的敌人？是否拥有足够的预备队，并可把敌人可能的反应考虑进去？部队的后勤能力，包括在补给和运输两个方面，能否保证实现预期的最佳目标？

在 1944 年 8 月底的环境下，艾森豪威尔和蒙哥马利的作战理念都有各自的吸引力。看起来，每一个想法都可能导致第三帝国从内部瓦解，正如 1918 年协约国军队逼近德国边境引发德国内部革命一样。艾森豪威尔的设想充分利用了德军在诺曼底的失败：他们面临多个威胁以至于过度分散无法建立一条可靠的新防线；盟军快速突进可以切断位于法国南部和西南部的德国守军的退路；能够解放尽可能多的法国领土，而且大部分都可以迅速实现以阻止敌人破坏交通基础设施、工业设施或文化古迹；盟军所有部队都能发挥最大作用，而重心将放在最具决定性的方向上（例如，北面）；而且对军队和国民的士气的影响是最有益的（相应地也会令政治领袖十分满意）。相比之下，蒙哥马利的作战方案保证能够迅速征服主要目标鲁尔工业区，无论敌人如何反应或者会从德国内部或其他前线得到多少预备队，都比较确定；他的设想能使盟军利用最好的通行条件向柏林突破，如果那时德国还没崩溃的话；而且位于阿登南部的德军集群，将会被盟军从里维埃拉及其以北出发的进军迂回到大后方，使其阵地瓦解而被迫撤退，帮助美军以最小的资源消耗转向追击作战。而布莱德利所提倡的作战方针，排除了最后一丝可以速战速决的希望，即使打个折扣也是这样：萨尔地区的重要性只有鲁尔的几分之一，而法兰克福地区几乎不重要；萨尔和法兰克福之间的地形十分复杂，而从法兰克福无论是往北通向鲁尔还是往东前往柏林的道路，沿途的地形更加糟糕；前往这里的补给线比通往鲁尔的更简便，比通过亚琛前往柏林的路线要更长；而且不久盟军也将发现洛林地区的防御要强于其北面地区。

1944 年夏季作战的最后阶段原本充满了希望。得益于在诺曼底取得的巨大胜利，盟军拥有了无法撼动的主动权。德军被迫处于完全只能招架的地步，只有寄希望于以空间换得的时间、一点运气以及盟军的失误来拼凑一条还能稍微远离本土的，能够维持住的防线。换句话说，盟军可以几乎完全不受限制地在多个作战方针中挑选一个。对于艾森豪威尔来说，他可能发动的战役和战略行动受到两个主要制约，而且其中只有一个与军事相关——后勤补给。但是这十分清楚且能够预测到。只要艾森豪威尔以及尤其是各集团军群指挥官能有先见之明，充分关注后勤的实际情况，多数作战目标依然有实现的可能。只有这么一次，德国人没有决定权：在这样一段不知道会持续多久的、但是对于审慎之人来说可能不长的日子里，德军无法对这种平常被盟军认为是不可接受的风险的行动做出回击。

布莱德利的计划是把第 12 集团军群的主力放在梅斯—萨尔—法兰克福轴线，盟军最高统帅部认为这是集中力量于次要目标而正确地将其拒绝。他的另一个提议，即只用第 3 集团军向法兰克福突击，也被最高统帅部以后勤无法提供支援为由驳回。比起蒙哥马利的行动，布莱德利在如此狭窄的正面发起的突击更像根铅笔，而且它无法消灭德军从诺曼底拼死撤出的部队，甚至无法使之应战。而在第 3 集团军到达法兰克福时，它的补给线将前所未有地延长到 500 公里（300 英里），其侧翼将十分容易受到攻击。第 3 集团军向法兰克福进军时不得不通过利于德军防守的地形，而且没有地方可供建设机场。布莱德利的另一个想法也没什么意义：他希望他的部队"尽可能向前推进，然后等到后方补给系统能够支持继续前进"。[13] 这其实是主张浪费稀缺的运输资源来支持第 3 集团军向一个毫无决定性意义的地方进军，寄希望于明天会变得更好。这同样意味着，他拒绝依照艾森豪威尔的意图，给予处在更重要方向上的第 1 集团军优先权。当然，布莱德利选择忽视后勤人员警告，即如果不能及时开放不列塔尼半岛的数个港口，他们就无法为第12集团军群提供足够的补给，也等于自作自受。瑟堡港、诺曼底滩头和勒阿弗尔（英国人慷慨的礼物）加起来向他提供的物资，随着他越往东推进就越少。由于蒙哥马利占领了海峡沿岸的港口尤其是安特卫普，布莱德利就将依赖于靠近前线的港口来增加补给能力。然而在不同的时期，他几次建议向只第21集团军群提供少量的美军去支援完成艾森豪威尔下达的任务，或者停止除了占领港口之外的所有作战。布莱德利一再坚持进攻德军南部防线并拒绝接受后勤的现实情况，这些损害了他作为高级指挥人员的声誉。

蒙哥马利的作战设想本可以利用最为便利的，对于机械化部队来说最快的途径抵达位于德国西部的主要目标，而且参与的美英联军将强大到足以粉碎任何德国人拼凑起来的防线。而且蒙哥马利也重视如果德国没有迅速垮台，那么会对盟军的后勤状况产生何种制约。第21集团军群的后勤评估认为，当迪耶普全力运行而且后方维护区、布洛涅、加莱和奥斯坦德开始发挥作用（最后三个正在提升吞吐能力），那就足以在后勤上支援第21集团军群向鲁尔进攻。随着道路条件尤其是铁路网状况的逐渐改善，也将有足够的地面运输能力保持补给线运转——假如空运和美军卡车也能运行良好的话。这是对向鲁尔工业区北部挺进的可持续性进行的合理而又审慎的推测，尽管它被指责过于乐观，因为它没有考虑到摩擦因素肯定会降低后勤系统的实际表现。然而，英吉利海峡东北部的港口还是必须迅速开放，而安特卫普则需要尽早成为盟军后勤系统的稳固基石，不能拖延。认为蒙哥马利要求集中力量占领海峡沿岸港口只是为了自己的现实需要而忽略美军需求的想法是片面的。如果第12集团军群只是有限参与的话，他很难大部分依靠自己的部队来取得重大胜利。蒙哥马利自己的参谋长对这一点也十分清楚。[14]

事实上，蒙哥马利在没有得到直接帮助的情况下，甚至都无法完成分配给自己的任务。他的部队还没强大到能够同时占领海峡沿岸港口、打通安特卫普通道并强攻鲁尔。为了实现他的宏大目标，他至少需要再获得一个拥有3到4个师的军，以及相应的补给。英军也无法逐个完成上述目标，因为不能留给德军时间去恢复和巩固其中任意一个目标的防线。[15]

这样就剩下了盟军最高统帅部主张的宽大正面推进方案。但是同样的，如果两大进攻方向同时推进，后勤系统也无法持续支持他们到达计划中的突破深度。

这一点无须详述，因为之前的章节已经证明过这一点。

在同等条件下，蒙哥马利的作战方针是最优的。但是现实是不平等的。另一个限制了行动方针选择的因素是政治。艾森豪威尔敏锐地意识到美国正值总统选举年，美国公众和政界的意见与态度，更不用说军队本身的立场都对于他能否继续担任盟军最高统帅至关重要。英国人的看法与期望不是无关紧要，但是随着美国人建立优势和提升信心，英国的影响力在逐渐减弱，艾森豪威尔必须主动指挥作战，并且必须赋予美国军队主导地位。当蒙哥马利指责艾森豪威尔允许政治考量干扰到最优军事方案的选择时，显示出前者对这一事实缺乏理解，就因为这一点蒙哥马利被解除了盟军地面部队最高指挥官的权力。信奉纯粹主义，认为军事决策应仅仅基于他们的军事长处之上的军人可能很难接受政治顾虑几乎每次都压倒了军事判断。战争是实现政治目的的政治行为，政治不可避免地影响到军事行动的方法、时机和目标。这常常导致不太可取的作战方案得到实施，就像在1944年年末的西欧战场一样。讽刺的是，这也导致了糟糕的政治结果。

在蒙哥马利和布莱德利（背后有巴顿怂恿）之间的拔河比赛中，很不幸的是艾森豪威尔作为一个有点无能的参赛者兼裁判员，很少做出作战决策。这个问题被盟军最高统帅部本已糟糕的，并由于在关键时刻转移位置而中断的通讯状况所放大。两大集团军群，在几乎没有沟通的情况下，准备前往不同的作战目标。英国第2集团军拥有8个装甲师和步兵师，在3个空降师的帮助下，准备夺取5条大河上的桥梁，并在短短两到三天内向北推进120公里（75英里）逼近莱茵河；之后再前进大约70公里（45英里）到达须德海，并在艾瑟尔河上建立另外一个桥头堡，作为包围鲁尔工业区的一个跳板。美军则试图向东突进，尽管补给情况已经越来越不稳定：第1集团军将向阿登以北挺进，先进入亚琛，之后是科隆，第3集团军则将在阿登以南途经萨尔向曼海姆运动，两个集团军的目标都在大约160公里（100英里）之外，而且中间有多道障碍阻拦，其中包括"西墙"。同时加拿大第1集团军将负责夺取布洛涅、加莱、奥斯坦德以及安特卫普的通道——这些任务都关系到其他作战行动的成败；加拿大部队还必须支援邻近的英国友军，而且它得到的物资无法帮助它快速完成任务。尽管遇到越来越多的抵抗，盟军指挥官在思想中还是把德军当作猎物而不是对手。决定盟军进展的不是敌军，而是自己的后勤。很少有人重视合作，甚至是在第21集团军群和本该支援它的美国第1

集团军之间也是如此，而且蒙哥马利没怎么去和霍奇斯进行协调。实际上，美军两大集团军之间的竞争也不逊色于英美军队之间，而且双方都以窃得对方的后勤支援而自豪。

那么是否有办法既可以尊重艾森豪威尔的政治命令又不会招致作战上的不利后果呢？其中的一个对策就是抛弃同时进军的方式，因为这在后勤上是不可持续的，然后通过严格安排进攻的优先方向与顺序来实现协同效果。在不同方向上交替发起攻势通常可以让敌人无法判断主攻方向和难以站稳脚跟。由于英美两支军队都具有机动性的优势，而且德军兵力和情报收集能力有限，这一作战方式在1944年夏季末的背景下将十分有效。理想情况下，盟军最高统帅部本可以在8月底决定把作战分为两个阶段，但是9月4日盟军攻陷安特卫普并完好无损地夺取这里的码头，使情况发生了变化，迫使最高统帅部重新考虑作战方针。夺取安特卫普的意义如此之大，盟军应当相应地迅速修改作战战略的评估和决策。在这一过程中，作战的关键要素被具体化。艾森豪威尔明确表示，盟军当前的主要目标就在战线北部——鲁尔工业区。为此有两个问题需要解决。首先，蒙哥马利的部队需要迅速打通从布洛涅到安特卫普一带的沿岸港口，并至少在莱茵河上建立一个桥头堡；这两项任务不能等到失去了宝贵的进攻势头才去完成。从有利的一方面看，第21集团军群的补给情况比较正常。相反布莱德利的部队在9月1日已经有21个师之多，而且另外6个也将在数周内抵达，而英加军队加起来只有14个师，布莱德利已经无法维持所有部队进行持续的进攻作战。美军急需安特卫普迅速开始运作，因为它不仅能向阿登以北的美国第1集团军提供补给，阿登以南的第3集团军也将因此受益。

9月初，美军第8军的4个步兵师在18个军直属炮兵营的支援下，还在围攻布雷斯特；另外一个师则在围困洛里昂。9月10日，布雷斯特的战斗获得了后勤优先权。直到9月19日，在消耗了2.5万吨弹药（由紧缺的卡车运送），第9航空队出击6000架次，并付出了1万人的伤亡后，这场战斗才最终结束。港口设施当然被彻底毁坏了，最终这只是一次十分没有意义的战斗，尽管在9月13日艾森豪威尔仍然要求获得这一港口，第二天盟军最高统帅部就决定了不用它。因为布雷斯特离前线太远，将其修复又要花很长时间。[16] 早在9月第一周过去时，就已不难做出决定仅对布雷斯特进行围困就行，由法国内陆军和美第8军1个师负责，其余 3 个师和大部分的炮兵及空中支援可以重新部署，用于扫清斯海尔德河口这一更有价值的任务。如果能在 9 月 6 日或 7 日执行这一决定，第 8 军的大部分部队可以从布雷斯特出发，经过 900 公里（560 英里）行军，与撤退中的德军几乎可以同一时间到达后来被称为布雷斯肯斯的地方。他们将有力地支援加拿大第 1 集团军同时进攻布洛涅和加莱，还能支援英国第 2 集团军的行动。这样一个决定应该不会触动美国人敏感的神经，因为艾森豪威尔之前一直表示他愿意向盟友提供一支军一级的部队。[17]

修改后的决定的下一要素可以是暂时停止第 3 集团军对洛林的攻击。巴顿将被要求停止在摩泽尔的行动，而第 15 军将作为第 12 集团军群的预备队而不是回归第 3 集团军。这些措施将确保第 1 集团军拥有必要的后勤保障，能够支持至少 9 到 10 个师进攻至眼前的地面目标并可能有所扩大。这一系列行动可以持续进行下去，利用并维持在穿过比利时追击德军过程中获得的冲击势头，而不是后来实际发生的走走停停的情况。由于保留了一个军作为预备队，可以保证合理而及时地扩大胜利，而且北部地区的攻势作战也将拥有足够的部队，以实现令人满意的作战纵深。从政治上讲，这一方案不会被认为是一个由英国主导的行动，而是由实力大体相当的美国第 1 集团军与英国第 2 集团军肩并肩作战，向一个共同目标前进，同时美国第 3 集团军和加拿大第 1 集团军暂时执行次要任务。至于可能获得的战果，假如霍奇斯能够合理利用自己的资源并妥善地发起进攻，就有可能在科隆—波恩地区占领莱茵河西岸，并可能获得一个规模可观的桥头堡，同时吸引部分德军离开位于荷兰南部的防线，这也能帮助英军在安恒（或者，在最为有利的韦瑟尔地区）渡过莱茵河。当然，如果德军意识到巴顿的部队已被强制停止行动，就存在以牺牲洛林来加强亚琛防御的风险。这种情况可以以欺骗手段来推迟德军发现这点。1944 年 9 月，第 23 司令部直属特战团（美军的欺骗部队）就曾成功地在梅斯以北假装成了第 6 装甲师。[18] 如果加大力度，可以使用多个战斗部队的一部分加上第 23 特战团，以及复制一个军级无线电网等方式，成功释放出一个军级规模大小的部队正在集结的信号。（红军经常用这类策略来误导德军，第 2 卷将详述这点。）另外到了 9 月 5 日，从罗恩河—索恩河走廊赶来的第 7 集团军，正在靠近第戎和贝桑松并因此威胁到位于洛林和阿尔萨斯的德军侧翼，德军无法忽视这点。大量的德军将被钉在法国南部。

在阿登北部的战斗达到预期目标后，第二阶段可能由第 3 集团军在秋季发起新的攻势。如果安特卫普通道能及早肃清，确保盟军获得足够的补给和增援部队，这一进攻还能加速进行。逐渐恶劣的天气以及由此导致的空中支援减少和道路条件变糟，会使进攻更加困难，更加令人不快。行动停顿带来的不可避免的后果就是德军将获得组织与加强防御的喘息机会。不过德军是否会变得足够强大还是值得怀疑。盟军战线北部的战斗对于德军来说更为敏感，也将吸引所有德军派往西线战场的援军并将其大量杀伤。德军几乎不可能得到额外的部队来使部队规模与防区相称，以建立具有纵深的稳固防线。德军在恢复实力方面的成就令人印象深刻，但是他们挑战的是不可能完成的任务；考虑到其他前线面临的压力，以及希特勒不情愿以空间换时间，西线德军不可能获得来自西线之外的重要增援部队。在任何情况下，进攻准备充分的敌人都存在不利之处，但如果增援部队与后勤持续性可以保证到达预期的作战深度，这些不利之处可以得到扭转。在第 15 军和完成斯海尔德河河口任务的第 8 军加入后，第 3 集团军实力可以轻易翻番。第 12 集团军群利用 9 月初抵达的第 3 军军部，以及此后不久被新到的部队替换出前线进行休整的几个师可以重新建立一支预备队。此外这样一次秋季攻势发动时，德军也将面临来自洛林和阿尔萨斯以南的，第 6 集团军群的第 7 集团军与法国第 1 集团军的 15 个师的协同持续攻击。此时这支部队的后勤问题已经得到解决，"龙骑兵"行动将兑现一直以来承诺的贡献。[19]

如果艾森豪威尔确实曾经考虑过把他的宽大正面推进变成连续分阶段方式，那么他就是没有留下任何记录。也许他认为采用单一方向突击并永久禁止第 3 集团军发起进攻在政治上是行不通的。当然，布莱德利、巴顿和他们在大众媒体中的支持者也会发现这是个令人不满的决策。但是所有的作战战略一定存在部分妥协，连续分阶段推进的设想可以提交给最终裁决者马歇尔，因为这个方案在军事上是明智的，值得艾森豪威尔通过马歇尔强加给他脾气不好的下属。艾森豪威尔推迟做出决策可能是希望，甚至是祈祷永远不用做决定。在 9 月初德国即将崩溃的看法被广泛认同，使得艾森豪威尔可以避免做出这样一个可能引起分裂纷争与个人恩怨的决定。他当然喜欢这种推诿的办法，简单的方式是个很有吸引力的选项。然而他对于诺曼底之后如何开展作战含糊其辞，经常改变决定或不做决定（这也引发了一样的效果）。有时候可以安全地——实际上也是经常地推迟决策，但是如何扩大诺曼底战斗的胜利却不在此列。后勤状况已经不足以给盟军留下太多空间。

9 月作战中的战役法及领导能力

集团军一级

一个具有根本缺陷的作战战略思想通常会导致失败。如果作战思想仅仅是有瑕疵或不清楚，可以通过较低层级出色的战役和战术判断与执行来避免失败的结局。同样的是，它的不足之处也会因较低层级的不佳表现而放大，不可避免地导致任务失败，或者最好的情况也是遇到挫折。不幸的是在盟军这方面，集团军群和集团军层级的指挥都有十足的缺陷，导致他们在远未实现目标之前就到达了进攻的顶点。

对于大多数盟军的战役一级（实际上，只是战术一级）指挥官来说，追击是一种完全陌生的作战样式，他们个人的经验起不到作用。而在北非战役时就担任了集团军指挥官的蒙哥马利只指挥过一次平庸的追击作战，巴顿也是从西西里和诺曼底获得了类似经验。但是对于许多盟军将领来说，他们到目前为止的作战经历都是进攻躲在精心构筑的防线中的意志坚定的德军，很难让他们为了达到很快的前进速度而忽略伤亡情况，摆脱平常对于重型火力准备的依赖，不顾自己裸露的侧翼和德军伺机的反击，同时没有通常的部队边界、阶段线和地面目标作为指挥参照。这种谨慎使许多德国部队在诺曼底战役后期阶段脱离接触、溜走并逃脱被彻底消灭的命运。盟军的军事教条作用有限。无论是美国还是英国军队都不认为需要深入作战（这是苏联军事思想的核心，将在第 2 卷阐述），除了少数特种和空降行动以及空袭作战。在西方军事理论中，对追击作战这一课题只有粗略的研究（例如，在英军的 1944 年版《战地手册 100–5》中，追击的课题只占了 318 页手册中的 4 页）。而遭遇战，更不用说战役级别的遭遇战——与敌军预备队在行进中遭遇很常见——则从未被提及。至于先遣队这种在苏军突破作战中十分关键的理念在西方军事理论中就不存在。[20]

一旦追击作战开始，大多数盟军将领都能适应，并且行事更加大胆。事实上到了 9 月份他们就变得过于自信。逐渐地一些指挥官偏好进行短期行动，好像战术上的成功必然能够聚合成战役上的胜利，且后勤问题将消失而不是不可避免地变大一样。德军或多或少不再是他们的主要考虑因素。随着胜利似乎近在眼前，而且只会提早不会推迟，大家关心的是哪个国家的哪位将军能获得重要荣誉，而不是去想如何夺取胜利。很多决策变得有些草率，受到国家和个人名声较劲的影响，而不是来自对于形势的客观评估。没有一个作战指挥官及时预料或意识到，已经到了敌军的顽强抵抗将迫使他们从追击模式转向更加谨慎地发起进攻的时候。

英国第2集团军：邓普西中将。蒙哥马利习惯于干涉英军和加拿大军队的行动细节而且有时候直接向军一级指挥官下达指令。然而，他很少发布书面命令。这样就很难判定在一项计划或指导与监督这一计划的执行中，邓普西和他的上司各自要负责多少工作。邓普西是个羞涩、谦虚和不善交际的人，讨厌社交活动并且性情十分温和；他满足于高效而不大张旗鼓的工作，并愿意让蒙哥马利介入和拿走功劳，尤其后一个是心甘情愿的。蒙哥马利作为地面部队总司令，在追击阶段比之前在诺曼底时减少了控制，这部分原因是他的学生已经证明了他自己，还有部分原因是战事发展得太快以及蒙哥马利还有其他的事要操心，在每一项工作上投入的时间只能减少。邓普西对于作战当然有自己的理解，他也对自己的判断越来越自信。在没有受到多少干扰或建议——他也不需要——的情况下，邓普西恰当地指挥了追击作战。不过到了"市场花园"行动时期，蒙哥马利又旧态复发，加强了对下属的控制。

美军将领一向认为英国第2集团军行动缓慢有条不紊，甚至可以说是沉重呆板，但是第2集团军在诺曼底之后的高速推进令他们意外。这很大程度上归功于邓普西从一开始就全身心而富有技巧地执行蒙哥马利对于大胆追击的要求。他认识到有必要用大胆的行动来代替谨慎的战术方法，因此不顾英军一贯对于侧翼的敏感在没有进行仔细准备或得到强大炮兵支援之前发起攻击。他依靠的是速度和机动而不是数量优势，他准备让四分之一的部队停止行动来保证其他6个师实现完全摩托化，并给予里奇和霍罗克斯两位执行追击作战的军长行动自由。邓普西的目的是让德军无法停歇，策略是绕过零星抵抗，在德军试图利用水障建立连贯防线，阻挡他进军之前抢先下手。他的远见确保了第2集团军直接渡过了塞纳河，尽管此前他已经在敌军纵深挺进了接近200公里（125英里），这在向110公里（70英里）外的索姆河前进时又再度上演。在胜利的鼓舞下，在渡过索姆河后不久邓普西又受命去夺取更有意义的目标，这一次又再次前进150公里（90英里）。9月2日邓普西向霍罗克斯下达了一个十分简洁的命令："第30军要占领a.安特卫普、b.布鲁塞尔。"[21]

当第30军在9月3日占领布鲁塞尔并于次日占领安特卫普完成任务后，邓普西变回了更加谨慎的更像英国军队的样子。英军的优势正在丧失，部队正陷入孤立，而后勤的余量也在减少。尽管第30军还有足够再前进150公里（90英里）的燃料，他仍然叫停了霍罗克斯以便第12军能上来填补第30军的左翼，并利用这一时间进行维护和休整。和其他所有高级指挥官一样，他可能没有担忧一次作战暂停带来的后果，认为就算有不妥之处，德军也已毫无斗志陷入了混乱，难以在数周之内恢复凝聚力。同一时期，德国第7集团军正全力各顾各地逃窜；第15集团军虽然在有序后撤但是仍在斯海尔德河以南很远的地方，而英国第2集团军正插入两个集团军之间。德军拼命想在艾伯特运河沿岸建立一条停止线，但他们远远没有实现这一目标，更别提用反击对英军强大的装甲攻势造成威胁了，现有的情报都反映了这一点。无论士兵多么疲倦坦克如何磨损，此时都不是停止追击的时候。[22]禁卫装甲师本应立即前进并在德军把艾伯特运河变为坚固的防线之前在上面夺取一个桥头堡。事实上，三天的作战停顿使得后来英军在贝林根渡河时遭遇激战，并让德军获得更多的时间在埃斯库特运河建立防线。尽管德军的混乱和运气因素帮助英军在内佩尔特夺取了一座大桥，但他们直到9月12日才建了一个浅纵深的稳固桥头堡。禁卫装甲师用了5天时间才前进80公里（50英里），而之前他们已经习惯了在一天内就走这么远。[23]另外，随着延迟的积累，以及"市场花园"行动的登场，越往北的德军，组织性就恢复得越好。

除了失去进攻势头，邓普西似乎也忘了第21集团军群两个相互关联的目标：确保安特卫普及早投入运行，以及包围并消灭德国第15集团军。他向霍罗克斯下达的命令没有说明白安特卫普市区本身并不重要，关键的是其北部的码头。在当时的情况下，他并不需要这么做，因为罗伯茨的第11装甲师已在荷兰抵抗组织的帮助下巩固了占领区。但是不管是罗伯茨还是霍罗克斯，作为战术指挥官都没意识到要去切断冯·粲根的部队的退路并扫清斯海尔德河河口。邓普西可能意识到了这一点，或者本来应该意识到，但是莱茵河吸引了他的全部注意力。假如他坚持立即向安特卫普北部郊区的艾伯特运河前进，就可以建立一道有利的阵地，从这里出发不到 20 公里（12 英里）就能封锁南贝弗兰半岛及第 15 集团军的退路。[24] 第 12 军的第 7 装甲师在 9 月 5 日还位于里尔，一天后就到了根特地区，本来可以向前猛冲并在与第 11 装甲师的结合部建立一个桥头堡，而离根特只有 30 公里（18 英里）、离安特卫普只有 40 公里（25 英里）的第 50 步兵师也能前来支援。或者，第 7 装甲师和第 50 步兵师也可以在德军撤到布雷斯肯斯地区的海岸之前快速突击到这里。尽管可以批评邓普西没有提出这样的行动方针，但未能充分利用夺取安特卫普后初期的胜利的主要责任却在于蒙哥马利。他了解战略态势，也惯于密切控制他的主要下属。他保留了所有重大问题的决策权，而且正是他自己在集中力量向莱茵河挺进与冒险暂时转变方向打通斯海尔德河之间来回摇摆。而在做这一决定时，他本可以和最高统帅协商一下，后者多次强调过早日打通安特卫普港的意义。而现实中，蒙哥马利对艾森豪威尔连哄带吓，使其把重点方向放在莱茵河上面。

在表达出对布鲁塞尔—安恒轴线攻势的保留意见时，邓普西展现出了自己对于形势的精准判断。9 月 9 日他在日记中写道：

> 很明显敌人正把所有能调集的援兵送往前线保卫艾伯特运河，而且德军认识到了安恒—阿纳姆地区的重要性。看起来德军将尽全力保住这里。既然如此，向东北方向快速挺进是不可能的。由于我们部队的维护情况不佳，我们无法真正打一场持续 10 天到两周的战役。我们下令第 2 集团军进军安恒是否真的正确？或者沿着艾伯特运河守住我们的左翼，然后和第 1 集团军一起往东向科隆进军是否更好？[25]

邓普西对于德军正在变强的抵抗感到不安。随后为了发起一场规模更大的、军一级的空降作战，"彗星"行动被取消，以便支援一次集团军规模的地面进攻，这必然会导致进一步延迟发起进攻的时间，可能使德军进一步巩固防线并获得增援。那意味着第 30 军几乎不可能沿着单独一条公路挺进 120 公里（75 英里）。这次行动的根据依然是假设 9 月初以来令人兴奋的追击模式不会有多少变化。多个方面传来的但又非常不确定的情报本该令他警惕，不过不清楚邓普西能接触到什么级别的情报，以及这些情报是否有水分。

邓普西支持的迂回鲁尔工业区的想法比蒙哥马利的更合理。他将带领他的集团军一开始向东前进，在芬洛渡过马斯河，然后转向东北逼近位于韦瑟尔的莱茵河（实际上英军要在 6 个月后才到这里）。这一路上地形比往北的路线好一点，只有两条（而不是三条）大河需要由空降突击去夺取渡口。这个方案比起从内佩尔特桥头堡发起攻击也更可能获得突然性。而如果没有突然性，考虑到地形因素会充分限制英军的兵力优势，如果德军在英军作战暂停期间大幅增强，英军就很难向安恒方向高速前进。总之，邓普西的方案路途更短，能避免因进军路线加长而增大的侧翼受到威胁，而且还能得到来自美军的多重支援。而蒙哥马利就算得到艾森豪威尔的支持，能否说服空中部队冒险在高炮密集的、包括韦瑟尔在内的鲁尔工业区上空行动，还是个很大的疑问；这不但要向布里尔顿施加压力，同样要得到战略轰炸机部队的支持，因为防空压制任务需要第 8 航空队的轰炸机和战斗机的全力参与。

蒙哥马利依然保留了自己的重大决策权，他并没有讨论韦瑟尔方案，而是草草地将其拒绝以安恒方案取而代之，即便他知道他的大部分参谋和执行者支持的是前一个方案。忠心的邓普西没有意见，他接受了这一决定，并决心尽力把蒙哥马利的方案付诸实施。可以说，他本应积极主张自己的想法，但是这不是他的行事风格。不幸的是正如邓普西所担心的，英军的作战暂停和德国国防军非凡的恢复能力改变了战场形势。这样再加上一些霉运和无数的失误——既包括战役也包括战术方面的，注定了"市场花园"行动的失败。

这些失误有一些是客观原因或是其他人造成的。至关重要的侧翼辅助攻击直到行动开始后第 3 天才发动，但是"市场花园"行动还是迫不及待地开始了。蒙哥马利决定不去困住德国第 15 集团军，任由其向十分狭窄的空降走廊侧翼发起攻击。布朗宁没有优先占领奈梅亨大桥，加上恶劣天气的影响，导致了最终被证明是十分致命的行动延迟。邓普西要对其中一些过失负全部或部分责任。"市场计划"是由位于英国的空降集团军和空降军制定的，存在诸多的缺陷和错误。邓普西对空降作战计划的制定没有任何发言权。虽然空降作战在他的职权范围之外，但是空降部队在着陆后就受他指挥。所以在空降作战的策划过程中，他请求拥有发言权也是合理的。对于空降作战中意想不到的问题，邓普西拥有丰富的经验，而且他很有可能发现布朗宁的计划中的缺陷。如果蒙哥马利认为一次空地联合行动的计划过程中，没有两个兵种的共同参与是很愚蠢的话，他也可能支持深得自己信任的邓普西参与计划。整个"市场花园"行动的要点就是如何快速把第 30 军送到莱茵河，而且第 30 军的前进速度关系到空降部队的生死存亡。艾森豪威尔和马歇尔一样，满脑子都是热衷于把空降部队用于决定性作战的想法，可能也会用自己的影响力压制盟军第 1 空降集团军的反对意见。邓普西—霍罗克斯的计划中同样有缺陷。阿代尔和他的禁卫装甲师已经因为谨慎、保守和战术死板而出名，罗伯茨敢闯敢打的第 11 装甲师或许是前锋部队的更好人选，因为前进速度是行动成功的关键；第 11 装甲师可以直接穿过内佩尔特发起进攻，而不用像禁卫装甲师需要花上一段时间从防守状态转换出来。另外，"市场花园"行动发起的时间被定在天刚破晓，以便最大化利用关键的首日白昼时间。而且即便推进速度具有高于一切的重要性，邓普西对于霍罗克斯的督促也远远不够。"市场花园"行动提供了好几个有关糟糕的战术决策对战役产生重大影响的例子。

　　一如既往，尽管不喜欢别人的作战设想和计划，但是邓普西仍然对它的失败承担起了全部责任（除了第 1 空降师指挥官的职责之外）。实际上，大部分责任是蒙哥马利的，甚至包括战术计划一层的责任，因为他直接向霍罗克斯灌输了自己的想法。

　　从事后看"市场花园"行动暴露出的种种失误，邓普西在 9 月的作战中对作战的相关原则把握得很好。他牢牢记住上司下达的目标。复盘一下，他应当抓住主动权并立即对攻陷安特卫普的效果加以利用，但是命令一贯十分详细的蒙哥马利这次却没有指明他的目标。邓普西在指挥第 2 集团军时一向坚决果断。他重视突袭的价值，并在德军建立迟滞防线之前发起进攻达成了突然性；他的勇猛以及随之而来的快速挺进令他的敌人和盟友都感到意外，但是最终（也可以说是过早地）一贯的英国式的谨慎重新占据上风。在一众同类人中，他展现出了自己的灵活性以及决策执行力，并充分发挥手下战术指挥官的能力。他的领导才能虽然不太受到公众的关注，却赢得了下属的赞扬。就下级而言，邓普西并不是一个能鼓舞人心的指挥官，他太过矜持，成不了表演艺术家。但是他对士兵照顾有加，包括避免不必要的伤亡。在"市场花园"行动阶段，他表现出的出色的职业素质和判断力甚至好于蒙哥马利，当时他对于德军的恢复能力及其产生的影响有先见之明。与他的导师不同的是，邓普西能与美国人保持友好关系，并尽可能与他们进行合作。

　　加拿大第 1 集团军：克里勒中将。蒙哥马利认为克里勒是个平庸的将领，缺乏主动性，不适合指挥军队。蒙哥马利从不掩饰自己的看法，他想要用更富想象力和战术能力的加拿大第 2 军指挥官 G. G. 西蒙德斯中将取而代之。而克里勒坚持自己负有国家责任，要对加拿大国防部总部直接负责也令蒙哥马利反感；这触犯了蒙哥马利的原则，即作战指挥官对一个人来说是份全职工作（当然他自己除外，毕竟他认为自己应当同时担任盟军地面部队总司令和第 21 集团军群指挥官）。虽然克里勒的国家责任确实占用了他大量的时间，但真正令蒙哥马利不舒服的是，有一个下属不在自己的控制之下。[26] 他对克里勒的表现没什么指望，因此对于能够支持这一看法的负面传闻，他不加证实就接受了。

9 月 1 日，由于加拿大第 1 集团军的前锋已经远远落后于英国第 2 集团军的先头部队，导致前者的左翼暴露，令蒙哥马利十分担忧。他驳斥了克里勒第 1 集团军缺乏后勤支持的借口，向克里勒提出更加迫切的需求。克里勒的反应令蒙哥马利不满，他也不相信克里勒说的加拿大装甲师实力下降而且在索姆河遭遇强硬抵抗，以及加拿大第 2 步兵师需要 48 个小时来接收 1000 名补充兵的说法。9 月 3 日蒙哥马利召集克里勒前来开会。克里勒觉得有义务去参加在迪耶普举行的一次悼念仪式，纪念两年前阵亡于此的加拿大军人，因此赴会时迟到了，也没意识到这是一次集团军指挥官会议。蒙哥马利拒绝了克里勒的解释并严厉斥责，还宣布要将其替换。克里勒表示不能接受对于他指挥表现的批评，并会把将他解职一事上诉至渥太华政府。此后不久，蒙哥马利做出了让步，并做了一些违心的道歉，但是这事进一步恶化了两人的关系，双方成见更深更难以互相信任。蒙哥马利依然担心加拿大军队行动迟缓会破坏他进攻鲁尔的计划，并一直批评克里勒的表现。他指责克里勒把相对简单的任务不必要地弄得困难重重。

蒙哥马利仅仅因为缺乏决心和控制力而粗暴地要将克里勒解职是不公平的。克里勒的部队遭遇了比邓普西更顽强的抵抗，因为德国第 15 集团军并没有经历过几乎把第 7 集团军和第 5 装甲集团军吞噬的灾难。加拿大第 1 集团军分配到的战区在大部分时间内只有很少的机动空间【它缩小到不到 40 公里（25 英里）宽】。另外在"超密"提供的部分情报中，很明显地透露出德国将留下大量驻军来防守海峡沿岸港口和斯海尔德河河口。[27] 由于很多部队没有满员（到 8 月 31 日，加拿大师总共缺编 4318 人，大多数集中在 21 个步枪营中，而波兰军队的后备兵源已经枯竭），克里勒十分在意战斗力的下降。他能使用的资源也有限制，尤其是在交通工具和弹药方面。加拿大工程兵缺少架桥设备，他们被调往第 2 集团军参加"市场花园"行动后需求缺口也越来越大，同时还要担负修筑机场和道路的任务。而且如果克里勒不履行对加拿大政府和军队的职责那就是他的过失，而职责之一就是保证加拿大军队团结在加拿大人的指挥之下。

蒙哥马利施加给克里勒的压力有增无减。9 月 6 日，攻陷勒阿弗尔和布洛涅成为优先任务，因为控制两地就能满足"市场花园"行动的需要。到了 9 月 9 日，蒙哥马利又提出要占领加莱和敦刻尔克，因为如果想要向德国纵深挺进，这两座港口城市必不可少；安特卫普通道则在优先名单的底部。蒙哥马利急于知道加拿大人能多快夺取这些港口。随后在 9 月 14 日，他又突然关心起安特卫普的问题。蒙哥马利和布鲁克，以及艾森豪威尔都担忧无法尽早打通安特卫普。蒙哥马利把压力推给了克里勒。这时肃清斯海尔德河河口已经成为优先任务，但是蒙哥马利含糊的命令也表明，占领布洛涅依然是个重点任务；加莱和敦刻尔克可以降低到次要位置。但是不久后当克里勒向海军征询意见时发现，要打通布洛涅港口就不得不占领加莱外延的防御工事。[28] 拿起笔改变一下任务目标优先顺序当然容易，但是因此进行部队部署和物资供应的调整就非常麻烦，而且蒙哥马利没有向克里勒提供额外的部队或弹药。攻占勒阿弗尔，需要由军一级的部队按照一个精心部署的计划，在强大的空中和海上火力支援下发起进攻，所有这些都需要时间来协调。显而易见的是，在布洛涅和加莱，同样精心构筑、人手齐全的防御工事也要用类似方法突破。此外，不管蒙哥马利是如何期望，攻占这些城市都只能依次完成，因为每进攻一处都需要将有限的特种装甲部队和中型、重型火炮，以及按克里勒的观点（在集团军一级没有人反对）还包括同样的海军炮火与重型轰炸机支援全部投入。为此筹集必要的资源和供应必要的弹药都将占用稀缺的运输工具与燃料，而这些第 21 集团军群一时还无法提供。

克里勒只能用加拿大第 2 军去占领 3 个港口（在敦刻尔克被推迟后变成 2 个）和清理斯海尔德河河口。单单最后一个任务就需要第 2 军的两个师全部参与，但装甲师在运河密布的潮湿地带中作用有限。而第 2 步兵师还无法就位——在被替换出敦刻尔克前线之后，它又被派往安特卫普接替第 12 军的另外一个师，以便让后者参加"市场花园"行动。为了打通前往安特卫普的通道，同时占领海峡沿岸港口，克里勒需要的不仅仅是西蒙德斯的第 2 军。而且勒阿弗尔的攻陷并不等于第 1 军能马上满足蒙哥马利的期望。该部所有的辅助装甲车辆和炮兵都无法移动，因为所有的运输工具都被调往支援进攻安恒。当第 1 军的两个师最终抵达前线时，第一个抵达的时间已是 9 月 23 日，它们被派往支援第 2 集团军且接管了第 12 军的大部分防区，并在波兰装甲师的加强下，接替第 2 军支援已经走向失败的"市场花园"行动，沿着蒂伦豪特—蒂尔堡—斯海尔托亨博斯一线前进。

　　蒙哥马利对于夺取海峡沿岸港口，然后打通斯海尔德河所用的时间要求十分苛刻，这是战后许多研究中不加批判的观点。[29] 在没有得到足够的部队和弹药的情况下去同时进攻多个目标，很难想出这个过程如何能够加速进行。在缺乏详细计划、充足火力和特种装甲车辆的情况下，向坚固工事发起进攻换回的将是严重的伤亡、低落的士气和更多时间损失。实际上，加拿大第 1 集团军的任务过于繁重。如果克里勒能在第 1 军占领勒阿弗尔之后立即将其用于围攻布洛涅和加莱（甚至或者，对加莱的进攻仅限于格里内角炮台），使第 2 军能更早集中清理斯海尔德河河口，安特卫普的问题就能更快得到解决。此外，克里勒还可以进军到安特卫普以北封锁南贝弗兰半岛，如果他愿意的话。事实上德军已经严阵以待，而且在英军果真如此行动时，德军第 15 集团军（缺两个留在后方的师）早就撤退很久了。很难想象克里勒原本能比历史上完成更多目标，或完成得更快。他需要更多部队和弹药，但是加拿大第 1 集团军在 10 月头三个星期内一样都没得到，而后来克里勒离开岗位去休病假了。

　　然而原本还有一个更好、更彻底的方案能完全解决这个问题。英军夺取安特卫普而且码头完好无损的当天，除了第 2 师还在迪耶普，加拿大第 2 军已在布洛涅以南 30 到 50 公里（18 到 30 英里）处，离布鲁日大约 200 公里（125 英里）。克里勒可以向蒙哥马利建议，由于安特卫普的吞吐能力比在它和瑟堡之间的所有港口加起来还要大，所以对其他的港口只要简单围困即可，尽可能把加拿大第 2 军集中用于尽早打通斯海尔德河。[30] 理想情况下，这一行动可以得到第 12 军的一些甚至大部分前锋部队，以及一次空降行动和 / 或一次两栖作战的支援。这一方案中盟军能够先于机动性较差的德国第 15 集团军到达当地，甚至可以用空中遮断来减缓德军的行动，当然同时能让德军无法组织起一道防线。有人曾向西蒙德斯建议考虑下这一方案，但是他的自传中没有相关证据。当然提出这个建议之前，克里勒需要了解到更宏观的形势，尤其是后勤方面，而他做不到这点。无论如何，本该提出这类战略作战设想的人正是蒙哥马利本人。

　　虽然他不能因为未完成无法完成的事受到责备，但是克里勒在两个方面依然是有责任的。首先，大概是他不想与上司再次发生没有建设性的争吵，他并没有坚决地指出加拿大军队被赋予的任务不合理。他也没强调这样一个事实，即组织跨军种作战既费时间又很受天气影响，即便皇家空军愿意合作也是如此（皇家空军也并不总是情愿，尽管克里勒投入了大量时间与精力去加强双方的关系）。[31] 由于他和蒙哥马利联系不多妨碍了他向后者提出建议，他也担心他的建议会招来无情的讥讽甚至丢掉职务。

　　其次，克里勒主持的指挥部在决策过程中十分缓慢和死板。多数集团军指挥官（霍奇斯是另一个例外）喜欢自己评估形势并下达决策，然后交由参谋人员解决细节，而克里勒依靠他的参谋长和其他人去准备并提交多个方案由他从中挑选。有时候他会召集他的参谋开一个特别会议来准备向他提交的，甚至向蒙哥马利提交的方案，然后他才做决定。克里勒本质上的管理风格就是集体指挥。这种方式结合了不能鼓舞人心的领导作风和对于琐碎细节的痴迷，使他有时候看不清目标并看不到更宏观的形势，而且他也经常受到参谋人员的内部分歧和日程冲突的影响。问题是克里勒自己的身体也不好，他的体力和决断能力愈发受到疾病的侵蚀。[32] 到了9月底，他前往英国接受治疗，西蒙德斯则成为代理集团军指挥官。西蒙德斯更果断的风格给加拿大第1集团军注入了新的活力。克里勒错过了斯海尔德河的战斗。尽管困难重重，这次战斗仍在他的接替者的指挥和推动下以胜利告终。克里勒直到11月7日才回归岗位。他本来希望能提早一周，但是蒙哥马利直到最后一刻都在设法不让他回来。

　　克里勒没有尽全力去实现他接受的任务，虽然他也没有像西蒙德斯那样显示出这方面的创造性。他是个缺乏想象力的、笨拙的指挥官。和邓普西一样，他因为不敢反对自己的上司而受到批评。当然，两人都可以拿出很好的例子去说明无法保证以专断、偏见和强势著称的蒙哥马利会听从他们的意见。他们可能无奈地得出结论：与蒙哥马利争论不仅毫无意义，甚至还会弄僵关系，除此之外不会有什么效果；在这种情况下，最好的办法就是保持忠诚，压制自己的疑虑。克里勒原本可能只有一次机会让德军出乎意料。在紧接着夺取安特卫普之后，他可以让西蒙德斯派出一个装甲师，与徒步撤退的德军赛跑，在他们入驻之前抢先占领南荷兰要塞防线，并由加拿大军队支持建立桥头堡。或许这一行动可以辅以一次对还未成为要塞的地区发起的两栖攻击。这样做有点冒险，不符合军事教条（越过了集团军边界）。而对于蒙哥马利来说从来没必要这么做，更不用说允许下属去做。由于没能抢先占领海峡沿岸港口或布雷斯肯斯要塞，克里勒缺乏兵力和弹药去做任何除逐个攻占目标港口以外的事；他一直没能实现他所希望的那样集中兵力来加速攻城进度。事实上他被迫依靠空中和海上的火力来弥补自己的不足，并努力去争取其他军种的合作（但遇到了来自皇家空军的一些阻力）。

克里勒的工作方式十分呆板，缺乏想象力与魄力。虽然理论上很完美，但是他永远不会拿出独创的大胆的办法，在不依赖巨大的火力和兵力优势的情况下，完成更为艰巨的任务。他只是扮演一个管理者而不是领导者，没有去激励自己的下属和士兵。糟糕的健康状况消耗了他的精力和决断力，令他更为焦躁沮丧。对于加拿大军队来说幸运的是，在消灭布雷斯肯斯包围圈和瓦尔切恩时，更具创新性和活力的西蒙德斯取代了克里勒指挥。

美国第1集团军：霍奇斯中将。第1集团军的追击作战和第2集团军一样有力。9月初第1集团军在蒙斯口袋俘获了德国第7集团军数个师的残部，总数高达2.5万人。看起来这次成功的机动是在布莱德利的命令下进行的，但他仅仅是指示霍奇斯配合盟军在图尔奈实施的空降突击。霍奇斯对于转头向北进攻（越过与第21集团军群的边界）的命令毫不迟疑地接受了，并立即命令第7军调转几乎90°向北去配合第19军向图尔奈挺进。当柯林斯指出这一动作会造成他的部队与南面的第3集团军之间出现缺口，并询问霍奇斯由谁来填补时，集团军司令官回复："乔（柯林斯），这是你的问题。"[33] 获得行动自主权后，柯林斯打算留下一个步兵师，但是他立即正确地意识到集中兵力的重要性，最后仅仅用一个加强骑兵大队替代。就像8月份第19军运动140公里（90英里）从第1集团军左翼移动到右翼一样，蒙斯口袋之战再一次显示出了第7军、第19军以及第1集团军参谋部的灵活性和敏锐性。这提供了一个在战果扩大阶段利用作战机动达到重要作战效果的典范。德国人遭受的损失给了第7集团军致命一击，并使得通往亚琛的道路洞开，而这是通向第三帝国的最好路线，基本没有部队防守。不过霍奇斯只是做了部分贡献。

实际上，霍奇斯对流动的、快速变化的作战方式感到不适应。虽然他紧盯着态势地图，但脑子里依然是步兵战术思维，习惯于在相对有限的区域内，相对较慢地渐进地开展战斗。他既没有办法得到他所渴望的清晰的、最新的战场局势，也没有在第1集团军组建一支与蒙哥马利的"幽灵"司令部信号团或巴顿的第6骑兵大队类似的部队。他可能想把下级指挥官置于他一贯的严格掌控之下，但是有缺陷的通讯手段无法在快节奏的作战中保证这点。虽然霍奇斯乐意给柯林斯更大的自主权，但是他不怎么相信杰罗，也几乎不信任科利特。当他指挥部队靠近德国边界，上级传来相互矛盾的指示而后勤的制约迫使他做出艰难抉择时，这种偏见显然影响到了他的决策。

在9月4日艾森豪威尔修改了作战设想后，霍奇斯的部队被派往不同的方向。其主力位于他的前进地带北部，以此向英军提供支援，并向科隆地区的莱茵河迫近。同时他还要掩护第3集团军的左翼，因为后者正沿着凡尔登—梅斯轴线向东推进。第1集团军的正面宽度达到了140公里（90英里），覆盖很大的一块区域；他要夺取的地面目标也很分散，从北部的科隆到该地以南80公里（50英里）的科布伦茨。第1集团军只有8个师（9月3日1个师离开第1集团军交由巴顿指挥），其中的一些必然要负责很宽的战线。霍奇斯选择以单一梯队不留预备队的方式前进，但是他的部队没有均匀地分散在前线：北面的第19军分配到一块25公里（15英里）宽的区域；中央的第7军战区宽50公里（30英里），但是其三个师集中在其中三分之二的区域，其他地方只由一个骑兵大队掩护；而第5军则负责75公里（45英里）宽的地段，同样也把部队集中在三分之二的区域内。这样一种阵型适用于追击作战，而且对于突破"西墙"也是有利的——理想情况下，可以突破多个地方——不过要在德军组织起有效的防御之前。在9月初的形势下，这样直接以行军的方式逼近德国边界似乎完全是可行的。除了诺曼底的损失之外，德军在蒙斯口袋又丢掉了大量部队，意味着德军没有足够的兵力和士气在"西墙"打一场激烈的战斗，或者实际上连在莱茵河以东站稳脚跟都办不到。当第2和第3集团军都遇上意料之外的困难时，这一看法又得到了加强，因为显然德军无法在每个方向都恢复实力。但是一旦德军抵抗变得强硬起来，就像9月11日开始的那样，缺乏预备队的美军就很难及时集中兵力。这正是9月12日德军第12人民掷弹兵师抵达前线后发生的情况，第7军一下子就没有了足够的作战力量来攻克德军得到加强的防线。[34] 德军再来一个师就可能使盟军突破西墙的作战立马功败垂成，后来也确实如此。由于在那慕尔—列日公路以南缺乏平行的交通线，盟军要把大量部队从多山的、森林茂密的阿登山区和艾费尔高原重新部署到横跨于亚琛之上的主攻方向，既困难又很费时间，因此如果想要保持前进的势头就必须提早预见到集中兵力的需求。

当第 1 集团军渡过塞纳河时，后勤紧缩即将到来的警告信号已十分明显；到了 9 月初，部分物资出现了短缺，尤其但不仅仅是燃料。当因为燃料缺乏而不得不暂时让一个军停止前进时，霍奇斯选择了第 19 军。当需要分出一个师给第 3 集团军时，他派了第 19 军的第 79 步兵师，这是离巴顿的行动区域最远的部队之一。结果当第 7 军在 9 月 11 日被挡在"西墙"之前时，它左边的友军实力不断下降而且落在后面几天的路程，既无法掩护柯林斯的侧翼，也不能为突破亚琛地区的防线增添强大的动力；当柯林斯停止进攻时，第 19 军还在"西墙"以西 20 公里（12 英里）处。这真是祸不单行。通往亚琛以北的道路，在盖伦基兴的两侧，对于作战机动来说并不理想，但是比柯林斯在托尔斯堡走廊碰到的情况要好，也比第 1 集团军半数兵力所在的许特根森林和艾费尔高原的地形要好很多。德军实际上是虚弱的。在柯林斯向霍奇斯请求后，第 7 军向亚琛两侧同时发起了一次强大的武装侦察，几乎可以肯定的是这次行动本来可以在德军做好足够的防御准备之前就突破防御工事。如果柯林斯能够叫来一支预备队，他很有可能突破"西墙"。就这点而言，美军是可以通过一次快速攻击直接就把亚琛拿下。事实上德军能够搜刮到足够的部队挡住他们在亚琛南面和北面连续受到的攻击，是因为美军短缺的补给已经从油料转变为更有长期影响的弹药。9 月 18 日，第 1 集团军三个军停止各自的单打独斗，9 月 22 日霍奇斯因为需要重新规划作战计划和改进后勤状况，推迟了所有新的攻势——此时蒙哥马利正希望美军能把德军的预备队从奈梅亨和安恒方向吸引开来。

第 1 集团军实际上已经遭遇了挫败。虽然这点在当时没有显现出来，但是和已经失败的"市场花园"行动一起，形成了西方盟国 1944 年作战的顶点。这一失败的根源，在于军队被派往各个方向去夺取太过分散的目标，同时又没有足够的资源，尤其是后勤资源去实现。尽管霍奇斯接受了他的任务，没有异议甚至没有提出问题，但是这个任务的根本问题来自于布莱德利。显然由于 9 月初的过度自信，他对这个行动的成功毫不怀疑。然而，霍奇斯并非没有自己的责任。在科隆地区渡过莱茵河是他三项任务中最重要的一个吗？在 9 月 4 日艾森豪威尔暂缓行动后，情况还是如此吗？如果是，那么第 1 集团军主力应当投入亚琛缺口，并相应地提高这一方向的权重。而这里恰好是通往莱茵河最快、防守最少的道路，因此美军有最佳的机会在补给即将成为问题之前，维持快节奏行动，夺回主动权，令敌人顾此失彼，并在敌人增援之前抵达目标。另外美军的快速推进将使亚琛很容易遭到致命一击，同时解决美军绕行该城两侧（尤其是南部）时碰到的行动空间有限的问题。这需要把作战重点移往亚琛北面——与历史上相反——或许可以让实力下降的第5军负责整个阿登地区。考虑到地形因素，盟军的制空权，以及德军的巨大缺陷，阿登不会成为盟军的软肋，至少在短期内不会；实际上，如果德军敢于冒着损失仅剩不多的部队的风险，在阿登守住一块深入盟军纵深的突出部而回报还很不确定，那才是令人意外的。

霍奇斯在追击阶段，以违反最高统帅意图的方式解决了他面临的挑战。然而他在行动上有多大程度的自由还不完全清楚。在选择作战部队和优先权时（例如，派哪个军的哪个师去往第3集团军，紧缺的燃料先给哪个军），他可以行使多大权力？在做这些决定时，他是否受到布莱德利的指导，或者是否直接是由布莱德利下令的？如果真是这样，那么在违背艾森豪威尔的意图和干预下属具体指挥方面，两个集团军群指挥官都差不多。

不过霍奇斯的失误并不都是客观因素造成的。即便第5军需要加强对第3集团军的支援，也没有必要把第7军布置到整个艾费尔高原，试图以宽大正面的方式逼近"西墙"。在9月的那种情况下，一个加强过的第4骑兵大队可以掩护一块30到40公里（18到25英里）宽的地区，帮助3个师集中兵力向亚琛缺口突击，即便同时正在进行另一次攻击的第19军被错误地叫停也不影响。此外，即将到来的后勤危机很大程度上可以被预测到。[35] 霍奇斯应该有选择地进攻，而不是四处攻击希望敌人能在持续的压力下崩溃。而首要的选择就是集中兵力在原先预定的主攻方向上，尤其是当时不断变糟的天气正逐渐剥夺美军依赖的近距离空中支援。霍奇斯则十分在意要保持推进一致，由此维持一条笔直的前线并避免风险，尽管这些风险很小，因为美军拥有强大的战斗力、机动性和制空权。这不利于集中和保留预备队然后真正实现美军所在意的快速进展。实际上，即便施托尔贝格走廊已经被完全突破，但是因为攻击发起的地方缺乏纵深，意味着美军会在渡过罗尔河之前失去动力。霍奇斯没有集中后勤资源和作战部队的必然结果就是失去进攻势头，并且在薄弱的防线上只完成了很浅的突破。由于这个原因，德军获得了宝贵的时间。在夏季将逝秋季来临时，霍奇斯又将重蹈覆辙。

德国人充分利用了宝贵的时间来改善自己的防线并尽可能加强它。他们还利用逃出诺曼底的空壳部队，重新组建了一个新的第6装甲集团军作为战役预备队。德军仍然是虚弱无力的——以至于美军普遍看不起德军所做的努力，并因此低估了仅仅10天的作战暂停的影响。美军犯了错误，他们本来可以从军事历史中学到更多，结果就是霍奇斯依然没有集中足够的兵力，他发起的主攻也没有足够的深度和足够的力度冲到莱茵河——或者说，他无法放弃在整个战区内发起进攻。他的三个军，包括在艾费尔高原辅助方向上的第5军，和其他集团军直属部队平分了同样的火炮。另外两个负责包围亚琛的军都只投入了一个步兵师，而装甲师则在保护侧翼。同时柯林斯指挥他的另一个步兵师还要负责清理许特根森林，因为美军还对1918年阿尔贡森林之战的教训念念不忘，并高度怀疑德军有能力集结足够的兵力威胁到向科隆前进的美军的南翼。许特根森林之战拖到了12月才结束，美军再一次没有集中兵力，而是7个师一个接一个地连续投入消耗战，直到他们的血几乎流干。很难想象有比许特根森林更适合防御或更不适合美军的装备和训练的战场。德国人很大程度得益于在俄罗斯的长期经验，在森林战斗方面更加出色，而美军在装甲、机动性和炮兵——更不用提制空权方面占有的优势，则很大程度上没有用武之地。美军的初始目标依然还很模糊，原先只需占领第一道山脊，但是一些山头、村庄和道路中心似乎还有价值，因此美军进攻得更加深入。美军3.3万人的伤亡中的大多数是没有意义的。如果霍奇斯不再固执地坚持要通过施托尔贝格走廊抵达并渡过迪伦地区的罗尔河，他就可能会把主攻方向转向亚琛以北，并在迪伦下游地区渡过罗尔河，这样美军能充分发挥优势火力和机动性发起进攻，而且一个突围的德军步兵师也不足为惧。

具有讽刺意味的是，美军还是能为艾费尔高原作战找到充分理由的，至少在一定程度上是。德国人控制着罗尔河之上的水坝，使他们有能力阻止任何在下游渡河的企图：盟军强渡罗尔河所花的时间越长，在河流东岸被洪水隔断，并在增援抵达前被德国第6装甲集团军消灭的危险就越大。尽管在10月初，德军发动洪水攻势的迹象还比较低，霍奇斯仍故意忽略并淡化这一危险。直到11月他才意识到这个问题，而直到12月大坝才出现在第1集团军的作战计划中。通往水库的最佳路线是沿着蒙绍走廊向北，而不是穿过许特根森林。在9月的时候，甚至直到10月初，如果历史上在许特根森林被白白浪费掉的一些步兵能交给第5军的话，罗尔河水坝或许就能被拿下。除此之外杰罗的攻击也没有多少意义。

一些将领在刚进入一个陌生的、更具挑战性的指挥层时，会经历初期的摸索或犹豫不定然后逐渐适应新的岗位。霍奇斯却没做到。他的职业生涯一直处在战术层面，他无法将自己的视野提高到战役的角度。他执着于战术细节——这是他的舒适区——他缺乏具有广度的视野、见解、远见、想象力，以及集团军指挥官所需的灵活思维。对于在开阔战区进行快节奏的机动作战他感到不适应，更偏好有条理的线性和消耗作战。[36] 他不愿意花时间去研究后勤的瓶颈，经常做一些短期的决定并有明显的过度控制倾向；他常常回避上级要求他做出的艰难选择和强硬地安排优先权。他缺乏胆识，即便在风险不大时也是如此。例如，为了让第 5 军在德军完成默兹河防线前渡河，他让第 19 军离开了最快的路线和主攻方向，而且他忽略了经阿登进入艾费尔高原的这条路线既缓慢又容易被堵截的事实。他试图保持三个军同时进攻，即便补给的缺乏已经表明所有三个军都将不可避免地止步于目标之前，包括那些在主攻方向上的目标。他始终没有集中足够的兵力，使得德军一段薄弱的防线都能够阻止美军突破"西墙"的整个纵深，更不用说进一步扩大战果的可能性。他发起的进攻在时间和空间上相互脱节，因此没有实现协同效果，导致在主攻方向遭遇失败。他总是给下属过多的负担，而当科利特和杰罗失利时又对他们发火。他喜欢大张旗鼓，发起缺乏协调的正面攻击，而不重视突然性的战斗力倍增器作用。他无法在眼下的战斗正在进行时构思出之后的后续行动；实际上，就罗尔河水坝而言，他无法提前预见并为未来的作战找到一个合理的理由。他也无法从经验中学到教训，一再向许特根森林发起徒劳的攻击反映了这一点。

在外人眼里，霍奇斯是个腼腆、冷漠和严肃的人。霍奇斯领导风格无法鼓舞人心，他越来越偏向待在指挥部里，并只和少数人讨论事情。他和手下三个军长中的两个脱离了联系。对于他手下的指挥官和士兵的士气他没什么影响力。相反，他开始变得令人沮丧，因为他的勇气、健康和毅力都在明显下降，而悲观主义情绪却在上升。他因为非常关心自己的部下而出名，但是最好的关心就是减少不必要的战斗和以最有利的方式去打那些必须要打的仗，并因此取得胜利来把伤亡降到最低。

美国第 3 集团军：巴顿中将。当第 1 集团军渡过塞纳河时，巴顿的机动部队降低到了 6 个师，因为第 8 军陷在不列塔尼半岛而第 15 军又重新分配给第 1 集团军。他决心充分利用手头的部队，并严格限制用于侧翼保护的兵力：当第 3 集团军准备渡过摩泽尔河时，第12军的一个师被留在后方，掩护从奥尔良到讷沙托的350公里（215英里）宽的广大区域。[37] 在8月份最后的几天中，第3集团军以每天45到65公里（30到40英里）的速度快速前进，并在凡尔登渡过了默兹河，在8月30日通过了科尔梅西。尽管手下两个军长都表示了反对，但是巴顿带领部队一直前进到耗尽最后一滴油。巴顿认识到连续作战的重要性，比谨慎的邓普西表现出更大胆识，后者在离艾伯特运河很远的地方停下来时，还有可供再前进150公里（90英里）的燃料。巴顿的前锋部队离莱茵河不到300公里（185英里），离"西墙"的距离是这个的一半，离摩泽尔河也差不多是这个的一半（尽管摩泽尔河是道适合防守的天堑，巴顿预计渡河时不会发生战斗）。但是之后5天里他没有得到一滴油料。巴顿十分清楚保持进攻势头使敌人无法站稳脚跟并因此无法建立起纵深防御的重要性，他无法容忍迟延。当燃料短缺问题得到缓解后（尽管他也得到警告这个问题不会消失），他计划再次开始快速追击。总之他认为德军已被击败而且毫无抵抗的士气。

8月28日，第3集团军情报主任奥斯卡·科赫发出警告，德军的撤退行动并没有表现出大规模崩溃或溃败的特点。他表示："敌人已经有能力维持一条足够连贯的防线来全面掌控自己的战术态势。"一天之后他警告："最近三天在与敌接触时出现的许多新证据表明，尽管面临巨大的困难，德军仍然能够把新部队投入作战区域并从其他前线调来一些部队。"[38] 几天过后，这一评估变得越来越正确，德军的援军开始到达，而巴顿战区内的敌军组织也得到了改善。但是在更高层级眼中，战场的形势又是另一番景象，更重要的是巴顿的印象依然是"德国佬没有抵抗之力"。巴顿对于因为燃料耗尽被迫暂停五天作战的影响认识不足。他同时还低估了梅斯和"西墙"的防御工事对于德军的价值，泛泛地把所有固定防线当作无用之物。[39] 他计划在9月5日恢复追击作战，在当日他的作战指令已经指明这点。他眼睛紧盯着莱茵河上的目标，而且满心希望能一路突破摩泽尔河、萨尔河与"西墙"，并在10天内抵达莱茵河。这样对敌人的低估使巴顿和霍奇斯一样，忽略了集中兵力的原则和保留预备队的意义，而把所有的部队均匀撒布在整个战区，发动一些仓促的、粗略的和零星的攻击。而且和第1集团军一样，这样做的结果导致了失利。

巴顿一开始犯的错误——低估了德军充分利用喘息之机并建立起摩泽尔河防线的能力——或许可以得到原谅，尽管已得到了情报的警告。其他人也出现了错误估计，因为过度谨慎而没能重新获得进攻势头也算是缺乏领导力的表现。然而巴顿本来可以采取预备措施，组建预备队去利用意料外的胜利而不用停顿或应对突如其来的失利。令人不太容易原谅的是巴顿适应新形势时的迟钝。在恢复进攻的头三天或四天后，事实很明显德军确实在摩泽尔河重建了一条连贯且有效的防线。这时就需要灵活处理，重新调整作战理念。即使巴顿把摩泽尔河防线贬低为没有纵深的薄薄一层的说法有一半以上是对的，他仍有必要下达命令指明主攻方向，并随后集中兵力以可接受的代价实现快速突破。这同时也是弥补用于增加攻击纵深的预备队的时候。事实上，只要他手下任意一个军能多一个师，他们一开始强渡摩泽尔河的意图几乎肯定能够成功，因为他们面对的是一条过度延伸的防线。似乎是为了强调改变作战方式的需要，布莱德利在9月12日下达了最后通牒，指出巴顿除非能在两天内全军渡过摩泽尔河，否则第3集团军将要停止进攻。

巴顿没有及时做出调整。他让沃克的第20军继续从正面猛攻梅斯要塞，同时用两个师去拓宽南边的小桥头堡。激烈的消耗战并没有实现突破，而阿尔纳维尔桥头堡也无法提供突破的有利路径，当秋雨使公路机动停止并把横亘在巴顿前进路上的塞耶河变成巨大的障碍后，这个桥头堡也越来越不适合作为进一步推进的跳板。不过艾迪的第12军将在防御相对较弱的南部地区继续发起攻击。他用一次精彩的装甲突破摧毁了德军防线，攻下了南锡，这样一个突击的机会就摆在了眼前，而第15军也在其右翼渡过了摩泽尔河。这足以说服布莱德利和艾森豪威尔批准巴顿修改过的作战设想，虽然艾森豪威尔已宣布盟军战线北部才是进攻重点。第3集团军的目标仍然是莱茵河上的渡口，但是区域缩小到从美因茨到曼海姆之间。这比之前的目标区域缩小了一半以上，使巴顿可以更加集中部队。巴顿计划让已经得到第6装甲师加强，而且不久第7装甲师也可能加入的第12军，以各师排成纵队的方式前进，在萨尔布吕肯附近的狭窄地段强行突破“西墙”。这次攻击将于9月17日开始。海斯利普的第15军将在右侧掩护主攻部队，而从法国南部赶来的第7集团军已在9月14日和第15军建立紧密联系，将会保护第3集团军的右翼并进一步拉伸德军防线。但是直到9月20日，巴顿才最终决定放弃攻占梅斯的意图，并节约用于此地的兵力让第7装甲师脱身。

巴顿坚持要第12军准时开始进攻，但是没有亲自监督艾迪这样去做。结果是这次进攻被拖延，谨慎的步兵战术家艾迪调派装甲部队去稳定南锡北部的形势，而不是直接绕过一个没有攻击性威胁的敌人。德军利用美军暂停行动的三天时间调集新的部队，还用第 5 装甲集团军发起了反攻。这次由希特勒提出的不尽如人意的攻击没能恢复德军的摩泽尔河防线：德军在兵力对比上不占优势，部署的部队缺乏足够的训练和装备，他们的部分集结区已经被第 15 军占领，而且那些没有被牵制住的部队因为盟军的空中封锁造成延误和伤亡，只能零星投入战斗。这次交战断断续续持续了近一个星期，德军最后被击败并且损失惨重。尽管如此，这次战术上的失败却对洛林地区的防御产生了支援效果。对于盟军高层来说，第 3 集团军的攻势似乎已经陷入困境，主动权已经丧失或至少是受损。盟军情报圈子已经从淡化敌军能力的倾向转变成搜寻更多的敌军威胁——并且找出它们。9 月 23 日，在艾森豪威尔的明确指示下，布莱德利叫停了第 3 集团军的进攻，并命令巴顿转入防御。

很明显，巴顿很久才意识到他下令在默兹河暂停作战给形势所带来的变化。到 9 月底，第 20 军还在努力巩固梅斯南部的桥头堡，而沃克还只是在设法集中更多兵力，同时第 12 军才开始从桥头堡发起作战并即将攻占南锡。沃克的渡河地点没有适合的退路，而梅斯仍在德军的牢固防守之中；但是从南锡开始有一张优良的公路网向东和东北展开（如果美军愿意，可以借此绕到梅斯的后面）。如果巴顿按照 9 月 16 日的计划开展行动那就更好了：立即将第 20 军转入防御，并用该军可能会得到加强的装甲师，以及大部分的军属炮兵支援第 12 军作战。这样能和第 15 军形成协同效果，后者正在右翼取得进展；当第 6 装甲师从不列塔尼赶过来时，它可以担任预备队。这样一来艾迪就得到了增援，可以毫不延迟地向东北推进。而事实上这个机会窗口因为美军的迟疑而关闭了。巴顿的洛林作战未能在 9 月取得圆满的胜利，因为他没有按照自己的想法去行动——一位将军 95% 的工作就是确保自己的意图能得到合理而全面地落实。当艾迪没有立即执行他 9 月 16 日沿着南锡—萨尔布吕肯—美因茨轴线发起强大突击的命令时，他没有亲自干预。如果这一主攻作战能及时发起，那么就能抢在德国第 5 装甲集团军脱节的反攻（力度之大对盟军更高的指挥层产生了影响）之前，在进军路上通过遭遇战把德军各个击破。这样一种结果可能会使艾森豪威尔相信第 3 集团军应当继续进攻，正如它使布莱德利确信的那样。此时离"西墙"约 80 公里（50 英里），如果能保证补给，第 3 集团军有可能不经战斗直接突破。尽管这样的结果能让巴顿和布莱德利大为高兴，但是对于盟军战场北线的形势却于事无补。

　　显然巴顿的洛林作战存在着一个比遭遇失利后调整太慢更深层次的问题。甚至在 9 月 12 日之前就很明显，强渡摩泽尔河所要消耗的后勤资源和时间会比之前在形势更为乐观时设想的要多得多。这时候本应考虑重新进行暂时防御的可能性并限制战斗，计算能取得多大的攻击深度。即使法兰克福曾经是个可行的目标——一个在 8 月底因为后勤的原因而被盟军最高统帅部否决的目标——现在看起来已越来越不切实际。但是巴顿并没有调整他对于形势的评估，相反他告诫他的部下要更加奋力作战，并向上司索要更多的部队和补给。同时他对于现有的弹药状况和通过集团军群向盟军最高统帅部争取到更多后勤支持的前景，有着过于乐观的想象。

　　人们对于巴顿在遵守战役法的主要原则方面的记录是褒贬不一的。比起战术家霍奇斯，他能在更广阔的时间和空间中进行思考，他牢牢地聚焦在自己的目标上。但是随着时间的推移，在完成自己的目标所需的时间和后勤可持续性方面，他也背离了自己的现实主义。他一心专注于不停顿地发起进攻，用上他所有的部队，并合理地使用兵力，这是令人钦佩的。但是他在发生意外情况和需要集中兵力时反应很慢。当他在 11 月重新发起进攻，德军已经获得了几乎 6 周的喘息时间，而这次进攻是在宽大的正面发起的且没有足够的预备队，并重新把焦点放在梅斯上面。从塞纳河发起的追击作战中，巴顿主要通过高速前进取得突然性。他在 9 月初取得胜利较少的原因之一就是未能通过出敌不意来弥补损失的冲击势头。然而在 9 月稍迟的时候，他通过欺骗行动误导了德军，而在 11 月他重新发起的进攻达到了一定程度的突然性，这主要是通过时机而不是方向的选择来获得的。

　　一些历史学家和他们的同代人都主张过巴顿本来是第 12 集团军群指挥官的最佳人选。毫无疑问他的领导风格展现出很多积极的特质。他鼓励和强迫下属做到了他们原以为凭自己能力做不到的事情；例如，艾迪根深蒂固的谨慎和保守以及相应地缺乏大胆行动的热情激怒了巴顿，但是可以肯定的是假如他在霍奇斯的指挥之下他的成就会更少。巴顿同样激发了下属和下级指挥官的忠诚，这提升了第 3 集团军的表现。他的毅力、勇气和从不降温的热情与此有很大的关系。他的胆识和坚决是传奇性的。然而巴顿也有严重的缺点。他迟迟无法与他主要的盟友建立建设性和合作性的关系（当然这个问题还有蒙哥马利性格的因素，在这方面其他人也差不多）。巴顿对上司也不是很忠诚；例如他不断抱怨最高统帅太过偏向英国人，并一度怂恿布莱德利和他一起辞职，如果艾森豪威尔打算把任何美国部队交由蒙哥马利指挥的话。他故意欺骗艾森豪威尔，违背后者的意图，并积极和布莱德利一起动摇艾森豪威尔的作战计划，试图把美军的主攻方向重新放在南线。之后因为自己的抗命而逐渐被减少进攻作战。他的才智也没有突破作战的范围扩大到后勤领域：后勤的问题并不能动摇他的意志并迫使他采用不喜欢的作战方式，所以巴顿总是试图回避后勤问题，或者劝说别人去解决这些问题和克服这些困难。最重要的是他（又一次和布莱德利一样）表现得缺乏战略眼光和判断力。夺取萨尔兰和法兰克福的目标并不能影响战争走向：它们的经济和政治意义很小，而且从这里通往具有真正价值的目标——鲁尔工业区和希特勒的首都——的路线，长度分别是300公里（185英里）和500公里（310英里），且一路经过复杂的地形。和最高统帅部一样，布莱德利和巴顿其实知道鲁尔是德国战时经济的心脏，正如柏林是德国的政治中心一样。通往这里最直接、最快和最不利防守的路线位于阿登北部和北德平原上。只要后勤能够支持并且能确保北线取得成功，在南北两条路线上同时进军也是合理的。但是两个人更关心的是如何与盟友竞争，而不是进行合作。他们的目标是实现美国和他们自己的胜利，而不顾这些胜利对于实现西线作战的目标是否有重要帮助。[40] 两人把南线吹捧为通往"德国的心脏"，尽管他们自己也清楚从南线进攻的必要前提条件满足不了，这证明他们缺乏作战战略判断，这就足以把他们从集团军群指挥官人选中除掉。

集团军群和战区级别指挥官

盟军在诺曼底取得的胜利是伟大但不是决定性的，这意味着他们在9月遇到的问题要比8月份困难得多。德军影响战局的能力随着第5装甲集团军和第7集团军的大部被灭而丧失。盟军面临的问题是，如何将战役胜利转化为战略优势从而结束战争，或至少加快战争的进程？如何削弱德军发动战争的能力？有无其他方法给德国的政治体系造成重大冲击使其作战意志崩溃？盟军最高统帅部在登陆之前的评估中提出了一个宽泛的目标，不管以哪种方式都可能实现预期的效果。这个目标不算是一份作战蓝图，但实质上起到了这个作用。

第12集团军群：布莱德利中将。自9月4日艾森豪威尔首次同时担任盟军地面总司令和最高统帅后，向布莱德利的中央集团军群分配了四项任务：作为战

区主力突破鲁尔地区的齐格飞防线（"西墙"）并占领当地工业区；占领布雷斯特；突破萨尔地区的齐格飞防线并占领法兰克福；同时保护盟军的侧翼。虽然阿登以北的行动具有优先权，但是阿登以南的攻势应当尽快开始，以阻止德军建立稳定的防线，并包围从法国南部和西南部后撤的德军。面对这些有点互相矛盾和广泛散布的目标时，任何指挥官都很难找到作战与后勤资源之间的最佳平衡。布莱德利的第一步应当是剖析任务，迫使艾森豪威尔制定夺取这些目标的先后顺序。他没有如此行事，反而做了两个十分有问题的决定。

其中，第一个与布雷斯特有关。盟军最高统帅部最初计算，若要维持美国军队作战和建立足够的库存，就需要在登陆后第 90 天达到每天卸载 4.5 万吨物资的水平。[41] 由于瑟堡港和诺曼底海滩每天只能提供 2.8 万吨，他们就寄希望于位于不列塔尼半岛的圣·马洛、布雷斯特和洛里昂的港口加上在基伯龙湾建立一个人工港来弥补不足（尤其是基伯龙湾人工港，在占领和打通前面三个港口之前极其重要）。但是到登陆后第 60 天时，这三座港口一座都没有打下来，这个日期是它们被指定在 9 月初开始输送补给的时间。实际上，圣·马洛和布雷斯特分别在 8 月 18 日和 9 月 19 日才拿下，但是它们和基伯龙湾都从未能够向盟军输送补给：它们都已被彻底摧毁，而前线也已经向东推进很远，起用这些港口已经没有价值。假设盟军在 9 月 1 日开始进攻勒阿弗尔并在 10 日攻克，而且安特卫普在 9 月 4 日完好无损地落入盟军之手，为何布莱德利和艾森豪威尔都没有立即重新思考布雷斯特的必要性？为何布莱德利在 9 月 4 日赋予第 8 军优先补给以加速占领布雷斯特？美军花费了 2.5 万吨弹药（以及运输这些弹药所占用的卡车和燃料），6000 架次的空袭（第 9 航空队），付出了近万人伤亡才夺取了盟军最高统帅部在 9 月 14 日正式决定不用的一个港口。布莱德利认为，布雷斯特不能像其他不列塔尼港口一样简单地进行围困，因为此地德国驻军的指挥官拉姆克充满致命攻击性，可能会主动攻击美军的交通线。[42] 这个理由是站不住脚的。德国人缺乏装甲部队、野战炮兵和运输车辆，2 万人马中除了三分之一的伞兵之外战斗力都不高。美军在诺曼底的补给线在布雷斯特以东大约 200 公里（125 英里）。使用一个美军师甚至是单独一个旅加上一些骑兵部队、法国内地军和空中部队完全可以对布雷斯特进行围困。尽管事实证明布雷斯特毫无用处，布莱德利仍继续进行代价极大的攻城作战。对此巴顿的解释更为可信，"他（布莱德利）对我讲……我们必须占领布雷斯特以保持美国军队不会被打败的形象。……我完全同意这种观点。每当我们着手一件事时，我们就必须完成它。"[43] 这种推理是对指挥才能的一种否定。行使高级指挥官权力的职责之一就是弄清楚在何时、何地以及如何进行作战。另一个是清楚什么时候该结束战斗。和其他任何事业一样，作战也受到递减收益法则的影响，并且最终可能变成适得其反。一位将军必须知道毅力何时不再是一种美德而变成一种代价极高的罪恶。

在9月上半月布莱德利逐步做出了一个决定，放弃利用不列塔尼半岛上的任何重要港口。考虑到盟军越来越迫切需要更大的货物吞吐能力，而事实上攻占（更不用说启用）不列塔尼港口的进度已经落后，同时盟军意外地获得了勒阿弗尔和安特卫普作为替代品，布莱德利的这一决定是有道理的，但是有个前提：采取切实的措施来使勒阿弗尔和安特卫普及早投入使用。布莱德利和艾森豪威尔似乎都认为说些好话就能让蒙哥马利去完成这个任务。两人都不想提供物质支援，尽管他们都清楚蒙哥马利要优先完成其他事项，同时也缺乏资源来完成这些任务。9月下旬，美国稍微表示了一下，派出第7装甲师支援蒙哥马利，并在一个月后又派出第104步兵师。但是这点兵力太少又来得太晚，无法维持第2集团军的进攻势头，或者美国人更在乎的是及时打通安特卫普港的目标。在德军巩固斯海尔德河河口防御之前，安特卫普的问题还有望早日解决，而蒙哥马利忽视了这点，因此他的确应受到指责。但是艾森豪威尔和布莱德利同样表现出缺乏远见——实际上，是缺乏判断力——成了消极的旁观者。在这方面，正如他们对于第1集团军和第3集团军的攻势在9月份到达顶点的反应一样，没有通过指挥能力的考验——没有预见形势发展，并及时采取行动来巩固胜利或避免失败的能力。

布莱德利的第二个失误在于他对最高统帅宽大正面作战概念的理解。即便艾森豪威尔已经平分了仍然不足的补给，并同意把第5军调往阿登，在他9月4日的指令中仍然清晰地指出主攻方向应当是鲁尔工业区，而第1集团军将要支援英国军队。但是布莱德利在命令或许可霍奇斯只派出一个师增援英军，并且停止供应第19军的燃料来支援第3集团军向萨尔突击时，已经违背了艾森豪威尔的意图。此外9月9日，布莱德利承诺从第8军调出两个师，即第6装甲师和第83步兵师，给第3集团军，而不是第1集团军（第21集团军群就更别想了）。9月13日艾森豪威尔重申了他的意图："所有中央集团军群的可用资源必须用于支援第1集团军在科隆和波恩附近占领莱茵河上的渡口，做好协助占领鲁尔工业区的准备。"虽然他再清楚不过，但布莱德利仍在修饰解读这个命令，以此给他继续支持巴顿的理由，即便当霍奇斯因为后勤支援不足和部署有误开始走向失败。在 9 月 22 日凡尔赛会议再次强调把主力放在阿登以北后，布莱德利仍然偏向自己的进攻方向，实际上，这一直持续到艾森豪威尔下达了明确的命令为止。到了 9 月底，布莱德利的两个集团军都在夺取当下目标之前到达了进攻顶点。

布莱德利实际上在回忆录中承认了鲁尔的首要重要性。[44] 但是一个接受这个前提的客观的作战思想家不会做出布莱德利的行为——在面对补给状况逐渐恶化和一个连他自己都不相信处在崩溃状态的敌人时，他还顽固地要求辅助攻击方向需要得到平等的待遇。[45] 看来，布莱德利的主要动机是不想活在蒙哥马利的阴影之下，并在自己争取到的进攻方向上获得一次引人瞩目的胜利。哪怕他仅仅只是支援英国人，他就不会被当作一个伟大的甚至是独立的指挥官。他担心第 1 集团军，乃至第 12 集团军群，将再次被置于第 21 集团军群指挥之下，他将居于屈从的地位，失去胜利所带来的荣耀。[46] 不管他之后如何书写，和盟军阵营的其他大多数高级军官一样，他也认为德国人已经完蛋了，至少在莱茵河以西的抵抗已经完了。他可能因此有意无意地推断，追击德军的作战将逐渐变成一次胜利游行，不管是敌人还是后勤制约都不能阻挡他向莱茵河挺进。如果这样，第 12 集团军群征服萨尔的胜利将会被描绘成对结束战争做出了决定性贡献——一个值得为之战斗的目标，即便面对被认为偏向英国人的最高统帅时也是这样。

布莱德利对于蒙哥马利个人的厌恶（甚至是憎恨）从西西里战役以来迅速滋长，并因为蒙哥马利的成就而变得越发不可救药，这在他当时的行动，在他后来的文字记录和了解这一情况的人的评论中，都是个明显的刺激因素。不管这是人性使然还是可以理解，这种感受很难成为作战谋划的根据，并阻碍了同盟之间的合作。例如，他从未试图去协同和安排两大集团军群的行动顺序来发挥二者的优势，而且不曾积极去协调第 1 和第 2 集团军之间的行动。当然这点，蒙哥马利的过失一点也不比他少。实际上，蒙哥马利因为受命领导盟军北线的作战，责任还要更大一点。盟军高层将领之间糟糕的个人关系同样使得盟军部队一级的相互关系严重恶化，极大地削弱了他们之间协同作战的效果以及最终成就。在对待布雷斯特和主攻方向的问题时，布莱德利表现出严重地缺乏判断力和战役层级的眼光与思维局限。他同样对盟军最高统帅缺乏忠诚，对一个同样来自美国并把他当作朋友的人，布莱德利却和巴顿密谋破坏艾森豪威尔的意图并回避他的指示。

在其他重要的作战事项上布莱德利也没有做过艰难的选择。事实上，他对待它们就像对待放大版的战术问题，而不是性质完全不一样的、需要更开阔视野和更具前瞻性视角的问题。大概是因为他没深入地思考他在诺曼底的作战，他只是对事态做出反应而不是去影响形势，他乐于让他的集团军指挥官发起脱节的行动，最后都沦为一系列单独的军一级战役。另外，预见性的缺失加上天生谨慎，使得他在果断和大胆就能带来丰厚回报时变得犹豫。和他的门生霍奇斯一样，布莱德利的行为显示出了莱文沃思军事学院军事思想缺乏进步的一面。他们对于这种学说不加批判地接受，认为它既不过时又不可置疑，而不是一种历史的产物，需要根据技术的发展和敌人实力的变化而进行修正。它鼓励高级指挥官走一条线性消耗战的，不利于大范围机动的进攻道路。

因此布莱德利乐意让两个集团军把所有的军放在一个梯队中前进，在集团军群、集团军甚至军一级中都没有预备队，同时指挥他们去占领分布在广阔空间中的目标——第1集团军前往科隆、波恩和科布伦茨【90公里（55英里）】，第3集团军前往美因茨、曼海姆和卡尔斯鲁厄【100公里（60英里）】。这不可避免地将导致他的部队散布在整个前线上，几乎没有集中兵力。只要德军还只是想逃跑而不是作战，这种阵型就不会导致恶果。实际上它还会有好处，因为可以利用所有可用的战术路径，令敌人四处奔逃，瓦解敌人的指挥与控制、凝聚力和继续作战的意志。然而，如果德军能在一个重要方向上挡住美军的突击，由于缺乏集中兵力和进攻纵深，美军势必需要浪费很多时间重新部署来恢复进攻势头。而德军同样能利用这一时间恢复部分防线并进行加强。另外，把每个能用的师集中在一个梯队里前进也将使后勤不堪重负。这种令人不安的现象早在渡过塞纳河开始全面推进之初就显现出来了。当然这种可以预见的事情也的确发生了。

以他希望得到的补给来看，布莱德利最多可以维持一支10个师的部队，或12个缩减规模的师（不包括那些正在围攻布雷斯特的部队）。只要追击作战继续进行，这还不是个问题。追击战比起攻击处于防御态势的敌人要消耗更少的弹药和燃料（在第二卷将详细描述）。可以说，他还不如只维持那些还在作战的师，让另外四分之一到三分之一的部队休息，当可以得到更多补给或者其他部队的补给因为形势变化可以转给他时，这些部队就可以作为随时可用的预备队。指挥官和他的参谋人员因此可以消除不确定性，能够更有信心地计划作战而不是指望模棱两可的许诺，然后最终还是要被迫根据自己获得的资源修改计划。这样的方式当然不允许部队同时四处出击。布莱德利和他的两个集团军司令将不得不想办法把有限的资源发挥出最好的效果。这就要求每一级部队都要集中在主要的方向上。由此必然导致前线的推进速度不一致，当敌军阵地被绕过之后会形成突出部。不过，德军是否会冒着被包围和消灭的危险把部队留在莱茵河以西的突出部中，而不是保存他们遭受重创的部队的余部还是值得怀疑。

德国人还需要考虑到德弗斯的第6集团军的快速进展，这对他们的左翼造成了威胁。无论如何，在占有强大的作战力、机动性和制空权的情况下，第12集团军群在9月份几乎不用担心德军有什么反制措施。只要美国人采取有力而持续的进攻行动，使敌人处于被动状态，他们就还可以在不太有利的情况下进行冒险。当面对一个实力均衡、有进攻能力、具有主动性的敌人时，谨慎是可取的；在夏季末的情形下，这将导致资源的浪费。即使布莱德利及早集中兵力并保留和适时部署一支预备队，他也不可能在科隆地区强渡莱茵河，因为后勤制约将在秋季拖他的后腿。但是即便他无法渡河，他也必将抵达莱茵河边迫使德军投入最后的预备队，在试图阻挡布莱德利时被零零碎碎地消灭：第6装甲集团军将会夭折。艾森豪威尔肯定会认为这是个令人满意的结果。

第21集团军群：蒙哥马利元帅。 早在8月中旬，蒙哥马利对于诺曼底之后的战斗如何把战役胜利转化为战略性的、能够赢得战争的胜利就有了一个清晰和坚定的想法——他自己的逆向版施里芬计划。这个计划唯一需要的就是快速决定将其实施。布莱德利和艾森豪威尔都不接受他认为唯一明智的道路，使蒙哥马利感到惊讶与不安。从8月23日的会议一直到10月，蒙哥马利都在努力地劝说艾森豪威尔无条件地同意他的作战战略，而且9月之后他甚至在阻止艾森豪威尔接受一个缩水的版本，因为他认为这是一种倒退。实际上，蒙哥马利如此激烈地、坚决地争取获得地面部队总司令的任命，可能更多是想坚定不移地实施自己的作战设想，而不是出于自我膨胀或虚荣心。蒙哥马利的设想的确比布莱德利的更加深思熟虑，而更有可能实现参谋长联席会议和盟军最高统帅部在登陆之前发布的指令中的意图，但是他固执地坚持自己的计划不仅仅是太过执迷，同时也排除了其

368

他必须考虑的因素。

完好地占领安特卫普及其所有港口设施本该被当作一件具有重大意义的事件，因此值得为它重新制定计划。但是不管是战区还是集团军群一级都没有做出改变，即便盟军海军总司令已经强调过打通这个深水港具有迫切的后勤必要性，同时在安特卫普陷落当天警告了艾森豪威尔和蒙哥马利要启用安特卫普就必须肃清斯海尔德河河口。虽然第21集团军群在9月12日的情报总结中提到，德国人已经确定保卫莱茵河的最佳方式就是阻止安特卫普港投入使用，蒙哥马利倾向于认为克里勒能够快速而轻易地完成这个任务。他只是在口头上为这个任务提供了支持。他决心不削弱或拖延他向鲁尔工业区的突击，这一计划因为美国第3集团军分走部分补给导致在他右翼的美军第19军大幅放慢脚步，已经远离他原先"全力突击"的设想。他做了一个自以为是的计算，即"一个条件好的加莱海峡港口"，加上每天空运1000吨物资，再加上额外的运输工具，他就可以前进到赖讷—罗斯纳布鲁克—芒斯特地区。如果迪耶普、布洛涅、加莱和敦刻尔克等港口开始运作，加上勒阿弗尔提供的3000吨物资，他表示他甚至可以向柏林挺进。[47] 其实真正需要安特卫普港的是美军，而不是蒙哥马利的部队。尽管9月13日盟军最高统帅部在另一个命令中督促他行动，蒙哥马利也只是催促克里勒加把劲，同时混淆了对于海峡沿岸港口仍然存在的需求以及从安特卫普向北推进的建议，而且没有向克里勒提供额外的部队和火炮弹药用于这些任务。同时，他还向艾森豪威尔假惺惺地保证将会更加努力打通安特卫普港。[48] 实际上，蒙哥马利对于安特卫普问题的忽视，以及对艾森豪威尔的敷衍及对克里勒的敦促，一直持续到他的攻势在安恒到达极限之后很久。在10月16日之前，他都没有投入足够的部队来开放安特卫普港，而此时离占领安特卫普已经过了6周。他狡猾地试图转移艾森豪威尔的注意力，使后者认为只要"市场花园"行动获胜就能拿下这个大型的内陆港口。但是鹿特丹在安恒以西超过110公里（70英里）远，离安特卫普不到100公里（60英里），而且他已经投入了全部部队，未来将由谁去占领鹿特丹还不得而知。很显然由于让德国第15集团军一路撤到斯海尔德河再渡过河口，并在瓦尔赫伦岛以及布雷斯肯斯包围圈中留下了坚固的要塞，并以剩余的部队加强防线，使得蒙哥马利早在9月第一周就已埋下导致自己以及整个战区的作战设想失败的祸根。

艾森豪威尔9月4日的命令犹在耳旁，蒙哥马利可以也本该直接命令克里勒对海峡沿岸港口仅做围困，集中兵力于斯海尔德河任务；他也可以把第7装甲师暂时配属给克里勒，该师在9月6日已经抵达根特，或者更好的办法是把整个第12军交给克里勒，这样他就能在德军防线形成之前发起行动。这样一次迅速行动，可以同时包围丧失机动性的第15集团军和打通斯海尔德河河口。虽然这样会不可避免地导致第30军在一段时间内毫无支援地推进。不过，加拿大第1集团军的主力部队将在几天后加入向德国的进军，而不是几个星期后。重要的是，随着安特卫普港开始运作，英军和美军的地面单位与部队将迅速拥有足够的补给、运输工具以及增援部队来继续向前推进。[49] 拥有一个可以运作的安特卫普港将是战斗的倍增器，使盟军主力获得大幅度增强成为可能。蒙哥马利显然忽略了这些因素，把这个问题看作是安特卫普和莱茵河之间的一种简单二元选择。[50] 在做出这一选择时，他表现出傲慢、缺乏远见与判断力，他对于艾森豪威尔敷衍了事是不忠，而不顾克里勒任务过重指责他进展缓慢，是不义。令人很难不去怀疑蒙哥马利和布莱德利一样，都认为战争的胜利近在眼前——因此他的意图是让英国第2集团军，在加拿大第1集团军某些程度的帮助下，不仅推进到奥斯纳布吕克，如果港口吞吐能力足够，还将一路打到柏林（这只是在一段很短时间内的想法，在9月10日他和艾森豪威尔会面后就已打消，又在9月22日的凡尔赛会议上被正式否决，而当时艾森豪威尔反而支持这一主张）。[51] 和他的美国同僚一样，蒙哥马利也想摘取胜利的光环与荣耀。

蒙哥马利短浅的目光追求的愿景已经不再是和霍奇斯的部队一起向鲁尔挺进——这已经因为艾森豪威尔同意分散第12集团军群的部队而作罢——转而变成在另一条不同的轴线上，在安恒渡过莱茵河并向鲁尔以北挺进。"市场花园"行动仅仅是蒙哥马利自己的想法。他的高级参谋以及行动的执行者邓普西都对这个计划持怀疑态度。它常常被描述为一次大胆的，经过精心计算的冒险，虽然战役设想上合理，但因为战术失误和纯粹的厄运而失败了。实际上，"市场花园"行动在计划和执行中在战术层面上都有重大问题，同时也碰上了一些坏运气。[52] 撇开这些问题，这次行动离成功还远得很。蒙哥马利说："这次行动是合理的，假如好天气能够持续，毫无疑问我们本来可以取得圆满的胜利。"不幸的是，"敌人设法以惊人的速度集中力量对抗我们。在面对这种抵抗时，英军……没有强大到可以通过加快地面行动的速度，来扭转由恶劣天气造成的不利局面。我们没能把走廊拓宽到足以利用公路快速向安恒增援。"[53] 他的结论还是有一些道理，但是仔细分析后可以发现，它在设想上是存在问题的，这次行动更像是在不确定的作战假设上进行的一次赌博。

"市场"行动的前身"彗星"行动在9月3日被定型，在6日得到确认，之后因为第2集团军失去进攻势头又被推迟了三次，随后在10日取消。经过5天的激烈战斗并前进了约30公里（18英里）后，内佩尔特桥头堡直到9月12日才建立。由于德军已经出现了明显的复苏，用于"市场"行动的兵力增加到一个空降军，并且选定9月17日作为D日。由于得知德国第15集团军已经撤到荷兰西部，而在9月13日至16日之间党卫军第2装甲军出现在预定行动区域的迹象越来越明显，蒙哥马利本应重新对敌情进行评估。这点反过来也应当引起他对整个行动设想的极度质疑。一支至少需要三天（如果天气转坏还需要再多几天）才能全部投送完毕的空降部队能否夺取所有目标，并且集结得够快足以守住这些目标？不论是在空投区还是航空基地上空，9月份都预计将出现恶劣天气。在任何情况下，既然地面部队需要4天时间走完从贝灵恩到内佩尔特的16公里（10英里）路程，即便得到空中支援，他们又如何能够提高并且保持足够快的速度在两到三天内走完120公里（75英里）到达安恒？如果德军还在撤退的话，后一种假设可能还是可行的，但是德军抵抗正变得相当顽强，加上地形有利于防守而不利于第30军投入足够的作战力量。另外，侧翼的部队面对的地形更加复杂，要等到D日后第2或第三天才能发起辅助攻击保护第30军的侧翼。换句话说，地形将极大地限制第2集团军的优势战斗力。不用提敌人，单单是克劳塞维茨提到的摩擦因素，就已能干扰每一个计划的执行，而地形因素也不给盟军留下任何挽回的空间。蒙哥马利保持目标和时间表不变的决定只是一厢情愿。任何一个需要所有环节都要进展顺利才能成功的作战计划一定是有缺陷的。

即便能跃过莱茵河，并在代芬特尔地区的艾瑟尔河上建立一个桥头堡，第21集团军群是否还有足够的兵力再前进另外150公里（90英里）绕过鲁尔工业区的北部，切断它和第三帝国其他地方的联系？加拿大第1集团军在未来数周内几乎将全部忙于攻占海峡沿岸港口和清扫安特卫普港的通道（后一个任务直到11月底才完成）。这使得第2集团军最多只有8到10个师（即便从加拿大人那里挖了墙角）来向德国腹地前进，保护逐渐拉长的侧翼和一条脆弱而狭窄的"空降走廊"——这实质上的"铅笔状的突击"背离了蒙哥马利在8月的提议而且违背了他自己最为重视的集中兵力原则。盟军十分依赖的空中支援，将会因为前线和机场之间的距离的增加以及秋季正在变糟的天气而减少。一旦越过德国边境，盟军将无法得到抵抗组织的友好帮助；相反，可以预料到会有来自平民不怀好意的消极敌对行为和日益严重的蓄意破坏，还包括来自混入平民的敌军的袭击。另外，即便第2集团军的规模这么小，如果没有开放安特卫普也得不到足够的补给，而这显然不会立即实现。海峡沿岸港口具有足够的卸载能力，但是要等到10月下旬才能实现。再者从港口向前线运输补给的问题更大。例如，从布洛涅到代芬特尔有440公里（275英里）。铁路恢复工作，尤其是信号和通讯系统，以及桥梁的修复工作无法跟上前线的快速推进，而且铁路连接点还需要时间达到较高的处理能力。盟军在现实的时间表中没有安排任何建设管道的计划。即便第21集团军群能够继续保留借来的8个美国卡车连并独占空中补给（越来越受到天气的干扰），它还是会发现自己仍受到后勤制约的影响。

如果第2集团军成功地在安恒强渡莱茵河，它的前进路线将和第1集团军几乎呈90度。两个集团军在安恒和亚琛的先头部队之间将出现一个80公里（50英里）宽的空隙。当第2集团军从代芬特尔向东挺进时，它的后勤供应将越来越不稳定也只能依靠自己，因为它离位于亚琛—科隆地区与鲁尔城市群的美国人150公里（90英里）远，无法得到支援。如果德军能够从其他前线和补充集团军中获得兵力，第2集团军就可能面临被阻挡在莱茵河并且被切断补给线从而大败的危险。蒙哥马利支持的从安恒方向突击的方案有一些优点。然而，"西墙"在其最北端还未完成的地方对于防御来说没什么意义。而V-2导弹的威胁纯粹只是英国的问题，不应影响到本来可以提早结束战争的战略决策。无论如何，蒙哥马利在决策过程中应更加慎重地考虑与美军分兵的问题。他本来应该清楚他无法说服艾森豪威尔把12集团军群的进军方向调往更北面的地方，何况他也没有全力去劝说艾森豪威尔。他甚至没尝试过。邓普西主张的埃因霍温—韦瑟尔方向是正确的。如果英国人沿着这条路线前进，就有可能说服艾森豪威尔让美军的主力用于一条沿着马斯特里赫特—盖伦基兴—杜塞尔多夫和/或科隆的突击路线，而不是通过斯托尔贝格走廊和许特根森林。

蒙哥马利荒唐地声称"市场花园"行动取得了"90%的成功"，因为他的部队控制了四条大河上的渡口，而且之后在奈梅亨以北占领的土地成了盟军1945年3月在韦瑟尔渡过莱茵河的跳板。[54] 而实际上，这一行动的作战目的没有实现：没有迂回过"西墙"，而在英军付出努力而又失败的这段时间里德军又加强了防线。夺取安恒的大桥是成功的必要条件，因为整个行动的核心就是获取有利的阵地用于发起一次包围鲁尔地区的攻击行动。这次行动的机会成本也很高："市场花园"行动得到优先权使得德国第15集团军逃离了被钉在海边并消灭的命运，而且占用了用于提早打通安特卫普港的部队。由此得到的只是一个哪也去不了的突出部，而且守住这里又代价过高，如果这些部队跟随第1集团军沿着芬洛—韦瑟尔轴线（这里当时几乎无人防守，不像荷兰除了有第15集团军还有第1伞兵集团军）进攻会更好。事实上，蒙哥马利绕过"西墙"的企图失败，只是降低了他在美国人面前的信誉和声望，导致影响力的损失。正如他在"古德伍德"行动之后，似乎成了一个强硬的失败者，习惯于不遗余力地去过分吹嘘自己。"市场"和"花园"两个行动的失败以及他对此的狡辩令艾森豪威尔对他失去了信任。这样即便蒙哥马利对于未来作战方针提出合理意见时，也会招致更大的质疑声。

尽管他在9月份强渡莱茵河的努力在安恒遭到失败，蒙哥马利仍然坚持他可以通过改变进攻方向取得成功。按计划"市场花园"行动之后的"盖特威克"行动将于10月12日开始，行动中第2集团军将经过埃因霍芬和芬洛向克雷费尔德（杜塞多夫正北）突击。这一行动能享受到加拿大军队打通斯海尔德河作战获得的后勤优先权。由于他痴迷于鲁尔和自身的傲慢、自私与拒绝承认失败，蒙哥马利正在失去客观性，脱离最新的情报和确凿的事实，蛮横地按照自己的意愿行事。10月4日的凡尔赛会议，蒙哥马利被浇了一头冷水，当时出席会议的所有人包括布鲁克在内都强调了开放安特卫普任务具有优先性。之后在10月7日邓普西向他反映的第2集团军的问题，尤其是兵力不足的问题使他无法回避，也否决了发起新的突击的可行性。"盖特威克"行动被推迟，并且在10月9日蒙哥马利开始不情愿地向加拿大第1集团军提供与任务相适应的资源，用于消灭布雷斯肯斯口袋、南贝弗兰和瓦尔赫伦岛的德军。

蒙哥马利在诺曼底作战期间，大部分时间都遵守了作战艺术与领军之道的原则，并因此取得了胜利。在9月份他大体上沿袭了这一做法，比起布莱德利和艾森豪威尔更有一致性，但是过于自负的态度起到了反作用。他追求的目标是渡过莱茵河，专注于迂回鲁尔工业区，而没有考虑到艾森豪威尔的更宽大的、英美军队一起推进的战略需要迅速打通安特卫普港。起初他试图让艾森豪威尔相信安特卫普没那么重要；当这招不管用时，他只是表面迎合艾森豪威尔，而在实际作战中则抛开他的指示。这种行为显示出蒙哥马利缺乏忠诚，但他对下属的类似行为却是丝毫都不能容忍。蒙哥马利同样缺乏远见、广阔的战略眼光和现实精神。他无法把自己的思想从狭隘而纯粹的军事、作战事务中解放出来，放到更加宽广的政治和战略层面上，从关键的同盟视角看待问题，这又平添了他的个人缺陷，使他不足以担任最高指挥官。[55]

随着 1944 年作战的推进，蒙哥马利性格上的缺陷越发地暴露出来——自大、高傲、自以为是、刚愎自用、不知变通，使他成为一个极度糟糕的跨国团队成员。他认为克里勒背后的国家因素是无关紧要的，正如他对待艾森豪威尔那样。他发现很难与布莱德利打交道，因此他在 8 月 22 日到 9 月 3 日之间没有试图去见他（尽管那时他还是盟军地面部队总司令）。他不仅看不起艾森豪威尔的指挥能力，同样也不尊重他本人，在艾森豪威尔面前盛气凌人，而且除非按照自己的方式，否则拒绝和他见面。[56] 即使是在和马歇尔的一次短暂会晤中，蒙哥马利也表现出缺乏政治觉悟，甚至是常识，对艾森豪威尔及其想法大加贬低。此外，他也不去学习。在狭隘的军事—技术领域之外，他从不去了解任何重要的事情。他从未明白同盟国内部的权力平衡已经改变，以及因此影响到了他对于决策的控制。他不接受其他人的想法中一些值得注意的优点，甚至不愿去积极说服他人认同自己的观点。他听不进去，或者顶多在他想听的时候听一下；因此，在 10 月份因为地面部队总司令一职的事情受到严厉的警告之后，他在 12 月旧事重提又受到了被解职的威胁。美国人对于英国人日益增长的敌意，很大程度上归咎于蒙哥马利本人，他自己也成为冲突的焦点，还拆散了艾森豪威尔不辞辛劳打造起来的团队。这些个人的缺陷以及由此导致的后果表明，不论他的作战思想如何合理，蒙哥马利都是地面部队总司令的糟糕人选。他天生的自以为是和不容异见可能导致政治争端，并对同盟国努力维持的团结造成破坏性后果。

西北欧战区：艾森豪威尔将军。1944 年夏季作战证明了艾森豪威尔是个平庸的战役法实践者。这一点并不令人意外，因为他在军事生涯中一直是个参谋军官，外加短暂指挥过一个营，在 1942 年跃升进入战区司令部之前，他一点都没有战斗经验。他曾刻苦地学习军事理论和历史，但是这些学习没怎么帮他理解作战或者为作战做好足够的准备——这两者对于实际指挥都很重要。莱文沃思军事学院在间战期间的教学也无法在 1944 年指导他与德国国防军作战，虽然它偏向通过优势火力以消耗战的办法获得胜利，却也没有排斥作战机动。这正是 1944 年夏季末作战需要的，当时德军几乎陷入全面崩溃，为盟军提供了取得胜利的机会，唯一限制他们的是后勤因素——这一状况是美国军事理论作战从未预料到的情况。像所有学说一样，莱文沃思的教学应当被当作非约束性的行动指导，但是随着时间推移它却被不假思索地当作教条。

　　诺曼底作战之后，盟军在行动中碰到的主要问题是后勤，这对于美军来说尤为严重。与英军不同的是，他们将离补给来源越来越远，而英军在向德国进军的途中则接连占领重要港口。从决定不在塞纳河边暂停作战那天起，艾森豪威尔就明白了这点。然而他找到的解决办法无济于事。他从"眼镜蛇"行动开始之时就强调了急需不列塔尼半岛上的港口，但是没有动用足够的权力去强令或哪怕是去说服下属指挥官。他多次重申了他要求占领布雷斯特，最后一次是在 9 月 13 日。他写道："我们从未指望（布雷斯特）提供的能和基伯龙湾一样多……过去的经验证明不列塔尼港口会因为无法使用而令我们极度失望。我们不仅预计它们的防御将十分坚固，而且在我们占领之时它们已经被有效地破坏。"[57] 然而 9 月 3 日他接受了放弃基伯龙湾的建议，但坚持要占领布雷斯特，直到在 9 月 14 日才承认无法利用布雷斯特。尽管下达了这一决定，他还是允许继续付出巨大的伤亡和弹药代价进攻布雷斯特，直到 5 天后攻陷这里。

　　当然，在各集团军的补给线拉长得超出了承受极限，如果出现替代选项的话，逐渐弃用不列塔尼半岛港口是合理的。在 9 月初攻入勒阿弗尔是有希望的，但是在它重新开始运作并实现哪怕最低的吞吐量也需要超过一个月的时间。最为重要的是，9 月 4 日盟军占领了安特卫普而且港口设施完好无损。艾森豪威尔被提醒如果无法肃清斯海尔德河河口，这个意外的收获将毫无用处。他多次向蒙哥马利强调了这点，要他把占领斯海尔德河河口当作当务之急，但是他的表达方式有问题，使得蒙哥马利觉得没必要再给任务过重的加拿大部队下达一个模棱两可的命令。此外，艾森豪威尔对于"市场花园"行动首要地位的确认也降低了他对于开放安特卫普港的需求。他已经受到了胜利病的感染，在 9 月 5 日的办公室备忘录中，他写道："德军战败是彻底的，现在实现这一设想唯一需要的是速度。"[58] 9 月 15 日，他致信蒙哥马利谈到向柏林快速进军。直到 10 月 9 日，在"市场花园"行动的冒险失败和拉姆齐警告加拿大部队的作战因为弹药短缺而暂停后，艾森豪威尔才重新关注安特卫普问题，并在电报中直截了当地说：

> 我必须重申，我们正直面几个月以来预见到的形势；我们运入欧洲大陆的物资将无法支持我们作战。除非在 11 月中旬安特卫普已经运作起来，否则所有的行动将陷于停顿。我必须强调，我认为安特卫普是我们从瑞士到英吉利海峡整条前线上所有作战任务中的首要目标。我认为你需要亲自关注打通安特卫普通道的任务。[59]

即便这样的严令也无法说服蒙哥马利把作战重点从第 2 集团军的行动转移到扫荡默兹河西岸。直到 10 月 13 日艾森豪威尔在另一封信中严厉斥责才迫使蒙哥马利重视起来。[60]

到了 9 月初，艾森豪威尔认识到礼貌的建议和提醒不足以使蒙哥马利偏离他选定的路线。只有一个不加掩饰、直接明了的命令才足以解决开放安特卫普这一重要问题。艾森豪威尔本应意识到在他 9 月 5 日第一次下达委婉指示后，蒙哥马利轻描淡写的保证与实际行动不符，当时他就该发出这样的命令。当然，他本应全面考虑这个问题并提供额外部队——此时正在毫无意义地围攻布雷斯特的第 8 军——帮助任务过重的第 21 集团军群完成这一重要任务。

这是个十分重要、十分紧急的命令，只有艾森豪威尔一人能够下达。不幸的是，他对安特卫普的看法既不清晰也不连贯。在德国人意外地丢失安特卫普港并因此进行调整开始组织斯海尔德河河口防御的关键时刻，艾森豪威尔却对赌博性质的安恒作战产生了兴趣，希望这能导致德国的崩溃从而不再需要安特卫普港。[61]他显然没有意识到，如果赌输了就会失去关键的时间。直到"市场花园"行动末期，他才发现蒙哥马利承担了太多和太分散的指挥工作，但为时已晚，盟军已无法弥补损失的肃清斯海尔德河河口的时间。他向第 21 集团军群提供的两个美国师来得太晚也太少，没法阻止布莱德利的部队陷入正使其瘫痪的后勤危机。

在决定战区部队编组和作战形式时，艾森豪威尔顺其自然地遵循了莱文沃思学院的教导，选择了全线进攻的方式，只留下空降集团军作为预备队。德军将在各处受到持续的压力，被盟军的优势火力粉碎，得不到休整和组建预备队争夺主动权的机会，或者也无法把资源从一个地区转移到另外一个。德军迟早会在某处崩溃，这将帮助更具机动性与灵活性，并得到制空权帮助的美军在追击中消灭德军。诺曼底作战被认为支持了这一战法的合理性。由于德军必须防守的前线比较短并因此具有了防御密度和纵深，盟军只能通过持续的消耗战才能突破他们的防线，而这最终才在"眼镜蛇"行动中实现。也许这其中有一种倾向，就是忘记了"眼镜蛇"行动很大程度上归功于第1集团军不同寻常地在进攻时集中兵力，并进行纵深部署。无论如何，在之后的秋季攻势中，再也没有一支美军能达到类似的集中程度和深度，这时出现了一定程度上的半僵局状况。

在对付撤退中的敌人时，尤其在拥有机动性和装甲部队优势和制空权时，实施宽大正面推进策略是很有道理的。由于在突破后接触线变宽，敌人失去了固守每个地方的能力；美军可以针对德军弱点发起进攻，可以实现突破并扩大，在德军恢复防线之前占领更多的土地。美军通过快速重组能够对德军薄弱区域发起新的攻击，在德军崩溃之前将不断重复这一过程。一旦这点变成现实，美军的进军就会变成追击，因为敌军几乎成了无助的受害者，面对美军变得更加大胆不受约束的突击时，德军的反应将更加滞后和无力。直到德军得到可以扭转局势的生力军前，这个问题的严重程度将逐渐变得令人绝望；德军可能偶尔会赢得一些战术胜利，但是任何带来这种胜利的因素都将会被卷入一场不断蔓延的灾难中。这样一个军的战败可能在一个集团军群的瓦解中结束。

有一个主要论点认为宽大正面策略在1944年9月的形势下没有多大意义。因恐惧而叫停第3集团军进军会使德军能增援对抗第1集团军的防线甚至发起一次反击。德军在洛林的偏师既微不足道也缺乏机动性；他们需要认真考虑巴顿可能在任何时候重新发起攻击；沿着罗恩河谷快速挺进的"龙骑兵"行动部队，又对洛林南面和阿尔萨斯造成了迫在眉睫的威胁。

虽然理论上可行，但在一条宽大前线上发起一次有力的攻击还是需要合适的条件。这些条件之一就是建立一些预备队，至少在集团军一级需要。没有预备队，就很难快速扩大战果并把战术胜利转化为战役胜利，或在合适的时机转变进攻方向阻止敌军巩固防线。美军战役层面的指挥官一般都忽视了这一预备措施，因此他们的进攻受到了影响，尤其是在他们坚持毫无益处的进攻时，如霍奇斯在许特根森林、巴顿在默兹河加剧了这一问题。对此艾森豪威尔毫无作为。另一个先决条件是建立一个能够维持部队达到计划中的作战纵深的后勤系统。这样的一个系统在 8 月份美军从塞纳河边开始扩大作战时还不存在，而美军瞄准的目标离他们的补给来源大约 1000 公里（620 英里）远；这是因为战斗以意料之外的方式发展，加上系统本身的设计缺陷——艾森豪威尔的失误只是一个小方面。早在 8 月 24 日艾森豪威尔已经开始担忧美军的后勤制约。不管怎样，他决心要第 1 和第 3 集团军以同步推进的方式强行突破"西墙"并渡过莱茵河。他知道后勤地带只能维持10 到 12 个师进军，即便压缩了部队的规模也是，而且之后这个数字还会下降。全面进攻虽然能够让敌人不堪重负，但是同样会让进攻方不可避免地超出承受能力。不过艾森豪威尔仍然希望在盟军的进攻达到极限之前，德国会发生军事和政治上的内乱。这是一场赌博，但是值得他赌一把。这同样是一场能帮他避免，或者至少拖延决定让某一支大部队停止行动进而激怒某些影响力大的指挥官的赌博。军事逻辑——突出主攻方向用较少的但保障有力的几个师发挥更大战斗力打一场追击战的重要性，对比有很多师但补给不足打一场无法预测的走走停停的仗——已经不在他的脑子里。一个没有足够实施手段的作战设想不应当坚持。

很明显，艾森豪威尔对于他的指令缺乏深思熟虑，尤其是对第 12 集团军群的指示。这并不是他缺乏远见的唯一例证。面对英国人的反对，他坚持捍卫"铁砧 /龙骑兵"行动。然而对于如何使用沿着罗恩河谷北上的部队，除了在诺曼底作战进行时牵制住第 19 集团军外，他也没什么别的想法。当新组建的第 6 集团军群在9 月 15 日划到盟军最高统帅部指挥之下时，由于艾森豪威尔的坚持，该集团军群的前锋部队已经抵达了埃皮纳勒—贝尔福一线，逼近孚日山脉脚下。实际上艾森豪威尔给第 6 集团军群指派了两个任务：消灭己方区域内的敌军（后来和第 3 集团军会师太晚，没有包围住逃跑的德国人）；从斯特拉斯堡向南突破莱茵河与"西墙"。9 月 15 日在致信蒙哥马利时他考虑，德弗斯的第 6 集团军群应当向东突击，目标是奥格斯堡—慕尼黑地区。这一任务不仅包括强渡莱茵河和突破沿岸工事，同时要在几乎不可逾越的黑森林中推进 50 公里（30 英里），去占领几乎在 400 公里（250 英里）外的，对于德国战争能力几乎没有影响的目标。艾森豪威尔几乎没怎么花心思去为第 6 集团军群找一个合适的角色，尽管这支部队有自己的来自地中海的供应链。他的想法不外乎向布莱德利表达希望通过德弗斯的后勤部门解决第 3 集团军在洛林地区的补给问题，并且第 6 集团军群将向巴顿的右翼提供支援；之后在 9 月份他把第 15 军调给第 7 集团军，以减轻后勤地带对该军的供应负担，并以此把集团军群边界向北转移。艾森豪威尔似乎从没考虑过继续往北沿着埃皮纳勒—萨尔布吕肯轴线进攻【大约 160 公里（100 英里）的路途】，去包围巴顿的当面之敌，或沿着埃皮纳勒—斯特拉斯堡—美因茨作更有收获的纵深迂回运动【大约 360 公里（225 英里）的路途，沿着孚日山脉边缘】。艾森豪威尔可能已经认为后一个方案不值得考虑，因为它在 10 月份之前无法发动，而他希望到了那个时候更北面的地方已经取得了胜利。[62] 艾森豪威尔可能已经认为第 6 集团军群是一支对于西北欧作战不会有太大贡献的部队；它包含了大部分是殖民地部队的 5 个法国师和 3 个美国师，尽管盟军本来可以派来更多的部队。他对于德弗斯的极度厌恶可能也是个原因。不管怎样，对于第 6 集团军群这样一支远不算微不足道的部队，艾森豪威尔却把它局限在阿尔萨斯，显示出他在部署中缺乏视野，是招战略上的死棋。[63]

艾森豪威尔有一个目标，即消灭莱茵河以西的德军。但是他忽略了在战略决策过程中更为困难的部分——选择什么不该去做。他既没有说清如何或在哪实现他的目标，也没有指定部队的前进方向和地面目标。除了往所有的方向同时进军，并在某个地方以某种方式消灭德国军队这个基本意图外，他没有总体的计划。艾森豪威尔没有为了协调两个集团军群的行动，制定一个单一的成熟的作战设想来实现具有重要意义的作战结果。因此，盟军没有按照优先程度安排战斗顺序。尽管他握有集中指挥的权力，盟军却在作战中变得越发分散和分裂，因为不同指挥官个性、自尊和教条差异的问题妨碍了作战的有效推进。艾森豪威尔这种缺失可能来源于在作战范畴内缺乏远见和灵活性，以及在预测未来问题时不愿意做出可能惹怒大人物的艰难决定。结果是他随着西北欧作战的推进出现了机会主义和临时决定的倾向。尽管艾森豪威尔敏锐的总参谋长比德尔·史密斯提供了建议，艾森豪威尔还是在不同的行动方针之间来回摇摆。这导致了在盟军最高统帅部下达的一系列指令中，作战重点一直在变，而且向马歇尔和各个集团军群指挥官提交的陈述也充满了矛盾。目标缺乏一致性导致了在有限的后勤资源要求限制目标范围，或者起码应当优先攻占重要目标时，盟军却分散了兵力和补给。因此，盟军在次要的地区没有节约使用兵力以便在主要方向上取得决定性的成果，并且每个方向在实现决定性效果之前就达到了进攻顶点。

地面部队总司令这一角色，是艾森豪威尔在美国军事和政治高层的压力下接任的职位，但是他在这个位置上，面对诺曼底作战后不同寻常的环境时，在作战技巧方面没有多少上好表现。当时的形势要求艾森豪威尔在决策过程中要有更多的远见、判断力、果断性和勇气，而在各种事件和责任的巨大压力之下以及缺少思考的时间，使他无法在内心激发这些品质。[64] 艾森豪威尔同时还是战区最高统帅，而且在这个职位上他做得更好，这一点即使经常批评他的人也会承认。然而，使他成为杰出的最高统帅的重要因素——政治能力而不是军事能力——正是他无法在作战指挥方面获得重要成就的主要原因。

在更重要的岗位上，艾森豪威尔的主要职责就是把英美同盟的军事资源整合在一起，通过双方一致同意（或至少一致接受）的战役—战术设想，以和谐的方式追求一个共同的目标。他之所以被赋予这份顶级工作是因为他具有联盟领袖所需的政治技巧。这是一个困难重重的任务。他必须满足美国政府、马歇尔和英国人的要求。但是这三者都想往各自的战略方向前进，尤其是英国人顽固地拒绝承认他们已经是越来越自信的美国人的小跟班。在他领导的战区中，盟军内部日渐被双方的军事思想差异、相互误解、民族偏见和随之产生的厌恶与猜疑所分裂，而艾森豪威尔要努力把他们团结在一起。实际上，他在工作中要打交道的人都固执己见、意志坚定且极度自负；这些人之间相互竞争，而且其中许多人都自我膨胀。他们中的大多数，不管是美国人还是英国人，都认为自己比上司懂得更多，而且认为艾森豪威尔在迎合甚至巴结自己的对手。最高统帅不能仅仅只懂军事 / 技术方面的事情，他需要在懂得作战的同时也是一个精明的政治家。[65] 布鲁克对艾森豪威尔的"主要印象"是，"一个动摇的人，而不是想法、计划、精力或者方向的真正指引者！只是一个协调人，一个交际高手，一个同盟内部合作的捍卫者，在一些领域很少有人可以对他指手画脚。但这样就够了吗？还是我们找不到一个能具有所有指挥官必需素质的人？……我深感怀疑。"[66] 布鲁克对于自己浮夸的问题的答案是没错的，没有什么别的国家，更不用说什么联盟，至少在现代时期能够找到艾森豪威尔这样一个模范。之后当作战的压力开始显现后，布鲁克进一步坚定了这一看法：

> 毫无疑问，艾克竭尽所能维持英美关系的最佳状态，但是同样明显的是艾克对战略一窍不通，在实施战争战略方面他非常不适合担任最高统帅！……随着最高统帅一职的设立，毫无疑问蒙蒂无法总是体现出自己的真实水平。尤其是当"民族的"有色眼镜遮挡了战略形势的视野时。[67]

当然，最后一句话无意中暴露了布鲁克的偏见。如果有人跟他和蒙哥马利的意见不一致，按照他们的说法，其他人是错误的而且暴露了自己的不足。对布鲁克来说，国家视角只有提出者是英国人时才正确。

战后在与一位战地记者和历史学家交谈时，蒙哥马利曾抱怨：

> 问题是艾森豪威尔不知道他该做什么。他缺乏经验和理论素养来判断敌人的计划。他的方法是和每个人商量，然后试图想出一个令所有人满意的折中方案。他没有自己的计划。他也是个爱交际的人，话还很多，而且习惯于从一个指挥部跑到另一个指挥部去了解不同下属的看法，而不是直接跟他们说这是计划，你要这样做，某某人也会这样做。艾森豪威尔开会是为了收集意见。而我开会是为了下达命令。[68]

这些批评是有一定根据的，但是也反映了蒙哥马利对于最高统帅级别的指挥工作了解甚少，以及他多么不适合这个职位。让盟友感觉自己有价值并愿意与之妥协是联盟行动的重要部分。如果指挥官忽略了联盟存在的基本事实，不仅不能争取盟友的合作意愿，反而可能无意识地怂恿他们去破坏自己的计划——正如蒙哥马利在一年之前在西西里战役时对巴顿和布莱德利的专横对待一样。

从一开始，艾森豪威尔就清楚自己要成为一个政治家，而非直接下达武断命令的人。他更像一个日益分裂的董事会的主席，而不是军事独裁者。他想要——实际上，是需要——通过说服、顺从，以及必要时通过妥协来维持和睦局面。他认识到，这是保持联盟合作的唯一方法：

> 任何建立一个盟军司令部的纸面协议都可以对抗国家主义的因素……战场上每个指挥官对他本国部队的所有下属都有直接的纪律处分权。……可以惩罚任何抗命行为或者其他的罪行。……但是这样的权威和权力不能由任何国家交给另一个国家的某个人。只有信任和信心才能牢固地树立一个盟军总司令的权威，使他不必担心没有这一职位的法定权力。[69]

如果有必要，只要确定马歇尔支持自己，艾森豪威尔就能迫使不情愿的美国将领服从命令。但是蒙哥马利不仅仅是另一集团军群的指挥官，作为英国最重要的战地指挥官和英国作战战略事项的主要拥护者，并考虑到他和帝国总参谋部、战争部的密切关系以及他个人在英国的巨大声望，艾森豪威尔没法简单地命令他。国家因素实际上限制了艾森豪威尔的行动自由，正如蒙哥马利也无法摆脱克里勒一样。

当同盟内部顶层的国家间差异以及个人竞争和偏见加剧时，作为协调者、说客、仲裁者，最高统帅的工作越来越难。挑战最高统帅的权威、选择性解读统帅的命令，或者仅仅只是把统帅的意愿当耳边风等现象越来越多，因为大家感觉战争的胜利近在眼前，需要趁早争夺荣誉（以及升迁的机会）同时把对手的机会搅黄。面对这些分裂的倾向，艾森豪威尔发现他的指挥方式越来越不奏效。在他命令中谨慎的授权、婉转的言语和圆滑的措辞会被当作软弱的表现，而接受命令的人，则可以故意（如果不被认可的话）在其中找到能让他们按照自己的计划行事的只言片语。这些命令越是可变，妥协和解释的空间越大，就越容易受到争论的影响，执行也就越无力。这一问题加剧了艾森豪威尔含糊其辞及拖延决策的倾向，希望借此避免不得不做棘手的选择。尽管有时候这是一种合适的应对，但在最需要速度和决断力的时候这是有害的。当然如果德国如预料中那样最终崩溃，他的方法就不会受到质疑。而现实中，随着各集团军群和各集团军日渐按照自己的倾向行事，盟军在作战中越来越失去一致性，影响到了作战重点和协同效果。最后，盟军失去了主动权，一同失去的还有早日结束战争的机会。

艾森豪威尔行使最高统帅职权的方式本质上是正确的，但是他赋予下属太多的行动自由，并因此失去了相当大的权威和控制力。不管是不是因为过于想讨人喜欢，还是天生的妥协性和避免冲突的倾向，抑或是缺乏经验，甚至是完全不懂指挥的艺术，艾森豪威尔都没有充分行使自己作为地面部队总司令的权力。自由与放纵之间相去不远，而他在意识到自己犯了这个错误之前已经太过放纵自己的高级指挥官。值得尊敬的比德尔·史密斯目睹盟军最高统帅部的权威正受到侵犯，他评论道："艾克的问题是，他不下达直接和清楚的命令，而是用礼貌的语言装扮它们，而这就是我们美军的高级指挥官能占到便宜的原因。"[70] 而更加需要严加管束的蒙哥马利也跟美军有样学样。当需要下达并坚持明白无误的决定时，即便只会有少数人反对，艾森豪威尔也会选择推迟决定或不把话说明白。他其实不必如此，他拥有权威而且得到马歇尔的支持来使布莱德利和巴顿和他保持一致。在他认为至关重要的问题上，他是可以压制住蒙哥马利的，告诉他不必再讨论，马上不带异议地执行命令。而当他真的这样做的时候，蒙哥马利也像个优秀守纪律的士兵一样服从了。当然，艾森豪威尔放任下属越久，在他认真起来时就越难让下属当回事。

艾森豪威尔的主要问题是相互交织的。一个是缺乏周密的计划来完成消灭敌军的目标。缺乏这样的计划，作战设想就变得过于笼统以及十分不确定。如果不清楚各集团军应当如何同步行动以达到预期的目的，就很难知道如何把西线作战的每一步进展转变为盟军的优势。如果前进的方向不明确就很难有远见。随机应变是任何作战所必需的，但无法成为令人满意的唯一决断方式。如果军事行动没有设定情境，就存在失去方向，用兵分散，被动应对而不是主动引导形势的危险——而这正是在9月末到10月初时困扰盟军的问题。正如布鲁克在日记中所评价的，最高统帅面对的严格军事要求与政治要求是不相称的。对于一位政治家，在多数时候妥协和顺从是美德。但是在指挥快速变化的作战时，这种品质则可能导致事情变糟。艾森豪威尔把维持联盟协同向共同目标前进当作最为重要的工作。事实上，盟军无法协调行动不是他的过错，因为他努力维持住了和睦关系，就算没有做到这点他至少也理解自己的职责。

几个因素加起来损害了艾森豪威尔成功的前景。在同时担任盟军最高统帅和地面部队总司令（他无法推掉这个职位）之后，他承担了过多的工作。他的工作中所涉及的各种各样的任务，对某些大人物来说都是重要的，尽管有时它们对胜利来说无足轻重。巨大的压力让艾森豪威尔几乎没有平静思考的时间，而这对于判断力和创造性是十分重要的，在9月的关键时期，他处于一种半封闭的状态。9月的前两个星期，他的总部设在格朗维勒的基地，这里既偏僻通讯条件又很差；接下来因为花了一周时间搬到凡尔赛而导致通讯中断。艾森豪威尔发现自己很难控制作战的脉搏，而缺乏实际指挥经验又加剧了这个问题。这导致他的主要下属更容易在执行命令和后勤状况方面欺骗他。这种行为是他最为糟糕的问题——他对集团军群指挥官的态度——的表现。根据他在突尼斯的经验，艾森豪威尔写道：

在庞大的同盟军队里建立有效指挥机制的过程中碰到的障碍，要将其最小化很容易。有些障碍容易辨认，例如那些与装备、训练和战术条令、参谋程序、组织方法中的差异相关的问题。但是这些问题都掩盖在民族自豪感和偏见之下。在现代战争中，由于大众能通过一流的手段得知战场上的进展，每一个小小的差异都被放大了。……但是，如果政府里和战场上的主要人物能看到形势的必要性，并且不管是在公共场合，还是与下属和职员私下的个人接触中拒绝违反团结的基本原则，那么同盟作战就可能取得成功。对团结的信念和对盟军指挥官保持直接与持续的忠诚是胜利的基础。[71]

　　蒙哥马利和布莱德利都没有表现出对艾森豪威尔的忠诚。他们置他的指示精神于不顾，偶尔还会忽略他的信件。他们蔑视艾森豪威尔的权威，在他们的参谋人员和集团军指挥官面前贬低艾森豪威尔。他们两人之间也缺乏相互理解，并因为个人和国家之间的敌意阻碍了精诚合作。艾森豪威尔希望与下属建立良好的工作关系，但是无论他如何努力工作，无论他如何努力去妥协，他还是无法消弭与他的主要下属之间有害的并最终损害到西线作战的敌意。最终，他在付出无尽的耐性、心机和妥协之后，只是在共同的目标之下维持住了表面上的团结作战。

结论

　　9 月初，盟军在兵力、机动性和制空权方面享有巨大的优势。随着诺曼底的消耗战成为过去，盟军的士气开始猛增。然而西线德军的残部还没被全部消灭，盟军也还没渡过莱茵河，而且在艾森豪威尔的北部和中央集团军群到达进攻顶点时，盟军也只是在安恒的一小块地段中摸到了莱茵河。盟军也只在两个地方突破了"西墙"，两处突破口在宽度和深度方面都很有限，鲁尔河大坝还在德军手中，阻止了美国第 1 和第 9 集团军继续向纵深推进逼近莱茵河。盟军被迫承认需要一次作战暂停。盟军未能在夏末彻底消灭德军在西线的主要部队 B 集团军群，主要是盟军在战役层面指挥的不利。盟军没能在诺曼底把两个包围圈变成歼灭战，考虑到盟军的补给危机迫在眉睫，这项任务需要尽早而不是拖后完成。尽管盟军对败退中的尤其是在蒙斯口袋中的德军的确造成了杀伤，但德军大量骨干人员毫发无损地逃脱了并成为重建部队的核心——例如在安恒的党卫军第 2 装甲军，直接发挥了制胜效果。英国集团军群则在追寻相互矛盾的目标，没能包围并消灭德国第 15 集团军，开放安特卫普港，并对敌人穷追不舍防止敌军在有利地形恢复防线。盟军最高统帅部对空降兵的使用十分拙劣，没能恢复攻击势头。美军则浪费了五分之一的兵力在不列塔尼打徒劳的围城战，而在另一边则在广阔前线的多个方向上进军，分散兵力对散布很广的目标发起零碎的进攻，没有指定优先目标，没有集中兵力，或确保其中的一路拥有足够的补给。结果各路攻击都没有到达目标。

美国人和英国人都相互指责对方以及后勤上的缺陷导致他们未能取胜。这也没错，两军都无法持续维持全面的作战实力，而补给短缺越来越限制他们的战斗力，直到他们完全无法进军。但是后勤问题并不是某种报应，也不仅仅是因为后勤人员不称职。这些问题是完全可以预见的，而且事先已被清晰地认识到了，但是由于后勤人员的主动性和创造性，在一段时间内后勤问题得到缓解。后勤问题是由作战决策直接导致的，尤其是那些由高层在不同行动方针中选中的决策。战役级别指挥官有义务根据资源来制定作战计划，而不是抱怨资源不够。最高统帅和各集团军群指挥官在作战和后勤部署方面十分类似，就是避免做艰难选择。由于想要同时实现所有期望的目标，同时又避免风险，他们浪费了在诺曼底取得的胜利果实。他们在行动中缺乏足够的专注、一致、协调和魄力来做出决策。这一切的最主要原因就是艾森豪威尔缺乏对作战的严格控制，以及蒙哥马利和布莱德利的狭隘自私和自以为是。

当秋季作战开始时，盟军面对的是已经恢复实力和站稳脚跟的敌人。盟军没有连贯的总体作战战略计划，甚至没有任何实际的指导。以缺乏协调的零散作战仅仅追寻和取得战术胜利是件令人遗憾的事情——这就是消耗战和将才的下限。德军并未被消灭，相反，他们已经恢复了实力和站稳了脚跟。德军有能力抵挡盟军顽固地发起杂乱无章的攻击，而且不会丢失大量土地，尽管会招致惨重损失但仍可承受。同时，德军还有能力重建一支相当大的预备队——28个新建和重建的师，包含8个装甲掷弹兵师——用于反击。德军早在9月中旬就做出了这一决策：组织一次通过阿登向安特卫普发起的突击，瘫痪掉盟军的后勤保障，并对同盟国的政治团结和意志造成致命打击。当德军在12月发起进攻时，盟军此前在秋季作战中的毫无建树和因此造成的部署不当就暴露无遗。

注释：

1. 蒙哥马利，《回忆录》，第 268—269 页。

2. 德怀特·D. 艾森豪威尔，《远征欧陆》，第 312 页。

3. 到 8 月底，欧洲战区已经有 23 个美国师和 14 个英国—加拿大师，还有另外大约 30 个美国师正赶往这里。英国部队不会再继续增加，尽管 1945 年加拿大第 1 军被从意大利调来。

4. 10 月 8 日蒙哥马利在跟艾森豪威尔的靠山马歇尔继续纠缠此事时，表现得粗鲁、愚钝和蠢得无可救药。参见蒙哥马利，《回忆录》，第 284 页。

5. L. F. 埃利斯，《西线的胜利，第二卷，德国的战败》，第 85—92 页，全文引用了蒙哥马利的主张和艾森豪威尔的回复。

6. 对蒙哥马利来说，当有必要进行会面时，上级指挥官应当前往下级的指挥部，这是个原则问题，因为后者没有时间离开战斗。尽管这一条令很合理，但是要求他的上级按照自己的规矩办事只会适得其反和自作自受。这一态度也不受布莱德利和其他美军指挥官欢迎，他们只是利用蒙哥马利的不在场来推动自己与艾森豪威尔的议程。10 月 4 日，唯一一次由艾森豪威尔召集的而且蒙哥马利计划亲自参加的会议却毫无成果，而帝国总参谋长布鲁克当时也在场。

7. 引用自 D. K. R. 克罗斯韦尔，《总参谋长：沃尔特·比德尔·史密斯将军的从军生涯》，第 286 页，对贝茨准将的采访。

8. 艾森豪威尔同时是欧洲战区和盟军的最高指挥官。盟军最高统帅部的美国部门有意扮演战区参谋部的角色，侵犯了李的总部的职权，并产生了管辖权和协调方面的问题。

9. 后勤地带和它的下级单位塞纳基地的分部总部总共征用了 296 座旅馆。美军后勤人员在巴黎的所作所为被形容为："近乎不知廉耻"，引来了从艾森豪威尔到李的抗议。巴黎人愤怒地将他们比作之前的占领军。出自罗兰特·G. 鲁宾塞尔，《二战中的美国陆军，欧洲战区：陆军的后勤支援，第 2 卷》，第 32 页。

10. 简单来说，这套体系本应这样运作：基地区接收所有运入诺曼底的各种补给，归类堆集并列出清单；前线区的职责没有很明确的定义，但归根到底就是向前线野战部队提供直接的后勤支持，直抵前线部队的后方边界；后勤地带监督和指引下属机构，并负责诸如船运、空运、散装油料储存和发放、布置堆集场之类的事务，以及后勤规划的方向。对这如迷宫般复杂的安排的粗略介绍，主要来源于：史蒂夫·R. 威德尔，《美国陆军后勤：1944 年诺曼底战斗》，第 5 章；罗兰特·G. 鲁宾塞尔，《二战中的美国陆军，欧洲战区：陆军的后勤支援》，第一卷，第 11 章；艾伦·格伦普曼编辑的《大写的"L"：二战中的美国后勤》，第 368—371 页（里面包含了对指挥官们之间的关系的研究）。

11. 艾森豪威尔在 8 月底致信马歇尔："我注意一些事例显示盟军在顺境时不能像在逆境时一样紧密团结在一起。"奈杰尔·汉密尔顿，《蒙蒂，战地大师 1942—1944》，第 7 页。这类事例演化出各种花样并大幅增长，直到 12 月底两支军队之间形成了很深的误解和厌恶。

12. 大卫·W. 霍根，《战争中的指挥部：1943—1945 欧洲战场的第 1 集团军总部》，第 142 页。布莱德利是一时兴起才故意不经过协商就越过集团军边界实施了图尔奈机动；大概，他已经克服了两周之前他所谓的使他无法封闭法莱斯包围圈的抑制因素。

13. 第 12 集团军群 8 月 27 日的指令，引用自马丁·布吕芒松，《二战中的美国陆军，欧洲战区：突破与追击》，第 677 页。

14. 参见弗朗西斯·德·甘冈公认的事后回忆录《胜利行动》，第 411—413 页，书中强调了安特卫普的重要性。

15. 英军是否真的无法供应这样一支额外的部队，是个悬而未决但影响深远的问题，但是反过来说，是否有必要在 9 月解散第 59 步兵师，并在 11 月把第 50 步兵师撤回英格兰接收补充兵？在 1944 年年初，在英国本土还有 9 个未被指派给第 21 集团军群的步兵师，用于训练、征兵和作为预备队。到了 9 月初，其中的 4 个已经被拆散，但仍有 3 个训练师和 1 个架子师以及 2 个预备师（第 55 和 61 师）处于"一定程度的作战状态"；这一数字在第 50 步兵师返回英国后达到了 3 个。1944 年秋季的英国真的需要这么多的预备和训练部队吗？毕竟在 1943 年年底，英国政府的设想是德国会在 1944 年年底战败而且盟军将在 1944 年投入最强的实力。约翰·埃尔曼，《大战略》第 5 卷，第 45—46 页。对于这件事，假使西北欧是英国的主要战场，那么英国在加拿大第 1 军于 1945 年 1—2 月，和 3 月份第 5 步兵师从意大利调往西欧之前，真的无法从中东和意大利抽出一个师吗？丘吉尔和布鲁克拒绝考虑从本土或地中海战区抽调部队支援蒙哥马利是个有争议的决定，也是未能遵守战争首要原则——选定和保持目标——的经典案例。在战略的一个重要方面他们也没能做好，即选择不去做什么。尽管西北欧是理论上最重要的战区，实际上出于对本土和中东的利益的担忧造成了英国采取折中的办法。美国人对于意大利战场的看法是对的，而英国人声称意大利战场可以牵制住德军则无法令人信服——看起来更像是德军牵制住了盟军。在错失了 1944 年 6 月初消灭德国第 10 集团军大量部队的机会，而且德军有序撤往比萨—里米尼防线后，意大利战场已经没有什么可以弥补盟军付出的战略回报了。很明显第 21 集团军群已经在标准实力之下，无法作为一个高效的集团军群作战；因此，英军在一个决定性的战场只能作为美军的副手并相应地失去对战略方向的影响力。

16. 艾森豪威尔写道："过去的经验已经证明不列塔尼港口的可用性可能会令人极为失望。我们不仅预料到德军将坚决防守而且可以肯定在被我们攻占时它们已被彻底摧毁。我们没有料到这种破坏在马赛会如此明显，因为我们知道这里的大部分守军已被调往北面对付我们的进攻。攻城应当迅速不给德军留下时间进行爆破。"艾森豪威尔，《远征欧陆》，第 309—319 页。最高统帅意识到布雷斯特之战已经令人失望，而地中海补给线更有前途；到 9 月 25 日时，已经有一条可用的铁路线通到了里昂，而且在 10 月份美军在法国上岸的补给有三分之一是从马赛进入的。

17. 如果美军的弱点受到的威胁被判定很高，一个可能的方案就是在第 8 军之上设置一个第 9 集团军总部，这样第 21 集团军群就直接有了一个美军集团军，而这后来在 12 月也发生了。这一办法甚至可以在一年之前实施，当时第 7 集团军在登陆西西里岛时只下辖了一个军，但这只是为了让登陆的英美部队拥有平等地位的权宜之计。值得注意的是，在把美军部队交由盟指挥存在争议的情况下，以及在最终认识到第 21 集团军群缺乏战斗力后，10 月艾森豪威尔把美军第 104 步兵师和第 7 装甲师交由英军不同的军指挥。

18. 乔纳森·高恩，《欧洲战区的幽灵：欧洲战场的美国战术欺骗部队，1944—1945》，第 109—119 页，书中介绍了此次成功的欺骗。

19. 军事理论基础和军事地理决定了会在秋季进行这样一场作战，在中央和南方集团军群之间有必要重新划分边界。从阿登往北，第 9 和第 1 集团军将会继续留在第 12 集团军群，而第 3 集团军将被重新分配给第 6 集团军群。这样就会有 4 个集团军集中于阿登以北的主攻方向，而南方的辅助方向有 3 个。然而这个意见从来没有得到考虑，因为后勤在盟军决策过程中从来是个不重要的因素。艾森豪威尔不喜欢德弗斯并且（错误地）认为他能力不强。他不会牺牲自己最喜欢的下属去提拔一个对手。

20. 第 2 卷阐释与研究了苏联红军的扩张与追击概念。而其他的运动战行家如德军，也在实践中认可了先遣队的作用。

21. 即便是巴顿也公开承认了英军的战绩。在 9 月 7 日的一次新闻发布会上他表示："第 21 集团军群在蒙哥马利元帅指挥下完成引人注目的进攻，完全搞砸了（德国人的）计划。我认为这是场精彩的好戏，因此在我看来德军的防御计划彻底破产了。禁卫装甲师的进军和其他取得同样进展的英军师真是了不起。"马丁·布吕芒松，《巴顿文集》，第 539—540 页。

22. 邓普西在 9 月 4 日的战地日志条目里提道"过去几天里的高速挺进已经给后勤造成了很大压力。

从明天开始，每天将有 1000 吨补给送到杜埃或布鲁塞尔给第 2 集团军。即便依靠这些也无法让三个军全部投入行动，除非我们在勒阿弗尔和安特卫普之间有个可用的合适的港口。"引用自彼得·罗斯顿，《米尔斯·邓普西爵士将军的军事生涯和时光：蒙哥马利的集团军指挥官》，第 131 页。邓普西所说的都正确，但是他高估了自己集团军的问题而低估了敌人的困难。追击应当全力以赴持续尽可能久，以便尽可能利用稍纵即逝的机会带来的好处。第 11 装甲师在"蓝衣"行动期间过早地结束很有前景的扩张作战，同样也是因为坚持了安全第一的作战方式。

23. 英国的作战方法有个根本的缺陷，这可能是来源于军事理论的空白。进军通常在抵达较大的自然屏障后结束，英军认为这里便于巩固已有战果。而苏军和德军则强调如有可能则立即跨过，在此基础上面对虚弱和混乱的敌人，可以不经战斗迅速且付出很小的代价就获得一个桥头堡。相反，进军稍有延迟就不得不投入更多的兵力和时间，向敌军准备好的防线发起强攻，从而导致更多的伤亡。

24. 霍罗克斯和罗伯特都没有意识到一旦得到守卫，艾伯特运河将变得十分难以突破。他们不得已只能在小比例的道路地图上工作，上面的城市只是个小圆圈而运河只是穿过其中的一条细蓝线。留意可能阻碍实现目标的问题应该是战役层级指挥官的职责。在这件事上，比利时联络官和情报人员本来可以提供可能影响到决策的信息。

25. 引用自罗斯顿，《邓普西的军事生涯和时光》，第 133 页。

26. 艾森豪威尔以同样的原则来解释为何蒙哥马利无法同时担任集团军群和地面部队指挥官，而蒙哥马利则不同意。看起来蒙哥马利认为自己十分例外甚至可以超越自己的准则。

27. 最迟到 9 月 20 日，集团军一级的情报持续反映了德军无法为了守卫安特卫普通道而进行像样的战斗。从瑟堡到布雷斯特到勒阿弗尔再到海峡沿岸港口的一系列前例，本来应该让克里勒警醒，更不用说"超密"提供的坚实情报。这本来可以避免被迫在准备不足的情况下发起的进攻中所隐含的危险。

28. 应当指出的是单单围困加莱不是个选项。海军的意见是只要德军位于加莱附近的格里内角的岸炮阵地还能够控制入港通道，布洛涅就无法使用。因此，地面部队至少需要占领德军的岸炮阵地。

29. 例如埃利斯在《西线的胜利》第 2 卷，第 60 页，恶毒地评论克里勒："似乎没有意识到任何急切的需要。"而且 R. W. 汤姆森的《85 天》，第 60 页提道："在 9 月头 3 个星期里，几乎没人考虑必须计划和发起立即的、复杂的和代价高昂的战斗来夺取这整块地区……在海峡沿岸加拿大军队依然在攻击布洛涅和加莱，好像拥有用不完的时间，而且毫无想象力。"

30. 据说是更富想象力的西蒙德斯提出了这一建议但是被克里勒否定了。约翰·A. 英格利希，《巴顿的同行：1944—1945 西线被遗忘的盟军战地指挥官》，第 31 页。

31. 哈里斯需要更多的说服力才能让有点不情愿的轰炸机司令部攻击布洛涅和加莱。第 2 战术空军指挥官坎宁汉对于空军少将 L. O. 布朗热心配合克里勒和加拿大军队十分不满，并在 11 月将其解职。

32. 克里勒面临的困难因为其自身的指挥方法而加重，保罗·道格拉斯·迪克森，《一位彻底的加拿大将军：H. D. G. 克里勒将军传记》，第 20 章详细地进行了介绍。

33. J. 劳顿·柯林斯，《"闪电"乔的自传》，第 261 页。

34. 实际上，霍奇斯即便在更早的时候也很幸运地没有遇上更顽固的防守。希特勒把派往西线的 5 个新装甲旅中的 4 个，投入到洛林的第 5 装甲集团军用于注定失败的反击。假如德军部署了几个旅防御亚琛地段，兵力分散且没有预备队的第 1 集团军所能取得的成果将更为有限。

35. 无可否认的是，9 月初粗暴地削减燃料配给影响到了第 1 集团军作战计划的制定，而且后勤地带甚至连续减后的配额也暂时无力提供，使得连预估也变得不可靠。弹药危机导致的在 10 月 2 日重新实行的配给制也是出乎意料地严格，因为后勤地带事先没有告知战斗部队其无法满足全部需要。

36. 霍奇斯和巴顿身上都表现出了战前莱文沃斯学院教学的不同方面。其强调了各集团军以任务指

388

挥的方式进行大范围的机动，正如巴顿所体现的。但是莱文沃斯的教学也强调了要有连贯的前线，要注意侧翼安全，要细致而详尽地谋划，以及以火力为基础的作战方法，正如霍奇斯所做的。英国军事理论也存在类似的矛盾之处。两国军队都想两者兼顾而且甚至没有试图化解其中的矛盾。

37. 对于被过于谨慎的布莱德利强迫留下一个师警戒卢瓦尔河侧翼，巴顿实际上是很不满的，提出南面根本没有威胁。那里的德军一心只想返回德国而且缺乏机动能力威胁美军的交通线。法国内地军和第 19 战术空军司令部一起可以保持监视，并对突发的威胁发出早期预警（而且后者能够消灭这些威胁）。之后，当巴顿正强渡摩泽尔河并遇到意料外的坚决抵抗时，巴顿请求将第 6 装甲师和第 83 步兵师放下手上任务支援他的行动，而布莱德利告知他，"我不能冒这个险。"以巴顿的观点，这势必造成更大的风险使他的进攻失败。出自布吕芒松，《巴顿文集》，第 545 页。9 月 16 日，卢瓦尔河以南一个大约 2 万人的德国集群（尽管大多数是非战斗部队）在第 19 战术空军司令部的连续打击下投降，该部指挥官埃尔斯特希望向空中部队指挥官投降，后者也强迫他这样做。

38. 约翰·尼尔森·理查德，《困境中的巴顿：1944 年 9 月至 12 月的洛林之战》，第 59 页。

39. 作为好学的军事历史学生，巴顿意外地低估了被合理利用的防御工事的价值。防御工事帮助守卫者落实合理利用兵力的原则，并提升训练不足和素质较低的部队的价值。巴顿同样过于高估空中打击对于梅斯要塞的影响，忘记了瑟堡和他自己的第 8 军在进攻布雷斯特时的教训。

40. 在西西里作战时，巴顿同样有过类似的忽略目标的行为。当时，他把部队的大部分用于攻占西西里岛的西半部分，不顾这一行动与主要目的，即消灭守岛的第 14 装甲军无关而且有害。

41. 鲁宾塞尔，《二战中的美国陆军，欧洲战区：陆军的后勤支援》第 1 卷，第 306—307 页。

42. 奥马尔·N. 布莱德利，《一个士兵的故事》，第 296—297 页。

43. 布吕芒松，《巴顿文集》，第 532 页。

44. "我们的主要地面目标位于鲁尔……德国战争机器的工业心脏……没了鲁尔，德国将无法支持她在战场上的军队。"布莱德利，《一个士兵的故事》，第 338 页。他继续主张从南部包围鲁尔的最好路线不是途经科隆而是从法兰克福和卡塞尔。不说其中导致的额外路途——考虑到后勤的制约，这不是个小问题——任何了解德国地理的人都不认同他的主张，即科隆路线虽然更长但是地形比起卫星城市环绕的直接路线更容易通行。另外，后一条路线会让敌人用于补充在诺曼底的巨大损失并组建新的防线的时间更少。

45. 关于鲁尔的首要地位，参见布莱德利，《一个士兵的故事》，第 322、323、338 页；关于他对德军抵抗意志的回顾（被当代所有的证据证明为假），参见同一本书的第 329 页；布莱德利一再故意曲解蒙哥马利的作战思想和问题并且为了为自己的想法正名又对其进行逻辑上的扭曲，即主张次要方向应当具有同等的实力和得到一样的后勤支持。布莱德利的回忆录在对待记忆和证据的使用和事后之见时，以及其中的误导性和自我辩护，与蒙哥马利的回忆录一样具有选择性。

46. 布莱德利之所以选择凡尔登作为第 12 集团军群总部所在地，并在 9 月中旬搬到那里，反映了他认为的首要任务。凡尔登就在第 3 集团军后方，但是离第 1 集团军有 200 公里（125 英里），其间的道路状况不佳；最为重要的是，这远离蒙哥马利在比利时北部的第 21 集团军群指挥部。1945 年 2 月，艾森豪威尔希望布莱德利的指挥部能更靠近蒙哥马利位于荷兰南部的指挥部，以便两军能更好地配合，他要求布莱德利搬到那慕尔——这引起了布莱德利的抗议。

47. C. P. 斯泰西，《胜利之战，1944—1945 在西北欧洲的行动：加拿大陆军在二战的官方历史》第 3 卷，第 310 页、第 358—360 页。

48. 在他 9 月 14 日的指令中，蒙哥马利确实承诺将提供大规模的空中支援；第 49 师将从勒阿弗尔转移到安特卫普地区，但只是接替那里的第 2 集团军部队；以及发动一次空降突袭。当然，最后一个承诺在安恒作战结束之前无法兑现，尽管当盟军第 1 空降集团军因为预定行动区域内的德军高射炮火力十分猛烈并且缺乏适合的空投区而拒绝实施"痴迷"行动时，就已证明了这个承诺纯属空谈。

49. 不说其他的好处，开放安特卫普将会极大地缩短补给车队的往返路程并因此减少周转时间。例如，"红球"快递从瑟堡到亚琛的来回路途大约有 1660 公里（1030 英里），但是从安特卫普到亚琛的来回路途不到 300 公里（185 英里）。

50. 即便是一向坚定支持蒙哥马利的布鲁克也认为他错了。帝国总参谋部 10 月 5 日的日志条目包含了这些内容："在整个讨论过程中，一个事实越来越清晰，即安特卫普应当尽早占领。我觉得这一次蒙哥马利的战略错了，他必须确保安特卫普处于首要地位，而不是向安恒进军。拉姆齐在讨论时明确地提出了这一点，并毫无顾忌地批评蒙哥马利。艾克高风亮节把所有责任包揽在自己身上，因为他已经批准了蒙蒂在安恒开展作战的建议。"阿兰布鲁克勋爵元帅，《战争日记 1939—1945》，第 600 页。

51. 到 9 月中旬，对于自己的抱负蒙哥马利已经变得更加谦逊了，提到要为了进军柏林创造更为有利的条件而不是继续进攻。而艾森豪威尔在 9 月 15 日的指令依然坚持："我们应当很快……就会占领鲁尔、萨尔和法兰克福地区……沿着柏林—汉诺威—柏林或 / 和法兰克福—莱比锡—柏林轴线两侧……我们应当集中全部的力量和资源快速向柏林突击。"埃利斯，《西线的胜利》第 2 卷，第 77 页，全文引用。

52. 这些战术失利的责任并不该由蒙哥马利来承担。蒙哥马利手下经验丰富且判断可靠的参谋人员已经警告他布朗宁的空降计划存在很多缺陷，但是蒙哥马利拒绝利用自己的影响力去修改计划，而他直接和霍罗克斯一起制定了第 30 军的计划。另外，他一反常态地不情愿去干预"市场花园"行动的实施，即便是在主要进攻路线和侧翼的作战结果已经很明显令人极度失望时。直到 9 月 23 日他才拜访邓普西，而那个时候"市场花园"行动实际上已经失败了。

53. 蒙哥马利，《从阿拉曼到桑格罗河：诺曼底到波罗的海》，第 324—325 页。

54. 同上，第 324 页；蒙哥马利，《回忆录》，第 294 页。蒙哥马利一如既往不愿承认失败，更不用说承认在制定计划时出错，他四处寻找替罪羊替他承担所有责任并"依然不后悔支持'市场花园'行动"。蒙哥马利，《回忆录》，第 298 页。而盟军最高统帅部则被指责没有提供足够的后勤支援导致了行动失败。不过，安恒作战早在第 2 集团军碰到本来在胜之后才会到来的问题之前就已失败了。

55. 蒙哥马利狠狠地批评巴顿对于命令漫不经心的态度——但这就是他在西西里作战期间向巴顿建议过的："乔治，让我给你点建议。如果集团军群向你下达了一个你不喜欢的命令，何不忽略它。我就是这样做的。"引用自卡洛·德·埃斯特，《苦涩的胜利》，第 108 页。蒙哥马利严厉的单向忠诚方式对所有人适用。他指责盟军海军总司令拉姆齐对他不忠，因为拉姆齐要艾森豪威尔关注蒙哥马利一直忽视的安特卫普。

56. 对于自己不出席 9 月 22 日在凡尔赛的会议，蒙哥马利的解释反映出了这不只是个作战问题"我知道在最高统帅部或美国人那边我都不受欢迎，这也是由于我的主张……；我认为在事情得到进一步赞同之前我最好待在一旁。"蒙哥马利，《回忆录》，第 282 页。他派出自己好脾气的总参谋长代替自己参会并表达主张，这使他不但失去了亲自说服同僚高级指挥官的机会，还未能阻止发生更多的误解，还进一步坐实了他鄙视他们——一种适得其反的方式。当然像他这种专断且不容挑战的人一向都不喜欢开会。

57. 艾森豪威尔，《远征欧陆》，第 307—310 页。

58. 引用自克罗斯韦尔，《总参谋长》，第 258 页。正如作战所指出的，这"是个令人诧异的看法，因为布莱德利的部队由于缺乏补给已经无法行动"。

59. 引用自埃利斯，《西线的胜利》第 2 卷，第 85 页。

60. 同上，信件全文在第 88—91 页。

61. 在得知马歇尔和阿诺德已经在美国空降部队中投入巨大并希望他们能执行决定性作战任务后，艾森豪威尔不得不决定支持"市场花园"行动。不断被取消的空降行动使得空降部队开始担心战争会在自己旁观的情况下取得胜利。盟军第 1 空降集团军就像盟军统帅部口袋里的一枚烫手的硬币，而且希望能发动制胜一击的压力也在增大。

62. 到 10 月中期时，顺畅的铁路交通向北最远已经延伸到了埃皮纳勒，每天能运转 1200 吨物资；马赛处理的货物量，已经是当时北部所有正在运作的港口所处理的货物总量的一半。鲁宾塞尔，《二战中的美国陆军，欧洲战区：陆军的后勤支援》第 2 卷，第 124 页、第 156—158 页。

63. 当然不能指望法国人，最重要的是戴高乐能这样看待阿尔萨斯。因为政治 / 战略的理由，法国第 1 集团军（在 9 月底成立的）必须用于解放阿尔萨斯省。之后在德军发起冬季反击时，艾森豪威尔不得不否决了一项从斯特拉斯堡暂时后撤的合理建议。一如既往，政治的迫切需要压倒了军事逻辑。然而这不代表第 6 集团军群——尽管只是第 7 集团军的稍微加强版，不能用于发起一次解放洛林的攻势并作为秋季攻势的一部分继续向北挺近。

64. 当德军在 12 月中旬在阿登发起反击造成突然的危机时，艾森豪威尔已经成为一个更加头脑清醒，更加意志坚决的地面部队指挥官。

65. 这里的"政治家"指的是那种拥有特别的技巧和管理方法的人，而不是那种试图塑造国家政策的人。就像他那个时代的大多数西方军人一样，艾森豪威尔——看起来是天真地——认为政治和作战不能混为一谈。当丘吉尔和罗斯福试图干预时，艾森豪威尔会进行抗争并执行纯粹的军事决策。

66. 阿兰布鲁克，《战争日记》，第 546 页，1944 年 5 月 15 日的条目。

67. 同上，第 575 页，1944 年 7 月 27 日的条目。

68. 奈杰尔·汉密尔顿，《蒙蒂，陆军元帅 1944—1945》，第 54 页。

69. 艾森豪威尔，《远征欧陆》，第 33—34 页。

70. 引用自克斯韦尔，《总参谋长》，第 259 页。当然，不管他如何在寻求同盟国的团结时保持公正，他还是无法避免受到性格的影响。他有种想同时被喜欢和被尊敬的强烈愿望，尤其在美军将领面前，尤其是那些被他当作老朋友的人，比如布莱德利。他频繁和美军高级指挥官会面，同他们交往，并倾向于向他们提供某种帮助。作为对比，艾森豪威尔对于时常一副高高在上，经常口气粗鲁的蒙哥马利这个尤其意见相左的同事，是很乐意避而不见的；蒙哥马利傲慢地坚持要艾森豪威尔去拜访他充当听众，也使他丧失了对最高统帅施加影响力的机会。

71. 艾森豪威尔，《远征欧陆》，第 174—175 页。

后　记

对盟军来说，比起在诺曼底登陆之前的期望，1944 年夏季作战可以说收获了辉煌的胜利。1944 年 5 月，蒙哥马利在伦敦的圣保罗中学做任务简报时，设想盟军将在 9 月份抵达卢瓦尔河与塞纳河畔。实际上，他们后来在渡过这两条河流之后，又前进了 250 到 300 公里（155 到 185 英里），形成了一条从安特卫普到马斯河畔科尔梅西的弧形前线。但是比起对诺曼底作战之后的不切实际的期待，即渡过莱茵河，现实却又令人失望。正如第七章所述，错误的和充满争议的判断导致这一希望落空，正如盟军以往的其他作战一样，不管是胜利还是其他的结果。不过站在事后的角度来看，很明显盟军自身的系统性问题也是盟军未能取得更大战果的原因之一。以下还有另外三个更为致命的因素。

首先是几次在关键时刻出现的情报失误，间接导致盟军指挥官做出了错误决定。不过这些失误与决定大部分也要归咎于指挥官自身的因素。德军在法莱斯口袋里遭受的巨大失败，以及之后被盟军穷追不舍都引发了"胜利病"在盟军内部蔓延，其主要特征是盟军指挥官和情报人员互相鼓动对方关注那些显示出德军即将崩溃的积极信号，忽略甚至怀疑与之相反的信息。群体性思维压倒了客观冷静的分析。例如，艾森豪威尔没有发现盟军战斗部队中存在的危险（包括没有真正意义上的主力部队和缺乏预备队），如在多个不同的方向上进攻，以及日益不稳定的补给情况；蒙哥马利则对于"超密"提供的，有关德军决心守住斯海尔德河河口，加强荷兰南部的防线，以及党卫军第 2 装甲军出现在安恒地区的重要情报置之不理；巴顿则不顾他的情报主官提醒德军有可能也有能力为了保卫洛林而打一场恶仗。在上述的每个例子中，最终都是因为盟军指挥官的决定或不做决定导致了作战的失利。很显然，情报的收集以及情报的采用，在现实中比在理论上更受主观因素影响。

导致盟军失利的另外一大因素则是军事学说上的缺陷。1944 年英美军队将领的军事思想广度，有一部分受到 1914—1918 年的战争经历的限制，大部分则是于间战期间在参谋学院学习时形成的。另外，英国和美国军队经常从各自的历史经验中吸取了与对方不相容的教训。由此产生的作战思想，并不能很好地帮助他们应对德军的挑战。在与 1944 年的德军交战时，大多数盟军将领的想法还是深深根植于小规模作战和一战时期的线性消耗战的经验。间战期间，英美军队没有充分领悟当时正在发生的军事变革的意义，他们只是使用新的军事技术对现有的军事学说进行改进，而不是尝试在性质上完全不同的、全新的作战方式。他们倾向于把大编队作战看作是战术作战的稍微放大版本，而不是在本质上完全不同的战斗，并为此寻求不同的解决办法。盟军的命令通常没有指定作战的主力，也从不解释背后的作战思想，以及指挥官的意图；相反，它们常常指定了战斗的地面目标，并划分了战斗的各个阶段。这些命令为下级行使主动权留下了很小的空间，控制被看作与指挥同等重要，而且为了保持对部队的控制不惜以牺牲前进的速度和灵活性为代价。盟军强调寻求交战并利用战斗的机会，通过部署优势的火力来获胜，而不是通过机动将敌人置于劣势地位并因此无需进行战斗。盟军的行动目的通常很有限。相应地，盟军很少组织具有深度的攻势，不会把大量的部队留在战斗之外直到可以将他们投入敌军纵深进行扩大作战，以使敌军的前线出现大面积的崩溃。盟军在打开敌军防线的突破口后，通常只会谨慎地继续行动，而不是克服顾虑努力形成攻击势头，逐渐瘫痪敌军防线，并在敌军恢复过来之前抢先控制纵深防线，使得敌军无法通过重新部署或利用预备队重新建立防线。

当然凡事都有例外。巴顿作为机动作战的拥护者视速度为胜利的关键，尽管有时战斗没有按照计划的走向发展时，他也会倒退回线性作战的想法，例如第 3 集团军在洛林被挡在摩泽尔河边时。其他多数平庸的指挥官偶尔也有不同寻常的表现。例如布莱德利的"眼镜蛇"行动就是创造性地背离了美国军队的标准打法，以及英美军队的集团军群和集团军指挥官在面对陌生的追击作战时，在更需要勇气和速度来对付快速后撤之敌时，都能很快地调整作战方法。诺曼底之后的追击作战整体上进行得非常顺畅，但是德军的抵抗从 9 月底开始变得顽强又使盟军回归了保守而谨慎的作战方式，许特根森林战役仅仅是其中最为突出的例子。

而最后则是，多个国家结盟参加作战会不可避免产生的问题，也部分导致了盟军最后没有实现预期的目标，尤其是考虑到盟军拥有的资源总量有限。英美盟军在集团军群一级很少进行思想交流，美国人和英国人的利益与观点日趋背离。

由于两者追求不同的目标，因此导致了各自的作战缺乏协同，并忽略了对于盟军整体作战最为关键的任务（尤其是打通安特卫普港）。而各自国家的政客和媒体则以民族主义煽动着对彼此的误解和憎恨。当然，设立盟军最高统帅一职就是为了解决盟军内部的分歧，确保他下达的指令清晰而坚定，并符合他收到的来自参谋长联席会议的指示。最高统帅的任务就是保持同盟的团结，并通过执行他的作战计划来确保盟军对于作战目标具有统一的思想。不管理论上应当如何，在实际行动中盟军并没有具有战区意义上的主攻方向，艾森豪威尔的摇摆和表述含糊证明了这点。相反，他进行了一系列的妥协，而且连盟军表面上的团结也越来越难以维持。艾森豪威尔为了维护同盟的统一做出了巨大贡献，连英国媒体都称赞这点。但是不可避免地他的另一项任务却没有完成。因为本质上两者几乎是相互冲突的。一方面他需要成为精明、敏感和灵活的政治家，拥有宽容、外向和富有魅力的性格；另一方面他又需要成为知识渊博、经验丰富的军事专业人士，同时能够驾驭布莱德利、蒙哥马利这类刺头的下属。正如布鲁克所指出的，能做到这点的人还不存在。即便他真的做到了，他也不能无视这样一个事实，即他部队中的三分之一只对另外一个政府绝对忠诚，而这个政府对于局势的看法以及因此要采取的行动，并不总是与他和他的政府保持一致。不同国家的利益——实际上是国家间的偏见——总是使联盟的关系复杂化，并导致作战计划总是充满令人厌恶的各种妥协。这些计划几乎总是能让联盟中的一员或更多人对作战结果感到失望。

在本系列第二卷将研究同时期的苏军在1944年发起的战役。苏联红军也有自己的问题，但是不包括影响到盟军的那些。苏军的作战理论基础更为坚实。它在二战之前创立的学说把握住了当时正在加速进行的军事变革，至少在陆战方面如此。但这并没有使其免受1941—1942年的灾难性失败，但是它确实为苏军发展出一套符合时代发展要求的军事理论提供了基础，而这一理论可以由在最为艰苦的战争学校里得到教育和锻炼的军事干部们进行实践。苏军在1944年收获了军事理论结出的丰硕果实。通过这种方式，苏军没有受到同盟的掣肘，美国人和英国人的顾虑和期望对苏军没有多大影响，甚至随着时间的推移越来越少。事实上，西方国家的影响反而刺激苏军向西更快更深入地推进，以便在德国崩溃之前占领更多的欧洲领土。为此，苏联政府及其将领们不必调整计划来满足竞选的需要，也不必考虑为胜利付出的代价（除了坦克和飞机等资产的消耗）。由于不存在制约盟军的系统性的问题，苏军能发展出更加激进的作战思想，并以民主国家不能企及的胆量和冷酷来将其付诸实践。

参考文献

约翰·A. 亚当斯，《西欧的战斗，1944 年秋》(The Battle for Western Europe)，布鲁明顿：印第安纳大学出版社，2010 年。

空军历史部门，《德国空军的崛起与衰弱》(Rise and Fall of the German Air Force)，重印版，普尔，英国：Arms and Armour Press 出版社，1987 年。

阿兰·布鲁克勋爵元帅，《战争日记 1939—1945》(War Diaries 1939–45)，阿历克斯·丹切夫和 D. 托德曼编辑，伦敦：Weidenfeld 出版社，2001 年。

罗伯特·S. 艾伦，《幸运的前锋：巴顿的第 3 集团军》(Lucky Forward: Patton' s Third US Army)，Vanguard 出版社，1964 年。

《陆军野战手册》第 1 卷，第 1 部分《部队的使用》，英国陆军学说出版社，1985 年。

J. B. A. 贝利，《野战炮兵和火力》(Field Artillery and Firepower)，安纳波利斯，明尼苏达：海军学会出版社，2004 年。

英国驻莱茵军，《战地旅行指南："蓝衣"行动》(Battlefield Tour Guide: Operation Bluecoat)，英国驻莱茵军，1948 年。

同上，《战地旅行指南　总计行动》(Battlefield Tour Guide: Operation Totalize)，英国驻莱茵军，1947 年。

比尔·彼得，《大错：安特卫普及贝弗兰半岛之战》(The Great Mistake: Battle for Antwerp and the Beveland Peninsula)，斯特劳德，英国：Sutton 出版社，2004 年。

安东尼·比弗，《D 日：诺曼底战役》(D-Day: The Battle for Normandy)，伦敦：Viking [Penguin] 出版社，2009 年。

大卫·贝尔查姆少将，《只在白天进军》(All in the Day' s March)，伦敦：Collins 出版社，1978 年。

大卫·贝内特，《大灾难：市场花园行动的失败，1944 年 9 月的安恒作战》(A Magnificent Disaster: the Failure of Market Garden, the Arnhem Operation September 1944)，纽伯里，英国：Casemate 出版社，2008 年。

拉尔夫·贝内特，《西线战场上的"超密"：1944—1945 的诺曼底作战》(Ultra in the West: The Normandy Campaign of 1944–45)，伦敦：Hutchinson 出版社，1979 年。

马丁·布吕芒松，《将军之战》(The Battle of the Generals)，纽约：William Morrow 出版社，1993 年。

同上，《二战中的美国陆军，欧洲战区：突破与追击》(United States Army in World War II , the European Theatre of Operation: Breakout and Pursuit)，华盛顿特区：Office of the Military History，1959 年。

同上，《巴顿文集》(the Patton Papers)，布里奇沃特，新泽西：Da Capo 出版社，1996 年。

布莱恩·邦德，《两次世界大战之间的英国军事政策》(British Military Policy between the Two World Wars)，牛津：Clarendon 出版社，1980 年。

基斯·E. 伯恩，《当胜算相当时：1944 年 10 月—1945 年 1 月的孚日山脉作战》（When the Odds Were Even: The Vosges Mountains Campaign October 1944-January 1945），纽约：Presidio 出版社，1994 年。

奥马尔·N. 布莱德利，《一个士兵的故事》（A Soldier's Story），纽约：Henry Holt 出版社，1951 年。

奥马尔·N. 布莱德利与克莱·布莱尔，《一个将军的一生》（A General's Life），纽约：Simon and Schuster 出版社，1983 年。

威廉·F. 白金汉，《安恒 1944》（Arnhem 1944），斯特劳德，英国：Tempus 出版社，2004 年。

约翰·巴克利的，《1944 年诺曼底作战中的英国装甲部队》（British Armour in the Normandy Campaign 1944），伦敦：Frank Cass 出版社，2004 年。

菲利普·伯林，《德国人统治下的法国》（France under the Germans），纽约：New Press 出版社，1996 年。

加拿大总参谋部第 77 号报告，《德军从法莱斯到阿登的行动（1944 年 8 月 20 日—12 月 16 日）》[Report No. 77, German Operations from Falaise to the Ardennes(20 August-16 December1944)]，1958 年重印版，MLRS 出版社，2005 年。

加拿大武装部队司令部，《第 188 号报告，加拿大军队肃清斯海尔德河口的作战》（Report No. 188, Canadian Operations to Clear the Scheldt Estuary），重印版，MLRS 出版社，2006 年。

詹姆斯·杰·卡拉法诺，《D 日之后："眼镜蛇"行动与突破诺曼底》（After D-Day: Operation Cobra and the Normandy Breakout），伦敦：Lynne Reinner 出版社，2000 年。

阿伦·查尔方特，《蒙哥马利在阿拉曼》（Montgomery of Alamein），伦敦：Weidenfeld and Nicolson，1974 年。

罗伯特·M. 奇蒂诺，《从闪电战到沙漠风暴：机动战的演变》（Blitzkrieg to Desert Storm: The Evolution of Operational Warfare），劳伦斯：堪萨斯大学出版社，2004 年。

杰弗里·克拉克，罗比特·史密斯，《二战中的美国陆军，欧洲战区：从里维埃拉到莱茵河》（United States Army in World War II, the European Theater of Operations: Riviera to the Rhine），华盛顿 Office of the Chief of Military History，1993 年。

卡尔·冯·克劳塞维茨，《战争论》（On War），迈克尔·霍华德及彼得·帕雷特编译，普林斯顿，新泽西：普林斯顿大学出版社，1976 年。

埃尔布里奇·科尔比，《1943—1945 在欧洲战斗的第 1 集团军》（The First Army in Europe 1943-45），纳什维尔，田纳西：Battery Press 出版社，1969 年。

休·M. 科尔，《二战中的美国陆军，欧洲战区：洛林之战》（United States Army in World War II, the European Theater of Operations:The Lorraine Campaign），华盛顿特区：Office of the Chief of Military History，1984 年。

J. 劳顿·柯林斯，《"闪电"乔的自传》（Lightning Joe, an Autobiography），巴吞鲁日：路易斯安纳州立大学出版社，1979 年。

大卫·T. 扎布基，《论德国的战争艺术：＜部队指挥＞，德国陆军在第二次世界大战的统一指挥手册》（On the German Art of War: Truppenfuhrung, German Army Manual for Unit Command in World War II），伦敦：Lynne Rienner 出版社，2001 年。

特里·科珀，《灰姑娘军团，西北欧战场的加拿大军队，1944—1945》（Cinderella Army, The Canadians in Northwest Europe, 1944-45），多伦多：多伦多大学出版社，2006 年。

同上，《战火之地：诺曼底战役中的加拿大军队》（Fields of Fire: The Canadians in

Normandy），多伦多：多伦多大学出版社，2003年。

同上，《蒙哥马利的科学家：西北欧战场的作战研究》（Montgomery' s Scientists: Operational Research in Northwest Europe），温尼伯，曼尼托巴省：劳瑞尔大学，2000年。

W. F. 克雷文，J. L. 凯特，《二战中的陆军航空队第二卷，欧洲战场——从"火炬"到"直射"》（The Army Air Forces in World War II, vol. 2, Europe—Torch to Pointblank），华盛顿特区：Office of Air Force History，1949年。

同上，《二战中的陆军航空队第三卷，欧洲战场——从"争论"行动到欧洲胜利日》（The Army Air Forces in World War II, vol. 3, Europe—Argument to VE-Day），华盛顿特区：Office of Air Force History，1951年。

D. K. R. 克罗斯韦尔，《总参谋长：沃尔特·比德尔·史密斯将军的从军生涯》（Chief of Staff: The Military Career of General Walter Bedell Smith），韦斯特波特，康涅狄格 Greenwood 出版社，1991年。

伊恩·达格利什，《"蓝衣"行动：突破诺曼底》（Operation Bluecoat: Breakout from Normandy），巴恩斯利，英国：Pen and Sword 出版社，2009年。

I. C. B. 迪尔，M. R. D. 富特，《牛津二战指南》（Oxford Companion to World War II），牛津大学出版社，1995年。

卡洛·德·埃斯特，《诺曼底战斗的决策》（Decision in Normandy），伦敦：Collins 出版社，1983年。

同上，《艾森豪威尔：盟军最高统帅》（Eisenhower: Allied Supreme Commander），伦敦：Weidenfeld and Nicolson 出版社，2003年。

同上，《巴顿　一个战争天才》（Patton: A Genius for War），纽约：Haper Collins 出版社，1995年。

同上，《苦涩的胜利》（Bitter Victory），伦敦：Collins 出版社，1998年。

哈罗德·C. 多伊奇的文章"总司令和情报的使用"（Commanding Generals and the Uses of Intelligence）。出自迈克尔·I. 汉德尔编辑的《领导人与情报》（Leaders and Intelligence），伦敦：Frank Cass 出版社，1989年。

保罗·道格拉斯·迪克森，《一位彻底的加拿大将军：H. D. G. 克里勒将军传记》（A Thoroughly Canadian General: A Biography of General H. D. G. Crerar），多伦多：多伦多大学出版社，2007年。

诺曼·迪克森，《论军事无能的心理学》（On the Psychology of Military Incompetence），伦敦：Jonathan Cape 出版社，1976年。

迈克尔·D. 道布勒，《接近敌人》（Closing with the Enemy），劳伦斯：堪萨斯大学出版社，1994年。

约翰·埃尔曼，《大战略》（Grand Strategy），伦敦：HMSO 出版社，1956年。

德怀特·D. 艾森豪威尔，《远征欧陆》（Crusade in Europe），伦敦：Heinemann 出版社，1948年。

约翰·埃利斯，《蛮力：盟军在第二次世界大战中的战略和战术》（Brute Force: Allied Strategy and Tactics in the Second World War），伦敦：Andre Deutsch 出版社，1990年。

同上，《战争中的锋芒：二战中的战士》（The Sharp End of War: The Fighting Man in World War II），伦敦：David and Charles 出版社，1980年。

L. F. 埃利斯，《西线的胜利》（Victory in the West）第一卷，《诺曼底战役》（The Battle of Normandy），伦敦：HMSO 出版社，1962年。

同上，《西线的胜利》第二卷《德国的战败》（The Defeat of Germany），伦敦：HMSO 出版社，1968年。

约翰·A. 英格利希,《加拿大陆军和诺曼底作战:对于高级指挥失利的研究》(The Canadian Army and the Normandy Campaign: A Study of Failurein High Command), 纽约:Praeger 出版社,1991 年。

同上,《巴顿的同行:1944—1945 西线被遗忘的盟军战地指挥官》(Patton' s Peers: The Forgotten Allied Field Commanders of the Western Front 1944-45),梅卡尼克斯堡,宾夕法尼亚:Stackpole Books 出版社,2009 年。

H. 伊萨姆,《作为指挥官的巴顿》(Patton, the Commander),伦敦:Purnell Books Services,1974 年。

M. R. D. 富特,《SOE:1940—1945 的特别行动处》(SOE: The Special Operations Executive 1940-45),伦敦:Pimlico 出版社,1999 年。

大卫·弗兰奇,《建立丘吉尔的军队:英国陆军和对抗德国的战争,1919—1945》(Raising Churchill' s Army: The British Army and the Waragainst Germany, 1919-1945),牛津:牛津大学出版社,2001 年。

史蒂芬·G. 弗里茨,《前线战士:二战中的德国士兵》(Frontsoldaten: The German Soldier in World War II),列克星敦:肯塔基大学出版社,1995 年。

J. F. C. 富勒,《为将之道:常见的错误及对策》(Generalship: Its Diseases and Their Cure),Military Service Publishing 公司,1936 年。

詹姆斯·加文,《进军柏林:一个空降兵指挥官的战斗》(On to Berlin: Battle of an Airborne Commander),伦敦:Leo Copper 出版社,1979 年。

乔纳森·高恩,《欧洲战区的幽灵:欧洲战场的美国战术欺骗部队,1944—1945》(Ghosts of the ETO: American Tactical Deception Units inthe European Theatre, 1944-45),纽伯里,英国:Casemate 出版社,2002 年。

伊恩·古德森,《前线的空中力量:1944—1945 盟军在欧洲战场的近距离空中支援》(Air Power at the Battlefront: Allied Close Air Support in Europe 1944-45),伦敦:Frank Cass 出版社,1998 年。

多米尼克·格雷厄姆,《指挥的代价:盖伊·西蒙德斯自传》(The Price of Command: A Biography of General Guy Simonds),多伦多:Stoddart 出版社,1993 年。

多米尼克·格雷厄姆,谢尔福德·比德维尔,《同盟、政治家和将军:两次世界大战中有关指挥的某些方面》(Coalitions, Politicians and Generals: Some Aspects of Command in Two World Wars),伦敦:Brassey' s 出版社,1993 年。

肯特·罗伯特·格林菲尔德,《地面战斗部队的组织》(The Organization of Ground Combat Troops),华盛顿特区:Office of the Chief of Military History,1947 年。

同上,《指挥决策》(Command Decisions),华盛顿特区:Office of the Chief of Military History,1971 年。

艾伦·格伦普曼编辑的《大写的"L":二战中的美国后勤》(The Big L: American Logistics in World War II),华盛顿特区:国防大学,1997 年。

弗朗西斯·德·甘冈,《胜利行动》(Operation Victory),伦敦:Hodder and Stoughton 出版社,1947 年。

理查德·P. 哈利恩,《来自天空的打击:1911—1945 战地空袭的历史》(Strike from the Sky: The History of Battlefield Air Attack, 1911-45),什鲁斯伯里,英国:Airlife Publishing 出版社,1989 年。

奈杰尔·汉密尔顿,《蒙蒂,陆军元帅 1944—1945》(Monty, Field Marshal 1944-1945),伦敦:

Guild Publishing 出版社，1986 年。

同上，《蒙蒂，战地大师 1942—1944》（Monty, Master of the Battlefield 1942-1944），伦敦：Hamish Hamilton 出版社，1983 年。

迈克尔·I. 汉德尔，《战争战略及情报》（War Strategy and Intelligence），伦敦：Frank Cass 出版社，1989 年。

戈登·A. 哈里森，《二战中的美国陆军，欧洲战场：跨过海峡的攻击》（United States Army in World War II, the European Theater of Operations: Cross Channel Attack），华盛顿特区：Office of the Chief of Military History，1951 年。

罗素·A. 哈特，《武力的碰撞：盟军是如何在诺曼底取胜的》（Clash of Arms: How the Allies Won in Normandy），伦敦：Lynne Rienner 出版社，2001 年。

同上，《杯水车薪：德军在诺曼底战败的后勤因素》（Feeding Mars: The Role of Logistics in the German Defeatin Normandy），出自《历史上的战争》（War in History），第 3、4 期（1996 年 11 月）。

史蒂芬·A. 哈特，《蒙哥马利和"大裂缝"：1944—1945 在西北欧洲的第 21 集团军群》（Montgomery and "Colossal Cracks"：The 21st Army Group in Northwest Europe 1944-45），韦斯特波特，康涅狄格：Praeger 出版社，2000 年。

迈克尔·J. 哈伍德，《任务导向指挥：我们不能从这到那》（Auftragstaktik: We Can't Get There from Here），莱文沃思，堪萨斯：美国陆军指挥与参谋学院，1990 年。

马克思·黑斯廷斯，《霸王行动：D 日和诺曼底战役》（Overlord: D-Day and the Battle for Normandy），伦敦：Michael Joseph 出版社，1984 年。

D. J. 海科克，《艾森豪威尔和战争的艺术：严声再评价》（Eisenhower and the Art of Warfare: A Critical Reappraisal），杰弗森，北卡罗来纳：McFarland 出版社，2004 年。

第 2 集团军总部，《第 2 集团军在欧洲的作战行动统计 1944—1945》（An Account of the Operations of Second Army in Europe 1944-45），重印版，MLRS 出版社，2005 年。

第 21 集团军群总部编纂的《第 21 集团军群在欧洲大陆的行动的后勤历史，1944 年 6 月 6 日—1945 年 5 月 8 日》（Administrative History of the Operationsof 21 Army Group on the Continent of Europe, 6 June 1944-8 May 1945），德国第 21 集团军群，1945 年。

威尔森·A. 海夫纳，《巴顿的斗牛犬：沃顿·H. 沃克将军的一生和军事生涯》（Patton's Bulldog: The Life and Service of General Walton H.Walker），希彭斯堡，宾夕法尼亚：White Mane Books 出版社，2001 年。

F. H. 海斯利，其他人，《二战中的英国情报工作》（British Intelligence in Second World War）第三卷，伦敦：HMSO 出版社，1988 年。

大卫·W. 霍根，《战争中的指挥部：1943—1945 欧洲战场的第 1 集团军总部》（A Command Post at War: First Army Headquarters in Europe 1943-45），火奴鲁鲁，夏威夷：太平洋大学出版社，2000 年。

E. R. 胡顿，《火焰中鹰：德国空军的陨落》（Eagle in Flames: The Fall of the Luftwaffe），伦敦：Arms and Armour Press 出版社，1997 年。

布莱恩·霍罗克斯，《军团指挥官》（Corps Commander），伦敦：Sidgwick and Jackson 出版社，1977 年。

J. J. 豪，《诺曼底：英军的突破》（Normandy: The British Breakout），伦敦：William Kimber 出版社，1981 年。

迈克尔·霍华德，《第二次世界大战中的英国情报工作》（British Intelligence in the Second

World War），第 5 卷《战略欺骗》（Strategic Deception），伦敦：HMSO 出版社，1990 年。

丹尼尔·J. 休斯，《毛奇论战争艺术：选集》（Moltke on the Art of War: Selected Writings），纽约：Presidio 出版社，1993 年。

汤姆斯·亚历山大·休斯，《霸王行动：皮特·克萨达将军和二战战术空中力量的胜利》（Overlord: General Pete Quesada and the Triumph of Tactical Air Power in World War Ⅱ），纽约：Free Press 出版社，1995 年。

大卫·C. 伊斯比编辑的《为突围而战：从"眼镜蛇"行动到法莱斯缺口的诺曼底德军》（Fighting the Breakout: The German Army in Normandy from Cobrato the Falaise Gap），伦敦：Greenhill Books 出版社，2004 年。

同上，《战斗在诺曼底：从 D 日到维勒博卡日的德国陆军》（Fighting in Normandy: The German Army from D-Day to Villers Bocage），伦敦：Greenhill Books 出版社，2001 年。

G. S. 杰克逊，《第 8 军的战斗：从诺曼底到莱茵河的战斗记录》（Operationsof Eighth Corps: Account of Operations from Normandy to the River Rhine），伦敦：St.Clements 出版社，1948 年。

W. A. 雅各布在本杰明·富兰克林·库林编辑，《空中优势的案例研究》（Case Studies in Air Superiority），第 275—276 页、第 299 页撰写的无标题章节，空军历史中心，1990 年。

同上，《近距离空中支援案例研究》（Case Study in Close Air Support），空军历史中心，1990 年。

H. F. 乔思伦，《战斗序列：第二次世界大战 1939—1945》（Orders of Battle: Second World War 1939-1945），重印版，伦敦：HMSO 出版社，1990 年。

约翰·凯，《倾角：为何我们最好要间接实现我们的目标》（Obliquity: Why Our Goals Are Best Met Indirectly），伦敦：Profile Books 出版社，2010 年。

安东尼·肯普，《梅斯：不知名的战斗》（Metz: The Unknown Battle），伦敦：Frederick Warne 出版社，1980 年。

罗伯特·J. 克肖，《9 月从不下雪：德国视角的"市场花园"行动和安恒战役，1944 年 9 月》（It Never Snows in September: The German View of Market Gardenand the Battle of Arnhem, September 1944），马尔伯勒，英国：Crowood Press 出版社，1990 年。

奥斯卡·W. 科赫，罗伯特·G. 海斯，《G-2 为巴顿提供情报》（G-2: Intelligence for Patton），费城 Army Times Publishing 出版社，1971 年。

理查德·H. 科恩，约瑟夫·P. 哈拉汉编辑的《第 9 航空队在欧洲战区的凝聚分析》（Condensed Analysis of the Ninth Air Force in the European Theater of Operations），华盛顿特区：空军历史办公室，1984 年。

莱昂内尔·莱西·约翰逊，《"直射"行动以及之后》（Pointblank and Beyond），什鲁斯伯里，英国：Airlife 出版社，1991 年。

理查德·拉姆，《蒙哥马利在欧洲，1943—1945——胜利或失败》（Montgomery in Europe, 1943-45—Success or Failure），伦敦：Buchan and Enright 出版社，1983 年。

沃尔特·拉奎尔，《游击队》（Guerilla），伦敦：Weidenfeld and Nicolson 出版社，1977 年。

罗伯特·莱昂哈德，《机动的艺术：机动战争理论和空地战役》（The Art of Maneuver: Maneuver Warfare Theory and AirLand Battle），纽约：Presidio 出版社，1994 年。

罗纳德·勒温，《军事指挥官蒙哥马利》（Montgomery as Military Commander），伦敦：Batsford 出版社，1971 年。

S. J. 刘易斯，《1944 年 8 月，杰德堡小队为支援第 12 集团军群所执行的行动》（Jedburgh

Team Operation in Support of the 12th Army Group, August 1944），莱文沃思，堪萨斯：美国陆军指挥与参谋学院，战斗研究所，1991 年。

威廉·S. 林德，《运动战手册》（Manoeuvre Warfare Handbook），博尔德，科罗拉多：Westview Press 出版社，1985 年。

约阿希姆·路德维格，《后撤：1944 年德军撤出法国》（Rückzug: The German Retreat from France, 1944），列克星敦：肯塔基大学出版社，2012 年。

查尔斯·B. 麦克唐纳，《二战中的美国陆军，欧洲战区：齐格菲防线之战》（United States Army in World War II, European Theater of Operations: The Siegfried Line Campaign），华盛顿特区：Office of the Chief of Military History，1961 年。

W. 维克多·马德杰，《德国战时经济：摩托化之谜》（German War Economy: The Motorization Myth），Game Publishing 出版社，1984 年。

同上，《俄德战争》（Russo-German War），阿伦敦，宾夕法尼亚：Valor Publshing 出版社，1987 年。

彼得·曼苏尔，《美国大兵在欧洲的进攻：美国步兵师的凯旋》（The GI Offensive in Europe: The Triumph of American Infantry Divisions），劳伦斯：堪萨斯大学出版社，1993 年。

爱德华·马克，《三次战争中的空中遮断》（Aerial Interdiction in Three Wars），华盛顿特区：Center for Air Force History，1994 年。

H. G. 马丁，《第 15 苏格兰步兵师历史》（History of the 15 Scottish Division），爱丁堡：William Blackwood and Sons 出版社，1948 年。

马克·马佐尔，《黑暗大陆》（Dark Continent），伦敦：Allen Lane 出版社，1998 年。

史蒂芬·L. 麦克法兰，韦斯利. P. 牛顿，《为了统治天空：1942—1944 争夺德国上空空中优势的战斗》（To Command the Sky: The Battle for Air Superiority over Germany 1942-44），华盛顿特区：Smithsonian Institution，1991 年。

胡伯特·梅耶，《党卫军第 12 "希特勒青年"装甲师历史》（History of the 12 SS Panzer Division Hitlerjugend），温尼伯，曼尼托尼省：J. J. Fedorowicz 出版社，1994 年。

爱德华·G. 米勒，《黑暗与血腥之地：许特根森林与罗尔河水坝 1944—1945》（A Dark and Bloody Ground: The Hürtgen Forestand the Roer River Dams 1944-45），大学城：德克萨斯农业机械大学出版社，1995 年。

罗伯特·A. 米勒，《1944 年 8 月：争夺法国之战》（August 1944: The Campaign for France），纽约：Presidio 出版社，1988 年。

艾伦·R. 米利特，威廉姆森·穆雷，《军事效能》（Military Effectiveness），第二卷《第二次世界大战》（The Second World War），伦敦：Allen and Unwin 出版社，1988 年。

塞缪尔·W. 米彻姆，《诺曼底的德国装甲车辆：1944 年汉斯·埃贝巴赫将军与德军在法国的防线》（Panzers in Normandy: General Hans Eberbach and the German Defence of France 1944），梅卡尼克斯堡，宾夕法尼亚：Stackpole Books 出版社，2009 年。

同上，《撤回第三帝国：德军 1944 年在法国战败》（Retreat to the Reich: The German Defeat in France 1944），韦斯特波特，康涅狄格：Praeger 出版社，2000 年。

蒙哥马利，《从阿拉曼到桑格罗河：诺曼底到波罗的海》（El Alamein to the River Sangro: Normandy to the Baltic），伦敦：Barrie and Jenkins 出版社，1973 年。

同上，《回忆录》（Memoirs），伦敦：Collins 出版社，1958 年。

J. L. 莫尔顿，《安特卫普战役：城区的解放和打通斯海尔德河》（Battle for Antwerp: Liberation of the City and the Opening of the Scheldt 1944），伦敦：Ian Allan 出版社，1978 年。

G. E. 帕特里克·穆雷，《艾森豪威尔对蒙哥马利：持续的争论》（Eisenhower versus Montgomery: The Continuing Debate），韦斯特波特，康涅狄格：Praeger 出版社，1996 年。

威廉姆森·穆雷，《失败的战略：1933—1945 的德国空军》（Strategy for Defeat: The Luftwaffe 1933-45），麦克斯维尔空军基地，阿拉巴马：空军大学出版社，1983 年。

威廉森·穆雷，阿伦·R. 米利特，《必须赢的战争》（A War to Be Won），剑桥，马萨诸塞：哈佛大学出版社，2000 年。

基斯·尼尔森，罗伊·A. 普雷特，《联盟战争：一份不可靠的协议》（Coalition Warfare: An Uneasy Accord），滑铁卢，安大略省：劳里埃大学出版社，1983 年。

卡门·纽文金，《救火队：1943—1945 的德军装甲师》（Fire Brigades: The Panzer Divisions 1943-45），温尼伯，曼尼托巴省：Fedorowicz 出版社，2008 年。

约翰·安德烈亚斯·奥尔森，马丁·冯·克里费德，《作战艺术的演变》（The Evolution of Operational Art），牛津：牛津大学出版社，2011 年。

T. B. H. 奥特韦，《空降兵》（Airborne Forces），1951 年重印版，伦敦：帝国战争博物馆，1990 年。

丹尼·S. 帕克，《突出部战役，德国视角：从希特勒的最高统帅部的角度》（The Battle of the Bulge, the German View: Perspectives from Hitler's High Command），伦敦：Greenhill 出版社，1999 年。

A. 帕勒和 S. 帕勒，《战争中的幽灵：英国陆军的秘密情报与通信团》（Phantom at War: The British Army's Secret Intelligence and Communications Regiment），布里斯托，英国：Cerberus 出版社，2003 年。

乔治·S. 巴顿，《我所知道的战争》（War as I Knew It），波士顿：Houghton Mifflin 出版社，1975 年。

A. L. 彭伯顿，《炮兵战术与装备的发展》（The Development of Artillery Tacticsand Equipment），陆军部，1950 年。

杰弗里·配雷特，《有一场战争要去赢：二战中的美国陆军》（There's a War to Be Won: The United States Army in World War II），纽约：Ballantine 出版社，1991 年。

蒂莫西·哈里森·普莱斯，《英国陆军的训练，1940—1944：从敦刻尔克到 D 日》（Military Training in the British Army, 1940-1944: From Dunkirk to D-Day），伦敦：Frank Cass 出版社，2000 年。

福利斯特·C. 波格，《二战中的美国陆军，欧洲战区：最高统帅》（The United States Army in World War II, European Theater of Operations: The Supreme Command），华盛顿特区：Office of the Chief of Military History，1989 年。

道格拉斯·波希，《法国特勤局》（The French Secret Services），伦敦：Macmillan 出版社，1995 年。

杰弗里·鲍威尔，《恶魔的生辰，通往安恒之桥 1944》（The Devil's Birthday, The Bridges to Arnhem 1944），巴恩斯利，英国：Leo Copper 出版社，1984 年。

阿尔弗雷德·普莱斯，《德国空军的最后一年：1944 年 5 月—1945 年 5 月》（The Last Year of the Luftwaffe, May 1944 to May 1945），伦敦：Arms and Armour Press 出版社，1993 年。

埃哈德·劳斯，《装甲作战》（Panzer Operations），史蒂芬·H. 牛顿翻译，布里奇沃特，新泽西：Da Capo Press 出版社，2003 年。

马克·J. 里尔登，《莫尔坦的胜利：阻止希特勒装甲部队的反击》（Victory at Mortain: Stopping Hitler's Panzer Counter-offensive），劳伦斯：堪萨斯大学出版社，2002 年。

布莱恩·A. 里德，《不准停下："总计"行动，诺曼底，1944 年 8 月》（No Holding Back: Operation Totalize, Normandy, August 1944），多伦多：多伦多大学出版社，2003 年。

迈克尔·雷诺兹，《帝国之子，党卫军第 2 装甲军：诺曼底、安恒、阿登和东线》（Sons of the Reich, II SS Panzer Corps: Normandy, Arnhem, Ardennes, Eastern Front），斯泰普尔赫斯特，英国：Spellmount 出版社，2002 年。

同上，《钢铁地狱：党卫军第 1 装甲军在诺曼底》（Steel Inferno: I SS Panzer Corps In Normandy），斯泰普尔赫斯特，英国：Spellmount 出版社，2002 年。

约翰·尼尔森·理查德，《困境中的巴顿：1944 年 9 月至 12 月的洛林之战》（Patton at Bay: The Lorraine Campaign September to December 1944），韦斯特波特，康涅狄格：Praeger 出版社，1999 年。

汤姆斯·E. 里克斯，《将领们——从二战至今的美国军事指挥官》（The Generals— American Military Command from World War II to Today），纽约：Penguin Press 出版社，2012 年。

G. P. B. 罗伯特，《从沙漠到波罗的海》（From the Desert to the Baltic），伦敦：Willian Kimber 出版社，1987 年。

彼得·罗斯顿，《米尔斯·邓普西爵士将军的军事生涯和时光：蒙哥马利的集团军指挥官》（The Military Life and Times of General Sir Miles Dempsey: Montgomery' s Army Commander），巴恩斯利，英国：Pen and Sword 出版社，2010 年。

皇家空军，《轰炸分析单位第 44 号报告：1944 年 8 月德军渡过塞纳河后撤》（Bombing Analysis Unit Report No. 44: The German Retreat across the Seine in August 1944），重印版，MLRS 出版社，2010 年。

罗兰特·G. 鲁宾塞尔，《二战中的美国陆军，欧洲战区：陆军的后勤支援》（United States Army in World War II, the European Theater of Operations: Logistical Support of the Armies），华盛顿特区：Office of the Chief of Military History，1953 年。

E. K. G. 西史密斯，《作为军事指挥官的艾森豪威尔》（Eisenhower as Military Commander），伦敦：Batsford 出版社，1973 年。

尼克·斯玛特，《第二次世界大战英国将领人物传略辞典》（Biographical Dictionary of British Generals of the Second World War），巴恩斯利，英国：Pen and Sword 出版社，2005 年。

布莱德利·F. 史密斯，《与斯大林分享秘密：1941—1945 同盟国是如何交换情报的》（Sharing Secrets with Stalin: How the Allies Traded Intelligence），劳伦斯：堪萨斯大学出版社，1996 年。

鲁珀特·史密斯爵士，《武力的效用：现代世界的战争艺术》（The Utility of Force: The Art of War in the Modern World），伦敦：Allen Lane 出版社，2005 年。

S. 索克洛夫，《主要前线：苏联领导人回顾二战》（Main Front: Soviet Leaders Look Back on World War II），伦敦：Brassey' s 出版社，1987 年。

大卫·N. 斯派斯，《巴顿的空中力量：打造传奇的空地团队》（Patton' s Air Force: Forging a Legendary Air-Ground Team），华盛顿特区：Smithsonian Institution Press 出版社，2002 年。

C. P. 斯泰西，《胜利之战，1944—1945 在西北欧洲的行动：加拿大陆军在二战的官方历史》（The Victory Campaign, Operations in North-West Europe, 1944-45: Official History of the Canadian Army in the Second World War）第 3 卷，渥太华：Queen' s Printer and Controller of Stationery 出版社 1966 年。

谢尔比·S. 斯坦顿，《第二次世界大战美国陆军的战斗序列》（Order of Battle US Army World War II），纽约：Presidio 出版社，1984 年。

P. 斯坦哈特，《李尔装甲师 1944—1945》（Panzer Lehr Division 1944-45），索利哈尔，英国：

Helinton，2008 年。

吉姆·斯图尔，《战争中的人性》(The Human Face of War)，伦敦：Continuum 出版社，2009 年。

威廉·C. 西尔万，弗朗西斯·G. 史密斯，《从诺曼底到胜利：考特尼·H. 霍奇斯和美国第 1 集团军的战地日记》(Normandy to Victory: The War Diary of General Courtney H. Hodges and the First US Army)，列克星敦，肯塔基州：美国陆军协会，肯塔基大学出版社，2008 年。

阿瑟·泰德，《带有偏见》(With Prejudice)，波士顿：Little, Brown 公司，1966 年。

朱利安·汤普森，《敌后战争》(War Behind Enemy Lines)，伦敦：Sidwich and Jackson 出版社，1998 年。

R. W. 汤姆森，《85 天》(The Eighty-Five Days)，伦敦：Hutchinson 出版社，1957 年。

威廉·泰克，《战争最后一年中的大爆发》(In the Firestorm of the Last Years of the War)，温尼伯，曼尼托巴省：J. J. Fedorowicz 出版社，1999 年。

莫里斯·塔格威尔，《安恒，一个案例研究》(Arnhem, a Case Study)，蒂普特里，英国：Thornton Cox 出版社，1975 年。

美国陆军部，《德军针对苏军突破的防御战术》(German Defense Tactics against Russian Breakthroughs)，德国报告系列，第 20—233 号小册，华盛顿特区，1951 年。

同上，《包围执行部队的作战》(Operations of Encircled Forces)，德国报告系列，第 20—234 号小册，华盛顿特区，1952 年。

同上，《最高统帅向参谋长联席会议汇报的有关盟军远征军在欧后从 1944 年 6 月 6 日到 1945 年 5 月 8 日在欧洲的作战报告》(Report by the Supreme Commander to the Combined Chiefs of Staff on the Operations in Europe of the Allied Expeditionary Force 6 June 1944 to 8 May 1945)，华盛顿特区：美国政府印刷局，1945 年。

美国陆军部，军事情报科，《德国军事情报 1939—1945》(German Military Intelligence 1939-45)，美国大学出版社，1984 年。

马丁·冯·克里费德，《战斗力：1939—45 德国和美国陆军表现》(Fighting Power: German and US Army Performance, 1939-45)，韦斯特波特，康涅狄格：Greenwood Press 出版社，1982 年。

同上，《补给战：从华伦斯坦到巴顿的后勤史》(Supplying War: Logistics from Wallenstein to Patton)，纽约：剑桥大学出版社，1977 年。

米兰·N. 维戈，《机动作战》(Operational Warfare)，纽波特，罗德岛：海军学院，2000 年。

史蒂夫·R. 威德尔，《美国陆军后勤：1944 年诺曼底战斗》(United States Army Logistics: The Normandy Campaign 1944)，韦斯特波特，康涅狄格：Greenwood 出版社，1994 年。

约翰·A. 华登，《空中作战：战斗谋划》(The Air Campaign: Planning for Combat)，华盛顿特区：国防大学出版社，1988 年。

沃尔特·瓦尔利蒙特，《1939—1945 希特勒总部的内幕》(Inside Hitler's Headquarters 1939-45)，伦敦：Weidenfeld and Nicolson 出版社，1964 年。

阿奇博尔德·韦弗尔元帅，《优秀的军人》(The Good Soldier)，伦敦：Macmillan 出版社，1948 年。

罗素·F. 韦格利，《美国的战争之路》(The American Way of War)，印第安纳大学出版社，1977 年。

同上，《艾森豪威尔的副手》(Eisenhower's Lieutenants)，伯明顿：印第安纳大学出版社，1990 年。

艾伦·F. 威尔特，《1944 年 8 月法国里维埃拉之战》（The French Riviera Campaign of August 1944），卡本代尔：伊利诺伊大学出版社，1981 年。

哈罗德·R. 温顿，大卫·R. 麦特，《改变的挑战：1918—1941 的军事机构和新情况》（The Challenge of Change: Military Institutions and New Realities, 1918-1941），林肯：内布拉斯加大学出版社，2000 年。

史蒂芬·T. 怀什涅夫斯基，《考特尼·希克斯·霍奇斯》（Courtney Hicks Hodges），杰弗森，北卡罗来纳：McFarland 出版社，2006 年。

詹姆斯·A. 伍德，《西线德军：德国 B 集团军群从诺曼底到齐格菲的每周报告》（Army of the West: the Weekly Reports of German Army Group B from Normandy to West Wall），梅卡尼克斯堡，宾夕法尼亚：Stackpoles Books 出版社，2007 年。

大卫·T. 扎贝基，《总参谋长》（Chief of Staff），安纳波利斯，明尼苏达 海军学会出版社，2008 年。

尼克拉斯·泽特林，《诺曼底 1944：德军的军事组织、战斗力和组织有效性》（Normandy 1944: German Military Organization, Combat Power and Organizational Effectiveness），温尼伯，MB：J. J. Fedorowicz 出版社，2000 年。

《国防军》三部曲

- 现代德国军事史研究泰斗——罗伯特·M. 奇蒂诺（ROBERT M. CITINO）奠定地位之作。

- 《国防军》第二部（THE WEHRMACHT RETREATS: FIGHTING A LOST WAR, 1943）荣获纽约军事事务研讨会（NEW YORK MILITARY AFFAIRS SYMPOSIUM）2012 年度"亚瑟·古德泽特"奖（ARTHUR GOODZEIT AWARD）、美国军事历史学会（AMERICAN SOCIETY FOR MILITARY HISTORY）2013 年度"杰出图书"奖（DISTINGUISHED BOOK AWARD）。

- 还原战场真相，解读德军"运动战"的得与失、成与败。

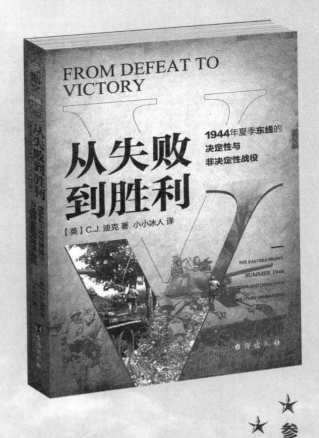

两大阵营，六大主战场
武力的较量，智慧的交锋
硝烟散尽，归来仍是和平

第二次世界大战史
战略与战术

第二次世界大战史
战略与战术
J.F.C. FULLER

军史大师富勒呕心沥血之力作
对二战深刻的反思